2026년도 5급 PSAT 대비

메가피셋

5급 공채
외교관후보자
지역인재 7급

5개년 기출문제집

정답 및 해설

mega PSAT

Quick Answers
빠른답

📖 2025년도

■ 헌법 (가)책형

1	②	2	②	3	③	4	①	5	③	6	②	7	③	8	②	9	④	10	③	11	④	12	②	13	④	14	③	15	①
16	①	17	②	18	①	19	①	20	④	21	④	22	③	23	④	24	①	25	③										

■ 언어논리영역 (가)책형

1	④	2	③	3	⑤	4	⑤	5	⑤	6	⑤	7	②	8	①	9	⑤	10	①	11	③	12	④	13	④	14	①	15	①
16	④	17	③	18	②	19	①	20	②	21	②	22	⑤	23	④	24	⑤	25	②	26	④	27	①	28	③	29	⑤	30	③
31	③	32	①	33	③	34	⑤	35	②	36	④	37	③	38	③	39	①	40	②										

■ 자료해석영역 (가)책형

1	⑤	2	①	3	②	4	④	5	⑤	6	③	7	③	8	②	9	④	10	③	11	②	12	④	13	②	14	①	15	①
16	④	17	④	18	①	19	③	20	④	21	④	22	③	23	②	24	⑤	25	③	26	⑤	27	②	28	①	29	③	30	⑤
31	①	32	⑤	33	④	34	②	35	③	36	①	37	②	38	⑤	39	②	40	⑤										

■ 상황판단영역 (가)책형

1	⑤	2	②	3	②	4	⑤	5	⑤	6	②	7	②	8	②	9	③	10	④	11	①	12	③	13	②	14	④	15	①
16	④	17	③	18	②	19	②	20	③	21	③	22	⑤	23	①	24	①	25	⑤	26	②	27	①	28	④	29	④	30	①
31	④	32	④	33	②	34	⑤	35	③	36	①	37	③	38	①	39	①	40	④										

📖 2024년도

■ 헌법 (나)책형

1	④	2	③	3	②	4	④	5	④	6	①	7	①	8	①	9	②	10	③	11	②	12	②	13	④	14	①	15	③
16	③	17	④	18	①	19	④	20	②	21	③	22	③	23	②	24	①	25	①										

■ 언어논리영역 (나)책형

1	⑤	2	①	3	⑤	4	④	5	①	6	④	7	③	8	⑤	9	①	10	②	11	④	12	⑤	13	②	14	⑤	15	②
16	⑤	17	④	18	③	19	④	20	③	21	④	22	③	23	④	24	②	25	②	26	①	27	③	28	②	29	②	30	②
31	④	32	③	33	③	34	④	35	①	36	③	37	⑤	38	①	39	⑤	40	①										

■ 자료해석영역 (나)책형

1	②	2	③	3	③	4	①	5	①	6	④	7	⑤	8	⑤	9	①	10	②	11	④	12	③	13	⑤	14	②	15	④
16	④	17	③	18	⑤	19	②	20	④	21	①	22	③	23	①	24	③	25	⑤	26	③	27	④	28	⑤	29	②	30	⑤
31	④	32	④	33	①	34	①	35	③	36	⑤	37	②	38	⑤	39	③	40	②										

■ 상황판단영역 (나)책형

1	①	2	⑤	3	⑤	4	⑤	5	③	6	④	7	②	8	④	9	④	10	④	11	③	12	①	13	⑤	14	③	15	①
16	③	17	①	18	④	19	②	20	③	21	③	22	①	23	⑤	24	⑤	25	①	26	④	27	②	28	④	29	②	30	③
31	②	32	③	33	④	34	③	35	①	36	②	37	⑤	38	②	39	⑤	40	②										

Quick Answers
빠른답

📖 2023년도

■ 헌법 (가)책형

1	①	2	②	3	③	4	②	5	④	6	①	7	①	8	④	9	②	10	①	11	②	12	③	13	②	14	②	15	①
16	④	17	①	18	④	19	③	20	②	21	①	22	③	23	③	24	④	25	③										

■ 언어논리영역 (가)책형

1	①	2	②	3	⑤	4	③	5	②	6	①	7	③	8	④	9	④	10	④	11	③	12	①	13	④	14	⑤	15	④
16	④	17	①	18	④	19	①	20	⑤	21	⑤	22	③	23	⑤	24	①	25	②	26	④	27	②	28	②	29	①	30	④
31	②	32	③	33	②	34	⑤	35	②	36	③	37	⑤	38	③	39	③	40	⑤										

■ 자료해석영역 (가)책형

1	②	2	③	3	⑤	4	⑤	5	①	6	⑤	7	③	8	⑤	9	②	10	②	11	⑤	12	③	13	③	14	④	15	②
16	②	17	④	18	④	19	③	20	⑤	21	④	22	②	23	⑤	24	④	25	①	26	②	27	⑤	28	④	29	③	30	③
31	①	32	④	33	①	34	⑤	35	①	36	②	37	①	38	④	39	③	40	③										

■ 상황판단영역 (가)책형

1	⑤	2	④	3	④	4	②	5	④	6	②	7	④	8	③	9	③	10	①	11	①	12	⑤	13	⑤	14	③	15	④
16	①	17	①	18	①	19	②	20	①	21	⑤	22	②	23	④	24	⑤	25	③	26	②	27	④	28	④	29	③	30	④
31	①	32	①	33	⑤	34	⑤	35	③	36	⑤	37	①	38	②	39	②	40	③										

2022년도

■ 헌법 (나)책형

1	②	2	①	3	③	4	④	5	④	6	①	7	②	8	②	9	③	10	③	11	②	12	④	13	①	14	①	15	③
16	④	17	④	18	③	19	③	20	④	21	③	22	④	23	②	24	①	25	③										

■ 언어논리영역 (나)책형

1	②	2	④	3	①	4	②	5	⑤	6	⑤	7	③	8	④	9	②	10	⑤	11	⑤	12	⑤	13	④	14	①	15	③
16	②	17	②	18	③	19	③	20	①	21	①	22	⑤	23	①	24	①	25	④	26	③	27	①	28	④	29	③	30	⑤
31	②	32	③	33	④	34	②	35	⑤	36	④	37	③	38	④	39	④	40	③										

■ 자료해석영역 (나)책형

1	②	2	③	3	③	4	④	5	①	6	①	7	④	8	④	9	⑤	10	①	11	③	12	⑤	13	③	14	⑤	15	①
16	④	17	①	18	③	19	⑤	20	①	21	③	22	②	23	②	24	⑤	25	①	26	④	27	②	28	⑤	29	①	30	②
31	④	32	③	33	⑤	34	③	35	②	36	④	37	②	38	④	39	⑤	40	③										

■ 상황판단영역 (나)책형

1	①	2	④	3	①	4	②	5	②	6	④	7	①	8	④	9	④	10	③	11	④	12	②	13	②	14	④	15	⑤
16	③	17	⑤	18	②	19	③	20	⑤	21	②	22	①	23	③	24	③	25	⑤	26	③	27	⑤	28	③	29	⑤	30	②
31	③	32	⑤	33	④	34	③	35	①	36	④	37	②	38	①	39	②	40	④										

Quick Answers
빠른답

📖 2021년도

■ 헌법 (가)책형

1 ③	2 ③	3 ③	4 ④	5 ②	6 ③	7 ④	8 ④	9 ①	10 ②	11 ③	12 ④	13 ②	14 ④	15 ①
16 ①	17 ④	18 ②	19 ①	20 ②	21 ①	22 ③	23 ④	24 ②	25 ③					

■ 언어논리영역 (가)책형

1 ④	2 ②	3 ②	4 ⑤	5 ②	6 ①	7 ③	8 ④	9 ④	10 ①	11 ③	12 ⑤	13 ③	14 ①	15 ④
16 ①	17 ④	18 ②	19 ⑤	20 ③	21 ②	22 ①	23 ①	24 ②	25 ④	26 ④	27 ①	28 ②	29 ⑤	30 ⑤
31 ③	32 ②	33 ⑤	34 ③	35 ⑤	36 ②	37 ⑤	38 ⑤	39 ⑤	40 ③					

■ 자료해석영역 (가)책형

1 ④	2 ③	3 ①	4 ⑤	5 ②	6 ②	7 ③	8 ①	9 ③	10 ④	11 ①	12 ③	13 ⑤	14 ①	15 ③
16 ⑤	17 ③	18 ⑤	19 ④	20 ⑤	21 ②	22 ③	23 ②	24 ④	25 ⑤	26 ①	27 ③	28 ④	29 ①	30 ④
31 ④	32 ⑤	33 ①	34 ①	35 ③	36 ⑤	37 ⑤	38 ②	39 ④	40 ②					

■ 상황판단영역 (가)책형

1 ⑤	2 ②	3 ④	4 ①	5 ③	6 ①	7 ①	8 ⑤	9 ⑤	10 ③	11 ①	12 ②	13 ②	14 ④	15 ③
16 ②	17 ④	18 ⑤	19 ⑤	20 ⑤	21 ④	22 ②	23 ②	24 ⑤	25 ①	26 ④	27 ⑤	28 ①	29 ③	30 ④
31 ⑤	32 ③	33 ②	34 ④	35 ④	36 ③	37 ④	38 ③	39 ⑤	40 ②					

2026년도 5급 PSAT 대비

메가피셋
5급 공채
외교관후보자
지역인재 7급

5개년 기출문제집
헌법 + 언어논리 + 자료해석 + 상황판단

I. 2025년도

- 헌　　　법
- 언어논리영역
- 자료해석영역
- 상황판단영역

2025년도 헌법 (가)책형

문 1. 정답 ②

문제유형 헌법총론/판례   난이도 ★☆☆

[정답해설]

② 일정한 공권력 작용이 체계정당성에 위반된다고 해서 바로 위헌이 되는 것은 아니고, 그것이 위헌이 되기 위해서는 결과적으로 과잉금지원칙이나 평등원칙 등 일정한 헌법 규정이나 원칙을 위반하여야 한다. (헌재 2019. 11. 28. 선고 2018헌바405, 2005. 6. 30. 2004헌바40,2005헌바24(병합))

[오답해설]

① 신법이 피적용자에게 유리한 경우에는 이른바 시혜적인 소급입법이 가능하지만 이를 입법자의 의무라고는 할 수 없고, 그러한 소급입법을 할 것인지의 여부는 입법재량의 문제로서 그 판단은 일차적으로 입법기관에 맡겨져 있으며, 이와 같은 시혜적 조치를 할 것인가 하는 문제는 국민의 권리를 제한하거나 새로운 의무를 부과하는 경우와는 달리 입법자에게 보다 광범위한 입법형성의 자유가 인정된다. (헌재 1995. 12. 28. 선고 95헌마196)

③ '책임 없는 자에게 형벌을 부과할 수 없다'는 형벌에 관한 책임주의는 형사법의 기본원리로서, 헌법상 법치국가의 원리에 내재하는 원리인 동시에 헌법 제10조의 취지로부터 도출되는 원리이고, 법인의 경우도 자연인과 마찬가지로 책임주의 원칙이 적용된다. (헌재 2012. 10. 25. 선고 2012헌가18)

④ 근대의 입헌적 민주주의 체제는 사회의 공적 자율성에 기한 정치적 의사결정을 추구하는 민주주의 원리와, 국가권력이나 다수의 정치적 의사로부터 개인의 권리, 즉 개인의 사적 자율성을 보호해 줄 수 있는 법치주의 원리라는 두 가지 주요한 원리에 따라 구성되고 운영된다. (헌재 2014. 12. 19. 선고 2013헌다1)

문 2. 정답 ②

문제유형 헌법총론/헌법조문   난이도 ★☆☆

[정답해설]

②
> **전문**
> 유구한 역사와 전통에 빛나는 우리 대한국민은 3·1운동의 숭고한 독립정신과 4·19의거 및 5·16혁명의 이념을 계승하고 조국의 평화적 통일의 역사적 사명에 입각하여 자유민주적 기본질서를 더욱 공고히 하는 새로운 민주공화국을 건설함에 있어서, 정치·경제·사회·문화의 모든 영역에 있어서 각인의 기회를 균등히 하고 능력을 최고도로 발휘하게 하며 책임과 의무를 완수하게 하여, 안으로는 국민생활의 균등한 향상을 기하고 밖으로는 항구적인 세계평화에 이바지함으로써 우리들과 우리들의 자손의 안전과 자유와 행복을 영원히 확보할 것을 다짐하면서, 1948년 7월 12일에 제정되고 1962년 12월 26일에 개정된 헌법을 이제 국민투표에 의하여 개정한다. (1972년 11월 24일)

1980년 제8차 개정헌법이 아닌 1972년 제7차 개정헌법의 내용이다.

[오답해설]

① 헌법 전문은 헌법의 이념 내지 가치를 제시하고 있는 헌법규범의 일부로서 헌법으로서의 규범적 효력을 나타내기 때문에 구체적으로는 헌법소송에서의 재판규범인 동시에 헌법이나 법률해석에서의 해석기준이 되고, 입법형성권 행사의 한계와 정책결정의 방향을 제시하며, 나아가 모든 국가기관과 국민이 존중하고 지켜가야 하는 최고의 가치규범이다. (헌재 2006. 3. 30. 선고 2003헌마806)

③ "헌법전문에 기재된 3.1정신"은 우리나라 헌법의 연혁적·이념적 기초로서 헌법이나 법률해석에서의 해석기준으로 작용한다고 할 수 있지만, 그에 기하여 곧바로 국민의 개별적 기본권성을 도출해낼 수는 없다고 할 것이므로, 헌법소원의 대상인 "헌법상 보장된 기본권"에 해당하지 아니한다. (헌재 2001. 3. 21. 선고 99헌마139·142·156·160(병합))

④ 우리 헌법은 전문에서 "3·1운동으로 건립된 대한민국임시정부의 법통"의 계승을 천명하고 있는바, 비록 우리 헌법이 제정되기 전의 일이라 할지라도 국가가 국민의 안전과 생명을 보호하여야 할 가장 기본적인 의무를 수행하지 못한 일제강점기에 일본군위안부로 강제 동원되어 인간의 존엄과 가치가 말살된 상태에서 장기간 비극적인 삶을 영위하였던 피해자들의 훼손된 인간의 존엄과 가치를 회복시켜야 할 의무는 대한민국임시정부의 법통을 계승한 지금의 정부가 국민에 대하여 부담하는 가장 근본적인 보호의무에 속한다고 할 것이다. (헌재 2011. 8. 30. 선고 2006헌마788)

문 3. 정답 ③

문제유형 헌법총론/판례   난이도 ★☆☆

[정답해설]

③ 정당의 명칭은 그 정당의 정책과 정치적 신념을 나타내는 대표적인 표지에 해당하므로, 정당설립의 자유는 자신들이 원하는 명칭을 사용하여 정당을 설립하거나 정당활동을 할 자유도 포함한다. (헌재 2014. 1. 28. 선고 2012헌마431,2012헌가19(병합))

[오답해설]

① 헌법 제8조 제1항이 명시하는 정당설립의 자유는, 설립할 정당의 조직형태를 어떠한 내용으로 할 것인가에 관한 정당조직 선택의 자유 및 그와 같이 선택된 조직을 결성할 자유를 포괄하는 '정당조직의 자유'를 포함한다. (헌재 2022. 11. 24. 선고 2019헌마445)

② 헌법 제8조 제2항은 "정당은 그 목적·조직과 활동이 민주적이어야 하며, 국민의 정치적 의사형성에 참여하는 데 필요한 조직을 가져야 한다."라고 규정하고 있다. 이 규정은 헌법 제8조 제1항에 의하여 정당의 자유가 보장됨을 전제로 하여, 그러한 자유를 누리는 정당의 목적·조직·활동이 민주적이어야 한다는 요청, 그리고 그 조직이 국민의 정치적 의사형성에 참여하는 데 필요한 조직이어야 한다는 요청을 내용으로 하는 것으로서 정당에 대하여 정당의 자유의 한계를 부과한 것이다. (헌재 2022. 11. 24. 선고 2019헌마445)

④ 이와 같이 헌법 제8조 제1항은 정당설립의 자유, 정당조직의 자유, 정당활동의 자유 등을 포괄하는 정당의 자유를 보장하고 있다. 이러한 정당의 자유는 국민이 개인적으로 갖는 기본권일 뿐만 아니라, 단체로서의 정당이 가지는 기본권이기도 하다. 따라서 개인인 국민으로서 청구인 ○○이 정당의 자유를 가지고 있음은 물론, 청구인 민주노동당도 단체로서 정당의 자유를 가지고 있다. (헌재 2004. 12. 16. 선고 2004헌마456)

문 4. 정답 ①

문제유형 헌법총론/판례   난이도 ★☆☆

[정답해설]

① 헌법상의 여러 통일관련 조항들은 국가의 통일의무를 선언한 것이기는 하지만, 그로부터 국민 개개인의 통일에 대한 기본권, 특히 국가기관에 대하여 통일과 관련된 구체적인 행위를 요구하거나 일정한 행동을 할 수 있는 권리가 도출된다고 볼 수는 없다. (헌재 2000. 7. 20. 선고 98헌바63)

[오답해설]

② 국민의 개별적 기본권이 아니라 할지라도 기본권보장의 실질화를 위하여서는, 영토조항만을 근거로 하여 독자적으로는 헌법소원을 청구할 수 없다 할지라도, 모든 국가권능의 정당성의 근원인 국민의 기본권 침해에 대한 권리구제를 위하여 그 전제조건으로서 영토에 관한 권리를, 이를테면 영토권이라 구성하여, 이를 헌법소원의 대상인 기본권의 하나로 간주하는 것은 가능한 것으로 판단된다. (헌재 2001. 3. 21. 선고 99헌마139·142·156·160(병합))

③ 물론 태아는 형성 중의 인간으로서 생명을 보유하고 있으므로 국가는 태아를 위하여 각종 보호조치들을 마련해야 할 의무가 있다. 하지만 그와 같은 국가의 기본권 보호의무로부터 태아의 출생 전에, 또한 태아가 살아서 출생할 것인가와는 무관하게, 태아를 위하여 민법상 일반적 권리능력까지도 인정하여야 한다는 헌법적 요청이 도출되지는 않는다. (헌재 2008. 7. 31. 선고 2004헌바81)

④ 농지개량조합은 농지소유자의 조합가입이 강제되는 점, 조합원의 출자에 의하여 조합재산이 형성되는 것이 아니라 국가 등이 설치한 농업생산기반시설을 그대로 인수하는 점, 조합의 합병·분할·해산은 법정 사유로 제한되어 있는 점, 조합원은 그 자격을 상실하지 않는 한 조합에서 임의탈퇴할 수 없는 점, 탈퇴되는 경우에도 조합에 대한 지분반환청구는 허용되지 않는 점, 해산한 조합의 잔여재산은 조합원들에게 분배되지 아니하고 농지개량조합자립육성금고에 납입되는 점, 조합원들에게 조합비를 부과·징수하여 경비에 충당하나 그 징수절차가 지방세체납처분의 예에 의하고 이용료의 성격을 띠고 있는 점, 조합과 그 직원과의 관계는 공법상의 특별권력관계인 점, 주요사업인 농업생산기반시설의 정비·유지·관리사업은 농업생산성의 향상 등 그 조합원들의 권익을 위한 것만이 아니고 수해의 방지 및 수자원의 적정한 관리 등 일반국민들에게도 직접 그 영향을 미치는 고도의 공익성을 띠고 있는 점 등 농지개량조합의 조직, 재산의 형성·유지 및 그 목적과 활동전반에 나타나는 매우 짙은 공적인 성격을 고려하건대, 이를 공법인이라고 봄이 상당하므로 헌법소원의 청구인적격을 인정할 수 없다. (헌재 2000. 11. 30. 선고 99헌마190)

문 5. 정답 ③

문제유형 헌법총론/판례   **난이도** ★★☆

[정답해설]

③ 민법(2005. 3. 31. 법률 제7427호로 개정된 것) 제809조 제1항(이하 '이 사건 금혼조항'이라 한다)으로 인하여 법률상의 배우자 선택이 제한되는 범위는 친족관계 내에서도 8촌 이내의 혈족으로, 넓다고 보기 어렵다. 그에 비하여 8촌 이내 혈족 사이의 혼인을 금지함으로써 가족질서를 보호하고 유지한다는 공익은 매우 중요하다. 따라서 이 사건 금혼조항은 법익균형성의 원칙에 위반되지 아니한다. 그렇다면 이 사건 금혼조항은 과잉금지원칙에 위배하여 혼인의 자유를 침해하지 않는다.

민법(2005. 3. 31. 법률 제7427호로 개정된 것) 제815조 제2호(이하 '이 사건 무효조항'이라 한다)는 8촌 이내 혈족 사이의 혼인을 일률적으로 혼인무효 사유로 규정함으로써 상당기간 유지하여 온 부부생활의 실체를 부인하고, 혼인관계의 형성과 유지를 신뢰한 당사자나 자녀의 법적 지위를 보호하지 아니하여 개인의 생존권이나 자녀의 복리에 중대한 영향을 미친다. 또한 당사자가 서로 합의하에 혼인의 외형을 유지하고 있다가도 일방의 혼인무효 주장만으로 혼인관계가 손쉽게 해소될 수 있다고 한다면, 한 당사자가 다른 당사자로부터 일방적으로 유기를 당하는 등의 이른바 축출이혼으로 악용될 소지도 배제할 수 없다. 이 사건 무효조항을 통하여 이 사건 금혼조항의 실효성을 확보함으로써 가까운 혈족 사이 상호 관계 및 역할, 지위와 관련하여 발생할 수 있는 혼란을 방지하고 가족제도의 기능을 보호하여 달성되는 공익은 결코 적지 아니하나, 이 사건 무효조항으로 인하여 제한되는 사익의 중대함을 고려하면, 이 사건 무효조항은 법익균형성을 충족하지 못한다. 그렇다면, 이 사건 무효조항은 과잉금지원칙에 위배하여 혼인의 자유를 침해한다. (헌재 2022. 10. 27. 선고 2018헌바115)

[오답해설]

① 우리나라는 법률혼주의를 채택하고 있는바, 법률적 절차로서의 신고를 하지 않았지만 혼인의 실질적 요건을 구비한 관계를 보호하기 위하여 혼인에 관한 효력 중 일부를 사실혼에도 인정할 수 있다고 하더라도, **법률혼주의를 채택한 취지에 비추어 볼 때 제3자에게 영향을 미쳐 명확성과 획일성이 요청되는 법률관계에는 혼인의 효력을 인정하기 어렵다. 그런데 상속으로 인한 법률관계는 분쟁을 방지하고 법률관계를 조속히 확정하며 거래의 안전을 도모하는 것이 요청되므로, 사실혼을 법률혼과 동일하게 취급할 수 없다고 봄이 상당하다.** (중략) 이러한 점들을 고려할 때, 상속권에 관하여 사실혼 배우자와 법률혼 배우자를 차별하고 있다고 하더라도, 그러한 취급에는 수긍할 만한 합리적인 이유가 있으므로, 이를 두고 자의적인 **차별로서 청구인의 평등권을 침해한다고 보기 어렵다.** (헌재 2014. 8. 28. 선고 2013헌바119)

② 혼인 종료 후 300일 내에 출생한 자녀가 전남편의 친생자가 아님이 명백하고, 전남편이 친생추정을 원하지도 않으며, 생부가 그 자를 인지하려는 경우에도, 그 자녀는 전남편의 친생자로 추정되어 가족관계등록부에 전남편의 친생자로 등록되고, 이는 엄격한 친생부인의 소를 통해서만 번복될 수 있다. 그 결과 민법(1958. 2. 22. 법률 제471호로 제정된 것) 제844조 제2항 중 "혼인관계 종료의 날로부터 300일 내에 출생한 자"에 관한 부분(이하 '심판대상조항'이라 한다)은 이혼한 모와 전남편이 새로운 가정을 꾸리는 데 부담이 되고, 자녀와 생부가 진실한 혈연관계를 회복하는 데 장애가 되고 있다. 이와 같이 민법 제정 이후의 사회적·법률적·의학적 사정변경을 전혀 반영하지 아니한 채, 이미 혼인 관계가 해소된 이후에 자가 출생하고 생부가 출생한 자를 인지하려는 경우마저도, 아무런 예외 없이 그 자를 전남편의 친생자로 추정함으로써 친생부인의 소를 거치도록 하는 심판대상조항은 **입법형성의 한계를 벗어나 모가 가정생활과 신분관계에서 누려야 할 인격권, 혼인과 가족생활에 관한 기본권을 침해한다.** (헌재 2015. 4. 30. 선고 2013헌가623)

④ 중혼을 혼인무효사유가 아니라 혼인취소사유로 정하고 있는데, 혼인 취소의 효력은 기왕에 소급하지 아니하므로 중혼이라 하더라도 법원의 취소판결이 확정되기 전까지는 유효한 법률혼으로 보호받는다. 후혼의 취소가 가혹한 결과가 발생하는 경우에는 구체적 사건에서 법원이 권리남용의 법리 등으로 해결하고 있다. 따라서 중혼 취소청구권의 소멸에 관하여 아무런 규정을 두지 않았다 하더라도, 이 사건 법률조항이 현저히 입법재량의 범위를 일탈하여 후혼배우자의 인격권 및 행복추구권을 침해하지 아니한다. (헌재 2014. 7. 24. 선고 2011헌바275)

문 6. 정답 ②

문제유형 기본권 각론/판례   **난이도** ★★☆

[정답해설]

② 국적법 제2조(출생에 의한 국적 취득) ① 다음 각 호의 어느 하나에 해당하는 자는 출생과 동시에 대한민국 국적(國籍)을 취득한다.
  1. 출생 당시에 부(父)또는 모(母)가 대한민국의 국민인 자
  2. 출생하기 전에 부가 사망한 경우에는 그 사망 당시에 부가 대한민국의 국민이었던 자
  3. 부모가 모두 분명하지 아니한 경우나 국적이 없는 경우에는 대한민국에서 출생한 자
② 대한민국에서 발견된 기아(棄兒)는 대한민국에서 출생한 것으로 추정한다.

[오답해설]

① 헌법 제2조 ① 대한민국의 국민이 되는 요건은 법률로 정한다.
② 국가는 법률이 정하는 바에 의하여 재외국민을 보호할 의무를 진다.

③ 위의 국적법 제2조 제3호를 통해 확인할 수 있다.

④ 위의 헌법 제2조 제2항을 통해 확인할 수 있다.

문 7. 정답 ③

문제유형 기본권 총론/판례   **난이도** ★★☆

[정답해설]

③ 택시운전자격을 취득한 사람이 강제추행의 성폭력범죄를 범하여 금고 이상의 형의 집행유예를 선고받은 경우 그 자격을 취소하도록 규정한 구 여객자동차법 (2014. 1. 28. 법률 제12377호로 개정되고, 2020. 5. 19. 법률 제17288호로 개정되기 전의 것) 제87조 제1항 단서 제3호의 제24조 제4항 제2호 가운데 제1호 나목 중 성폭력처벌법 제2조 제1항 제3호의 형법 제298조에 관한 부분(이하 '구법 조항'이라 한다) 등이 과잉금지원칙에 위배되어 택시운전자격을 취득한 자의 직업의 자유를 침해하지 않는다고 판시하였다. (헌재 2023. 12. 21. 2023헌바170)

[오답해설]

① 구 '아동·청소년의 성보호에 관한 법률'(2012. 2. 1. 법률 제11287호로 개정되고, 2012. 12. 18. 법률 제11572호로 전부개정되기 전의 것) 제44조 제1항 제13호 중 '성인대상 성범죄로 형을 선고받아 확정된 자'에 관한 부분, '아동·청소년의 성보호에 관한 법률'(2012. 12. 18. 법률 제11572호로 전부개정된 것, 이하 구법과 신법을 모두 '청소년성보호법'이라 한다) 제56조 제1항 제12호 중 '성인대상 성범죄로 형을 선고받아 확정된 자'에 관한 부분(이하 위 두 조항을 합하여 '이 사건 법률조항'이라 한다)은 의료기관의 운영자나 종사자의 자질을 일정 수준으로 담보하도록 함으로써, 아동·청소년을 잠재적 성범죄자로부터 보호하고, 의료기관의 윤리성과 신뢰성을 높여 아동·청소년 및 그 보호자가 이들 기관을 믿고 이용할 수 있도록 하는 입법목적을 지니는바 이러한 입법목적은 정당하다. 그러나 이 사건 법률조항이 성범죄 전력만으로 그가 장래에 동일한 유형의 범죄를 다시 저지를 것을 당연시하고, 형의 집행이 종료된 때부터 10년이 경과하기 전에는 결코 재범의 위험성이 소멸하지 않는다고 보며, **각 행위의 죄질에 따른 상이한 제재의 필요성을 간과함으로써, 성범죄 전력자 중 재범의 위험성이 없는 자, 성범죄 전력이 있지만 10년의 기간 안에 재범의 위험성이 해소될 수 있는 자, 범행의 정도가 가볍고 재범의 위험성이 상대적으로 크지 않은 자에게까지 10년 동안 일률적인 취업제한을 부과하고 있는 것은 침해의 최소성 원칙과 법익의 균형성 원칙에 위배된다. 따라서 이 사건 법률조항은 청구인들의 직업선택의 자유를 침해한다.** (헌재 2016. 3. 31. 선고 2013헌마585·786, 2013헌바394, 2015헌마199·1034·1107(병합))

② 사회통념상 벌금형을 선고받은 피고인에 대한 사회적 비난가능성이 그리 높다고 보기 어려운데도, 이 사건 등록실효조항(법인의 임원이 학원법을 위반하여 벌금형을 선고받은 경우, 법인의 학원설립·운영 등록이 효력을 잃도록 규정하고 있는 학원법 제9조 제2항 본문 중 제9조 제1항 제7호 가운데 제9조 제1항 제4호에 관한 부분)은 법인의 임원이 학원법을 위반하여 벌금형을 선고받으면 일률적으로 법인의 등록을 실효시키고 있고, 법인으로서는 대표자인 임원이건 그렇지 아니한 임원이건 모든 임원 개개인의 학원법위반범죄와 형사처벌 여부를 항시 감독하여야만 등록의 실효를 면할 수 있게 되므로 학원을 설립하고 운영하는 법인에게 지나치게 과중한 부담을 지우고 있다. 또한 **이로 인하여 법인의 등록이 실효되면 해당 임원이 더 이상 임원직을 수행할 수 없게 될 뿐 아니라, 학원법인 소속 근로자는 모두 생계의 위협을 받을 수 있으며, 갑작스러운 수업의 중단으로 학습자 역시 불측의 피해를 입을 수밖에 없으므로 이 사건 등록실효조항은 학원법인의 직업수행의 자유를 침해한다.** (헌재 2015. 5. 28. 선고 2012헌마653)

④ 운전면허를 받은 사람이 자동차등을 이용하여 살인 또는 강간 등 행정안전부령이 정하는 범죄행위를 한 때 운전면허를 취소하도록 하는 구 도로교통법(2008. 2. 29. 법률 제8852호로 개정되고, 2011. 6. 8. 법률 제10790호로 개정되기 전의 것) 제93조 제1항 제11호(이하 '심판대상조항'이라 한다)는 운전을 생업으로 하는 자에 대하여는 생계에 지장을 초래할 만큼 중대한 직업의 자유의 제약을 초래하고, 운전을 업으로 하지 않는 자에 대하여도 일상생활에 심대한 불편을 초래하여 일반적 행동의 자유를 제약하므로 법익의 균형성 원칙에도 위배된다. 따라서 **심판대상조항은 직업의 자유 및 일반적 행동의 자유를 침해한다.** (헌재 2015. 5. 28. 선고 2013헌가6)

문 8. 정답 ②

문제유형 기본권 총론/판례   난이도 ★☆☆

[정답해설]

② 헌법 제21조 ① 모든 국민은 언론·출판의 자유와 집회·결사의 자유를 가진다.
② 언론·출판에 대한 허가나 검열과 집회·결사에 대한 허가는 인정되지 아니한다.
③ 통신·방송의 시설기준과 신문의 기능을 보장하기 위하여 필요한 사항은 법률로 정한다.
④ 언론·출판은 타인의 명예나 권리 또는 공중도덕이나 사회윤리를 침해하여서는 아니된다. 언론·출판이 타인의 명예나 권리를 침해한 때에는 피해자는 이에 대한 피해의 배상을 청구할 수 있다.

[오답해설]

① 표현의 자유는 헌법에서 기본권으로 보장하는 것 이상으로, 민주적이고 열린 정치체제의 보존에 필수불가결하게 기여한다. 특히 정치적 표현의 자유의 행사의 보장은 매우 중요하다. **표현의 자유는 현대 자유민주주의의 존립과 발전에 필수불가결한 기본권이며 이를 최대한도로 보장하는 것은 자유민주적 헌법의 기본원리의 하나이다.** (헌재 2021. 11. 25. 선고 2019헌마534)

③ 헌법 제21조 제2항이 금지하는 검열은 사전검열만을 의미하므로 개인이 정보와 사상을 발표하기 이전에 국가기관이 미리 그 내용을 심사·선별하여 일정한 범위 내에서 발표를 저지하는 것만을 의미하고, 헌법상 보호되지 않는 의사표현에 대하여 공개한 뒤에 국가기관이 간섭하는 것을 금지하는 것은 아니다. (헌재 1996. 10. 4. 선고 93헌가13,91헌바10(병합))

④ 집회의 자유는 집회를 통하여 형성된 의사를 집단적으로 표현하고 이를 통하여 불특정 다수인의 의사에 영향을 줄 자유를 포함하므로 이를 내용으로 하는 시위의 자유 또한 집회의 자유를 규정한 헌법 제21조 제1항에 의하여 보호되는 기본권이다. (헌재 2005. 11. 24. 선고 2004헌가17)

문 9. 정답 ④

문제유형 기본권 각론   난이도 ★★☆

[정답해설]

④ 범죄경력자료를 범인 추적과 실체적 진실 발견, 각종 결격사유 판단 등을 위한 자료로 사용하기 위해 보존하는 것은 그 목적에 있어 정당하고 수단의 적합성을 갖추고 있다. 벌금형에 해당하는 전과나 실효된 전과라고 하여 그 범죄경력자료를 보존할 필요가 없게 되는 것이 아니고 범죄경력을 보존할 필요가 있는지 여부를 결정하는 다양한 요소들을 모두 고려해 각개의 전과마다 개별화된 보존기간을 설정하는 것 또한 현실적으로 가능하지 않으므로, 입법자가 범죄경력자료의 보존기간을 세분화하지 않았다는 사정만으로 기본권을 덜 침해하는 가능한 수단을 택하지 않았다고 볼 수 없다. 또한 형실효법은 범죄경력자료의 불법조회나 누설에 대한 금지 및 벌칙 규정을 두고 있고 범죄경력자료를 조회·회보할 수 있는 사유를 제한하고 있으므로 개인의 범죄경력에 관한 정보가 수사나 재판 등에 필요한 정도를 넘어 외부의 일반인들에게까지 공개될 가능성은 극히 적고, 범죄경력자료의 보존 그 자체만으로 전과자들의 사회복귀가 저해되는 것도 아니다. 따라서 수사경력자료의 보존 및 보존기간을 정하면서 범죄경력자료의 삭제에 대해 규정하지 않은 '형의 실효 등에 관한 법률'(2010. 3. 31. 법률 제10211호로 개정된 것) 제8조의2에서 범죄경력자료의 삭제를 규정하지 않은 것이 청구인의 개인정보 자기결정권을 침해한다고 볼 수 없다. (헌재 2012. 7. 26. 선고 2010헌마446)

[오답해설]

① 개인정보자기결정권의 보호대상이 되는 개인정보는 개인의 신체, 신념, 사회적 지위, 신분 등과 같이 개인의 인격주체성을 특징짓는 사항으로서 그 개인의 동일성을 식별할 수 있게 하는 일체의 정보라고 할 수 있고, 반드시 개인의 내밀한 영역이나 사사(私事)의 영역에 속하는 정보에 국한되지 않고 공적 생활에서 형성되었거나 이미 공개된 개인정보까지 포함한다. (헌재 2005. 7. 21. 선고 2003헌마282,425(병합))

② 주민등록표 열람 및 그 등·초본 교부에 따른 수수료는 특정인의 신원증명 등의 편익을 위하여 행정기관의 인적·물적 시설에 드는 비용을 조달하려는 목적에서 부과되는 것으로서 수수료 부과 자체의 정당성이 인정되고, 소요되는 비용에 비하여 그 수수료 액수가 지나치게 고액이라든가 **부당하게 책정되었다고 볼 수 없으므로, 이 사건 심판대상조항으로 인하여 청구인들의 개인정보자기결정권 및 재산권이 침해된다고 할 수 없다.** (헌재 2013. 7. 25. 선고 2011헌마364)

③ 게임물 관련사업자에게 게임물 이용자의 회원가입 시 본인인증을 할 수 있는 절차를 마련하도록 하고 있는 게임산업진흥에 관한 법률(2011. 7. 21. 법률 제10879호로 개정된 것, 이하 '게임산업법'이라 한다) 제12조의3 제1항 제1호 및 게임산업법 시행령(2012. 1. 20. 대통령령 23523호로 개정된 것) 제8조의3 제3항(이하 위 두 조항을 합하여 '본인인증 조항'이라 한다)은 (중략) 입법목적에 정당성이 인정되며, 본인인증절차를 거치도록 하는 것은 이러한 목적 달성을 위한 적절한 수단이다. (중략) 침해의 최소성에도 위배되지 아니하고, 본인

인증 조항을 통하여 달성하고자 하는 게임과몰입 및 중독 방지라는 공익은 매우 중대하므로 법익의 균형성도 갖추었다. 따라서 청구인들의 일반적 행동의 자유 및 개인정보자기결정권을 침해하지 아니한다. (헌재 2015. 3. 26. 선고 2013헌마517)

문 10. 정답 ③

문제유형: 기본권 총론 난이도: ★★☆

[정답해설]

③ 국가에게 태아의 생명을 보호할 의무가 있다고 하더라도 생명의 연속적 발전과정에 대하여 생명이라는 공통요소만을 이유로 하여 언제나 동일한 법적 효과를 부여하여야 하는 것은 아니다. 동일한 생명이라 할지라도 법질서가 생명의 발전과정을 일정한 단계들로 구분하고 그 각 단계에 상이한 법적 효과를 부여하는 것이 불가능하지 않다. (헌재 2019. 4. 11. 선고 2017헌바127)

[오답해설]

① 생명에 대한 권리, 즉 생명권은 비록 헌법에 명문의 규정이 없다 하더라도 인간의 생존본능과 존재목적에 바탕을 둔 선험적이고 자연법적인 권리로서 헌법에 규정된 모든 기본권의 전제로서 기능하는 기본권 중의 기본권이다. (헌재 2008. 7. 31. 선고 2004헌바81)

② 태아가 비록 그 생명의 유지를 위하여 모(母)에게 의존해야 하지만, 그 자체로 모(母)와 별개의 생명체이고 특별한 사정이 없는 한 인간으로 성장할 가능성이 크므로 태아에게도 생명권이 인정되어야 하며, 태아가 독자적 생존능력을 갖추었는지 여부를 그에 대한 낙태 허용의 판단 기준으로 삼을 수는 없다. (헌재 2012. 8. 23. 선고 2010헌바402)

④ 모든 인간의 생명은 자연적 존재로서 동등한 가치를 갖는다고 할 것이나 그 동등한 가치가 서로 충돌하게 되거나 생명의 침해에 못지 아니한 중대한 공익을 침해하는 등의 경우에는 국민의 생명·재산 등을 보호할 책임이 있는 국가는 어떠한 생명 또는 법익이 보호되어야 할 것인지 그 규준을 제시할 수 있는 것이다. (헌재 1996. 11. 28. 선고 95헌바1)

문 11. 정답 ④

문제유형: 통치구조/부속법령 난이도: ★★★

[정답해설]

④ 국무총리의 소재지는 헌법적으로 중요한 기본적 사항이라 보기 어렵고 나아가 이러한 규범이 존재한다는 국민적 의식이 형성되었는지 조차 명확하지 않으므로 이러한 관습헌법의 존재를 인정할 수 없다. (헌재 2005. 11. 24. 선고 2005헌마579,763(병합))

[오답해설]

①
> 국회법 제39조(상임위원회의 위원) ① 의원은 둘 이상의 상임위원이 될 수 있다. <개정 2021. 5. 18.>
> ② 각 교섭단체 대표의원은 국회운영위원회의 위원이 된다.
> ③ 의장은 상임위원이 될 수 없다.
> ④ 국무총리 또는 국무위원의 직을 겸한 의원은 상임위원을 사임할 수 있다. <개정 2020. 2. 18.>

사임할 수 있는 것이지 반드시 사임해야 하는 것은 아니다.

②
> 정부조직법 제18조(국무총리의 행정감독권) ① 국무총리는 대통령의 명을 받아 각 중앙행정기관의 장을 지휘·감독한다.
> ② 국무총리는 중앙행정기관의 장의 명령이나 처분이 위법 또는 부당하다고 인정될 경우에는 대통령의 승인을 받아 이를 중지 또는 취소할 수 있다.

대통령의 승인없이 중지 또는 취소할 수 없다.

③
> 국회법 제112조(표결방법)
> ⑦ 국무총리 또는 국무위원의 해임건의안이 발의되었을 때에는 의장은 그 해임건의안이 발의된 후 처음 개의하는 본회의에 그 사실을 보고하고, 본회의에 보고된 때부터 24시간 이후 72시간 이내에 무기명투표로 표결한다. 이 기간 내에 표결하지 아니한 해임건의안은 폐기된 것으로 본다.

문 12. 정답 ②

문제유형: 통치구조/판례 난이도: ★☆☆

[정답해설]

② 헌법 제69조는 대통령의 취임선서의무를 규정하면서, 대통령으로서 '직책을 성실히 수행할 의무'를 언급하고 있다. 비록 대통령의 '성실한 직책수행의무'는 헌법적 의무에 해당하나, '헌법을 수호해야 할 의무'와는 달리, 규범적으로 그 이행이 관철될 수 있는 성격의 의무가 아니므로, 원칙적으로 사법적 판단의 대상이 될 수 없다고 할 것이다. (헌재 2004. 5. 14. 선고 2004헌나1)

[오답해설]

① 헌법 제66조 제2항 및 제69조에 규정된 대통령의 '헌법을 준수하고 수호해야 할 의무'는 헌법상 법치국가원리가 대통령의 직무집행과 관련하여 구체화된 헌법적 표현이다. '헌법을 준수하고 수호해야 할 의무'가 이미 법치국가원리에서 파생되는 지극히 당연한 것임에도, 헌법은 국가의 원수이자 행정부의 수반이라는 대통령의 막중한 지위를 감안하여 제66조 제2항 및 제69조에서 이를 다시 한번 강조하고 있다. (헌재 2004. 5. 14. 선고 2004헌나1)

오늘날의 대의민주주의하에서 선거는 국민이 통치기관을 결정·구성하는 방법이고 선출된 대표자에게 민주적 정당성을 부여함으로써 국민주권주의 원리를 실현하는 핵심적인 역할을 하고 있으므로 선거에서의 공정성 요청은 매우 중요하고 필연적인바, 공명선거의 책무는 우선적으로 국정의 책임자인 대통령에게 있다. 또한 선거에 관한 사무는 행정부와는 독립된 헌법기관인 선거관리위원회가 주관하게 되어 있지만(헌법 제114조 제1항), 선거를 구체적으로 실행하는 데 있어서 행정부 공무원의 지원과 협조 없이는 현실적으로 불가능하므로 행정부 수반인 대통령의 선거중립이 매우 긴요하다. 나아가 공무원들이 직업공무원제에 의하여 신분을 보장받고 있다 하여도, 최종적인 인사권과 지휘감독권을 갖고 있는 대통령의 정치적 성향을 의식하지 않을 수 없으므로 대통령의 선거개입은 선거의 공정을 해할 우려가 무척 높다. 결국 선거활동에 관하여 대통령의 정치활동의 자유와 선거중립의무가 충돌하는 경우에는 후자가 강조되고 우선되어야 한다. (헌재 2008. 1. 17. 선고 2007헌마700)

④
> 헌법 제83조 대통령은 국무총리·국무위원·행정각부의 장 기타 법률이 정하는 공사의 직을 겸할 수 없다.

문 13. 정답 ④

문제유형: 통치구조/헌법 조문 난이도: ★☆☆

[정답해설]

④
> 헌법 제81조 대통령은 국회에 출석하여 발언하거나 서한으로 의견을 표시할 수 있다.

[오답해설]

①
> 헌법 제73조 대통령은 조약을 체결·비준하고, 외교사절을 신임·접수 또는 파견하며, 선전포고와 강화를 한다.

②
> 헌법 제79조 ① 대통령은 법률이 정하는 바에 의하여 사면·감형 또는 복권을 명할 수 있다.
> ② 일반사면을 명하려면 국회의 동의를 얻어야 한다.
> ③ 사면·감형 및 복권에 관한 사항은 법률로 정한다.

③ 헌법 제78조 대통령은 헌법과 법률이 정하는 바에 의하여 공무원을 임면한다.
제89조 다음 사항은 국무회의의 심의를 거쳐야 한다.
16. 검찰총장·합동참모의장·각군참모총장·국립대학교총장·대사 기타 법률이 정한 공무원과 국영기업체관리자의 임명

문 14. 정답 ③

문제유형 통치구조/부속 법령   난이도 ★★☆

[정답해설]

③ 「감사원법」은 지방자치단체의 위임사무나 자치사무의 구별 없이 합법성 감사뿐만 아니라 합목적성 감사도 허용하고 있는 것으로 보이므로, 감사원의 지방자치단체에 대한 이 사건 감사는 법률상 권한 없이 이루어진 것은 아니다. (헌재 2008. 5. 29. 선고 2005헌라3)

[오답해설]

① 감사원법 제33조(시정 등의 요구) ① 감사원은 감사 결과 위법 또는 부당하다고 인정되는 사실이 있을 때에는 소속 장관, 감독기관의 장 또는 해당 기관의 장에게 시정·주의 등을 요구할 수 있다.
② 제1항의 요구가 있으면 소속 장관, 감독기관의 장 또는 해당 기관의 장은 감사원이 정한 날까지 이를 이행하여야 한다.

② 감사원법 제15조(감사위원의 제척) ① 감사위원은 다음 각 호의 사항에 관한 심의에 관여할 수 없다.
1. 자기와 관계있는 사항
2. 친족관계가 있거나 이러한 관계가 있었던 사람과 관계있는 사항
3. 감사위원이 해당 안건과 관계있는 사람의 증인 또는 감정인으로 된 사항
4. 감사위원이 감사위원으로 임명되기 전에 조사 또는 검사에 관여한 사항
② 감사위원이 탄핵소추의 의결을 받았거나 형사재판에 계속(係屬)되었을 때에는 그 탄핵의 결정 또는 재판이 확정될 때까지 그 권한 행사가 정지된다.

④ 헌법 제98조 ① 감사원은 원장을 포함한 5인 이상 11인 이하의 감사위원으로 구성한다.
② 원장은 국회의 동의를 얻어 대통령이 임명하고, 그 임기는 4년으로 하며, 1차에 한하여 중임할 수 있다.
③ 감사위원은 원장의 제청으로 대통령이 임명하고, 그 임기는 4년으로 하며, 1차에 한하여 중임할 수 있다.
감사원법 제3조(구성) 감사원은 감사원장(이하 "원장"이라 한다)을 포함한 7명의 감사위원으로 구성한다.

문 15. 정답 ①

문제유형 헌법 조문   난이도 ★☆☆

[정답해설]

① 헌법 제53조 ① 국회에서 의결된 법률안은 정부에 이송되어 15일 이내에 대통령이 공포한다.
② 법률안에 이의가 있을 때에는 대통령은 제1항의 기간 내에 이의서를 붙여 국회로 환부하고, 그 재의를 요구할 수 있다. 국회의 폐회 중에도 또한 같다.
③ 대통령은 법률안의 일부에 대하여 또는 법률안을 수정하여 재의를 요구할 수 없다.
④ 재의의 요구가 있을 때에는 국회는 재의에 붙이고, 재적의원 과반수의 출석과 출석의원 3분의 2 이상의 찬성으로 전과 같은 의결을 하면 그 법률안은 법률로서 확정된다.
⑤ 대통령이 제1항의 기간 내에 공포나 재의의 요구를 하지 아니한 때에도 그 법률안은 법률로서 확정된다.
⑥ 대통령은 제4항과 제5항의 규정에 의하여 확정된 법률을 지체없이 공포하여야 한다. 제5항에 의하여 법률이 확정된 후 또는 제4항에 의한 확정법률이 정부에 이송된 후 5일 이내에 대통령이 공포하지 아니할 때에는 국회의장이 이를 공포한다.
⑦ 법률은 특별한 규정이 없는 한 공포한 날로부터 20일을 경과함으로써 효력을 발생한다.

[오답해설]

② 위 조문 2항을 통해 확인할 수 있다.
③ 위 조문 4항을 통해 확인할 수 있다.
④ 위 조문 7항을 통해 확인할 수 있다.

문 16. 정답 ①

문제유형 헌법 조문   난이도 ★☆☆

[정답해설]

① 공직선거법 제16조(피선거권) ① 선거일 현재 5년 이상 국내에 거주하고 있는 40세 이상의 국민은 대통령의 피선거권이 있다. 이 경우 공무로 외국에 파견된 기간과 국내에 주소를 두고 일정기간 외국에 체류한 기간은 국내거주기간으로 본다. <개정 1997. 1. 13.>
② 18세 이상의 국민은 국회의원의 피선거권이 있다. <개정 2022. 1. 18.>

[오답해설]

② 헌법 제44조 ① 국회의원은 현행범인인 경우를 제외하고는 회기 중 국회의 동의없이 체포 또는 구금되지 아니한다.
② 국회의원이 회기 전에 체포 또는 구금된 때에는 현행범인이 아닌 한 국회의 요구가 있으면 회기 중 석방된다.

③ 헌법 제45조 국회의원은 국회에서 직무상 행한 발언과 표결에 관하여 국회 외에서 책임을 지지 아니한다.

④ 헌법 제46조 ① 국회의원은 청렴의 의무가 있다.
② 국회의원은 국가이익을 우선하여 양심에 따라 직무를 행한다.
③ 국회의원은 그 지위를 남용하여 국가·공공단체 또는 기업체와의 계약이나 그 처분에 의하여 재산상의 권리·이익 또는 직위를 취득하거나 타인을 위하여 그 취득을 알선할 수 없다.

문 17. 정답 ②

문제유형 헌법재판소/부속 법령   난이도 ★★☆

[정답해설]

② 헌법재판소법 제24조(제척·기피 및 회피)
③ 재판관에게 공정한 심판을 기대하기 어려운 사정이 있는 경우 당사자는 기피(忌避)신청을 할 수 있다. 다만, 변론기일(辯論期日)에 출석하여 본안(本案)에 관한 진술을 한 때에는 그러하지 아니하다.

[오답해설]

① 헌법재판소법 제10조의2(입법 의견의 제출) 헌법재판소장은 헌법재판소의 조직, 인사, 운영, 심판절차와 그 밖에 헌법재판소의 업무와 관련된 법률의 제정 또는 개정이 필요하다고 인정하는 경우에는 국회에 서면으로 그 의견을 제출할 수 있다.

③ 헌법재판소법 제42조(재판의 정지 등) ① 법원이 법률의 위헌 여부 심판을 헌법재판소에 제청한 때에는 당해 소송사건의 재판은 헌법재판소의 위헌 여부의 결정이 있을 때까지 정지된다. 다만, 법원이 긴급하다고 인정하는 경우에는 종국재판 외의 소송절차를 진행할 수 있다.

④ 헌법재판소법 제45조(위헌결정) 헌법재판소는 제청된 법률 또는 법률 조항의 위헌 여부만을 결정한다. 다만, 법률 조항의 위헌결정으로 인하여 해당 법률 전부를 시행할 수 없다고 인정될 때에는 그 전부에 대하여 위헌결정을 할 수 있다.

문 18. 정답 ①

문제유형 통치구조/헌법 조문   **난이도** ★★★

[정답해설]

① 우리 헌법 제79조 제1항은 "대통령은 법률이 정하는 바에 의하여 사면·감형 또는 복권을 명할 수 있다"고 대통령의 사면권을 규정하고 있고, (중략) 선고된 형 전부를 사면할 것인지 또는 일부만을 사면할 것인지를 결정하는 것은 사면권자의 전권사항에 속하는 것이고, 징역형의 집행유예에 대한 사면이 병과된 벌금형에도 미치는 것으로 볼 것인지 여부는 사면권자의 의사인 사면의 내용에 대한 해석문제에 불과하다 할 것이다. (헌재 2000. 6. 1. 선고 97헌바74)

[오답해설]

② 헌법 제67조 ① 대통령은 국민의 보통·평등·직접·비밀선거에 의하여 선출한다.
② 제1항의 선거에 있어서 최고득표자가 2인 이상인 때에는 국회의 재적의원 과반수가 출석한 공개회의에서 다수표를 얻은 자를 당선자로 한다.
③ 대통령후보자가 1인일 때에는 그 득표수가 선거권자 총수의 3분의 1 이상이 아니면 대통령으로 당선될 수 없다.
④ 대통령으로 선거될 수 있는 자는 국회의원의 피선거권이 있고 선거일 현재 40세에 달하여야 한다.
⑤ 대통령의 선거에 관한 사항은 법률로 정한다.

재적의원 3분의 1 이상이 아닌 과반수임을 알 수 있다.

③ 위의 제3항을 통해 과반수가 아닌 3분의 1 이상임을 확인할 수 있다.

④ 대통령으로서 국회 본회의 시정연설에서 자신에 대한 신임국민투표를 실시하고자 한다고 밝혔다 하더라도, 그것이 공고와 같이 법적인 효력이 있는 행위가 아니라 단순한 정치적 제안의 피력에 불과하다고 인정되는 이상 이를 두고 헌법소원의 대상이 되는 "공권력의 행사"라고 할 수는 없다. (헌재 2003. 11. 27. 선고 2003헌마694,700(병합),742(병합))

문 19. 정답 ①

문제유형 통치구조/헌법 조문   **난이도** ★★★

[정답해설]

① 헌법 제106조 ① 법관은 탄핵 또는 금고 이상의 형의 선고에 의하지 아니하고는 파면되지 아니하며, 징계처분에 의하지 아니하고는 정직·감봉 기타 불리한 처분을 받지 아니한다.
② 법관이 중대한 심신상의 장해로 직무를 수행할 수 없을 때에는 법률이 정하는 바에 의하여 퇴직하게 할 수 있다.

징계처분에 의해서는 파면되지 않는다.

[오답해설]

② 법원조직법 제13조(대법원장) ① 대법원에 대법원장을 둔다.
② 대법원장은 대법원의 일반사무를 관장하며, 대법원의 직원과 각급 법원 및 그 소속 기관의 사법행정사무에 관하여 직원을 지휘·감독한다.
③ 대법원장이 궐위되거나 부득이한 사유로 직무를 수행할 수 없을 때에는 선임대법관이 그 권한을 대행한다.

③ 법원조직법 제16조(대법관회의의 구성과 의결방법) ① 대법관회의는 대법관으로 구성되며, 대법원장이 그 의장이 된다.
② 대법관회의는 대법관 전원의 3분의 2 이상의 출석과 출석인원 과반수의 찬성으로 의결한다.
③ 의장은 의결에서 표결권을 가지며, 가부동수(可否同數)일 때에는 결정권을 가진다.

④ 법원조직법 제47조(심신상의 장해로 인한 퇴직) 법관이 중대한 신체상 또는 정신상의 장해로 직무를 수행할 수 없을 때에는, 대법관인 경우에는 대법원장의 제청으로 대통령이 퇴직을 명할 수 있고, 판사인 경우에는 인사위원회의 심의를 거쳐 대법원장이 퇴직을 명할 수 있다.

문 20. 정답 ④

문제유형 헌법 총론/헌법 조문   **난이도** ★★☆

[정답해설]

④ 헌법 제128조 ① 헌법개정은 국회재적의원 과반수 또는 대통령의 발의로 제안된다.
② 대통령의 임기연장 또는 중임변경을 위한 헌법개정은 그 헌법개정 제안 당시의 대통령에 대하여는 효력이 없다.

[오답해설]

① 위의 제1항을 통해 확인할 수 있으며, 대통령뿐만 아니라 국회재적의원 과반수에 의한 발의도 가능하다.

② 헌법 제129조 제안된 헌법개정안은 대통령이 20일 이상의 기간 이를 공고하여야 한다.

15일이 아닌 20일 이상의 기간을 공고해야 한다.

③ 헌법 제130조 ① 국회는 헌법개정안이 공고된 날로부터 60일 이내에 의결하여야 하며, 국회의 의결은 재적의원 3분의 2 이상의 찬성을 얻어야 한다.
② 헌법개정안은 국회가 의결한 후 30일 이내에 국민투표에 붙여 국회의원선거권자 과반수의 투표와 투표자 과반수의 찬성을 얻어야 한다.
③ 헌법개정안이 제2항의 찬성을 얻은 때에는 헌법개정은 확정되며, 대통령은 즉시 이를 공포하여야 한다.

공고가 끝난 날이 아닌 공고된 날로부터 60일 이내에 의결하여야 한다.

문 21. 정답 ④

문제유형 통치구조/부속 법령   **난이도** ★★★

[정답해설]

④ 국회법 제8조(휴회) ① 국회는 의결로 기간을 정하여 휴회할 수 있다.
② 국회는 휴회 중이라도 대통령의 요구가 있을 때, 의장이 긴급한 필요가 있다고 인정할 때 또는 재적의원 4분의 1 이상의 요구가 있을 때에는 국회의 회의(이하 "본회의"라 한다)를 재개한다.

대통령의 요구가 있으면 국회의 동의 없이 재개한다..

[오답해설]

① 국회법 제4조(정기회) 정기회는 매년 9월 1일에 집회한다. 다만, 그 날이 공휴일인 때에는 그 다음 날에 집회한다.
제5조의2(연간 국회 운영 기본일정 등) ① 의장은 국회의 연중 상시 운영을 위하여 각 교섭단체 대표의원과의 협의를 거쳐 매년 12월 31일까지 다음 연도의 국회 운영 기본일정(국정감사를 포함한다)을 정하여야 한다. 다만, 국회의원 총선거 후 처음 구성되는 국회의 해당 연도 국회 운영 기본일정은 6월 30일까지 정하여야 한다.
② 제1항의 연간 국회 운영 기본일정은 다음 각 호의 기준에 따라 작성한다. <개정 2020. 12. 22.>
1. 2월·3월·4월·5월 및 6월 1일과 8월 16일에 임시회를 집회한다. 다만, 국회의원 총선거가 있는 경우 임시회를 집회하지 아니하며, 집회일이 공휴일인 경우에는 그 다음 날에 집회한다.
2. 정기회의 회기는 100일로, 제1호에 따른 임시회의 회기는 해당 월의 말일까지로 한다. 다만, 임시회의 회기가 30일을 초과하는 경우에는 30일로 한다.
3. 2월, 4월 및 6월에 집회하는 임시회의 회기 중 한 주(週)는 제122조의2에 따라 정부에 대한 질문을 한다.

② 헌법 제49조 국회는 헌법 또는 법률에 특별한 규정이 없는 한 재적의원 과반수의 출석과 출석의원 과반수의 찬성으로 의결한다. 가부동수인 때에는 부결된 것으로 본다.

③ 국회법 제5조(임시회) ③ 국회의원 총선거 후 첫 임시회는 의원의 임기 개시 후 7일에 집회하며, 처음 선출된 의장의 임기가 폐회 중에 만료되는 경우에는 늦어도 임기만료일 5일 전까지 집회한다. 다만, 그 날이 공휴일인 때에는 그 다음 날에 집회한다.

문 22. 정답 ③
문제유형 **헌법재판소/판례** 난이도 ★★☆

[정답해설]
③ 헌법소원에 있어서는 원칙적으로 공권력의 행사 또는 불행사의 직접적인 상대방만이 자기관련성이 인정되고, 공권력의 작용에 단지 간접적·사실적 또는 경제적인 이해관계가 있을 뿐인 제3자의 경우에는 자기관련성이 인정되지 않는다. (헌재 2024. 9. 24.자 2024헌마834)

[오답해설]

① 헌법재판소법 제68조(청구 사유) ① 공권력의 행사 또는 불행사(不行使)로 인하여 헌법상 보장된 기본권을 침해받은 자는 법원의 재판을 제외하고는 헌법재판소에 헌법소원심판을 청구할 수 있다. 다만, 다른 법률에 구제절차가 있는 경우에는 그 절차를 모두 거친 후에 청구할 수 있다.
② 제41조제1항에 따른 법률의 위헌 여부 심판의 제청신청이 기각된 때에는 그 신청을 한 당사자는 헌법재판소에 헌법소원심판을 청구할 수 있다. 이 경우 그 당사자는 당해 사건의 소송절차에서 동일한 사유를 이유로 다시 위헌 여부 심판의 제청을 신청할 수 없다.

② 동일한 피의사실에 대하여 2회 고소하고 그에 대한 검사의 각 불기소처분에 대하여 항고, 재항고를 하여, 한 사건에 대하여는 대검찰청의 재항고기각이 있었고 다른 한 사건을 대검찰청에 계류중인 상태에서 대검찰청에 계류중인 사건에 대한 헌법소원심판청구가 있는 경우, 헌법재판계류중에 대검찰청의 재항고기각결정이 있으면 동 심판청구는 전치요건흠결의 하자가 치료되어 적법하다. (헌재 1991. 4. 1. 선고 90헌마194)

④ 헌법재판소법 제41조(위헌 여부 심판의 제청) ① 법률이 헌법에 위반되는지 여부가 재판의 전제가 된 경우에는 당해 사건을 담당하는 법원(군사법원을 포함한다. 이하 같다)은 직권 또는 당사자의 신청에 의한 결정으로 헌법재판소에 위헌 여부 심판을 제청한다.
② 제1항의 당사자의 신청은 제43조제2호부터 제4호까지의 사항을 적은 서면으로 한다.
③ 제2항의 신청서면의 심사에 관하여는 「민사소송법」 제254조를 준용한다.
④ 위헌 여부 심판의 제청에 관한 결정에 대하여는 항고할 수 없다.
⑤ 대법원 외의 법원이 제1항의 제청을 할 때에는 대법원을 거쳐야 한다.
제68조(청구 사유) ① 공권력의 행사 또는 불행사(不行使)로 인하여 헌법상 보장된 기본권을 침해받은 자는 법원의 재판을 제외하고는 헌법재판소에 헌법소원심판을 청구할 수 있다. 다만, 다른 법률에 구제절차가 있는 경우에는 그 절차를 모두 거친 후에 청구할 수 있다.
② 제41조제1항에 따른 법률의 위헌 여부 심판의 제청신청이 기각된 때에는 그 신청을 한 당사자는 헌법재판소에 헌법소원심판을 청구할 수 있다. 이 경우 그 당사자는 당해 사건의 소송절차에서 동일한 사유를 이유로 다시 위헌 여부 심판의 제청을 신청할 수 없다.

문 23. 정답 ④
문제유형 **헌법총론/판례** 난이도 ★★☆

[정답해설]
④ 지방자치단체 주민으로서의 자치권 또는 주민권은 "헌법에 의하여 직접 보장된 개인의 주관적 공권"이 아니어서, 그 침해만을 이유로 하여 국가사무인 고속철도의 역의 명칭 결정의 취소를 구하는 헌법소원심판을 청구할 수 없다. (헌재 2006. 3. 30. 선고 2003헌마837)

[오답해설]

① 지방자치법 제28조(조례) ① 지방자치단체는 법령의 범위에서 그 사무에 관하여 조례를 제정할 수 있다. 다만, 주민의 권리 제한 또는 의무 부과에 관한 사항이나 벌칙을 정할 때에는 법률의 위임이 있어야 한다.
② 법령에서 조례로 정하도록 위임한 사항은 그 법령의 하위 법령에서 그 위임의 내용과 범위를 제한하거나 직접 규정할 수 없다.

② 지방자치단체의 구역은 주민·자치권과 함께 자치단체의 구성요소이며, 자치권이 미치는 관할 구역의 범위에는 육지는 물론 바다도 포함되므로, 공유수면에 대한 지방자치단체의 자치권한이 존재한다. (헌재 2004. 9. 23. 선고 2000헌라2)

③ 헌법 제117조 ① 지방자치단체는 주민의 복리에 관한 사무를 처리하고 재산을 관리하며, 법령의 범위 안에서 자치에 관한 규정을 제정할 수 있다.
② 지방자치단체의 종류는 법률로 정한다.

문 24. 정답 ①

문제유형 기본권 각론   난이도 ★★★

[정답해설]

① 헌법 제26조 ① 모든 국민은 법률이 정하는 바에 의하여 국가기관에 문서로 청원할 권리를 가진다.
② 국가는 청원에 대하여 심사할 의무를 진다.
청원법 제9조(청원방법) ① 청원은 청원서에 청원인의 성명(법인인 경우에는 명칭 및 대표자의 성명을 말한다)과 주소 또는 거소를 적고 서명한 문서(「전자문서 및 전자거래 기본법」에 따른 전자문서를 포함한다)로 하여야 한다.
② 제1항에 따라 전자문서로 제출하는 청원(이하 "온라인청원"이라 한다)은 본인임을 확인할 수 있는 전자적 방법을 통해 제출하여야 한다. 이 경우 서명이 대체된 것으로 본다.
③ 제2항에 따른 본인임을 확인할 수 있는 전자적 방법은 대법원규칙, 헌법재판소규칙, 중앙선거관리위원회규칙 및 대통령령으로 정한다.

헌법과 청원법 모두 문서로 청원권을 행사하여야 함을 알 수 있다.

[오답해설]

② 「국회법」제123조 제1항은 불필요한 청원을 억제하여 청원의 효율적인 심사를 제고하기 위한 것으로서 국회는 의원의 소개를 얻지 못한 민원들을 진정으로 접수하여 처리하고 있고, 청원의 소개의원은 1인으로 족한 점 등을 감안할 때 입법형성의 재량의 범위를 넘어 기본권을 침해하였다고 볼 수 없다. (헌재 2006. 6. 29. 선고 2005헌마604)

③ 「특정범죄가중처벌등에관한법률」제3조(1990. 12. 31. 법률 제4291호로 개정된 것, 이하 '이 사건 규정'이라 한다)는 행위자가 공무원의 신분을 가지고 있는지 여부를 불문하고 누구든지 공무원의 직무에 속한 사항에 관해 알선을 명목으로 금품 등을 수수하면 형사처벌을 하고 있다. 그런데 공무원 신분을 가지지 않은 자도 학연이나 지연 또는 개인의 영향력 등을 이용하여 공무원의 직무에 영향력을 미칠 수 있는바, 이러한 자가 공무원의 직무와 관련하여 알선자 내지는 중개자로서 알선을 명목으로 금품 등을 수수하는 등의 행위를 하게 되면, 현실적으로 담당 공무원에게 알선을 주선했는지 여부와 관계없이 공무원의 직무 집행의 공정성은 의심받게 될 것이므로 이 사건 규정이 공무의 공정성과 그에 대한 사회의 신뢰성 등을 보호하기 위해 알선 명목의 금품수수행위를 형사처벌하고 있다고 하더라도 이것이 입법의 한계를 일탈한 것이라고 볼 수 없다. 다만, 다원화되고 있는 현대 사회에서 국가기관 등의 정책결정 및 집행과정에 로비스트와 같은 중개자나 알선자를 통해 자신의 의견이나 자료를 제출할 수 있도록 허용한다면, 국민은 언제나 이러한 의견 전달 통로를 이용해 국정에 참여할 수 있을 것이므로 국민주권의 상시화가 이루어질 수 있을 것이다. 그러나 금전적 대가를 받는 알선 내지 로비활동을 합법적으로 보장할 것인지 여부는 그 시대 국민의 법 감정이나 사회적 상황에 따라 입법자가 판단할 사항으로, 우리의 역사에서 로비가 공익이 아닌 특정 개인이나 집단의 사익을 추구하는 도구로 이용되었다는 점이나 건전한 정보제공보다는 비합리적인 의사결정을 하게 하여 시민사회의 발전을 저해하는 요소가 되었다는 점을 감안하여 청원권 등의 구체적인 내용 형성에 폭넓은 재량을 가진 입법부가 대가를 받는 로비제도를 인정하고 않고, 공무원의 직무에 속한 사항의 알선에 관하여 금품 등을 수수하는 모든 행위를 형사처벌하고 있다고 하더라도 이것이 청원권이나 일반적 행동자유권을 침해하는 것으로 볼 수 없다. (헌재 2005. 11. 24. 선고 2003헌바108)

④ 청원법 제16조(반복청원 및 이중청원) ① 청원기관의 장은 동일인이 같은 내용의 청원서를 같은 청원기관에 2건 이상 제출한 반복청원의 경우에는 나중에 제출된 청원서를 반려하거나 종결처리할 수 있고, 종결처리하는 경우 이를 청원인에게 알려야 한다.
② 동일인이 같은 내용의 청원서를 2개 이상의 청원기관에 제출한 경우 소관이 아닌 청원기관의 장은 청원서를 소관 청원기관의 장에게 이송하여야 한다. 이 경우 반복청원의 처리에 관하여는 제1항을 준용한다.
③ 청원기관의 장은 제1항 및 제2항의 청원(반복청원을 포함한다)이 같은 내용의 청원인지 여부에 대해서는 해당 청원의 성격, 종전 청원과의 내용적 유사성·관련성 및 종전 청원과 같은 답변을 할 수밖에 없는 사정 등을 종합적으로 고려하여 결정하여야 한다.

문 25. 정답 ③

문제유형 통치구조/판례   난이도 ★★☆

[정답해설]

③ 위임조항 자체에서 위임의 구체적 범위를 명확히 규정하고 있지 않더라도 당해 법률의 전반적 체계와 관련규정에 비추어 위임조항의 내재적인 범위나 한계를 객관적으로 분명히 확정할 수 있다면 이를 일반적이고 포괄적인 백지위임에 해당하는 것으로 볼 수 없다. (헌재 2006. 2. 23. 선고 2004헌바32,2005헌바63·102·104·105(병합))

[오답해설]

① 「헌법」제75조에서 근거한 포괄위임금지원칙은 법률에 이미 대통령령 등 하위법규에 규정될 내용 및 범위의 기본사항이 구체적으로 규정되어 있어서 누구라도 당해 법률로부터 하위법규에 규정될 내용의 대강을 예측할 수 있어야 함을 의미하는데, 위임입법이 대법원규칙인 경우에도 수권법률에서 이 원칙을 준수하여야 하는 것은 마찬가지이다. (헌재 2014. 10. 30. 선고 2013헌바368)

② 지정 또는 고시·공고는 '관계 중앙행정기관의 장이 소관 분야의 산업경쟁력 제고를 위하여 법령에 따라 지정 또는 고시·공고한 기술'을 범죄구성요건인 '산업기술'의 요건으로 하고 있는 구 산업기술의 유출방지 및 보호에 관한 법률(2006. 10. 27. 법률 제8062호로 제정되고, 2011. 7. 25. 법률 제10962호로 개정되기 전의 것) 제36조 제2항 중 제14조 제1호 가운데 '부정한 방법에 의한 산업기술 취득행위'에 관한 부분(이하 '이 사건 법률조항'이라 한다)이 아니라 다른 법령에 의하여 수권된 것으로서 별도의 근거법률을 가지고 있고, 그 지정 또는 고시·공고는 어떤 '특정한 기술'에 대한 행정처분으로서의 성격을 갖는 데 불과하여 일반·추상적 규범을 정립한 것이라고 볼 수 없다. 이 사건 법률조항은 이미 존재하는 다른 법령을 전제하고 그 법령에 기한 지정 또는 고시·공고를 구성요건으로 '차용'하고 있는 데 불과한 것이고, 하위법령에 구성요건의 형성을 '위임'하고 있는 위임입법이 아니다. (헌재 2013. 7. 25. 선고 2011헌바39)

④ 법률에서 위임받은 사항을 전혀 규정하지 아니하고 그대로 재위임하는 것은 허용되지 않으며 위임받은 사항에 관하여 대강을 정하고 그 중의 특정사항을 범위를 정하여 하위법령에 다시 위임하는 경우에만 재위임이 허용된다. (1996. 2. 29. 선고 94헌마213)

2025년도 언어논리영역 (가)책형

문 1. 정답 ④

유형 정보확인 　내용영역 인문　　　　　　　　　난이도 ★☆☆

[정답해설]

④ 3문단에 따르면 생원과 진사가 되지 못한, 유학(幼學)이라 불린 사람들도 문과 시험에 응시했으며, 이는 특별한 제재 없이 허용되었다.

[오답해설]

① 1문단에 따르면 감독관들이 응시자의 능력과 관계없이 주로 자신의 친지나 친족을 선발했기 때문에 국자감 입학자가 유교 경전을 학습할 수 있는 능력을 충분히 갖추고 있지 못할 때도 있었다. 하지만 이러한 정보만으로 감독관들이 사서오경에 대한 지식이 부족했는지의 여부는 알 수 없다.
② 1문단에 따르면 고려 공민왕 대 '진사시'에 합격한 이들도 성균관에서 기초 과정을 수강한 후 오경사서재에 들어갈 수 있었다.
③ 2문단에 따르면 세종 대에 생원시와 진사시 합격자 모두 성균관에 입학할 수 있었다.
⑤ 3문단에 따르면 대다수 생원과 진사는 정해진 규정에 아랑곳하지 않고 문과 시험에 응시했고 조정도 이를 막지 않았다. 따라서 원점 300점을 따지 않더라도 문과 시험에 응시할 수 있었을 것이다.

문 2. 정답 ③

유형 정보확인 　내용영역 인문　　　　　　　　　난이도 ★☆☆

[정답해설]

③ 2문단에 따르면 당시 문서 크기가 제각각으로 되어 있어 원본 문서의 효율적 보존이 어려워, 등록책을 만들어 관리하는 것이 기록 보존에 편리했다. 따라서 등록을 통해 기록을 관리하는 방식이 원본 문서를 보존하는 것보다 더 효율적이었을 것이다.

[오답해설]

① 원본 문서의 목적에 대해 정확히 서술된 내용은 없으며, 2문단과 3문단에 따르면 등록물의 경우 보존의 목적과 함께 실록 편찬에 활용하는 것과 같이 업무상 활용의 목적으로도 작성되었다.
② 3문단에 따르면 실록의 사료로 등록물이 활용되었음을 알 수 있다. 하지만 실록의 사료로 활용한 등록물이 '편철형 등록물'인지 '첨입형 등록물'인지는 지문의 정보만으로 알 수 없다.
④ 3문단에 따르면 의궤는 국가적인 의례나 행사를 치른 후 관련 기록들을 일정한 체제에 따라 정리한 것을 말하며, 일반적인 등록물에 비해 정제된 형태를 갖추고 있었다. 이를 고려하면 의궤를 '국가 의례를 다룬 등록물을 정리한 기록물'로 설명하기는 어렵다.
⑤ 2문단에 따르면 이미 등록된 원본 문서는 폐기했다는 점에서, 첨입형 등록물의 경우 원본을 폐기할 수 없었다고 보기는 어렵다.

문 3. 정답 ⑤

유형 정보확인 　내용영역 인문　　　　　　　　　난이도 ★☆☆

[정답해설]

⑤ 1문단에 따르면 그리스군이 전투에서 대승을 거둔 것은 성능이 더 우수한 무기와 더 단단한 재질의 보호 장구를 갖추고 있었으며, 전술체계에 숙달해 있었기 때문임을 알 수 있다.

[오답해설]

① 1문단에 따르면 그리스군이 마라톤 전투에서 두 배가 넘는 수의 페르시아군을 완파한 이유로 전술체계인 팔랑크스에 숙달되어 있었다는 점이 제시된다. 따라서 그리스군은 마라톤 전투가 벌어질 무렵에는 팔랑크스 전투대형에 익숙해 있었다고 볼 수 있다.
② 2문단에 따르면 호플리테스는 방패(호플론)와 함께 투구, 흉갑 등의 보호 장구를 착용했다. 즉 호플리테스는 머리나 가슴을 보호하기 위한 다양한 보호 장구를 갖추고 전투에 임한 것이다.
③ 4문단에 따르면 제2행에 선 병사는 어깨 위에 창(사리사)을 올려놓아 적군을 겨냥하는 자세로, 제4행에 선 병사는 창을 하늘을 향해 수직으로 세운 채 전진했다. 따라서 제2행과 제4행에 있는 병사가 든 사리사가 각각 지면과 이룬 각도는 서로 달랐을 것이다.
④ 5문단에 따르면 호플리테스는 왼손에 호플론을 들어 자신의 신체 절반과 좌측에 선 동료의 신체 절반을 방어할 수 있었다. 따라서 팔랑크스의 가장 우측 열에 선 병사는 호플론으로 자신의 신체 좌측 및 바로 왼편에 선 동료의 신체 우측을 방어할 수 있었을 것이다.

문 4. 정답 ⑤

유형 정보확인 　내용영역 사회　　　　　　　　　난이도 ★☆☆

[정답해설]

⑤ 3문단에 따르면 주인과 차인의 관계가 아니었다면 임씨가 손씨에게 갚아야 할 채무가 취할 수 있는 사업 이익보다 크다고 했을 때 채권부터 변제받는 것이 당연시되었을 것이지만 차인 손씨는 주인 임씨에게 사업 이익의 반을 분배하였다. 이를 고려하면 주인과 차인 간 사업 이익 정산이 사적인 금전 관계와 별개로 이루어지는 관습이 있었음을 확인할 수 있다.

[오답해설]

① 2문단에 따르면 주인이 차인을 발탁하여 자금을 융통해 주고 사업을 하게 했음을 확인할 수는 있으나, 개성상인들의 상권 확장에 따라 주인과 차인의 공동 출자도 확산되었는지는 지문의 정보만으로 알 수 없다.
② 지문의 정보만으로는 길드나 커멘다 제도의 훈련 기간이 어떻게 결정되었는지 알 수 없으며, 2문단에 따르면 차인 제도에서는 개인의 능력뿐만 아니라 영업 능력과 주인에 대한 충성도를 함께 고려하였다.
③ 3문단에 따르면 차인 손씨는 연초에 과년도 사업 결산 보고 진행과 함께 사업 이익의 반을 주인 임씨에게 배분하였다. 하지만 손실이 발생했을 때 주인이 이를 차인과 공동으로 책임졌는지는 지문의 정보만으로 알 수 없다.
④ 2문단에 따르면 개성상인은 서로 간의 자식을 바꾸어 교육하되, 영업 능력과 주인에 대한 충성도가 인정되면 훈련한 사람을 차인으로 발탁하거나 독립적인 상인으로 성장할 수 있는 길을 열어주었다. 영업 능력이 인정될 경우 다른 사람이 훈련시킨 점원을 자신의 차인으로 발탁하였는지는 지문의 정보만으로 알 수 없다.

문 5. 정답 ⑤

유형 정보확인 　내용영역 법규범　　　　　　　　난이도 ★☆☆

[정답해설]

⑤ 4문단에 따르면 법원은 자녀 복리를 위해 필요하다고 인정되면 직권으로 개입할 수 있다. 이때 합의가 성립되지 못한 경우는 물론, 합의된 내용이 자녀의 복리를 저해한다고 인정되는 경우에도 개입하여 직접 면접교섭 내용을 결정하거나 제한할 수 있으며, 완전히 금지할 수 있다.

[오답해설]

① 3문단에 따르면 비양육친은 양육비를 지급할 의무와 함께 권리로서 면접교섭권을 가지지만, 양육비를 지급해야 면접교섭권을 행사할 수 있는지는 지문의 정보만으로 알 수 없다.

② 2문단에 따르면 부모가 이혼하여 따로 살게 되더라도 법적으로 공동양육을 유지할 수 있다.

③ 3문단에 따르면 면접교섭권은 이혼을 계기로 비양육친에게 주어질 수 있는 권리이므로, 부모가 부부로서 함께 살아가는 동안은 이혼 상태가 아니므로 부모 모두에게 면접교섭권이 인정되지 않을 것이다.

④ 3문단에 따르면 면접교섭권은 자녀와 연락하고 만나면서 친밀한 인간적 관계를 유지하기 위해 필요한 협력을 양육친에게 요구할 수 있는 권리를 말한다. 부모와 자녀 사이의 특별하고 긴밀한 인간관계는 헌법에 보장되는 인격권의 보호 대상이라고 하였으므로, 면접교섭권 행사를 통해 미성년 자녀의 인격권이 제한된다고는 보기 어렵다.

문 6. 정답 ⑤

유형 정보확인 내용영역 사회 난이도 ★☆☆

[정답해설]

⑤ 4문단에 따르면 빈곤층의 규모와 구성은 끊임없이 변화하며, 빈곤층의 수는 해마다 증가하거나 감소한다. 따라서 미국 사회에서 빈곤층을 구성하는 사람들의 수가 일정한 범위 내에서 유지되는 것은 아님을 알 수 있다.

[오답해설]

① 1문단에 따르면 빈곤문화론은 '빈곤의 문화'가 사람들을 빈곤하게 만들고 세대에 걸쳐 대물림됨으로써 빈곤에서 벗어나지 못하게 한다고 강조한다. 따라서 빈곤문화론에서는 빈곤층을 벗어날 수 없게 만드는 문화가 미국 사회에 존재한다고 볼 것이다.

② 1문단에 따르면 빈곤문화론에서는 '빈곤의 문화'가 빈곤층 사이에서 공유되고 대물림된다고 본다. 따라서 빈곤문화론에서는 빈곤한 사람들은 부모와 유사한 문화를 공유한다고 볼 것이다.

③ 1문단과 2문단에 따르면 미국 사회의 빈곤층은 다양한 특성의 사람들로 구성되어 있으며, 가족구성 등 주요 측면에서 다양한 분포를 보인다.

④ 3문단에 따르면 빈곤층과 비빈곤층은 문화적 특징으로 구분되지 않고, 빈곤층에 속하는 많은 사람들도 비빈곤층과 마찬가지로 미국 사회의 보편적 환경 속에서 성장하였다.

문 7. 정답 ②

유형 정보추론 내용영역 사회 난이도 ★☆☆

[정답해설]

② 2문단에 따르면 스마트폰을 통해 부동성 문제가 해결되어 언제 어디서든 온라인 네트워크에 접속할 수 있었음이 제시된다. 이를 고려하면 1문단의 ⓒ에는 메시지를 전하려면 적지 않은 시간과 비용이 필요했다는 기존 내용보다는 인터넷의 부동성에 관련된 설명이 제시되는 것이 자연스럽다. 따라서 문맥에 맞게 표현하려면 ⓒ을 "이러한 소통은 유선 인터넷망에 랜선으로 접속되어 있는 컴퓨터 앞에서만 이루어질 수 있었기 때문이다"로 수정해야 할 것이다.

[오답해설]

① 1문단에 따르면 스마트폰이 불러온 파급력은 인류가 한 번도 겪어 본 적 없는 것이다. 스마트폰이 유선 인터넷망에 비해 더 큰 파급력을 가져왔음을 설명한 것이므로, ㉠은 수정할 필요가 없다.

③ 2문단에 따르면 스마트폰을 통해 사용자는 언제 어디서든 온라인 네트워크에 접속할 수 있게 되었고, 스마트폰은 사람들의 일상과 완전히 밀착되었다. 따라서 ⓒ은 수정할 필요가 없다.

④ 2문단에 따르면 스마트폰을 사물이 아닌 타자로 받아들여 분리 불안이 발생한다. 또한 3문단에 따르면 사물을 타자로 혼동하는 것은 위험하다는 점에서, 스마트폰은 사물에 해당함을 알 수 있다. 따라서 ㉢은 수정할 필요가 없다.

⑤ 마지막 문단에 따르면 스마트폰 자체를 타자로 받아들이게 되면 진정한 타자와의 만남은 점점 사라지게 될 것이다. 이를 고려하면 스마트폰을 타자로 인식하는 순간 내 삶의 영역이 전보다 확장된다는 내용보다는, 스마트폰에 예속된다는 내용이 문맥에 더 맞다. 따라서 ⓜ은 수정할 필요가 없다.

문 8. 정답 ①

유형 정보추론 내용영역 사회 난이도 ★☆☆

[정답해설]

(가): 1문단에 따르면 '사회적 책임 이행'은 기업의 사회적 기여를 실현하기 위한 프로그램으로, 그 목표는 달성했으나 (가)까지 이어지지는 못하였다고 한다. 2문단에 따르면 '공유가치 창출'은 사회적 기여라는 역할 수행과 함께 기업 자신의 핵심 역량 강화도 실현할 수 있는 활동을 뜻한다. 따라서 '핵심 역량 강화'가 (가)에 들어가야 한다.

(나): 1문단에 따르면 '사회적 책임 이행'은 기업의 사회적 기여를 실현하기 위한 프로그램이다. 그리고 3문단에 따르면 사회적 책임 이행의 예로 원산지 커피 농부들의 소득 향상을 위해 X사가 운영한 고가 매수 프로그램이 제시된다. 따라서 '사회적 책임 이행'이 (나)에 들어가야 한다.

(다): 공유가치 창출은 기업의 사회적 기여와 핵심 역량 강화 모두를 실현시키는 것이므로 분리가 아닌 통합이 적절한 말임을 알 수 있다. 따라서 '통합'이 (다)에 들어가야 한다.

문 9. 정답 ⑤

유형 논증분석 내용영역 사회 난이도 ★☆☆

[정답해설]

⑤ 1문단과 2문단에 따르면 글쓴이는 민주주의가 발달한 사회에서 직면하는 문제들을 어떻게 해결할 것인지 최소주의적 관점과 최대주의적 관점 중 후자를 통해야 한다고 주장한다. 또한 2문단과 3문단에 따르면 글쓴이는 최대주의적 관점의 핵심을 참여와 그 교육적 기능으로 보며, 가까운 곳에서부터 참여를 통해 사회 전반의 권위 구조를 민주화하는 것이 필요하다고 주장한다. 이를 종합하면 오늘날 사회문제를 해결하기 위해서는 시민의 참여를 통해 사회 전반의 권위 구조가 민주화되어야 한다는 것이 지문의 핵심 주장임을 알 수 있다.

[오답해설]

① 3문단에 따르면 참여의 실천은 가까운 곳에서부터 실천할 수 있으며 일터는 그 예시 중 하나이다. 민주화를 위한 실천이 반드시 일터에서부터 시작되어야 하는 것은 아니며, 실천은 시민의 일터에서부터 시작되어야 한다는 것은 지문의 주장과 관련이 없다.

② 2문단에 따르면 참여의 의의는 그것을 통해 개인의 이해관계를 보호하고 관철하는 데 있는 것이 아니라, 누적된 참여의 경험이 장기적으로 개인과 사회에 가져오는 변화에 있다. 이를 고려하면 자신의 이해관계를 보호하고 관철하려는 시민의 참여를 통해 민주주의가 실현되어야 한다는 것은 지문의 주장으로 보기 어렵다.

③ 1문단에 따르면 선거를 핵심으로 하는 정치과정은 최소주의적 관점이며, 글쓴이는 이러한 관점이 다양한 사회문제를 민주주의와 사실상 무관한 것으로 만든다는 한계가 있어 새로운 관점이 요청된다고 보았다. 이를 고려하면 사회적 불평등과 부정의의 문제가 선거를 핵심으로 하는 정치 과정을 통해 해소되어야 한다는 것은 지문의 주장으로 보기 어렵다.

④ 2문단에 따르면 글쓴이는 시민들의 활발한 참여로 내려진 정치적 결정은 대표자들이 일방적으로 정하고 전달한 것보다 정당성과 수용성 면에서 우월하다고 본다. 하지만 3문단에 따르면 글쓴이는 이를 통해 참여는 대표자를 선출하는 좁은 의미의 정치 과정에 국한되는 것이 아니라 사회 전반에서 작동하는 확장된 개념임을 전달하고자 한다. 이를 고려하면 대표자의 일방적 의사결정이 아닌 시민의 정치적 의사결정이 더 존중되어야 한다는 것은 글의 핵심 주장이라고 보기는 어렵다.

문 10. 정답 ①

유형 정보확인 내용영역 사회 난이도 ★☆☆

[정답해설]

① 2문단에 따르면 눈동자가 움직이는 궤적이 F자 모양과 유사한 F자형 패턴 읽기는 특별히 시선을 끄는 단서가 없을 때 주로 나타난다. 예를 들어 웹페이지가 제목, 기호, 표나 그림 등 유용한 안내 단서 없이 텍스트로만 제시되는 경우가 대표적이다. 따라서 웹페이지를 읽는 경우, F자형 패턴 읽기는 시선을 끄는 단서가 없을 때 주로 사용된다.

[오답해설]

② 2문단에 따르면 실험 참가자들은 디지털 콘텐츠 영역의 위쪽 부분을 수평으로 이동하며 읽은 뒤, 그 아래쪽은 이전보다 짧게 수평으로 이동하며 읽는다. 그러고 나서 수직으로 이동하면서 문서의 왼쪽을 훑는다. F자형 패턴 읽기는 눈동자가 움직이는 궤적이 F자 모양과 유사하다는 점에서 붙여진 이름으로, 디지털 매체에서 정보가 배치된 모양에 따라 붙여진 이름이라 보기 어렵다.

③ 3문단에 따르면 F자형 패턴 읽기는 학습이나 업무를 수행할 때는 중요한 정보를 놓칠 수 있기 때문에 효과적이지 않다. 그럼에도 많은 사용자들이 이 방식을 사용하는 이유는 충분한 노력을 들이지 않고 웹페이지에서 작업을 신속히 마치려고 하기 때문이다. 이를 고려하면 학습이나 업무를 수행할 때 F자형 패턴 읽기가 거의 사용되지 않는다고 보기는 어렵다.

④ 2문단에 따르면 훑어 읽기의 예시로 F자형 패턴이 제시된다. 3문단에 따르면 정보를 F자형 패턴으로 읽다 보면, 이를 장기 기억으로 저장하기 어려울 뿐 아니라 유기적으로 구성하기도 어렵다. 이를 고려하면 훑어 읽기는 읽기의 결과를 유기적으로 구성하는 데 효과적이라고 보기 어렵다.

⑤ 1문단에 따르면 훑어 읽기는 본래 인쇄물이 증가하면서 급속히 확산된 읽기 방식인데, 특히 정보의 양이 비약적으로 증가한 디지털 매체에서는 그 신속성으로 인해 더욱 널리 퍼지게 되었다. 이를 고려하면 훑어 읽기는 디지털 매체의 등장으로 나타난 읽기 방식이라고 보기 어렵다.

문 11. 정답 ③

유형 정보추론 내용영역 과학기술 난이도 ★★☆

2문단에 따르면 호흡 중 폐와 기도에 수용되는 공기량은 다음 네 종류로 나뉜다.

공기량의 종류	정의
1회 호흡량	들이마시거나 내쉬는 공기량
흡식예비용량	최대로 공기를 들이마실 때 1회 호흡량에서 추가로 늘어나는 공기량
호식예비용량	최대로 공기를 내쉴 때 1회 호흡량에서 추가로 나가는 공기량
잔기량	공기를 최대한 내쉬고도 여전히 폐와 기도에 남아 있는 공기량

3문단에 따르면 폐용량의 종류를 다음과 같이 구분할 수 있다.

폐용량의 종류	정의
폐활량	흡식예비용량+호식예비용량+1회 호흡량
전폐용량	폐활량+잔기량
흡식용량	1회 호흡량+흡식예비용량
기능적 잔기용량	호식예비용량+잔기량

[정답해설]

ㄱ. 1문단에 따르면 숨을 쉬는 동안 교환되는 공기량은 들이마시고 내쉬는 공기량을 측정하는 장치인 폐활량계로 직접 측정할 수 있지만, 폐나 기도에 남아 있는 공기량은 직접 측정할 수 없다. 2문단과 3문단에 따르면 전폐용량은 폐활량과 잔기량을 합친 것을, 잔기량은 공기를 최대한 내쉬고도 여전히 폐와 기도에 남아 있는 공기량을 말한다. 따라서 전폐용량은 잔기량을 포함하고 있다는 점에서 폐활량계로 직접 측정할 수 없다.

ㄷ. 공기를 최대한 들이마시는 경우, 1회 호흡량과 흡식예비용량에 해당하는 공기가 폐에 추가로 들어올 것이다. 숨을 내쉬지 않았으므로 폐에는 호식예비용량과 잔기량에 해당하는 공기량이 남아 있을 것이다. 이를 정리하면 공기를 최대한 들이마셔서 폐에 들어간 공기량은 전폐용량과 동일하다고 볼 수 있다. 따라서 공기를 최대한 들이마신 상태에서 폐와 기도 내에 들어 있는 공기량은 폐활량보다 크다.

[오답해설]

ㄴ. 3문단에 따르면 폐용량의 크기는 전폐용량이 가장 크고, 폐활량이 그 다음으로 크다. 하지만 기능적 잔기용량(호식예비용량+잔기량)과 흡식용량(1회 호흡량+흡식예비용량)은 서로 다른 종류의 공기량을 더해 계산한 결과이므로, 전자와 후자 중 어느 쪽의 크기가 더 큰지를 비교하기는 어렵다.

문 12. 정답 ④

유형 정보추론 내용영역 과학기술 난이도 ★☆☆

[정답해설]

2문단에 따르면 A와 B는 서로 동치인 주장이다. 빈칸에 해당하는 명제가 증명된 상태에서 다니야마와 시무라의 추측이 참임이 증명된 결과 B는 거짓이고, 그것과 동치인 페르마의 정리가 거짓이라는 가정 A도 거짓임이 밝혀졌다. 이 내용을 전제와 결론의 형태로 정리하면 다음과 같다.

(전제 1) _____

(전제 2) 다니야마와 시무라의 추측이 참이다. (이하 '추측이 참')

(결론) B는 거짓이다.

선지 ①~⑤는 모두 조건문 형태로 제시되어 있다. 빈칸에는 (전제 2)에 따라 전건이 긍정되는 '추측이 참 ⇒ B는 거짓' 또는, 후건이 부정되는 'B는 참 ⇒ 추측이 거짓'에 해당하는 조건문이 포함될 수 있을 것이다. 따라서 ④ "B가 참이라면, 다니야마와 시무라의 추측이 거짓이다."가 빈칸에 들어가야 한다.

문 13. 정답 ④

유형 형식논리 내용영역 논리학 난이도 ★★☆

[정답해설]

④ 병, 무의 말을 정리하면 다음과 같다.
병1) 교통사고 줄어 → ~운전
병2) 운전
∴ ~교통사고 줄어

무1) ~운전 힘들다 ∧ ~운전 않는다
무2) ~운전 힘들다 → 교통사고 줄어
∴ 교통사고 줄어

병의 말과 무의 말에서 각각 도출되는 내용이 서로 모순되므로, 병의 말과 무의 말은 동시에 참일 수 없다.

[오답해설]

① 갑, 을의 말을 정리하면 다음과 같다.
갑) 자율주행차 상용화 → ~운전 힘들다
을) 자율주행차 상용화
∴ ~운전 힘들다

한편 정의 말을 정리하면 다음과 같다.
정1) ~(~운전 힘들다 ∧ ~교통사고 줄어) ≡ ~운전 힘들다 → 교통사고 줄어
정2) 자율주행차 상용화 → 교통사고 줄어

갑, 을의 말에서 도출되는 내용은 정1의 전건을 충족할 뿐이므로, 정의 말이 참인지는 알 수 없다.

② ①에서 확인한 것처럼, 갑, 정의 말을 정리하면 다음과 같다.
갑) 자율주행차 상용화 → ~운전 힘들다
정1) ~운전 힘들다 → 교통사고 줄어
∴ 정2) 자율주행차 상용화 → 교통사고 줄어

'자율주행차 상용화'가 참인지는 알 수 없으므로, 을의 말이 참인지는 알 수 없다.

③ 병의 말을 정리하면 다음과 같다.
병1) 교통사고 줄어 → ~운전
병2) 운전
∴ ~교통사고 줄어

병의 말이 참이라 하여 을의 말인 '자율주행차 상용화'가 거짓이 되지는 않으므로, 을의 말과 병의 말이 동시에 참일 수 있다.

⑤ ①과 ④에서 정리한 내용을 바탕으로, 정의 진술로부터 '~운전 힘들다 → 교통사고 줄어'와 '자율주행차 상용화 → 교통사고 줄어'가, 무의 진술로부터 '교통사고 줄어'가 도출된다.
정의 말이 참이라 하여 무의 말이 거짓이 되지는 않으므로, 정의 말과 무의 말이 동시에 참일 수 있다.

문 14. 정답 ①

[유형] 형식논리 [내용영역] 논리학 [난이도] ★★☆

지문에 주어진 사실을 기호화하면 다음과 같다. (A의 증언이 참인 경우 A로, 참이 아닌 경우 ~A로 표기한다.)

1) A → ~G
2) B → D
3) C ∨ E → G
4) ~F → ~D

이때, 1)과 3)에 따라 5)를, 2)와 4)에 따라 6)을 도출할 수 있다.

5) A → ~G → ~C ∧ ~E
6) B → D → F

이를 바탕으로 선지의 새로운 정보가 결론인 'A → F'를 이끌어낼 수 있는지 파악할 수 있다.

[정답해설]
① 적절하다. 5)에 따라 A의 증언이 참이라면 C의 증언도, E의 증언도 참이 아니므로, 선지와 같이 'A → B ∨ C'가 정보로 추가될 경우 A의 증언이 참인 경우 B의 증언도 참임을 알 수 있다. B가 참이라면 6)에 따라 F의 증언이 참임을 이끌어낼 수 있다. 따라서 해당 정보로 'A → F'를 이끌어낼 수 있다.

[오답해설]
② 해당 정보는 2)와 4)를 조합한 것만으로도 도출할 수 있는 정보이다.
③ 해당 정보는 1)과 3)을 조합한 것만으로도 도출할 수 있는 정보이다.
④ 해당 정보를 통해 'E → B → D → F'라는 사실을 도출할 수 있다. 하지만 'A'로부터 'F'를 도출하기 위해 필요한 정보가 주어져 있지 않으므로, 해당 정보만으로 'A → F'라는 결론을 이끌어낼 수는 없다.
⑤ 해당 정보를 통해 'B → D → F → ~E'라는 사실을 도출할 수 있다. 하지만 'A'로부터 'F'를 도출하기 위해 필요한 정보가 주어져 있지 않으므로, 해당 정보만으로 'A → F'라는 결론을 이끌어낼 수 없다.

문 15. 정답 ①

[유형] 논증분석 [내용영역] 과학기술 [난이도] ★☆☆

[정답해설]
ㄱ. 갑은 태양 중심 체계에서는 모든 행성에서 회전 반경이 클수록 회전 주기도 커진다고 설명한다. 을은 회전 주기와 회전 반경 사이에 일관된 관계가 성립한다는 것은 분명하다고 본다. 그리고 병은 태양 중심 체계를 옹호하는 근거 중 하나인 회전 주기와 회전 반경 사이의 일관된 관계가 지닌 미적 특징을 부정할 수 없다고 주장한다. 따라서 코페르니쿠스의 태양 중심 체계에서 행성의 회전 주기와 회전 반경 사이에 일관된 관계가 성립한다는 것에 갑, 을, 병 모두 동의함을 알 수 있다.

[오답해설]
ㄴ. 갑은 코페르니쿠스가 조화로운 관계 특성을 갖는 태양 중심 체계가 미적으로 뛰어나다는 것을 근거로 자신의 이론을 옹호하고 있다고 주장한다. 을은 코페르니쿠스가 미적 이유만으로 자신의 이론을 옹호하지 않았을 것이라 하였는데, 이는 을이 코페르니쿠스가 미적 이유를 들어 자신의 이론을 옹호했을 것임을 암묵적으로 인정하는 표현에 가깝다. 이러한 정보만으로 코페르니쿠스가 조화로운 관계를 미적으로 뛰어나다고 평가했다는 것에 대해 을이 동의하지 않는다고 볼 수는 없다.

ㄷ. 갑은 코페르니쿠스 이론과 예측가능성의 관계에 대해 언급하고 있지 않으므로, 코페르니쿠스가 미적 우월성보다 예측 가능성을 더 중시했다는 것에 갑이 동의하는지 알 수는 없다. 한편 병은 미적 특징과 함께 예측 가능성도 태양 중심 체계를 옹호하는 근거 중 하나로 생각해야 한다고 주장하므로, 미적 우월성보다 예측 가능성을 더 중시했다는 것에 동의한다고 보기는 어렵다.

문 16. 정답 ④

[유형] 논증평가 [내용영역] 과학기술 [난이도] ★★☆

지문에 제시된 개념과 주요 주장을 정리하면 다음과 같다.

○ 전기 전도도: 저항값에 반비례(전기 전도도 최댓값 = 저항 최솟값)

○ 감도: $\dfrac{|노출\ 전\ 저항값 - 노출\ 후\ 저항\ 최솟값|}{노출\ 전\ 저항값}$

○ 반응시간: 에탄올에 노출된 후 저항의 최솟값에 도달하는 데 걸린 시간

○ 선택도: 날숨에 에탄올 이외의 다른 기체가 섞이더라도 에탄올 농도 측정 시 에탄올에 의한 저항값의 감소가 유지되는 정도

	감도	반응시간	선택도
㉠	MA = MB	MA < MB	
㉡		MA = MB	MA < MB

[정답해설]
ㄱ. MA의 노출 전 저항값을 2x라 하면 MB의 노출 전 저항값은 x가 된다. S에 노출된 후 도달한 저항의 최솟값을 y라 하면, 다음과 같이 정리할 수 있다.

MA의 감도 $\dfrac{2x - y}{2x} = 1 - \dfrac{y}{2x}$

MB의 감도 $\dfrac{x - y}{x} = 1 - \dfrac{y}{x}$

이 경우 MA와 MB의 감도가 동일할 수 없으므로, MA와 MB의 감도가 같다고 주장한 ㉠은 약화된다.

ㄷ. 전기 전도도는 저항값과 반비례 관계라 하였다. 이때 전기 전도도가 최댓값에 도달하는 데 걸린 시간이 MA와 MB에서 같다는 것은 반응시간이 같음을 의미하므로, 반응시간이 다르다고 본 ㉠은 약화되고, 같다고 본 ㉡은 강화된다.

[오답해설]
ㄴ. S1과 S2의 차이는 에탄올 기체의 일부가 메테인 기체로 대체되었는지 여부이다. S1과 S2의 에탄올 농도 측정 시 전기 전도도 증가량을 비교한 결과 MA에서는 차이가 나지만 MB에서는 차이가 나지 않았다는 점은 에탄올에 의한 저항값의 감소가 유지되는 정도가 MA보다는 MB에서 더 높음을 의미한다. 3문단에 따르면 날숨에 에탄올 이외의 다른 기체가 섞이더라도 에탄올 농도 측정 시 에탄올에 의한 저항값의 감소가 유지되는 정도가 선택도이다. 따라서 해당 실험 결과는 MB가 MA에 비해 선택도가 더 크다는 ㉡의 주장과 부합하며 ㉡을 약화하지 않는다.

문 17. 정답 ③

[유형] 논증평가 [내용영역] 과학기술 [난이도] ★★☆

3문단에는 과학자의 흡수 분광법 실행에 따라 각 물질이 어떤 진동수의 빛을 흡수했는지 제시되어 있다. 이를 정리하면 다음과 같다. (○는 빛을 흡수했음을 의미함)

	I	II	III
화합물 X	○	○	○
화합물 Y	○	○	
A	○	○	
B			○
C		○	

㉠: X는 A와 B로 구성되어 있고, Y는 A와 C로 구성되어 있다.

[정답해설]

ㄱ. A가 진동수 Ⅰ의 빛을 흡수하지 않고 C는 진동수 Ⅰ의 빛을 추가로 흡수한다는 사실이 밝혀진다면, X가 A와 B로 구성된 화합물이라고 설명할 수 없다. 이는 ㉠과 일치하지 않는 결과이므로, ㉠은 약화된다.

ㄷ. A와 C의 혼합물이 상호작용에 의해 진동수 Ⅲ의 빛을 추가로 흡수하고 B는 진동수 Ⅲ의 빛을 흡수하지 않는다는 사실이 밝혀진다면, X는 A와 C로, Y는 A와 B로 구성되어 있다고 설명해야 한다. 이는 ㉠과 일치하지 않는 결과이므로, ㉠은 약화된다.

[오답해설]

ㄴ. A와 B의 혼합물은 상호작용에 의해 진동수 Ⅲ의 빛을 추가로 흡수한다는 사실이 밝혀진다고 하더라도, X는 A와 B, Y는 A와 C로 구성된다고 설명할 수 있다. 이는 ㉠과 일치하는 결과이므로, ㉠은 약화되지 않는다.

문 18. 정답 ②

[유형] 논증평가 [내용영역] 과학기술 [난이도] ★★☆

지문에 제시된 실험과 가설의 주요 내용을 정리하면 다음과 같다.

〈실험〉

	영역 Ⅰ	영역 Ⅱ
그룹 1	정상	정상
그룹 2	물질 α 생성 촉진 ⇒ 물질 α 증가	정상
그룹 3	정상	물질 α 분해 촉진 ⇒ 물질 α 감소

〈가설〉

A: 영역 Ⅰ에서 물질 α의 양이 증가하거나, 영역 Ⅱ에서 물질 α의 양이 감소 ⇒ 쥐가 행동 K를 할 가능성이 커짐

B: 영역 Ⅰ과 영역 Ⅱ에서 물질 α의 양 차이가 커짐 ⇒ 쥐가 행동 K를 할 가능성이 커짐

[정답해설]

ㄴ. A에 따르면 영역 Ⅰ에서 물질 α의 양이 증가하거나, 영역 Ⅱ에서 물질 α의 양이 감소할 경우 쥐가 행동 K를 할 가능성이 커진다. 이를 고려하면 행동 K를 하는 쥐의 비율은 그룹 2, 그룹 3 모두 그룹 1보다 높았어야 한다. 하지만 그룹 2, 그룹 3 모두 측정된 비율이 그룹 1보다 낮았으므로 A는 약화된다.

[오답해설]

ㄱ. A에 따르면 영역 Ⅰ에서 물질 α의 양이 증가하거나, 영역 Ⅱ에서 물질 α의 양이 감소할 경우 쥐가 행동 K를 할 가능성이 커진다. 이를 고려하면 행동 K를 하는 쥐의 비율은 그룹 2와 그룹 3 모두 그룹 1보다 높았어야 한다. 하지만 그룹 2, 그룹 3 모두 측정된 비율이 그룹 1과 차이가 없었으므로 A는 강화되지 않는다.

ㄷ. B에 따르면 영역 Ⅰ과 영역 Ⅱ에서 물질 α의 양 차이가 커질수록 쥐가 행동 K를 할 가능성이 커진다. 이를 고려하면 행동 K를 하는 쥐의 비율은 그룹 2와 그룹 3 모두 영역 Ⅰ과 영역 Ⅱ에서 물질 α의 양 차이가 커지는 경우에 해당하므로 그룹 1보다 측정된 비율이 높았어야 한다. 그룹 2, 그룹 3 모두 측정된 비율이 그룹 1보다 높았다면, 해당 결과는 B와 일치하므로 B는 약화되지 않는다.

문 19. 정답 ①

[유형] 정보추론 [내용영역] 인문 [난이도] ★☆☆

[정답해설]

(가): 3문단에 따르면 어느 한 언어를 주축으로 사용하면서 다른 언어의 요소를 사이사이에 삽입하여 주축 언어의 규범을 위반하는 경우가 코드 뒤섞기의 주된 사례로 제시된다. 4문단에 따르면 뒤섞이는 것의 단위가 문장일 때도 동일한 기준이 적용되며, 아이가 한국어를 주축 언어로 하여 "나는 정말로 I am happy다."라고 말한 경우는 한 언어를 주축으로 삼아 다른 언어의 문장을 그 안에 뒤섞어 말한 경우에 해당한다. 한국어를 주축 언어로 사용하는 입장에서는 (가)에서 설명하는 'I am happy'가 주축 언어의 규범을 위반하여 코드 뒤섞기에 해당한다고 볼 것이다. 따라서 '주축 언어의 규범을 위반하므로'가 (가)에 들어가야 한다.

(나): 5문단에 따르면 두 언어 모두 주축 언어가 될 수 있을 경우에는 각 언어의 규범과 문법을 위반했는지 여부에 따라 어느 것도 위반하지 않은 경우 코드 바꾸기 사례에, 하나라도 위반한 경우 코드 뒤섞기 사례에 해당한다. (나)에서 설명하는 사례는 각 문장이 한국어와 영어의 규범과 문법에 모두 충실하므로 코드 바꾸기에 해당한다. 따라서 '코드 바꾸기'가 (나)에 들어가야 한다.

문 20. 정답 ②

[유형] 정보추론 [내용영역] 인문 [난이도] ★★☆

[정답해설]

② 3문단과 4문단에 따르면 코드 바꾸기와 코드 뒤섞기를 구분할 때 뒤섞이는 것의 단위가 단어이든 문장이든 같은 기준이 적용된다. 5문단에 따르면 주축 언어가 정해지지 않은 상황에서 어느 한 언어의 규범이나 문법을 위반한 경우가 발생하면 코드 뒤섞기가 일어날 수 있다.

[오답해설]

① 3문단에 따르면 경우 주축 언어 규범을 위반한 경우 이를 코드 뒤섞기로 보는데, '피아노'를 사용한 것이 코드 뒤섞기가 아니라면 '피아노'를 외국어로 취급하지 않은 것으로 볼 수 있다.

③ 3문단에 따르면 '커피'의 경우 이미 한국어에서 정착된 차용어이기 때문에 이를 외국어로 취급하지 않지만, '커피'를 [kɔ́ːfi]로 발음하여 영어 발음 규칙에 충실한 방식으로 사용한다면 이것은 코드 뒤섞기의 범주에 들어간다. '피자'를 영어 발음인 [píːtsə]로 발음하는 경우는 한국어에서 정착된 차용 발음이 아닌 영어 발음 규칙에 충실한 방식을 사용했기에 코드 뒤섞기에 해당한다.

④ 3문단에 따르면 코드 뒤섞기는 주축 언어 규범을 위반했을 때 발생한다. 두 사람이 같은 언어를 모국어로 사용하여 대화한다 하더라도, 외국어를 삽입하거나 차용어를 영어 발음 규칙에 충실한 방식으로 사용하는 등 주축 언어 규범을 위반할 수 있다는 점에서 코드 뒤섞기 현상이 발생할 수 있다.

⑤ 1문단에 따르면 언어 선택은 어떤 표현을 사용할까에 대한 것으로, 존댓말을 쓸지 반말을 쓸지 선택하는 것도 이에 포함된다. 따라서 다언어 사회가 아닌 곳에서도 언어 선택이 나타날 수 있다.

문 21. 정답 ②

[유형] 정보확인 [내용영역] 인문 [난이도] ★☆☆

[정답해설]

② 3문단에 따르면 숙종 대 서울 인구가 늘어나 집을 지을 자리가 부족했으며 천변에 인접한 도로를 침범한 민가가 500호에 달했다는 기록을 확인할 수 있다. 따라서 숙종 대에는 서울의 인구가 증가하면서 주거지가 도로를 침범하는 일까지 벌어졌음을 알 수 있다.

[오답해설]
① 5문단에 따르면 서울의 인구가 증가하면서 소비 증가, 상권 활성화, 상품 수요 증대 등의 결과가 나타난 것이지, 상품 수요 및 소비 여력의 증대로 인하여 서울의 인구가 급증한 것은 아님을 알 수 있다. 따라서 조선 후기에 상품 수요 및 소비 여력의 증대로 인하여 서울의 인구가 급증했다고 보기는 어렵다.
③ 5문단에 따르면 이현, 칠패, 마포 등의 경우 시전상인이 아닌 사상인들의 새로운 교역처였다. 따라서 조선 후기로 가면서 종루 주변 시전상인들이 이현, 칠패, 마포 등지로 상권을 확대해 나갔다고 보기 어렵다.
④ 4문단에 따르면 1789년 파악된 서울의 호구 수는 43,929호에 189,153구였고, 그중에 성 밖의 호구 수는 21,835호에 76,782구로 서울 전체 호구 수의 절반 가까이 차지하고 있었다. 도성 밖의 호구 수를 2배로 하더라도 서울 전체 호구 수를 초과하지 못한다는 점에서 도성 안의 호구 수가 도성 밖보다 많았음을 알 수 있다. 따라서 1789년 서울에서는 도성 밖의 호구 수가 성안의 호구 수보다 더 많아지는 현상이 일어났다고 보기 어렵다.
⑤ 2문단에 따르면 17세기부터 기근과 흉년으로 인해 발생한 수많은 유민이 생업을 찾아 서울로 모여들었다. 하지만 이러한 이동이 전국적으로 형성된 시장망을 따라 이루어졌는지는 제시문의 정보만으로는 알 수 없다. 따라서 17세기부터 기근과 흉년으로 인해 발생한 수많은 유민이 전국적으로 형성된 시장망을 따라 이동하면서 서울로 모여들었다고 보기는 어렵다.

문 22. 정답 ⑤

[유형] 정보확인 [내용영역] 인문 [난이도] ★☆☆

[정답해설]
⑤ 3문단에 따르면 계회도를 구성하는 좌목에는 일부 참석자의 부친의 성명, 관직, 본관, 자호를 추가로 기록한 경우가 있었다. 따라서 계회도의 좌목에는 계회에 참석하지 않은 사람의 관직, 본관, 자호를 기록하는 경우도 있었다고 볼 수 있다.

[오답해설]
① 1문단에 따르면 동관계회는 같은 관청에 근무하는 관료들만의 모임을, 동경계회는 나이가 같은 이들의 모임을 말한다. 마지막 문단에 따르면 '독서당계회도'는 독서당이란 관청의 계회를 그린 계회도의 표제임을 알 수 있다. 따라서 '독서당계회도'는 동경계회가 아니라 동관계회의 모습을 그린 그림의 표제였을 것이다.
② 1문단에 따르면 도감계회는 도감의 일이 끝난 뒤 도감이 폐지될 때 한 차례 개최되었다. 따라서 도감 소속 관료들의 모임을 그린 계회도는 도감 설치 때 그려졌다고 보기 어렵다.
③ 2문단에 따르면 계회의 참석자들은 직업 화가에게 의뢰하여 계회의 모습을 그린 그림인 계회도를 남겼다. 따라서 동방계회의 계회도는 참석한 관료 중 그림에 능통한 사람이 그렸다고 보기 어렵다.
④ 1문단에 따르면 동향계회는 고향이 같은 관료들의 모임이며, 일생 동안 모임에 참여했음을 알 수 있으므로, 사헌부 소속 관료는 사헌부에서 근무하는 기간이 끝나더라도 동향계회에 참여했을 것이다.

문 23. 정답 ④

[유형] 정보확인 [내용영역] 사회 [난이도] ★☆☆

[정답해설]
④ 3문단에 따르면 수메르인은 거래가 발생하면 용기 속에 토큰을 넣어 보관하는 방식으로 거래를 기록했다. 채권자 A와 채무자 B의 사례에서, A는 원금과 이자의 합에 해당하는 28개의 토큰을 용기 속에 함께 넣어 보관했다. 따라서 A와 B 사이의 거래 내역을 담고 있는 용기를 깨뜨려 보면 원금과 이자의 총합을 확인할 수 있었을 것이다.

[오답해설]
① 1문단에 따르면 수메르인은 다양한 재화와 서비스를 각각 상징하는 형상물인 토큰을 사용했다. 하지만 수메르인이 상거래 규모가 증가함에 따라 재화만 표시하던 토큰을 서비스를 표시하는 데에도 사용하였는지는 지문의 정보만으로는 알 수 없다.
② 2문단에 따르면 쐐기문자 도입 시기인 B.C.3250년경을 기준으로 토큰과 용기의 형태, 색상, 사용 방식이 차이를 보임은 알 수 있으나, 해당 연도가 상거래 기록에 진흙 토큰·용기를 사용한 시기와 쐐기문자를 사용한 시기를 구분하는 기준인지는 지문의 정보만으로는 알 수 없다.
③ 2문단에 따르면 쐐기문자 도입 시기인 B.C.3250년경 이후부터 실로 연결된 꾸러미가 사용되었다. 따라서 수메르인은 쐐기문자를 도입하기 전부터 실로 묶은 토큰 꾸러미를 사용하여 채권이나 채무를 표시하였다고 보기는 어렵다.
⑤ 4문단에 따르면 C가 용기에 둘러놓은 실은 고객별 채권·채무 사항을 기록한 것으로, 실의 색에 따라 그 용기에 담겨 있는 토큰의 형태나 색깔이 달랐는지는 지문의 정보만으로는 알 수 없다.

문 24. 정답 ⑤

[유형] 정보확인 [내용영역] 사회 [난이도] ★☆☆

[정답해설]
⑤ 2문단에 따르면 뉴기니인은 인간의 근력 말고는 다른 동력원을 갖지 못하여 부족 간 경제적·문화적 교류가 부족할 수밖에 없었다. 따라서 뉴기니인의 부족한 동력원은 뉴기니의 발전을 저해하는 요인 중 하나에 해당한다.

[오답해설]
① 4문단에 따르면 뉴기니는 적은 인구수에서 벗어나지 못했으므로, 뉴기니의 인구는 가축을 기르기 시작하면서부터 증가하였다고 보기 어렵다.
② 3문단에 따르면 뉴기니의 저지대에서는 인구밀도가 낮은 지역에서만 이루어지는 화전 농업을 통해 식량을 생산했지만, 그 양은 매우 적었다. 따라서 뉴기니에서 식량 생산은 주로 저지대에서 대량으로 이루어졌다고 보기 어렵다.
③ 3문단에 따르면 뉴기니의 지형이 험준했음을 확인할 수는 있지만, 2문단에 따르면 뉴기니에는 가축의 종류가 다양하지 않아 유럽 침입자들이 가져온 유행병에 대응할 만한 면역력이 발달하지 못했다. 따라서 뉴기니는 부족 간 교류가 매우 드물고 지형이 험준하여 외부에서 유입되는 유행병으로부터 비교적 안전하였다고 보기 어렵다.
④ 1문단에 따르면 뉴기니는 석기를 사용했지만, 문자도 없었고 국가를 조직하지 못했음을 확인할 수 있다. 따라서 뉴기니의 부족사회를 통합하여 국가로 발전시킨 핵심적인 요인은 석기와 문자의 사용이었다고 보기 어렵다.

문 25. 정답 ②

[유형] 정보확인 [내용영역] 사회 [난이도] ★☆☆

[정답해설]
② 3문단에 따르면 다국적 기업이 진출한 이후 한 국가 안에서도 인구밀도가 높고 부유한 도시부터 공략되었고, 인구밀도가 낮은 농촌 지역은 다국적 기업이 물 사용료를 도시보다 더 높게 책정하여 주민들의 부담이 가중되었다. 따라서 인구밀도가 높고 부유한 도시와 인구밀도가 낮은 농촌 지역 간 물 사용료의 차이가 있었음을 알 수 있다.

[오답해설]
① 1문단에 따르면 탈식민지 국가들은 독립 이후 심각한 물 부족 문제를 해결하기 위해 물 공급 민영화 주장을 제시했다. 따라서 탈식민지 국가들은 물을 여타의 상품처럼 사적 소유가 가능한 재화로 간주하는 선진국 정책결정자들의 관점을 거부했다고 보기 어렵다.

③ 1문단에 따르면 탈식민지 국가들은 공적 자금이 부족하니 선진국의 민간 기업이 상수도 건설에 투자하도록 유도하고 사용료를 거둬 투자금을 회수할 수 있게 하자는 주장을 받아들여 물 공급 민영화를 국가 정책으로 추진했다. 따라서 탈식민지 국가들은 국가 재정을 동원한 공적 자금의 투입을 시도하지 않았다.

④ 3문단에 따르면 1992년 더블린 국제회의 선언은 경제적 가치를 지닌 물이 시장 재화로서 경쟁적 사용의 대상이 되어야 한다는 내용이었다. 따라서 해당 선언은 시장 논리에 따른 물 공급을 반대하기 위한 시도였다고 보기 어렵다.

⑤ 2문단에 따르면 선진국에서도 물 공급 민영화에 대한 찬반 대립이 존재하였다. 따라서 선진국들에서 물 공급 민영화 정책은 이견 없이 수용되었다고 보기 어렵다.

문 26. 정답 ④

유형 정보추론 내용영역 인문 난이도 ★☆☆

[정답해설]

④ 4문단에 따르면 초학제적 연구에서 학제를 초월한다는 것은 연구자가 자신의 뿌리를 잘라내는 것이 아니라 지평을 넓히는 것을 의미한다. 따라서 초학제적 연구는 학제적 코드를 초월하지만 학제의 폐쇄를 가져오지는 않는다는 것이 지문의 결론임을 알 수 있다.

[오답해설]

① 4문단에 따르면 초학제적 연구에서 강조되는 중요한 자산은 자신의 학제에 정통할 수 있는 연구자의 역량이다. 따라서 학제에 정통한 연구자일수록 초학제적 연구의 필요성을 수용하지 못한다고 보기는 어렵다.

② 3문단에 따르면 초학제적 연구는 문제 해결을 위해 학제의 의례와 규범을 초월하며, 개별 학제들로 환원될 수 없는 새로운 개념적, 이론적, 방법론적 프레임워크를 개발한다. 학제 내 수용성은 '내 학제에서 수용 가능한 문제는 무엇이며, 내 학제는 이 문제를 어떻게 다룰 것인가?'를 질문했던 학제적 연구에서 중시하는 개념이므로, 초학제적 연구를 수행하려는 연구자가 학제 내 수용성을 고려하여 주제를 선정해야 한다고 보기는 어렵다.

③ 3문단에 따르면 초학제적 연구는 문제 해결을 위해 학제의 의례와 규범을 초월하며 프레임워크를 혁신적으로 개발한다고 하였다. 따라서 학제의 의례와 규범에 따라 기존의 프레임워크를 개선하는 연구자를 가정하기는 어렵다.

⑤ 3문단에 따르면 초학제적 연구는 개별 학제들로 환원될 수 없는 새로운 개념적, 이론적, 방법론적 프레임워크를 혁신적으로 개발한다. 따라서 초학제적 연구에서의 문제를 자신의 학제에서도 해결하기 위해 어떻게 학제적 코드를 개선할지 고민해야 한다는 내용이 글쓴이의 결론이 되기는 어렵다.

문 27. 정답 ①

유형 정보추론 내용영역 인문 난이도 ★☆☆

[정답해설]

(가): 1문단에 따르면 대중은 예술적으로 가치 있다고 여겨지는 것을 작품을 통해 이해하고 수용할 수 있을 때 열광하며, 영화가 아닌 그림이나 시 등의 작품은 특별히 훈련을 받지 않은 사람으로서는 거의 이해할 수 없게 되어 있다. 즉 그림이나 시는 대중들이 이해하기 어렵기 때문에 우수하더라도 대중적 성공을 거두기 어려울 수 있다. 따라서 우수한 영화가 대중적 성공을 거둘 확률은 우수한 그림이나 시의 경우보다 훨씬 높다는 내용이 (가)에 들어가야 한다.

(나): 2문단에 따르면 영화가 대중적으로 큰 성공을 거두고 있는 것은 일종의 '젊은 예술'이기 때문이며, 한 세대만 지나도 영화의 표현 수단을 이해하지 못할 가능성이 있다. 3문단에 따르면 예술이 젊을 때 내용과 표현 형식 사이의 관계가 자연스럽고 단순하다. 따라서 오직 젊은 예술만이 대중적일 수 있다는 내용이 (나)에 들어가야 한다.

문 28. 정답 ③

유형 정보추론 내용영역 사회 난이도 ★★☆

[정답해설]

(가): 1문단에 따르면 평균비용은 일정 기간 동안 투입된 총비용을 해당 기간에 생산한 제품 개수로 나눈 값을, 한계비용은 과거에 지출한 비용은 제외하고 제품 1개를 추가로 생산할 때 투입되는 비용을 말한다. 3문단에 따르면 법원은 E사와의 경쟁 이전 모든 시설투자비를 포함하여 계산했으므로 총비용을 제품 개수로 나눈 값을 활용했음을 알 수 있다. 따라서 '평균비용'이 (가)에 들어가야 한다.

(나): 4문단에 따르면 C사는 1심 법원에 항소하면서, E사와의 경쟁 이전 시설투자비를 제외하고 경쟁 시작 시점에 투입된 비용인 C사의 빵 1개당 비용을 판매가격과 비교해야 한다고 주장하였다. 따라서 '한계비용'이 (나)에 들어가야 한다.

(다): 4문단에 따르면 E사와 경쟁할 당시 C사가 생산비용보다 높은 가격에 빵을 판매했음을 입증하였다는 것은 C사에 이익이 발생했다는 것이다. 이 경우 C사의 적자는 감소하였을 것이다. 따라서 '줄고'가 (다)에 들어가야 한다.

문 29. 정답 ⑤

유형 정보확인 내용영역 과학기술 난이도 ★☆☆

[정답해설]

⑤ 2문단에 따르면 말의 피부는 제곱미터당 약 100그램의 수분을, 낙타는 250그램까지 배출하지만, 인간은 500그램까지 배출할 수 있다. 이는 인간이 다른 동물보다 피부의 제곱미터당 흘릴 수 있는 땀의 양이 많음을 의미한다. 이 때문에 인간은 다른 동물보다 운동으로 달아오른 체내 열을 더 빨리, 더 많이 식힐 수 있다는 점에서 운동으로 인해 발생한 열을 식히는 데 더 유리하다고 볼 수 있다.

[오답해설]

① 4문단에 따르면 사냥에 있어 인간은 가장 효율적인 동물은 아니나, 지구력이 가장 강한 동물인 것은 확실하다. 따라서 인간이 체온 조절 능력 덕분에 사냥에 있어 가장 효율적인 동물로 평가된다고 보기는 어렵다.

② 1문단에 따르면 인간은 화살과 같은 사냥 도구가 개발되기 전, 즉 스스로 먹잇감을 찾아내 사냥해야 하는 상황에서 사냥에 성공했다. 따라서 화살과 같은 사냥 도구가 개발되기 전까지 인간은 스스로의 힘으로 사냥할 수 없었다고 보기는 어렵다.

③ 4문단에 따르면 인간은 일시적 탈수 현상을 잘 견디지만 운동 속도는 일시적 탈수 현상을 잘 견디지 못하는 영양과 같은 동물보다 느리다. 이를 고려하면 일시적 탈수 현상을 잘 견디는 동물이 그렇지 않은 동물에 비해 운동 속도가 더 빠른 것은 아니다.

④ 3문단에 따르면 인간은 땀으로 배출된 수분을 즉시 보충하지 않아도 되며, 탈수 현상을 상당한 정도까지 견뎌낼 수 있다. 따라서 인간은 땀으로 배출한 수분을 즉시 보충해야 하기 때문에 다른 동물에 비해 탈수 현상을 잘 견디지 못한다고 보기 어렵다.

문 30. 정답 ③

유형 정보추론 내용영역 사회 난이도 ★☆☆

[정답해설]

ㄱ. 2문단에 따르면 실물이익조정은 생산이나 판매에 대한 의사결정을 통해 자원이나 자금의 흐름에 실제로 영향을 주어 이익을 조정하는 것을 말한다. 기업 A의 경영자는 생산량을 비정상적으로 늘려 자원 흐름에 실제로 영향을 주는 방식으로 당기 이익을 높이고자 했다. 또한 회계기준에 어긋나지 않는 범위에서 조정이 이루어졌으므로, 기업 A의 조정은 실물이익조정에 해당한다.

ㄷ. 3문단에 따르면 장부상 이익조정은 실질적인 자원의 흐름과는 무관하게 회계 처리 방식의 변경을 통해 이익을 조정하는 것이다. 기업 C의 경영자는 재고자산 단가 계산 방식을 바꾸어 이익을 상향 조정했는데, 이는 회계기준 범위 내에서 장부에 반영되는 이익을 상향 조정한 것이므로 장부상 이익조정에 해당한다.

[오답해설]

ㄴ. 3문단에 따르면 장부상 이익조정은 실질적 자원이나 자금 흐름과는 무관해야 하지만, 기업 B의 경영자는 광고비를 대폭 늘려 지출함으로써 자금 흐름에 실제로 영향을 주었다. 따라서 기업 B의 조정은 장부상 이익조정에 해당한다고 보기 어렵다.

문 31. 정답 ③

유형 논증분석 내용영역 논리학 난이도 ★★☆

[정답해설]

ㄱ. 1문단에 따르면 A는 X에 속하는 개체들이 어떤 속성을 공유하고 이것이 자연법칙에 의해 설명되면 X를 자연종이라 하였다. 따라서 A는 개체들이 어떤 속성을 공유하고 그것들이 그러한 속성을 공유하는 것에 대한 자연법칙적 설명이 존재하는 ○○백신을 자연종이라 볼 것이다.

ㄴ. 2문단에 따르면 B는 A가 제시한 조건이 자연종을 위한 충분조건이 아니라고 보며, 어떤 X가 자연종이 되기 위해서는 어떤 개체가 그 X에 속하는지 여부에 대한 선명한 구분 기준이 존재해야 한다고 본다. 따라서 B의 입장에서는 금이 자연종이라면 무엇이 금인지 아닌지에 대한 선명한 구분 기준이 존재한다고 볼 것이다.

[오답해설]

ㄷ. 3문단에 따르면 B는 노인을 사회종으로 보며, 65세 이상이라는 속성을 공유하고 사회적 규칙이나 관행에 의해 설명된다고 본다. 따라서 B는 40세인 한국인을 노인으로 보지 않을 것이다. 1문단에 따르면 A는 노인이 갖는 속성을 공유하고 있고 이러한 속성을 공유하는 점이 자연법칙에 의해 설명이 된다고 하면 노인이라고 볼 것임을 추론할 수 있다. 하지만 A가 '노인이 갖는 속성'이 무엇인지를 명확히 제시하지는 않으므로, A가 이 한국인을 노인으로 볼 것인지는 판단하기 어렵다.

문 32. 정답 ①

유형 논증평가 내용영역 사회 난이도 ★☆☆

[정답해설]

ㄱ. A는 '심각한 피해, 회사의 미조치, 증거 가짐, 고발의 충분한 이유'라는 4가지 조건을 모두 만족할 경우 그리고 오직 그 경우에만 내부자 고발의 도덕적 정당성이 확보된다고 본다. 회사가 대중이나 사회에 입히고 있는 피해가 심각하지 않다는 것은 위의 조건 중 하나가 충족되지 못했음을 의미한다. 이에도 불구하고 내부자 고발이 도덕적으로 정당하다고 인정되는 사례는 A가 제시한 조건에 부합하지 않는다는 점에서 A의 주장을 약화한다.

[오답해설]

ㄴ. B는 '고발자 소속 부서의 업무, 심각하게 잘못된 것이라 믿음, 적절한 증거 가짐, 폭로의 충분한 이유'라는 4가지 조건을 모두 만족할 경우 그리고 오직 그 경우에만 내부자 고발의 도덕적 정당성이 확보된다고 본다. 따라서 한 가지 조건이라도 충족하지 못하는 경우 도덕적 정당성이 없는데, 잘못하고 있다는 것에 대한 적절한 증거가 없어 도덕적으로 정당하다고 인정되지 않은 사례는 조건에 부합하지 않아 도덕적 정당성이 인정되지 않은 사례에 해당한다. 따라서 이러한 사례는 B의 주장을 약화하지 않는다.

ㄷ. A의 경우 직속 상관이나 회사 내 다른 구성원에게 보고했으나 어떤 조치도 취해지지 않았음이 조건으로 제시되는데, 주어진 사례는 회사의 잘못을 다른 구성원에게 알릴 기회가 있음에도 하지 않은 것으로 조건을 충족하지 못하였다. 이러한 내부자 고발이 정당하다고 인정되는 사례는 A의 주장을 강화하지 않는다. B의 경우 이와 관련된 조건이 없으므로 해당 사례는 B의 주장을 강화하거나 약화하지 않는다.

문 33. 정답 ③

유형 형식논리 내용영역 논리학 난이도 ★★★

주어진 조건과 사실을 바탕으로 1~5번이 갖는 조건을 정리하면 아래와 같다.

조건 \ 물품	1	2	3	4	5
노란색	○	×	○		
구체			×	○	
5kg			○		×
양품 여부	○	×	○		

'양품'은 세 조건 중 둘만 만족하는 물품을 말하므로, 1번을 기준으로 두 가지 경우로 나눌 수 있다.

i) 1번이 노란색, 구체인 경우

조건 \ 물품	1	2	3	4	5
노란색	○	×	○	×	○
구체	○	×	×	○	○
5kg	×	○	○	×	×
양품여부	○	×	○	×	○

ii) 1번이 노란색, 5kg인 경우

조건 \ 물품	1	2	3	4	5
노란색	○	×	○	×	
구체	×	○	×	○	
5kg	○	×	○		×
양품 여부	○	×	○		

ii)의 경우 세 번째 사실인 "3번이 2번과 공통으로 만족하는 조건이 있다."를 충족하지 못하므로 i)의 경우만 고려하면 된다.

[정답해설]

③ i)에 따르면 1~5번 중 구체인 물품은 1, 4, 5번으로 이들은 모두 5kg이 아니다.

[오답해설]

① i)에 따르면 5번은 양품임을 확인할 수 있다.
② i)에 따르면 4번은 불량품임을 확인할 수 있다.
④ i)에 따르면 노란색인 물품은 1, 3, 5번으로 모두 양품임을 확인할 수 있다.
⑤ i)에 따르면 5kg인 양품은 3번으로 노란색임을 알 수 있다.

문 34. 정답 ⑤

유형 형식논리 내용영역 논리학 난이도 ★★★

[정답해설]

ㄱ. 1문단에 따르면 쌀이 곡식을 함의한다면 곡식은 쌀을 포함한다. 따라서 S는 T를 함의한다는 두 번째 사실로부터 T는 S를 포함한다는 점을 확인할 수 있다. 첫 번째 사실에 따르면 S는 P를 포함하므로, T는 P를 포함한다고 볼 수 있다.

ㄴ. 1문단에 따르면 A가 B를 함의할 경우, A의 외연에 속하는 모든 원소는 B의 외연에도 속하게 된다. 그런데 네 번째 사실에 따르면 T의 외연에 속하는 원소 중에 Q의 외연에 속하지 않는 것이 있다. 이는 T가 Q를 함의하지 않음을 의미한다.

ㄷ. 1문단에 따르면 두 단어가 '동의어'라는 것은 두 단어가 서로를 함의한다는 것이다. 즉 Q와 R이 동의어라면, Q와 R은 서로를 함의할 것이다. 선지의 전건으로 제시된 'S가 Q를 함의한다'는 Q의 내포가 S의 내포의 부분집합임을 뜻한다. 즉, Q의 내포에 속하는 모든 원소는 S의 내포에도 속한다는 것이다. 이때

세 번째 사실에 따르면 R의 내포에 속하는 원소 중 S의 내포에 속하지 않는 것이 있다.
주어진 정보를 종합하면 "R의 내포에 속하는 원소 중 Q의 내포에 속하지 않는 것이 있다."를 이끌어낼 수 있다. 따라서 Q와 R은 서로 함의하지 않으며, 동의어가 아니다.

문 35. 정답 ②

유형 논증평가 　 내용영역 과학기술 　 난이도 ★☆☆

[정답해설]

ㄷ. 갑은 유성생식이 무성생식보다 더 많은 유전적 다양성을 확보하게 한다고 보며, 을 또한 유성생식이 무성생식보다 유전적으로 달라질 가능성이 더 높다고 본다. 그런데 종 C의 경우 유성생식으로 나타난 자손보다 무성생식으로 나타난 자손에서 유전적 다양성이 더 크다면, 갑/을의 견해와는 상반되는 결과이므로 갑과 을의 견해 모두 약화된다.

[오답해설]

ㄱ. 갑은 유성생식이 예상하지 못한 환경 변화에 마주했을 때 생존에 유리하다고 본다. 따라서 종 A의 경우 변화가 미미한 환경에서 생존해 온 집단보다 변화가 큰 환경에서 생존해 온 집단에서 유성생식을 하는 비율이 높다면 갑의 견해와 일치하는 결과이다. 따라서 갑의 견해는 약화되지 않는다.

ㄴ. 을은 유전적으로 동일한 생물들은 살아가는 방식과 필요한 자원이 동일해 이에 대한 경쟁이 심하며, 살아가는 방식과 필요한 자원이 동일할 가능성은 무성생식이 유성생식보다 더 높다고 본다. 종 B의 경우 유성생식만 하는 집단보다 무성생식만 하는 집단에서 생존 경쟁이 더 치열하다는 결과는 을의 견해와 일치하는 결과이다. 따라서 을의 견해는 약화되지 않는다.

문 36. 정답 ④

유형 논증분석 　 내용영역 과학기술 　 난이도 ★★☆

지문과 〈실험 결과〉를 통해 파악한 CNT 샘플 관련 정보를 비교하면 아래와 같다.

○ CNT 샘플 결정성: $\dfrac{G \text{ 밴드 피크 높이}}{D \text{ 밴드 피크 높이}}$에 비례

○ α: D 밴드 피크 높이 = (β의 D 밴드 피크 높이)
　　G 밴드 피크 높이 〉 (β의 G 밴드 피크 높이)

○ β: G 밴드 피크 높이 〉 D 밴드 피크 높이

○ γ: D 밴드 피크 높이 = G 밴드 피크 높이 = (β의 D 밴드 피크 높이) × 2

조건에 맞게 임의의 수치를 채워 다음과 같이 표로 정리할 수 있다.

	α	β	γ
G 밴드 피크 높이	3	2	2
D 밴드 피크 높이	1	1	2
$\dfrac{G\text{밴드피크높이}}{D\text{밴드피크높이}}$	3	2	1

○ 파수 300cm^{-1} 이하에서의 피크는 β에서만 관찰됨

[정답해설]

ㄱ. 2문단에 따르면 $\dfrac{G \text{ 밴드 피크 높이}}{D \text{ 밴드 피크 높이}}$가 클수록 CNT 샘플의 결정성이 크다. 위 표를 참고하면 α와 β는 D 밴드 피크 높이가 동일하지만, α가 β보다 더 높은 G 밴드 피크 값을 가지므로 $\dfrac{G \text{ 밴드 피크 높이}}{D \text{ 밴드 피크 높이}}$는 α가 β보다 더 크다. γ의 경우 $\dfrac{G \text{ 밴드 피크 높이}}{D \text{ 밴드 피크 높이}}$가 1로 가장 작다. 따라서 결정성이 큰 CNT 샘플부터 차례로 나열하면 α, β, γ이다.

ㄷ. 1문단에 따르면 CNT는 단일벽 나노튜브(SW-CNT), 이중벽 나노튜브(DW-CNT), 다중벽 나노튜브(MW-CNT) 세 종류뿐이다. 2문단에 따르면 CNT 샘플에 SW-CNT나 DW-CNT가 존재할 때 그리고 오직 그때에만 파수 $300cm^{-1}$ 이하에서 피크가 나타난다. 파수 $300cm^{-1}$ 이하에서의 피크는 β에서만 관찰되었으므로 β에만 SW-CNT나 DW-CNT가 존재함을 알 수 있고, α와 γ는 MW-CNT로만 이루어져 있음을 알 수 있다.

[오답해설]

ㄴ. ㄷ에서 확인한 것처럼 α는 1종의 CNT(MW-CNT)로 이루어져 있다. 하지만 β의 경우 SW-CNT나 DW-CNT 중 1종으로만 이루어져 있거나, 2종 모두로 이루어져 있을 가능성이 있다. 따라서 β가 2종 이상의 CNT로 이루어져 있다고 단정할 수 없다.

문 37. 정답 ③

유형 논증분석 　 내용영역 과학기술 　 난이도 ★★☆

[정답해설]

지문에 제시된 정보를 정리하면 아래와 같다.

○ 그렐린 ⇒ AMPK 인산화 ⇒ ROS 생성 저해 ⇒ α 뉴런 활성화 ⇒ 식욕 촉진

○ 과학자의 가설: 식욕을 일으키는 메커니즘에 뇌 속에 있는 단백질 X와 Y가 관여함

○ M: 정상 쥐(단백질 X와 Y를 모두 보유) / MX: X를 만드는 유전자를 제거한 돌연변이 쥐(Y만 보유) / MY: Y를 만드는 유전자를 제거한 돌연변이 쥐 (X만 보유)

모든 선지가 "그렐린이 AMPK를 인산화할 때 □가 필요하고, 인산화된 AMPK가 ROS의 생성을 저해할 때 □가 필요하다."의 형태를 갖추고 있으므로, 'AMPK 인산화'와 'ROS 생성 저해'에 필요한 것이 무엇인지를 중심으로 파악한다.

먼저 〈실험 결과〉의 'AMPK 인산화 여부' 표에 따르면 S1(생리식염수+그렐린)을 주입한 결과 M과 MX의 경우 AMPK가 인산화되었지만, MY의 경우만 AMPK가 인산화되지 않았다. 따라서 Y가 없는 경우 AMPK 인산화가 이루어지지 않음, 즉 그렐린이 AMPK를 인산화할 때 Y가 필요함을 알 수 있다.

그리고 '쥐의 먹이 섭취 여부' 표에 따르면 M의 경우 S1을 주입했을 때 먹이를 먹었지만, MX와 MY의 경우 S1을 주입했을 때는 먹이를 먹지 않았다. MX의 경우 AMPK가 인산화되었음에도 먹이를 먹지 않았는데, M과 MX의 차이는 X의 보유 여부이므로 인산화된 AMPK가 ROS 생성을 저해할 때 X가 필요함을 알 수 있다. MX와 MY 모두 S2(생리식염수+그렐린+P 억제제)를 주입했을 때는 먹이를 먹었다. 뇌에서 ROS의 생성을 저해하는 P 억제제의 역할을 고려하면, MX의 경우 X가 없음에도, MY의 경우 AMPK가 인산화되지 않았음에도 P 억제제가 MX, MY의 뇌에서 ROS의 생성을 저해함으로써 식욕이 촉진되었음을 알 수 있다. S2를 주입한 쥐들의 먹이 섭취 여부는 모두 동일하다는 점에서 이를 정오 판단에 유의미한 정보로 보기는 어렵다.

이를 통해 ③ "그렐린이 AMPK를 인산화할 때 Y가 필요하고, 인산화된 AMPK가 ROS의 생성을 저해할 때 X가 필요하다."가 실험 결과를 가장 잘 설명함을 알 수 있다.

문 38. 정답 ③

유형 논증평가 　 내용영역 과학기술 　 난이도 ★☆☆

〈가설〉A. B와 〈실험〉에 제시된 정보를 정리하면 다음과 같다.

A: 초식 동물이 없는 생태계의 종 다양성 ⇒ 토양이 비옥하지 않은 경우 〉 비옥한 경우

B: 토양이 비옥한 생태계의 종 다양성 ⇒ 초식 동물이 없는 경우 〈 있는 경우

	모형 1	모형 2	모형 3	모형 4
토양 비옥	○	○	×	×
초식 동물	×	○	×	○

[정답해설]

③ 모형 1과 3은 초식 동물이 없다는 점에서 동일하며, 토양 비옥 여부에서 차이를 보인다. A에 따르면 토양이 비옥한 모형 1의 종 다양성이 더 작아야 하는데, 종 다양성 수치가 모형 3보다 모형 1에서 더 높다면 A는 약화될 것이다.

[오답해설]

① 모형 1과 2는 토양이 비옥하다는 점에서 동일하며, 초식 동물 여부에서 차이를 보인다. B에 따르면 초식 동물이 있는 모형 2의 종 다양성이 더 커야 하는데, 종 다양성 수치가 모형 1보다 모형 2에서 더 높다면 B와 일치하는 결과이므로 B는 약화되지 않을 것이다.

② 모형 1과 2는 토양이 비옥하다는 점에서 동일하며, 초식 동물 여부에서 차이를 보인다. A를 검증하려면 '초식 동물이 없는 생태계'에서 토양 비옥 여부에 따른 다양성 수치를 비교해야 한다. 하지만 모형 1과 모형 2는 초식 동물 여부에서 차이를 보인다는 점에서 위와 같은 비교가 불가능하다. 따라서 선지와 같은 조건에서 A가 강화된다고 보기 어렵다.

④ 모형 3과 4는 토양이 비옥하지 않다는 점에서 동일하며, 초식 동물 여부에서 차이를 보인다. B를 검증하려면 '토양이 비옥한 생태계'에서 초식 동물 여부에 따른 다양성 수치를 비교해야 한다. 하지만 모형 3과 모형 4는 모두 토양이 비옥하지 않다는 점에서 위와 같은 비교가 불가능하다. 따라서 선지와 같은 조건에서 B가 강화된다고 보기 어렵다.

⑤ 모형 2와 4는 초식 동물이 있다는 점에서 동일하며, 토양 비옥 여부에서 차이를 보인다. A를 검증하려면 '초식 동물이 없는 생태계'에서 토양 비옥 여부에 따른 다양성 수치를 비교해야 한다. 하지만 모형 2와 모형 4는 모두 초식 동물이 있다는 점에서 위와 같은 비교가 불가능하다. 따라서 선지와 같은 조건에서 A가 약화된다고 보기 어렵다.

문 39. 정답 ①

유형 정보확인 내용영역 인문 난이도 ★☆☆

[정답해설]

① 1문단에 따르면 A는 행위가 이유-반응적일 수 있으며, 세 가지 기준을 모두 만족할 때의 행위가 '이유-반응적'이라 보았다. 이에 따르면 조건을 모두 만족하지는 못했으나 어떤 행위가 일어날 수도 있다. 따라서 어떤 행위가 일어났다고 하여 그 행위가 반드시 이유-반응적이라 보기는 어렵다.

[오답해설]

② 3문단에 따르면 정은 자신의 손이 더럽다고 믿을 어떠한 이유도 갖고 있지 않음에도 그렇게 믿게끔 최면에 걸리고, 그 때문에 믿음에 빠진다. 1문단에 따르면 A는 행위가 이유-반응적이면 그 행위는 자유로운 것이라고 규정한다. A에 따르면 정의 믿음은 자유롭지 않은데, 이는 정의 믿음이 이유-반응적이지 않음을 의미한다. A가 1문단에서 제시한 기준을 고려하면, 정은 자신의 손이 더럽다고 믿을 어떠한 이유도 가지고 있지 않다는 점에서 믿음 이유를 적절히 파악하였다고 볼 수 없을 것이다. 따라서 정은 왜 자신이 "내 손이 불결하다."를 믿는지 그 이유를 제시할 수 없을 것이다.

③ 2문단에 따르면 A는 갑의 절도 행위가 인과적으로 결정되었다고 하더라도 갑은 자신이 왜 그런 행위를 했는지를 설명할 수 있다고 본다. 이에 따라 갑의 절도 행위는 자유로운 것이었으므로 이와 관련된 도덕적 책임을 물을 수 있다고 하였다. 따라서 A는 어떤 행위가 인과적으로 결정되었다고 해서 그 행위에 대한 도덕적 책임이 반드시 면제되는 것은 아니라고 볼 것이다.

④ 4문단에 따르면 B는 믿음에서 비롯된 행위에 대해서는 도덕적 평가를 내릴 수 있다고 보지만, 그 믿음을 가졌다는 자체에 대해서 그런(도덕적) 평가를 하는 것은 터무니없다고 본다. 따라서 B는 특정한 믿음을 가졌다는 이유만으로 도덕적 비난을 받을 수 없다고 볼 것이다.

⑤ 4문단에 따르면 B는 인과적 결정론이 참인지 여부에 상관없이, 믿음이 이유를 가지는 경우에는 그 이유가 반드시 증거와 같은 인식적 이유이며, 이 경우에는 무엇을 믿게 되는지 선택할 수 없다고 설명한다. 따라서 B는 증거를 통해 인식적 이유를 갖게 된 사람은 무엇을 믿을지 마음대로 선택할 수 없다고 볼 것이다.

문 40. 정답 ②

유형 논증평가 내용영역 인문 난이도 ★★☆

[정답해설]

ㄷ. A와 B는 세계의 모든 사건이 자연법칙에 의해 인과적으로 결정된다는 결정론이 참일 때, 믿음이 자유로울 수 있을지에 대해 논쟁하고 있다. 세계에서 일어나는 사건 가운데 자연법칙에 의해 인과적으로 결정되지 않는 사건이 존재하더라도, 이는 A와 B의 논의 범위를 벗어난다는 점에서 A의 입장도 B의 입장도 약화하지 않을 것이다.

[오답해설]

ㄱ. 1문단에 따르면 A는 행위가 이유-반응적이기 위한 세 가지 기준으로 행위자가 행위 이유를 적절히 파악하고, 파악한 이유대로 행하기로 선택하며, 선택한 대로 실제 행해야 함을 제시한다. 따라서 행위자가 행위 이유를 인지하고, 그 이유대로 행하기로 선택했음에도, 선택대로 행하지 않은 경우 A의 입장에서는 이를 이유-반응적이지 않다고 볼 것이다. 해당 행위가 이유-반응적이라고 제시된 것은 아니므로 이 경우는 A의 입장을 약화하지 않는다.

ㄴ. 마지막 문단에 따르면 B는 행위의 경우 도덕적, 타산적, 취향적 이유 등 다양한 이유를 가지지만, 믿음의 경우 이유의 종류가 인식적 이유에 국한된다고 하였다. 따라서 인식적 이유가 아닌, 도덕적 이유에만 반응해서 신의 존재에 대한 믿음이 형성될 수 있다는 것은 B의 입장을 강화한다고 보기 어렵다.

2025년도 자료해석영역 (가)책형

문 1. 정답 ⑤

내용영역 자료전환   **난이도** ★☆☆

[정답해설]

ㄴ. 〈보고서〉의 두 번째 문단에서 공용자전거 A의 평균 이용시간별 비중 중 '30분 이상 1시간 미만'이 44.36%로 가장 크다고 한 것과 부합하며, 1시간 이상으로 이용하는 비중이 20% 미만이므로 1시간 미만으로 이용하는 비중은 80% 이상임을 알 수 있다.

ㄹ. 〈보고서〉의 마지막 문단에서 A의 만족도가 4.2점으로 다른 공용자전거와 비교했을 때 가장 높음을, 인지도는 4.2점인 B에 이어 3.7점으로 2위를 차지했음을 알 수 있다.

[오답해설]

ㄱ. 〈보고서〉의 첫 번째 문단에서 2024년 '기타'를 제외하고 '학원'의 이용용도 비중이 가장 작고 그다음으로 '업무', '쇼핑' 순이라 했으나, '학원', '쇼핑', '업무' 순임을 확인할 수 있다.

ㄷ. 〈보고서〉의 세 번째 문단에서 불편사항 비중이 높은 순서로 '무거운 자전거', '대여소간 연계성 부족', '잦은 고장'이라 했으나 '잦은 고장'의 비중이 19.36%로 13.89%인 '대여소간 연계성 부족'보다 큼을 확인할 수 있다.

문 2. 정답 ①

내용영역 자료전환   **난이도** ★☆☆

[정답해설]

A : 2023년 차량유형별 교통량은 모든 도로종류에서 A가 가장 적었다고 하므로, 하나의 도로종류만 확인하면 된다. 2023년 고속국도에서 교통량이 가장 적은 차량유형은 727대/일인 버스이다. 따라서 A는 버스이다.

B : 2024년 교통량 중 승용차의 비중은 고속도로가 $\frac{36217}{52116} \times 100$, 일반국도가 $\frac{10248}{13262} \times 100$이다. 분모끼리 비교하면 52,116은 13,262의 약 4배이다. 분자끼리 비교하면 36,217은 10,248의 4배에 미치지 못한다. 따라서 고속국도가 일반국도보다 작음을 알 수 있다.

C : 지방도 교통량 중 버스의 비중은 2023년이 $\frac{103}{5543} \times 100$으로 2% 미만이다. 반면, 2024년에는 $\frac{120}{5340} \times 100$으로 2% 이상이다. 따라서 2024년 지방도 교통량 중 버스의 비중은 전년 대비 증가했음을 알 수 있다.

이를 정리하면,

A	B	C
버스	작았다	증가

문 3. 정답 ②

내용영역 자료전환   **난이도** ★☆☆

[정답해설]

ㄱ. 〈표 2〉의 2023년 분야별 재정지출 현황과 분야별 재정지출 규모의 의미가 동일하고, 각 분야의 값이 동일하고 단위도 같다.

ㄷ. 〈표 1〉의 재원별 재정지출 규모가 일반회계, 특별회계 기금 모두 연도별로 동일하며, 단위도 같다.

[오답해설]

ㄴ. 2021년 사회복지 분야의 재정지출 구성비는 $\frac{185.0}{557.9} \times 100$이다. 560×0.3=168이므로, $\frac{185.0}{557.9} \times 100 > 30\%$이다. ㄴ에서는 2021년 사회복지 분야의 재정지출 구성비를 28%로 30% 미만으로 제시되어 있어 옳지 않다.

ㄹ. 2021년 대비 2023년 보건 분야의 재정지출은 14.7조 원에서 20.0조 원으로 증가하였음에도, ㄹ에는 감소한 것으로 제시되어 있어 옳지 않다.

문 4. 정답 ④

내용영역 자료추론   **난이도** ★☆☆

[정답해설]

ㄴ. 2013년에 중부 지방과 남부 지방 모두 장마 기간이 40일 이상이었으며, 주어진 기간 중 다른 해에는 두 지방 모두 40일을 넘은 적은 없다.

ㄹ. 중부 지방이 남부 지방보다 하루 늦게 장마가 시작됐는데 기간은 하루 짧으므로, 두 지방의 2015년 장마 종료일이 동일함을 알 수 있다. 장마 종료일은 7월 29일이다.

[오답해설]

ㄱ. 중부 지방의 경우 2020년의 기간이 54일이고, 이보다 기간이 긴 연도는 없다. 남부 지방의 경우 2020년의 기간이 38일이고, 이보다 기간이 긴 연도는 기간이 46일인 2013년이다.

ㄷ. 중부 지방의 2014년 장마 종료일은 7월 29일이며, 2017에 종료일이 29일로 동일하다면 시작일은 장마 기간이 29일임을 고려할 때 7월 1일이므로 7월에 시작되었다.

문 5. 정답 ⑤

내용영역 자료전환   **난이도** ★☆☆

[정답해설]

⑤ A 대학교에서 '마'전형은 '가'전형 다음으로 경쟁률이 높지만, B 대학교에서는 4번째로 '라'전형이 가장 낮음을 알 수 있다.

[오답해설]

① A 대학교의 모집인원은 〈그림 1〉을 통해 60명임을 알 수 있고, B 대학교의 모집인원은 63명(=40+15+5+3)임을 알 수 있다.

② A 대학교는 지원자 수가 1,200명을 초과하고 B 대학교는 1,000명 미만이다. 따라서 지원자 수는 A 대학교가 B 대학교의 1.2배 이상이다.

③ A 대학교와 B 대학교에서 모집 인원이 가장 많은 전형은 각각 '마'전형과 '나'전형이다. A 대학교의 경우 702명으로 '마'전형에 가장 많은 지원자가, B 대학교의 경우 358명으로 '나'전형에 가장 많은 지원자가 지원했음을 알 수 있다.

④ A 대학교의 경우 지원자 수가 1,200명을 초과하고, 모집인원은 60명이므로 경쟁률은 20을 초과한다. B 대학교의 경우 지원자 수가 1,000명 미만이고, 모집인원은 60명을 초과하므로 경쟁률은 20 미만으로 A 대학교 경쟁률이 B 대학교보다 높음을 알 수 있다.

문 6. 정답 ③

내용영역 자료전환   **난이도** ★☆☆

[정답해설]

③ 두 번째 문단에서 다양한 시험을 통해 무과급제자를 선발하였다는 내용은 있으나, 시험 시행 간격을 언급하고 있을 뿐 무과 종류별 급제자수의 비중과 관련된 내용은 확인할 수 없다.

[오답해설]

① 첫 번째 문단에서 천 명 이상의 무과급제자를 배출한 연도수가 1618년부터 1894년 사이에 10개 연도였다는 것, 1676년에 17,652명의 무과급제자가 배출되었다는 것을 통해 확인할 수 있다.

② 세 번째 문단에서 1608~1894년 동안 무과급제자의 주요 성관 비중을 언급하고 있음을 통해 확인할 수 있다.

④ 세 번째 문단에서 광해군 이후 무과급제자 출신지역 비중을 살펴본 내용 및 효종 재위 기간과 그 이후 전라 출신 무과급제자 비중을 언급한 것을 통해 확인할 수 있다.

⑤ 마지막 문단에서 고종 재위 기간에 신임 군영 장군 33명 중 문과급제자 출신이 8명이었다는 내용을 통해 확인할 수 있다.

문 7. 정답 ③

내용영역 자료추론   난이도 ★★☆

빈칸인 미집행 인원은 2016년 40+4-5=39명, 2019년 51+2-4=49명, 2020년 49+5-3=51명, 2022년 49+3-2=50명, 2023년 50+2-8=44명이다.

[정답해설]

③ 집행 인원이 1명 이상인 해는 2018년, 2020년, 2022년이며, 해당 연도의 미집행 인원은 2018년은 전년 대비 44명에서 51명으로 증가, 2020년은 전년 대비 49명에서 51명으로 증가, 2022년은 전년 대비 49명에서 50명으로 증가하였으므로, 해당하는 연도 모두 전년 대비 증가했음을 알 수 있다.

[오답해설]

① 빈칸으로 되어 있는 연도의 미집행 인원은 각각 39, 49, 51, 50, 44명이며, 이를 고려할 때 미집행 인원이 가장 작은 연도는 2016년이다.

② 2016~2024년 감형 인원 합은 4+6+5+2=17명, 집행 인원 합은 6명으로 3배 미만임을 알 수 있다.

④ 2017년 미집행 인원의 전년 대비 증가율은 $\frac{44-39}{39} \times 100 = \frac{5}{39} \times 100$이다. 2017년을 제외하고 미집행 인원의 전년 대비 증가폭이 가장 큰 연도는 51-44=6명인 2018년이다. 2018년 미집행 인원의 전년 대비 증가율은 $\frac{51-44}{44} \times 100 = \frac{7}{44} \times 100$이다. $\frac{5}{39}$과 $\frac{7}{44}$을 비교하면, $\frac{7}{44} > \frac{7}{49} = \frac{1}{7} = \frac{5}{35} > \frac{5}{39}$이므로 미집행 인원의 전년 대비 증가율은 2018년이 2017년보다 높다.

⑤ 2020년의 미집행 인원 대비 확정 인원 비율은 $\frac{5}{51} \times 100 < 10\%$이며, 2015년의 경우에는 $\frac{4}{40} \times 100 = 10\%$이므로 2015년이 2020년보다 높다.

문 8. 정답 ④

내용영역 자료전환   난이도 ★☆☆

[정답해설]

④ 2024년의 지방세 수입의 전년 대비 증가율은 약 10%인 반면, 국세 수입의 전년 대비 증가율은 $\frac{344.1-285.5}{285.5} \times 100 = \frac{58.6}{285.5} \times 100$으로 20%를 초과한다. 따라서 2024년 조세수입 중 지방세 수입의 비중은 전년 대비 감소한다.

[오답해설]

① 〈그림〉의 그래프 추이를 통해 확인할 수 있다. 그래프 높이가 비슷한 2022년과 2023년을 비교하면, 2022년 대비 2023년 지방세 수입은 8만큼 줄어든 반면 지방세 수입은 10 이상 증가하였으므로 조세수입은 증가했다.

② 285.5에서 20% 증가한 수치는 286×1.2=343.2보다 작은 수치인데, 2024년 국세 수입은 이보다 큰 344.1이므로 국세 수입은 전년 대비 20% 이상 증가했다.

③ 2023년의 전년 대비 지방세 수입 증가율은 $\frac{102.0-90.5}{90.5} \times 100 = \frac{11.5}{90.5} \times 100$으로 10% 이상 증가하였다. 2021년과 2022년은 모두 전년 대비 10% 미만 증가했다. 2024년의 전년 대비 지방세 수입 증가율은 $\frac{112.8-102.0}{102.0} \times 100 = \frac{10.8}{102.0} \times 100$이다. $\frac{11.5}{90.5}$은 $\frac{10.8}{102.0}$에 비해 분자는 크고 분모는 작으므로 2023년의 전년 대비 지방세 수입 증가율이 가장 크다.

⑤ 2024년 국세 수입과 지방세 수입의 격차는 344.1-112.8 > 230이며, 다른 연도는 모두 230 미만이다.

문 9. 정답 ④

내용영역 자료확인   난이도 ★☆☆

[정답해설]

ㄴ. 각 환승역에서 하차는 순하차와 환승유출을 합한 수이다. 환승유출 승객수가 모든 환승역에서 하차 승객수의 50%를 초과하므로 순하차 승객수보다 많다.

ㄷ. N의 순승차 승객수와 순하차 승객수의 차이는 372-359=13명이다. N 이외의 일반역 모두 순승차 승객수와 순하차 승객수의 차이가 20명을 초과한다.

[오답해설]

ㄱ. 환승유입 승객수가 가장 많은 환승역은 P이고, 환승유출 승객수가 가장 많은 환승역은 J이다.

문 10. 정답 ③

내용영역 자료확인   난이도 ★★☆

[정답해설]

③ 여성의원 발의 법률안 건수 중 법률반영 법률안 건수인 522에 5를 곱하면 여성의원 발의 법률안 건수인 2,559를 초과하므로 여성의원 발의 법률안 건수 중 법률반영 법률안 건수는 20% 이상임을 알 수 있다.

[오답해설]

① 전체 발의 법률안 건수 중 정부 발의 법률안 건수 비중은 $\frac{383}{12413} \times 100$이다. 10,000의 5%는 500이므로, $\frac{383}{12413} \times 100 < 5\%$이다.

② 의원 발의 법률안 건수 중 계류 중인 건수 비중은 $\frac{9096}{11573} \times 100$이다. 11500×0.8=9,200이므로, 80% 이하이다.

④ 의원 발의 법률안 건수 중 남성 의원 발의 법률안 건수 비중은 $\frac{9014}{11573} \times 100$이다. 70%인 $\frac{7000}{10000}$과 $\frac{9014}{11573}$을 비교하면, 분모는 11,573이 10,000의 1.2배보다 작고 분자는 9,014가 7,000의 1.2배보다 크다. 따라서 의원 발의 법률안 건수 중 남성 의원 발의 법률안 건수 비중은 70% 이상이다.

⑤ 가중평균을 통해 도출할 수 있는데, 80을 기준으로 남성은 0.6이 작고 여성은 0.6이 크다. 남성 법률미반영 건수가 더 크므로 의원 발의 법률안 가운데 법률미반영 법률안의 처리기간은 80일 미만이다.

문 11. 정답 ②

내용영역 자료추론   난이도 ★★☆

[정답해설]

ㄴ. E의 보도횟수에서 신문이 차지하는 비중은 $\frac{560}{855} \times 100$이다. D는 E보다 보도횟수는 작고 신문은 더 많으므로 D는 E보다 보도횟수에서 신문이 차지하는 비

중이 높다. F의 보도횟수에서 신문이 차지하는 비중은 $\frac{480}{654}\times 100$이다. $\frac{560}{855}$과 $\frac{480}{654}$의 크기를 비교하기 위해 두 분수에 1을 제외하면, $1-\frac{560}{855}=\frac{295}{855}$, $1-\frac{480}{654}=\frac{174}{654}$이고 $\frac{295}{855}$는 0.3보다 크고 $\frac{174}{654}$는 0.3보다 작다. 따라서 $\frac{480}{654}>0.7$, $\frac{560}{855}<0.7$로 F는 E보다 보도횟수에서 신문이 차지하는 비중이 높다.

[오답해설]

ㄱ.A~C의 보도건수 합이 456건이다. 경제통상국의 건당 보도횟수가 5회 이상이 되려면 A~C의 보도횟수 합이 2,280건이 되어야 한다. 그런데 A~C의 보도횟수 합은 966+320+910=2,196건이다.

ㄷ.H의 제공건수와 보도건수가 각각 10건씩 증가하면, 농업정책국의 보도자료 제공건수는 409건, 보도건수는 300건이 된다. $\frac{300}{409}<\frac{300}{400}=0.75$이므로 H의 보도자료 제공건수와 보도건수가 각각 10건씩 증가하여도 농업정책국의 보도율은 75% 미만이다.

문 12. 정답 ④

내용영역 자료추론   난이도 ★★☆

[정답해설]

ㄴ.전체 치매안심센터 76+180=256개 중 농촌 치매안심센터 76개의 비중은 $\frac{76}{256}\times 100$이다. 담당면적이 100 km² 이상 200 km² 미만인 치매안심센터 9+28=37개 중 농촌치매안심센터 9개의 비중은 $\frac{9}{37}\times 100$이다. $\frac{9}{37}$의 분자와 분모에 각각 8을 곱하면 $\frac{72}{296}$이고 이는 $\frac{76}{256}$에 비해 분자는 작고 분모는 크므로, $\frac{76}{256}>\frac{9}{37}$이다. 따라서 전체 치매안심센터 중 농촌 치매안심센터의 비중은 담당면적이 100 km² 이상 200 km² 미만인 치매안심센터 중 농촌 치매안심센터의 비중보다 크다.

ㄹ.농촌 치매안심센터만 14개소 추가될 경우 농촌 치매안심센터는 76+14=90개이다. 사회복지사 수는 76×2.17이므로 농촌 치매안심센터 1개소당 사회복지사가 2명을 가정한 90×2와 크기 비교를 하여 판단할 수 있다. $\frac{90-76}{76}=\frac{14}{76}$이고, $\frac{2.17-2}{2}=\frac{0.17}{2}>\frac{0.166\cdots}{2}=\frac{1/6}{2}=\frac{1}{12}$이고 $\frac{14}{76}>\frac{1}{12}$이므로 76×2.17 > 90×2이다. 따라서 농촌 치매안심센터 1개소당 사회복지사는 2명 이하가 된다.

[오답해설]

ㄱ.농촌 치매안심센터 76개 중 담당면적이 500 km² 이상인 센터 9+11+20=40개의 비중은 $\frac{40}{76}\times 100$이며, 도시 치매안심센터 180개 중 담당면적이 100 km² 미만인 센터 99개의 비중은 $\frac{99}{180}\times 100$이다. $\frac{40}{76}$과 $\frac{99}{180}$ 모두 0.5를 초과하므로 두 분수에 0.5를 제외하면, $\frac{2}{76}$과 $\frac{9}{180}$이 된다. $\frac{9}{180}=0.05>\frac{2}{76}$이므로 농촌 치매안심센터 중 담당면적이 500 km² 이상인 센터의 비중은 도시 치매안심센터 중 담당면적이 100 km² 미만인 센터의 비중보다 작다.

ㄷ.도시 치매안심센터에 종사하는 간호사 수는 180×9.06이고, 농촌 치매안심센터에 종사하는 간호사 수는 76×6.28이다. 180×9.06의 1/4은 45×9.06이고 76×6.28과 크기 비교를 하면, 76은 45의 1.5배를 초과하고 9.06은 6.28의 1.5배보다 작다. 따라서 치매안심센터에 종사하는 간호사 수는 도시가 농촌의 4배 미만이다.

문 13. 정답 ②

내용영역 자료확인   난이도 ★★☆

[정답해설]

ㄱ.조정중재성립 건수는 두 번째 단서에 의해 합의+성립+중재이다. 2019년과 2020년을 비교하면 합의, 성립은 2019년이 많고 중재는 동일하다. 따라서 2019년이 2020년보다 조정중재성립 건수가 많다.

2021년의 경우, 성립 건수는 331-177=154건이다. 2021년은 합의 건수는 2019년에 비해 더 많지만 차이는 20건 미만이며, 성립 건수는 2019년이 2021년보다 20건 이상 많다. 따라서 2019년이 2021년보다 조정중재성립 건수가 많다.

2022년의 경우, 성립 건수는 238-122=116건이다. 2022년은 합의 건수는 2019년에 비해 더 많지만 차이는 30건 미만이며, 성립 건수는 2019년이 2022년보다 30건 이상 많다. 따라서 2019년이 2022년보다 조정중재성립 건수가 많다.

2023년은 합의 건수는 2019년에 비해 더 많지만 차이는 60건 미만이며, 성립 건수는 2019년이 2023년보다 60건 이상 많다. 중재 건수는 2023년이 2019년보다 1건 더 많으므로, 2019년이 2023년보다 조정중재성립 건수가 많다. 따라서 조정중재성립 건수가 가장 많은 연도는 2019년이다.

ㄷ.〈표 2〉에서 2019년과 2020년 모두 병원은 250건을 초과하며 다른 기관유형은 250건 미만이다. 2021년 병원은 260건을 초과하며 다른 기관유형은 260건 미만이다. 2022년 병원은 270건을 초과하며 다른 기관유형은 270건 미만이다. 2023년 병원은 250건을 초과하며 다른 기관유형은 250건 미만이다. 또한 매년 4개 주요 기관유형의 조정중재성립 건수 합과 전체 조정중재성립 건수의 차이는 병원의 조정중재성립 건수보다 작기 때문에 매년 조정중재성립 건수가 가장 많은 기관유형은 병원이다.

[오답해설]

ㄴ.2020년 조정중재성립률은 $\frac{982}{1624-16}\times 100=\frac{982}{1608}\times 100$이다. 조정중재성립률은 분자가 조정중재성립이므로, 2020년보다 조정중재성립이 더 큰 2021년과 2020년을 비교한다. 2021년 조정중재성립률은 $\frac{1015}{1546-8}\times 100=\frac{1015}{1538}\times 100$이다. $\frac{1015}{1538}$은 $\frac{982}{1608}$에 비해 분자는 크고 분모가 작으므로, 조정중재성립률은 2021년이 2020년보다 높다.

ㄹ.2022년의 경우 건당 성립금액의 전년 대비 증감방향이 '상급종합병원'은 증가했지만 '의원'은 감소했음을 확인할 수 있다.

문 14. 정답 ①

내용영역 자료전환   난이도 ★☆☆

[정답해설]

① 〈표 1〉을 통해 확인할 수 있으며, 결정의 경우 256건, 부조정의 경우 120건임에도 불구하고 결정의 비중이 더 낮은 것을 통해 알 수 있다.

[오답해설]

② 〈표 2〉의 각 유형별 건수와 건당 성립금액을 곱하여 확인할 수 있다. 〈표 2〉에서 2023년 상급종합병원은 (191×15708천 원)이고, ②번 그래프에서는 3,000백만 원=3,000,000원=(200×15000천 원)이다. 191×15708≒200×15000이다.

〈표 2〉에서 2023년 종합병원은 (202×11871천 원)이고, ②번 그래프에서는 (100×23980천 원)이다. 202×11871≒100×23980=200×11900이다.

〈표 2〉에서 2023년 병원은 (258×9784천 원)이고, ②번 그래프에서는 (100×25240천 원)이다. 258×9784=129×19568이고, 19568을 20000으로 간주하고 129를 130으로 간주하였을 때 (130×20000=26,000천 원)이 도출된다. 이 값은 (129×19568천 원)보다 약간 크므로, 〈표 2〉의 (258×9784천 원)과 ②번 그래프의 (100×25240천 원)은 유사하다고 볼 수 있다.

〈표 2〉에서 2023년 의원은 (209×10326천 원)이고, ②번 그래프에서는 2,158백만 원=2,158,000원=(100×21580천 원)이다. 209×10326 > 100×20652이고 100×20652은 100×21580보다 약간 작다. 따라서 〈표 2〉의 (209×10326천 원)과 ②번 그래프의 (100×21580천 원)은 유사하다고 볼 수 있다.

③ 연도별 조정 건수는 단서 1)에 의해 조정중재종료 건수와 중재 건수의 차이로 판단할 수 있다. 2019년은 $\frac{849}{1636-0} \times 100$이다. 1636의 1/2는 818이므로 $\frac{849}{1636}$은 0.5를 약간 초과한다. ③번 그래프는 이를 반영하고 있다.

2020년은 $\frac{824}{1624-0} \times 100$이다. 2019년의 $\frac{849}{1636}$과 2020년의 $\frac{824}{1624}$를 비교하면 2019년이 2020년에 비해 분자는 $\frac{849-824}{824} = \frac{25}{824}$만큼 크고 분모는 $\frac{1636-1624}{1624} = \frac{12}{1624}$만큼 크다. $\frac{25}{824} > \frac{12}{1624}$이므로, 2019년의 수치가 2020년의 수치보다 크다. 또한 $\frac{824}{1624}$는 0.5 이상이다. ③번 그래프는 이를 반영하고 있다.

2021년의 경우 $\frac{861}{1546-0} \times 100$이다. ③번 그래프에는 55%를 약간 초과한다고 제시되어 있으므로, $\frac{861}{1546}$이 0.55를 약간 초과하는지를 확인한다. 1546의 0.5는 773이고, 0.05는 77.3이다. 773+77.3=850.2이고 861은 850.2를 약간 초과하므로 ③번 그래프와 유사하다고 볼 수 있다.

2022년의 경우 $\frac{871}{1364-2} \times 100$이다. ③번 그래프에는 60%를 초과한다고 제시되어 있으므로, $\frac{871}{1362}$가 0.6을 초과하는지 확인한다. 1362×0.6=817.2이다. 따라서 60%를 초과함을 알 수 있다.

2023년의 경우 $\frac{905}{1461-1} \times 100$이다. ③번 그래프에는 60%를 초과하며, 2022년보다 작다고 제시되어 있다. 우선 $\frac{905}{1460}$이 0.6을 초과하는지 살펴보면, 1460×0.6=876이므로 $\frac{905}{1460}$은 0.6을 초과한다. $\frac{871}{1362}$과 $\frac{905}{1460}$의 크기를 비교하면 둘 다 0.6을 초과하므로 0.6을 제외하고 판단한다. $\frac{871}{1362}$에서 0.6을 제외하면 $\frac{871-817.2}{1362} = \frac{53.8}{1362}$이고 $\frac{905}{1460}$에서 0.6을 제외하면 $\frac{29}{1460}$이다. $\frac{53.8}{1362}$은 $\frac{29}{1460}$에 비해 분자는 크고 분모는 작으므로 $\frac{53.8}{1362} > \frac{29}{1460}$이다. 따라서 ③번 그래프에 제시된 것과 부합한다.

④ 〈표 2〉의 각 유형별 건수를 더하여 확인할 수 있다. 2019년은 216+225+259+184=884건, 2020년은 210+235+254+164=863건, 2021년은 228+190+269+171=858건, 2022년은 175+154+277+217=823건, 2023년은 191+202+258+209=860건이다.

⑤ 2020년의 경우, $\frac{16136-11670}{11670} \times 100 = \frac{4466}{11670} \times 100$이다. ⑤번 그래프에는 40%보다 약간 작은 것으로 제시되어 있으므로, $\frac{4466}{11670}$이 0.4보다 약간 작은지를 확인하면 11670×0.4=4,668이므로 $\frac{4466}{11670}$은 0.4보다 약간 작다.

2021년의 경우, $\frac{18540-16136}{16136} \times 100 = \frac{2404}{16136} \times 100$이다. ⑤번 그래프에는 14.9%로 1/7≒0.142보다 약간 크다. $\frac{2404}{16136}$는 2,404의 7배가 16,828로 16136보다 약간 크므로 $\frac{2404}{16136}$는 1/7보다 약간 크다.

2022년의 경우, $\frac{11593-18540}{18540} \times 100 = -\frac{6947}{18540} \times 100$이다. ⑤번 그래프에

는 -37.5%로 이는 -40%보다 조금 크다. 따라서 $\frac{6947}{18540}$이 0.4보다 조금 작은지를 확인한다. 18540×0.4=7416이고, 7,416는 6,947보다 조금 크다.

2023년의 경우, $\frac{11871-11593}{11593} \times 100 = \frac{278}{11593} \times 100$이다. ⑤번 그래프에는 2.4%로 이는 2.5%보다 조금 작다. 11,593의 1/40은 약 290으로 이는 278보다 조금 크다.

문 15. 정답 ①

내용영역 **자료전환** 난이도 ★☆☆

[정답해설]

'갑'에 해당하는 기관은 A이다. 〈보고서〉의 내용을 통해 이에 부합하지 않는 기관들을 소거해가며 답을 구할 수 있다. '상급' 직급 정원 비중이 '위탁집행형 준정부기관'(10.2%)보다 크지 않은 기관은 C이다. C를 제외하고, '중급' 직급 정원 비중은 모두 40% 이상이지만, '유사업무 수행 공공기관'의 '중급' 직급 정원 비중(47.7%)보다 작지 않은 기관은 B, D이다. B, C, D를 제외하고 '유사업무 수행 민간기관'의 '하급' 직급 정원 비중에 30%p를 합한 값과 작은 '하급' 직급 정원 비중을 가진 기관은 E이다. 따라서 '갑'에 해당하는 기관은 A이다.

문 16. 정답 ④

내용영역 **자료확인** 난이도 ★★☆

[정답해설]

ㄴ. C ~ E면 중 인구가 많은 순서대로 나열하면 E-D-C이다. 우선 E와 D를 비교하면 E는 $\frac{4435}{4138} \times 100$으로 1을 초과하며, D는 $\frac{1707}{1605} \times 100$으로 1을 초과한다. $\frac{4435}{4138}$과 $\frac{1707}{1605}$에 각각 1을 제외하면 각각 $\frac{297}{4138}$과 $\frac{102}{1605}$이다. $\frac{297}{4138} > 0.07 > \frac{102}{1605}$이므로, E가 D보다 여성 대비 남성의 비율이 높다. D와 C를 비교하면 C는 여성 인구가 남성 인구보다 많으므로 D가 C보다 여성 대비 남성의 비율이 높다.

ㄷ. '갑'군 여성 중 읍 지역 여성 비중은 $\frac{3503+2820}{13177} \times 100 = \frac{6323}{13177} \times 100$이고, 남성 중 면 지역 남성 비중은 $\frac{1082+1707+4445}{13839} \times 100 = \frac{7234}{13839} \times 100$이다. $\frac{7234}{13839}$는 0.5를 초과하며 0.5를 제외하면 $\frac{314.5}{13839}$이다. 13839×0.05 > 314.5이기 때문에, $\frac{7234}{13839}$는 0.55 미만이다. $\frac{6323}{13177}$에서 0.5를 제외하면 $\frac{265.5}{13177}$이다. 13177×0.05 > $\frac{265.5}{13177}$이므로 $\frac{6323}{13177}$은 0.45를 초과한다. 따라서 $\frac{7234}{13839}$과 $\frac{6323}{13177}$의 차이는 0.1 미만이다.

[오답해설]

ㄱ. 여성이 남성보다 많은 읍·면은 B, C로 2개이다.

문 17. 정답 ④

내용영역 **자료확인** 난이도 ★★☆

[정답해설]

ㄴ. 2022년 '유상기술실시'를 제외한 모든 계약유형의 기술도입자가 중소기업임을 가정하더라도 '유상기술실시' 계약유형의 기술도입자가 중소기업인 경우가 50%를 넘는지를 통해 확인할 수 있다. 2022년 '유상기술실시'를 제외한 다른 계약유형 건수는 9387-5441=3,946건이며, 이 3,946건 모두를 중소기업에서 도입한 경우 '유상기술실시' 유형으로 기술이전을 받은 중소기업 건수는

8775-3946=4,829건이다. 이는 '유상기술실시'를 제외한 다른 계약유형 건수보다 크다.

ㄷ. 유상양도와 무상양도 기술이전 건수를 더하여 4를 곱했을 때 전체 기술이전 건수보다 큰 값을 갖는지를 통해 확인할 수 있다. 각 연도의 유상양도와 무상양도의 건수 합과 전체 건수를 비교하면 다음과 같다. 2014년은 유상양도와 무상양도의 건수 합이 1,200건 미만인데 전체가 5,000건을 초과하므로 25% 미만이다. 2015년은 유상양도와 무상양도의 건수 합이 1,700건 미만인데 전체가 7,000건을 초과하므로 25% 미만이다. 2016년은 유상양도와 무상양도의 건수 합이 약 2,100건인데 전체가 8,000건 미만이므로 25% 이상이다. 2017년은 유상양도와 무상양도의 건수 합이 약 1,750건인데 전체가 7,000건을 초과하므로 25% 미만이다. 2018년은 유상양도와 무상양도의 건수 합이 1,955건인데 전체가 8,000건을 초과하므로 25% 미만이다. 2019년은 유상양도와 무상양도의 건수 합이 2,400건을 초과하는데 전체가 9,000건 미만이므로 25% 이상이다. 2020년은 유상양도와 무상양도의 건수 합이 2,500건을 초과하는데 전체가 10,000건 미만이므로 25% 이상이다. 2021년과 2022년 모두 유상양도와 무상양도의 건수 합이 3,000건을 초과하는데 전체가 12,000건 미만이므로 25% 이상이다. 따라서 2016, 2019~2024년이 해당함을 알 수 있다.

[오답해설]

ㄱ. 2014년은 대학이 2,788건, 공공연구소가 3,193건으로 대학보다 공공연구소의 기술이전 건수가 더 많다.

문 18. 정답 ①

내용영역 자료추론   난이도 ★☆☆

[정답해설]

ㄱ. 2024년 '국방비 비율'이 가장 높은 국가는 그래프에서 검은색 원이 가장 오른쪽에 있는 폴란드이며, 폴란드는 2014년과 2024년의 차이가 4눈금 이상으로 2%p 이상의 차이가 난다. 2014년과 2024년의 차이가 4눈금 이상인 국가는 폴란드 이외에도 라트비아가 있는데, 폴란드는 차이가 2.24%p이며, 라트비아는 2.21%p이다.

[오답해설]

ㄴ. 2024년 '장비비 비율'이 가장 낮은 국가는 그래프에서 검은색 원이 가장 아래에 있는 리투아니아이며, 리투아니아는 2014년과 2024년의 차이가 1눈금 이상이다. 미국의 경우 2014년과 2024년의 차이가 1눈금 미만이므로, '장비비 비율' 증가폭이 가장 작은 국가는 리투아니아가 아니다.

ㄷ. 단서 2)와 단서 3)에 따르면, GDP 대비 장비비는 장비비 비율과 국방비 비율을 곱하여 알 수 있다. 2014년은 3.71×26, 2024년은 3.38×29.9이다. 3.38×30=101.4이고, 여기에 3.38×0.01을 제외하여도 100을 초과한다. 그러나 3.71×26은 100을 초과하지 않는다. 따라서 미국의 GDP 대비 장비비는 2024년이 2014년보다 높다.

문 19. 정답 ③

내용영역 자료확인   난이도 ★★☆

[정답해설]

③ 2023년은 $\frac{24820}{156210} \times 100$이다. 156,210의 10%는 15,621이고 156,210의 5%는 7,810.5이다. 156210+7810.5=23,431.5 < 24,820이므로 2023년은 15%를 초과한다. 2024년은 $\frac{29499}{175216} \times 100$이다. 175,216의 10%는 17,521.6이고 175,216의 5%는 8,760.8이다. 17521.6+8,760.8=26,282.4 < 29,499이므로 2023년도 15%를 초과한다.

[오답해설]

① 우선 2024년 가맹점수의 전년 대비 증가율이 가장 높은 업종을 확인하기 위해 각 업종의 '전년 대비' 수치 대비 2023년 수치가 10% 이상인 업종을 확인한다. 이에 해당하는 업종은 의약품, 한식, 외국식, 생맥주/기타주점, 커피/비알콜음료이다. 이 중 20% 이상인 업종은 외국식뿐이므로, 2024년 가맹점수의 전년 대비 증가율이 가장 높은 업종은 외국식이다. 외국식의 2024년 가맹점당 종사자수는 $\frac{55279}{14156}$이며 이는 4 미만에 해당한다. 2024년 가맹점당 종사자수가 4를 초과하는 업종은 제과점, 두발미용이 있으므로, 2024년 가맹점수의 전년 대비 증가율이 가장 높은 업종과 2024년 가맹점당 종사자수가 가장 많은 곳은 서로 다르다.

② 2024년 가맹점수 상위 3개 업종은 편의점과 한식, 커피/비알콜음료이다. 이들의 가맹점수 합은 53814+45114+29499=128,427개이다. 전체 가맹점수가 175,216개이므로, 가맹점수 상위 3개 업종을 제외한 나머지 업종의 가맹점수가 전체의 25% 미만인지를 확인한다. 175216-128427=46,789이고 175216/4=43,804이므로 가맹점수 상위 3개 업종을 제외한 나머지 업종의 가맹점수가 전체의 25%를 초과한다. 따라서 2024년 가맹점수 상위 3개 업종의 합은 전체 가맹점수의 75% 미만이다.

④ 2024년 가맹점수가 많은 업종 순서대로 나열하면 편의점-한식-커피/비알콜음료-외국식-생맥주/기타주점-제과점-두발미용-의약품-안경/렌즈이며, 종사자수가 많은 순서로 나열하면 편의점-한식-커피/비알콜음료-외국식-제과점-생맥주/기타주점-두발미용-의약품-안경/렌즈 순이다. 제과점과 생맥주/기타주점의 순서가 다르다.

⑤ 2024년 전체 프랜차이즈 가맹점당 종사자수가 4명 이상이 되기 위해서는 가맹점수가 175,216개이므로 종사자수가 70만 명이 넘어야 한다. 하지만 프랜차이즈 업종별 종사자수를 모두 더하더라도 70만 명 미만임을 알 수 있다.

문 20. 정답 ④

내용영역 자료추론   난이도 ★★★

문제를 해결하기 위해 입사자수를 구하면 다음과 같다.

A는 퇴사자수가 35명, 퇴사율이 70%이다. 퇴사율이 퇴사자수의 2배이므로, 이는 입사자수가 50명임을 의미한다.

B는 퇴사자수가 120명, 퇴사율이 80%이다. 퇴사자수가 퇴사율의 1.5배이므로, 이는 입사자수가 150명임을 의미한다.

C는 퇴사자수가 33명, 퇴사율이 66%이다. 퇴사율이 퇴사자수의 2배이므로, 이는 입사자수가 50명임을 의미한다.

D는 퇴사자수가 60명, 퇴사율이 75%이다. 이는 입사자수 대비 퇴사자수가 3/4이므로, 이는 입사자수가 50명임을 의미한다.

E는 퇴사자수가 36명, 퇴사율이 30%이다. 120×0.3=36이므로, 이는 입사자수가 120명임을 의미한다.

F는 퇴사자수가 37명, 퇴사율이 50%이다. 퇴사율이 퇴사자수의 2배이므로, 이는 입사자수가 50명임을 의미한다.

이를 정리하면 다음과 같다.

부서	퇴사자수	입사자수	순환율	부서인원수	퇴사율
A	35	50	15.0	100	70.0
B	120	150	25.0	120	80.0
C	33	50	8.5	200	66.0
D	60	80	8.0	250	75.0
E	36	120	30.0	280	30.0
F	37	50	12.5	104	74.0

[정답해설]

ㄴ. E의 입사자수는 120명, A는 50명으로 2배 이상임을 알 수 있다.

ㄷ. C의 퇴사자수는 33명이므로, 전체 퇴사자수가 330명 미만인지 확인하면, 전체 퇴사자수는 321명 전체 퇴사자수 대비 C의 퇴사자수 비율은 10% 이상이다.

[오답해설]
ㄱ. 퇴사율이 가장 높은 부서는 B이다. B의 입사자수-퇴사자수는 150-120=30이고, 순환율이 25%이므로, 부서인원수는 30×4=120명임을 알 수 있다. 입사자수-퇴사자수가 동일할 때, 부서인원수가 많을수록 순환율은 낮아지므로, 순환율이 가장 낮은 D와 비교하면 D의 입사자수-퇴사자수는 80-60=20이고, 순환율은 8%이므로 D의 부서인원수는 20×12.5 〉240명임을 알 수 있다. 따라서 퇴사율이 가장 높은 부서가 부서인원수가 가장 많은 부서가 아니므로, 부서인원수가 많은 부서일수록 퇴사율이 높다라는 선지는 옳지 않다.

문 21. 정답 ④

내용영역 **자료추론**   난이도 ★☆☆

[정답해설]
ㄴ. 〈표 1〉과 〈표 2〉를 통해 남자 중학생은 21.9에서 20.6으로, 남자 고등학생은 14.8에서 14.2로, 여자 중학생은 20.3에서 19.2로, 여자 고등학생은 14.9에서 14.6으로 2024년 과일섭취율이 2023년과 비교하여 모두 감소했음을 알 수 있다.
ㄹ. 2024년 2학년 여자 중학생의 과일섭취자 수는 4610×0.194, 2학년 남자 고등학생의 과일섭취자 수는 4160×0.141이다. 2024년 과일섭취자 수는 2학년 여자 중학생이 2학년 남자 고등학생의 1.5배 이상이 되려면, 4610×0.194 〉4160×0.141×1.5가 되어야 한다. 0.141×1.5=0.2115이고 이는 0.194의 1.1배인 0.2134 미만이다. 4,610은 4,160의 1.1배인 4,576보다 크므로 2024년 과일섭취자 수는 2학년 여자 중학생이 2학년 남자 고등학생의 1.5배 이상이다.

[오답해설]
ㄱ. 2021년 대비 2022년 과일섭취율 감소폭은 남자 중학생이 1.8%p, 여자 중학생이 2.7%p로 2021년 대비 2022년 남자 중학생과 여자 중학생의 과일섭취율 차이는 증가하였다. 2022년 대비 2023년 과일섭취율 감소폭은 남자 중학생이 0.1%p, 여자 중학생이 0.8%p로 2022년 대비 2023년 남자 중학생과 여자 중학생의 과일섭취율 차이는 증가하였다. 2024년 남자 중학생과 여자 중학생의 과일섭취율은 〈표 2〉에 제시되어 있다. 2023년 대비 2024년 과일섭취율 감소폭은 남자 중학생이 1.3%p, 여자 중학생이 1.1%p로 2022년 대비 2023년 남자 중학생과 여자 중학생의 과일섭취율 차이는 감소하였다.
ㄷ. 2024년 여자 중학생 과일섭취자 수는 13827×0.192이다. 2020년 여자 중학생의 과일섭취율은 25.0%이므로, 2020년 여자 중학생 조사대상자 수가 10,000명인 경우에는 2020년 여자 중학생 과일섭취자 수는 10000×0.25=2,500명이다. 13827×0.192는 2,600보다 크므로 2020년 여자 중학생 조사대상자 수는 10,000명을 초과한다.

문 22. 정답 ③

내용영역 **자료확인**   난이도 ★☆☆

[정답해설]
③ 2023년 E지역은 1,184만 톤이다. 따라서 전체 폐기물량이 11840/3〈 4,000만 톤보다 커야 한다. 2023년 전체 폐기물 발생량은 4,000만 톤을 초과한다.

[오답해설]
① 2024년 폐기물 발생량이 전년 대비 증가한 지역은 〈그림〉에서 위의 막대 그래프가 아래의 막대 그래프보다 긴 지역이다. 이에 해당하는 지역은 A, C, D, E이다. 그리고 〈그림〉에서 위의 막대 그래프가 아래의 막대 그래프보다 짧은 지역이 감소한 지역이고 이에 해당하는 지역은 B, F, G이다. 따라서 증가한 지역은 4곳, 감소한 지역은 3곳이므로 증가한 지역이 더 많다.
② 2024년 F 지역 폐기물은 620만 톤으로 전년도의 768만 톤보다 100만 톤 이상 적다.
④ 2024년 C 지역은 59만 톤의 폐기물 발생량이 전년 대비 증가했으며, 전년보다 증가한 지역인 A, C, D, E 중 50만 톤보다 많이 증가한 곳은 없다.
⑤ 2024년 폐기물 발생량이 4번째로 많은 지역은 620만 톤인 F이고, 5번째로 많은 지역은 392만 톤인 C이다. 2024년 A ~ G 지역의 폐기물 발생량 총합은 4,042만 톤으로 평균은 392 ~ 620만 톤이다. 따라서 2024년 폐기물 발생량이 7개 지역 폐기물 발생량의 평균보다 많은 지역은 4곳이다.

문 23. 정답 ②

[정답해설]
ㄱ. 2019년 교육 참여자수는 35523×0.715, 2020년 교육 참여자수는 35354×0.723이다. 참여율의 경우 2020년이 2019년에 비해 1% 이상 크지만, 교육 대상자는 2019년이 2020년에 비해 1% 미만으로 크므로 2020년 교육 참여자수가 전년보다 많음을 알 수 있다.
ㄹ. 교육 수료자수는 교육 참여자수와 수료율을 곱하여 구할 수 있다. 2024년은 2023년보다 교육 참여자수와 수료율 모두 크므로 전년보다 교육 수료자수가 많음을 알 수 있다.

[오답해설]
ㄴ. 2020년 수료율은 36.5%로 35%를 초과한다. 2021년 수료자가 9백만 명인 경우, 수료율은 $\frac{9000}{26120} \times 100$(천 명)이다. 26120의 30%는 26120×0.3=7,836이고 5%는 26120×1/2×0.1=1,306이다. 이를 합하면 9,000을 초과하므로 2021년 수료율은 35% 미만이다.
ㄷ. 참여율을 알기 위해서는 교육 대상자수와 교육 참여자수 값이 주어져야 한다. 교육 대상자수는 주어졌으나, 교육 참여자수는 주어지지 않았고, 제시된 수료율 값만으로는 구할 수 없으므로 알 수 없다.

문 24. 정답 ⑤

내용영역 **자료추론**   난이도 ★☆☆

[정답해설]
ㄴ. 생산연령인구 구성비는 총인구 대비 생산연령인구를 통해 확인할 수 있다. 단서 2)와 단서 3)에 따라 노년부양비 대비 고령인구 구성비를 통해 생산연령인구 구성비를 파악할 수 있다. 따라서 〈그림〉의 원점에서 도시까지의 기울기를 통해 비교할 수 있다. A 도시와 원점을 잇는 직선의 기울기가 가장 작으므로 생산연령인구 구성비는 A 도시에서 가장 낮다.
ㄷ. B 도시와 E 도시의 인구가 동일하다면 고령인구 구성비인 21%와 9%를 더하여 2로 나눈 값인 15%가 될 것이다. 하지만 E 도시의 인구가 더 많음을 고려할 때, 두 도시가 통합된 경우의 고령인구 구성비는 15% 이하이다.

[오답해설]
ㄱ. 고령인구 구성비가 가장 높은 도시는 세로축 기준으로 가장 높이 있는 B이다. 노년부양비가 가장 높은 도시는 가로축 기준으로 가장 오른쪽에 있는 A이다. 따라서 고령인구 구성비가 높은 도시일수록 노년부양비도 높은 것은 아니다.

문 25. 정답 ③

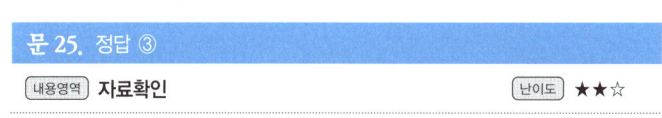

[정답해설]
③ 성인학습기 대학원 재학생 1029-10=1,010명의 10%는 101명이다. 해당 인원이 모두 40대 대학원생이라 하더라도 340-101=239명의 40대 대학원 재학생은 직장인이다.

[오답해설]
① 20대의 경우 20~24세와 25~29세로 나뉘어져 있는데, 이 둘을 합하면 8,000명 이상으로 40대 학부생보다 많음을 알 수 있다.

② 대학원 재학생 수가 가장 많은 연령대는 340명으로 40대이며, 40대의 학부 대비 대학원 재학생 수의 비율은 $\frac{340}{5950} \times 100$이다. 40대와 50대의 학부 대비 대학원 재학생 수의 비율을 비교하면, 대학원 재학생 수는 40대가 50대의 1.3배보다 작은 반면, 학부생은 40대가 50대의 1.3배보다 많으므로 40대보다 50대가 학부 대비 대학생 재학원 수의 비율이 높다.

④ 학령기의 학부 재학생 수는 1040+4050=5,090명이며 성인학습기의 학부 재학생 수는 26480-5090=21,390명이다. 따라서 학부 재학생 수는 성인학습기가 학령기의 5배보다 작다. 학령기의 학부 재학생 수가 전체에서 1/6 이상의 비중을 차지하고 있는지를 통해서도 확인할 수 있다.

⑤ 재학생 수가 가장 많은 연령대의 재학생 수는 20대로 8,811명이며, 가장 적은 연령대는 10대 이하로 1,040명이다. 1,040명의 9배는 8,811명보다 크다.

문 26. 정답 ⑤

내용영역 자료전환   **난이도** ★☆☆

[정답해설]

'갑'시에 해당하는 도시는 E이다. 첫째에서는 C 도시가 소거된다. 여성의 경우 2시간 노출됐을 때 호흡기 질환 발병률이 5.80%이지만 3시간 노출됐을 때 5.30%로 감소하기 때문이다. 둘째에서는 B 도시가 제외된다. 남성의 경우 미세먼지 노출시간이 3시간일 때가 1시간일 때의 1.5배 미만이기 때문이다. 셋째에서는 A 도시가 제외된다. 미세먼지 노출시간이 1시간에서 2시간으로 증가할 때 여성의 경우 0.7%p 상승했지만 남성의 경우 0.8%p 상승하여 남성의 증감폭이 더 크기 때문이다. 넷째에서는 D 도시가 제외된다. 남성의 경우 미세먼지 노출시간이 4시간일 때 2시간일 때의 1.3배 이상이지만 여성의 경우 이를 충족하지 못하기 때문이다.

문 27. 정답 ②

내용영역 자료확인   **난이도** ★★★

[정답해설]

ㄱ. 연도별 명목GDP는 〈표〉의 명목GDP 대비 가계부채 잔액 비율과 가계부채 잔액의 곱을 통해 도출할 수 있다. 2020년의 경우 ㄱ에는 2,041.1로 제시되어 있는데 〈표〉의 1,828.8은 2,041.1의 90%에 약간 미치지 못한다(2041.1-1828.8 〈 2041.1×0.1). 2021년의 경우 ㄱ에는 2,058.0으로 제시되어 있는데 〈표〉의 1,998.3은 2,058.0의 95%를 초과한다(2058.0-1998.3 〉 2058.0×0.05). 2022년의 경우 ㄱ에는 2,221.3으로 제시되어 있는데 〈표〉의 2,192.4는 98%를 초과한다(2221.3-2192.4 〉 2221.3×0.02). 2023년의 경우 ㄱ에는 2,322.8로 제시되어 있는데 〈표〉의 2,260.1은 97%를 초과한다(2322.8-2260.1 〉 2322.8×0.03). 2024년의 경우 ㄱ에는 2,394.7로 제시되어 있는데 〈표〉의 2,241.4는 2,394.7의 95%에 미치지 못한다(2394.7-2241.4 〈 2394.7×0.05).

ㄷ. 〈표〉의 연도별 주택담보대출 잔액 값을 통해 옳음을 알 수 있다.

[오답해설]

ㄴ. 2022년 자금순환표 상 개인부채 잔액이 가계부채에서 차지하는 비중은 $\frac{329.5}{2192.4} \times 100$이다. $\frac{329.5}{2192.4} < \frac{1}{6} < 0.17$이므로 ㄴ에 제시된 그래프와 일치하지 않는다. 2024년 자금순환표 상 개인부채 잔액이 가계부채에서 차지하는 비중은 $\frac{356}{2241.4} \times 100$이다. $\frac{356}{2241.4} \times 100 < \frac{1}{6} < 0.17$이므로 ㄴ에 제시된 그래프와 일치하지 않는다. 가계대출 잔액의 경우 2022년에는 $\frac{1757.1}{2192.4} \times 100$로 80%를 초과하며(2192.4-1757.1 〈 2192.4×0.2), 2024년에는 $\frac{1767.3}{2241.4} \times 100$로 77%를 초과한다(2241.4×0.7+2241.4×0.07 〈 1767.3).

ㄹ. 2020년과 2021년 모두 예금은행분 잔액이 비은행·기타분 잔액보다 크므로 비은행·기타분 잔액 대비 예금은행분 잔액의 비율은 100%를 초과한다.

문 28. 정답 ①

내용영역 자료전환   **난이도** ★★★

[정답해설]

ㄱ. 외래 요양급여비용의 전년 대비 증가율은 2021년의 경우 10%를 약간 초과하며(537857-488100 〉 488100×0.1), 2022년의 경우 전년 대비 증가하였지만 증가폭이 매우 작아(539790-537857 〉 0) 증가율도 매우 낮음을 알 수 있다. 2023년의 경우 10%보다 약간 낮으며(588111-539790 〈 539790×0.1), 2024년의 경우 증가율이 15%를 약간 상회한다(680711-588111 〉 588111×0.15).

ㄴ. 〈표 1〉의 입원과 외래의 진료일수는 각각 진료인원과 인당 진료일수를 곱하여 도출할 수 있다. 따라서 입원은 7564×19.52, 외래는 48189×29.46이다. ㄴ의 그래프는 입원이 외래의 10%를 약간 초과하는 것으로 제시되어 있다. 외래의 진료일수에 10을 나누면 4818.9×29.46이다. 7564×19.52와 4818.9×29.46의 크기 비교를 하면, 7564는 4818.9의 1.55배보다 조금 크며($7564 > 4818.9 + \frac{4818.9}{2} + \frac{4818.9}{20}$), 29.46은 19.52의 1.55배보다 조금 작다($29.46 < 19.52 + \frac{19.52}{2} + \frac{19.52}{20}$). 따라서 입원의 진료일수는 외래 진료일수의 10%보다 조금 크다.

[오답해설]

ㄷ. '전체' 진료일수가 1,399,064이고 병원의 진료일수가 82,324이다. 1399064×0.05 〈 823240이므로 '전체' 진료일수 대비 병원의 진료일수 비중은 5%를 초과한다.

ㄹ. 의원의 진료일수는 〈표 2〉를 통해 확인할 수 있으나, 의원에서 발생한 요양급여비용은 주어진 자료를 통해 확인할 수 없으므로 연도별 '의원'의 일당 진료비는 알 수 없다.

문 29. 정답 ③

내용영역 자료추론   **난이도** ★★★

[정답해설]

③ 성별 감염된 개체 수 차이는 〈표 2〉의 수컷과 암컷의 감염 구성비 차이와 〈표 1〉의 감염 개체 수를 곱하여 구할 수 있다. D는 14×3621이다. A의 경우 36×3047이며 D와 비교 시 36은 14의 2배 이상인 반면 3,621은 3,047의 2배보다는 작으므로 D가 더 작다. B의 경우 50×2415이며 D와 비교 시 50은 14의 2배 이상이지만 3,621은 2,415의 2배보다 작으므로 D가 더 작다. C의 경우 10×5554이며 D와 비교시 14는 10의 1.4배이지만 5,554는 3,621의 1.4배보다 크기 때문에 D가 더 작다. 따라서 D가 가장 적다.

[오답해설]

① A 품종 생후 '24~36개월' 감염 개체 수는 1465×0.58이고, D 품종 생후 '36~48개월' 감염 개체 수는 1092×0.747이다. 1,465는 1,092의 1.3배이지만, 0.747은 0.58의 1.3배보다 작으므로 1465×0.58 〉 1092×0.747이다. 따라서 A품종 생후 '24~36개월' 감염 개체 수는 D품종 생후 '36~48개월' 감염 개체 수보다 많다.

② C 품종 '48개월 이상'의 감염률은 44.4%, '24~36개월'의 감염률은 49.3%로 '24~36개월'이 더 높음을 알 수 있다.

④ 감염 개체 수는 〈표 3〉의 개체 수와 감염률을 곱하여 도출할 수 있다. B 품종은 1838×0.394이다. C 품종은 개체 수와 감염률 모두 B 품종보다 많고 높으므로, B 품종이 가장 많은 것은 아니다.

⑤ D 품종 중 '48개월 이상'의 감염 개체 수는 826×0.209이다. 개체 수가 가장 작은 '12~24개월'의 감염 개체 수는 415×0.347이다. 826은 415의 2배에 가깝지만, 0.347은 0.209의 2배에 많이 모자라므로, D품종 생후개월별 감염 개체 수는 '48개월 이상'이 아니다.

문 30. 정답 ⑤

내용영역 자료전환　　　　　　　　　　　난이도 ★★☆

[정답해설]

ㄷ. 〈표 1〉의 감염 개체 수를 접종 개체 수로 나누어 확인할 수 있다. A는 $\frac{3047}{5615}\times100$이며, 5615/2+5615/20=3,088.25이므로 55%보다 조금 작음을 알 수 있다. B는 $\frac{2415}{10610}\times100$이며, $\frac{2000}{10000}=\frac{1}{5}<\frac{2415}{10610}<\frac{1}{4}=\frac{2500}{10000}$임을 알 수 있다. C는 $\frac{5554}{12491}\times100$이며, 이는 40% ~ 50%임을 알 수 있다. D는 $\frac{3621}{6698}\times100$이며, 6698/2+6698/20=3,683.9이므로 55%보다 조금 작음을 알 수 있다.

ㄹ. 〈표 2〉의 C 품종의 생후개월별 구성비의 수치와 일치한다.

[오답해설]

ㄱ. 〈표 2〉의 구성비는 감염 개체 중 성별로 분류한 것이므로 품종별 성별 감염률과는 다른 자료이다.

ㄴ. 생후 24 ~ 36개월 감염 개체 수는 〈표 1〉의 감염 개체 수와 〈표 2〉의 24 ~ 36개월 구성비를 곱하여 구할 수 있다. A의 경우 3047×0.279, B의 경우 2415×0.327이다. 3,047은 2,415의 1.2배보다 크지만, 0.327은 0.279의 1.2배보다 작다. 따라서 3047×0.279 > 2415×0.327인데, ㄴ의 그래프에는 B가 더 큰 구성비로 제시되어 있다.

문 31. 정답 ①

내용영역 자료추론　　　　　　　　　　　난이도 ★★☆

[정답해설]

① 2023년 지방직영기업 유형별 부채규모는 하수도가 가장 많다. 하수도의 부채비율은 $\frac{48245}{504780}\times100$으로 10% 미만이다. 그에 비해 자동차운송의 부채비율은 $\frac{26}{167}\times100$으로 10%를 초과한다. 따라서 두 순위는 동일하지 않다.

[오답해설]

② 2022년에 자본규모와 부채규모가 가장 큰 지방직영기업은 하수도로 동일하다.

③ 2020년 하수도의 부채비율은 $\frac{53643}{477440}\times100$이며, 공영개발의 부채비율은 $\frac{12700}{211542}\times100$이다. 공영개발의 분자에 1.5배를 하면, $\frac{19050}{211542}$이며 $\frac{53643}{477440}$과 $\frac{19050}{211542}$의 크기 비교를 하면 53,643은 19,050의 2.5배 이상이며, 477,440은 211,542의 2.5배보다 작다. 따라서 $\frac{53643}{477440}>\frac{19050}{211542}$이며 2020년 부채비율은 하수도가 공영개발의 1.5배 이상이다.

④ 2020년 공영개발의 전년 대비 부채규모 증감률은 $|\frac{12700-15911}{15911}|\times100=\frac{3211}{15911}\times100$으로 20%를 초과한다. 다른 유형의 경우 20% 미만이다.

⑤ 하수도는 2021년, 공영개발은 2023년, 자동차운송은 2020 ~ 2022년에 감소했음을 알 수 있다.

문 32. 정답 ⑤

내용영역 자료응용　　　　　　　　　　　난이도 ★★☆

[정답해설]

두 번째 조건을 통해 '소나무'가 될 수 있는 케이블카를 추릴 수 있다. 운행시간은 운행거리를 운행속도로 나누어 구할 수 있는데, A의 경우 약 189초, B의 경우 약 395초, C의 경우 약 227초, D의 경우 약 359초로 300초가 넘는 B 혹은 D가 '소나무'이다.

세 번째 조건의 경우 각 케이블카가 200명의 승객을 출발점에서 도착점까지 이동시키기 위해 필요한 최소한의 운행 수를 구한 뒤 운행시간과 곱하면 된다. 이를 구하면 아래 표와 같다.

케이블카	최소 운행 수	운행시간(초)	총운행시간(초)
A	5	189	945
B	34	395	13,430
C	5	227	1,135
D	4	359	1,436

총운행시간이 가장 짧은 케이블카는 A로, '호랑이'는 A가 됨을 알 수 있다.

네 번째 조건을 통해 각 케이블카의 종류를 파악할 수 있다. 대인 2명과 소인 2명의 케이블카 요금은 B의 경우 86,000원, C의 경우 36,000원, D의 경우 60,000원이다. B와 C의 차이가 B-C, B-D, C-D 중 가장 크므로 두 번째 조건과 함께 고려할 때 B가 '소나무', D가 '돌고래', C가 '무궁화'임을 알 수 있다.

문 33. 정답 ④

내용영역 자료응용　　　　　　　　　　　난이도 ★★☆

[정답해설]

B세트의 '상' 품질과 '중' 품질 사과가 각각 몇 개씩 들어갈지 세트 가격을 통해 확인할 수 있다. '상' 품질의 사과가 더 많아야 한다고 했으므로 10-0, 9-1, 8-2, 7-3, 6-4의 경우를 생각할 수 있는데 이 중 44,000원을 충족하는 조합은 '상' 품질 7개, '중' 품질 3개이다. B의 세트 개수를 고려하여 C에 들어갈 수 있는 '소' 크기 사과 개수를 고려하면 아래와 같다.

B세트 '상'	C세트 '상'	B세트 '중'	C세트 '중'
7	31	3	19
14	24	6	16
21	17	9	13
28	10	12	10
35	3	15	7
		18	4

이때 C 세트는 '상' 품질 6개, '중' 품질 4개로 구성된 4개여야 140개를 14개 세트에 나누어 구성할 수 있다.

문 34. 정답 ②

내용영역 자료추론　　　　　　　　　　　난이도 ★★☆

[정답해설]

ㄱ. 〈표 1〉을 통해 2024년의 경우 $\frac{430}{4300}\times100=10\%$임을 알 수 있다. 따라서 2023년이 11.5% 이상임을 확인한다. 4,500의 10%는 450, 4,500의 1%는 45이고, 4,500의 0.5%는 22.5이다. 450+45+22.5 < 536이므로 2023년은 11.5% 이상이다.

ㄷ. 옳다. 모든 신문의 가격이 15,000원 미만이라고 가정하고 이를 분석하면, 3만 원 이상 총 신문 구독료를 지출하기 위해서는 3개 이상의 신문을 구독해야 한다. 그런데 구독신문개수가 3개인 가구는 2024년에 21개밖에 되지 않는다. 따라서 2024년 월간 구독료가 15,000원 이상인 신문이 있다.

[오답해설]

ㄴ. 〈표 1〉을 통해 2023년 1개 또는 2개 신문을 구독하는 가구 수는 450+54=504이며, 2024년 1개 또는 2개 신문을 구독하는 가구 수는 344+65=409이다. 따라서 2024년 1개 또는 2개 신문을 구독하는 가구 수의 전년 대비 증감률은 $|\frac{409-504}{504}|\times 100 = \frac{95}{504}\times 100$이다. 2023년 3개 이상 신문을 구독하는 가구 수는 22+10=32이며, 2024년 3개 이상 신문을 구독하는 가구 수는 21+0=21이다. 따라서 2024년 3개 이상 신문을 구독하는 가구 수의 전년 대비 증감율은 $|\frac{21-32}{32}|\times 100 = \frac{11}{32}\times 100$이다. $\frac{95}{504} < \frac{1}{5} < \frac{11}{32}$이다.

ㄹ. 〈표 2〉에서 40대의 조사대상자 대비 열독자 비율은 $\frac{803}{1998}\times 100$으로 50% 미만이다. 그에 비해 20대의 조사대상자 대비 열독자 비율은 $\frac{439}{842}\times 100$으로 50%를 초과한다.

문 35. 정답 ③

내용영역 자료추론   난이도 ★☆☆

[정답해설]

모니터의 경우 30인치 이상 크기에 QHD 이상 해상도를 지원하는 제품을 선택하였다. 이를 충족하는 제품은 갑과 정이다. 이때 단가 대비 주사율이 더 큰 제품을 선택했다고 했으므로 갑 제품을 선택했음을 알 수 있다.

그래픽카드의 경우 갑 모니터가 지원하는 가장 높은 해상도를 기준으로 그래픽카드 프레임속도 값이 모니터 주사율 값보다 큰 제품을 선택하였다. 갑 모니터는 모든 해상도를 지원하므로 UHD를 기준으로 프레임속도가 60 이상이어야 한다. 이를 충족하는 그래픽카드는 가, 나, 라, 마이다. 메모리 용량이 더 큰 제품을 선택하되 예산 범위 내에서 이루어져야 하는데, 모니터를 구매하는 데 3,600천 원이 지출되었으므로 그래픽카드는 최대 26,400천 원 지출할 수 있다. 이를 충족하는 것은 나, 마이며, 이 중 메모리 용량이 더 큰 제품인 마를 선택한다.

모니터는 갑 제품을, 그래픽카드는 마 제품을 선택하여 각각 3,600천 원, 23,680원을 지출해 전체 가격은 27,280천 원이다.

문 36. 정답 ①

내용영역 자료응용   난이도 ★★★

[정답해설]

갑 ~ 무의 적용단가 및 최종단가를 계산하면 아래와 같다.

유조선	품질계수	적용단가	최종단가
갑	1.1	71.7 (10.08. ~ 10.10. 현지단가 평균)	78.87
을	1.0	73.4 (10.27. ~ 10.31. 현지단가 평균)	73.4
병	1.1	67 (10.22. ~ 10.24. 현지단가 평균)	73.7
정	1.0	75 (10.04. ~ 10.06 현지단가 평균)	75
무	1.1	70 (10월 현지단가 평균)	77

이를 고려하면 선적 원유의 최종단가가 가장 높은 것은 갑이 됨을 알 수 있다.

문 37. 정답 ②

내용영역 자료확인   난이도 ★★☆

[정답해설]

ㄱ. 〈표 1〉을 통해 농지를 보유하고 있는 국회의원은 7명임을 알 수 있다. 〈표 2〉에는 A부터 Q까지 17명의 부동산 유형별 보유 현황 자료만을 파악할 수 있는데, 농지 보유자 7명이 모두 포함되어 있다. 따라서 나머지 7명 중 농지를 보유한 사람이 없고, 〈표 2〉를 통해 파악할 수 있는 농지 보유 국회의원 중에서 농지만을 보유한 국회의원도 없음을 알 수 있다.

ㄷ. 〈표 1〉을 통해 주택은 11명, 상가는 18명, 대지는 11명, 농지는 7명이 소유하고 있음을 알 수 있다. 〈표 2〉의 A부터 Q까지 17명의 부동산 유형별 보유 현황을 고려하면 주택은 10명, 상가는 6명, 대지는 11명, 농지는 7명이다. 〈표 1〉의 ●●당 부동산 유형별 보유자 수를 충족하기 위해서는 Q가 ●●당이 되어야 한다. 〈표 2〉에 공개되지 않은 의원들은 ●●당의 경우 상가를 소유한 의원 3명, △△당의 경우 상가를 보유 중인 3명, ○○당은 주택을 보유 중인 1명으로 총 7명이며, 해당 의원들은 1개 유형의 부동산만을 보유하게 된다. 따라서 〈표 2〉에서 확인할 수 있는 J의원과 P의원을 더하면 총 9명이 1개 유형의 부동산만을 보유했음을 알 수 있다.

[오답해설]

ㄴ. ㄷ에서 살펴본 것과 같이 4개 유형의 부동산을 모두 보유한 국회의원은 ●●당임을 알 수 있다.

ㄹ. 주택과 대지를 모두 보유한 국회의원은 〈표 2〉에 공개되지 않은 7명 중에는 없으며, D, H, O, Q로 4명이다.

문 38. 정답 ⑤

내용영역 자료추론   난이도 ★★★

[정답해설]

⑤ 합격자수는 응시자수와 합격률을 곱하여 구할 수 있다. 2022년 합격률의 경우 전년 대비 감소율은 $\frac{80.6-78.2}{80.6}\times 100 = \frac{2.4}{80.6}\times 100$으로 약 3% 정도이다. 그에 비해 2022년 응시자수는 전년 대비 증가했으므로 전체 합격자수는 전년 대비 3% 미만으로 감소하였다.

[오답해설]

① 2023년의 합격률은 남성과 여성 모두 83.7% 미만이므로 전체 합격률은 2020년보다 낮다. 따라서 2020년의 전체 합격률이 가장 높다.

② 2023년 남성 응시자수는 전체 응시자수에서 여성 응시자수를 제외하여 도출할 수 있다. 2023년 남성 응시자수는 33598-18504=15,094명으로 2022년 남성 응시자수가 더 많다.

③ 남성 응시자수 대비 여성 응시자수를 2020년과 2021년을 비교하면, 2021년 전체 응시자수의 전년 대비 증가율은 $\frac{33887-30731}{30731}\times 100 = \frac{3156}{30731}\times 100$으로 10%를 초과하는 반면, 남성 응시자수의 전년 대비 증가율은 $\frac{15605-14431}{14431}\times 100 = \frac{1174}{14431}\times 100$으로 10% 미만이다. 따라서 2021년은 남성 응시자수 대비 여성 응시자수의 비율이 전년 대비 증가한다. 남성 응시자수 대비 여성 응시자수를 2021년과 2022년을 비교하면, 2022년 전체 응시자수는 전년 대비 증가한 반면, 남성 응시자수는 전년 대비 감소하였다. 따라서 2022년은 남성 응시자수 대비 여성 응시자수의 비율이 전년 대비 증가한다. 2022년 여성 응시자수는 33984-15422=18,562명으로 2023년 여성 응시자수의 감소율은 $\frac{18562-18504}{18562}\times 100 = \frac{58}{18562}\times 100$이다. 2023년 전체 응시자수의 감소율은 $\frac{33984-33598}{33984}\times 100 = \frac{386}{33984}\times 100$이다. $\frac{58}{18562}$과 $\frac{386}{33984}$의 크기를 비교하면, 386은 58의 6배를 초과하며 33984는 18562의 6배보다 작다. 따라

서 $\frac{386}{33984} > \frac{58}{18562}$ 이며, 2023년 전체 응시자수의 전년 대비 감소율이 여성 응시자수의 전년 대비 감소율보다 크므로 2023년 남성 응시자수 대비 여성 응시자수의 비율은 전년 대비 증가한다.

④ 남성과 여성의 합격자수는 응시자수와 합격률을 곱하여 계산할 수 있다. 2020년 남성 합격자수는 14431×0.84, 2021년 남성 합격자수는 15605×0.821이다. 2020년 여성 합격자수는 16300×0.834, 2021년 여성 합격자수는 18282×0.792이다. 14431×0.84와 15605×0.821의 크기를 비교하면, 15,605는 14,431의 약 1.1배 정도이며 0.84은 0.821에 비해 많이 크지는 않다. 따라서 2021년 남성 합격자수는 전년 대비 증가한다. 16300×0.834과 18282×0.792를 크기 비교하면 18,282은 16,300의 1.1배를 초과하는 반면, 0.834는 0.792의 1.1배를 초과하지 않는다. 따라서 2021년 여성 합격자수는 전년 대비 감소한다. 따라서 2021년보다 2020년의 여성 합격자수 대비 남성 합격자수 비율이 더 높다.

문 39. 정답 ②

[내용영역] 자료확인   [난이도] ★★☆

[정답해설]

ㄱ. 인구는 총선로길이에 인구 백만 인당 총선로길이를 나누어 구할 수 있다. 총선로길이가 가장 길고 인구 백만 인당 총선로길이가 가장 작은 을이 인구가 가장 많고, 총선로길이에 인구 백만 인당 총선로길이를 나눈 값이 100을 초과하는 병이 두 번째로 많으며, 총선로길이에 인구 백만 인당 총선로길이를 나눈 값이 60을 초과하는 갑이 세 번째로 많으며 60 미만인 정이 가장 인구가 작다. 즉, 인구가 많은 국가를 순서대로 나열하면 을-병-갑-정이다. 총선로길이가 긴 국가를 순서대로 나열하면 을-병-갑-정으로 인구가 많은 국가일수록 총선로길이가 길다.

ㄷ. 옳다. 갑의 화물수송거리를 화물수송량으로 나눈 값에 3을 곱한 것과 을의 화물수송거리를 화물수송량으로 나눈 값을 비교하여 판단할 수 있다. 전자는 약 633.3, 후자는 863으로 3배 이상이다.

[오답해설]

ㄴ. 국토면적은 총선로길이에 국토면적 천 km²당 총선로길이를 나누어 구할 수 있다. 총선로길이가 가장 길고 국토면적 천 km²당 총선로길이가 가장 작은 을이 국토면적이 가장 크고, 총선로길이에 국토면적 천 km²당 총선로길이를 나눈 값이 500을 초과하는 병이 두 번째로 넓으며, 총선로길이에 국토면적 천 km²당 총선로길이를 나눈 값이 200을 초과하는 갑이 세 번째로 넓고, 200 미만인 정이 가장 국토면적이 좁다. 따라서 국토면적이 넓은 국가를 순서대로 나열하면 을-병-갑-정이다.
여객수송인원 1인당 여객수송거리는 여객수송거리를 여객수송인원으로 나누어 도출할 수 있다. 여객수송거리를 여객수송인원으로 나눈 값이 을은 400을 초과하며, 갑은 40을 초과하며, 정은 30을 초과하며, 병은 30 미만이다. 따라서 여객수송인원 1인당 여객수송거리가 긴 국가를 순서대로 나열하면 을-갑-정-병이다.

ㄹ. 총선로길이 대비 여객수송거리의 비율은 정은 $\frac{40343}{3900}$, 을은 $\frac{723006}{63700}$ 이다. $\frac{40343}{3900}$ 과 $\frac{723006}{63700}$ 모두 10을 초과하므로, 10을 제외하면 $\frac{1343}{3900}$ 과 $\frac{86006}{63700}$ 이다. $\frac{1343}{3900} < 1 < \frac{86006}{63700}$ 이므로 총선로길이 대비 여객수송거리의 비율은 을이 정보다 크다.

문 40. 정답 ⑤

[내용영역] 자료응용   [난이도] ★★☆

[정답해설]

ㄱ. 지급 총액이 33억 원 이상인지 확인하기 위해서는 지급받는 인원이 33,000명 이상인지를 통해 확인할 수 있다. 〈국민재난지원금 지급기준〉에 의할 때 1분위부터 3분위까지 지급받는 것을 알 수 있고, 세대별로 최대 4인까지 지급받는 것을 알 수 있다. 〈표 1〉과 〈표 2〉를 고려하여 세대원수를 구하면 아래와 같다.

구분	1인	2인	3인	4인 이상
1분위	2,000	2,000	3,000	4,200
2분위	2,000	2,000	3,000	4,200
3분위	1,750	2,500	3,000	4,200
4분위	1,750	2,500	3,000	4,200
5분위	1,750	2,500	3,000	4,200

이때 1분위부터 3분위까지 1~3인과 4인 이상의 경우 각 세대별 최대 4명까지 지급받을 수 있으므로 각 분위별로 4,000명씩 더하면 33,250명으로 33,000명을 초과하므로 국민재난지원금 지급 총액은 33억 원 이상임을 알 수 있다.

ㄴ. 변경된 기준에 따르면 1인 세대는 2분위까지, 2인 이상인 세대는 3분위까지 지급함을 뜻한다. 이 경우 기존과 달리 빠지는 인원은 3분위의 1인 세대인 1,750명으로 31,500명이 10만 원씩 지급받아 국민재난지원금 지급 총액은 31억 5천만 원이 됨을 알 수 있다.

ㄷ. 상한액을 두지 않을 경우 지급대상 4인 이상 세대에 지급하는 국민재난지원금은 12억 6천만 원이고 지급받는 세대는 총 3,000세대이므로 지급대상 4인 이상 세대에 지급하는 국민재난지원금 평균은 42만 원임을 알 수 있다.

2025년도 상황판단영역 (가)책형

문 1. 정답 ⑤

유형 규정이해 | 내용영역 법규범 | 난이도 ★☆☆

[정답해설]
⑤ 기본계획에서 정한 부문별 사업비용을 100분의 15 이내의 범위에서 변경하는 경우에는 첫 번째 조 제2항 단서에 따라 관계 중앙행정기관의 장 및 시·도지사의 의견을 듣지 않아도 되지만 사업비용을 20% 이상 증가시키는 경우 관계 중앙행정기관의 장 및 시·도지사의 의견을 들어야 한다.

[오답해설]
① 첫 번째 조 제3항을 통해 기본계획의 변경이 확정되었을 경우 이를 공고하여야 하는 자는 시·도지사가 아니라 국토교통부장관임을 알 수 있다.
② 첫 번째 조 제 2항 각 호에 해당하는 경우 기본계획을 변경할 때 관계 중앙행정기관의 장 및 시·도지사의 의견을 듣지 않아도 되는데, 제3호 관계 법령의 개정 또는 관련 계획의 변경에 따라 기본계획의 내용 변경이 부득이한 경우에 해당한다.
③ 첫 번째 조 제3항을 통해 기본계획이 심의를 거쳐 확정된 경우 관계 중앙행정기관의 장 및 시·도지사에게 20일 이내에 통보하여야 하는 자는 국가교통위원회가 아니라 국토교통부장관임을 알 수 있다.
④ 첫 번째 조 제2항을 통해 기본계획을 변경하는 경우 이를 심의하는 것은 국가교통위원회이지만 확정하는 것은 국토교통부장관임을 알 수 있다.

문 2. 정답 ②

유형 규정이해 | 내용영역 법규범 | 난이도 ★☆☆

[정답해설]
② 첫 번째 조 제2항에서는 목욕실 내부를 볼 수 있도록 영상정보처리기기를 설치·운영하여서는 안 된다고 했지만, 단서를 통해 교도소와 같이 구금하거나 보호하는 시설에 대해서는 그러하지 아니하다고 하여 영상정보처리기기를 설치·운영할 수 있음을 알 수 있다.

[오답해설]
① 첫 번째 조 제4항을 통해 영상정보처리기기운영자는 영상정보처리기기를 운영할 때 녹음기능을 사용할 수 없음을 알 수 있다.
③ 첫 번째 조 제4항을 통해 영상정보처리기기운영자는 영상정보처리기기의 설치 목적과 다른 목적으로 영상정보처리기기를 임의로 조작하거나 다른 곳을 비춰서는 안 됨을 알 수 있다.
④ 첫 번째 조 제1항 제4호를 통해 교통정보의 수집·분석·제공을 위한 목적으로는 영상정보처리기기의 설치·운영을 할 수 있음을 알 수 있다.
⑤ 첫 번째 조 제3항 단서에 의할 때 군사시설의 경우 영상정보처리기기를 설치·운영할 때 설치 목적·장소, 촬영범위·시간 등이 명시된 안내판을 설치하지 않아도 됨을 알 수 있다.

문 3. 정답 ②

유형 규정이해 | 내용영역 법규범 | 난이도 ★☆☆

[정답해설]
② 두 번째 조 제4항에 의할 때, 성과 이름은 띄어쓰기를 하며 이름 사이에도 띄어쓰기를 할 수 있다고 했으므로 성과 이름 사이에 띄어쓰기 한 번, 이름 사이에 띄어쓰기를 한 번하여 2번 할 수 있다.

[오답해설]
① 첫 번째 조 제2항을 통해 외국인은 외국인성명 문서에 성명을 표기할 때 로마자로 된 성명을 표기해야 함을 알 수 있다.
③ 세 번째 조 제1항과 제2항을 통해 가족관계등록부, 외국인등록표 및 그 밖에 행정기관에서 발행하는 공적 서류·증명서에 기재된 한글성명이 없는 경우에 한하여 「외래어 표기법」에 따라 로마자성명을 기준으로 표기할 수 있음을 알 수 있다.
④ 두 번째 조 제4항에 의할 때 로마자성명은 대문자로 표기해야 함을 알 수 있고, 이름 사이에도 띄어쓰기를 할 수 있음을 알 수 있다.
⑤ 두 번째 조 제3항에 의할 때 여권을 소지하지 않거나 소지한 사실이 없는 경우 외국인이 국적을 둔 정부에서 발급한 공문서에 기재된 로마자성명으로 표기할 수 있음을 알 수 있다.

문 4. 정답 ⑤

유형 규정이해 | 내용영역 법규범 | 난이도 ★☆☆

[정답해설]
⑤ 네 번째 조에 의할 때 이 법에 따른 손해배상청구권은 피해자 또는 그 법정대리인이 손해를 안 날부터 1년 이내 또는 우주손해가 발생한 날부터 3년이 경과한 경우에는 시효로 인하여 소멸한다고 되어 있다. 2022. 1. 2.에 손해를 입은 제3자가 2025. 2. 15.에 알게 된 경우 이는 우주손해가 발생한 날로부터 3년이 경과한 것으로 시효로 인해 소멸되어 손해배상청구권이 없음을 알 수 있다.

[오답해설]
① 세 번째 조 제1항 및 2항을 통해 우주물체의 발사허가를 받고자 하는 자는 손해배상을 목적으로 하는 책임보험에 가입해야 하는데, 이때 보험금액은 두 번째 조 제2항에 따른 손해배상책임 한도액의 범위인 2천억 원 내에서 과학기술정보통신부장관이 정하여 고시함을 알 수 있다.
② 두 번째 조 제1항 단서에 따라 우주공간에서 발생한 우주손해는 고의 또는 과실이 있는 때에 한함을 알 수 있다.
③ 세 번째 조 제2항을 통해 과학기술정보통신부장관이 정하여 고시하는 손해배상책임 한도액 범위는 두 번째 조 제2항의 2천억 원이 한도임을 알 수 있다.
④ 첫 번째 조에 의할 때 제3자의 건강의 손상과 같은 인적 손해도 우주손해로서, 우주물체 발사자가 손해를 배상할 책임이 있음을 알 수 있다.

문 5. 정답 ⑤

유형 규정이해 | 내용영역 법규범 | 난이도 ★☆☆

[정답해설]
ㄴ. 乙은 두 번째 조 제1항 제1호에 해당하지만, 제2항 제2호에 따라 2024년도 1회차 검정고시 공고일인 2024. 4. 12.를 기준으로 볼 때, 2023. 11. 23.으로부터 6개월 이상이 되지 않은 사람에 해당하여 응시할 수 없음을 알 수 있다.
ㄷ. 丙은 두 번째 조 제1항 제3호 내용 중 하나인 소년원학교에 재학 중인 보호소년으로서, 생년월일이 2006. 7. 15.로 2024년도 2회차 검정고시 시행일인 2024.10.11. 기준으로 만 나이와 연 나이 모두 18세이므로 검정고시에 응시할 수 있다.
ㄹ. 丁은 2024. 6. 10.에 제외한 경우 원칙적으로는 두 번째 조 제2항 제2호의 첫 번째 조 제2항에 따른 공고일까지의 기간이 6개월 이상이 되지 않은 사람으로 검정고시에 응시할 수 없지만, 단서의 '「장애인복지법」에 따라 등록한 장애인으로서 신체적·정신적 장애로 학업을 계속하는 것이 불가능하여 자퇴한 사람'에 해당하여 2024년도 2회차 검정고시에 응시할 수 있다.

[오답해설]
ㄱ. 두 번째 조에 의할 때 고등학교 졸업예정자는 응시자격이 없음을 알 수 있다.

문 6. 정답 ②

| 유형 | 정보이해 | 내용영역 | 사회 | 난이도 | ★★☆ |

[정답해설]

ㄴ. 세 번째 문단에서 나이테 모양이 드러나는 판자를 그대로 사용할 때 수축과 팽창이 심하여 가구의 변형이 많이 일어나는 문제를 해결하기 위해 물푸레나무와 같이 나이테가 뚜렷한 자재를 변형이 적은 소나무와 같은 자재에 결을 엇갈리게 붙인 후 골재에 끼운다고 했으므로 소나무 자재가 물푸레나무 자재보다 변형이 적을 것임을 알 수 있다.

[오답해설]

ㄱ. 첫 번째 문단에서 '欌'이라는 한자가 사용되기 이전에 중국의 명칭에 따라 '竪櫃'라고 표기했다고 했으므로 '竪櫃'가 '欌'보다 먼저 사용되었음을 알 수 있다.

ㄷ. 두 번째 문단을 통해 머릿장은 사랑방에서 사용되기도 했음을 알 수 있다.

ㄹ. 마지막 문단을 통해 촉짜임기법은 정교한 조각을 장식하기 위함이라기보다 변형을 최소화하기 위해 고안된 것임을 알 수 있다.

문 7. 정답 ②

| 유형 | 수리추론 | 내용영역 | 논리학 | 난이도 | ★★☆ |

[정답해설]

甲: 싱귤러로 만든 카페라떼는 에스프레소 1잔과 물을 1:6의 부피 비율로 제조한다고 했으므로 30㎖인 싱귤러와 180㎖인 물을 섞어 제조함을 알 수 있다. 따라서 제공되는 컵은 200㎖ 이상의 음료일 때 제공되는 큰 컵이다.

乙: 아인슈패너는 30㎖인 싱귤러 1잔, 물, 생크림을 1 : 3 : 1의 비율로 제조하므로 총 150㎖임을 알 수 있고, 콘파냐는 60㎖인 도피오와 생크림을 1 : 1.5의 비율로 제조하므로 총 150㎖임을 알 수 있다. 따라서 제공되는 컵은 중간 컵 2개이다.

丙: 쓴맛이 강한 에스프레소는 40㎖의 룽고이고, 이를 통해 아메리카노를 만들 때 에스프레소와 물의 비율을 1:8의 비율로 제조하므로 총 360㎖임을 알 수 있다. 따라서 제공되는 컵은 큰 컵이다.

丁: 농도가 진한 에스프레소는 20㎖인 리스트레또로 총 20㎖이므로 제공되는 컵은 작은 컵 1개이다.

이에 따라 甲 ~ 丁 일행에게 제공되는 중간 컵의 개수는 2개임을 알 수 있다.

문 8. 정답 ⑤

| 유형 | 수리추론 | 내용영역 | 논리학 | 난이도 | ★★☆ |

[정답해설]

(가) : 240

1mmHg는 수은 기압계의 수은 기둥 높이가 1mm일 때의 압력을 의미한다고 하였다. 1m는 1,000mm이므로 수은 기둥 높이가 1m일 때의 압력은 1,000mmHg이다. 따라서 760mmHg인 1기압과의 차이는 240mmHg이다.

(나) : 3800

10m씩 깊어질 때마다 1기압에 해당하는 압력이 증가한다면 수심 40m에서의 압력은 4기압(=3,040mmHg)이 증가한다. 이에 더하여 해수면에서 측정되는 대기압력인 760mmHg를 고려하면 총 3,800mmHg이다.

문 9. 정답 ③

| 유형 | 수리추론 | 내용영역 | 논리학 | 난이도 | ★★★ |

[정답해설]

乙이 21세가 되는 날, 乙의 나이보다 30세가 더 많아 보이는 甲과 결혼했다고 했으므로 甲은 당시 51세의 나이로 보였음을 알 수 있다. 이때 甲의 실제 나이는 24세이고, 결혼한 지 1년이 되는 날에 아이를 낳았다고 했으므로 당시 실제 나이는 25세, 보이는 나이는 50세이다. 甲의 얼굴이 아들과 동일한 나이로 보이게 되는 날은 실제 나이 50세, 보이는 나이 25세가 되는 해이다. 이때 乙이 사망하였다고 했으므로 甲의 나이는 50세임을 알 수 있다.

문 10. 정답 ④

| 유형 | 수리추론 | 내용영역 | 논리학 | 난이도 | ★★★ |

[정답해설]

甲이 하루에 가져오는 셔틀콕 개수를 x라 하면 丙이 하루에 가져오는 셔틀콕 개수는 5x이다. 丁이 하루에 가져오는 셔틀콕 개수를 y라 하면 주어진 글을 통해 15x-2y=3임을 알 수 있다. y를 x로 표현하면 $y = \frac{15x-3}{2}$가 된다. 하루에 가져오는 셔틀콕 개수의 총합이 24임을 고려하여 x를 예측해볼 수 있다. x가 짝수라면 丁이 가져오는 셔틀콕 개수가 자연수가 아니므로 x는 짝수가 될 수 없고, x가 3이 되면 甲, 丙, 丁이 하루에 가져오는 셔틀콕 개수만 하더라도 24개를 초과한다. 따라서 x는 1이 됨을 알 수 있다. 이는 甲이 하루에 가져오는 셔틀콕 개수가 1개, 丙은 5개, 丁은 6개임을 알 수 있다. 남은 셔틀콕은 12개이며, 乙이 하루에 가져오는 셔틀콕 개수가 戊보다 더 많다는 점, 두 수를 곱하면 홀수라는 점을 고려할 수 있는 경우의 수를 (乙이 하루에 가져오는 셔틀콕 개수, 戊가 하루에 가져오는 셔틀콕 개수)로 표현하면 (1, 11), (3, 9), (5, 7)이다. (1, 11)과 (5, 7)은 각자에게 지정된 개수가 5명이 서로 다르다는 조건에 부합하지 않으므로 (3, 9)가 됨을 알 수 있다. 따라서 甲과 戊가 하루에 가져오는 셔틀콕 개수의 차는 8이다.

문 11. 정답 ①

| 유형 | 수리추론 | 내용영역 | 논리학 | 난이도 | ★★☆ |

[정답해설]

ㄱ. 甲이 A를 잡지 않았다고 가정하면 가장 높은 점수를 받기 위해 B 3마리를 잡은 경우가 가능할지 확인해본다. 이 경우 甲은 60점이 되는데, 乙은 이보다 낮은 50점을 받기 위해 B 1마리, C 3마리를 잡았다고 가정할 수 있다. 하지만 이 경우 丙은 가장 낮은 점수를 받는 C를 5마리 잡더라도 50점이 되어 점수의 합이 서로 다르다고 하는 〈상황〉에 부합하지 않는다. 따라서 甲은 A를 잡았음을 알 수 있다.

[오답해설]

ㄴ. 乙이 80점으로 2위를 차지했을 때 A 2마리, C 2마리를 잡은 경우도 가능하므로 B를 잡았다고 할 수 없다.

ㄷ. 丙이 받을 수 있는 가장 높은 점수는 70점이다. 그런데 A와 B 조합만으로 5마리를 잡아서 70점을 만드는 것은 불가능하므로 C를 잡았음을 알 수 있다.

문 12. 정답 ③

| 유형 | 논리퀴즈 | 내용영역 | 논리학 | 난이도 | ★★☆ |

[정답해설]

ㄱ. A를 한 번만 입력했다면 '휴폐업신고서 관리' 외에 업무코드로 A가 들어가는 것은 처리하지 않았다는 것을 뜻한다. 주어진 두 업무 외에 '휴폐업신고서 조회', '사업자등록신청서 입력', '신고자내역 조회', '전자계산서 발급 조회' 업무를 처리했는데 이때 업무코드에 들어간 D 개수를 세면 3개이다.

ㄷ. '신고자내역 조회'를 제외하고 일의 자리 숫자가 가장 큰 4건의 업무를 처리하더라도 6개의 업무코드 네 번째 자리의 숫자 총합이 21이 되지 않는다. 따라서 입력한 업무코드 네 번째 자리의 숫자 총합이 21이라면 업무코드 네 번째 자리 숫자가 가장 큰 '신고자내역 조회'를 처리했음을 알 수 있다.

[오답해설]

ㄴ. '전자계산서 발급 조회'를 처리하면서도 가장 많이 입력한 알파벳이 'B'인 경우를 찾을 수 있다. 글을 통해 확인한 업무와 '전자계산서 발급 조회' 외에 '휴폐업신고서 조회', '사업자등록신청서 입력', '신용카드 이용대금 조회', '전자계산서 발급 조회' 업무를 처리한 경우 'B'가 4번으로 가장 많이 입력된 알파벳임을 알 수 있다.

문 13. 정답 ③

유형 수리추론   내용영역 논리학   난이도 ★★☆

[정답해설]

월요일부터 금요일까지 각 요일별로 읽은 쪽수를 a, b, c, d, e라 하자. 〈상황〉을 참고하면 a+2b+c+d+e=17, c+d=6, a+b+e=8이 된다. 이를 조합하면 b가 3임을 알 수 있다. b가 3인 경우 한 주 동안 읽는 쪽수는 14이다. 화요일부터 그 다음 주 월요일까지 읽은 쪽수가 14인데, 이렇게 5주를 읽고 화요일에 책을 읽으면 총 73쪽을 읽은 것이 된다. 수요일에 최소 1쪽은 읽으므로 甲이 새로 빌려온 책의 마지막 쪽을 읽는 요일은 수요일이 됨을 알 수 있다.

문 14. 정답 ④

유형 논리퀴즈   내용영역 논리학   난이도 ★★☆

[정답해설]

甲과 乙은 작년보다 등급이 올랐다고 했으므로 올해 등급이 S 혹은 A이다. 이를 통해 경우의 수를 고려하면, 세 경우로 나눠볼 수 있다.

i) 甲이 올해 S를 받고 乙은 A를 받은 경우
ii) 甲이 올해 A를 받고 乙은 S를 받은 경우
iii) 甲과 乙 모두 올해 A를 받은 경우

i)와 ii)의 경우 丙이 A 혹은 B가 될 수 있고 甲과 乙도 올해 S등급을 받은 경우 A에서 오른 것인지, B에서 오른 것인지 정해지지 않는다. 따라서 丁이 甲~丙의 대화만을 듣고 작년과 올해 어떤 성과평가 등급을 받았는지 알 수 없다. 이와 함께 丁이 앞선 직원들의 등급을 모두 확정하기 위해서는 자신이 S등급이 되어야 함을 알 수 있다. 이 경우 甲과 乙은 작년에는 B 올해는 A를 받은 것으로 확정되고, 丙의 경우 올해 S와 A가 될 수 없으므로 작년과 올해 모두 B등급이 됨을 알 수 있다.

문 15. 정답 ①

유형 수리추론   내용영역 논리학   난이도 ★★☆

[정답해설]

지폐의 불편지수 계수가 3으로 1인 동전보다 크더라도 지폐만큼의 단위를 채우기 위해 동전을 들고 다니면 불편지수가 더 커지기에 甲은 되도록 지폐를 들고 다녔을 것이라 예상할 수 있다. 〈상황〉을 통해 문구점에서 850머니를 결제했을 때 1,000머니를 통해 결제했다고 예상할 수 있고, 거스름돈인 150머니는 불편지수가 최소가 되도록 거스름돈을 받을 때도 적용한다고 했으므로 100머니와 50머니 동전 각각 1개씩 받았을 것이다. 이후 꽃집에서 1,000머니, 편의점에서 800머니를 사용한 후 지폐가 남아 있지 않다고 했는데, 이 경우 문구점 결제 후에는 1,000머니 지폐 2장을 가지고 있었음을 알 수 있다. 문구점 결제 후 거스름돈을 받은 상태에서 불편지수가 9라 했는데, 이때 가지고 있던 화폐로 알 수 있는 것은 1,000머니 지폐 2장과 거스름돈으로 받은 100머니, 50머니이다. 해당 화폐만으로는 불편지수가 8이므로 동전 1개를 더 가지고 있었음을 알 수 있다. 따라서 문구점에 가기 전에는 거스름돈을 받기 전의 상황이므로 동전을 1개만 가지고 있었음을 알 수 있다.

문 16. 정답 ④

유형 수리추론   내용영역 논리학   난이도 ★☆☆

[정답해설]

민서는 지난달에 바이올린 협주 공연을 보고 왔으므로 해당 공연은 민서가 보려는 공연 후보에서 제외된다. 또한 10월 9일 이전에 하는 공연은 보러 갈 수 없으므로 뮤지컬도 제외된다. B시는 집에서 멀어서 가지 않는다고 했으므로 오케스트라도 제외된다. 피아노 협주와 오페라 중 결제할 금액이 제일 저렴한 공연을 보게 되는데, 학생할인이 가능한 피아노 협주는 24,000원을 할인 받아 100,000원인 오페라보다 저렴한 금액인 96,000원에 공연을 볼 수 있으므로 민서가 결제할 금액은 96,000원이다.

문 17. 정답 ③

유형 수리추론   내용영역 논리학   난이도 ★☆☆

[정답해설]

〈민원처리 우수 공무원 선정 기준〉에서 민원만족도가 80점 미만이거나 민원처리 건수가 월 40건 미만인 사람은 민원처리 우수 공무원으로 선정될 수 없다고 했으므로 丁과 戊는 제외된다. 甲~丙의 민원처리 점수를 계산하면 다음과 같다.

甲 : 85×0.8 + 50×0.2 − 1 − 3 = 74
乙 : 80×0.8 + 40×0.2 + 3 = 75
丙 : 85×0.8 + 40×0.2 + 1 − 1 = 76

丙의 점수가 가장 높으므로 민원처리 우수 공무원으로 丙이 선정된다.

문 18. 정답 ②

유형 논리퀴즈   내용영역 논리학   난이도 ★☆☆

[정답해설]

증액요청을 한 사업을 대상으로 올해 지출 내역을 정산한다고 했으므로 증액요청을 하지 않은 C 사업은 지출 내역 정산에서 제외된다. 또한 규칙에도 불구하고 미집행액이 있는 사업을 우선하여 정산한다고 했으므로 E를 우선하여 정산한다. 총사업비 대비 보조금 총액 비율이 높은 사업부터 정산하는데, A는 80%, B와 D는 90%이다. B와 D 중에서는 보조금 총액이 큰 사업부터 정산하므로 D가 두 번째로 정산된다. 따라서 甲 사무관이 세 번째로 정산할 사업은 B이다.

문 19. 정답 ②

유형 정보이해   내용영역 사회   난이도 ★☆☆

[정답해설]

ㄴ. 세 번째 문단을 통해 0.5MW 규모 태양광 발전소는 시간당 0.5MW의 전력을 생산하는 규모의 발전소를 뜻함을 알 수 있다. 하루 발전시간이 2시간이라면 하루에 1MW, 30일 동안 생산하는 전력은 30MW이다.

[오답해설]

ㄱ. 첫 번째 문단을 통해 우리나라의 경우, 위도가 낮을수록 태양의 고도가 높아 태양광 발전의 효율이 향상되고, 해발 고도가 높을수록 태양광 발전 시스템의 설비가 지표로부터 방출되는 복사열의 영향을 덜 받아 발전 효율이 높음을 알 수 있다.
ㄷ. 첫 번째 문단을 통해 태양광 패널과 태양광선의 각도가 90°일 때 태양광 발전 효율이 가장 높음을 알 수 있다.
ㄹ. 두 번째 문단을 통해 태양광 발전소는 설비가 단순하고 보수 및 유지 관리에 비용이 적게 든다는 장점이 있음을 알 수 있다.

문 20. 정답 ③

유형 수리추론 | 내용영역 사회 | 난이도 ★★☆

[정답해설]

(가) : 480

1MW 태양광 발전소에서 하루 4시간씩 생산하는 전력은 4,000kW이며, 30일 동안 생산할 경우 120,000kW이다. 한 가구가 30일 동안 필요한 전력이 250kW이므로 120,000kW를 250kW로 나누면 480이 됨을 알 수 있다.

(나) : 200,000

마지막 문단을 통해 1MW 태양광 발전소를 통한 전기 생산은 같은 양의 전기를 화석연료 발전 방식으로 생산할 때보다 연간 500톤의 이산화탄소를 감축하는 효과가 있음을 알 수 있다. 이는 500,000kg이며, 나무 한 그루가 연간 2.5kg을 감축하므로 500,000kg을 2.5kg으로 나누면 200,000이 됨을 알 수 있다.

문 21. 정답 ③

유형 규정이해 | 내용영역 법규범 | 난이도 ★☆☆

[정답해설]

③ 제4항을 통해 환경부장관이 수출입규제폐기물의 수출허가를 함에 있어 물리적·화학적 특성이 같은 수출입규제폐기물을 국내의 같은 세관 및 수입국의 같은 세관을 통하여 같은 자에게 두 번 이상 수출하는 경우에 한하여 12개월 범위에서 기간을 정하여 한꺼번에 허가를 할 수 있다. 따라서 같은 자에게 수출하더라도 수입국의 세관이 동일하지 않으면 기간을 정하여 한꺼번에 허가할 수 없다.

[오답해설]

① 제3항에 따라 환경부장관은 수출입규제폐기물의 수출허가를 할 때 수입국 및 경유국의 동의를 받아야 함을 알 수 있다. 따라서 수입국의 동의가 없으면 경유국의 동의를 받더라도 수출입규제폐기물의 수출허가를 할 수 없다.

② 제1항을 통해 수출하는 것뿐만 아니라 허가받은 사항을 변경하려는 경우에도 환경부장관의 허가를 받아야 함을 알 수 있다.

④ 제5항을 통해 수출허가 또는 변경허가를 받은 자는 다른 자에게 자기의 명의나 상호를 사용하여 수출입규제폐기물을 수출하게 할 수 없음을 알 수 있다.

⑤ 제2항 각호의 어느 하나에 해당하면 환경부장관은 수출입규제폐기물의 수출허가를 할 수 있다. 따라서 국내에서 특정 수출입규제폐기물을 환경적으로 건전하고 적정하게 처리하는 데 필요한 기술과 시설을 가지고 있더라도 해당 폐기물이 수입국에서 재활용을 위한 산업의 원료로 필요한 경우 환경부장관은 이를 할 수 있다.

문 22. 정답 ⑤

유형 규정이해 | 내용영역 법규범 | 난이도 ★☆☆

[정답해설]

⑤ 세 번째 조 제1호를 근거로 대한민국 정부가 주한 영국대사관에 발신하는 공문서에 나라문장을 사용할 수 있으며, 이때 나라문장은 마지막 조에 의할 때 문서에 사용하는 경우이므로 해당 문서의 중앙상단부에 위치함을 알 수 있다.

[오답해설]

① 세 번째 조 제3항에서 대통령 표창장의 경우 나라문장을 사용할 수 있다고 했으므로 국무총리 표창장의 경우 사용할 수 없다.

② 두 번째 조 제3항 단서를 통해 나라문장을 철인으로 하여 사용할 때는 색을 넣지 않음을 알 수 있다.

③ 세 번째 조 제1호는 외국·국제기구 또는 국내 외국기관에 발신하는 문서에 대하여 나라문장을 사용할 수 있다고 했으며, 국제연합의 산하 전문기구인 세계보건기구가 대한민국 정부에 발신하는 공문서의 경우에는 나라문장을 사용할 수 없다.

④ 두 번째 조 제2항을 통해 꽃잎 아래쪽에 한글로 '대한민국'을 표기함을 알 수 있다.

문 23. 정답 ①

유형 규정이해 | 내용영역 법규범 | 난이도 ★☆☆

[정답해설]

① 첫 번째 조 제1항을 통해 온라인 자료라 하더라도 국제표준자료번호를 부여받은 경우에는 발행 또는 제작한 경우 도서관자료를 국립중앙도서관에 납본하여야 함을 알 수 있고, 같은 조 제3항을 통해 국립중앙도서관은 납본한 자에게 지체 없이 납본 증명서를 발급하여야 함을 알 수 있다.

[오답해설]

② 첫 번째 조 제1항을 통해 국제표준자료번호를 부여받지 않은 온라인 자료는 납본의무가 없음을 알 수 있다.

③ 첫 번째 조 제3항을 통해 납본한 도서관자료의 전부 또는 일부가 판매용인 경우 그 도서관자료에 대하여 정당한 보상을 하여야 함을 알 수 있고, 이에 대해서는 국가, 지방자치단체 및 공공기관이라 하더라도 예외가 없음을 알 수 있다.

④ 첫 번째 조 제1항에 의할 때 수정증보판인 경우에 기존 도서를 납본했더라도 납본의무가 있는 것이지 내용 변경 없이 일정 부수를 추가 인쇄한 경우는 해당하지 않음을 알 수 있다.

⑤ 두 번째 조 제1항은 국립중앙도서관이 국내에서 서비스되는 온라인 자료 중에서 보존가치가 높은 온라인 자료를 선정하여 수집·보존하여야 함을 알 수 있다.

문 24. 정답 ①

유형 규정이해 | 내용영역 법규범 | 난이도 ★☆☆

[정답해설]

ㄱ. 첫 번째 조에서는 재산세가 과세기준일인 12월 1일을 기준으로 부과된다고 하고 있다. 따라서 2024년 과세 기준일에는 甲이 사용하고 있던 W건축물이 철거명령을 받지 않은 상태이므로 재산세가 부과된다.

[오답해설]

ㄴ. 두 번째 조 제1항을 통해 국가, 지방자치단체 또는 지방자치단체조합이 1년 이상 무상으로 공용 또는 공공용으로 사용하는 재산에 대하여는 재산세를 부과하지 않음을 알 수 있다. X토지의 경우 지방자치단체인 A광역시가 2023. 1. 1.부터 과세 기준일을 기준으로 볼 때 1년 이상 공공용으로 무상 사용했으므로 재산세가 부과되지 않는다.

ㄷ. 두 번째 조 제2항 3호에는 임시로 사용하기 위하여 건축된 건축물로서 재산세 과세 기준일 현재 건축일로부터 1년 미만의 것은 재산세를 부과하지 않는다고 하였다. Y임시건축물은 2024. 4. 19.에 건축됐으므로 2024년 12월 1일인 과세기준일로부터 1년이 경과되지 않아 재산세가 부과되지 않는다.

ㄹ. 두 번째 조 제2항 4호는 비상재해구조용, 무료도선용, 선교 구성용 등으로 사용하는 선박은 재산세를 부과하지 않는다고 하였다. Z선박의 경우 비상재해구조용 선박으로 무상으로 사용했으므로 재산세가 부과되지 않는다.

문 25. 정답 ⑤

유형: 규정이해 내용영역: 법규범 난이도: ★★☆

[정답해설]

⑤ D시의 경우 제1항의 그 밖의 지역에 해당하므로 4억 원이 기준이다. 보증금 3억 원에 연 차임액인 1,200만 원을 12로 나눠 100을 곱한 1억을 더하면 4억 원이므로 이 법이 적용되는 임대차에 해당한다.

[오답해설]

① 제1항에서 이 법은 상가건물의 임대차에 대하여 적용한다고 했으므로 사업용 토지는 적용 대상이 아니다.

② 제1항에서 이 법은 사업자등록의 대상이 되는 건물로서 상가건물의 임대차에 대하여 적용한다고 했으므로 상가건물이라 하더라도 사업자등록 대상이 아닌 경우는 적용 대상이 아니다.

③ 제1항 단서에서 각호의 보증금액을 초과하는 상가건물 임대차에 대하여는 적용하지 않는다고 하였고, B시에서 7억 원의 임대차는 B시의 보증금액 기준인 6억 8천만 원을 초과하므로 적용 대상이 아니다.

④ 제2항에서 보증금 외에 차임이 있는 경우 월 단위 차임액에 100을 곱하여 환산한 금액을 포함하여야 한다고 되어 있다. 따라서 200만 원의 임대차에 100을 곱한 2억을 더하면 제1항의 C시 보증금액 기준인 5억 5천만 원을 초과한 6억이 되므로 적용 대상이 아니다.

문 26. 정답 ②

유형: 정보이해 내용영역: 사회 난이도: ★☆☆

[정답해설]

② 마지막 문단을 통해 아이를 낳은 집 문간에 금줄을 걸고 숯이나 고추를 그 사이사이에 끼우는 풍속과 같이 숯은 민간 풍속에서 연료 이외 용도로 활용됐음을 알 수 있다.

[오답해설]

① 두 번째 문단을 통해 흑탄은 숯가마의 온도가 600~700°C인 상태에서, 백탄은 온도가 800~1300°C인 상태에서 구운 것을 알 수 있다. 따라서 백탄이 흑탄보다 더 높은 온도에서 구운 것이다.

③ 첫 번째 문단을 통해 완전연소가 일어나지 않도록 해야 수분이 날아가고 탄소 덩어리로 변해 숯이 됨을 알 수 있다.

④ 두 번째 문단을 통해 백탄이 단단하고 오래 타기 때문에 주로 연료로 사용됨을 알 수 있다.

⑤ 두 번째 문단을 통해 같은 무게라면 흑탄이 백탄보다 흡착 면적이 넓어 냄새와 습기를 빨아들이는 효과가 큼을 알 수 있다.

문 27. 정답 ①

유형: 수리추론 내용영역: 논리학 난이도: ★★☆

[정답해설]

(가) : 5

甲이 소비하고 남은 물이 40플루이드온스라 했으므로 해당 단위를 기준으로 단위를 추론해가는 것이 좋다. 5파인트는 80플루이드온스이다. 甲은 80플루이드온스 중 (가) 만큼을 소비해 40플루이드온스가 남았다고 했으므로 40플루이드온스를 소비한 것이고, 8플루이드온스가 1컵이라 했으므로 40플루이드온스는 5컵이 된다.

(나) : 32

甲은 1갤런의 물 중 5파인트만 남겼다고 했다. 1갤런은 128플루이드온스이고 5파인트는 80플루이드온스이므로 乙은 48플루이드온스를 甲에게 받았다. 이 중 1쿼트를 소비했다고 했는데 1쿼트는 32플루이드온스로, 남은 물은 16플루이드온스이다. 1컵은 48티스푼, 16테이블스푼, 8플루이드온스를 뜻한다. 1플루이드온스는 2테이블스푼과 같으므로 16플루이드온스는 32테이블스푼이 된다.

문 28. 정답 ④

유형: 수리추론 내용영역: 논리학 난이도: ★★★

[정답해설]

모자라거나 남는 먹이 없이 겨울을 무사히 보내기 위해서는 비축한 먹이 중 홍수에 휩쓸려 사라지고 남은 먹이가 나누어 떨어져야 한다. 180일째부터 220일째까지 각 10일 단위로 해당 일까지 비축한 양은 720, 760, 800, 840, 880인데 이 중 $\frac{1}{3}$에 해당하는 양이 나누어떨어지는 경우는 720과 840이다.

i) 180일 째 홍수가 난 경우

홍수에 휩쓸려 사라지고 남은 양은 240g, 남은 95일 동안 비축하는 양은 380g이다. 90일 동안 6g씩 먹기 위해서는 540g이 필요하므로 비축된 620g 먹이가 남게 되어 180일 째는 홍수가 난 날이 아니다.

ii) 210일 째 홍수가 난 경우

홍수에 휩쓸려 사라지고 남은 양은 280g, 남은 65일 동안 비축하는 양은 260g이다. 90일 동안 6g씩 먹기 위해서는 540g이 필요하고 비축된 양도 540g이므로 210일 째가 홍수가 난 날이다.

문 29. 정답 ④

유형: 수리추론 내용영역: 논리학 난이도: ★★☆

[정답해설]

사막에 간 AI 로봇이 심은 총 나무 수는 초원에 간 AI 로봇이 심은 총 나무 수에 포함된 숫자로만 이루어져 있었다고 한다. 초원에 간 AI 로봇이 심은 총 나무 수는 142,857그루×7이며 이는 999,999그루이다. 따라서 9만이 포함되어 있어야 한다. 최소 일수를 구하여야 하므로 1번 선지의 값부터 대입해보면 17의 경우 37×17=629로 9 외에 숫자가 포함되어 있고, 23×37=851로 9가 아닌 숫자로 구성되어 있으며, 37×25=925로 9가 아닌 숫자가 포함되어 있다. 37×27=999로 27일이 답이 됨을 알 수 있다.

1의 자리만 먼저 확인하여 9가 나오지 않는 선지들은 제거하는 방법으로 시간을 단축할 수 있다.

문 30. 정답 ①

유형: 수리추론 내용영역: 논리학 난이도: ★★★

[정답해설]

각 팀별 이동 후 각 팀의 남성 대 여성, 숙련자 대 비숙련자의 비가 모두 1:1이 된다는 것을 통해 전체 인원이 3의 배수임을 알 수 있다. 따라서 ①과 ④만을 고려하면 된다.

i) 전체 인원이 18명인 경우

최종적으로 각 팀이 6명으로 구성된 상태임을 알 수 있다. 이때 맨 처음 상태로 되돌리기 위해 C팀으로 보낸 A팀의 남성 숙련자 1명, A팀으로 보낸 B팀의 남성 비숙련자 1명, B팀으로 보낸 C팀의 여성 비숙련자 1명을 원래의 팀으로 돌려보낸 후 구성비를 비교해보면 초기 상태를 충족함을 알 수 있다.

ii) 전체 인원이 24명인 경우

최종적으로 각 팀이 8명으로 구성된 상태임을 알 수 있다. 이때 맨 처음 상태로 되돌리기 위해 B팀 남성의 경우 5명, 여성의 경우 3명이 되어 2:1을 충족하지 않음을 알 수 있다.

문 31. 정답 ④

[유형] 수리추론　[내용영역] 논리학　[난이도] ★★☆

[정답해설]

ㄴ. A가 1정, B가 3정 남아있다면 8일 동안 A 9정, B 7정을 복용한 것이다. 약을 제대로 복용하는 날이 하루도 없게 하기 위하여 A만 먹거나 B만 먹는 식으로 배정하더라도 A와 B가 각각 1정씩 남게 되어 적어도 하루는 약을 제대로 복용하는 날이 있다.

ㄷ. A만 4정이 남아 있었다면 8일 동안 A 6정, B 9정을 복용한 것이다. 약을 제대로 복용한 날을 5일로 하기 위해 배정하면 A는 1정, B는 4정이 남는다. 따라서 적어도 하루는 약을 제대로 먹는 날이 더 생기므로 A만 4정 남았다면 8일 중 약을 제대로 복용한 날이 5일이 될 수 없다.

[오답해설]

ㄱ. A와 B가 각각 2정씩 남아 있었더라도 1일차에 A 2정, 2일차에 B 2정을 먹고 나머지 날에는 A와 B를 함께 먹은 것과 같이 복용하였다면 甲은 8일 내내 약을 제대로 복용한 것은 아니다.

문 32. 정답 ④

[유형] 논리퀴즈　[내용영역] 논리학　[난이도] ★☆☆

[정답해설]

ㄴ. c와 n이 잘못 수신된 경우 6개 단어 중 banana, cherry, orange, peach가 송신한 단어와 다르다.

ㄷ. o가 잘못 수신된 경우 orange가 송신한 단어와 다르다. 이때 p 외에는 orange를 제외한 3개의 단어가 송신한 단어와 다르게 할 수 없음을 확인할 수 있다.

[오답해설]

ㄱ. ㄴ과 같이 a는 옳게 수신되고 c와 n이 잘못 수신된 경우가 있을 수 있다.

문 33. 정답 ③

[유형] 수리추론　[내용영역] 논리학　[난이도] ★★☆

[정답해설]

乙을 기준으로 B와 E의 내구성을 두 개의 경우로 나눠 생각할 수 있다.

i) B=1, E=2

이 경우 甲의 과녁 3개가 관통하기 위해서는 A+ C가 7 이하이여야 한다. 1부터 5까지의 정수 중 남은 3, 4, 5의 조합으로 이를 만족시킬 수 있으려면 D가 5가 되어야 한다. 또한 D가 5인 경우 丙의 과녁 2개를 관통할 수 있다. 따라서 A와 C의 내구성을 더하면 7이 된다.

ii) B=2, E=1

이 경우는 D가 가장 큰 수인 5가 되더라도 A+ 2 + C는 8보다 크기 때문에 甲의 과녁 3개를 관통할 수 없다. 따라서 해당 경우는 성립할 수 없다.

문 34. 정답 ⑤

[유형] 논리퀴즈　[내용영역] 논리학　[난이도] ★★★

[정답해설]

戊의 경우 근무하는 층은 2층 혹은 3층이다. 이를 기준으로 경우의 수를 나눠 층이 확정되는 사람을 찾아볼 수 있다. 戊가 3층임을 가정하면, 戊가 이용할 수 있는 엘리베이터는 2, 3호기이다. 丙이 탈 수 있는 엘리베이터는 6, 8, 10층이 가능한 乙과 마주칠 일이 없다고 했으므로 5, 7, 9층 중 5층임을 알 수 있다. 하지만 이 경우 戊를 제외한 나머지와 엘리베이터 안에서 마주칠 가능성이 있다는 丁의 조건을 충족하지 못하므로 戊의 근무하는 층은 3층일 수 없다. 따라서 戊는 근무하는 층이 2층으로 확정된다.

문 35. 정답 ③

[유형] 논리퀴즈　[내용영역] 논리학　[난이도] ★★★

[정답해설]

1회차에는 탈락한 사람의 수가 2배수이고, 남은 사람의 수가 3배수이다. 이를 충족하는 경우는 4명이 탈락하는 경우이다. 만약 10명이 탈락하며 39명이 남을 경우 2회차에 최소 인원인 1명이 탈락하더라도 3회차에 14명이 탈락하며 25명 미만이 되어 게임이 종료되기 때문이다. 2회차에는 탈락한 사람의 수가 3배수이고 남은 사람의 수가 3배수이다. 이를 충족하는 경우는 3명이 탈락하는 경우이다. 6명이 탈락하여 39명이 남는 경우 3회차에서 14명이 탈락해 25명이 남게 된다면 4회차에서 최소 인원이 탈락하더라도 25명 미만으로 게임이 종료되기 때문이다. 3회차에는 14명이 탈락하여 28명이 남게 된다. 4회차에는 탈락한 사람의 수가 2배수이고 남은 사람의 수는 3배수가 아니다. 4회차는 2명이 탈락하고, 5회차에는 탈락한 사람의 수가 2배수이고, 남은 사람의 수는 3배수가 아니다. 또한 각 회차마다 탈락한 사람이 다르고 3회차를 제외하고는 10명 이상이 탈락한 회차가 없음을 고려할 때 6명이 탈락해 20명이 남았음을 알 수 있다. 따라서 2회차와 5회차에서 탈락한 사람의 수는 9이다.

문 36. 정답 ①

[유형] 수리추론　[내용영역] 논리학　[난이도] ★★☆

[정답해설]

△△산악회가 산을 선택함에 있어 체력소모 점수와 위험도 점수의 합이 7을 초과하면 선택하지 않는다고 했으므로 B는 제외된다. 나머지 산의 최종점수를 계산하면 다음과 같다.

A : 2×(3 + 4) − (3.5 + 3) = 7.5
C : 2×(1.5 + 2) − (2 + 3) = 2
D : 2×(2.5 + 4) − (3.5 + 2) = 7.5
E : 2×(3 + 3) − (2 + 4) = 6

A와 D의 최종점수가 동일하므로 접근성과 경관, 위험도 순서로 점수를 비교하면 접근성은 동일하고 경관이 A에 대한 선호도가 더 높으므로 △△산악회가 선택할 산은 A가 된다.

문 37. 정답 ③

[유형] 수리추론　[내용영역] 논리학　[난이도] ★☆☆

[정답해설]

甲은 데이터 전송 속도가 200Mbps 미만인 통신사는 이용하지 않는다고 했으므로 A는 제외된다. 나머지 통신사의 경우 각각의 비용을 모두 더하면 아래와 같다.

구분	기본요금 (천 원)	OTT (천 원)	데이터 추가사용 요금 (천 원)	총액 (천 원)
B	60	20	60	140
C	80	20	30	130
D	120	20	0	140
E	140	0	0	140

따라서 甲이 2월에 이용할 통신사는 C이다.

문 38. 정답 ①

[유형] 수리추론 [내용영역] 논리학 [난이도] ★★☆

[정답해설]

실무평가에서 하나라도 60점 이하인 경우에는 선발 대상에서 제외하므로 C가 제외된다. 나머지 후보자 중 후보자별로 가장 낮은 평가 점수를 제외하고 나머지 심사위원 2인의 점수 합이 높은 3명을 뽑으면 170점인 E, 165점인 D, 155점인 A이다. 이후 최종 합격자 1명은 각 심사위원들이 실무평가와 면접평가 점수를 모두 합산한 최종 점수가 가장 높은 1명을 선발한다.

구분	실무평가 합산	면접평가 합산	최종 점수
A	225	245	470
D	230	240	470
E	245	220	465

A와 D의 최종 점수가 동일하므로 면접평가 점수 합계가 높은 후보자인 A가 최종 합격자로 선발된다.

문 39. 정답 ①

[유형] 정보이해 [내용영역] 사회 [난이도] ★★☆

글의 내용을 그림으로 표현하면 아래와 같다.

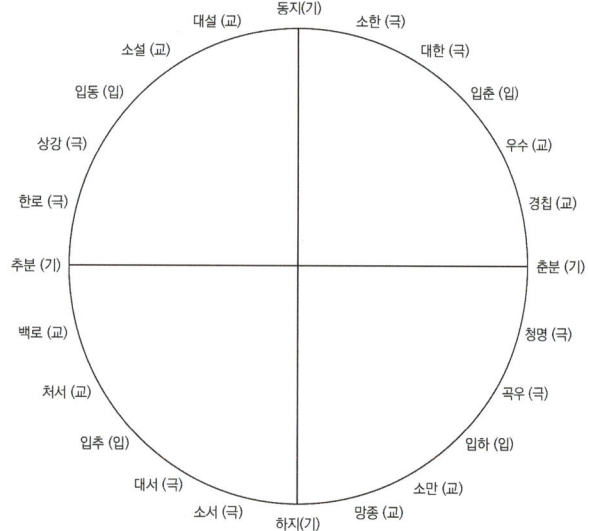

[정답해설]

ㄱ. 위 그림을 통해 확인할 수 있다.
ㄴ. 위 그림을 통해 확인할 수 있다.

[오답해설]

ㄷ. 첫 번째 문단에서 24절기는 지구가 태양을 중심으로 도는 공전에 따라 정해졌다고 했으므로 음력을 바탕으로 만들어진 것은 아님을 알 수 있다.
ㄹ. 마지막 문단에 따르면 얼었던 땅이 풀리는 절기는 '우수'이며, 농번기가 시작되는 절기는 '입하'이다.

문 40. 정답 ④

[유형] 정보이해 [내용영역] 사회 [난이도] ★★☆

[정답해설]

39번 해설의 그림을 보면 '우수' 뒤 열두 번째 절기는 '처서'임을 알 수 있다.

2026년도 5급 PSAT 대비

메가피셋
5급 공채
외교관후보자
지역인재 7급

5개년 기출문제집
헌법 + 언어논리 + 자료해석 + 상황판단

Ⅱ. 2024년도

- 헌　　　　법
- 언어논리영역
- 자료해석영역
- 상황판단영역

2024년도
헌법 (나)책형

문 1. 정답 ④

문제유형 : 기본권 각론/판례   난이도 ★★☆

[정답해설]

④ 헌법재판소에 따르면 현 시점에서 선택 가능한 방안으로 인구편차 상하 33⅓%(인구비례 2 : 1)를 기준으로 하는 방안 또는 인구편차 상하 50%(인구비례 3 : 1)를 기준으로 하는 방안이 고려될 수 있다. 자치구·시·군의원은 지방 주민 전체의 대표이기는 하나, 지방자치단체의 구역에 관한 사무, 주민의 복지증진에 관한 사무, 지역개발과 주민의 생활환경시설의 설치·관리에 관한 사무 등 주로 지역적 사안을 다루는 지방의회의 특성상 지역대표성도 겸하고 있다(헌법 제117조 제1항, 지방자치법 제9조 제2항 참조). 뿐만 아니라 우리나라는 급격한 산업화·도시화의 과정에서 인구의 도시집중으로 인하여 도시와 농어촌 간의 인구격차가 크고 각 분야에 있어서의 개발불균형이 현저하다는 특수한 사정이 존재한다. 따라서 자치구·시·군의원 선거구 획정에 있어서는 행정구역 내지 지역대표성 등 2차적 요소도 인구비례의 원칙에 못지않게 함께 고려해야 할 필요성이 크다(헌재 2009. 3. 26. 2006헌마14 참조). (…) **인구편차 상하 50%를 기준으로 하는 방안은 최대선거구와 최소선거구의 투표가치의 비율이 1차적 고려사항인 인구비례를 기준으로 볼 때의 등가의 한계인 2 : 1의 비율에 그 50%를 가산한 3 : 1 미만이 되어야 한다는 것으로서, 인구편차 상하 33⅓%를 기준으로 하는 방안보다 2차적 요소를 폭넓게 고려할 수 있다.** (…) 그렇다면 현재의 시점에서 자치구·시·군의원 선거구 획정과 관련하여 헌법이 허용하는 인구편차의 기준을 인구편차 상하 50%(인구비례 3 : 1)로 변경하는 것이 타당하다. (헌재 2020. 9. 24. 선고 2018헌마325)

[오답해설]

① 헌법재판소에 따르면 **평등선거의 원칙은 헌법 제11조 제1항 평등의 원칙이 선거제도에 적용된 것으로서 투표의 수적 평등, 즉 1인 1표 원칙과 투표의 성과가치의 평등, 즉 1표의 투표가치가 대표자선정이라는 선거의 결과에 대하여 기여한 정도에 있어서도 평등하여야 한다는 원칙을 그 내용으로 할 뿐만 아니라, 일정한 집단의 의사가 정치과정에서 반영될 수 없도록 차별적으로 선거구를 획정하는 이른바 '게리맨더링'에 대한 부정(否定)을 의미하기도 한다.** (헌재 1998. 11. 26. 선고 96헌마54)

② 헌법재판소에 따르면 우리 헌법은 제24조에서 '모든 국민은 법률이 정하는 바에 의하여 선거권을 가진다'고 규정하고 제41조 제1항(제67조 제1항)'이 '보통 평등 직접 비밀선거'를 선거의 기본원칙으로 규정하고 있다. 여기서 말하는 보통선거라함은 개인의 납세액이나 소유하는 재산을 선거권의 요건으로 하는 제한선거에 대응하는 것으로 이러한 요건뿐만 아니라 그밖에 사회적신분 인종 성별 종교 교육등을 요건으로 하지 않고 일정한 연령에 달한 모든 국민에게 선거권을 인정하는 제도를 말한다. 보통선거제도를 채용하고 있는 모든 국가들은 연령에 의한 선거권의 제한을 인정하고 있다. 이와 같이 연령에 의하여 선거권을 제한할 수밖에 없는 것은 국정 참여수단으로서의 선거권행사는 일정한 수준의 정치적인 판단능력이 전제되어야 하기 때문이다. (헌재 1997. 6. 26. 선고 96헌마89)

③ 공직선거법 제47조(정당의 후보자추천) ③ 정당이 비례대표국회의원선거 및 비례대표지방의회의원선거에 후보자를 추천하는 때에는 그 후보자 중 100분의 50 이상을 여성으로 추천하되, 그 후보자명부의 순위의 매 홀수에는 여성을 추천하여야 한다.

문 2. 정답 ③

문제유형 : 통치구조/헌법 조문   난이도 ★☆☆

[정답해설]

③ 헌법 제79조 ① 대통령은 법률이 정하는 바에 의하여 사면·감형 또는 복권을 명할 수 있다.
② 일반사면을 명하려면 국회의 동의를 얻어야 한다.
③ 사면·감형 및 복권에 관한 사항은 법률로 정한다.

특별사면이 아닌 일반사면의 경우 국회의 동의를 얻어야 한다.

[오답해설]

① 헌법 제67조 ① 대통령은 국민의 보통·평등·직접·비밀선거에 의하여 선출한다.
② 제1항의 선거에 있어서 최고득표자가 2인 이상인 때에는 국회의 재적의원 과반수가 출석한 공개회의에서 다수표를 얻은 자를 당선자로 한다.

② 헌법 제68조 ② 대통령이 궐위된 때 또는 대통령 당선자가 사망하거나 판결 기타의 사유로 그 자격을 상실한 때에는 60일 이내에 후임자를 선거한다.

④ 헌법 제75조 대통령은 법률에서 구체적으로 범위를 정하여 위임받은 사항과 법률을 집행하기 위하여 필요한 사항에 관하여 대통령령을 발할 수 있다.

문 3. 정답 ②

문제유형 : 통치구조/헌법 조문   난이도 ★☆☆

[정답해설]

② 헌법 제87조 ① 국무위원은 국무총리의 제청으로 대통령이 임명한다.

국회의 동의를 얻어야 하는 경우와 그렇지 않은 경우를 암기해두어야 한다.

[오답해설]

① 헌법 제63조 ① 국회는 국무총리 또는 국무위원의 해임을 대통령에게 건의할 수 있다.
② 제1항의 해임건의는 국회재적의원 3분의 1 이상의 발의에 의하여 국회재적의원 과반수의 찬성이 있어야 한다.
헌법 제65조 ① 대통령·국무총리·국무위원·행정각부의 장·헌법재판소 재판관·법관·중앙선거관리위원회 위원·감사원장·감사위원 기타 법률이 정한 공무원이 그 직무집행에 있어서 헌법이나 법률을 위배한 때에는 국회는 탄핵의 소추를 의결할 수 있다.
② 제1항의 탄핵소추는 국회재적의원 3분의 1 이상의 발의가 있어야 하며, 그 의결은 국회재적의원 과반수의 찬성이 있어야 한다. 다만, 대통령에 대한 탄핵소추는 국회재적의원 과반수의 발의와 국회재적의원 3분의 2 이상의 찬성이 있어야 한다.

국무위원에 대한 국회의 해임건의와 탄핵소추의 의결정족수는 국회재적의원 3분의 1 이상의 발의로 동일하다.

③ 헌법 제95조 국무총리 또는 행정각부의 장은 소관사무에 관하여 법률이나 대통령령의 위임 또는 직권으로 총리령 또는 부령을 발할 수 있다.

④ 헌법 제88조 ② 국무회의는 대통령·국무총리와 15인 이상 30인 이하의 국무위원으로 구성한다.
③ 대통령은 국무회의의 의장이 되고, 국무총리는 부의장이 된다.

문 4. 정답 ④

문제유형 통치구조/헌법 조문　　**난이도** ★☆☆

[정답해설]

④ 헌법 제47조 ① 국회의 정기회는 법률이 정하는 바에 의하여 매년 1회 집회되며, 국회의 임시회는 대통령 또는 국회재적의원 4분의 1 이상의 요구에 의하여 집회된다.

[오답해설]

① 헌법재판소에 따르면 국회는 어떠한 사항에 대하여 언제, 어떻게 입법할지 여부를 스스로 판단하여 결정할 입법형성의 자유를 가지며, 법안심의를 위한 의사절차와 규칙을 스스로 결정할 수 있는 자율권을 가지고 있다. (헌재 2016. 5. 26. 선고 2015헌라1 결정)

② 헌법 제53조 ① 국회에서 의결된 법률안은 정부에 이송되어 15일 이내에 대통령이 공포한다.
② 법률안에 이의가 있을 때에는 대통령은 제1항의 기간내에 이의서를 붙여 국회로 환부하고, 그 재의를 요구할 수 있다. 국회의 폐회 중에도 또한 같다.
③ 대통령은 법률안의 일부에 대하여 또는 법률안을 수정하여 재의를 요구할 수 없다.
④ 재의의 요구가 있을 때에는 국회는 재의에 붙이고, 재적의원 과반수의 출석과 출석의원 3분의 2 이상의 찬성으로 전과 같은 의결을 하면 그 법률안은 법률로서 확정된다.

③ 헌법 제51조 국회에 제출된 법률안 기타의 의안은 회기 중에 의결되지 못한 이유로 폐기되지 아니한다. 다만, 국회의원의 임기가 만료된 때에는 그러하지 아니하다.

문 5. 정답 ④

문제유형 통치구조/헌법 조문　　**난이도** ★☆☆

[정답해설]

④ 헌법 제77조 ① 대통령은 전시·사변 또는 이에 준하는 국가비상사태에 있어서 병력으로써 군사상의 필요에 응하거나 공공의 안녕질서를 유지할 필요가 있을 때에는 법률이 정하는 바에 의하여 계엄을 선포할 수 있다.
⑤ 국회가 재적의원 과반수의 찬성으로 계엄의 해제를 요구한 때에는 대통령은 이를 해제하여야 한다.

[오답해설]

① 헌법 제48조 국회는 의장 1인과 부의장 2인을 선출한다.

헌법은 국회가 부의장 2인을 선출할 것을 규정하고 있으므로 국회 부의장을 3인으로 하기 위해서는 헌법개정이 필요하다.

② 헌법 제62조 ① 국무총리·국무위원 또는 정부위원은 국회나 그 위원회에 출석하여 국정처리상황을 보고하거나 의견을 진술하고 질문에 응답할 수 있다.
② 국회나 그 위원회의 요구가 있을 때에는 국무총리·국무위원 또는 정부위원은 출석·답변하여야 하며, 국무총리 또는 국무위원이 출석요구를 받은 때에는 국무위원 또는 정부위원으로 하여금 출석·답변하게 할 수 있다.

국무위원 또는 정부위원이 국회 위원회에 출석하여 답변하는 경우가 발생할 수 있다.

③ 헌법 제57조 국회는 정부의 동의 없이 정부가 제출한 지출예산 각항의 금액을 증가하거나 새 비목을 설치할 수 없다.

지출예산 각항의 금액을 증가하는 것뿐만 아니라 새 비목을 설치하는 것 또한 불가하다.

문 6. 정답 ①

문제유형 통치구조/판례　　**난이도** ★★☆

[정답해설]

① 헌법재판소에 따르면 정당해산심판제도가 비록 정당을 보호하기 위한 취지에서 도입된 것이라 하더라도 다른 한편 이는 정당의 강제적 해산가능성을 헌법상 인정하는 것이므로, 그 자체가 민주주의에 대한 제약이자 위협이 될 수 있음을 또한 깊이 주의해야 한다. 정당해산심판제도는 운영 여하에 따라 그 자체가 민주주의에 대한 해악이 될 수 있으므로 일종의 극약처방인 셈이다. 따라서 정치적 비판자들을 탄압하기 위한 용도로 남용되는 일이 생기지 않도록 정당해산심판제도는 매우 엄격하고 제한적으로 운용되어야 한다. (헌재 2014. 12. 19. 선고 2013헌다1)

[오답해설]

② 헌법재판소에 따르면 헌법재판소의 해산결정으로 정당이 해산되는 경우에 그 정당 소속 국회의원이 의원직을 상실하는지에 대하여 명문의 규정은 없으나, 정당해산심판제도의 본질은 민주적 기본질서에 위배되는 정당을 정치적 의사형성과정에서 배제함으로써 국민을 보호하는 데에 있는데 해산정당 소속 국회의원의 의원직을 상실시키지 않는 경우 정당해산결정의 실효성을 확보할 수 없게 되므로, 이러한 정당해산제도의 취지 등에 비추어 볼 때 헌법재판소의 정당해산결정이 있는 경우 그 정당 소속 국회의원의 의원직은 당선 방식을 불문하고 모두 상실되어야 한다. (헌재 2014. 12. 19. 선고 2013헌다1)

③ 헌법재판소에 따르면 모든 정당의 존립과 활동은 최대한 보장되며, 설령 어떤 정당이 민주적 기본질서를 부정하고 이를 적극적으로 공격하는 것으로 보인다 하더라도 국민의 정치적 의사형성에 참여하는 정당으로서 존재하는 한 우리 헌법에 의해 최대한 두텁게 보호되므로, 단순히 행정부의 통상적인 처분에 의해서는 해산될 수 없고, 오직 헌법재판소가 그 정당의 위헌성을 확인하고 해산의 필요성을 인정한 경우에만 정당정치의 영역에서 배제된다는 것이다. (헌재 2014. 12. 19. 선고 2013헌다1)

④ 헌법재판소에 따르면 정당해산심판제도는 정당 존립의 특권, 특히 그 중에서도 정부의 비판자로서 야당의 존립과 활동을 특별히 보장하고자 하는 헌법제정자의 규범적 의지의 산물로 이해되어야 한다. 그러나 한편 이 제도로 인해서, 정당 활동의 자유가 인정된다 하더라도 민주적 기본질서를 침해해서는 안 된다는 헌법적 한계 역시 설정된다 할 것이다. (헌재 2014. 12. 19. 선고 2013헌다1)

문 7. 정답 ①

문제유형 기본권 각론/판례　　**난이도** ★☆☆

[정답해설]

① 헌법 제11조 ① 모든 국민은 법 앞에 평등하다. 누구든지 성별·종교 또는 사회적 신분에 의하여 정치적·경제적·사회적·문화적 생활의 모든 영역에 있어서 차별을 받지 아니한다.
② 사회적 특수계급의 제도는 인정되지 아니하며, 어떠한 형태로도 이를 창설할 수 없다.
③ 훈장등의 영전은 이를 받은 자에게만 효력이 있고, 어떠한 특권도 이에 따르지 아니한다.

[오답해설]

② 헌법재판소에 따르면 헌법재판소가 평등위반 여부를 심사함에 있어 엄격한 심사척도에 의할 것인지, 완화된 심사척도에 의할 것인지는 입법자에게 인정되는 입법형성권의 정도에 따라 달라진다. 구체적으로, 헌법에서 특별히 평등을 요

구하고 있는 경우와 차별적 취급으로 인하여 관련 기본권에 대한 중대한 제한을 초래하게 되는 경우에는 엄격한 심사척도(비례성원칙)를 적용하여야 하고, 그렇지 않은 경우에는 완화된 심사척도(자의금지원칙)를 적용하여야 할 것이다. (헌재 2011. 2. 24. 선고 2009헌마94)

③ 헌법재판소에 따르면 평등의 원칙은 일체의 차별적 대우를 부정하는 절대적 평등을 의미하는 것이 아니라 입법과 법의 적용에 있어서 합리적인 근거가 없는 차별을 하여서는 아니된다는 상대적 평등을 뜻하고 따라서 합리적 근거가 있는 차별 또는 불평등은 평등의 원칙에 반하는 것이 아니다. (헌재 1999. 5. 27. 선고 98헌바26)

④ 헌법 제11조 ① 모든 국민은 법 앞에 평등하다. 누구든지 성별·종교 또는 사회적 신분에 의하여 정치적·경제적·사회적·문화적 생활의 모든 영역에 있어서 차별을 받지 아니한다.
② 사회적 특수계급의 제도는 인정되지 아니하며, 어떠한 형태로도 이를 창설할 수 없다.
③ 훈장등의 영전은 이를 받은 자에게만 효력이 있고, 어떠한 특권도 이에 따르지 아니한다.

문 8. 정답 ①

문제유형 기본권 각론/헌법 조문   난이도 ★☆☆

[정답해설]

① 헌법 제12조 ① 모든 국민은 신체의 자유를 가진다. 누구든지 법률에 의하지 아니하고는 체포·구속·압수·수색 또는 심문을 받지 아니하며, 법률과 적법한 절차에 의하지 아니하고는 처벌·보안처분 또는 강제노역을 받지 아니한다.
② 모든 국민은 고문을 받지 아니하며, 형사상 자기에게 불리한 진술을 강요당하지 아니한다.
③ 체포·구속·압수 또는 수색을 할 때에는 적법한 절차에 따라 검사의 신청에 의하여 법관이 발부한 영장을 제시하여야 한다. 다만, 현행범인인 경우와 장기 3년 이상의 형에 해당하는 죄를 범하고 도피 또는 증거인멸의 염려가 있을 때에는 사후에 영장을 청구할 수 있다.
④ 누구든지 체포 또는 구속을 당한 때에는 즉시 변호인의 조력을 받을 권리를 가진다. 다만, 형사피고인이 스스로 변호인을 구할 수 없을 때에는 법률이 정하는 바에 의하여 국가가 변호인을 붙인다.
⑤ 누구든지 체포 또는 구속의 이유와 변호인의 조력을 받을 권리가 있음을 고지받지 아니하고는 체포 또는 구속을 당하지 아니한다. 체포 또는 구속을 당한 자의 가족등 법률이 정하는 자에게는 그 이유와 일시·장소가 지체없이 통지되어야 한다.
⑥ 누구든지 체포 또는 구속을 당한 때에는 적부의 심사를 법원에 청구할 권리를 가진다.
⑦ 피고인의 자백이 고문·폭행·협박·구속의 부당한 장기화 또는 기망 기타의 방법에 의하여 자의로 진술된 것이 아니라고 인정될 때 또는 정식재판에 있어서 피고인의 자백이 그에게 불리한 유일한 증거일 때에는 이를 유죄의 증거로 삼거나 이를 이유로 처벌할 수 없다.

헌법 제12조 제4항에 형사피의자에 대한 내용은 언급되어 있지 않다.

[오답해설]

② 헌법 제12조 제3항의 내용이다.
③ 헌법 제12조 제1항의 내용이다.
④ 헌법 제12조 제6항의 내용이다.

문 9. 정답 ②

문제유형 통치구조/판례   난이도 ★★☆

[정답해설]

② 헌법재판소에 따르면 헌법 제101조, 제103조, 제106조는 사법권독립을 보장하고 있는바, 형사재판에 있어서 사법권독립은 심판기관인 법원과 소추기관인 검찰청의 분리를 요구함과 동시에 법관이 실제 재판에 있어서 소송당사자인 검사와 피고인으로부터 부당한 간섭을 받지 않은 채 독립하여야 할 것을 요구한다. (헌재 1995. 11. 30. 선고 92헌마44)

[오답해설]

① 헌법 제106조 ① 법관은 탄핵 또는 금고 이상의 형의 선고에 의하지 아니하고는 파면되지 아니하며, 징계처분에 의하지 아니하고는 정직·감봉 기타 불리한 처분을 받지 아니한다.
② 법관이 중대한 심신상의 장해로 직무를 수행할 수 없을 때에는 법률이 정하는 바에 의하여 퇴직하게 할 수 있다.

헌법 제106조 제1항의 내용이다.

③ 헌법 제106조 ① 법관은 탄핵 또는 금고 이상의 형의 선고에 의하지 아니하고는 파면되지 아니하며, 징계처분에 의하지 아니하고는 정직·감봉 기타 불리한 처분을 받지 아니한다.

④ 헌법이 사법의 독립을 보장하는 것은 그것이 법치주의와 민주주의의 실현을 위한 전제가 되기 때문이지, 그 자체가 궁극적인 목적이 되는 것은 아니다. 국민의 재판청구권을 실질적으로 보장하기 위해서는 사법의 독립성 외에 책임성도 함께 요구되는데, 판사의 연임제도는 사법의 책임성을 실현하는 제도의 하나로 이해할 수 있다. 다만, 사법의 책임성을 지나치게 강조할 경우 오히려 법관의 독립이 침해될 가능성이 있으므로 근무평정제도는 어디까지나 판사에 대한 연임제를 객관적으로 운용하고, 판사의 성실한 직무수행 및 인사의 공정성과 객관성을 확보하기 위하여 필요한 부분에서 합리적으로 이루어져야 할 것이다. (헌재 2016. 9. 29. 선고 2015헌바331)

문 10. 정답 ③

문제유형 헌법재판소/부속 법령   난이도 ★☆☆

[정답해설]

③ 헌법재판소법 제23조(심판정족수) ① 재판부는 재판관 7명 이상의 출석으로 사건을 심리한다.
② 재판부는 종국심리(終局審理)에 관여한 재판관 과반수의 찬성으로 사건에 관한 결정을 한다. 다만, 다음 각 호의 어느 하나에 해당하는 경우에는 재판관 6명 이상의 찬성이 있어야 한다.
1. 법률의 위헌결정, 탄핵의 결정, 정당해산의 결정 또는 헌법소원에 관한 인용결정(認容決定)을 하는 경우
2. 종전에 헌법재판소가 판시한 헌법 또는 법률의 해석 적용에 관한 의견을 변경하는 경우

[오답해설]

① 헌법 제111조 ② 헌법재판소는 법관의 자격을 가진 9인의 재판관으로 구성하며, 재판관은 대통령이 임명한다.
③ 제2항의 재판관중 3인은 국회에서 선출하는 자를, 3인은 대법원장이 지명하는 자를 임명한다.
④ 헌법재판소의 장은 국회의 동의를 얻어 재판관 중에서 대통령이 임명한다.
국회법 제46조의3(인사청문특별위원회) ① 국회는 다음 각 호의 임명동의안 또는 의장이 각 교섭단체 대표의원과 협의하여 제출한 선출안 등을 심사하기 위하여 인사청문특별위원회를 둔다. 다만, 「대통령직 인수에 관한 법률」 제5조제2항에 따라 대통령당선인이 국무총리 후보자에

대한 인사청문의 실시를 요청하는 경우에 의장은 각 교섭단체 대표의
원과 협의하여 그 인사청문을 실시하기 위한 인사청문특별위원회를
둔다.
1. 헌법에 따라 그 임명에 국회의 동의가 필요한 대법원장·헌법재판소
장·국무총리·감사원장 및 대법관에 대한 임명동의안
2. 헌법에 따라 국회에서 선출하는 헌법재판소 재판관 및 중앙선거관리
위원회 위원에 대한 선출안
② 인사청문특별위원회의 구성과 운영에 필요한 사항은 따로 법률로
정한다.

국회법 제65조의2(인사청문회) ① 제46조의3에 따른 심사 또는 인사청문을
위하여 인사에 관한 청문회(이하 "인사청문회"라 한다)를 연다.
② 상임위원회는 다른 법률에 따라 다음 각 호의 어느 하나에 해당하는
공직후보자에 대한 인사청문 요청이 있는 경우 인사청문을 실시하기
위하여 각각 인사청문회를 연다.
1. 대통령이 임명하는 헌법재판소 재판관, 중앙선거관리위원회 위원,
국무위원, 방송통신위원회 위원장, 국가정보원장, 공정거래위원회
위원장, 금융위원회 위원장, 국가인권위원회 위원장, 고위공직자범
죄수사처장, 국세청장, 검찰총장, 경찰청장, 합동참모의장, 한국은
행 총재, 특별감찰관 또는 한국방송공사 사장의 후보자
2. 대통령당선인이 「대통령직 인수에 관한 법률」 제5조제1항에 따라
지명하는 국무위원 후보자
3. 대법원장이 지명하는 헌법재판소 재판관 또는 중앙선거관리위원회
위원의 후보자

국회에서 선출하거나, 대통령이 임명하거나, 대법원장이 지명하는 헌법재판소
재판관 모두 국회 인사청문회를 거쳐 임명됨을 알 수 있다.

② | 헌법 제111조 ④ 헌법재판소의 장은 국회의 동의를 얻어 재판관 중에서
대통령이 임명한다.

헌법재판소장의 제청을 필요로 하지 않는다.

④ | 헌법 제107조 ① 법률이 헌법에 위반되는 여부가 재판의 전제가 된 경우에
는 법원은 헌법재판소에 제청하여 그 심판에 의하여 재판한다.
② 명령·규칙 또는 처분이 헌법이나 법률에 위반되는 여부가 재판의
전제가 된 경우에는 대법원은 이를 최종적으로 심사할 권한을 가진다.

명령의 경우에는 명령이 헌법이나 법률에 위반되는 여부가 재판의 전제가 된
경우에는 대법원은 이를 최종적으로 심사할 권한을 가진다.

문 11. 정답 ②

문제유형 통치구조/헌법 조문 **난이도** ★★☆

[정답해설]

② | 헌법 제114조 ① 선거와 국민투표의 공정한 관리 및 정당에 관한 사무를
처리하기 위하여 선거관리위원회를 둔다.
② 중앙선거관리위원회는 대통령이 임명하는 3인, 국회에서 선출하는
3인과 대법원장이 지명하는 3인의 위원으로 구성한다. 위원장은 위원
중에서 호선한다.
③ 위원의 임기는 6년으로 한다.
④ 위원은 정당에 가입하거나 정치에 관여할 수 없다.
⑤ 위원은 탄핵 또는 금고 이상의 형의 선고에 의하지 아니하고는 파면되
지 아니한다.
⑥ 중앙선거관리위원회는 법령의 범위 안에서 선거관리·국민투표관리
또는 정당사무에 관한 규칙을 제정할 수 있으며, 법률에 저촉되지
아니하는 범위 안에서 내부규율에 관한 규칙을 제정할 수 있다.
⑦ 각급 선거관리위원회의 조직·직무범위 기타 필요한 사항은 법률로
정한다.

위원장은 위원 중에서 대통령이 임명하는 것이 아니라 위원 중에서 호선한다.

[오답해설]

① 헌법재판소에 따르면 우리 헌법은 "선거와 국민투표의 공정한 관리 및 정당에
관한 사무를 처리하기 위하여 선거관리위원회를 둔다."(헌법 제114조 제1항)
고 하여 선거관리위원회를 헌법상의 국가기관으로 특별히 규정하고 있다. 그리
고 선거관리위원회의 직무인 선거와 투표, 정당 사무 관리는 가장 정치성과 당
파성이 강한 행위와 관련되는 것이므로 선거관리위원회 소속 공무원에게는 엄
격한 정치적 중립성이 요청된다고 할 수 있다. (헌재 2012. 3. 29. 선고 2010
헌마97)

③ | 헌법 제114조 ① 선거와 국민투표의 공정한 관리 및 정당에 관한 사무를
처리하기 위하여 선거관리위원회를 둔다.
② 중앙선거관리위원회는 대통령이 임명하는 3인, 국회에서 선출하는
3인과 대법원장이 지명하는 3인의 위원으로 구성한다. 위원장은 위원
중에서 호선한다.
③ 위원의 임기는 6년으로 한다.
④ 위원은 정당에 가입하거나 정치에 관여할 수 없다.
⑤ 위원은 탄핵 또는 금고 이상의 형의 선고에 의하지 아니하고는 파면되
지 아니한다.
⑥ 중앙선거관리위원회는 법령의 범위 안에서 선거관리·국민투표관리
또는 정당사무에 관한 규칙을 제정할 수 있으며, 법률에 저촉되지
아니하는 범위 안에서 내부규율에 관한 규칙을 제정할 수 있다.
⑦ 각급 선거관리위원회의 조직·직무범위 기타 필요한 사항은 법률로
정한다.

④ | 헌법 제114조 ① 선거와 국민투표의 공정한 관리 및 정당에 관한 사무를
처리하기 위하여 선거관리위원회를 둔다.
② 중앙선거관리위원회는 대통령이 임명하는 3인, 국회에서 선출하는
3인과 대법원장이 지명하는 3인의 위원으로 구성한다. 위원장은 위원
중에서 호선한다.
③ 위원의 임기는 6년으로 한다.
④ 위원은 정당에 가입하거나 정치에 관여할 수 없다.
⑤ 위원은 탄핵 또는 금고 이상의 형의 선고에 의하지 아니하고는 파면되
지 아니한다.
⑥ 중앙선거관리위원회는 법령의 범위 안에서 선거관리·국민투표관리
또는 정당사무에 관한 규칙을 제정할 수 있으며, 법률에 저촉되지
아니하는 범위 안에서 내부규율에 관한 규칙을 제정할 수 있다.
⑦ 각급 선거관리위원회의 조직·직무범위 기타 필요한 사항은 법률로
정한다.

문 12. 정답 ②

문제유형 통치구조/헌법 조문 **난이도** ★★★

[정답해설]

② 국군의 정치적 중립성에 관한 사항은 현행헌법에 처음으로 규정되었다.

[오답해설]

① | 헌법 제5조 ① 대한민국은 국제평화의 유지에 노력하고 침략적 전쟁을
부인한다.
② 국군은 국가의 안전보장과 국토방위의 신성한 의무를 수행함을 사명
으로 하며, 그 정치적 중립성은 준수된다.

③ | 헌법 제60조 ① 국회는 상호원조 또는 안전보장에 관한 조약, 중요한
국제조직에 관한 조약, 우호통상항해조약, 주권의 제약에 관한 조약,
강화조약, 국가나 국민에게 중대한 재정적 부담을 지우는 조약 또는
입법사항에 관한 조약의 체결·비준에 대한 동의권을 가진다.
② 국회는 선전포고, 국군의 외국에의 파견 또는 외국군대의 대한민국
영역 안에서의 주류에 대한 동의권을 가진다.

④
> 헌법 제86조 ① 국무총리는 국회의 동의를 얻어 대통령이 임명한다.
> ② 국무총리는 대통령을 보좌하며, 행정에 관하여 대통령의 명을 받아 행정각부를 통할한다.
> ③ 군인은 현역을 면한 후가 아니면 국무총리로 임명될 수 없다.
> 헌법 제87조 ① 국무위원은 국무총리의 제청으로 대통령이 임명한다.
> ② 국무위원은 국정에 관하여 대통령을 보좌하며, 국무회의의 구성원으로서 국정을 심의한다.
> ③ 국무총리는 국무위원의 해임을 대통령에게 건의할 수 있다.
> ④ 군인은 현역을 면한 후가 아니면 국무위원으로 임명될 수 없다.

문 13. 정답 ③

문제유형 헌법 총론/헌법 조문   **난이도** ★★★

[정답해설]

③
> 헌법 제121조 ① 국가는 농지에 관하여 경자유전의 원칙이 달성될 수 있도록 노력하여야 하며, 농지의 소작제도는 금지된다.
> ② 농업생산성의 제고와 농지의 합리적인 이용을 위하거나 불가피한 사정으로 발생하는 농지의 임대차와 위탁경영은 법률이 정하는 바에 의하여 인정된다.

농지에 관하여 경자유전의 원칙이 달성될 수 있도록 하기 위하여 헌법은 농지의 소작제도를 금지하고 있으나 농지의 임대차와 위탁경영을 금지하고 있지는 않다.

[오답해설]

①
> 헌법 제122조 국가는 국민 모두의 생산 및 생활의 기반이 되는 국토의 효율적이고 균형있는 이용·개발과 보전을 위하여 법률이 정하는 바에 의하여 그에 관한 필요한 제한과 의무를 과할 수 있다.

②
> 헌법 제119조 ① 대한민국의 경제질서는 개인과 기업의 경제상의 자유와 창의를 존중함을 기본으로 한다.
> ② 국가는 균형있는 국민경제의 성장 및 안정과 적정한 소득의 분배를 유지하고, 시장의 지배와 경제력의 남용을 방지하며, 경제주체간의 조화를 통한 경제의 민주화를 위하여 경제에 관한 규제와 조정을 할 수 있다.

④ 헌법재판소에 따르면 우리 헌법은 전문 및 제119조 이하의 경제에 관한 장에서 균형있는 국민경제의 성장과 안정, 적정한 소득의 분배, 시장의 지배와 경제력남용의 방지, 경제주체간의 조화를 통한 경제의 민주화, 균형있는 지역경제의 육성, 중소기업의 보호육성, 소비자보호 등 경제영역에서의 국가목표를 명시적으로 규정함으로써, 우리 헌법의 경제질서는 사유재산제를 바탕으로 하고 자유경쟁을 존중하는 자유시장 경제질서를 기본으로 하면서도 이에 수반되는 갖가지 모순을 제거하고 사회복지·사회정의를 실현하기 위하여 국가적 규제와 조정을 용인하는 사회적 시장경제질서로서의 성격을 띠고 있다. (헌재 2001. 6. 28. 선고 2001헌마132)

문 14. 정답 ①

문제유형 기본권 총론/판례   **난이도** ★★☆

[정답해설]

① 헌법재판소에 따르면 청구인들이 평화적 생존권이란 이름으로 주장하고 있는 평화란 헌법의 이념 내지 목적으로서 추상적인 개념에 지나지 아니하고, 평화적 생존권은 이를 헌법에 열거되지 아니한 기본권으로서 특별히 새롭게 인정할 필요성이 있다거나 그 권리내용이 비교적 명확하여 구체적 권리로서의 실질에 부합한다고 보기 어려워 헌법상 보장된 기본권이라 할 수 없다. (헌재 2009. 5. 28. 선고 2007헌마369)

[오답해설]

② 헌법재판소에 따르면 부모가 자녀의 이름을 지어주는 것은 자녀의 양육과 가족생활을 위하여 필수적인 것이고, 가족생활의 핵심적 요소라 할 수 있으므로, '부모가 자녀의 이름을 지을 자유'는 혼인과 가족생활을 보장하는 헌법 제36조 제1항과 행복추구권을 보장하는 헌법 제10조에 의하여 보호받는다. (헌재 2016. 7. 28. 선고 2015헌마964)

③ 헌법재판소에 따르면 "헌법전문에 기재된 3.1정신"은 우리나라 헌법의 연혁적·이념적 기초로서 헌법이나 법률해석에서의 해석기준으로 작용한다고 할 수 있지만, 그에 기하여 곧바로 국민의 개별적 기본권성을 도출해낼 수는 없다고 할 것이므로, 헌법소원의 대상인 "헌법상 보장된 기본권"에 해당하지 아니한다. (헌재 2001. 3. 21. 선고 99헌마139·142·156·160(병합))

④ 헌법재판소에 따르면 헌법 제10조로부터 도출되는 일반적 인격권에는 개인의 명예에 관한 권리도 포함될 수 있으나, '명예'는 사람이나 그 인격에 대한 '사회적 평가', 즉 객관적·외부적 가치평가를 말하는 것이지 단순히 주관적·내면적인 명예감정은 포함되지 않는다. (헌재 2005. 10. 27. 선고 2002헌마425)

문 15. 정답 ③

문제유형 통치구조/판례   **난이도** ★★★

[정답해설]

③ 헌법재판소에 따르면 우리 헌법은 법률에 정하는 바에 따른 '선거권'(헌법 제24조)과 '공무담임권'(헌법 제25조) 및 국가안위에 관한 중요정책과 헌법개정에 대한 '국민투표권'(헌법 제72조, 제130조)만을 헌법상의 참정권으로 보장하고 있으므로, 지방자치법에서 규정한 주민투표권이나 주민소환청구권은 그 성질상 위에서 본 선거권, 공무담임권, 국민투표권과는 다른 것이어서 이를 법률이 보장하는 참정권이라고 할 수 있을지언정 헌법이 보장하는 참정권이라 할 수는 없다. (헌재 2011. 12. 29. 선고 2010헌바368)

[오답해설]

①
> 헌법 제117조 ① 지방자치단체는 주민의 복리에 관한 사무를 처리하고 재산을 관리하며, 법령의 범위 안에서 자치에 관한 규정을 제정할 수 있다.
> ② 지방자치단체의 종류는 법률로 정한다.

②
> 헌법 제118조 ① 지방자치단체에 의회를 둔다.
> ② 지방의회의 조직·권한·의원선거와 지방자치단체의 장의 선임방법 기타 지방자치단체의 조직과 운영에 관한 사항은 법률로 정한다.

④ 헌법재판소에 따르면 헌법 제117조, 제118조가 제도적으로 보장하고 있는 지방자치의 본질적 내용은 '자치단체의 보장, 자치기능의 보장 및 자치사무의 보장'이라고 할 것이나, 지방자치제도의 보장은 지방자치단체에 의한 자치행정을 일반적으로 보장한다는 것뿐이고 특정자치단체의 존속을 보장한다는 것은 아니므로, 마치 국가가 영토고권을 가지는 것과 마찬가지로, 지방자치단체에게 자신의 관할구역 내에 속하는 영토, 영해, 영공을 자유로이 관리하고 관할구역 내의 사람과 물건을 독점적, 배타적으로 지배할 수 있는 권리가 부여되어 있다고 할 수는 없다. (헌재 2006. 3. 30. 선고 2003헌라2)

문 16. 정답 ③

문제유형 기본권 총론/판례   **난이도** ★★☆

[정답해설]

③ 헌법재판소에 따르면 기본권의 보장에 관한 각 헌법규정의 해석상 국민(또는 국민과 유사한 지위에 있는 외국인과 사법인)만이 기본권의 주체라 할 것이고, 국가나 국가기관 또는 국가조직의 일부나 공법인은 기본권의 '수범자(受範者)'이지 기본권의 주체로서 그 '소지자'가 아니고 오히려 국민의 기본권을 보호 내지 실현해야 할 책임과 의무를 지니고 있는 지위에 있을 뿐이므로, 공법인인 지방자치단체의 의결기관인 청구인 의회는 기본권의 주체가 될 수 없고 따라서 헌법소원을 제기할 수 있는 적격이 없다. (헌재 1998. 3. 26. 선고 96헌마345)

[오답해설]

① 헌법재판소에 따르면 청구인은 공법상 재단법인인 방송문화진흥회가 최다출자자인 방송사업자로서 방송법 등 관련 규정에 의하여 공법상의 의무를 부담하고 있지만, 그 설립목적이 언론의 자유의 핵심 영역인 방송 사업이므로 이러한 업무 수행과 관련해서는 기본권 주체가 될 수 있고, 그 운영을 광고수익에 전적으로 의존하고 있는 만큼 이를 위해 사경제 주체로서 활동하는 경우에도 기본권 주체가 될 수 있다. 이 사건 심판청구는 청구인이 그 운영을 위한 영업활동의 일환으로 방송광고를 판매하는 지위에서 그 제한과 관련하여 이루어진 것이므로 그 기본권 주체성이 인정된다. (헌재 2013. 9. 26. 선고 2012헌마271)

② 헌법재판소에 따르면 헌법 제10조의 인간으로서의 존엄과 가치, 행복을 추구할 권리는 그 성질상 자연인에게 인정되는 기본권이라고 할 것이어서, 법인인 청구인들에게는 적용되지 않는다고 할 것이다. (헌재 2006. 12. 28. 선고 2004헌바67)

④ 헌법재판소에 따르면 우리 헌법은 법인 내지 단체의 기본권 향유능력에 대하여 명문의 규정을 두고 있지는 않지만 본래 자연인에게 적용되는 기본권이라도 그 성질상 법인이 누릴 수 있는 기본권은 법인에게도 적용된다. (헌재 2012. 8. 23. 선고 2009헌가27)

문 17. 정답 ④

문제유형 **기본권 각론/판례**　　난이도 ★★☆

[정답해설]

④ 헌법재판소에 따르면 직업행사의 자유에 대하여는 직업선택의 자유와는 달리 공익목적을 위하여 상대적으로 폭넓은 입법적 규제가 가능한 것이지만, 그렇다고 하더라도 그 수단은 목적달성에 적절한 것이어야 하고 또한 필요한 정도를 넘는 지나친 것이어서는 아니된다. (헌재 1997. 10. 30. 선고 96헌마109)

[오답해설]

① 헌법재판소에 따르면 헌법 제15조는 "모든 국민은 직업선택의 자유를 가진다."고 규정하여 직업의 자유를 보장하고 있고, 이러한 직업의 자유는 자신이 원하는 직업 내지 직종을 자유롭게 선택하는 직업선택의 자유와 그가 선택한 직업을 자유롭게 수행할 수 있는 직업수행의 자유를 포함하는 개념이다. (헌재 1997. 10. 30. 선고 96헌마109)

② 헌법재판소에 따르면 직업의 자유에 의한 보호의 대상이 되는 직업은 '생활의 기본적 수요를 충족시키기 위한 계속적 소득활동'을 의미하며 그 종류나 성질은 묻지 아니한다. 이러한 직업의 개념표지들은 개방적 성질을 지녀 엄격하게 해석할 필요는 없다. '계속성'에 관해서는 휴가기간 중에 하는 일, 수습직으로서의 활동 등도 이에 포함되고, '생활수단성'에 관해서는 단순한 여가활동이나 취미활동은 직업의 개념에 포함되지 않으나 겸업이나 부업은 삶의 수요를 충족하기에 적합하므로 직업에 해당한다고 본다. (헌재 2018. 7. 26. 선고 2017헌마452)

③ 헌법재판소에 따르면 우리 헌법 제15조는 "모든 국민은 직업선택의 자유를 가진다"고 규정하여 직업의 자유를 국민의 기본권의 하나로 보장하고 있는바, 직업의 자유에 의한 보호의 대상이 되는 '직업'은 '생활의 기본적 수요를 충족시키기 위한 계속적 소득활동'을 의미하며 그러한 내용의 활동인 한 그 종류나 성질을 묻지 아니한다. (…) 위에서 살펴본 '직업'의 개념에 비추어 보면 비록 학업 수행이 청구인과 같은 대학생의 본업이라 하더라도 방학기간을 이용하여 또는 휴학 중에 학비 등을 벌기 위해 학원강사로서 일하는 행위는 어느 정도 계속성을 띤 소득활동으로서 직업의 자유의 보호영역에 속한다고 봄이 상당하다. (헌재 2003. 9. 25. 선고 2002헌마519)

문 18. 정답 ①

문제유형 **통치구조/헌법 조문**　　난이도 ★☆☆

[정답해설]

① 헌법 제44조 ① 국회의원은 현행범인인 경우를 제외하고는 회기 중 국회의 동의없이 체포 또는 구금되지 아니한다.
② 국회의원이 회기 전에 체포 또는 구금된 때에는 현행범인이 아닌 한 국회의 요구가 있으면 회기 중 석방된다.

[오답해설]

② 헌법 제44조 ① 국회의원은 현행범인인 경우를 제외하고는 회기 중 국회의 동의없이 체포 또는 구금되지 아니한다.
② 국회의원이 회기 전에 체포 또는 구금된 때에는 현행범인이 아닌 한 국회의 요구가 있으면 회기 중 석방된다.

현행범인인 경우에는 국회의 요구가 있더라도 회기 중 석방되지 않는다.

③ 헌법 제45조 국회의원은 국회에서 직무상 행한 발언과 표결에 관하여 국회 외에서 책임을 지지 아니한다.

④ 헌법 제64조 ① 국회는 법률에 저촉되지 아니하는 범위 안에서 의사와 내부규율에 관한 규칙을 제정할 수 있다.
② 국회는 의원의 자격을 심사하며, 의원을 징계할 수 있다.
③ 의원을 제명하려면 국회재적의원 3분의 2 이상의 찬성이 있어야 한다.
④ 제2항과 제3항의 처분에 대하여는 법원에 제소할 수 없다.

문 19. 정답 ④

문제유형 **통치구조/헌법 조문**　　난이도 ★★☆

[정답해설]

④ 헌법 제65조 ① 대통령·국무총리·국무위원·행정각부의 장·헌법재판소 재판관·법관·중앙선거관리위원회 위원·감사원장·감사위원 기타 법률이 정한 공무원이 그 직무집행에 있어서 헌법이나 법률을 위배한 때에는 국회는 탄핵의 소추를 의결할 수 있다.
② 제1항의 탄핵소추는 국회재적의원 3분의 1 이상의 발의가 있어야 하며, 그 의결은 국회재적의원 과반수의 찬성이 있어야 한다. 다만, 대통령에 대한 탄핵소추는 국회재적의원 과반수의 발의와 국회재적의원 3분의 2 이상의 찬성이 있어야 한다.
③ 탄핵소추의 의결을 받은 자는 탄핵심판이 있을 때까지 그 권한행사가 정지된다.
④ 탄핵결정은 공직으로부터 파면함에 그친다. 그러나, 이에 의하여 민사상이나 형사상의 책임이 면제되지는 아니한다.

국무총리에 대한 탄핵소추를 의결하기 위해서는 국회재적의원 과반수의 찬성이 있어야 하므로 이보다 더 많은 수인 재적의원 3분의 2의 찬성으로 국무총리에 대한 탄핵소추를 의결하였다면 이는 헌법에 위반되지 않는다.

[오답해설]

① 헌법 제98조 ① 감사원은 원장을 포함한 5인 이상 11인 이하의 감사위원으로 구성한다.

감사원 조직은 감사원장을 포함해 최대 11인으로 구성될 수 있으므로 감사원 조직 확충을 위해 대통령이 감사원장을 포함하여 총 12인의 감사위원을 임명한다면 이는 헌법에 위반된다.

② 헌법 제105조 ① 대법원장의 임기는 6년으로 하며, 중임할 수 없다.
② 대법관의 임기는 6년으로 하며, 법률이 정하는 바에 의하여 연임할 수 있다.
③ 대법원장과 대법관이 아닌 법관의 임기는 10년으로 하며, 법률이 정하는 바에 의하여 연임할 수 있다.
④ 법관의 정년은 법률로 정한다.

법관의 정년은 법원조직법 제45조에 65세로 규정되어 있으나, 대법원장과 대법관이 아닌 법관의 임기제는 헌법 제105조 제3항에 규정되어 있으므로 임기제를 폐지하는 법원조직법을 의결하면 이는 헌법에 위반된다.

③ 헌법 제111조 ① 헌법재판소는 다음 사항을 관장한다.
  1. 법원의 제청에 의한 법률의 위헌여부 심판
  2. 탄핵의 심판
  3. 정당의 해산 심판
  4. 국가기관 상호간, 국가기관과 지방자치단체간 및 지방자치단체 상호간의 권한쟁의에 관한 심판
  5. 법률이 정하는 헌법소원에 관한 심판
② 헌법재판소는 법관의 자격을 가진 9인의 재판관으로 구성하며, 재판관은 대통령이 임명한다.
③ 제2항의 재판관중 3인은 국회에서 선출하는 자를, 3인은 대법원장이 지명하는 자를 임명한다.
④ 헌법재판소의 장은 국회의 동의를 얻어 재판관 중에서 대통령이 임명한다.

헌법 제111조 제2항에 따르면 헌법재판소는 9인의 재판관으로 구성되므로 헌법재판소 재판관의 수를 12인으로 증원할 경우 이는 헌법에 위반된다.

문 20. 정답 ②

문제유형 통치구조/헌법 조문　　**난이도** ★★☆

[정답해설]

② 헌법 제130조 ① 국회는 헌법개정안이 공고된 날로부터 60일 이내에 의결하여야 하며, 국회의 의결은 재적의원 3분의 2 이상의 찬성을 얻어야 한다.
② 헌법개정안은 국회가 의결한 후 30일 이내에 국민투표에 붙여 국회의원선거권자 과반수의 투표와 투표자 과반수의 찬성을 얻어야 한다.
③ 헌법개정안이 제2항의 찬성을 얻은 때에는 헌법개정은 확정되며, 대통령은 즉시 이를 공포하여야 한다.

헌법개정안의 공고 기간이 만료된 날이 아니라 헌법개정안이 공고된 날이 기산점이 된다.

[오답해설]

① 헌법 제128조 ① 헌법개정은 국회재적의원 과반수 또는 대통령의 발의로 제안된다.
② 대통령의 임기연장 또는 중임변경을 위한 헌법개정은 그 헌법개정 제안 당시의 대통령에 대하여는 효력이 없다.

③ 헌법 제130조 ① 국회는 헌법개정안이 공고된 날로부터 60일 이내에 의결하여야 하며, 국회의 의결은 재적의원 3분의 2 이상의 찬성을 얻어야 한다.
② 헌법개정안은 국회가 의결한 후 30일 이내에 국민투표에 붙여 국회의원선거권자 과반수의 투표와 투표자 과반수의 찬성을 얻어야 한다.
③ 헌법개정안이 제2항의 찬성을 얻은 때에는 헌법개정은 확정되며, 대통령은 즉시 이를 공포하여야 한다.

④ 헌법 제89조 다음 사항은 국무회의의 심의를 거쳐야 한다.
  3. 헌법개정안·국민투표안·조약안·법률안 및 대통령령안

문 21. 정답 ③

문제유형 기본권 각론/판례　　**난이도** ★☆☆

[정답해설]

③ 헌법재판소에 따르면 지금까지 살펴본 축협중앙회 및 축협(지역별·업종별 축협)의 특성들에 의하면, 이들은 공법인적 성격과 사법인적 성격을 함께 구비하고 있는 중간적 성격의 단체인 것은 분명하나, 우선 "지역별·업종별 축협"은 그 "존립목적" 및 "설립형식"에서의 자주성에 비추어 볼 때, 오로지 국가의 목적을 위하여 존재하고 국가에 의하여 설립되는 공법인이라기 보다는 사법인에 가깝다고 할 수밖에 없을 것이다. 그러나 "축협중앙회"는 지역별·업종별 축협과 비교할 때, 회원의 임의탈퇴나 임의해산이 불가능한 점 등 그 공법인성이 상대적으로 크다고 할 것이지만, 이로써 축협중앙회를 공법인이라고 단정할 수는 없을 것이고, 이 역시 그 존립목적 및 설립형식에서의 자주적 성격에 비추어 사법인적 성격을 부인할 수 없다. 따라서 축협중앙회는 공법인성과 사법인성을 겸유한 특수한 법인으로서 이 사건에서 기본권의 주체가 될 수 있다고는 할 것이지만, 위와 같이 두드러진 공법인적 특성이 축협중앙회가 가지는 기본권의 제약요소로 작용하는 것만은 이를 피할 수 없다고 할 것이다. (…) **법인 등 결사체도 그 조직과 의사형성에 있어서, 그리고 업무수행에 있어서 자기결정권을 가지고 있어 결사의 자유의 주체가 된다고 봄이 상당하므로, 축협중앙회는 그 회원조합들과 별도로 결사의 자유의 주체가 된다.** (헌재 2000. 6. 1. 선고 99헌마553)

[오답해설]

① 헌법재판소에 따르면 심판대상조항은 국회의원과 국회에서 근무하는 직원, 국회에 출석하여 진술하고자 하는 일반 국민이나 공무원 등이 어떠한 압력이나 위력에 구애됨이 없이 자유롭게 국회의사당에 출입하여 업무를 수행하며, 국회의사당을 비롯한 국회 시설의 안전이 보장될 수 있도록 하기 위한 목적에서 입법된 것으로 그 목적은 정당하고, 국회의사당 경계지점으로부터 100미터 이내의 장소(이하 '국회의사당 인근'이라 한다)에서의 옥외집회를 전면적으로 금지하는 것은 국회의 기능을 보호하는 데 기여할 수 있으므로 수단의 적합성도 인정된다. (… 그러나) 심판대상조항은 입법목적을 달성하는 데 필요한 최소한도의 범위를 넘어, 규제가 불필요하거나 또는 예외적으로 허용하는 것이 가능한 집회까지도 이를 일률적·전면적으로 금지하고 있으므로 침해의 최소성 원칙에 위배된다.(… 또한) 심판대상조항은 국회의 헌법적 기능을 무력화시키거나 저해할 우려가 있는 집회를 금지하는 데 머무르지 않고, 그 밖의 평화적이고 정당한 집회까지 전면적으로 제한함으로써 구체적인 상황을 고려하여 상충하는 법익간의 조화를 이루려는 노력을 전혀 기울이지 않고 있다. 심판대상조항으로 달성하려는 공익이 제한되는 집회의 자유 정도보다 크다고 단정할 수는 없다고 할 것이므로 심판대상조항은 법익의 균형성 원칙에도 위배된다. (따라서) 누구든지 국회의사당의 경계지점으로부터 100미터 이내의 장소에서 옥외집회 또는 시위를 할 경우 형사처벌한다고 규정한 '집회 및 시위에 관한 법률'(2007. 5. 11. 법률 제8424호로 전부개정된 것) 제11조 제1호 중 '국회의사당'에 관한 부분 및 제23조 중 제11조 제1호 가운데 '국회의사당'에 관한 부분(이하 위 두 조항을 합하여 '심판대상조항'이라 한다)이 집회의 자유를 침해한다. (헌재 2018. 5. 31. 선고 2013헌바322, 2016헌바354, 2017헌바360·398·471, 2018헌가3·4·9(병합))

② 헌법재판소에 따르면 집회의 자유는 대의민주주의를 채택하고 있는 우리 헌법 체제에서 주권자인 국민의 의사를 국가기관에 직접 전달하고, 모든 사람이 자유롭게 자신의 의사를 표현하는 한편 다른 사회 구성원과 자유롭게 정보와 의견을 교환함으로써 인간의 존엄과 가치를 실현할 수 있도록 하는 기본권이다. 이런 점에서 집회의 자유는 언론·출판의 자유와 함께 민주주의 실현을 위한 필수적 기본권이라 할 수 있다. **집회의 자유는 집회의 시간·장소·방법·목적 등을 스스로 결정하는 것을 내용으로 하며, 구체적으로 보호되는 주요 행위는 집회의 준비·조직·지휘·참가 및 집회 장소와 시간의 선택 등이다.** (헌재 2018. 7. 26. 선고 2018헌바137)

④ 헌법재판소에 따르면 헌법 제21조가 규정하는 '결사의 자유'라 함은 다수의 자연인 또는 법인이 공동의 목적을 위하여 단체를 결성할 수 있는 자유를 말하고, 이에는 적극적으로 단체결성의 자유, 단체존속의 자유, 단체활동의 자유, 결사

에의 가입·잔류의 자유와, 소극적으로 기존의 단체로부터 탈퇴할 자유와 결사에 가입하지 아니할 자유가 모두 포함된다. 결사의 자유에는 단체활동의 자유도 포함되는데, 단체활동의 자유는 단체 외부에 대한 활동뿐만 아니라 단체의 조직, 의사형성의 절차 등의 단체의 내부적 생활을 스스로 결정하고 형성할 권리인 '단체 내부 활동의 자유'를 포함한다. (헌재 2018. 1. 25. 선고 2016헌바315)

문 22. 정답 ③

문제유형 기본권 각론/헌법 조문　난이도 ★☆☆

[정답해설]

③ 헌법 제33조 ① 근로자는 근로조건의 향상을 위하여 자주적인 단결권·단체교섭권 및 단체행동권을 가진다.
② 공무원인 근로자는 법률이 정하는 자에 한하여 단결권·단체교섭권 및 단체행동권을 가진다.
③ 법률이 정하는 주요방위산업체에 종사하는 근로자의 단체행동권은 법률이 정하는 바에 의하여 이를 제한하거나 인정하지 아니할 수 있다.

[오답해설]

① 헌법 제32조 ① 모든 국민은 근로의 권리를 가진다. 국가는 사회적·경제적 방법으로 근로자의 고용의 증진과 적정임금의 보장에 노력하여야 하며, 법률이 정하는 바에 의하여 최저임금제를 시행하여야 한다.

② 헌법 제32조 ⑥ 국가유공자·상이군경 및 전몰군경의 유가족은 법률이 정하는 바에 의하여 우선적으로 근로의 기회를 부여받는다.

헌법재판소에 따르면 종전 결정에서 헌법재판소는 헌법 제32조 제6항의 "국가유공자·상이군경 및 전몰군경의 유가족은 법률이 정하는 바에 의하여 우선적으로 근로의 기회를 부여받는다."는 규정을 넓게 해석하여, 이 조항이 국가유공자 본인뿐만 아니라 가족들에 대한 취업보호제도(가산점)의 근거가 될 수 있다고 보았다. 그러나 오늘날 가산점의 대상이 되는 국가유공자와 그 가족의 수가 과거에 비하여 비약적으로 증가하고 있는 현실과, 취업보호대상자에서 가족이 차지하는 비율, 공무원시험의 경쟁이 갈수록 치열해지는 상황을 고려할 때, 위 조항의 폭넓은 해석은 필연적으로 일반 응시자의 공무담임의 기회를 제약하게 되는 결과가 될 수 있으므로 위 조항은 엄격하게 해석할 필요가 있다. 이러한 관점에서 위 조항의 대상자는 조문의 문리해석대로 "국가유공자", "상이군경", 그리고 "전몰군경의 유가족"이라고 봄이 상당하다. (헌재 2006. 2. 23. 선고 2004헌마675,981,1022(병합))

④ 헌법재판소에 따르면 헌법 제32조 제1항이 규정한 근로의 권리는 근로자를 개인의 차원에서 보호하기 위한 권리로서 개인인 근로자가 그 주체가 되는 것이고 노동조합은 그 주체가 될 수 없으므로, 이 사건 법률조항이 노동조합을 비과세 대상으로 규정하지 않았다 하여 헌법 제32조 제1항에 반한다고 볼 여지는 없다. (헌재 2009. 2. 26. 선고 2007헌바27)

문 23. 정답 ②

문제유형 통치구조/헌법 조문　난이도 ★☆☆

[정답해설]

② 헌법 제110조 ① 군사재판을 관할하기 위하여 특별법원으로서 군사법원을 둘 수 있다.
② 군사법원의 상고심은 대법원에서 관할한다.
③ 군사법원의 조직·권한 및 재판관의 자격은 법률로 정한다.
④ 비상계엄하의 군사재판은 군인·군무원의 범죄나 군사에 관한 간첩죄의 경우와 초병·초소·유독음식물공급·포로에 관한 죄 중 법률이 정한 경우에 한하여 단심으로 할 수 있다. 다만, 사형을 선고한 경우에는 그러하지 아니하다.

헌법은 군사재판을 관할하기 위하여 필수적으로 군사법원을 두도록 하고 있지 않고 이를 재량에 맡기고 있다.

[오답해설]

① 헌법 제107조 ③ 재판의 전심절차로서 행정심판을 할 수 있다. 행정심판의 절차는 법률로 정하되, 사법절차가 준용되어야 한다.

③ 헌법 제110조 ① 군사재판을 관할하기 위하여 특별법원으로서 군사법원을 둘 수 있다.
② 군사법원의 상고심은 대법원에서 관할한다.
③ 군사법원의 조직·권한 및 재판관의 자격은 법률로 정한다.
④ 비상계엄하의 군사재판은 군인·군무원의 범죄나 군사에 관한 간첩죄의 경우와 초병·초소·유독음식물공급·포로에 관한 죄 중 법률이 정한 경우에 한하여 단심으로 할 수 있다. 다만, 사형을 선고한 경우에는 그러하지 아니하다.

④ 헌법 제104조 ① 대법원장은 국회의 동의를 얻어 대통령이 임명한다.
② 대법관은 대법원장의 제청으로 국회의 동의를 얻어 대통령이 임명한다.
③ 대법원장과 대법관이 아닌 법관은 대법관회의의 동의를 얻어 대법원장이 임명한다.

문 24. 정답 ①

문제유형 기본권 각론/판례　난이도 ★★☆

[정답해설]

① 헌법재판소에 따르면 감청이라는 것은 헌법 제18조에서 보장하고 있는 통신의 비밀에 대한 침해행위 중의 한 유형으로 이해하여야 할 것이며 감청의 대상으로서의 전기통신은 앞서 본 헌법상의 '통신'개념을 전제로 하고 있다고 보아야 할 것이다. 통신비밀보호법은 '통신 및 대화의 비밀과 자유에 대한 제한은 그 대상을 한정하고 엄격한 법적 절차를 거치도록 함으로써 통신비밀을 보호하고 통신의 자유를 신장함을 목적으로' 제정된 것으로서, 통신의 비밀을 보장하려는 헌법 제18조의 취지를 구체적으로 실현하기 위한 입법적 수단이라 할 수 있기 때문이다. (헌재 2001. 3. 21. 선고 2000헌바25)

[오답해설]

② 헌법재판소에 따르면 헌법 제18조는 '모든 국민은 통신의 비밀을 침해받지 아니한다.'라고 규정하여 통신의 비밀보호를 그 핵심내용으로 하는 통신의 자유를 기본권으로 보장하고 있다. 사생활의 비밀과 자유에 포섭될 수 있는 사적 영역에 속하는 통신의 자유를 헌법이 별개의 조항을 통해 기본권으로 보장하는 이유는 우편이나 전기통신의 운영이 전통적으로 국가독점에서 출발하였기 때문에 개인 간의 의사소통을 전제로 하는 통신은 국가에 의한 침해가능성이 여타의 사적 영역보다 크기 때문이다. (헌재 2018. 6. 28. 선고 2012헌마538)

③ 헌법재판소에 따르면 헌법 제18조는 '모든 국민은 통신의 비밀을 침해받지 아니한다.'라고 규정하여 통신의 비밀보호를 그 핵심내용으로 하는 통신의 자유를 기본권으로 보장하고 있다. 사생활의 비밀과 자유에 포섭될 수 있는 사적 영역에 속하는 통신의 자유를 헌법이 별개의 조항을 통해 기본권으로 보장하는 이유는 우편이나 전기통신의 운영이 전통적으로 국가독점에서 출발하였기 때문에 개인 간의 의사소통을 전제로 하는 통신은 국가에 의한 침해가능성이 여타의 사적 영역보다 크기 때문이다. 자유로운 의사소통은 통신내용의 비밀을 보장하는 것만으로는 충분하지 아니하고 구체적인 통신관계의 발생으로 야기된 모든 사실관계, 특히 통신관여자의 인적 동일성·통신장소·통신횟수·통신시간 등 통신의 외형을 구성하는 통신이용의 전반적 상황의 비밀까지도 보장한다. 따라서 이 사건 요청조항은 통신의 자유를 제한한다. (헌재 2018. 6. 28. 선고 2012헌마538)

④ 헌법재판소에 따르면 헌법 제18조에서 그 비밀을 보호하는 '통신'의 일반적인 속성으로는 '당사자간의 동의', '비공개성', '당사자의 특정성' 등을 들 수 있는바, 이를 염두에 둘 때 위 헌법조항이 규정하고 있는 '통신'의 의미는 '비공개를 전제로 하는 쌍방향적인 의사소통'이라고 할 수 있다. (헌재 2001. 3. 21. 선고 2000헌바25)

문 25. 정답 ①

문제유형 기본권 각론/판례 **난이도** ★☆☆

[정답해설]

① 헌법재판소에 따르면 재산권보장은 헌법상의 기본권체계 내에서 각 개인이 자신의 생활을 자기 책임하에서 형성하도록 그에 필요한 경제적 조건을 보장해 주는 기능을 한다. 즉 재산권은 자유의 실현과 물질적 삶의 기초이고, 자유실현의 물질적 바탕을 보호하는 재산권의 자유보장적 기능으로 말미암아 자유와 재산권은 불가분의 관계이자 상호보완관계에 있다. 자본주의적 산업사회의 발전과 함께 개인의 경제적 생활기반이 더 이상 소유물이 아니라, 임금이나 그에서 파생하는 연금과 같이 사회보장적 성격의 권리 등이 되었고, 이로써 필연적으로 헌법 제23조의 재산권의 개념은 자유실현의 물질적 바탕이 될 수 있는 모든 권리로 점점 더 확대되었다. 따라서 헌법 제23조의 재산권은 민법상의 소유권뿐만 아니라, 재산적 가치있는 사법상의 물권, 채권 등 모든 권리를 포함하며, 또한 국가로부터의 일방적인 급부가 아닌 자기 노력의 댓가나 자본의 투자 등 특별한 희생을 통하여 얻은 공법상의 권리도 포함한다. (헌재 2000. 6. 29. 선고 99헌마289)

[오답해설]

② 헌법재판소에 따르면 헌법 제23조 제1항 제2문은 재산권은 보장하되 "그 내용과 한계는 법률로 정한다."라고 규정하고, 동조 제2항은 "재산권의 행사는 공공복리에 적합하도록 하여야 한다."라고 규정하여 입법자의 재산권에 대한 입법형성권 및 재산권 행사의 사회적 의무성을 특히 강조하고 있다. 그리고 재산권에 대한 제한의 허용 정도는 재산권 행사의 대상이 되는 객체가 기본권의 주체인 국민 개개인에 대하여 가지는 의미와 사회 전반에 대하여 가지는 의미가 어떠한가에 달려있다. 즉 재산권 행사의 대상이 되는 객체가 지닌 사회적인 연관성과 사회적 기능이 크면 클수록 입법자에 의한 더 광범위한 제한이 정당화 될 수 있다. (헌재 2012. 8. 23. 선고 2010헌가65)

③ 헌법재판소에 따르면 헌법 제23조의 근본취지는 우리 헌법이 사유재산제도의 보장이라는 기조 위에서 원칙적으로 모든 국민의 구체적 재산권의 자유로운 이용·수익·처분을 보장하면서 공공필요에 의한 재산권의 수용·사용 또는 제한은 헌법이 규정하는 요건을 갖춘 경우에만 예외적으로 허용한다는 것으로 해석된다. (헌재 2014. 10. 30. 선고 2011헌바129,172(병합))

④ 헌법재판소에 따르면 (헌법의) 재산권 보장은 개인이 현재 누리고 있는 재산권을 개인의 기본권으로 보장한다는 의미와 개인이 재산권을 향유할 수 있는 법제도로서의 사유재산제도를 보장한다는 이중적 의미를 가지고 있다. (헌재 1993. 7. 29. 선고 92헌바20)

2024년도
언어논리영역 (나)책형

문 1. 정답 ⑤

유형 정보확인　내용영역 인문　난이도 ★☆☆

[정답해설]
⑤ 3문단에 따르면 사은숙배와 사조를 모두 거친 자는 하직숙배 때 수령칠사를 꼭 암송해야 했는데, 수령칠사를 제대로 외우지 못하면 부임하기도 전에 그 자리에서 파면당하는 불명예를 안을 수 있었다고 하였다.

[오답해설]
① 2문단에 따르면 중앙 관청의 직책에 처음 임명된 문관은 사은숙배를 해야 했지만 사조는 거치지 않았다. 그런데 3문단에 따르면 하직숙배는 사은숙배와 사조를 모두 거친 자가 하는 것임을 알 수 있다. 따라서 처음으로 문관직에 임명된 사람에게 사은숙배를 거행할 의무는 있으나 하직숙배를 거행할 의무는 없다.
② 2문단과 3문단에 따르면 사은숙배를 올리고 수령칠사를 암송하는 것은 신임 수령이 임지로 들어가기 전에 거치는 과정이다. 이 해당 지방의 향교를 방문하는 것은 그 이후이다.
③ 2문단에 따르면 사조는 지방 수령으로 임명된 사람이 사은숙배 이후에 거행하는 절차였다.
④ 1문단에 따르면 당사자에게 고신교지를 보내 임명 사실을 알리는 것은 연락을 취급하는 직책인 경주인이다.

문 2. 정답 ①

유형 정보확인　내용영역 인문　난이도 ★☆☆

[정답해설]
① 3문단에 따르면 정천익은 문익점이 가져온 목화씨를 재배하는 데에 성공하였으며, 1문단에 따르면 문익점이 한반도에 들여와 정천익에게 나누어 준 목화의 품종은 춥고 건조한 날씨에도 자랄 수 있는 개량 품종이었다.

[오답해설]
② 2문단에 따르면 문익점을 귀국 직후 관직에서 파직한 것은 덕흥군이 아니라 공민왕이다. 원의 후원에 힘입어 덕흥군이 실제로 왕위에 즉위했는지도 지문을 통해 알 수 없다.
③ 3문단에 따르면 홍원이라는 승려는 정천익에게 목화에서 실을 뽑는 기술을 가르친 인물이지 원에서 개량 목화 씨앗을 들여와 고려에 퍼뜨린 인물이 아니다.
④ 2문단에 따르면 문익점은 운남성에 유배된 사실이 없으며, 3문단에 따르면 목화를 재배하고 실을 뽑는 데 성공한 사람은 문익점이 아니라 정천익이다.
⑤ 1문단에 따르면 문익점이 들여온 목화는 인도산 품종이 아닌 원나라에서 나온 개량 품종이며, 공민왕이 목화 씨앗을 보급했는지도 지문을 통해 알 수 없다.

문 3. 정답 ⑤

유형 정보확인　내용영역 인문　난이도 ★☆☆

[정답해설]
⑤ 4문단에 따르면 중세 시대에는 가족 구성원이 석방거래를 직접 시도하는 경우가 많았는데, 포로가 된 가족을 구하기 위해 가족의 구성원들이 적극적으로 노력하지 않는다면 소속 집단에서 비판을 받을 수 있었다.

[오답해설]
① 1문단에 따르면 석방거래 자체가 금전적 대가를 지불하고 억류된 포로를 찾아오는 것을 뜻하며, 포로를 구하기 위해 중세 시대에 금전이 아닌 대가를 지불하는 경우가 있었는지도 지문을 통해 알 수 없다.
② 2문단에 따르면 중세 시대에 석방거래는 전쟁의 승리자에게 자신의 비용으로 구금하고 있는 포로를 보호하고 관리해야 하는 입장에서 자유로워질 수 있도록 하는 동시에 정치·경제적 이득을 취할 수 있도록 해 주는 일이었다. 또한, 중세 시대에는 승리자가 포로를 처형하는 일이 당연하게 받아들여졌음을 고려할 때 석방거래가 이루어진 주된 이유가 포로들의 인권을 보호하기 위함이라고는 볼 수 없다.
③ 2문단에 따르면 승리자는 석방거래를 하면 자신의 비용으로 구금하고 있는 포로를 보호하고 관리해야 하는 입장에서 자유로워질 수 있었다. 이를 통해 전쟁 포로를 구금하는 비용은 전쟁에서 패배한 국가가 아닌 승리한 국가가 담당하는 것이었음을 알 수 있다.
④ 3문단에 따르면 석방거래의 은밀한 진행 방식 때문에 도시국가가 석방거래를 위해 적극적 노력을 하지 않는다고 여겨지는 경우가 있었다고 하였다. 하지만 실제로 승리한 국가의 소극적 자세로 석방이 힘들어지는 경우가 있었는지는 지문을 통해 알 수 없다.

문 4. 정답 ④

유형 정보추론　내용영역 사회　난이도 ★☆☆

[정답해설]
④ 2문단에 따르면 1가구 1연금의 원칙에 따라 운영되는 국민연금제도는 주요 사회제도들이 개인이 아닌 가족을 기본단위로 설계되고 가족주의 원리에 따라 운용되고 있음을 확인할 수 있는 소득보장제도의 대표 사례이다. 따라서 이는 제도적 가족주의로 인해 발생하는 문제를 해결하기 위해 도입된 정책이 아니다.

[오답해설]
① 3문단에 따르면 제도적 가족주의의 존속은 가족을 형성하지 않거나 못한 개인, 즉 1인 가구의 구성원에게 불이익을 초래할 수 있다.
② 1문단에 따르면 제도적 개인주의는 제도적 가족주의와는 달리 가족이 아닌 개인을 중심으로 제도를 재편함으로써 개인이 삶의 단위가 되도록 유도한다.
③ 1문단에 따르면 한국 사회에서 개인주의적인 삶의 방식을 추구하는 사람들이 증가하고 있으며 개인은 가족을 통해서만 사회와 관계를 맺을 수 있다고 보는 관념이 쇠퇴하고 있다. 하지만 한국 사회는 제도의 측면에서는 가족주의가 여전히 강하게 작동하는, 이른바 제도적 가족주의가 공고한 사회이다.
⑤ 3문단에 따르면 사회제도의 기본단위를 개인이 아닌 가족으로 설계하는 제도적 가족주의의 존속은 가족 구성원들 사이에 갈등이 발생할 수 있는 문제를 유발한다. 그리고 2문단에 따르면 그 대표적인 예인 국민기초생활보장제도는 빈곤 가구에 대한 부양 책임을 우선적으로 가족에 두고 있다. 이를 종합하면 가족관계상 부양 의무자가 있다는 이유만으로 생계가 어려운 독거노인을 국민기초생활보장제도의 대상에서 제외하는 정책은 가족 구성원들 간에 부양과 돌봄을 둘러싼 갈등을 초래할 수 있다.

문 5. 정답 ①

유형 정보확인　내용영역 사회　난이도 ★☆☆

[정답해설]
① 3문단에 따르면 OECD 회원국의 인구와 인종적·민족적 동질성이 영아사망률과 관계된다고 소개하고 있다. 그런데 1문단과 2문단에 따르면 1인당 국내총생산은 삶의 질을 제대로 보여주기엔 부족한 지표라고 하였으며, 영아사망률을 그 대안이 되는 지표로서 제시하고 있다. 따라서 OECD 회원국의 1인당 국내총생산과 영아사망률 간의 관계는 지문을 통해 알 수 없다.

[오답해설]
② 3문단에 따르면 인구가 많거나 인종적·민족적으로 이질적인 사회에서는 영아사망률을 OECD 평균 수준까지 낮추기는 어렵다고 하였다.
③ 3문단에 따르면 산업화가 시작되기 전의 서구 사회는 영아사망률이 매우 높다가 그 수치가 점진적으로 낮아졌다고 하였다.

④ 2문단에 따르면 낮은 영아사망률은 훌륭한 수준의 의료 체계, 위생적인 생활환경, 취약 계층을 위한 사회적 지원 제도 등 양질의 생활에 필요한 환경이 조성되어 있다는 것을 의미한다.

⑤ 1문단에 따르면 1인당 가처분소득은 경제적 불평등의 정도와 저소득층을 위한 사회 안전망의 수준에 대해서는 설명하지 못하는 지표라고 하였다. 그리고 2문단에 따르면 지문에서는 영아사망률을 삶의 질을 보다 정확히 비교할 수 있는 대안이 되는 지표로 제시하고 있다.

문 6. 정답 ④

[유형] 정보추론 [내용영역] 과학기술 [난이도] ★☆☆

[정답해설]

④ 2문단에 따르면 장내 마이크로바이옴은 사이토카인을 생성하여 인체의 면역력을 적절한 상태로 만드는 역할을 한다. 그리고 장내 마이크로바이옴을 구성하는 미생물의 수와 다양성이 적정 수준으로 유지된다면 그 역할, 즉 사이토카인을 만들어내는 역할이 적절히 수행된다고 하였다.

[오답해설]

① 1문단에 따르면 장내 마이크로바이옴은 인체 다른 부위의 마이크로바이옴보다 미생물의 수가 압도적으로 많고 그 다양성도 크다고 하였다. 하지만 인체에 장 속보다 미생물이 서식하기에 더 적합한 곳이 있는지는 지문을 통해 알 수 없다.

② 1문단에 따르면 인체 마이크로바이옴을 구성하는 미생물의 수는 인간 몸의 세포 수보다 10배 정도 많다고 알려져 있다. 그리고 2문단에 따르면 장내 마이크로바이옴을 구성하는 미생물의 수와 다양성이 적정 수준 이하로 떨어지면 질병과 대사질환이 나타날 수 있다. 즉 몸에 있는 미생물의 수가 몸의 세포 수보다 줄어들었다면 미생물의 수가 적정 수준 이하로 떨어진 상태일 것이므로 오히려 면역력은 약화될 것임을 추론할 수 있다.

③ 2문단에 따르면 장내 마이크로바이옴을 구성하는 미생물의 수와 다양성이 적정 수준으로 유지되어야 마이크로바이옴의 역할이 적절히 수행된다. 따라서 장내 마이크로바이옴을 구성하는 미생물의 수가 많을수록 장내 건강에 반드시 유익하다고 보기는 어렵다.

⑤ 3문단에 따르면 건강한 사람의 마이크로바이옴 배양체를 장내 염증성 질병을 앓고 있는 환자에게 이식하면, 장내 미생물의 수와 다양성이 적정 수준으로 회복된다고 하였으므로 환자의 장내 마이크로바이옴의 다양성에는 변화가 없지 않다.

문 7. 정답 ③

[유형] 논증분석 [내용영역] 과학기술 [난이도] ★☆☆

[정답해설]

③ 지문에서는 소득 불평등과 사회경제적 수준 간 관계를 논하고 있다. 그리고 이에 대하여 2문단과 3문단에서 부모의 사회경제적 수준이 아이들의 학습 능력을 담당하는 뇌 기관의 발달에 영향을 준다는 연구 결과를 소개하고 있다. 그리고 4문단에 따르면 이 학습 능력의 차이가 아이들이 성장한 뒤에 소득 불평등으로 이어질 가능성이 크다는 것으로 지문이 결론을 맺는다. 이를 정리하면 학습 능력의 차이는 사회경제적 환경과 밀접하게 관련되어 있으며, 이는 소득 불평등으로 이어진다는 것이 지문의 핵심 논지로 가장 적절하다.

[오답해설]

① 1문단에 따르면 부모로부터 획득한 유전적 요인에 따라 사회적 성취의 질적 수준이 결정된다는 것은 지문의 핵심 논지와는 달리 소득 불평등이 개인의 유전적 자질 차이로 생겨난 결과라는 기존의 주장을 뒷받침한다.

② 지문에서는 개인의 유전적 자질 차이보다는 사회경제적 수준에 따른 뇌 기관 발달 차이가 소득 불평등으로 이어질 가능성이 크다고 본다. 따라서 유전적 자질의 차이를 극복할 수 있게 해야 한다는 것은 지문의 핵심 논지와는 거리가 멀다.

④ 2문단과 3문단의 연구 결과는 저소득층 아이들이 고소득층 아이들에 비해 학습 과정을 담당하는 뇌 기관이 덜 발달할 수 있음을 보여준다. 따라서 필자는 뇌 기관 발달의 정도와 가구의 소득수준이 반비례한다고 여기지 않을 것이다.

⑤ 지문에서는 소득 불평등의 문제를 해결하기 위한 제도적 장치 및 그 효용성에 대해서 언급하고 있지 않다.

문 8. 정답 ⑤

[유형] 정보추론 [내용영역] 인문 [난이도] ★☆☆

[정답해설]

⑤ 4문단에 따르면 우리는 직이 아닌 업을 먼저 파악해야 하며, 업을 깨닫지 못했을 때는 아무리 좋은 직도 무료하고 불안정해짐을 강조하고 있다. 따라서 문맥에 맞게 표현하려면 ⑩을 "자신의 업을 파악하지 못한다면"으로 수정해야 할 것이다.

[오답해설]

① 더 신중하게 자신의 적성을 파악하고 진로를 탐색하겠다는 것은 직이 아닌 업의 중요성을 강조하는 내용과 관계되므로, 따라서 ㉠은 수정할 필요가 없다.

② 2문단에 따르면 직은 내가 아닌 사람이 수행할 수 있는 일이라고 하였다. 따라서 직을 점유하고 있는 직장 내의 자리에서 담당하는 일이라고 설명하는 ㉡은 수정할 필요가 없다.

③ 3문단에 따르면 업은 나의 삶과 떼려야 뗄 수 없는 그 어떤 것을 의미하며, 그래서 업은 다른 누군가가 대신하기 어려운 것이라고 하였다. 따라서 업을 평생을 두고 내가 고민하고 추구해야 하는 가치 있는 일이라고 설명하는 ㉢은 수정할 필요가 없다.

④ 4문단에 따르면 어떤 자리에서 일하고 싶은지가 아니라 무슨 일을 하고 싶은지를 먼저 묻고 고민해야 한다는 ㉣의 내용은 업을 먼저 파악해야 한다는 지문의 내용에 부합한다. 따라서 ㉣은 수정할 필요가 없다.

문 9. 정답 ①

[유형] 정보추론 [내용영역] 사회 [난이도] ★☆☆

[정답해설]

(가): 1문단에 따르면 인구밀도가 높지 않은 농촌, 벽지, 도서 지역의 경우 전염병으로 인한 피해에 취약한 반면, 감염 사슬이 유지될 수 있을 정도로 인구밀도가 높은 지역에서는 전염병이 머지않아 풍토병으로 전환된다고 하였다. 그리고 2문단에 따르면 일본은 과거에 중국에 비해 인구밀도가 현저히 낮았기 때문에 중국에서 이미 풍토병으로 자리 잡은 몇 가지 질병에 대해서 대처할 수 없다고 하였다. 따라서 감염 사슬이 유지될 수 있을 정도로 일본의 인구밀도가 높아지기 전까지 일본이 전염병의 유입으로 인한 심각한 피해를 계속 겪어야 했다는 내용이 (가)에 들어가야 한다.

(나): 3문단에 따르면 중세에 영국의 인구밀도가 다른 유럽 대륙의 국가에 비해 훨씬 낮았으며 그로 인해 전염병의 문제가 더 심각했다고 하였다. 그렇다면 유럽 대륙은 영국에 비해 오래전부터 인구밀도가 높았고 사람들이 질병의 진원지인 도시와 끊임없이 접촉했기 때문에 전염병이 풍토병으로 정착하기까지의 기간이 영국보다 짧았을 것이라는 내용이 (나)에 들어가야 할 것이다.

문 10. 정답 ②

[유형] 논증분석 [내용영역] 사회 [난이도] ★☆☆

[정답해설]

② 1문단에 따르면 사후확신 편향은 의사결정자들이 과정의 정당성이 아니라 결과의 좋고 나쁨만으로 의사결정의 질을 평가하도록 유도하는 문제를 일으킨다. 그리고 2문단에 따르면 의사결정자들의 바람직한 결정을 유도하기 위해서는 의사결정의 질을 평가할 때 당시 주어진 정보에 따른 의사결정 과정의 정당성을 반영해야 한다. 이를 종합하면 의사결정의 질을 평가할 때 결과뿐만 아니라 과정의 정당성을 고려해야 한다는 것이 지문의 핵심 논지라고 볼 수 있다.

[오답해설]
① 2문단에 따르면 무모한 의사결정을 내렸지만 운이 좋아 성공한 사람들이 벌을 받기보다 오히려 성공을 예상하는 재능과 예지력을 갖췄다는 호평을 받는 것은 사후확신 편향에 따른 것이다. 하지만 그들이 비판받아야 하는지 그렇지 않은 지는 지문의 논지와 관련이 없다.
③ 지문에서는 의사결정의 질을 평가할 때 결과의 정당성뿐만 아니라 의사결정 과정의 정당성을 반영해야 한다고 주장한다. 하지만 타인을 대신하여 의사결정을 하는 사람들에 대한 평가에서 의사결정의 결과를 고려해서는 안 된다고 한 것은 아니다.
④ 2문단에 따르면 의사결정 과정에서 위험을 감수하려 하지 않는 것은 사후확신 편향에 따른 것이다. 의사결정자들이 의사결정 과정에선 위험을 회피하는 선택을 하여 사회 전체의 위험을 감소시켜야 한다는 주장은 지문에 드러나 있지 않다.
⑤ 2문단에 따르면 사후확신 편향에 따른 행동 변화는 이해관계자 사이의 갈등을 더 키울 수 있다. 하지만 지문에서는 사후확신 편향이 이해관계자들 사이의 갈등을 더 키운다는 내용만 제시할 뿐, 이해관계자들 간 갈등이 완화되면 사후확신 편향을 극복할 수 있다고 주장하고 있지 않다.

문 11. 정답 ④

유형 정보추론 내용영역 인문 난이도 ★☆☆

[정답해설]
④ 3문단에 따르면 누군가가 나뭇가지의 위치만 바꾸어 와인 거치대를 만들었거나 변기를 예술작품이라고 전시한 경우, 그것들을 창조된 것으로 인정하지 않는다. 여기서 '~변형 → ~창조'임을 알 수 있으며, 그 대우 명제인 '창조 → 변형' 또한 참이다. 이에 따르면 창조된 것은 그것을 만들기 위해 사용된 재료가 변형된 것이라 볼 수 있다.

[오답해설]
① 2문단에 따르면 제작자가 의도를 갖고 무언가를 만든 경우와 아무런 의도 없이 기존의 물체와 구별이 불가능한 것을 만든 경우가 존재한다. 그리고 3문단에 따르면 창조 의도를 가지고 변기를 예술 작품이라고 전시한다면, 그 변기가 예술 작품일 수는 있다. 이에 따르면 예술 작품 중 작품을 만든 사람의 창조 의도가 담긴 것이 있고, 이는 예술 작품 중 창조 의도를 동반하는 경우가 있음을 의미한다. 따라서 예술 작품은 반드시 창조 의도를 동반하지 않는다고 말하기 어렵다.
② 3문단에 따르면 창조 의도만 있다고 해서 무엇인가가 창조되는 것은 아니다. 따라서 제작자의 창조 의도가 반영된 것이라 하여 반드시 창조된 것이라고 단정할 수 없다.
③ 3문단에 따르면 누군가가 창조 의도를 가지고 변기를 예술작품이라고 전시한다면, 그 변기는 예술 작품일 수 있다. 따라서 예술 작품은 반드시 작품에 사용된 재료를 변형시켜야만 하는 것이 아니다.
⑤ 새로운 물질로부터 기이한 모양이 만들어졌다고 하더라도 무엇인가 창조하기 위해서는 새로운 것을 만들고자 하는 제작자의 창조 의도가 필요하다. 따라서 새로운 물질로부터 기이한 모양이 만들어졌다고 해서 반드시 새로운 것이 창조되었다고 보기 어렵다.

문 12. 정답 ⑤

유형 정보추론 내용영역 과학기술 난이도 ★★☆

[정답해설]
⑤ 3문단에 따르면 레일리와 램지는 공기 중에 새로운 기체, 즉 비활성 성분이 존재한다고 발표했지만, 화학자들은 실험의 정밀성을 인정하더라도 그러한 성분의 발견에 대해 회의적인 반응을 보였다. 그러나 기존에 알려진 원소의 스펙트럼에 속하지 않는 빨강과 녹색 선의 그룹이 확인되자 회의적 반응을 보였던 화학자들의 의문이 해소되었다. 이를 고려하면, 빈칸에는 '새로운 성분의 발견'과 연관성을 갖는 내용이 들어가야 한다. 따라서 화학자들이 "공기 중에서 마그네슘을 가열하여 질소산화물을 만들 때, 기존에 알려진 원소로 구성된 새로운 물질이 형성될 수도 있지 않은가?"와 같은 회의적인 반응을 보였다고 보는 것이 가장 적절하다.

[오답해설]
① 빈칸으로 표시된 화학자들의 의문은 스펙트럼 검사가 실시되기 전에 제기된 것이므로, "질소 원자의 선 스펙트럼에는 빨강과 녹색 선은 전혀 안 나타나지 않는가?"와 같은 의문을 제기할 수는 없을 것이다.
② "수증기나 이산화탄소를 제거한 공기 중에 비활성의 기체가 남아 있을 수도 있는 것 아닌가?"는 레일리와 램지의 발표를 지지하는 내용이다. 따라서 이를 회의적인 반응이라고는 할 수 없을 것이다.
③ 아르곤은 레일리와 램지의 발표 및 일련의 확장된 실험이 실시된 이후 램지가 붙인 이름이므로, "암모니아를 뜨거운 구리로 가열하여 만들어지는 질소에 아르곤이 섞여 있을 수도 있지 않겠는가?"와 같은 의문을 제기할 수는 없을 것이다.
④ 레일리는 암모니아를 환원하여 얻은 순수한 질소에 비활성의 기체가 포함되어 있을 가능성을 바탕으로 새로운 기체가 있다고 발표하였다. 수소가 포함되지 않은 상태에서 실험이 진행되었으므로 "화학적으로 얻은 질소의 원료가 되는 암모니아 속에 수소가 더 많이 포함되어 있었을 수도 있지 않은가?"와 같은 의문을 제기할 수는 없을 것이다.

문 13. 정답 ②

유형 형식논리 내용영역 논리학 난이도 ★★★

각 정보들을 조합해 갑, 을, 병, 정의 부처와 순위를 파악한다. 네 번째 정보에 따라 연구부가 우승했으므로, 연구부는 2승을 했음을 알 수 있다.
갑은 1승 1패를 하였고, 병은 갑과 을을 이긴 적이 없고, 을은 정에게 졌으므로 셋 모두 연구부가 아니다. 따라서 연구부 대표로 우승한 것은 정이다.
결승전에서 연구부와 대결한 부서를 결정할 수 있다. 영업부는 2패를 하였고, 인사부는 연구부와 대결하지 않았으므로 자재부가 결승전에서 영업부와 대결한 부서가 된다. 이를 바탕으로 4강전에서 연구부와 대결한 부서는 영업부이고, 자재부와 대결한 부서는 인사부임이 도출된다. 두 번째 정보에 따라 정은 을을 결승전 또는 4강전에서 이겼음을 알 수 있다. 이를 바탕으로 두 가지 경우를 가정할 수 있다.

ⅰ) 4강전에서 정이 을을 이긴 경우
이 경우 을은 영업부이다. 첫 번째 정보에 따라 갑은 1승 1패를 하였고, 세 번째 정보에 따르면 병이 갑을 이긴 적이 없으므로 갑이 자재부, 병이 인사부가 된다. 여기서 을과 병이 3~4위전에서 대결하는데, 세 번째 정보에 따르면 병이 을을 이긴 적이 없으므로 을이 이겨야 하고, 다섯 번째 정보에 따르면 영업부가 2패를 하였으므로 을이 병에게 패해야 하는 모순된 상황이 도출된다. 따라서 해당 경우는 성립할 수 없다.

ⅱ) 결승전에서 정이 을을 이긴 경우
이 경우 을은 자재부이다. 첫 번째 정보에 따라 갑은 1승 1패를 하였고, 다섯 번째 정보에 따르면 영업부가 2패를 하였으므로 갑이 인사부, 병이 영업부가 된다. 여기서 갑과 병이 3~4위전에서 대결하는데, 인사부가 승리하여 3위, 영업부가 패배하여 4위가 된다.

ⅱ)만이 성립하며, 이에 따라 경기 결과를 정리하면 다음과 같다.
4강전 : 연구부 정 (승) vs 영업부 병 (패), 인사부 갑 (패) vs 자재부 을 (승)
결승전 : 연구부 정 (승) vs 자재부 을 (패)
3~4위전 : 인사부 갑 (승) vs 영업부 병 (패)

[정답해설]
② 연구부 정과 자재부의 을이 결승전에서 대결했다.

[오답해설]
① 을은 2위이고 갑은 3위이다.
③ 병은 영업부이고 정은 연구부이다.
④ 3~4위전에서는 인사부와 영업부가 대결했다.
⑤ 4강전 두 경기에서 승리한 이는 을과 정이다.

문 14. 정답 ⑤

[유형] 형식논리　[내용영역] 논리학　　　　　[난이도] ★★★

한 명은 기존 부서에 남았지만 나머지 네 명은 다른 부서로 옮겼다고 하고 있으므로 기존 부서에 남은 사람이 누구인지를 파악해야 한다. 병과 정이 서로 부서를 맞바꾸어 근무하고 있으므로 병과 정은 다른 부서로 옮긴 사람이고, 무도 기존과 다른 부서 D로 옮겼으므로 다른 부서로 옮긴 사람이다.
그렇다면 갑과 을 중 한 명이 기존 부서에 남은 사람인데, 병과 정은 서로 부서를 맞바꾸어 근무를 하였다고 하므로 무는 갑이나 을 중 한 사람과 부서를 맞바꾼 것이 된다.
ⅰ) 만일 무가 갑과 부서를 맞바꾸었다면 갑의 기존 부서가 D여야 할 것이나, 이는 갑이 기존에 C부서에 근무했다는 사실과 충돌한다.
ⅱ) 갑이 기존 부서에 남고, 무가 을과 부서를 맞바꾼 경우 다른 사실과 충돌하지 않는다.
선지가 조건문의 형식을 가진 경우, 조건문의 전건에 해당하는 내용을 대입해 정오를 판단한다.

[정답해설]

ㄱ. 갑이 기존 부서에 남았다.
ㄴ. 을이 기존과 다른 B부서에 근무하게 되었다면, 을과 무가 서로 부서를 맞바꾸어 근무하게 되었을 것이다. 따라서 무는 기존에 B부서에 근무했을 것이다.
ㄷ. 무가 기존에 E부서에 근무했다면, 을이 인사 발령 결과 E부서에 근무하게 될 것이다. 인사 발령 결과 갑은 C부서, 을은 E부서, 무는 D부서에 근무하게 되었으므로 병과 정은 각각 A 혹은 B부서에 근무하게 되었을 것이다. 따라서 무가 기존에 E부서에 근무했다면, 병이나 정이 인사 발령 결과 A부서에 근무하게 되었다고 볼 수 있다.

문 15. 정답 ②

[유형] 논증평가　[내용영역] 인문　　　　　　[난이도] ★★☆

지문에 제시된 ㉠과 ㉡을 정리하면 다음과 같다.
㉠ '문법적인'이라는 개념은 '의미가 있는'이라는 개념과 동일시될 수 없다.
㉡ 특정 언어에서 '문법적인'이라는 개념은 '그 언어에서의 사용 빈도에 대한 통계적 순위에서 상위에 있는'이라는 개념과 동일시될 수 없다.

[정답해설]

ㄴ. 사용 빈도에 대한 통계적 순위에서 하위에 있는 어떤 문장이 무의미함에도 불구하고 문법적이라면, 이는 '그 언어에서의 사용 빈도에 대한 통계적 순위'에서 상위에 있지 않은 문장이 '문법적'일 수 있음을 의미한다. 이는 특정 언어에서 '문법적인'이라는 개념은 '그 언어에서의 사용 빈도에 대한 통계적 순위에서 상위에 있는'이라는 개념과 동일시될 수 없다는 주장을 뒷받침한다. 따라서 사용 빈도에 대한 통계적 순위에서 하위에 있는 어떤 문장이 무의미함에도 불구하고 문법적이라면 ㉡은 강화된다.

[오답해설]

ㄱ. 제시문에 따르면 무의미한 문장 (1)과 (2) 중에서 문법적인 문장 (1)이 더 쉽게 기억하는 문장이므로, 문장의 사용 빈도와 그 문장을 기억하기 쉬운가가 상관관계가 없다고 하는 문장은 애초에 ㉠과 무관한 논의를 전개하고 있다. 따라서 문장의 사용 빈도와 그 문장을 기억하기 쉬운가가 서로 상관관계가 없다고 해서, '문법적인'이라는 개념이 '의미가 있는'이라는 개념과 동일시될 수 없다는 주장이 약화되는 것은 아니다.
ㄷ. 특정 언어에서 기존에 문법적이지만 무의미하다고 여겨지던 문장이 일정 시간이 흐른 후 의미도 있으면서 문법적인 문장으로 화자들에게 받아들여지는 현상이 다수 발견된다는 것은 '문법적인'이라는 개념이 '의미가 있는'이라는 개념과 유사성을 보여 동일시될 수 있는 가능성을 시사하므로 ㉠을 일정 부분 약화한다고 볼 수도 있다. 그러나 시간적 흐름에 따라 무의미하고 문법적인 문장이 의미가 있는 문법적인 문장으로 바뀌는 것은 '통계적 순위에서 상위'에 있는 개념과 '문법적인'이라는 개념이 동일시될 수 없다는 것과 무관하므로 ㉡을 약화하지 않는다.

문 16. 정답 ⑤

[유형] 논증분석　[내용영역] 논리학　　　　　[난이도] ★★☆

[정답해설]

ㄱ. ㉠과 ㉡이 모두 참이라면, 언어표현의 의미는 그 표현이 지칭하는 대상일 뿐이며, '슈퍼맨'과 '클라크 켄트'는 동일한 대상을 지칭한다. 두 표현이 지칭하는 대상이 같으므로 '슈퍼맨'과 '클라크 켄트'는 같은 의미를 갖게 된다. 따라서 ㉠과 ㉡이 모두 참이라면, ㉢도 참이다.
ㄴ. ㉡과 ㉤이 모두 참이라면 '슈퍼맨'과 '클라크 켄트'는 동일한 대상을 지칭하지만 두 고유명사의 의미는 다르다. 이는 동일한 대상을 지칭함에도 불구하고 언어표현의 의미가 다를 수 있음을 의미하므로, 언어표현의 의미는 그 표현이 지칭하는 대상일 뿐이라는 ㉠은 거짓이 된다.
ㄷ. "문장들이 인지적 차이가 있다면 그 문장들은 의미에서 차이가 난다."가 추가될 경우, ㉣에 따라 (1)과 (2)는 인지적 차이가 있으므로 (1)과 (2)는 그 의미에서 차이가 나게 된다. 따라서 (1)과 (2)는 서로 다른 의미를 가진다. 따라서 "문장들이 인지적 차이가 있다면 그 문장들은 의미에서 차이가 난다."와 ㉣이 참이라면 ㉥도 참이다.

문 17. 정답 ④

[유형] 논증평가　[내용영역] 과학기술　　　　[난이도] ★★☆

[정답해설]

ㄴ. B는 그 위험성을 고려할 때 신경조절기술이 위험 대비 이익이 명확히 큰 경우에만 사용되어야 한다고 주장하므로, 사망에 이르게 하는 악성 뇌종양 발생이라는 극심한 위험 대비 집중력 향상이라는 상대적으로 작은 이익을 누린 사람은 B의 주장을 약화하지 않는다. 또한 C는 신경조절기술이 질병 치료가 아닌 인지기능의 향상을 목적으로 사용해서는 안 된다고 주장하므로, 경두개전기자극술 적용으로 악성 뇌종양이 발생한 경우는 인지능력을 향상시키는 기기의 사용으로 인한 뇌 질환의 위험성이 크다는 우려가 실현된 것을 의미하므로 C의 주장을 약화하지 않는다. 따라서 B의 주장과 C의 주장은 약화되지 않는다.
ㄷ. A는 경두개전기자극술 등은 인지능력 등을 향상시킨다고 주장하지만 부작용에 대해 언급하지는 않으므로, 수험생의 인지기능 향상에 경두개전기자극술을 활용하는 것이 뇌에 어떠한 문제도 유발하지 않는다고 밝혀졌다면 A의 주장은 약화되지 않는다. 반면 C의 주장은 신경조절기술을 활용해 인지능력을 향상시키는 기기의 사용으로 인한 뇌 질환의 위험성이 매우 큼을 우려하고 있으므로, C의 주장과 달리 수험생의 인지기능 향상에 경두개전기자극술을 활용하는 것이 뇌에 어떠한 문제도 유발하지 않는다고 밝혀졌다면 C의 주장은 약화된다. 따라서 A의 주장은 약화되지 않고 C의 주장은 약화된다.

[오답해설]

ㄱ. A는 뇌심부자극술이 파킨슨병 등의 치료법으로 이미 승인되었다고 하므로 중증 파킨슨병 환자가 뇌심부자극술을 받은 후 병증이 크게 완화되었다면 A의 주장은 강화된다. B는 뇌심부자극술이 뇌출혈, 감염과 같은 합병증뿐만 아니라 신경정신학적 부작용을 유발할 수 있다고 하며, 위험 대비 이익이 명확히 클 경우에만 신경조절기술이 사용되어야 한다고 주장한다. 따라서 파킨슨병 병증이 크게 완화되고 일시적인 경증 수면장애를 얻은 것은 위험 대비 이익이 명확히 큰 경우라고 할 수 있으며, B의 주장은 약화되지 않는다.

문 18. 정답 ③

[유형] 논증평가　[내용영역] 과학기술　　　　[난이도] ★★☆

[정답해설]

ㄱ. 3문단에 따르면 행성의 공전 주기와 크기가 지구와 유사하더라도 항성의 밝기가 태양과 크게 다르다면 행성의 환경이 너무 춥거나 너무 더워 생명체가 존재하기 어렵다. 따라서 항성 Y의 밝기가 태양에 비해 훨씬 어두웠다면 항성 Y에 생명체가 존재하는 행성이 있다는 가설은 약화된다.

ㄷ. 2문단에 따르면 항성이 식에 의해 어두워지는 비율이 크다면 외계 행성이 크고 이 항성의 빛을 가리는 정도가 크다는 것을 의미하므로, 항성 Y에서 식에 의해 항성의 밝기가 어두워지는 비율이 항성 X에서보다 훨씬 크다면 항성 Y 주위를 도는 외계 행성이 항성 X 주위를 도는 외계 행성보다 훨씬 크다는 것이 된다. 행성의 공전 주기와 크기가 지구와 유사하여야 그 행성에 생명체가 존재할 가능성이 큰데, 지구와 크기가 유사한 항성 X 주위 외계 행성보다 항성 Y 주위 외계 행성의 크기가 더 크다면 항성 Y에 생명체가 존재하는 행성이 있을 가능성이 줄어든다. 따라서 항성 Y에 생명체가 존재하는 행성이 있다는 가설이 약화된다.

[오답해설]

ㄴ. 2문단에 따르면 식에 의한 항성의 밝기 변화로 외계 행성의 크기와 공전 주기를 알아낼 수 있을 뿐, 행성의 크기 등 다른 정보가 주어지지 않은 상태에서 생명체의 존재 여부를 판단할 수 있는 것이 아니다. 따라서 항성 Y에서 주기가 더 긴 다른 행성에 의한 식 현상이 추가로 발견되었다고 하더라도, 항성 Y에 생명체가 존재하는 행성이 있다는 가설이 약화되지 않는다.

문 19. 정답 ④

유형 정보확인 내용영역 인문 난이도 ★☆☆

[정답해설]

④ AI가 행동을 스스로 선택하고 통제할 수 있다는 것은 행위자가 자신의 행위를 선택할 수 있고 상황에 따라 자신의 행위를 조절 및 통제할 수 있는 능력을 갖추고 있어 통제 조건을 충족하고 있다는 것인데, 2문단에 따르면 AI는 통제 조건을 충족하더라도 인식 조건을 갖추지 못하므로 도덕적 책임은 AI에게 귀속될 수 없다.

[오답해설]

① 2문단에 따르면 응답 책임이란 본인이 내린 결정이나 한 일의 결과에 대한 질문에 답하고 설명하는 의무를 말하므로, 관리자로부터 과제를 위임받는 존재들에게 부과되는 의무가 아니라 자신의 행동이 무엇인지 판단할 수 있는 능력을 갖춘 관리자가 부담하는 의무라고 보는 것이 타당하다. 4문단에서도 어떤 조직이 특정 과제를 수행할 때 최종적 책임은 전체 프로젝트를 총괄하는 관리자에게 있다고 서술하고 있다.

② 3문단에 따르면 AI는 반성 및 숙고를 통해 자신의 행동 결과가 어떻게 나타날지 판단할 수 있는 능력을 결여하고 있으므로 통제 조건을 충족하더라도 인식 조건을 갖추지 못한 상태이다. 따라서 AI가 자신이 수행한 행위로 인해 어떤 결과가 초래될지 도덕적 판단을 내릴 수 없는 것은 인식 조건을 충족하지 못했기 때문이다.

③ 3문단에 따르면 어린아이의 경우 통제 조건과 인식 조건 어느 것도 충족하지 못한 것으로 간주되며, 이들의 행위에 대한 책임은 보호자와 피보호자와의 관계에 의존하여 보호자에게 귀속된다. 하지만 AI는 통제 조건을 충족하더라도 인식 조건은 갖추지 못한 것으로 보는 것이 옳으며 AI는 누군가의 피보호자로 보기도 어렵다. 따라서 어린아이와 보호자 사이의 책임 귀속이 의존하는 관계는 AI와 인간 사이의 책임 귀속이 의존하는 관계와 같지 않다.

⑤ 1문단에 따르면 통제 조건을 충족하지 못한 행위자는 도덕적 행위자라고 부를 수 없다. 또한 4문단에 따르면 우리 사회의 조직 체계에서 채택하고 있는 위임 방식에 따라, 총괄 관리자와 조직 구성원 간 위임 관계에 의존해 관리자인 인간에게 책임을 귀속시켜야 하므로 AI는 도덕적 행위자가 될 수 없다.

문 20. 정답 ③

유형 논증평가 내용영역 인문 난이도 ★★☆

[정답해설]

ㄱ. 4문단에 따르면 통제 조건과 인식 조건을 온전히 충족하고 있는 총괄 관리자에 해당하는 인간이 AI의 행위로부터 발생한 결과에 대한 도덕적 책임을 진다고 언급하고 있으므로, 인간이 AI 작동과정을 통제할 수 없어 통제 조건을 충족하지 못한다면 AI의 행위로부터 발생한 결과에 대한 도덕적 책임은 그 일을 위임한 인간에게 있다는 ㉠이 약화된다.

ㄴ. AI의 행위와 그로 인해 발생한 결과에 대한 질문에 인간이 잘 답하고 설명할 수 있다면 이는 응답 책임을 다할 수 있음을 의미하고, 2문단에 따르면 누군가 응답 책임을 다할 수 있다면 인식 조건을 충족한다. 이는 인식 조건을 온전히 충족해 통제 조건만 충족될 경우 인간이 AI의 행위에 대한 책임을 부담하게 됨을 의미하므로 ㉠은 강화된다.

[오답해설]

ㄷ. 4문단에 따르면 총괄 관리자만이 전체 프로젝트에 필요한 업무와 그 수행 방식을 선택·통제할 수 있는 능력, 그리고 관련된 과정이나 결과에 대해 답하고 설명할 능력을 온전히 갖추었다. 총괄 관리자들과 달리 과제를 위임받은 구성원들이 자신의 업무를 조절하고 통제할 수 있지만 전체 프로젝트를 설명할 능력을 갖추고 있지 않아 통제 조건과 인식 조건을 온전히 충족하지 못한다면, AI의 행위로부터 발생한 결과에 대한 책임은 그 일을 위임한 인간에게 있다고 보는 것이 오히려 타당하다. 따라서 ㉠은 약화되지 않는다.

문 21. 정답 ④

유형 정보확인 내용영역 인문 난이도 ★★☆

[정답해설]

④ 3문단에 따르면 김춘추는 진평왕의 딸 천명부인의 아들이므로 진평왕의 외손자이다. 그리고 2문단에 따르면 진평왕은 자기 자신과 부인, 자기 딸, 그리고 자기 친형제와 그가 낳은 딸에게만 성골 신분을 부여하였으므로, 김춘추는 성골 신분에 들지 못한 인물이었다.

[오답해설]

① 2문단에 따르면 동륜은 진흥왕의 첫째 아들로서 왕이 될 수 있었으나 일찍 사망함에 따라 왕이 되지 못한 것이다. 진골 신분이 아니었기 때문에 왕위에 오르지 못한 것이 아니다.

② 2문단과 3문단에 따르면 진덕여왕은 진평왕의 조카이고 천명부인은 진평왕의 딸이므로 진덕여왕은 천명부인이 낳은 딸이 아니다. 진덕여왕이 왕이 된 것은 당시 유일하게 살아있던 성골이기 때문이다.

③ 2문단에 따르면 동륜이 일찍 사망함에 따라 진지왕은 진흥왕의 뒤를 이었고, 동륜의 아들 진평왕은 이에 불만을 품고 세력을 키워 진지왕을 내쫓은 뒤 왕위에 올랐다. 동륜이 반란을 일으켜 진지왕을 죽이고 왕위에 올랐으나 조카인 진평왕에 의해 폐위된 것이 아니다.

⑤ 진지왕의 아들인 용수의 신분도, 천명부인과 결혼할 수 있었던 이유도 지문을 통해 알 수 없다.

문 22. 정답 ③

유형 정보확인 내용영역 인문 난이도 ★☆☆

[정답해설]

③ 1문단에 따르면 조선 왕조는 매매문기가 위조될 가능성을 고려해 부동산 매수자가 원하는 경우 입안을 신청해 받을 수 있게 하는 제도를 도입했다. 2문단에 따르면 입안은 매매의 완료, 즉 부동산 매수자가 매도자로부터 서명된 매매문기를 넘겨받은 뒤 지방 관아에 소지를 내는 절차로 진행되었다.

[오답해설]

① 3문단에 따르면 임진왜란 후에 입지 발급과 관련하여 부동산을 둘러싼 분쟁이 크게 늘었다고 언급하고 있을 뿐, 부동산 매매문기와 입안을 분실한 사람에게 입지를 발급하는 일이 임진왜란 이전에 없었는지는 지문을 통해 알 수 없다.

② 3문단에 따르면 입지란 부동산 취득 경위를 간략하게 적은 내용이 포함된 소지에 지방관이 서명을 한 것을 의미한다. 즉 입지는 지방관이 매매문기에 서명한 것이 아니며, 서명하는 행위를 의미한다고도 보기 어렵다.

④ 2문단에 따르면 매매가 완료된 날로부터 100일 이내에 일종의 신청서인 소지를 지방 관아에 내야 하는 것은 입안의 발급 과정에 해당한다. 3문단에 따르면 입지는 입안을 분실한 자가 이를 대체하기 위해 발급받는 것이므로 거래가 성

사된 후 100일 이내에 입지를 발급받아야 하는 의무를 갖고 있었다는 것은 잘못된 설명이다.

⑤ 2문단에 따르면 『경국대전』에 따른 입안 발급 과정에서 지방관은 해당하는 거래의 사실 여부를 따져서 신청자가 소유권을 획득한 것이 맞다고 판단되면 이를 공증한다는 내용의 문서인 '처분'을 적어 내준다. 즉 지방관은 입안을 내줄 때 관할하는 지역 내 부동산 거래 상황을 모두 조사하지 않으며, 매수자와 매도자 모두가 아니라 소유권을 획득한 신청자, 즉 매수자에게 입안을 내준다.

문 23. 정답 ④

[유형] 정보확인 [내용영역] 사회 [난이도] ★☆☆

[정답해설]

④ 3문단에 따르면 한국에서는 소관 상임위원회의 심사를 통과한 모든 법안은 본회의에 상정되기 전에 법제사법위원회의 체계·자구심사를 받아야 하는데, 법제사법위원회가 체계·자구심사를 입법 지연 및 법안 폐기의 수단으로 이용하는 경우도 드물지 않게 발생한다고 하였다. 따라서 한국 국회의 입법과정에서 소관 상임위원회를 통과한 법안이라도 법제사법위원회의 심사로 인해 입법이 지연되기도 함을 알 수 있다.

[오답해설]

① 1문단에 따르면 의회의 운영 방식은 상임위원회 심사 단계가 존재하는지가 아니라 실질적인 법안 심의가 어디에서 이루어지는지에 따라 본회의 중심주의와 상임위원회 중심주의로 구분된다.
② 2문단에 따르면 상임위원회 중심주의를 채택하는 한국의 경우 본회의는 소관 상임위원회의 결정 사항을 최종적으로 승인하는 기능을 한다. 즉 본회의에 법안 최종 승인 권한이 있다고 하여 본회의 중심주의로 분류되는 것은 아니다.
③ 1문단에 따르면 영국 의회는 본회의 중심주의를 택하고 있으며, 이 경우 본회의에서 법안을 폐기하거나 핵심적인 내용을 삭제하는 등의 중요한 결정이 이루어지게 된다. 따라서 영국 의회의 입법과정에서 소관 상임위원회를 통과한 법안이 본회의에서 부결되는 경우가 거의 없다고 볼 수 없다.
⑤ 3문단에 따르면 법제사법위원회가 '위원회 위의 위원회'라는 비판을 받는 이유는 소관 상임위원회가 법안을 수정·폐기할 권한을 갖기 때문이 아니라 법제사법위원회가 체계·자구심사를 입법 지연 및 법안 폐기의 수단으로 이용할 수 있는 권한을 갖기 때문이다.

문 24. 정답 ②

[유형] 논증분석 [내용영역] 사회 [난이도] ★★☆

지문에 제시된 국가 발전/퇴보 여부 판단 방법은 다음과 같다.

(가) 퇴보 지역 없음 ∧ 발전 지역 있음 → 국가가 발전
    발전 지역 없음 ∧ 퇴보 지역 있음 → 국가가 퇴보
    발전 지역 있음 ∧ 퇴보 지역 있음 → 판단 불가

(나) 가중평균값 = (지역별 발전/퇴보 정도 정량화한 값 × 지역별 가중치)의 총합
    (지역별 발전/퇴보 정도는 0을 기준으로 정량화, 지역별 가중치는 0보다 큰 값)
    가중평균값이 양(+) → 국가가 발전
    가중평균값이 음(−) → 국가가 퇴보

[정답해설]

ㄷ. 한 국가에 대하여 (가)를 이용하여 발전했다고 판단했다는 것은 그 국가에 퇴보한 지역이 없음을 의미한다. 그렇다면 (나)를 이용하여 국가의 발전/퇴보 여부를 판단할 때, 지역별 발전/퇴보 정도를 0을 기준으로 정량화한 값이 음(−)인 지역이 없을 것이며 가중평균값 역시 음(−)일 수 없다. 따라서 따라서 한 국가에 대하여 (가)를 이용하여 발전했다고 판단한 경우 중 (나)를 이용하여 퇴보했다고 판단하는 경우는 없다.

[오답해설]

ㄱ. (가)에 따라 한 국가가 퇴보했다고 판단하려면 어떤 지역도 발전하지 않아야 한다. 따라서 발전한 지역이 있는지 없는지에 대한 정보 없이 퇴보한 지역에 대한 정보만으로는 국가의 발전/퇴보 여부를 판단할 수 없다.
ㄴ. 큰 폭으로 발전한 지역이 작은 폭으로 퇴보한 지역보다 많다고 하더라도 지역별 가중치를 고려하지 않으면 가중평균값을 알 수 없다. 가령 작은 폭으로 퇴보한 지역의 가중치가 매우 높다면 가중평균값이 음(−)의 값으로 도출되는 것이 가능하다.

문 25. 정답 ②

[유형] 정보확인 [내용영역] 사회 [난이도] ★☆☆

[정답해설]

② 3문단에 따르면 4개의 지표로 척도를 구성한 지문 예시의 경우, 유권자가 지표를 선택하면 정치적 활동성 점수에 따른 네 가지 행동유형이 구분된다. 그리고 아무 것도 선택하지 않은 유권자는 정치적 활동성이 0점인 행동유형에 속하는 것으로 간주된다. 따라서 지문의 예시에서 유권자의 가능한 행동유형은 총 다섯 가지이다.

[오답해설]

①, ③ 2문단과 3문단에 따르면 지수를 사용하는 경우에는 비슷한 수준의 행동지표들을 열거하지만, 척도를 사용하는 경우에는 행동지표들을 위계적 강도에 따라 순차적으로 열거한다. 따라서 척도는 그것을 구성하는 지표들의 위계적 강도를 고려한다는 점에서 지수와 다르며, 지수 3점이 척도 2점보다 단순히 그 점수가 높다고 해서 유권자의 강한 정치적 활동성을 보여준다고 할 수 없다.
④ 2문단에 따르면 정치적 활동성을 측정하기 위해 지수를 사용한 경우, 4개의 지표 중 수행한 행동들에 각각 1점씩 부여한 후 합산한다. 따라서 서로 다른 행동들을 수행한 유권자들일지라도 같은 점수를 받을 수 있다.
⑤ 2문단에 따르면 지수를 사용하여 정치적 활동성을 측정하는 경우 지수 3점이라는 정보만으로는 4개의 지표 중 어떤 행동을 수행하고 어떤 행동을 수행하지 않았는지 확정 지을 수 없다. 하지만 3문단에 따르면 지문의 예시에서 척도 3점에 해당하는 유권자라면 '선거운동에 직접 참여하기'를 선택했을 것이다. 따라서 적어도 '선거운동에 직접 참여하기'를 수행했다는 것은 확정할 수 있다.

문 26. 정답 ①

[유형] 정보추론 [내용영역] 과학기술 [난이도] ★★☆

[정답해설]

(가): 3문단에 따르면 부품 A의 표면이 양(+)으로 하전된 뒤, 방 온도와 부품 온도를 계속해서 올리면서 부품 A와 B, 물방울이 −8℃가 된 시점에서 부품 A의 물방울이 결빙되기 시작했다. 따라서 과냉각된 물은 주변 온도가 올라가는 상황에서도 얼 수 있다는 것을 보여준다는 내용이 (가)에 들어가야 할 것이다.

(나): 2문단에 따르면 장치 X의 부품 A는 특정 온도 이상에서는 표면이 양(+)으로 하전되고 이 온도보다 낮을 때 표면이 음(−)으로 하전된다. 3문단에 따르면 부품 A의 표면은 −11℃에서 음(−)으로 하전되었고 −8℃에 이르기 전 어느 순간 양(+)으로 하전되었으므로, 그보다 높은 −7℃에서는 양(+)의 하전을 보였다는 내용이 (나)에 들어가야 할 것이다.

(다): 4문단에 따르면 부품 A의 표면에 맺힌 물방울은 양(+)의 하전을 보이는 −7℃에서 결빙되기 시작한 반면, 온도가 변하더라도 하전이 되지 않는 부품 B의 표면에 맺힌 물방울은 그보다 낮은 −12.5℃가 되어야 결빙되기 시작했음을 고려할 때, 과냉각된 물의 온도가 내려갈 때 물 주변 양(+)의 하전이 결빙을 촉진한다는 내용이 (다)에 들어가야 한다.

문 27. 정답 ③

유형 정보추론 　내용영역 과학기술 　난이도 ★☆☆

[정답해설]

③ 2문단에 따르면 유기체의 형성 과정은 눈을 덧대어 눈사람을 만드는 작업이라기보다 지점토를 덧붙이거나 덜어내 작품을 만드는 조소 과정에 가깝다고 하였다. 즉 유기체 형성 과정은 덧붙임과 덜어냄 두 가지 모두에 초점을 맞추어야 하는 것이므로, ⓒ은 "덧붙임과 덜어냄, 두 가지 모두에 초점을 맞춘다"로 수정되어야 한다.

[오답해설]

① 1문단에 따르면 유기체가 부분들을 버리거나 휴면과 죽음을 준비할 때만 세포자살이 일어난다고 생각하지만 이는 진실이 아니라고 하였으므로, 세포자살은 세포의 탄생이나 분열만큼 일상적인 현상이라고 서술하는 ㉠은 수정할 필요가 없다.

② 2문단에 따르면 세포자살은 오히려 유기체 형성의 필수 과정이라고 하고 있으므로 유기체 형성 과정에서 세포들, 때로는 세포 대부분을 제거하는 작업이 필수적이라는 ㉡은 수정할 필요가 없다.

④ 3문단에 따르면 나무들이 자라면서 관 속에 있던 세포들이 자살해 속이 비게 되고, 그로 인해 생을 꾸려갈 수 있는 수송망이 만들어진다고 하였다. 따라서 물과 당분이 속이 빈 관을 통해 이동한다고 서술하는 ㉣은 수정할 필요가 없다.

⑤ 3문단에 따르면 시각정보를 뇌로 전달하고 처리하는 신경 시스템이 만들어질 때 신경 세포 중 3분의 2 이상의 세포가 죽는다고 하였고, 이러한 세포자살은 사람의 눈이 온전히 형성되는 데 중요한 역할을 한다. 따라서 세포들이 죽음으로써 우리가 주변 세상을 볼 수 있다고 서술하는 ㉤은 수정할 필요가 없다.

문 28. 정답 ②

유형 논증분석 　내용영역 과학기술 　난이도 ★☆☆

지문에서 확인할 수 있는 전제와 결론은 다음과 같다.
전제
1. 대상을 시각적으로 추적할 수 있으면 상위 인지적 기능(작업기억 능력)이 존재한다.
2. 대상을 시각적으로 추적할 수 있으면 뇌 손상 환자의 예후를 확인할 수 있다.
3. 운동피질이 활성화되어 있으면 상위 인지적 기능(언어 능력)이 존재한다.
4. 운동피질이 활성화되어 있으면 뇌 손상 환자의 예후를 확인할 수 있다.
5. 상위 인지적 기능이 존재하더라도 반드시 현상적 경험이 가능한 것은 아니다.
결론(㉠)
(운동피질의 활성화 여부를 통해) 현상적 경험 가능 여부를 확인할 수 없다.

[정답해설]

② ㉠은 운동피질을 통해 상위 인지적 기능을 검사하더라도 환자의 현상적 경험 가능 여부는 확인할 수 없다는 내용이다. 2문단에 따르면, 그 전제 중 하나로 상위 인지적 기능이 존재하더라도 반드시 현상적 경험을 할 수 있다는 것이 따라 나오지는 않는다는 것을 제시하고 있다. 이때 ㉠과 같은 결론이 도출되려면 현상적 경험이 불가능해도 운동피질의 활성화, 즉 상위 인지적 기능이 존재할 수 있다는 전제가 추가되어야 할 것이다.

[오답해설]

① 환자가 신체 일부의 움직임을 현상적으로 경험하는가를 확인할 방법이 있다는 전제는 현상적 경험 가능 여부를 확인할 수 없다는 결론과 모순된다.

③ 해당 선지는 운동피질이 활성화되어 있으면 언어 능력과 같은 상위 인지적 기능이 존재한다는 것으로, 3문단에서 확인할 수 있다. 따라서 추가하지 않아도 되는 전제이다.

④ 선지의 대우는 상위 인지적 기능이 존재하면 현상적 경험을 확인할 수 있다는 것이다. 이는 상위 인지적 기능이 남아있다는 것으로부터 현상적 경험을 할 수 있다는 것이 따라 나오지는 않는다는 2문단 내용과 모순된다(전제 5).

⑤ 운동피질의 활성화 여부를 통해 정상에 가까운 의식을 회복할 가능성, 즉 뇌 손상 환자의 예후를 확인할 수 있다는 것은 3문단에서 확인할 수 있다. 따라서 추가하지 않아도 되는 전제이다.

문 29. 정답 ②

유형 정보확인 　내용영역 사회 　난이도 ★☆☆

[정답해설]

② 3문단에 따르면 플랫폼 기업이 노동자의 성취에 대한 정당한 보상을 위해서 업무 평가를 진행하는 것이 아니라고 명시하고 있으므로 플랫폼 기업은 축적된 데이터를 기술적으로 활용하여 노동자의 성취를 정당하게 보상하고자 업무 평가를 수행한다는 내용은 지문과 상충한다.

[오답해설]

① 1문단에 따르면 플랫폼을 운영하는 기업은 서비스 공급자와 서비스 수요자를 중개하는 대가로 이익을 취하는 기업이다. 그리고 4문단에 따르면 플랫폼 노동자에게는 형식적으로는 자율성이 있어 보이지만 알고리즘을 이용한 플랫폼 기업의 보이지 않는 통제가 작동하고 있다고 하였다. 따라서 플랫폼 기업은 단지 서비스 공급과 수요를 중개하는 역할을 넘어 노동자에 대한 통제를 수행하고 있다는 내용은 지문과 상충하지 않는다.

③ 2문단에 따르면 플랫폼 노동에서는 노동 과정 중 관리자에 의한 직접적인 지시나 감독이 없으나, 3문단에 따르면 플랫폼 기업과 플랫폼 노동자의 관계는 새로운 형태의 사용-종속 관계라고 할 수 있다. 따라서 관리자의 직접적인 지시나 감독이 없더라도 플랫폼 기업과 플랫폼 노동자는 사용-종속 관계에 있다고 볼 수 있다는 내용은 지문과 상충하지 않는다.

④ 4문단에 따르면 플랫폼 노동자는 공식적 근무 시간이 있는 전통적인 사업장과 달리, 원하는 시간에 플랫폼에 접속해 일을 시작하고 마칠 수 있고 일과 여가를 유연하게 조정하는 것이 가능하다. 따라서 플랫폼 노동자는 전통적인 사업장 노동자에 비해 정해진 업무시간에 얽매이지 않고 자신의 노동시간을 유연하게 조정할 수 있다는 내용은 지문과 상충하지 않는다.

⑤ 2문단에 따르면 고객 만족도 등의 데이터는 플랫폼의 알고리즘에 반영되어 노동자에게 보상과 제재를 부여하는 기준이 된다. 따라서 플랫폼 서비스 이용자의 만족도 평가 데이터는 플랫폼 노동자에 대한 보상과 제재의 근거로 활용된다는 내용은 지문과 상충하지 않는다.

문 30. 정답 ②

유형 정보추론 　내용영역 사회 　난이도 ★☆☆

[정답해설]

② 1문단에 따르면 IRB는 인간이 연구 대상자가 되어 임상시험, 실험조사, 심층 인터뷰, 설문조사 등을 수행한 경우 그 연구를 심의한다. 따라서 병원 소속 연구자가 임상시험 이전에 단순히 문헌들을 조사하는 것이 IRB의 심의 대상이 될 것이라고 추론할 수 없다.

[오답해설]

① 3문단에 따르면 연구 대상자가 외국인일 경우에는 통역사 등을 입회자로 참석하게 하여 연구에 대한 설명과 질의응답이 원활하게 이루어질 수 있도록 해야 한다. 따라서 IRB 규정을 준수해야 하는 대학 소속 연구자가 중국인 유학생들을 심층 인터뷰하는 경우 연구에 대한 설명을 위해 통역사를 입회자로 참여시킬 수 있을 것이다.

③ 2문단에 따르면 IRB는 연구의 잠재적 위험 가능성과 같은 정보가 연구계획서에 포함되어 있는지, 연구 대상자로부터 참여에 대한 동의를 받기 전에 이러한 내용을 충분히 설명했는지 확인한다. 따라서 병원 의사가 임상시험을 수행하는 경우 참여하려는 환자들에게 해당 시험의 잠재적 위험 가능성에 대해 충분히 설명해야 할 것이다.

④ 2문단에 따르면 IRB는 개인정보의 취득 여부와 보관 및 폐기 방법, 연구 결과의 활용 계획 등과 같은 정보가 연구계획서에 포함되어 있는지 확인한다. 따라

서 대학원생이 학위논문을 위해 설문조사를 수행하는 경우 연구 대상자에 관한 개인정보의 보관 및 폐기 방법을 연구계획서에 밝혀야 할 것이다.

⑤ 1문단에 따르면 IRB는 연구 대상자의 보호에 대한 윤리에 중점을 두고 연구를 심의하며, 인간이 연구 대상자가 되는 연구라면 모두 IRB의 심의 대상이 된다. 따라서 대학 교수가 소속 대학의 학생들을 대상으로 실험조사를 수행하는 경우 연구 대상자를 적절히 보호하는지 IRB의 심의를 받아야 할 것이다.

문 31. 정답 ④

[유형] 논증분석 [내용영역] 과학기술 [난이도] ★★☆

지문에 제시된 X, Y, Z의 파장 차이를 다음과 같이 정리할 수 있다.

	X	Y	Z
파장 Ⅰ	a	a	a
파장 Ⅱ	B	b	b
파장 Ⅲ	C	c	C

※ 대문자와 소문자는 파장 세기가 서로 다름을, 동일한 문자는 파장 세기가 서로 동일함을 의미한다.

〈실험〉에 따르면, 시스템 A에서 Y와 Z는 구분할 수 있었던 반면, X와 Z의 구분이 불가능하였다. 시스템 A에서 Y와 Z는 파장 Ⅲ의 차이로 인해 구분되고, X와 Z는 파장 Ⅱ의 차이로 구분된다. 따라서 X와 Z의 구분이 불가능한 경우는 파장 Ⅱ의 검출기가 손상된 경우로 볼 수 있다.

또한 시스템 B의 경우에는 X와 Z를 구분할 수 있었던 반면, Y와 Z의 구분이 불가능하였다. X와 Z는 파장 Ⅱ의 차이로 구분이 가능하고, Y와 Z는 파장 Ⅲ의 차이로 구분된다. 따라서 Y와 Z의 구분이 불가능한 경우는 파장 Ⅲ의 검출기가 손상된 경우로 볼 수 있다.

[정답해설]
④ 시스템 A에서는 파장 Ⅱ의 검출기가 손상되었고, 시스템 B에서는 파장 Ⅲ의 검출기가 손상되었다.

문 32. 정답 ③

[유형] 논증평가 [내용영역] 과학기술 [난이도] ★★☆

지문에 제시된 가설 ㉠~㉢을 정리하면 다음과 같다.
㉠ 나방 A의 날개꼬리 펄럭임이 박쥐의 표적 식별을 방해할 뿐만 아니라 나방 A의 비행 능력을 높여, 나방 A에 대한 박쥐의 포획 성공률을 낮출 것이다.
㉡ 나방 A의 날개꼬리 펄럭임이 박쥐의 표적 식별을 방해하여 박쥐의 포획 성공률을 낮추지만, 날개꼬리 펄럭임은 나방 A의 비행 능력에 영향을 주지 않는다.
㉢ 나방 A의 날개꼬리 펄럭임이 나방 A의 비행 능력을 높여 박쥐의 포획 성공률을 낮추지만, 날개꼬리 펄럭임은 박쥐의 표적 식별에는 영향을 주지 못한다.

[정답해설]
ㄱ. 나방 A 중에서 날개꼬리를 제거한 그룹이 날개꼬리가 온전한 그룹보다 박쥐에 의해 더 잘 식별되었지만, 두 그룹의 비행능력에 차이가 없었다는 연구 결과는 나방 A의 날개꼬리 펄럭임이 나방 A의 비행 능력을 높이는 것이 아님을 의미한다. 따라서 ㉠은 약화된다. 반면 ㉡은 나방 A의 날개꼬리 펄럭임이 박쥐의 표적 식별을 방해하지만, 나방 A의 비행 능력에 영향을 주는 것은 아니라고 서술하고 있으므로 ㉡은 약화되지 않는다.
ㄷ. 나방 A 중에서 날개꼬리가 온전한 그룹이 날개꼬리를 제거한 그룹보다 비행 능력이 더 낮았다는 연구 결과가 나온다면 나방 A의 날개꼬리 펄럭임이 나방 A의 비행 능력에 영향을 주지 않는다는 ㉡이 약화된다. 또한 나방 A의 날개꼬리 펄럭임이 나방 A의 비행 능력을 높인다는 ㉢과도 반대의 결과가 도출되므로 ㉢이 약화된다.

[오답해설]
ㄴ. 나방 A 중에서 날개꼬리를 제거한 그룹에 대한 박쥐의 포획 성공률이 날개꼬리가 온전한 그룹에 대한 박쥐의 포획 성공률보다 더 낮았다는 연구 결과가 나오면, 나방 A의 날개꼬리 펄럭임이 박쥐의 표적 식별을 방해하고 나방 A의 비행 능력을 높여 나방 A에 대한 박쥐의 포획 성공률을 낮출 것이라는 ㉠과 반대의 결과가 도출된 것이다. 또한 연구 결과는 나방 A의 날개꼬리 펄럭임이 나방 A의 비행 능력을 높여 박쥐의 포획 성공률을 낮춘다는 ㉢과도 반대되므로 되므로 ㉠과 ㉢은 모두 약화된다.

문 33. 정답 ③

[유형] 형식논리 [내용영역] 논리학 [난이도] ★★★

지문에 따르면 세 과에 다섯 명의 직원 중 적어도 한 명이 각각 배치되고, 총무과에는 한 명만 배치될 예정임을 알 수 있다.
또한 첫 번째 사실에 따르면 총무과와 같은 수의 인원이 배치되는 과가 있다고 하고 있으므로 총무과에 한 명, 인사과나 재무과에 한 명 혹은 세 명이 배치되는 형태일 것임을 알 수 있다.
발문에서 반드시 참인 것만을 고르는 것을 요구하므로, 여러 가지 경우의 수에서 모두 충족되는 특징을 묻는 것임을 알 수 있다. 이후 특정 상황을 가정하여 여러 가지 경우의 수를 도출한다.

ⅰ) 가영이 총무과에 배치되는 경우
가영이 총무과에 배치될 경우, 나영은 인사과에 배치된다. 세 번째 사실에 따르면 나영과 라민이 모두 인사과에 배치되지는 않고 총무과는 인원이 이미 다 찼으므로 라민은 재무과에 배치된다. (가영-총무과, 나영-인사과, 라민-재무과)

총무과	인사과	재무과
가영	나영	라민

다섯 번째 사실에 따르면 라민이 인사과에 배치되지 않으므로, 후건이 부정되어 다민은 재무과에 배치된다.

총무과	인사과	재무과
가영	나영	다민, 라민

인사과와 재무과의 인원 구성은 각각 1명과 3명이므로 다민과 라민이 재무과에 배치된 이상 재무과의 인원이 3명일 것임을 알 수 있다. 마영 또한 재무과에 배치된다.

총무과	인사과	재무과
가영	나영	다민, 라민, 마영

ⅱ) 가영이 총무과에 배치되지 않는 경우
가영이 총무과에 배치되지 않으면 다섯 번째 사실의 후건이 부정되므로 다민이 재무과에 배치된다. 또한 여섯 번째 사실에 따르면 마영이 재무과에 배치되지 않고 가영이 총무과에 배치되지 않는 그런 경우는 없으므로, 마영이 재무과에 배치된다.

총무과	인사과	재무과
		다민, 마영

여기서 가영이 배치될 수 있는 부서는 인사과 또는 재무과이므로, 이를 기준으로 가능한 경우를 나눌 수 있다.

ⅱ-1) 가영이 인사과에 배치되는 경우
나영과 라민을 배치해야 하는데, 총무과와 인사과에 한 명씩 배치해야 하므로 한 명을 총무과, 나머지 한 명을 재무과에 배치할 수 있다.

총무과	인사과	재무과
나영	가영	다민, 마영, 라민
라민	가영	다민, 마영, 나영

ⅱ-2) 가영이 재무과에 배치되는 경우
총무과와 인사과에 한 명씩 배치해야 하므로 나영과 라민 중 한 명을 총무과, 나머지 한 명을 인사과에 배치할 수 있다.

총무과	인사과	재무과
나영	라민	다민, 마영, 가영
라민	나영	다민, 마영, 가영

[정답해설]

ㄱ. ⅰ)과 ⅱ) 모두 다민은 재무과에 배치된다.
ㄷ. 나영이 재무과에 배치되는 경우는 ⅱ-1)에서 찾을 수 있다. 이때 재무과에 총 3명이 배치되므로 가영이 인사과에 배치된다.

[오답해설]

ㄴ. ⅰ)의 경우 라민이 재무과에 배치되며, ⅱ)의 경우에도 라민이 총무과에 배치된다고 단정할 수 없다.

문 34. 정답 ④

유형 형식논리 내용영역 논리학 난이도 ★★★

지문에서 알 수 있는 지원 상황은 다음과 같다.

내과	외과	산부인과
가은(합격), 나은	다연, 라연	마영, 바영

가은이 내과에 합격했다는 사실은 갑의 예측(조건문)의 후건을 부정하는 내용이다. 갑의 예측이 옳다고 가정하고, 이로부터 가능한 경우의 수를 도출한다.

ⅰ) 갑의 예측이 참인 경우

갑의 예측이 참인 경우, 후건의 내용이 거짓이라면 전건의 내용은 거짓이 된다. 가은이 내과에 합격했으므로, 나은이 내과에 합격하고 바영이 산부인과에 합격한다. 병의 예측이 나은과 바영을 언급하고 있으므로, 병의 예측이 참인지 여부를 기준으로 경우의 수를 나누면 판단이 용이할 것이다.

ⅰ-1) 병의 예측이 참인 경우

이 경우 병의 예측(조건문)에 포함된 전건과 후건 내용이 모두 참이므로, 다연은 합격하지 않았다. 이에 따라 다연과 마영이 모두 합격하였다고 하는 을의 예측은 거짓이 된다.
을의 예측이 거짓이 되므로 정의 예측은 참이다. 이에 따라 라연과 마영 중 최소 한 명이 합격한다. 가능한 합격자를 다음과 같이 정리할 수 있다.

내과	외과	산부인과
가은, 나은	라연	마영, 바영
가은, 나은	라연	바영
가은, 나은	없음	마영, 바영

ⅰ-2) 병의 예측이 거짓인 경우

이 경우 병의 예측(조건문)에 포함된 전건 내용은 참이고 후건 내용은 거짓이므로, 다연은 합격한다. 이에 따라 다연과 마영이 모두 합격한 것이 되고, 마영이 합격하였으므로 을, 정의 예측과 충돌하지 않는다. 제시된 예측만으로는 라연의 합격 여부를 알 수 없다. 가능한 합격자를 다음과 같이 정리할 수 있다.

내과	외과	산부인과
가은, 나은	다연, 라연	마영, 바영
가은, 나은	다연	마영, 바영

ⅱ) 갑의 예측이 거짓인 경우

이 경우 갑의 예측(조건문)의 전건 내용은 참이고, 후건 내용은 거짓이다. 나머지 예측은 모두 참이므로, 을의 예측에 따라 다연과 마영은 합격한다. 갑의 예측의 전건 내용에 따라 나은과 바영 중 적어도 한 명은 합격하지 않아, 병의 예측(조건문)의 전건 내용은 거짓이 되어 병의 예측은 참이다. 마영이 합격하므로 정의 예측과도 충돌하지 않는다. 여기서도 제시된 예측만으로는 라연의 합격 여부를 알 수 없다. 가능한 합격자를 다음과 같이 정리할 수 있다.

내과	외과	산부인과
가은, 나은	다연, 라연	마영
가은	다연, 라연	마영, 바영
가은	다연, 라연	마영
가은, 나은	다연	마영
가은	다연	마영, 바영
가은	다연	마영

(가은-내과, 다연-외과, 마영-산부인과, 나은과 바영 중 최소한 한 명 불합격)

[정답해설]

ㄱ. 어떤 경우에서든 나은과 다연 중 적어도 한 명은 합격한다.
ㄷ. ⅰ-2)의 경우 전원이 합격하는 경우의 수가 존재하므로 최대 여섯 명이 합격할 수 있다. 그리고 ⅱ)의 경우 가은, 다연, 마영 세 명만 합격하는 경우의 수가 존재하므로 최소 세 명이 합격할 수 있다.

[오답해설]

ㄴ. ⅰ-1)에서 내과와 산부인과에는 확정적으로 합격한 사람이 있으나, 라연이 합격하지 않아 외과에 합격한 사람이 없는 경우가 있다. 따라서 내과, 외과, 산부인과 각각에 적어도 한 명씩은 합격한다고 말할 수 없다.

문 35. 정답 ①

유형 논증평가 내용영역 사회 난이도 ★☆☆

[정답해설]

ㄱ. 4문단에 따르면 갑은 혈액의 상품화가 사회적 삶의 긍정적 특징 중 하나인 기증 정신을 훼손한다고 주장한다. 따라서 A국에서 혈액의 상품화 이후에 불우한 이웃에 대한 기증이 그 전보다 감소했다면, 갑의 주장은 강화된다.

[오답해설]

ㄴ. 3문단에 따르면 갑은 가난한 사람으로부터 부자에게로 혈액이 이전되는 혈액 착취 현상이 발생한다고 주장한다. 그러나 정작 A국에서 혈액의 상품화 전후에 혈액을 공급받는 사람들의 소득 수준에 차이가 없다면, 혈액 착취 현상이 나타나지 않은 셈이므로 갑의 주장은 강화되지 않는다.
ㄷ. 갑은 혈액의 상품화가 오염되어 폐기되는 수혈용 혈액의 비율에 어떤 영향을 미쳤는지에 대해 언급하고 있지 않다. 단, 갑이 A국의 바뀐 시스템에서 혈액의 보관에 드는 비용이 만만치 않을 것이라 보았다는 점에서, 갑은 폐기되는 수혈용 혈액이 증가할 것이라 예상할 것이다. 따라서 A국에서 혈액의 상품화 이후에 오염되어 폐기되는 수혈용 혈액의 비율이 그 전보다 감소했다면, 갑의 주장은 강화되지 않는다.

문 36. 정답 ③

유형 논증분석 내용영역 인문 난이도 ★★☆

[정답해설]

ㄱ. 갑은 우리가 일상적으로 '믿음'이나 '욕구' 등의 개념으로 지칭하는 심적 상태는 존재하지 않는다고 보므로 심적 상태가 존재한다는 것에 동의하지 않는다. 반면 을은 통속 심리학이 믿음이나 욕구와 같이 심적 상태를 지칭하는 개념을 통해 우리의 행동을 성공적으로 예측하고 설명한다고 보므로 을은 심적 상태가 존재한다는 것에 동의한다.
ㄴ. 을은 통속 심리학이 믿음이나 욕구와 같은 개념을 통해 우리의 행동을 성공적으로 예측하고 설명한다는 것에 동의한다. 병 또한 통속 심리학의 개념을 통해 우리의 행동을 성공적으로 예측하고 설명할 수 있다는 점을 인정하고 있다.

[오답해설]

ㄷ. 병은 통속 심리학의 예측과 설명이 성공적이라는 것이 심적 상태가 존재한다는 것을 보여주는 것은 아니라고 주장하므로, 믿음이나 욕구와 같은 개념이 지칭하는 것(심적 상태)이 존재하지 않을 수 있다는 것에 동의한다. 갑 또한 믿음이나 욕구 등의 개념으로 지칭하는 심적 상태가 존재하지 않는다고 보아야 함을 주장하므로, 갑이 심적 상태가 존재하지 않을 수 있다는 주장에 동의하지 않는다고 볼 수 없다.

문 37. 정답 ⑤

[유형] 논증평가　[내용영역] 과학기술　[난이도] ★★☆

지문에 제시된 가설 A~C를 정리하면 다음과 같다.

A: 몸집이 큰 동물 종이 몸집이 작은 동물 종에 비해 더 오래 산다.

B: 체세포에서 유전 정보를 담은 DNA가 손상되어 돌연변이가 발생하는 빈도에 따라 종의 수명이 결정된다. 체세포 돌연변이가 발생하는 빈도가 높은 동물 종일수록 발생하는 질병이 많아져서 수명이 짧아진다.

C: 운동, 생존의 진행과 함께 세포에서 일어나는 대사 과정에서 생성되는 활성산소가 많아지면 수명이 단축된다.

[정답해설]

ㄱ. 가설 A는 몸집이 큰 동물 종이 더 오래 산다는 가설을 발표하였으므로 몸집이 훨씬 더 작은 남아시아쥐의 수명이 훨씬 짧다면 이는 가설에 부합한다. 또한 두 종의 세포 각각이 매 순간 생존을 위해 소모하는 에너지양이 남아시아쥐가 북극고래보다 더 크다면, 몸집이 작은 동물이 몸집이 큰 동물보다 세포 하나가 시간당 소모하는 에너지 소모량이 크다는 가설 A의 설명과 일치하므로 가설 A가 강화된다.

ㄴ. 가설 B는 체세포 돌연변이가 발생하는 빈도가 높은 동물 종일수록 수명이 짧아진다고 주장하므로, 벌거숭이 두더지와 기린의 체세포 돌연변이가 발생하는 빈도가 유사하여 수명 또한 25년 정도로 비슷하다면 가설 B가 강화된다.

ㄷ. 가설 C는 동물이 운동을 많이 할수록 대사가 활발해지고 활성산소가 더 많이 만들어져 수명이 단축된다고 주장한다. 제한된 공간에 가둬 불필요한 운동을 억제한 다람쥐의 수명이 넓은 공간에 가둬 필요 이상으로 운동을 하게 만든 다람쥐의 수명보다 더 길다면, 가설 C의 설명과 일치하므로 가설 C가 강화된다.

문 38. 정답 ①

[유형] 논증평가　[내용영역] 과학기술　[난이도] ★★☆

지문에 제시된 시간상관 단일광자 계수법과 관련 가설을 정리하면 다음과 같다.

○ 기기반응함수값 + 전자의 전이시간 = 시간상관 단일광자 계수법으로 측정된 전이시간
○ 기기반응함수값은 검출기의 감도가 민감할수록 작아진다.
○ 가설 ㉠: 빛의 파장이 짧을수록 전자의 전이시간이 더 길어진다.
○ 〈실험〉: 광원 A가 B보다 파장이 더 짧다.

[정답해설]

ㄱ. 검출기 Ⅰ의 감도가 Ⅱ와 동일하다면, 두 검출기의 기기반응함수값은 동일하다. ㉠에 따르면 파장이 짧은 A가 B보다 전자의 전이시간이 더 길기 때문에, 실험 1에서 실험 2보다 측정된 전이시간이 더 길어야 한다. 그런데 측정된 전이시간이 실험 1과 실험 2에서 같았다면, ㉠은 약화된다.

[오답해설]

ㄴ. 검출기 Ⅰ의 감도가 Ⅱ보다 덜 민감하다면, 검출기 Ⅱ의 기기반응함수값은 Ⅰ보다 작다. ㉠에 따르면 파장이 짧은 A가 B보다 전자의 전이시간이 더 길어야 하는데, 측정된 전이시간이 실험 1보다 실험 2에서 더 짧게 도출되었다면, 가능한 경우를 다음과 같이 정리할 수 있다.
　ⅰ) A가 B보다 전자의 전이시간이 더 긴 경우
　ⅱ) A와 B와 전자의 전이시간이 동일한 경우
　ⅲ) A가 B보다 전자의 전이시간이 짧으나 그 차이가 기기반응함수값 차이에 비해 미미한 경우

	기기반응함수값	전자의 전이시간	측정된 전이시간
ⅰ)	Ⅰ > Ⅱ	A > B	실험 1 > 실험 2
ⅱ)	Ⅰ > Ⅱ	A = B	실험 1 > 실험 2
ⅲ)	Ⅰ > Ⅱ	A < B (차이가 미미함)	실험 1 > 실험 2

이를 고려하면, 주어진 조건과 실험 결과만으로는 A가 B보다 전자의 전이시간이 더 긴지 알 수 없으므로 ㉠이 강화된다고 볼 수 없다.

ㄷ. 검출기 Ⅰ의 감도가 Ⅱ보다 더 민감하다면, 검출기 Ⅰ의 기기반응함수값은 Ⅱ보다 작다. ㉠에 따르면 파장이 짧은 A가 B보다 전자의 전이시간이 더 길어야 하는데, 측정된 전이시간이 실험 1보다 실험 2에서 더 짧게 도출되었다면, 전자의 전이시간 차이는 다음과 같을 것이다.

	기기반응함수값	전자의 전이시간	측정된 전이시간
〈보기〉 ㄷ의 실험 결과	Ⅰ < Ⅱ	A  B	실험 1 > 실험 2

기기반응함수값 차이로 인해 실험 1에서 실험 2보다 측정된 전이시간이 짧아질 여지가 있음에도, 실험 2에서 실험 1보다 측정된 전이시간이 더 짧았다. 이로부터 A가 B보다 전자의 전이시간이 더 길 것임을 알 수 있다. A가 B보다 파장이 더 짧기 때문에, 빛의 파장이 짧을수록 전자의 전이시간이 더 길어진다고 보는 ㉠은 약화되지 않는다.

문 39. 정답 ⑤

[유형] 정보확인　[내용영역] 사회　[난이도] ★★☆

[정답해설]

⑤ 1문단에 따르면 p-값과 비교하는 유의수준은 일반적으로 0.05나 0.01이 많이 사용된다. p-값이 0.03인 증거가 있는 경우를 가정하면, 유의수준이 0.05인 경우에는 p-값이 유의수준보다 작아 대립가설이 참이라는 것의 유의미한 증거가 되지만, 유의수준이 0.01인 경우에는 p-값이 유의수준보다 커 대립가설이 참이라는 것에 대한 유의미한 증거가 있지 않다고 볼 수 있다. 따라서 큰 값을 유의수준으로 사용했을 때는 대립가설이 참이라는 것의 유의미한 증거가 되지만, 작은 값을 유의수준으로 삼았을 때에는 그런 증거가 되지 않는 표본 자료가 있을 수 있다.

[오답해설]

① 3문단에 따르면 유의미한 p-값을 가지는 실험 결과가 나올 때까지 실험을 반복하고 그 결과 중 일부만 발표하는 연구 부정 행위를 p-해킹이라고 한다. p-해킹이 일어났다는 것은 대립가설이 거짓이라는 귀무가설의 신빙성을 높일 수는 있더라도, 귀무가설이 거짓이라는 것에 대한 유의미한 증거가 되기는 어렵다.

② 실험군과 대조군의 분류가 완전히 무작위로 이루어졌다고 해서 p-해킹을 막을 수 있다는 설명은 지문에서 찾을 수 없다. 2문단과 3문단에 따르면, p-해킹을 설명하기 위해 사용되는 갑의 사례는 실험군과 대조군을 무작위로 나눈 경우에 해당한다. 따라서 실험군과 대조군의 분류가 완전히 무작위로 이루어졌다고 해서 p-해킹이 일어나지 않는 것은 아니다.

③ 1문단에 따르면 귀무가설이 참일 때 표본과 비슷한 자료를 얻게 될 확률은 p-값이고, p-값이 높다고 하더라도 유의수준이 이에 따라 높아진다는 언급은 지문에서 찾을 수 없다.

④ 표본 자료의 p-값이 0.05보다 크다는 것은 유의수준이 0.05인 경우 대립가설이 참이라는 것에 대한 유의미한 증거가 있지 않다는 결론으로 이어진다. 게다가 해당 선지의 경우 유의수준이 0.05인지 명시되어 있지 않으므로, 관련 대립가설이 참일 확률이 0.95보다 높다는 것에 대한 좋은 증거가 있다고 결론 내릴 수는 없다.

문 40. 정답 ①

[유형] 정보추론　[내용영역] 사회　[난이도] ★★☆

[정답해설]

ㄱ. 〈사례〉의 경우 30여 명의 연구자들이 어떠한 의도도 없이 실험을 진행하였고, 유의미한 결과를 산출한 을의 연구만 발표되어 사람들이 신약 B의 효과를 믿는 상황이 야기되었다. 따라서 신약 B에 대한 연구 사례는 심각한 연구 부정을 의도하지 않았다 하더라도 대립가설이 틀렸음에도 불구하고 유의미하다고 판단되는 결과를 우연히 얻을 수 있음을 보여준다.

[오답해설]

ㄴ. 갑은 30번 정도 실험을 반복했고, 을은 30여 명의 다른 연구자와 동시에 실험을 진행하였다. 갑의 연구 속 0.05보다 작은 p-값을 가진 실험 결과는 신약 A가 실제로 약효가 없음에도 불구하고 우연히 나온 결과일 수 있다. 하지만 을의 연구 속 0.05보다 작은 p-값을 가진 실험 결과가 신약 B가 실제로 약효가 있어 나온 결과에 해당하는지는 확인할 수 없다. 을의 연구에 따른 실험 결과도 신약 B가 실제로 약효가 없음에도 불구하고 우연히 나온 결과에 해당할 수 있다.

ㄷ. 신약 A의 사례와 신약 B의 사례 모두 특정 실험 결과에서의 p-값만 유의수준보다 작게 도출된 경우에 해당한다. 그 외의 p-값들이 유의수준과 어느 정도 차이가 나고, 어떻게 분포되어 있는지는 지문의 정보만으로는 알 수 없다. 따라서 신약 A의 경우 그 실험 결과들이 유의수준을 넘는 범위에 다양하게 분포되어 있지만, 신약 B의 경우에는 유의수준을 넘는 특정한 값 주변에 밀집되어 있는 양상을 띨 것이라고 단정할 수 없다.

2024년도 자료해석영역 (나)책형

문 1. 정답 ②

내용영역 자료전환(보고서전환)   난이도 ★☆☆

[정답해설]
ㄱ. 〈보고서〉 다섯 번째 문장에 유통채널별 택배서비스에 대한 내용이 제시되어 있는데, 〈표〉에서는 확인할 수 없다. 따라서 선지의 자료가 필요하다.
ㄴ. 〈보고서〉 일곱 번째 문장에 택배서비스의 수령방법별 비율이 제시되어 있다. 〈표〉에서는 이를 확인할 수 없으므로, 선지의 자료가 필요하다.

[오답해설]
ㄷ. 〈보고서〉에 택배서비스 이용자의 거주지별 월평균 이용건수와 관련된 내용이 없기에 추가로 필요한 자료에 해당하지 않는다.

문 2. 정답 ③

내용영역 자료응용(매칭)   난이도 ★☆☆

[정답해설]
○ 〈조건〉 1
A의 온실가스 총배출량은 51.7백만 톤 CO2eq.이고, D의 온실가스 총배출량은 10.8백만 톤 CO2eq.이다. 따라서 온실가스 총배출량이 50백만 톤 CO2eq. 이상인 국가는 A, B이다. 1인당 온실가스 총배출량은 A가 $\frac{51.7}{9.7}$, B가 $\frac{64.0}{2.9}$, C가 $\frac{17.4}{2.4}$, D가 $\frac{10.8}{1.5}$ 이다. B는 A에 비해 분자는 크고 분모가 작으므로, B > A이다. 그리고 A는 7보다 작은데 C와 D는 7보다 크다. 따라서 1인당 온실가스 총배출량은 A가 가장 작다.

○ 〈조건〉 2
'을'국과 '병'국 간 1인당 온실가스 총배출량의 차이가 1.0톤 CO2eq./명 이하라고 했으므로 1인당 온실가스 총배출량을 구해보면, B는 약 22, C와 D는 약 7로 C 또는 D가 '을'국 또는 '병'국이 됨을 알 수 있다.

○ 〈조건〉 4
C국의 주거용 빌딩 온실가스 배출량은 3.5백만 톤 CO2eq.이다. 주거용 빌딩과 상업용 빌딩의 온실가스 배출량 합이 '을'국이 가장 적다고 했으므로, C국과 D국의 해당 값을 비교하면 C국은 7, D국은 4.8로 D가 '을'국이 됨을 알 수 있다.

이를 정리하면 다음과 같다.

A	B	C	D
갑	정	병	을

문 3. 정답 ③

내용영역 자료전환(보고서전환)   난이도 ★★☆

[정답해설]
③ 〈보고서〉 두 번째 문단 두 번째 문장에서 개설한 과목 수가 매년 증가하였다고 제시되어 있다. 선지의 자료에 따르면 2022년 중소도시의 개설 과목 수는 1,104인 반면 2023년에는 1,048로 감소하여 〈보고서〉의 내용과 부합하지 않는다.

[오답해설]
① 〈보고서〉 첫 번째 문단에 오프라인과 온라인 각각 개설 과목 수가 매년 증가하고 있다고 제시되어 있다. 선지의 자료에 따르면 전년 대비 증가율은 오프라인의 경우 30%대, 10%대 정도로 증가한 반면, 온라인은 2022년과 2023년 모두 100% 이상이므로, 온라인 공동교육과정이 오프라인 공동교육과정보다 매년 높기에 〈보고서〉와 부합한다.
② 〈보고서〉 두 번째 문단 첫 번째 문장에 따르면, 학교 규모별로 각 규모의 학교에서 개설한 과목 수가 매년 증가하고 있다고 제시되어 있다. 선지의 자료에 따르면 대규모 학교의 개설 과목 수가 해당연도 전체 개설 과목 수에서 차지하는 비율이 매년 가장 높게 나타났다는 내용과도 모두 부합한다.
④ 〈보고서〉 세 번째 문단 첫 번째 문장에 따르면, 각 규모의 학교에서 연도별로 개설 과목 수가 증가하였고, 대규모 학교 개설 과목 수가 전체 개설 과목 수에서 차지하는 비율이 매년 가장 높았다고 제시되어 있다. 이는 선지의 자료와 부합한다.
⑤ 〈보고서〉 세 번째 문단 두 번째 문장에 따르면, 2022년 이후 전체 개설 과목 수에서 차지하는 비율이 중소도시가 매년 가장 높다고 제시되어 있다. 선지의 자료에도 각각 46, 43으로 〈보고서〉와 부합함을 확인할 수 있다.

문 4. 정답 ①

내용영역 자료응용(매칭)   난이도 ★☆☆

[정답해설]
○ 〈조건〉 2
고소음 환경에서 주의력은 여성이 높은 반면 공간지각력은 남성이 높은 E가 소거된다.
○ 〈조건〉 4
저소음 환경에서 B, C는 남성은 주의력 점수가 공간지각력 점수보다 높아 B, C는 소거된다.
○ 〈조건〉 3
D의 여성인 경우, 고소음 환경에서의 주의력 점수의 2배는 7.0이고, 저소음 환경에서의 주의력 점수는 6.8이다. 따라서 D는 소거된다.

〈조건〉을 모두 만족하는 집단은 A이다.

문 5. 정답 ①

내용영역 자료확인(일반자료확인)   난이도 ★☆☆

[정답해설]
ㄱ. 2021년 상반기 전체 매출액의 20%는 595539×0.2=119,107.8이다. 이보다 2021년 상반기 매출액이 큰 제조사는 A, B, C로 3개이다.
ㄴ. 2022년 하반기에 전년 동기 대비 매출액 감소의 비교는 매출액이 감소한 B, E만을 대상으로 하면 된다. B의 감소율은 $\frac{132807-120954}{132807} \times 100 = \frac{11853}{132807} \times 100$으로 10% 미만이지만, E의 감소율은 $\frac{28876-24393}{28876} \times 100 = \frac{4483}{28876} \times 100$으로 10%를 초과하여 감소했으므로 매출액 감소율이 가장 큰 제조사는 E이다.

[오답해설]
ㄷ. 전년 동기 대비 매출액이 증가한 제조사의 수는 2022년 상반기의 경우 4개로 (A, C, D, E), 2023년 상반기의 경우 1개(F) 동일하지 않다.
ㄹ. D, E와 같이 백화점, 할인점, 체인슈퍼 매출액의 합이 편의점, 독립슈퍼, 일반식품점 매출액의 합보다 크다. 따라서 해당 제조사 매출액의 50%를 초과하는 경우를 확인할 수 있다.

문 6. 정답 ④

내용영역 자료확인(일반자료확인) **난이도** ★☆☆

[정답해설]

ㄴ. '타기관이송' 처리건수가 가장 많은 해는 2017년이며, 2017년의 정보공개 청구건수 대비 '전부공개' 처리건수의 비율은 30% 미만이다. 정보공개 청구건수 대비 '전부공개' 처리건수의 비율이 30% 미만인 해는 2016년도 해당하므로, 2개 해를 비교한다. 2016년 대비 2017년 정보공개 청구건수 대비 '전부공개' 처리건수의 비율을 비교하면, 분자에 해당하는 '전부공개' 처리건수의 증가율은 $\frac{837-529}{529} \times 100 = \frac{308}{529} \times 100$이고, 분모에 해당하는 청구건수의 증가율은 $\frac{3097-1785}{1785} \times 100 = \frac{1312}{1785} \times 100$이다. $\frac{308}{529}$은 0.6보다 작고, $\frac{1312}{1785}$은 0.6보다 크다. 따라서 정보공개 청구건수 대비 '전부공개' 처리건수의 비율이 가장 낮은 해는 2017년이다.

ㄹ. 2021년 '전부공개' 처리건수의 청구방법이 2,100건 이상인지 확인하기 위하여 직접출석, 우편, 팩스, 기타 모두가 전부공개로 이루어졌다고 가정했을 때에도 2,100건 이상인지 확인하면 된다. 2,355-(130+65+17+1)=2,142로 2,100건 이상임을 알 수 있다.

[오답해설]

ㄱ. 2018년의 경우 전년도에 비해 청구건수가 감소하였다.

ㄷ. 2016년의 경우 청구건수의 20%는 350을 초과하지만, '비공개'와 '취하' 처리건수의 합은 349로 20% 미만임을 알 수 있다. 그 외 20% 미만인 해는 2017년, 2018년, 2019년이다.

문 7. 정답 ⑤

내용영역 자료전환(표-그림전환) **난이도** ★★☆

[정답해설]

⑤ 〈표 2〉에서 2020년의 경우 80%가 아닌 82%이며, 2021년의 경우 85%, 2022년은 78%가 되어야 한다.

[오답해설]

① 〈표 1〉에서 전체 여행객 총계는 2019년 9,315명, 2020년 10,020명, 2021년 10,397명, 2022년 10,811명, 2023년 10,147명이다. 〈표 2〉의 여행지출액과 함께 살펴보면, 2019년의 여행객 1명당 여행지출액은 $\frac{18760}{9315}$로 200명을 약간 초과한다. 2020년은 전체 여행객 총계는 전년 대비 증가하고, 여행지출액은 전년 대비 감소하므로 여행객 1명당 여행지출액은 200명 미만일 것이다. 2021년의 여행객 1명당 여행지출액은 $\frac{20953}{10397}$로 200명을 약간 초과한다. 2022년은 전체 여행객 총계는 전년 대비 증가하고, 여행지출액은 전년 대비 감소하므로 여행객 1명당 여행지출액은 200명 미만일 것이다. 2023년은 전체 여행객 총계는 전년 대비 감소하고, 여행지출액은 전년 대비 증가하므로 여행객 1명당 여행지출액은 전년 대비 증가한다. 단, 2023년의 여행객 1명당 여행지출액은 $\frac{20953}{10397}$로 200명 미만이다. 이는 선지의 그래프와 일치한다.

② 〈표 1〉에서 전체 개별여행객 중 '사업' 목적 개별여행객 비율은 2019년이 $\frac{2774}{6352} \times 100$, 2020년이 $\frac{2585}{6739} \times 100$, 2021년이 $\frac{2284}{7410} \times 100$, 2022년이 $\frac{2317}{7458} \times 100$, 2023년이 $\frac{1682}{7175} \times 100$이다. 2019년을 살펴보면, 6352×0.4=2540.8이고, 2540.8+254.08=2794.88이므로 $\frac{2774}{6352} \times 100$은 약 44%이다. 2020년을 살펴보면, $\frac{2774}{6352}$에 비해 $\frac{2585}{6739}$은 분자가 작고 분모는 크다. 따라서 2020년은 전년 대비 감소하였다. 2021년도 2020년과 동일하므로 전년 감소하였을 것이고, 2022년은 분자도 소폭 증가, 분모도 소폭 증가이고 증가폭의 차이가 크지 않으므로, 2021년과 2022년은 수치가 유사할 것이다. 2023년을 살펴보면, $\frac{1682}{7175}$에서 $\frac{7175}{4} > 1700 > 1682$이므로 25% 미만일 것이다. 이는 선지의 표와 일치한다.

〈표 1〉에서 전체 단체여행객 중 '사업' 목적 단체여행객 비율은 2019년이 $\frac{106}{2963} \times 100$, 2020년이 $\frac{161}{3281} \times 100$, 2021년이 $\frac{82}{2987} \times 100$, 2022년이 $\frac{72}{3353} \times 100$, 2023년이 $\frac{86}{2972} \times 100$이다. 선지의 자료에 5%로 제시되어 있는 2020년을 우선적으로 검토하면, 3281×0.05=164.05≒161이므로 선지의 자료와 일치한다. 2019년과 2020년을 비교하면, $\frac{161}{3281}$은 $\frac{106}{2963}$에 비해 분자는 1.5배 이상 큰데 분모는 1.5배 미만 더 크므로 2019년은 2020년에 비해 작다. 2021년의 경우 $\frac{82}{2987}$은 $\frac{106}{2963}$에 비해 분자는 작고 분모는 크므로 전체 단체여행객 중 '사업' 목적 단체여행객 비율이 2021년은 2019년보다 작다. 2022년도 2021년에 비해 분자는 작고 분모는 크므로 전체 단체여행객 중 '사업' 목적 단체여행객 비율이 2022년은 2021년에 비해 작다. 2023년의 경우 2022년에 비해 분자는 크고 분모는 작으므로 전체 단체여행객 중 '사업' 목적 단체여행객 비율이 2022년에 비해 크고, 2019년에 비해 분자는 작고 분모는 크므로 전체 단체여행객 중 '사업' 목적 단체여행객 비율이 2019년보다 작을 것이다. 이는 선지의 자료와 일치한다.

③ 〈표 1〉에 제시된 전체 개별여행 및 단체여행객 수와 선지의 그래프와 일치한다.

④ 〈표 1〉에서 '종교' 목적 여행객 중 개별여행 비율이 약 80%라면, 개별여행객 수가 단체여행객 수의 약 4배가 되어야 한다. 2019년 단체여행객은 26명이고 개별여행객은 99명이고, 25×4=100이므로 2019년의 비율은 80%보다 조금 작다. 이는 선지의 그래프와 일치한다. 선지의 그래프에는 2020년과 2021년의 비율이 각각 56%로 제시되어 있는데, 2020년은 114/2=57, 2021년은 104/2=52이므로 '종교' 목적 여행객의 55% 비율이 되려면 2020년은 약 62.7, 2021년은 57.2가 되어야 한다. 〈표 1〉에서 2020년은 64, 2021년은 58로 55%보다 약간 크므로 〈표 1〉에 제시된 수치와 선지의 그래프는 일치한다. 2022년은 80×0.7=56이므로 선지의 70%와 일치한다. 2023년은 50×0.6=30, 50×0.02=1이므로 50의 62%는 31이고 이는 선지의 62%와 일치한다.

문 8. 정답 ⑤

내용영역 자료전환(보고서전환) **난이도** ★☆☆

[정답해설]

ㄱ. 〈보고서〉 세 번째 문장에 제시된 2023년의 사업체 규모별 종사자 수 동향은 〈표〉에 제시되어 있지 않으므로 선지의 자료가 필요하다.

ㄷ. 〈보고서〉 네 번째와 다섯 번째 문장에 제시된 2023년 7월의 입직자 수의 전년 동월 대비 증가폭 및 이직자 수의 증가폭은 〈표〉에 제시되어 있지 않으므로 선지의 자료가 필요하다.

ㄹ. 〈보고서〉 여섯 번째 문장에 제시된 2023년 7월 전체 입직자 중 채용 및 기타 입직자 수의 전년 동월 대비 증가폭은 〈표〉에 제시되어 있지 않으므로 선지의 자료가 필요하다.

[오답해설]

ㄴ. 〈보고서〉에는 주요산업별 종사자 수의 동향에 대한 내용이 제시되어 있지 않으므로, 추가로 필요한 자료에 해당하지 않는다.

문 9. 정답 ①

내용영역 자료확인(일반자료확인) 난이도 ★☆☆

[정답해설]

ㄱ. C의 '배터리 용량'당 '차량가격'은 150을 초과한다. A와 D의 경우 100을 초과하지만 150보다는 작기에 C가 가장 높다.

ㄴ. '차량가격'이 가장 낮은 전기차는 B이다. '완충시간' 대비 '배터리 용량'의 비율은 B의 경우 20% 미만이며, 그 외 전기차의 경우 모두 20%를 초과하므로, B가 가장 낮다.

[오답해설]

ㄷ. '완충시 주행거리' 대비 '완충시간'의 비율은 D가 $\frac{420}{447} \times 100$이고, E의 2배가 $\frac{504}{524} \times 100$이다. 447×0.05=22.35이고 447-420=27이므로, $\frac{420}{447} \times 100$은 95% 미만이다. 524/2/10=26.2이고 524-504=20이므로, $\frac{504}{524} \times 100$은 95% 이상이다. 따라서 '완충시 주행거리' 대비 '완충시간'의 비율은 D가 E의 2배보다 낮다.

ㄹ. 차량가격은 모두 다른 반면, 배터리 용량은 B와 E가 동일하므로, '차량가격'의 순위와 '배터리 용량'의 순위는 일치하지 않는다. 구체적으로 살펴보면, 차량가격을 높은 순서대로 나열하면 C-D-A-E-B이고, '배터리 용량'을 큰 순서대로 나열하면 C-D-B·E-A로 일치하지 않음을 알 수 있다.

문 10. 정답 ②

내용영역 자료추론(수식추론) 난이도 ★☆☆

[정답해설]

ㄷ. A의 매출액은 단서 1)에 따르면 평균총자산과 자산회전지표를 곱하여 구할 수 있으며 1,000이다. 따라서 A의 영업이익지표는 $\frac{400}{1000} = 0.4$이다.

이를 통해 평가점수를 구하면 0.5×1+0.4×2=1.3이며, B의 평가점수는 0.8+0.15×2=1.1, C의 평가점수는 1.5로 B의 평가점수가 가장 낮다.

[오답해설]

ㄱ. A의 매출액은 ㄷ에서 도출한 것과 같이 1,000이다. 이는 B의 4,000보다 작다.

ㄴ. C의 영업이익지표는 0.5, 평가점수는 1.5이므로, C의 자산회전지표는 단서 3)에 의할 때 0.5임을 알 수 있다. 이를 통해 단서 1)과 2)를 활용하면 매출액은 0.5×6000=3,000, 영업이익 0.5×3000=1,500임을 알 수 있다. 이는 A의 영업이익인 400의 4배보다 낮다.

문 11. 정답 ④

내용영역 자료전환(보고서전환) 난이도 ★☆☆

[정답해설]

④ 2018 ~ 2022년 친환경차 유형별 수출대수에서 매년 증가한 것은 '전기차'이며, '수소차'는 2022년에 전년 대비 감소하였다.

[오답해설]

① 2019년의 전년 대비 증가량은 600648-461733=138,915이며, 461733×0.3=138,519.9보다 크다. 따라서 2019년의 전년 대비 증가율은 30% 이상이다. 2019년의 전체 등록대수보다 큰 값인 601,000의 30%는 200,000 미만이며, 2020년의 전년 대비 증가량은 200,000 이상이므로 2020년의 전년 대비 증가율은 30% 이상이다. 2020년의 전체 등록대수보다 큰 값인 900,000의 30%는 300,000 미만이며, 2021년의 전년 대비 증가량은 300,000 이상이므로 2021년의 전년 대비 증가율은 30% 이상이다. 2021년의 전체 등록대수보다 큰 값인 1,200,000의 30%는 360,000이며 2022년의 전년 대비 증가량은 400,000 이상이므로 2022년의 전년 대비 증가율은 30% 이상이다.

② 2018년 대비 2022년 수소차 등록대수는 30배 이상 증가하여 다른 유형보다 2018년 대비 2022년 등록대수 증가율이 높다.

③ 〈그림〉에서 그래프의 높이가 매년 상승하므로, 해당 기간 동안 매년 증가했음을 알 수 있다. 그리고 친환경차 수출대수는 2018년 227+38523+18395+138216=195,361대이고, 2022년 361+223623+45140+284598=553,722대임을 알 수 있다.

⑤ 하이브리드가 1위인 일본은 플러그인 하이브리드차가 2위, 전기차가 10위이므로, 일본은 2019년 '하이브리드차', '플러그인 하이브리드차', '전기차' 각각의 수출액 상위 10개 수출국에 모두 들어가는 국가이다.
하이브리드가 2위인 독일은 플러그인 하이브리드차가 1위, 전기차가 3위이므로, 독일은 2019년 '하이브리드차', '플러그인 하이브리드차', '전기차' 각각의 수출액 상위 10개 수출국에 모두 들어가는 국가이다.
하이브리드가 3위인 벨기에는 플러그인 하이브리드차가 10위, 전기차가 2위이므로, 벨기에는 2019년 '하이브리드차', '플러그인 하이브리드차', '전기차' 각각의 수출액 상위 10개 수출국에 모두 들어가는 국가이다.
하이브리드가 4위인 터키는 플러그인 하이브리드차가 10위 내에 있지 않다. 따라서 터키는 2019년 '하이브리드차', '플러그인 하이브리드차', '전기차' 각각의 수출액 상위 10개 수출국에 모두 들어가는 국가가 아니다.
하이브리드가 5위인 영국은 플러그인 하이브리드차가 6위, 전기차가 7위이므로, 영국은 2019년 '하이브리드차', '플러그인 하이브리드차', '전기차' 각각의 수출액 상위 10개 수출국에 모두 들어가는 국가이다.
하이브리드가 6위인 한국은 플러그인 하이브리드차가 5위, 전기차가 4위이므로, 한국은 2019년 '하이브리드차', '플러그인 하이브리드차', '전기차' 각각의 수출액 상위 10개 수출국에 모두 들어가는 국가이다.
하이브리드가 7위인 슬로바키아는 플러그인 하이브리드차가 8위이지만 전기차가 10위 내에 있지 않다. 따라서 슬로바키아는 2019년 '하이브리드차', '플러그인 하이브리드차', '전기차' 각각의 수출액 상위 10개 수출국에 모두 들어가는 국가가 아니다.
하이브리드가 8위인 캐나다는 플러그인 하이브리드차가 10위 내에 있지 않다. 따라서 캐나다는 2019년 '하이브리드차', '플러그인 하이브리드차', '전기차' 각각의 수출액 상위 10개 수출국에 모두 들어가는 국가가 아니다.
하이브리드가 9위인 프랑스는 플러그인 하이브리드차가 10위 내에 있지 않다. 따라서 프랑스는 2019년 '하이브리드차', '플러그인 하이브리드차', '전기차' 각각의 수출액 상위 10개 수출국에 모두 들어가는 국가가 아니다.
하이브리드가 10위인 스웨덴은 플러그인 하이브리드차가 3위이지만, 전기차가 10위 내에 있지 않다. 따라서 스웨덴은 2019년 '하이브리드차', '플러그인 하이브리드차', '전기차' 각각의 수출액 상위 10개 수출국에 모두 들어가는 국가가 아니다.
따라서 2019년 '하이브리드차', '플러그인 하이브리드차', '전기차' 각각의 수출액 상위 10개 수출국에 모두 들어가는 국가는 일본, 독일, 벨기에, 영국, 한국으로 5개국이다.

문 12. 정답 ②

내용영역 자료추론(수식추론) 난이도 ★☆☆

[정답해설]

② '마'사업부 임원의 보수총액 합은 3609+3069=6,678이며 상여의 합은 1676+1426=3,102이다. 6678×0.4 < 3,000이므로 상여가 40% 이상이다. 따라서 급여의 합은 60% 미만이다.

[오답해설]

① D의 보수총액은 1130+2598로 4,000 미만이다. C는 보수총액이 4,000 초과하지만, 상여가 2,000이다. 따라서 C와 D의 경우 보수총액은 C가 더 높지만 상여는 D가 더 높다.

③ D의 보수총액이 3,600 이상 4,000 미만이고, 다른 임원의 보수총액을 살펴보면 보수총액 순으로 나열되어 있음을 알 수 있다. '사' 사업부의 임원은 1명이고, '사' 사업부의 임원인 I보다 보수총액이 낮은 임원은 J이지만, J의 소속 사업부인 '다' 사업부의 다른 임원 C의 보수총액은 4,068이므로, 임원 1인당 보수총액이 가장 적은 사업부는 '사'이다. I의 급여는 2,000이므로 '사' 사업부의

임원 1인당 급여는 2,000이다. 이보다 임원 1인당 급여가 낮은 사업부가 '라', '마', '바'가 있다.

④ B의 경우 보수총액이 6,497이고 급여가 2,408이므로 보수총액에서 상여가 차지하는 비중은 $1-\frac{2408}{6497}$이다. 6666/3=2222 < 2408이므로 보수총액에서 상여가 차지하는 비중은 $\frac{2}{3}$ 미만이다. D의 경우, 상여가 급여의 2배이므로 보수총액에서 상여가 차지하는 비중은 $\frac{2}{3}$을 초과한다.

⑤ 미등기 임원의 급여를 앞의 두 자리만 고려하여 더하면 27+11+16+16+21=91, 등기 임원의 급여는 24+20+19+16+20=99로 오차범위를 고려하더라도 미등기 임원의 급여 합이 등기 임원의 급여 합보다 낮음을 알 수 있다.

문 13. 정답 ⑤

내용영역 **자료추론(통계추론)** 난이도 ★★☆

[정답해설]

⑤ 95% 이상 감소했다면 2020년 농가수가 23,891의 5% 미만이어야 한다. 23,891의 5%는 1,200 미만인데 1,567은 이보다 크므로 95% 이상 감소하지 않았다.

[오답해설]

① 2020년 '2인'의 1995년 대비 증감폭은 10,130이다. 이는 1995년 43,584의 25%보다 작다. 1995년의 1인 농가수는 13,262이고 1995년 대비 2020년 증감폭은 7,000을 초과하므로, 증감률은 50%를 초과하며, 그 외 연도도 증감률이 50%를 초과한다.

② '3인' 농가수가 그 외 농가수 합의 25% 이하라는 것은 전체 농가수의 20% 이하인지로 판단할 수 있고, 이는 '3인' 농가수에 5를 곱하여 전체보다 큰지 여부로 판단할 수 있다. 모두 5를 곱한 값이 전체 값보다 더 작으므로 옳다.

③ 전체와 농가당 가구원수 값을 곱하여 판단할 수 있다. 2000년 전체 농가 가구원수는 152257×3.2, 2020년 전체 농가 가구원수의 2배는 100362×2.3×2=100362×4.6이다. 152,257는 100,362의 1.5배보다 크고, 4.6은 3.2의 1.5배보다 작으므로, 152257×3.2 > 100362×4.6이다.

④ 40대 이하인 농가수는 9,363으로, 전체 농가수인 100,362의 10%에 미치지 못한다.

문 14. 정답 ②

내용영역 **자료확인(일반자료확인)** 난이도 ★★☆

[정답해설]

ㄱ. 초등부는 $\frac{88}{502}$, 중등부는 $\frac{59}{446}$, 고등부는 $\frac{68}{624}$이다. 이 중 초등부만이 응모인원 대비 수상인원이 20%를 초과한다.

ㄷ. 2023년 전체 응모인원 대비 중등부의 응모인원은 $\frac{446}{1572}$이고, 2020년 전체 응모인원은 786명이다. $\frac{200}{786}$과 $\frac{446}{1572}$의 크기 비교를 하면, 446은 200의 2.2배를 초과하지만, 1,572는 786의 2.2배이다. 따라서 $\frac{446}{1572} > \frac{200}{786}$이므로, 2020년 중등부의 응모인원은 200을 초과한다.

[오답해설]

ㄴ. 3명으로 구성된 초등부 수상팀을 16개라고 하면, 40팀과 40명의 인원이 남게 된다. 해당 팀의 인원이 모두 1명이라면 팀과 인원 조건을 충족하면서 3명으로 구성된 초등부 수상팀이 15개를 초과할 수 있다.

ㄹ. 2019년의 3배는 2,460이다. 2023년 응모인원인 1,572에서 30%가 증가할 경우 1572×1.3 > 2,000을 초과하는 값이 도출되는데, 2,000으로 보더라도 30%가 증가하면 2,460을 넘기에 2019년의 3배를 처음 초과하는 해는 2026년이 아닌 2025년이다.

문 15. 정답 ④

내용영역 **자료확인(특수자료확인)** 난이도 ★★☆

[정답해설]

④ '나', '다', '마', '아' 4개 구역은 활용가능하다.

[오답해설]

① 철거 가능한 지역은 일반구역 중 공가기간이 20년을 초과하거나, 20년 이하인 곳 중 건축구조의 사용연한을 초과한 구역이다. 이에 해당하는 구역은 '라'와 '자' 2개이다.

② '가', '바', '사'는 정비구역에 해당하므로 철거가 불가능하다.

③ '다' 구역은 일반구역 중 공가기간이 20년 이하이고, 건축구조의 사용연한은 40년인 반면 건축물 연령은 20년 초과 30년 미만으로 사용연한 이하이므로 활용이 가능하다.

⑤ '마' 구역은 일반구역이면서 20년 이하의 공가기간으로, 건축구조의 사용연한 이하이므로 철거가 불가능하다.

문 16. 정답 ④

내용영역 **자료응용(논리퀴즈)** 난이도 ★★★

승진후보자들의 평가방법별 점수를 구하면 다음과 같다.

	A	B	C
정숙	42.5+19.5+13=75	51+26=77	85
윤호	35+25.5+15=75.5	42+34=76	70
찬희	37.5+22.5+13=73	45+30=75	75
상용	40+18+13=71	48+24=72	80

[정답해설]

ㄱ. 위의 표를 통해 확인할 수 있다.

ㄷ. '상용'의 2023년 근무성적점수가 90점으로 변경될 경우, A에서는 5점이 상승하여 76점, B에서는 6점이 상승하여 78점, C에서는 10점이 상승하여 90점이 되므로 각 평가방법별 가장 높은 평정점수를 받으므로 어떤 경우에도 승진대상자가 된다.

[오답해설]

ㄴ. A를 적용하는 경우 '윤호'가 선정되고, C를 적용하는 경우 '정숙'이 선정된다.

문 17. 정답 ③

내용영역 **자료응용(매칭)** 난이도 ★☆☆

[정답해설]

○ 〈정보〉 1
〈표〉에서 매년 교육시간이 감소하는 교육방법은 B, C, 그리고 '역할연기'이다. 따라서 '강의' 또는 '실습'은 B 또는 C이다.

○ 〈정보〉 2
2023년 전년 대비 전체 교육시간의 감소율은 20% 미만이다. 교육방법 중 2023년의 전년 대비 교육시간의 감소율이 20%를 초과하는 것은 A와 '역할연기'이다. 따라서 A가 '분임토의'이다.

○ 〈정보〉 3
2023년 교육시간의 전년 대비 감소율이 세 번째로 큰 교육방법은 역할연기와 A 다음으로 감소율이 큰 B이다. 따라서 B는 '실습'이다.

이를 정리하면 다음과 같다.

A	B	C
분임토의	실습	강의

문 18. 정답 ⑤

내용영역 자료확인(일반자료확인) **난이도** ★☆☆

[정답해설]

⑤ 10월의 경우 '교육' 전력판매 단가는 전월 대비 감소했지만 '산업' 전력판매 단가는 전월 대비 증가하여 증감 방향이 상이하다.

[오답해설]

① 가장 낮은 용도는 100 미만인 '농사'와 '심야'만을 비교하여 시간을 단축할 수 있으며, 가장 높은 값은 '일반' 용도를 기준으로 판단하면 된다.

② 2월 '주택' 전력판매 단가의 60%는 약 71로 75.3인 '심야' 전력판매 단가는 이보다 크다.

③ 11월 '교육'의 전력판매 단가 전월 대비 증가율은 약 13%, 4월 '가로등'의 경우 약 6%로 2배 이상이다.

④ 농사의 전력판매 단가에 50%를 더하여 확인할 수 있다.

문 19. 정답 ②

내용영역 자료추론(수식추론) **난이도** ★★☆

[정답해설]

ㄴ. A는 10%를 조금 넘지만 B는 40%를 초과하므로 세입총계에서 자주재원이 차지하는 비중은 A가 B보다 작다.

ㄷ. C와 D의 재정자립도는 〈표〉의 주어진 값을 통해 C가 더 낮음을 확인할 수 있고, 재정자주도의 경우 C는 70%를 초과하므로 D보다 높음을 알 수 있다.

[오답해설]

ㄱ. 단서 2)에 의할 때 재정자주도는 A의 경우 $\frac{6428}{9966} \times 100$, C의 경우 $\frac{4815}{6754} \times 100$ 이다. C는 70% 이상인 반면, A는 70% 미만이므로 재정자주도는 C가 더 높다.

ㄹ. B의 자주재원을 도출하면 4,230.4가 나오므로 B가 가장 크다.

문 20. 정답 ④

내용영역 자료추론(수식추론) **난이도** ★★☆

유효무수율은 각주 1)에 의할 때 무수율에서 누수율을 뺀 값이며, 부정사용률은 각주 2)에 의할 때 유효무수율에서 계량기 불감수율과 수도사업 용수량 비율을 뺀 값으로 아래와 같다.

도시	유효무수율	부정사용률
A	0.4	0.3
B	4.8	0.0
C	5.4	3.0
D	2.3	0.2
E	2.0	0.0
F	2.7	0.0
G	4.0	0.1
H	2.8	0.3

[정답해설]

④ 계량기 불감수율이 가장 높은 도시는 B이며, 유효무수율이 가장 높은 도시는 C이다.

[오답해설]

① 유효무수율이 가장 낮은 도시인 A는 누수율이 가장 높다.

② 유수율이 가장 낮은 도시는 C이고, 유수율이 세 번째로 높은 도시는 E인데, C의 부정사용률은 2.1로 0인 E에 비해 높다.

③ 무수율과 부정사용률의 차이는 G가 9로 가장 크다.

⑤ 부정사용률이 가장 높은 도시는 C이며, 무수율도 가장 높다.

문 21. 정답 ①

내용영역 자료응용(매칭) **난이도** ★☆☆

[정답해설]

○ 〈조건〉 2

D의 경우, 수입중량이 가장 낮다. 그리고 수입단가는 C 다음으로 낮으나, C의 수입중량이 D의 10배를 초과하기 때문에, 수입금액이 가장 낮은 품목은 D이다. 따라서 '된장'은 D이다.

○ 〈조건〉 3

B는 2023년이 전년 대비 감소하여도 2,000원 이상이다. E는 2023년의 전년 대비 감소율이 −37.0%인데, 2,000의 63%는 1,260이다. 따라서 37%가 감소하여도 1,788이면 2022년은 2,000을 초과한다. 따라서 '고춧가루'와 '식용유'는 B, E 중 하나이다.

○ 〈조건〉 4

김치를 제외한 수입중량이 2,000 이상인 것은 '설탕', '식용유'이다. 따라서 '설탕' 또는 '식용유'는 C, E 중 하나이다. 〈조건〉 3과 〈조건〉 4를 통해 E가 '식용유', B가 '고춧가루', C가 '설탕', A가 '간장'임을 확인할 수 있다.

이를 정리하면 다음과 같다.

A	B	C	D	E
간장	고춧가루	설탕	된장	식용유

문 22. 정답 ③

내용영역 자료전환(보고서전환) **난이도** ★☆☆

[정답해설]

〈보고서〉의 두 번째 문단을 통해 확인할 수 있다. 성별이나 육아 참여 방식에 관계없이 모든 문제 유형 중 비율이 가장 낮은 것이 '섭식문제'라고 했으므로 D에 해당한다.

'우울' 발생 비율은 '배우자와 함께 유아 참여'일 때가 '양육자 혼자 육아 참여'일 때보다 14.1%p 낮게 나타났다고 했으므로 A가 '우울'임을 알 수 있다.

양육 스트레스 고위험군은 저위험군에 비해 '불안'의 발생 비율이 5배 이상이라고 했으므로 B가 '불안'임을 알 수 있다.

이를 정리하면 다음과 같다.

A	B	C	D
우울	불안	불면증	섭식문제

문 23. 정답 ①

내용영역 자료전환(보고서전환) **난이도** ★☆☆

[정답해설]

ㄱ. 〈보고서〉의 첫 번째 문단 네 번째 문장의 자녀 연령별 양육 스트레스 점수는 〈표〉에 제시되어 있지 않아, 선지의 자료가 필요하다.

ㄴ. 〈보고서〉의 첫 번째 문단 여섯 번째 문장의 가구의 월평균 소득 구간에 따른 스트레스 점수는 〈표〉에 제시되어 있지 않아, 선지의 자료가 필요하다.

[오답해설]

ㄷ, ㄹ. 〈보고서〉에서 관련된 내용을 언급하고 있지 않다.

문 24. 정답 ③

내용영역 : 자료전환(보고서전환)　　　난이도 : ★★☆

[정답해설]

ㄱ. 두 번째 문단에서 2018년 지주회사 수는 2017년 지주회사 수의 90% 이하를 유지하고 있다고 했는데, 2017년의 193개에 대한 90%는 173.7로 모두 부합한다. 또한 2022년 지주회사 수도 164개였던 전년대비 증가하여 168개로 〈보고서〉의 내용에 부합한다.

ㄹ. 마지막 문단에 관련 내용이 있으며, 2022년 자산규모 1천억 원 이상 5천억 원 미만인 지주회사 수는 2017년 대비 약 32% 감소했으며, 5천억 원 이상인 지주회사 수는 약 33% 증가하였다.

[오답해설]

ㄴ. 세 번째 문단에서 평균 소속회사 수 추이가 자, 손자, 증손 회사 모두 2017년 이후 매년 증가하였다고 했으나, 증손 회사의 경우 2017년부터 2019년까지 감소 및 유지, 2021년에도 감소하였음을 확인할 수 있다.

ㄷ. 두 번째 문단에서 편입률이 2018년에 80%를 초과하였다는 것과, 2019년 이후 70% 이상을 유지하고 있다는 것은 부합하나, 2022년 지주회사의 전체 계열사 1,284개 중 915개가 지주회사 체제 안에 편입되어 있고 편입률은 전년 대비 증가하였다고 했는데, 편입률은 증가한 것이 맞으나 78.4%가 아닌 71.3%가 되어야 한다.

문 25. 정답 ⑤

내용영역 : 자료추론(수식추론)　　　난이도 : ★★☆

[정답해설]

⑤ 수상률 하위 2개 공모전은 청렴사회와 적극행정 홍보이다. 두 공모전의 상금총액 합은 5,710만 원으로 6,000만 원 이하이다.

[오답해설]

① 수상작품 수가 50개 미만인 공모전을 상금총액이 많은 순으로 나열하면 평화통일-문화 다양성-문화체험 메타버스-장애인고용-평등가족 실천-적극행정 홍보-문화재 재난안전이다. 수상작품 수는 평화통일·평등가족 실천-적극행정 홍보-장애인 고용-문화 다양성-문화재 재난안전-문화체험 메타버스 순으로 동일하지 않음을 알 수 있다.

② 문화 다양성과 평화정책의 수상률을 비교할 때, 분자는 5배 차이나는 반면, 분모는 5배 미만으로 차이가 나서 문화 다양성이 더 큰 값을 가짐을 알 수 있다. (평화정책: 17%, 문화 다양성: 16%)

③ '평화통일' 상금액이 전체 상금총액에서 차지하는 비중이 25% 이상인지는 '평화통일' 상금액에 4를 곱하여 전체 값을 초과하는지로 판단할 수 있다. 4를 곱하여도 전체 금액보다 작기에 비중은 25% 미만이다.

④ 상금총액 대비 응모작품 수 비율이 가장 높은 공모전은 30%가 넘는 청렴사회이다. 두 번째로 높은 공모전은 20%가 넘는 적극행정 홍보이며, 해당 공모전의 수상작품 수는 15개로 20개 미만이다.

문 26. 정답 ③

내용영역 : 자료전환(표-그림전환)　　　난이도 : ★★☆

[정답해설]

ㄱ. 〈표〉에 제시된 값을 통해 확인할 수 있다.
ㄴ. 〈표〉에 제시된 값을 통해 확인할 수 있다.
ㄷ. 전체 717건을 기준으로 판단가능하다.

[오답해설]

ㄹ. 2021년 조석미인지가 원인인 연안사고 건수 증가율은 10% 미만이므로 32.3%는 잘못됐음을 확인할 수 있다.

문 27. 정답 ④

내용영역 : 자료확인(특수자료확인)　　　난이도 : ★★☆

[정답해설]

	농업종사자 수 (가중치 : 2)	1인당 국내총생산 (가중치 : 1)	옥수수 경작 면적당 생산량 (가중치 : 3)	합산 점수
A	3	3	1	12
B	2	2	2	12
C	2	3	2	13
D	1	3	3	14
E	1	1	1	7

D의 합산 점수가 가장 높다.

문 28. 정답 ⑤

내용영역 : 자료확인(일반자료확인)　　　난이도 : ★★☆

[정답해설]

ㄴ. 복숭아는 거의 40%에 가까운 감소율을 보여 2021년 생산량의 전년 대비 증감률이 가장 크다.

ㄷ. 배의 생산액에 10을 곱하여 전체 생산액을 초과하는지를 통해 판단할 수 있는데, 2019, 2020, 2021, 2022년으로 4개이다.

[오답해설]

ㄱ. 감귤은 30을 초과하지만, 복숭아는 10 미만이다.

문 29. 정답 ②

내용영역 : 자료전환(표-그림전환)　　　난이도 : ★☆☆

[정답해설]

ㄱ. 〈표 1〉과 〈표 2〉에 제시된 값들을 통해 확인할 수 있다.
ㄹ. 〈표 2〉에 제시된 값들을 통해 확인할 수 있다.

[오답해설]

ㄴ. 감귤과 복숭아는 정확한 값을 나타내고 있으나, 배로 제시된 항목들은 포도의 생산량에 해당한다.

ㄷ. 2022년 배의 생산액은 426, 복숭아의 생산액은 456으로 복숭아의 생산액 비중이 더 높아야 하나 제시된 원 차트에서는 배가 더 높아 옳지 않음을 확인할 수 있다.

문 30. 정답 ⑤

내용영역 : 자료추론(통계추론)　　　난이도 : ★★☆

[정답해설]

ㄱ. 1위부터 10위까지 드라마 중 액션장르는 10위인 '메피스토'밖에 없으며 해당 드라마의 시청점유율은 1.9%이다. 10위보다 낮은 순위에 액션 드라마가 있다고 하더라도 시청 점유율은 1.9%이하일 것이므로 액션 드라마의 시청점유율 평균은 2% 이하가 된다.

ㄷ. 1위부터 10위까지의 드라마 시청점유율을 모두 더하면 79.95%이다. 10위 바깥 드라마들의 시청점유율 최댓값은 1.9%인데, 이를 통해 남은 20.05%의 시청점유율을 배분하면 최소 11개의 드라마가 있어야 하므로, 드라마 수는 21개 이상이다.

ㄹ. 단서의 1), 2) 식을 활용하면 해당 드라마 시청자 수는 전체 시청자의 해당 드라마 시청시간 총합/1인당 시청시간 = 시청점유율×전체 시청자의 드라마 시청시간 총합/1인당 시청시간이다. 이때 전체 시청자의 드라마 시청시간 총합은 동일한 값이므로 시청점유율/1인당 시청시간 비교를 통해 해당 드라마

시청자 수를 알 수 있고, 나만의 오렌지(2.4/30)가 아이스(3.6/89)보다 더 큰 값을 가짐을 알 수 있다.

[오답해설]

ㄴ. 제작사가 '퍼시픽'인 경우의 시청점유율은 최소 8.5, '폭풍'인 경우는 8.4이다. 10위에 들지 못한 드라마들이 존재하고 이들의 시청점유율에 따라 총합에 차이가 생기므로 '퍼시픽'과 '폭풍' 중 어느 제작사의 시청점유율 총합이 더 높은지 단정할 수 없다.

문 31. 정답 ④

내용영역 자료추론(수식추론)   난이도 ★★☆

[정답해설]

ㄱ. 연금 계좌 수는 인구에 가입률+중복가입률 값을 곱하여 구할 수 있다. 2016년과 곱셈비교를 한다고 할 때, 인구는 17년에서 16년으로 1% 미만으로 증가했으나, 가입률+중복가입률 값은 2016년에서 2017년으로 1% 이상 증가했으므로 2017년 연금 계좌 수는 전년보다 증가하였다.

ㄷ. 2019년 가입률+중복가입률 값은 약 102%로 가입률은 약 72%임을 알 수 있다. 2019년 연금 가입자 수는 약 22,259명으로, 이에 대한 5% 값은 약 1,112명인데, 2020년에는 이를 더한 값보다 더 큰 23,793의 연금 가입자 수를 갖는다.

ㄹ. 2020년 가입률+중복가입률 값은 약 109.4%로 중복 가입률은 약 31.6%, 2021년 가입률+중복가입률 값은 약 111.1%로 중복 가입률은 약 32.3%이다. 따라서 중복 가입률은 전년보다 증가하였다.

[오답해설]

ㄴ. 2018년 가입률+중복가입률 값은 약 100.8%이다. 여기서 가입률 값을 빼면 중복가입률은 29.3%로 2019년 중복 가입률과 1%p 미만의 차이를 보인다.

문 32. 정답 ④

내용영역 자료확인(일반자료확인)   난이도 ★★★

[정답해설]

④ 증가율 비교가 더 용이하므로 이를 통해 보면, 3월과 4월 비교 시 분모는 10% 이상 증가했으나 분자는 10% 미만으로 증가했기에 4월이 더 크며, 4월과 5월 비교 시에도 동일하며, 5월과 6월 비교 시 분모는 15% 이상 증가했으나 분자는 15% 미만으로 증가했기에 6월이 더 크다. 따라서 우럭의 도매단가 대비 소매단가 비율은 매월 증가하였다.

[오답해설]

① 우럭 소매단가의 전월 대비 감소율이 가장 큰 달은 6월이고, 광어 소매단가의 전월 대비 감소율이 가장 큰 달은 3월이다.
② 5월의 경우 3개 어종 어획량의 합이 감소하였다.
③ 3월의 조업선박 1척당 3개 어종 어획량의 합은 약 833, 6월의 경우 694로 20%보다 적게 감소하였다.
⑤ 6월의 경우 우럭과 광어의 어획량 합이 고등어 어획량 합보다 많다.

문 33. 정답 ①

내용영역 자료전환(보고서전환)   난이도 ★★☆

[정답해설]

ㄱ. 감소율보다 증가율 비교가 용이하므로 이를 활용하면 쉽게 확인할 수 있다. 2023년 교통사고 발생건수 100건당 사망자 수를 판단함에 있어 단위를 확인하지 않아 실수하지 않도록 주의해야 한다.

ㄴ. 주어진 표를 그대로 활용하여 중사자수 대비 부상자수가 매년 증가하는지를 통해 판단할 수 있다. 2023년 부상자수 중 중사자수 비율이 25% 이하인지는 중사자수×4가 부상자수를 넘는지를 통해 판단할 수 있다.

[오답해설]

ㄷ. 2022년의 경우 2021년보다 증가하였다.
ㄹ. 2022년과 2023년 각각 16,000건을 초과하며, 단위에 유의하여야 한다.

문 34. 정답 ①

내용영역 자료추론(수식추론)   난이도 ★★★

[정답해설]

① 2018년의 소득은 약 701,037이며, 이는 전년 대비 25% 이상 증가했음을 알 수 있다.

[오답해설]

② 2019년의 경우 소득은 전년 대비 감소하였다.
③ 2017년 대비 2021년 경영비 증가율은 20% 미만이다.
④ 2019년의 총수입에서 소득을 빼 경영비를 구하면 485,230으로 2020년에는 총수입은 증가하였으나 경영비는 감소하여 증감 방향이 상이하다.
⑤ 총수입의 전년 대비 증가율이 가장 낮은 해는 2016년이며, 소득의 전년 대비 감소폭이 가장 큰 해는 2022년이다.

문 35. 정답 ③

내용영역 자료추론(통계추론)   난이도 ★★★

[정답해설]

③ 보유량을 최소로 했을 때를 기준으로 판단하여야 한다. 이 경우 보유량을 구분하는 기준 중 1권은 따로 빼서 계산한다고 할 때 전체 보유량은 다음과 같다. 500×49 + 1000×52 + 2000×39 + 3000×34 + 5000×1 + 200000 + (49+52+39+34+1) = 461675이다. 이를 262로 나누면 2,000권 미만이다.

[오답해설]

① 2,001~3,000권의 장서를 보유한 병영도서관 수는 430이므로 486개인 1,001~2,000권의 장서를 보유한 병영도서관이 더 많다.
② 육군의 2,001권 이상 장서를 보유한 육군 병영도서관 수는 715개이며, 이에 대한 70%는 500개 정도이다. 해군과 공군, 국직을 모두 합하더라도 437개로 500개 미만이다.
④ 보유량을 최소로 했을 때 기준으로 판단하여야 한다. 이 경우 보유량을 구분하는 기준 중 1권은 따로 빼서 계산한다고 할 때 전체 보유량은 다음과 같이 30만 권을 초과한다.(500×2 + 1000×22 + 2000×18 + 3000×33 + 5000×36 + 1×111 = 338,111)
⑤ 5,001권 이상 보유하고 있는 병영도서관은 5,299권을 가지고 있다고 가정하고 나머지 도서관은 보유량 기준 중 최대로 가지고 있다고 할 때 21만 권이 되는지를 통해 판단하여야 한다. 500 + 5000 + 34000 + 57000 + 65000 + 47691 = 209191로 21만권 미만이므로 가장 많은 장서를 보유한 국직 병영도서관 중 최소 1개는 5,300권 이상의 장서를 보유하고 있다.

문 36. 정답 ⑤

내용영역 자료확인(일반자료확인)   난이도 ★★★

[정답해설]

⑤ 직업학교 B에서 여성 모집정원 대비 여성지원자 수 비율이 가장 낮은 연도는 모집정원이 동일하므로 지원자 수만 비교하면 되며 해당하는 연도는 2021년이고, C의 경우 가장 높은 연도는 2021년으로 동일하다.

[오답해설]

① 천의 자리와 만의 자리만 더하여 판단했을 때, 2020년의 경우 32이지만, 2021년의 경우 35이며, 백의 자리를 고려하더라도 2021년의 전체 지원자 수 합이 더 크다.

② B와 D를 비교할 때, 2020년 D의 B에 대한 증가율은 55%이상이지만 2023년의 경우 55% 이하로 D의 값이 더 큼을 알 수 있다.
③ 모집정원이 동일하므로 지원자 수만 비교하면 된다. 남성의 경우 2023년에 가장 낮고, 여성의 경우 2020년에 가장 낮다.
④ 직업학교 A의 남성 지원자 수 전년 대비 증감률이 가장 큰 연도는 2022년이고, 여성 지원자 수의 전년 대비 증감률이 가장 큰 연도는 2021년이다.

문 37. 정답 ②

내용영역 자료확인(일반자료확인)   난이도

[정답해설]
ㄴ. 피해금액대의 구간을 가장 적은 금액으로 가정할 때 50억 원 이상인지 확인하여 판단할 수 있다. 765×(5000만×76.3%+1억×11.4%+2억×6.4%+3억×2.2%)=765×6895만=527억 4675만 원으로 500억 원 이상이다.

[오답해설]
ㄱ. 피해금액이 5,000만 원 이상 1억 원 미만인 피해자는 전체의 76.3%이다. 30대를 초과하는 인원들은 전체의 40.6%인데 이들이 모두 5,000만 원 이상 1억 원 미만의 피해를 입었다고 하더라도 35.7%가 남고 이들은 모두 30대 이하의 피해자이다. 76.3%의 40%는 30%를 조금 넘기에 35.7%는 40% 이상임을 알 수 있다.
ㄷ. 피해금액 3억 원 이상인 피해자가 모두 법인인 경우 피해금액대에 따른 분류 중 아직 정해지지 않은 법인 비중은 1.1%가 남게 된다. 40대 이하의 비중은 79.7%이고 1억 원 미만인 피해자는 80%로, 40대 이하인 피해자의 피해금액이 모두 1억 원 미만이라 하더라도 피해금액이 1억 원 미만인 이들이 전체에서 차지하는 비중은 0.3%가 남게 된다. 법인 중 일부가 0.3%에 해당할 수 있으므로 피해금액이 1억 원 미만인 법인이 있을 수 있다.

문 38. 정답 ⑤

내용영역 자료추론(수식추론)   난이도 ★★★

I의 1학기 점수와 E의 2학기 점수를 먼저 파악해야 한다. 현재 1학기에 '상'등급을 받은 학생은 A, B, C, G이며 이들의 평균을 구하면 3.98이다. '중'등급을 받은 학생은 D, E, H이며 이들의 평균을 구하면 3으로 <표 2>의 값과 맞지 않다. 따라서 I의 등급은 '중'이며 점수는 3.4점을 알 수 있다.
2학기를 보면, '상'등급을 받은 학생들은 A, B, C, G이며 이들의 평균은 3.80이다. '중'등급을 받은 학생들은 D, I이며 이들의 평균은 2.45이다. '하'등급을 받은 학생들은 F, H, J이며 이들의 평균은 1.03으로 <표 2>의 값과 맞지 않다. 따라서 E는 '하'등급이며 점수는 1.9임을 알 수 있다.

[정답해설]
⑤ <표 1>과 위에서 구한 I, E의 성적을 통해 확인할 수 있다.

[오답해설]
① 1학기와 2학기 모두 4명으로 동일하다.
② H는 1점 차이가 나지만 E의 경우 1.5점 차이가 나며, I의 경우 1.2점 차이가 난다.
③ 학생 E의 2학기 등급은 '하'이다.
④ 1학기 '하'등급의 평균 점수는 0.8로 2학기보다 낮다.

문 39. 정답 ③

내용영역 자료응용(논리퀴즈)   난이도 ★★★

[정답해설]
<표 1>에서 각 반별로 받은 상의 개수를, <표 2>에서 각 상별 상을 받은 학생 수가 많은 두 반에 대한 정보를 알 수 있고, 이를 바탕으로 아래와 같이 표를 채울 수 있다.

	개근상	우등상	봉사상	받은 상 개수
1반		5		9
2반	4			8
3반		4	4	9
4반			5	8
5반	3			8
6반				3

3반의 경우 받은 상 개수가 9개이고, 우등상과 봉사상이 합쳐서 8개이므로 개근상은 1개이다. 또한 6반은 <정보> 3에서 개근상, 우등상, 봉사상 3개를 모두 받은 학생이 1명이라고 했고, 받은 상 개수가 전체 3개이므로 각각 1개씩 받았음을 알 수 있다. 또한 <표 2>의 단서 2)를 통해 각 반이 각 상별로 받을 수 있는 최대 상의 개수를 알 수 있다. 이를 반영하여 표의 일부를 완성하면 다음과 같다.

	개근상	우등상	봉사상	받은 상 개수
1반	최대 2	5	최대 3	9
2반	4	최대 3	최대 3	8
3반	1	4	4	9
4반	최대 2	최대 3	5	8
5반	3	최대 3	최대 3	8
6반	1	1	1	3

<정보> 3에서 2반의 경우 3개의 상을 모두 받은 학생이 2명 있다고 했으므로 우등상과 봉사상을 받은 개수는 최소 2개씩 되어야 하는데, 우등상과 봉사상이 2개가 되면 받은 상 개수가 8개로 충족되므로 2반의 표를 완성할 수 있다.
또한 같은 조건을 활용하여 1반을 살펴보면, 개근상과 봉사상을 최소 2개씩을 받았는데, 이 경우 받은 상 개수가 9개로 충족되므로 1반의 표를 완성할 수 있다.

	개근상	우등상	봉사상	받은 상 개수
1반	2	5	2	9
2반	4	2	2	8
3반	1	4	4	9
4반	최대 2	최대 3	5	8
5반	3	최대 3	최대 3	8
6반	1	1	1	3

<정보> 4를 통해 우등상을 받은 학생 수가 봉사상을 받은 학생 수보다 많음을 알 수 있는데, 우등상의 경우 12+(4반과 5반의 우등상 개수), 봉사상의 경우 14+(5반의 봉사상 개수)이다. 5반은 <정보> 3에 의할 때 우등상과 봉사상 중 하나는 3, 하나는 2인데, 만약 봉사상이 3이라면 우등상은 14+(4반 우등상 개수), 봉사상은 17이 된다. 그런데 이 경우 <정보> 4와 모순되므로, 5반의 우등상 개수는 3, 봉사상 개수는 2임을 알 수 있다. 따라서 우등상 개수는 15+(4반의 우등상 개수), 봉사상 개수는 16이다.

	개근상	우등상	봉사상	받은 상 개수
1반	2	5	2	9
2반	4	2	2	8
3반	1	4	4	9
4반	최대 2	최대 3	5	8
5반	3	3	2	8
6반	1	1	1	3

<정보> 4를 충족하기 위해 4반의 우등상 개수는 최소 2개가 되어야 하고, 3개가 되면 개근상을 받은 사람이 없어 <정보> 3에서 3개의 상을 모두 받은 학생이 1명 있다는 것과 모순되므로 우등상을 받은 4반 학생 수는 2명, 개근상은 1명이다. 따라서 개근상을 받은 학생 수는 2+4+1+1+3+1=12, 우등상을 받은 학생 수는 5+2+4+2+3+1=17이다.

문 40. 정답 ②

내용영역 자료추론(수식추론)　　　**난이도** ★★★

[정답해설]

ㄱ. 유류세는 단서 3)에 의할 때 교통세+개별소비세+교육세+주행세인데, 개별소비세는 0이며 교육세와 주행세는 교통세에 대하여 동일한 비율만큼 부과되므로 교통세만을 비교하여 판단할 수 있다. '자동차용 경유'의 교통세인 375의 1.3배는 500 미만으로 '보통 휘발유'의 유류세가 1.3배 이상임을 알 수 있다.

ㄷ. '보통 휘발유'의 유류세는 1.41×교통세로 약 745인데, 소비자 판매가격은 단서 2)와 4)를 고려할 때 1.1×(원가+유류세+판매부과금)이다. '보통 휘발유' 유류세의 10%는 74.5인데 이를 1.1배를 한 만큼 소비자 판매가격에서 인하되므로 80원/L 이상 인하된다.

[오답해설]

ㄴ. '보통 휘발유'와 '고급 휘발유'는 유류세가 동일한 반면 원가 및 판매부과금은 '고급 휘발유'가 더 높기에 소비자 판매가격도 '고급 휘발유'가 더 높다. '선박용 경유'와 '자동차용 경유'도 유류세는 동일한 반면 소비자 판매가격은 원가가 더 높은 '자동차용 경유'가 더 큼을 알 수 있다. 이를 고려하여 소비자 판매가격 대비 유류세의 비율을 살펴보면 숫자 구조상 '등유'가 가장 낮고, '보통 휘발유'가 '고급 휘발유'보다, '선박용 경유'가 '자동차용 경유'보다 큼을 알 수 있다. '휘발유' 종류가 '경유' 종류보다 원가와 유류세 중 교통세와의 차이가 작음을 고려할 때 '휘발유' 종류의 소비자 판매가격 대비 유류세 비율이 더 큼을 알 수 있고, 이를 통해 순서를 유추할 수 있다.

구체적으로 살펴보면 다음과 같다. '보통 휘발유'의 경우 유류세는 약 746, 소비자 판매가격은 1,557, '고급 휘발유'의 경우 유류세는 약 746, 소비자 판매가격은 1,696, '선박용 경유'의 경우 유류세는 약 529, 소비자 판매가격은 1,352, '자동차용 경유'의 경우 유류세는 약 529, 소비자 판매가격은 1,418, '등유'의 경우 유류세는 약 72, 소비자 판매가격은 982이다. 소비자 판매가격 대비 유류세 비율은 '보통 휘발유'가 약 48%, '고급 휘발유'가 약 44%, '선박용 경유'가 약 39%, '자동차용 경유'가 약 37%, '등유'가 약 7.3%로 '선박용 경유'가 세 번째로 높다.

ㄹ. '선박용 경유'의 유류세는 약 529이다. 해당 값의 15%는 약 79이며, 소비자 판매가격은 해당 값의 1.1배만큼 인하되므로 약 87이다. 원가가 10% 인하될 경우 70만큼 인하되고, 해당 값의 1.1배만큼 인하된다. 따라서 원가와 판매부과금의 변동 없이 유류세가 15% 이하될 때 소비자 판매가격 이하 폭이 더 크다.

2024년도 상황판단영역 (나)책형

문 1. 정답 ①

[유형] 규정이해 [내용영역] 법규범 [난이도] ★☆☆

[정답해설]

① 첫 번째 조 제3항에 따르면 행정안전부장관은 전략위원회의 심의를 거쳐 국가와 지방자치단체의 부문계획의 작성지침을 정하고 이를 관계 기관에 통보할 수 있으며, 기본계획의 작성을 위하여 필요한 경우 공공기관의 장에게 관련 자료의 제출을 요청할 수 있다. 따라서 행정안전부 장관은 기본계획의 작성을 위해 필요한 경우, 관련 자료의 제출을 공공기관의 장에게 요청할 수 있다.

[오답해설]

② 두 번째 조 제2항에 따르면 중앙행정기관의 장과 지방자치단체의 장은 시행계획을 전략위원회에 제출하고, 전략위원회의 심의·의결을 거쳐 시행하여야 한다. 시행계획 중 중요한 사항을 변경하는 경우에도 또한 같다. 따라서 지방자치단체의 장이 시행계획 중 중요한 사항을 변경하는 경우 공공데이터전략위원회의 심의를 생략할 수 없다.

③ 세 번째 조 제1항에 따르면 행정안전부장관은 매년 공공기관을 대상으로 공공데이터의 제공기반조성, 제공현황 등 제공 운영실태를 평가하여야 한다. 이 때 공공기관의 범위에서 국회·법원·헌법재판소 및 중앙선거관리위원회는 제외한다. 따라서 행정안전부장관은 헌법재판소를 대상으로 공공데이터의 제공 운영실태를 평가할 필요가 없다.

④ 세 번째 조 제2항에 따르면 행정안전부장관은 동조 제1항에 따른 평가결과를 전략위원회와 국무회의에 보고한 후 이를 공공기관의 장에게 통보하고 공표하여야 한다. 따라서 행정안전부장관이 공공데이터전략위원회에 공공데이터의 제공운영실태 평가결과를 보고하여야 한다.

⑤ 세 번째 조 제3항에 따르면 행정안전부장관은 동조 제1항에 따른 평가결과가 우수한 공공기관이나 공공데이터 제공에 이바지한 공로가 인정되는 공무원 또는 공공기관 임직원을 선정하여 포상할 수 있다. 따라서 포상 대상은 공무원 또는 공공기관 임직원이다.

문 2. 정답 ⑤

[유형] 규정이해 [내용영역] 법규범 [난이도] ★☆☆

[정답해설]

⑤ 두 번째 조 제1항 제1호에 따르면 시·도지사는 문화관광형 시장을 지정한 날부터 3개월 이내에 제○○조 제2항에 따라 지정 내용과 육성계획이 제출되지 아니한 경우 그 지정을 해제할 수 있다.

[오답해설]

① 첫 번째 조 제1항에 따르면 시장·군수·구청장은 직접 또는 상인조직을 대표하는 자가 신청하는 경우 시·도지사의 승인을 받아 문화관광형 시장을 지정할 수 있다. 따라서 시장·군수·구청장이 지정 주체이며, 개별상인의 신청이 아닌 상인조직을 대표하는 자의 신청에 따라 문화관광형 시장을 지정할 수 있다.

② 두 번째 조 제3항에 따르면 시·도지사는 문화관광형 시장의 지정을 해제한 때에는 그 내용을 중소기업벤처기업부장관, 문화체육관광부장관 및 시장 등에게 통보하여야 한다.

③ 두 번째 조 제2항에 따르면 시·도지사는 문화관광형 시장의 지정을 해제하려는 경우에는 시장 등 및 그 밖의 이해관계인에게 의견진술의 기회를 주어야 한다.

④ 첫 번째 조 제3항 제2호에 따르면 정부와 지방자치단체는 지정된 문화관광형 시장을 육성하기 위하여 기념품 및 지역특산품의 개발과 판매시설 설치를 지원할 수 있다.

문 3. 정답 ⑤

[유형] 규정이해 [내용영역] 법규범 [난이도] ★☆☆

[정답해설]

⑤ 두 번째 조 제2항 제2호에 따르면 기상청장은 규모 5.0 이상으로 예상되는 지진으로서 국내에 상당한 영향을 미칠 것으로 예상되는 지진이 국외에서 발생한 경우 즉시 지진조기경보를 발령하여야 한다. 따라서 국외에서 규모 5.0 이상으로 예상되는 지진이 발생하였어도 국내에 영향을 미치지 않을 것으로 예상된다면 즉시 지진조기경보를 발령할 필요는 없다.

[오답해설]

① 첫 번째 조에 따르면 기상청장은 국내외에서 발생하는 주요 자연지진·지진해일·화산에 대한 관측 결과 및 특보 등의 정보를 관계기관과 국민에게 알릴 수 있다. 따라서 모든 자연지진이 아닌 주요 자연지진에 대한 정보를 관계기관과 국민에게 알릴 수 있다.

② 두 번째 조 제2항에 따르면 기상청장은 동조 동항 제1호 및 제2호에 해당하는 경우 즉시 지진조기경보를 발령하여야 한다. 따라서 위 제2호 및 제2호에 해당하지 않는 지진의 경우 즉시 지진조기경보를 발령하지 않을 수 있다.

③ 세 번째 조 제1항에 따르면 기상청장 외의 자가 지진·지진해일·화산의 관측 결과 및 특보를 발표할 수 없다. 따라서 기상청장은 화산에 대한 관측결과를 학문연구를 위해 발표할 수 있을 것이다.

④ 세 번째 조 제1항 제1호에 따르면 기상청장 이외의 자도 핵실험이나 대규모 폭발 등으로 인하여 발생한 인공지진에 대한 관측 결과를 발표할 수 있다. 또한 동조 제2항에 따르면 기상청장 외의 자가 제1항 단서에 따른 발표를 하려는 때에는 기상청장의 승인을 받아야 한다. 따라서 핵실험으로 인해 발생한 인공지진에 대한 관측결과를 기상청장 외의 자가 발표하려는 경우 기상청장의 승인을 받아야 한다.

문 4. 정답 ⑤

[유형] 규정이해 [내용영역] 법규범 [난이도] ★★☆

[정답해설]

⑤ 첫 번째 조 제3항에 따르면 보건복지부 장관은 의료기관이 동조 제2항에 따라 헌혈증서 제출자에게 수혈을 하였을 때에는 그 비용을 해당 의료기관에 보상하여야 한다. 따라서 의료기관이 헌혈증서 제출자에게 무상으로 혈액제제를 수혈한 경우 보건복지부장관으로부터 그 비용을 보상받을 수 있다.

[오답해설]

① 첫 번째 조 제2항에 따르면 동조 제1항에 따른 헌혈자 또는 그 헌혈자의 헌혈증서를 양도받은 사람은 의료기관에 그 헌혈증서를 제출하면 무상으로 혈액제제를 수혈받을 수 있다.

② 세 번째 조 제1항 제2호에 따르면 혈액원은 헌혈이 직접적인 원인이 되어 질병이 발생하거나 사망한 채혈부작용자에 대한 보상금을 지급할 수 있다. 그리고 두 번째 조 제3항에 따르면 헌혈환급적립금은 수혈비용의 보상, 헌혈의 장려, 혈액관리와 관련된 연구 중 하나에 해당하는 용도에만 사용가능하다. 따라서 헌혈이 직접적인 원인이 되어 사망한 자에게 혈액원은 보상금 지급 여부를 결정할 수 있으며, 헌혈환급 적립금에서 보상금을 지급할 수 없다.

③ 두 번째 조 제2항에 따르면 보건복지부장관은 동조 제1항에 따른 헌혈환급예치금으로 헌혈환급적립금을 조성·관리한다. 따라서 혈액원으로부터 적립받은 헌혈환급예치금으로 헌혈환급적립금을 조성·관리하여야 한다.

④ 세 번째 조 제2항 제2호에 따르면 채혈부작용이라고 결정된 사람 또는 그 가족이 손해배상청구소송 등을 제기한 경우 또는 소송제기 의사를 표시한 경우 혈액원은 특정수혈부작용 및 채혈부작용에 대한 보상금을 지급하지 아니할 수 있다. 따라서 특정수혈부작용자가 아닌 채혈부작용자가 손해배상청구소송을 제기한 경우에 혈액원의 보상금 지급대상에서 제외될 수 있다.

문 5. 정답 ③

| 유형 | 규정이해 | 내용영역 | 법규범 | | 난이도 | ★★☆ |

[정답해설]

③ 첫 번째 조 제3항에 따르면 동조 제1항에 따라 미술작품을 설치해야 하는 건축물은 연면적이 1만 제곱미터 이상인 것이고, 증축하는 경우에는 증축되는 부분의 연면적이 1만 제곱미터가 되어야 한다. C회사가 연면적 7천 제곱미터의 업무시설을 전체 연면적 1만 2천 제곱미터의 업무시설로 증축하려는 경우는 증축되는 부분이 연면적 5천 제곱미터로, 첫 번째 조 제3항에 해당하지 않는다. 따라서 미술작품을 설치할 필요가 없다.

[오답해설]

① 첫 번째 조 제3항 제2호 및 제4항 제3호에 따르면 건축주가 국가 또는 지방자치단체인 공연장은 건축비용의 1백분의 1을 미술작품의 설치에 사용해야 한다. 따라서 A지방자치단체가 건축비용 30억 원으로 연면적 1만 5천 제곱미터의 공연장을 건립하려는 경우, 미술작품의 설치에 3천만 원을 사용하여야 한다.

② 두 번째 조 제1항에 따르면 건축주는 제○○조 제4항에 따른 금액을 미술작품의 설치에 사용하는 대신에 문화예술진흥기금에 출연할 수 있지만, 국가 및 지방자치단체가 건축주인 경우에는 제외한다. 따라서 B지방자치단체는 문화예술진흥기금에 출연할 수 없다.

④ 첫 번째 조 제3항 제1호에 따르면 미술작품을 설치해야 하는 건축물인 공동주택에서 기숙사 및 공공건설임대주택은 제외한다. 따라서 D대학교가 기숙사를 건립하는 경우 미술작품을 설치할 필요가 없다.

⑤ 두 번째 조 제3항에 따르면 설계변경으로 건축비용이 인상되는 경우 그 차액만큼을 문화예술진흥기금에 출연하는 것으로 미술작품을 변경하여 설치하는 것을 갈음할 수 있다. 따라서 문화예술진흥기금에 출연하는 것이 의무는 아니다. 또한 출연하는 금액의 경우에도 40억에 대한 1천분의 5인 2천만 원에서, 45억에 대한 1천분의 5인 2천5백만 원으로 5백만 원이 증가한 것이므로 진흥기금을 출연한다면 해당 금액은 5백만 원일 것이다.

문 6. 정답 ④

| 유형 | 정보이해 | 내용영역 | 법규범 | | 난이도 | ★☆☆ |

[정답해설]

ㄴ. 두 번째 문단에 따르면 신청대상은 한국에서 활동 중인 시, 시조, 소설, 수필, 평론, 희곡 분야의 작가이고, 신청 마감일을 기준으로 신청분야의 최초 창작활동 시작 후 3년 이상 경과한 작가에게 자격요건이 있다. 신춘문예 당선일은 신청 분야의 창작활동 시작 시점이므로 2015년 4월 16일 소설 분야 신춘문예에 당선된 이후 한국에서 활동 중인 작가는 2024년 지원사업의 소설 분야 신청 자격이 있다.

ㄹ. 세 번째 문단에 따르면 선정된 작가는 창작지원금을 지급받은 해의 12월 말일까지 작품집을 발간해야 하고, 지정된 날짜까지 작품집 발간 실적이 없는 경우 창작지원금이 반환처리될 수 있다. 또한 첫 번째 문단에 따르면 창작지원금은 2025년 1월 중 지급된다. 따라서 2024년 지원사업에 선정되어 2025년 1월 중 창작지원금을 지급받은 작가가 2025년 12월 말일까지 작품집을 발간하지 않는 경우 창작지원금이 반환처리될 수 있다.

[오답해설]

ㄱ. 두 번째 문단에 따르면 신청 대상은 국적에 관계없이 한국에서 활동 중인 작가이다. 따라서 한국인 작가만을 대상으로 하지 않는다.

ㄷ. 두 번째 문단에 따르면 신청 분야의 창작활동 시작 시점 계산 중 희곡 분야는 최초 공연일을 기준으로 한다. 따라서 2020년 6월 28일이 창작활동 시작 시점이 되며, 이로부터 3년 후인 2024년 6월 30일은 신청 마감일 이전이므로 2024년 지원사업 신청 자격이 있다.

문 7. 정답 ②

| 유형 | 정보이해 | 내용영역 | 과학기술 | | 난이도 | ★☆☆ |

[정답해설]

ㄴ. 포화 상태는 상대습도(=현재 대기 중의 수증기량/현재 온도의 포화 수증기량)가 100%인 상태를 말한다. 현재 상대습도가 80%라는 것은 포화수증기량에 비해 수증기량의 크기가 작다는 것을 의미하므로, 공기의 수증기량을 증가시킬 경우 분자 값이 증가하여 포화 상태를 만들 수 있다.

[오답해설]

ㄱ. 상대습도는 포화 수증기량에 대한 현재 공기 중에 포함된 수증기량의 비율이다. 따라서 포화 수증기량이 20% 증가하면, 상대습도는 20%보다 작은 정도로 낮아진다.

ㄷ. 포화 수증기량은 기온이 올라갈수록 증가하는데, 공기 온도가 올라가 포화 수증기량이 증가할수록 상대습도는 낮아지게 된다.

문 8. 정답 ④

| 유형 | 수리추론 | 내용영역 | 논리학 | | 난이도 | ★☆☆ |

[정답해설]

㉠ X의 연비는 15mpg이다. 이는 1갤런의 연료로 15마일을 달릴 수 있음을 뜻한다. 1갤런은 4L, 1마일은 1.6km로 간주하므로 X는 4L의 연료로 24km를 주행할 수 있다. X가 1L의 연료로 6km를 주행할 수 있으므로, X는 120km를 이동하는 데 연료 20L가 소요된다.

㉡ 4갤런은 16L이다. 4갤런의 연료로 Y는 200km를 이동할 수 있으며, Z는 1L로 18km를 주행할 수 있으므로 16L로는 288km(18km*16)를 이동할 수 있다. 따라서 4갤런의 연료로 Z는 Y보다 88km 더 이동할 수 있다.

문 9. 정답 ④

| 유형 | 수리추론 | 내용영역 | 논리학 | | 난이도 | ★☆☆ |

[정답해설]

ⅰ) 甲의 은행별 최종금리 비교

甲의 경우 연소득이 2,200만 원으로 특별금리 조건인 연소득 2,400만 원 이하를 충족하므로 특별금리 적용을 받는다.

A은행 : 4.2%(기본금리) + 0.5%(특별금리) + 1%(우대금리) = 5.7%
주택청약을 보유하고 있고 공과금 자동이체를 하고 있으며 한 달에 K카드를 40만 원 사용한다고 했으므로 우대금리 조건을 모두 충족하지만, 최대가산 우대금리가 1.0%이기에 1.5%가 아닌 1%의 우대금리 적용을 받게 된다.

B은행 : 4.0%(기본금리) + 0.5%(우대금리) + 1.5%(우대금리) = 6.0%
여태 A은행만을 이용했다고 했으며 공과금 자동이체 계좌는 다른 은행으로 바꿀 수 있다고 했으므로 두 조건을 모두 충족한다.

C은행 : 3.8%(기본금리) + 0.5%(우대금리) + 0.6%(우대금리) = 4.9%
급여이체 계좌는 바꿀 수 없다고 했으므로 해당 우대금리 조건은 충족하지 못하고, K카드 실적은 월 40만 원으로 60만 원 이상의 조건을 충족하지 못하므로 0.6%의 우대금리 혜택을 누릴 수 있다.

따라서 최종금리가 6.0%로 가장 높은 B은행을 선택한다.

ⅱ) 乙의 은행별 최종금리 비교

乙의 경우 연소득이 3,600만 원으로 특별금리 조건인 연소득 2,400만 원 이하를 충족하지 못하므로 특별금리의 적용을 받을 수 없다.

A은행 : 4.2%(기본금리) + 0.5%(우대금리) + 0.5%(우대금리) = 5.2%
공과금 자동이체와 K카드 실적 월 30만 원 이상의 우대금리 조건을 충족하므로 1%의 우대금리 혜택을 받을 수 있다.

B은행 : 4.0%(기본금리) + 0.5%(우대금리) = 4.5%
乙은 기존에 B은행만 이용했으므로 신규고객에 해당하지 않아 공과금 자동이체 우대금리 조건만 충족한다.

C은행 : 3.8%(기본금리) + 0.6%(우대금리) + 0.7%(우대금리) = 5.5%

B은행만을 이용해왔기에 C은행을 이용하는 경우 최초 신규고객이며, 급여이체를 어떤 은행에서 하더라도 괜찮다고 했고 K카드 실적이 월 70만 원으로 월 60만 원 이상을 충족하므로 모든 우대금리 조건을 적용받아 1.7%의 우대금리를 누릴 수 있다.

문 10. 정답 ④

[유형] 논리퀴즈　[내용영역] 논리학　[난이도] ★★☆

[정답해설]

세 번째 조건에 따르면 ㉠, ㉡, ㉢, ㉣ 중 홀수는 ㉡개다. 따라서 ㉡은 0~4 중 하나의 값을 갖는다.(홀수가 하나도 없는 경우~모두 홀수인 경우) 각각의 경우를 통해 ㉠, ㉡, ㉢, ㉣을 도출할 수 있다.

ⅰ) ㉡=0인 경우

㉠은 ㉡과 같다고 했으므로 0이 된다. 이때 홀수는 세 번째 조건에 의할 때 0이어야 하므로 ㉢도 0이 된다. 다섯 번째 조건도 충족하기 위해서는 ㉣도 0이 되어야 한다. 만약 ㉣이 2인 경우, 혹은 다른 자연수인 경우 다섯 번째 조건인 '2는 ㉣개다.'를 성립시킬 수 없기 때문이다. 이 경우 ㉠, ㉡, ㉢, ㉣의 합은 0이 되는데, 해당 값은 선지에 존재하지 않으므로 답이 될 수 없다.

ⅱ) ㉡=1인 경우

㉠은 ㉡과 같다고 했으므로 1이 된다. 두 번째 조건에 의할 때 홀수는 1개여야 하는데 ㉠과 ㉡이 1로 벌써 2개이므로 조건을 충족하지 못하기에 ㉡은 1이 될 수 없다.

ⅲ) ㉡=2인 경우

㉠은 ㉡과 같다고 했으므로 2가 된다. 이때 홀수는 세 번째 조건에 의할 때 2개여야 하고, ㉠과 ㉡이 짝수이기에 ㉢과 ㉣이 홀수가 됨을 알 수 있다. 다섯 번째 조건에서 2는 2개이므로 ㉣이 2가 되어야 하는데 앞서 ㉣은 홀수가 되어야 함을 확인했으므로 조건 간 모순이 발생하여 ㉡은 2가 될 수 없음을 알 수 있다.

ⅳ) ㉡=3인 경우

㉠은 ㉡과 같다고 했으므로 3이 된다. 이때 홀수는 세 번째 조건에 의할 때 3개여야 하므로 ㉢과 ㉣중 하나는 홀수가 된다. ㉢은 1 또는 0의 값을 가질 수 있는데, 1이 될 경우 ㉣은 짝수가 되어야 하고 이를 충족하는 것은 0이 되는 경우 밖에 없다. 다음으로 ㉢이 0이 될 경우 ㉣은 홀수 값이 되어야 하는데, 이는 ㉠, ㉡, ㉢, ㉣ 중 2가 적어도 1개는 있어야 하지만 그렇지 않으므로 ㉡이 3인 경우 가능한 ㉠, ㉡, ㉢, ㉣ 값은 각각 3, 3, 1, 0이 됨을 알 수 있다. 이때 ㉠, ㉡, ㉢, ㉣의 합은 7이 된다.

ⅴ) ㉡=4인 경우

㉠은 ㉡과 같다고 했으므로 4가 된다. 이때 세 번째 조건에 의해 홀수가 4개가 되어야 하는데, ㉠과 ㉡이 4로 짝수이므로 조건을 충족할 수 없기에 ㉡은 4가 될 수 없다.

문 11. 정답 ③

[유형] 수리추론　[내용영역] 사회　[난이도] ★★★

[정답해설]

닭 한 마리당 먹는 사료 수가 동일하다고 볼 때, 각 경우의 닭 마리 수와 먹일 수 있는 일 수를 곱하면 마리 당 필요한 사료 수는 동일하므로 이를 제외하고 계산하더라도 같은 결과를 얻을 것이다. 처음에 가지고 있던 닭에게 먹일 수 있는 일수를 x라 하고, 선지별로 이를 확인하여 답을 찾을 수 있다.

③ 300x=225(x+20)=400(x-15)의 식을 세울 수 있는데, x=60 일 때 해당 식이 성립한다.

[오답해설]

① 100x=25(x+20)=200(x-15)의 식을 세울 수 있는데, 첫 번째와 두 번째 식을 충족하는 x는 20/3, 두 번째와 세 번째의 식을 충족하는 x는 20, 첫 번째와 세 번째의 식을 충족하는 x는 30으로 모순이 발생한다.

② 200x=125(x+20)=300(x-15)의 식을 세울 수 있는데, 첫 번째와 두 번째 식을 충족하는 x는 100/3, 두 번째와 세 번째 식을 충족하는 x는 80/7, 첫 번째와 세 번째 식을 충족하는 x는 30으로 모순이 발생한다.

④ 400x=325(x+20)=500(x-15)의 식을 세울 수 있는데, 첫 번째와 두 번째 식을 충족하는 x는 260/3, 두 번째와 세 번째 식을 충족하는 x는 80, 첫 번째와 세 번째 식을 충족하는 x는 75로 모순이 발생한다.

⑤ 500x=425(x+20)=600(x-15)의 식을 세울 수 있는데, 첫 번째와 두 번째 식을 충족하는 x는 340/3, 두 번째와 세 번째 식을 충족하는 x는 100, 첫 번째와 세 번째 식을 충족하는 x는 90으로 모순이 발생한다.

문 12. 정답 ①

[유형] 수리추론　[내용영역] 논리학　[난이도] ★★★

[정답해설]

은행 금고에 보석을 맡겨 최대 금액이 되기 위해서는 무게 당 가격이 높은 것을 최대한 많이 포함해야 한다. 각 보석에 대하여 무게 당 가격은 C > A > B > D 순으로 높다. 따라서 가장 먼저 C를 모두 포함시키면 무게는 450g이 되고, 정확히 1kg만 맡길 수 있다는 조건을 고려하면 550g의 보석을 추가해야 한다. 550g 중에서 A를 최대한 많이 포함하면서도 모든 종류의 보석을 하나씩은 포함하는 조합은 A는 44개, B는 2개, D는 1개 포함하는 조합이다. 따라서 A보석 44개(528g), B보석 2개(20g), C보석 150개(450g), D보석 1개(2g)를 통해 조건들을 모두 충족할 수 있다.

문 13. 정답 ⑤

[유형] 논리퀴즈　[내용영역] 논리학　[난이도] ★★★

[정답해설]

마을 사람들은 자신보다 연하인 사람의 나이는 알고 있으며, 丁의 나이는 모르는 사람이 없다는 내용에서 丁의 나이가 가장 어림을 알 수 있다. 또한 乙이 戊의 나이를 잘 모르겠다고 했으므로 戊가 乙보다 나이가 많음을 알 수 있다. 또한 丙이 乙을 이히라 호칭하는 것을 볼 때 乙보다 어림을 알 수 있다. 丙과 甲이 乙보다 나이가 적고 甲이 乙보다 한 살 적으므로 丙은 甲보다 어리다. 이를 종합하면, 戊-乙-甲-丙-丁순으로 나이가 많음을 알 수 있다. 甲이 戊에게 '우후'라고 했으므로 둘의 성별은 모두 여자이며, 丙이 乙에게 '이히'라고 했으므로 둘의 성별은 모두 남자이다. 丁은 戊를 '이후'라 했으므로 丁의 성별은 남자이다.

[오답해설]

① 甲은 丙보다 나이가 많으므로 해당 호칭을 사용하는지 알 수 없다.

② 丁과 丙 모두 남자이므로 '이히'라 부른다.

③ 나이순으로 나열할 때 丙과 戊사이에 甲과 乙이 존재하고, 나이가 동일한 사람은 없으므로 최소한 2살을 초과하여 차이가 난다.

④ 남자가 3명으로 더 많다.

문 14. 정답 ③

[유형] 논리퀴즈　[내용영역] 논리학　[난이도] ★★☆

[정답해설]

당직 대상자들의 당직 일자 파악을 위해 아래와 같은 표를 통해 파악할 수 있다. 〈상황〉에서 乙은 8월 11일에 하루 출장을 갔고, 丙은 8월 13일에 하루 휴가를 갔다고 했으므로, 각각 해당 일에 당직을 할 수 없음을 확인할 수 있다.

특보	주의보		경보	주의보			경보	주의보
날짜	7	8	9	10	11	12	13	14
甲								
乙						×		
丙							×	
인원	1	1	2	1	1	1	2	1

이때 13일은 호우경보로 당직 인원 2명이 필요하므로, 丙이 당직을 서지 못하기에 甲과 乙은 당직을 서야 한다. 조건 5를 고려하면, 甲과 乙은 12일과 14일에 당직을 설 수 없고, 해당 일에 1명의 당직 인원이 필요하므로 丙이 당직을 서게 되며, 조건 5에 따라 丙은 11일에 당직을 서지 않게 되고, 그 결과 甲이 11일에 당직을 서고, 10일은 당직을 서지 않는다는 것을 파악할 수 있다.

특보	주의보		경보	주의보			경보	주의보
날짜	7	8	9	10	11	12	13	14
甲				×	○	×	○	×
乙					×	×	○	×
丙				×	○	×	○	
인원	1	1	2	1	1	1	2	1

이때, 丙이 당직 서는 날의 최솟값으로 2가 되기 위해서는 7~10일 모두 甲이나 乙만으로 당직 근무를 구성해야 하는데, 乙이 10일에 당직을 설 경우 9일에는 당직을 할 수 없지만, 丙이 당직을 서지 않게 되면 甲과 乙이 당직을 서야 하므로 모순이 생긴다. 따라서 최솟값으로 2가 될 수는 없다.

최솟값으로 3이 되기 위해 丙이 9일에 당직을 선다고 하면, 아래 표와 같이 당직을 구성할 수 있다.

특보	주의보		경보	주의보			경보	주의보
날짜	7	8	9	10	11	12	13	14
甲	○	×	○	×	○	×	○	×
乙	×	○	×	○	×	×	○	×
丙	×	×	○	×	×	○	×	○
인원	1	1	2	1	1	1	2	1

다음으로 최댓값으로 4와 5 중 값을 찾으면, 5가 되기 위해서는 남은 4일(7~10일) 중 3일에 당직을 서야 하는데 이는 조건 5를 고려할 때 불가능하다. 따라서 최댓값은 4일이 된다.

문 15. 정답 ①

유형 수리추론 내용영역 논리학 난이도 ★★★

[정답해설]

주어진 글을 근거로 할 때, 매주 수요일에는 하루 종일 출장을 가서 강아지를 산책시킬 수 없다고 했으며, 금요일 저녁에도 산책시킬 수 없고, 한 번도 산책시키지 않으면 이튿날 아침에도 산책을 시키지 않는다고 하여 목요일 아침에도 산책을 할 수 없음을 알 수 있다.

이 경우 나머지 날에 최대한 산책을 시킨다고 하면 산책 횟수는 16회이다. 그런데 하루에 세 번 강아지를 산책시키면 이튿날은 아침과 점심에 강아지를 산책시킬 수 없다고 했고, 점심, 저녁 연달아 강아지를 산책시키면 이튿날 아침에는 산책을 쉬어야 한다는 조건이 있다.

수요일에 산책을 하지 못한다는 점을 고려할 때, 화요일은 최대한 많이 산책을 시키는 것이 좋으며, 하루에 두 번 산책시킨다면 다음 날 영향을 주는 점심, 저녁보다는 아침, 점심이나 아침, 저녁에 산책을 하는 것이 최대로 산책시키는 방법일 것이다. 하루에 세 번 산책 시키는 경우 다음 날 아침, 점심 모두 산책시킬 수 없으므로 이틀씩 산책시키면서 다음날 영향을 주지 않는 방향으로 산책을 한다면 월, 화요일에 총 5번, 목, 금요일에 총 3번, 토, 일요일에 총 4번으로 12번이 최대임을 알 수 있다.

문 16. 정답 ③

유형 수리추론 내용영역 논리학 난이도 ★☆☆

[정답해설]

③ A업체의 평가점수 중 최고점과 최저점을 제외한 나머지 점수들의 합은 280점이다. B업체의 평가점수 중 최고점과 최저점을 제외한 나머지 점수들의 합이 가장 큰 경우는 270점이기 때문에, B업체가 선정될 가능성은 없다.

[오답해설]

① A업체의 평균점수는 92점으로 총점은 460점임을 알 수 있다. 최고점이 100, 최저점이 80이기에 나머지 3명으로부터 받은 점수는 280점이다. 따라서 나머지 평가위원 3명으로부터 모두 중의 등급을 받을 수는 없다.

② C의 평균점수는 88점으로 총점은 440점임을 알 수 있다. 최고점이 90점이므로 나머지 4명의 평가위원으로부터 350점을 받은 것인데, 이 때 평가위원 2명으로부터 하의 등급을 받았다면 1명의 평가위원으로부터 상의 등급을 받아야 한다. 최고점이 90점이므로 상의 등급을 받을 수 없고 따라서 2명의 평가위원으로부터 하의 등급을 받을 수 없다.

④ A업체의 최고점과 최저점을 제외한 나머지 점수들의 합은 280점이고, C업체의 최고점을 제외한 나머지 점수들의 합은 350점이다. C업체의 최저점이 80점이라면 최종 점수는 270점일 것이고 최저점이 90점이라면 최종점수는 260점일 것이므로, C업체가 선정될 가능성이 없다.

⑤ 2차 발표 평가 대상이 되기 위해서는 최고득점 업체가 복수여야 한다. A와 B, C업체의 점수가 다르기 때문에 3개 업체가 2차 발표 평가 대상이 될 가능성이 없다.

문 17. 정답 ①

유형 수리추론 내용영역 논리학 난이도 ★☆☆

[정답해설]

사업별로 기술 등급 + 경력 기간 + 실적 건수 + 실적 금액 순으로 점수를 더하면 아래와 같다.

甲 : 2 + 7 + 4 + 5 = 18
乙 : 3 + 7 + 4 + 4 = 18
丙 : 4 + 6 + 2 + 5 = 17
丁 : 4 + 6 + 3 + 5 = 18
戊 : 기술 등급이 초급이기에 1문단 단서에 의해 사업자 선정에서 제외된다.

甲, 乙, 丁은 18점으로 점수가 동일한데, 첫 번째 문단에서 합산 점수가 가장 높은 사업자가 복수인 경우 실적 건수가 가장 많은 사업자를 선정한다고 했으므로 甲이 용역사업자로 선정된다.

문 18. 정답 ④

유형 수리추론 내용영역 논리학 난이도 ★★☆

[정답해설]

④ 선발될 수 있다. 모든 조건을 충족한다.

[오답해설]

① 지원자격의 첫 번째 조건인 만 19세~만 40세를 충족하지 못했다.
② 경영주 등록일이 2023. 1. 3.이다. 따라서 2023. 1. 1.에는 독립경영 요건 ②를 충족하지 못했다.
③ 지원자격의 두 번째 조건인 독립경영 3년 이하를 충족하지 못했다.
⑤ 경영주 등록을 하지 않아 독립경영 요건 ②를 충족하지 못했다.

문 19. 정답 ②

유형 정보이해 내용영역 사회 난이도 ★☆☆

[정답해설]

ㄷ. 마지막 문단에 따르면 일반승수는 직접효과·간접효과·유발효과의 합을 관광객의 최초 관광지출로 나눈 값이다. 또한 두 번째 문단에 따르면 직접효과를 일차효과라고도 부르고, 네 번째 문단에 따르면 간접효과와 유발효과를 합쳐 이차효과라고 부르기도 한다. 따라서 나누어지는 값인 직접효과·간접효과·유발효과의 합은 일차효과와 이차효과의 합이라고 부를 수 있다.

[오답해설]

ㄱ. 네 번째 문단에 따르면 관광효과 = 직접효과 + 간접효과 + 유발효과이다. 따라서 관광효과에서 유발효과를 제외한 값은 직접효과 + 간접효과이다.

ㄴ. 관광지 소재 식당이 관광객에게 직접 받은 식대는 관광객이 지역 관광 사업자에게 직접적으로 지출하는 경비에 해당하므로 유발효과가 아니다.

문 20. 정답 ③

유형 수리추론 내용영역 사회 난이도 ★☆☆

[정답해설]

직접효과를 x라 하면, 간접효과는 x+10억, 유발효과는 2x가 된다. 따라서 관광효과는 4x+10억이고, 관광객의 최초 관광지출의 50%가 직접효과이므로 관광객의 최초 관광지출은 2x이다. 일반승수는 관광효과를 최초 관광지출로 나눈 값이므로, 2.5=4x+10억/2x가 성립한다. 이를 통해 x는 10억임을 확인할 수 있다.

비율승수는 관광효과를 직접효과로 나눈 것이고 관광효과는 x가 10억일 때 50억이므로 50억/10억은 5이다.

문 21. 정답 ③

유형 규정이해 내용영역 법규범 난이도 ★☆☆

[정답해설]

③ 네 번째 조 제1항에 따르면 두 번째 조를 위반한 자는 3년 이하의 징역 또는 3천만 원 이하의 벌금에 처한다. 丙이 18세인 고등학생에게 약물의 남용을 자극하는 내용의 공연물을 관람시킨 것은, 두 번째 조 제2호를 위반하여 연소자에게 연소자 유해 공연물을 관람시킨 행위이다. 그리고 첫 번째 조 제3호에 따르면 "연소자"란 고등학교에 재학 중인 사람을 포함한 18세 미만의 사람이다. 따라서 丙은 3천만 원의 벌금에 처해질 수 있다.

[오답해설]

① 세 번째 조 제1항에 따르면 공연장을 설치하여 운영하려는 자는 시·도지사가 아닌 공연장 소재지를 관할하는 시장, 군수, 구청장에게 등록하여야 하므로, A도 B군에 설치하고자 하는 경우 B군수에게 등록하여야 한다.

② 세 번째 조 제3항에 따르면 동조 제2항에 따라 영업 폐지 시 기간 내에 폐업신고를 하여야 하는데 이를 하지 아니하면 동조 제3항에 따라 관할 시장 등은 등록사항을 직권으로 말소할 수 있다.

④ 네 번째 조 제2항에 의할 때, 암표상에 대하여 20만 원 이하의 벌금, 구류 또는 과료에 처한다고 했으므로 구매한 丁이 아닌 암표상이 10만 원의 벌금에 처해질 수 있다.

⑤ 세 번째 조 제5항에 의할 때, 공연장 외의 장소에서 1천 명 이상의 관람자가 있을 것으로 예상되는 공연을 하려는 자는 동조 제4항을 준용하여 피난안내도를 갖춰야 하므로, 500명의 관람자가 예상되는 경우는 피난안내도를 갖추어 둘 의무가 없다.

문 22. 정답 ①

유형 규정이해 내용영역 법규범 난이도 ★☆☆

[정답해설]

① 세 번째 조 제3항에 따르면 참전유공자가 국적을 상실한 경우에도 참전명예수당을 지급할 수 있다.

[오답해설]

② 첫 번째 조 제1항 제4호에 따르면 경찰서장 등 경찰관서장의 지휘·통제를 받아 6·25전쟁에 참전한 사실이 있다고 경찰청장이 인정한 사람은 참전유공자이다. 월남전쟁에 참전한 사실이 있다고 경찰청장이 인정한 사람은 해당하지 않는다.

③ 세 번째 조 제4항에 따르면 불가피한 사유로 인하여 현금으로 지급하는 경우는 해당 수당지급 대상자의 신청에 따라 현금으로 지급할 수 있다.

④ 첫 번째 조 제1항에 따르면 6·25전쟁이나 월남전쟁 참전 중 범죄행위로 인하여 금고 이상의 형을 선고받고 불명예스러운 제대를 하거나 파면된 사실이 있는 사람은 참전유공자에서 제외한다. 전역 후에 범죄행위를 저질러 금고 이상의 형을 선고받은 자는 해당하지 않는다.

⑤ 세 번째 조 제2항에 따르면 지급연령이 지난 후 등록신청을 한 경우에는 등록신청을 한 날이 속하는 달부터 지급한다. 참전명예수당은 지급연령이 된 날이 속하는 달부터 소급하여 지급하지 않는다.

문 23. 정답 ⑤

유형 규정이해 내용영역 법규범 난이도 ★☆☆

[정답해설]

⑤ 두 번째 조 제3항에 따르면 등록된 국제선박의 선박소유자는 구조변경 등 등록사항이 변경된 경우 그 사실이 발생한 날부터 1개월 이내에 해양수산부장관에게 변경등록을 신청하여야 한다.

[오답해설]

① 두 번째 조 제4항에 따르면 등록된 국제선박은 국내항과 외국항 간 또는 외국항 간에만 운항하여야 한다. 따라서 국내항에 해당하는 부산항과 인천항 간에는 운항을 할 수 없다.

② 첫 번째 조 제2호에 따르면 대한민국 법률에 따라 설립된 상사 법인이 소유한 선박의 경우 국제선박으로 등록할 수 있다. 따라서 상사 법인이 외국법에 따라 설립된 경우는 이에 해당하지 않는다.

③ 두 번째 조 제1항에 따르면 선박소유자는 국제선박으로 등록하기 전에 선적항을 관할하는 지방해양수산청장에게 신청하여 그 선박을 선박원부에 등록하고 선박국적증서를 발급받아야 한다.

④ 두 번째 조 제2항에 따르면 해양수산부장관은 등록신청을 받은 경우에는 등록 대상인 경우에 지체 없이 이를 국제선박등록부에 등록하여야 한다.

문 24. 정답 ⑤

유형 규정이해 내용영역 법규범 난이도 ★☆☆

[정답해설]

⑤ 두 번째 조에 따르면 허위로 물건의 용기나 포장에 특허표시 또는 특허출원표시를 해서는 안 된다. 또한 세 번째 조에 따르면 두 번째 조를 위반한 자는 허위표시의 죄로 3년 이하의 징역 또는 3천만 원 이하의 벌금에 처한다. 따라서 丁은 허위표시의 죄로 처벌된다.

[오답해설]

① 첫 번째 조 제1항 제1호에 따르면 물건의 특허발명의 경우 그 물건에 "특허"라는 문자와 그 특허번호를 표시할 수 있다. 甲은 물건의 특허발명을 하여 특허권을 부여받았다. 따라서 "방법특허"가 아닌 "특허"로 표시하여야 한다.

② 첫 번째 조 제2항 제2호에 따르면 물건을 생산하는 방법의 특허출원의 경우 그 방법에 따라 생산된 물건에 "방법특허출원(심사중)"이라는 문자와 그 출원번호를 표시할 수 있다. 따라서 丙은 "특허출원(심사중)"이 아닌 "방법특허출원(심사중)"이라고 표시하여야 한다.

③ 첫 번째 조 제1항과 제2항에 따르면 특허권자는 특허표시를 할 수 있으며, 해야 하는 것은 아니다. 따라서 甲이 잠금장치에 특허표시를 하지 않았다고 하여 허위표시의 죄로 처벌되는 것은 아니다.

④ 세 번째 조 제2항에 따르면 개인의 대리인, 사용인, 그 밖의 종업원이 개인의 업무에 관하여 허위표시의 금지에 해당하는 위반행위를 하면 그 행위자를 벌하는 외에 개인에게 3천만 원 이하의 벌금형을 과한다. 따라서 행위자인 乙은 허위표시의 죄로 처벌받는다.

문 25. 정답 ①

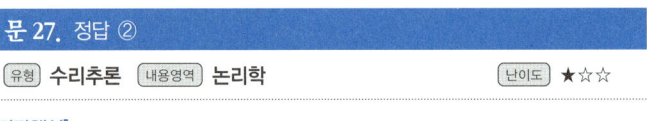

[정답해설]

① 첫 번째 조 제1항에 따르면 양식업면허를 받은 자는 그 양식업면허를 받은 날부터 3개월 이내에 어장청소를 해야 하고, 어장청소를 끝낸 날부터 정해진 주기에 따라 어장청소를 해야 한다. 그리고 동조 제2항에 따르면 해조류 양식업면허를 취득하고 수하식(지주망식)으로 매생이를 양식하는 경우 5년 주기로 어장청소를 하여야 한다. 따라서 甲은 10년의 유효기간 중 어장청소를 두 번은 해야 한다.

[오답해설]

② 첫 번째 조 제2항에 따르면 같은 면허 내에서 서로 다른 양식방법을 혼합하거나 두 종류 이상의 수산 동식물을 양식하는 경우, 어장청소 주기는 그중 단기로 한다. 가두리식으로 방어를 양식하는 경우의 어장청소 주기는 3년, 수하식(연승식)으로 우렁쉥이를 양식하는 경우의 어장청소 주기는 4년이므로, 그중 단기인 3년이 어장청소 주기가 된다.

③ 첫 번째 조 제3항에 따르면 양식업면허의 유효기간이 만료된 자가 기존 면허와 동일한 신규 면허를 받은 경우에는 유효기간 만료 전 마지막으로 어장청소를 끝낸 날부터 동조 제2항의 주기에 따라 어장청소를 할 수 있다.

④ 두 번째 조 제3항에 따르면 1회 부과하는 이행강제금은 250만 원을 초과할 수 없다. 따라서 300만 원의 이행강제금을 부과할 수 없다.

⑤ 첫 번째 조 제1항에 따르면 양식업면허를 받은 날부터 3개월 이내에 어장청소를 해야 하므로 2020. 12. 11. 면허를 받은 경우 2021. 3. 11.내에 어장청소를 해야 한다. 수하식(연승식)으로 미더덕을 양식하는 경우 어장청소 주기가 4년이므로, 이로부터 4년 후인 2024년 3. 11.까지 어장청소를 한 번 더 해야 한다. 첫 번째 조 제4항에 따르면 시장 등은 양식업면허를 받은 자가 동조 제1항을 위반하여 어장청소를 하지 아니하는 경우 어장청소를 명하되, 60일 이내의 범위에서 이행기간을 부여해야 하고, 두 번째 조 제1항에 따르면 위 명령을 받고 그 정한 기간 내 명령을 이행하지 아니한 자에게 이행강제금을 부과한다. 따라서 戊에게 2024. 3. 12.에 이행강제금이 부과되는 것은 아니다.

문 26. 정답 ④

[정답해설]

④ 두 번째 문단에 따르면 하면 발효의 방식으로 만든 맥주를 라거라고 하고, 라거를 생산할 때에는 주로 연수를 사용한다.

[오답해설]

① 마지막 문단에 따르면 맥주의 색상은 몰트에 의해 결정된다.

② 첫 번째 문단에 따르면 고대 수메르인은 보리를 갈아 빵과 같은 형태로 만든 후 물을 부어 저장해두는 형태로 맥주를 제조하였다.

③ 두 번째 문단에 따르면 에일은 상면 발효로 만든 맥주이며, 상면 발효는 18~25℃에서 발효하여 만든 맥주이다.

⑤ 마지막 문단에 따르면 산업혁명 이후에는 원하는 정도로 맥아를 볶을 수 있게 되었다고 했으므로, 높은 온도로 몰트를 만들었다고만 볼 수는 없다.

문 27. 정답 ②

[정답해설]

전기의 감축률 : (50/400)*100 = 12.5%

상수도의 감축률 : (1/11)*100 = 9.09%

도시가스의 감축률 : (9/60)*100 = 15%

전기의 포인트는 750, 상수도의 경우 75, 도시가스는 800으로 이를 모두 더하면 1,625의 탄소중립 포인트를 받게 된다.

문 28. 정답 ④

[정답해설]

丁의 기부액은 甲의 기부액에 대하여 27배 한 값으로, 9자리 숫자가 도출됨을 알 수 있다. 모든 자리수가 3이라고 했으므로 丁의 기부액은 333,333,333원이다. 丙은 이를 3으로 나눈 111,111,111원, 乙은 이를 3으로 나눈 37,037,037원, 甲은 이를 3으로 나눈 12,345,679가 됨을 알 수 있다. 따라서 甲이 기부한 금액의 일의 자리 숫자는 9, 丙이 기부한 금액의 십의 자리 숫자는 1이고 이 둘을 더한 수는 10이다.

문 29. 정답 ②

[정답해설]

베타는 다른 종류의 열대어와 한 어항에서 기를 수 없고, 베타를 포함하여 2종류 이상의 열대어 4마리를 구매한다고 했으므로, 어항은 최소한 2개가 필요하다. 가격이 저렴한 A형 어항과 구피를 구매해야 최소 금액을 결제할 수 있을 것이다.

ⅰ) 구피 3마리, 베타 1마리
   구피의 경우 필요 어항용적이 1200으로 A형을 구매하지 못하고 B형을 구매해야 한다. 베타는 A형 어항에 기를 수 있으므로 이를 종합하면 35,000 + 9,000 + 40,000 + 4,000 = 88,000원이다.

ⅱ) 구피 2마리, 베타 2마리
   구피와 베타 모두 필요 어항용적이 900미만으로 A형 어항에서 기를 수 있다. 이를 종합하면, 70,000 + 6,000 + 8,000 = 84,000원이다.

ⅲ) 구피 1마리, 베타 3마리
   구피와 베타 모두 필요 어항용적이 900을 초과하지 않으므로 A형 어항에서 기를 수 있다. 이를 종합하면, 70,000 + 3,000 + 12,000 = 85,000원이다.

따라서 甲이 결제할 최소 금액은 84,000원이다.

문 30. 정답 ③

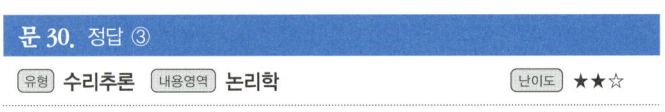

[정답해설]

2022. 1. 5.에는 2500 포인트가 적립된다.

2022. 9. 20.에는 2,000 포인트를 사용하여 기존 포인트 중 500 포인트가 남고, 적립되는 포인트는 사용포인트를 제외한 금액에 대해서만 포인트가 적립되므로 400 포인트가 적립된다.

2023. 1. 9.에는 2022. 1. 5.에 적립된 날로부터 1년이 되는 날이 속한 달의 말일이 지났으므로 남았던 500 포인트가 소멸되고, 2022. 9. 20.에 적립된 400 포인트, 2023. 1. 9.에 적립된 500 포인트로 총 900 포인트가 적립된다.

2023. 3. 27.에 사용되는 300 포인트는 2022. 9. 20.에 적립된 400 포인트 중에서 사용되고, 새로 2,000 포인트가 추가 적립되어 2,600 포인트가 적립된다.
2024. 1. 5.에는 2022. 9. 20.에 적립된 400 포인트 중 남은 100 포인트가 소멸된다. 이 중 500 포인트를 사용하고 추가적으로 적립되는 포인트는 500이므로 2,500 포인트가 남게 된다.
2024년 1월 10일에는 기존 포인트 중 소멸되는 포인트가 없으므로 2,500 포인트를 보유하게 된다.

문 31. 정답 ②

[유형] 수리추론　[내용영역] 논리학　　　　　　　　　[난이도] ★★★

[정답해설]
임용 전 내향형인 사람의 수를 x, 임용 후 사고형인 사람의 수를 y라 하고 아래 표를 채우면 다음과 같다. 외향형이면서 감정형인 사람의 수에 대한 조건이 마지막으로 제시되어 있으므로 이를 활용하기 위해 기존 미지수를 활용하면, 전체 100명에서 사고형과 내향형을 빼준 후 사고형이면서 내향형인 사람을 더해준 값이 외향형이면서 감정형인 사람의 수에 해당한다.

ⅰ) 임용 전

	감정형	사고형	합계
외향형	120−x−2y		100−x
내향형		20	x
합계		2y	100

ⅱ) 임용 후

	감정형	사고형	합계
외향형	120−2x−y		100−2x
내향형		20	2x
합계		y	100

임용 후 외향형이나 감정형인 사람의 수가 임용 전의 두 배가 되었다고 했으므로 이를 통해 식을 세워보면, 2(120−x−2y)=120−2x−y이다. 이를 풀면 y=40이 도출된다.
y가 40이므로 임용 후 외향형이자 사고형인 사람은 20(=40−20)명이 된다.

문 32. 정답 ③

[유형] 논리퀴즈　[내용영역] 논리학　　　　　　　　　[난이도] ★★☆

[정답해설]
甲이 1등 아니면 5등이라고 했으므로 두 경우로 나눠 생각해볼 수 있다.
ⅰ) 甲이 1등인 경우
　甲이 1등이라면 丙의 진술과 모순이 발생한다.
ⅱ) 甲이 5등인 경우
　乙은 丙과 丁을 제친 후 누구에게도 추월당하지 않았다고 했고, 丁은 丙에게 따라잡힌 적이 없다고 했으므로, 乙-丁-丙의 순서로 등수가 형성됨을 알 수 있다. 이때 戊가 丙보다 앞 등수를 차지하게 되면, 丙의 진술과 모순이 발생하므로 戊는 4등이 된다.
따라서 3등은 丙이다.

문 33. 정답 ④

[유형] 수리추론　[내용영역] 논리학　　　　　　　　　[난이도] ★★☆

[정답해설]
④ 01년생은 2022년에 만 20세 이상이며, 2028년에도 만 35세 이하이며, 0, 1, 4의 세 가지 숫자로만 구성되어 있고, 11로 같은 숫자가 연속되는 부분이 있으며, 11일로 홀수일에 태어나 짝수해에 기념품을 받지 못했기에 모든 조건을 충족한다.

[오답해설]
① 2028년에 지원금을 받을 수 없으며, 짝수일에 태어났기에 세 번째 조건도 충족하지 못하고, 같은 숫자가 연속되는 부분도 없다.
② 4가지 숫자로 구성되어 있다.
③ 짝수일에 태어났으므로 세 번째 조건을 충족하지 못한다.
⑤ 2022년에도 지원금을 받아야하는데, 031103의 주민등록번호를 갖게 되면 만 20세가 되지 않아 이를 충족할 수 없다.

문 34. 정답 ③

[유형] 논리퀴즈　[내용영역] 논리학　　　　　　　　　[난이도] ★★★

[정답해설]
③ 甲과 乙이 A에게 투표하고, 丙, 丁, 戊 중 한 명이 A에게 투표한 경우 최대 5표를 얻을 수 있고, 이 경우 B에 2명, C에 3명이 투표한다는 조건과도 모순이 발생하지 않는다.

[오답해설]
① 甲과 乙이 B에게 투표하고, 나머지 사람들이 A와 C에 각각 1표씩 투표한 경우 B가 선정될 수 있다.
② 丙과 丁이 투표한 후보 조합이 동일할 수 있다.
④ 甲과 乙이 B에게 투표하고, 나머지 사람들이 A와 C에 각각 1표씩 투표한 경우 C는 1차 투표에서 3표를 받는다.
⑤ 甲과 乙이 투표한 후보는 총 4표를 획득하여 어떤 후보보다 많은 표를 획득하게 되므로 2차 투표를 실시하는 경우는 없다.

문 35. 정답 ①

[유형] 논리퀴즈　[내용영역] 논리학　　　　　　　　　[난이도] ★★☆

[정답해설]
네 번째 조건에서 네 번의 토요일과 다섯 번의 일요일이 있다고 했으므로 1일을 일요일로 한다.
두 번째와 세 번째 조건에 의할 때, 유학생의 날 기준으로 1주 전과 3주 뒤가 모두 같은 달에 있어야하므로 총 5주가 있는 요일이어야 한다. 이를 충족하는 요일은 월요일과 화요일인데, 월요일은 선지에 존재하지 않으므로 화요일이 답이 된다.

월	화	수	목	금	토	일
						1
2	3	4	5	6	7	8
9	10	11	12	13	14	15
16	17	18	19	20	21	22
23	24	25	26	27	28	29
30	31					

문 36. 정답 ②

[유형] 논리퀴즈　[내용영역] 논리학　　　　　　　　　[난이도] ★★★

[정답해설]
ㄷ. 11번째 경기와 12번째 경기의 직전 10개 경기 전적이 같다는 것은, 11번째 경기의 결과와 1번째 경기 결과가 같다는 것을 뜻한다. 따라서 ㉠이 '승'이고 ㉡이 '6승 4패'라면 시즌 1번째 경기의 결과는 '승'이다.

[오답해설]
ㄱ. 시즌 1번째 경기의 결과가 '패'라면, ㉠이 '패'라도 ㉡이 '6승 4패'가 될 수 있다.
ㄴ. ㉠이 '승'이고 ㉡이 '7승 3패'일 때, 1번째 경기와 2번째 경기 모두에 패한 상황인 경우 ㉡은 '패'가 된다.

ㄹ. 시즌 13번째 경기의 직전 10개 경기는 3번째부터 12번째까지이다. ⓒ은 2번째부터 11번째 경기의 결과를 말하는데, 만약 2번째 경기가 패한 경기라면, 시즌 13번째 경기의 직전 10경기는 '5승 5패'가 된다.

문 37. 정답 ⑤

[유형] 수리추론 [내용영역] 논리학 [난이도] ★☆☆

[정답해설]

각각 품질, 가격, 안전성 순으로 점수를 더하면 다음과 같다.

A : 9 + 7 + 2 = 18
B : 3 + 7 + 6 = 16
C : 15 + 3 + 6 = 24
D : 9 + 5 + 10 = 24
E : 15 + 1 + 6 + 2.5(설치업체 2회 이상 선정에 따른 가점) = 24.5

따라서 설치업체로 선정될 곳은 최종 점수가 가장 높은 E가 된다.

문 38. 정답 ②

[유형] 수리추론 [내용영역] 논리학 [난이도] ★☆☆

[정답해설]

D의 경우 배출권거래제에 참여 중이므로, 지원대상 첫 번째 조건의 단서에 해당하여 지원대상에서 제외된다.

나머지 기업들의 점수를 중간보고서와 시설설치, 최종보고서 순으로 비율을 반영하여 나타내면 다음과 같다.

A : 12 + 21 + 35 = 68 → 총점 70점 미만으로 지원대상에서 제외
B : 18 + 18 + 40 = 76
C : 17 + 18 + 35 = 70
E : 16 + 27 + 45 = 88

B, C, E만 지원을 받을 수 있는데, 기업 규모에 따라 B와 C는 중소기업으로 총비용의 80%를 지원받아 각각 4.8억과 5.6억을 지원받고, E의 경우 대기업으로 총비용의 30%인 4.5억을 지원받는다. 따라서 甲부처가 지원해야 할 총 금액은 14.9억에 해당한다.

문 39. 정답 ⑤

[유형] 정보이해 [내용영역] 사회 [난이도] ★☆☆

[정답해설]

⑤ 두 번째 문단에 따르면 사탕무를 이용한 설탕의 대량생산은 1801년에 가능해졌는데, 이는 19세기(1801~1900)에 해당한다.

[오답해설]

① 첫 번째 문단에 따르면 사탕수수를 처음 재배한 곳은 태평양 남서부의 뉴기니 섬 지역이다.
② 첫 번째 문단에 따르면 사탕수수액을 이용한 설탕 결정법은 350년경 굽타왕조 시대에 개발되었다.
③ 마지막 문단에 따르면 1920~1930년도 전에는 생선류, 김치류에 대해서는 설탕분만 아니라 꿀이나 엿도 전혀 사용하지 않았다.
④ 첫 번째 문단에 따르면 인도의 외교사절단이 사탕수수 재배법을 중국에 전파한 것은 7세기 중반이다.

문 40. 정답 ②

[유형] 수리추론 [내용영역] 사회 [난이도] ★★☆

[정답해설]

네 번째 문단에 따르면 1893년에는 설탕 가격이 1884년 대비 40% 하락하였다. 1884년 설탕 1근의 가격을 X라 하면 1893년의 설탕 1근의 가격은 0.6X로, 12전이다. 따라서 1884년의 설탕 1근 가격은 20전이다. 52전 중 설탕 1근을 구매하면 32전이 남는다.

네 번째 문단에 따르면 1884년 설탕 가격은 같은 무게 소고기의 2.5배이다. 따라서 1884년 소고기 가격은 20/2.5로 8전이다. 남은 32전을 모두 사용하여 소고기를 구매해야 하므로 소고기는 4근(=32/8)을 구입할 수 있다.

2026년도 5급 PSAT 대비

메가피셋
5급 공채
외교관후보자
지역인재 7급

5개년 기출문제집
헌법 + 언어논리 + 자료해석 + 상황판단

Ⅲ. 2023년도

- 헌　　　법
- 언어논리영역
- 자료해석영역
- 상황판단영역

2023년도 헌법 (가)책형

문 1. 정답 ①

문제유형 헌법 총론/판례 난이도 ★☆☆

[정답해설]

① 대의민주주의를 기본 골자로 채택하고 있는 것이 현재 우리나라의 정치체제임을 감안하면 오답임을 짐작할 수 있다. 헌법재판소에 따르면 국민주권주의를 구현하기 위하여 헌법은 국가의 의사결정 방식으로 대의제를 채택하고, 이를 가능하게 하는 선거 제도를 규정함과 아울러 선거권, 피선거권을 기본권으로 보장하며, 대의제를 보완하기 위한 방법으로 직접민주제 방식의 하나인 국민투표제도를 두고 있다(제72조, 제130조 제2항). 이러한 국민주권주의는 국가권력의 민주적 정당성을 의미하는 것이기는 하나, 그렇다고 하여 국민전체가 직접 국가기관으로서 통치권을 행사하여야 한다는 것은 아니므로 주권의 소재와 통치권의 담당자가 언제나 같을 것을 요구하는 것이 아니고, 예외적으로 국민이 주권을 직접 행사하는 경우 이외에는 국민의 의사에 따라 통치권의 담당자가 정해짐으로써 국가권력의 행사도 궁극적으로 국민의 의사에 의하여 정당화될 것을 요구하는 것이다. (헌재 2009.3.26., 2007헌마843)

[오답해설]

② 국내법과의 차등이 있을 것임을 짐작할 수 있다. 헌법재판소에 따르면 우리 헌법은 헌법에 의하여 체결공포된 조약을 물론 일반적으로 승인된 국제법규를 국내법과 마찬가지로 준수하고 성실히 이행함으로써 국제질서를 존중하여 항구적 세계평화와 인류공영에 이바지함을 기본이념의 하나로 하고 있다(헌법전문 및 제6조 제1항 참조). 먼저 국제연합의 "인권에 관한 세계선언"에 관하여 보면 … 모든 국민과 모든 나라가 달성하여야 할 공통의 기준"으로 선언하는 의미는 있으나 그 선언내용인 각 조항이 바로 보편적인 법적구속력을 가지거나 국제법적 효력을 갖는 것으로 볼 것은 아니다. (헌재 1991. 7. 22. 선고 89헌가106)

③ 헌법재판소에 따르면 남북합의서는 남북관계를 "나라와 나라 사이의 관계가 아닌 통일을 지향하는 과정에서 잠정적으로 형성되는 특수관계"(전문 참조)임을 전제로 하여 이루어진 합의문서인바, 이는 한민족공동체 내부의 특수관계를 바탕으로 한 당국간의 합의로서 남북당국의 성의있는 이행을 상호 약속하는 일종의 공동성명 또는 신사협정에 준하는 성격을 가짐에 불과하며(헌재 1997.1.16. 선고 92헌바6.26, 93헌바34.35.36(병합)), 1992. 2. 19. 발효된 '남북사이의 화해와불가침및교류협력에관한합의서'는 일종의 공동성명 또는 신사협정에 준하는 성격을 가짐에 불과하여 법률이 아님은 물론 국내법과 동일한 효력이 있는 조약이나 이에 준하는 것으로 볼 수 없다. (헌재 1991.7.22. 89헌가106)

④ 헌법재판소에 따르면 민주주의는 참정권의 주체와 국가권력의 지배를 받는 국민이 되도록 일치할 것을 요청한다. 국민의 참정권에 대한 이러한 민주주의적 요청의 결과가 바로 보통선거의 원칙이다. 즉, 원칙적으로 모든 국민이 균등하게 선거에 참여할 것을 요청하는 보통·평등선거원칙은 국민의 자기지배를 의미하는 국민주권의 원리에 입각한 민주국가를 실현하기 위한 필수적 요건이다. (헌재 1999.5.27., 98헌마214)

문 2. 정답 ②

문제유형 헌법 총론/헌법 조문 난이도 ★★☆

[정답해설]

② 헌법 제129조 제안된 헌법개정안은 대통령이 20일 이상의 기간 이를 공고하여야 한다.

30일이 아닌 20일 이상의 기간동안 공고하면 족하다.

[오답해설]

① 헌법 제128조 ① 헌법개정은 국회재적의원 과반수 또는 대통령의 발의로 제안된다.

③ 헌법 제130조 ① 국회는 헌법개정안이 공고된 날로부터 60일 이내에 의결하여야 하며, 국회의 의결은 재적의원 3분의 2 이상의 찬성을 얻어야 한다.

④ 헌법 제130조 ② 헌법개정안은 국회가 의결한 후 30일 이내에 국민투표에 붙여 국회의원선거권자 과반수의 투표와 투표자 과반수의 찬성을 얻어야 한다.

문 3. 정답 ③

문제유형 기본권 총론/판례 난이도 ★★☆

[정답해설]

③ 헌법재판소에 따르면 심판대상조항의 문언, 입법자의 의사, 관련규범과의 관계 및 법원의 해석을 종합하면, '도로 외의 곳'이란 '도로 외의 모든 곳 가운데 자동차 등을 그 본래의 사용방법에 따라 사용할 수 있는 공간'으로 해석할 수 있다. 따라서 심판대상조항의 내용이 건전한 일반상식을 가진 사람에 의하여 일의적으로 파악되기 어렵다거나 법관에 의한 적용단계에서 다의적으로 해석될 우려가 있다고 보기 어려우므로, 죄형법정주의 명확성원칙에 위배된다고 할 수 없다. (헌재 2016. 2. 25. 선고 2015헌가11)

[오답해설]

① 헌법재판소에 따르면 음주운전으로 인한 피해를 예방하여야 하는 공익은 대단히 중대하며, 그러한 단속방식이 그 공익을 보호함에 효율적인 수단임에 반하여, 일제단속식 음주단속으로 인하여 받는 국민의 불이익은 비교적 경미하다. 검문을 당하는 국민의 불이익은 교통체증으로 인한 약간의 시간적 손실, 주관적·정서적 불쾌감 정도에 불과하고, 음주측정을 실시하는 경우라 할지라도 그것은 단속현장에서 짧은 시간 내에 간단히 실시되고 측정결과도 즉석에서 알 수 있는 호흡측정 방법에 의하여 실시되므로 편이성이 높다. 따라서 도로를 차단하고 불특정 다수인을 상대로 실시하는 일제단속식 음주단속은 그 자체로는 도로교통법 제41조 제2항 전단에 근거를 둔 적법한 경찰작용이다. (헌재 2004.1.29. 선고 2002헌마293)

② 가중처벌 규정을 두었음에도 위반행위와 위반행위 사이의 시간적 제한을 두지 않은 것이 문제가 된 사안이다. 헌법재판소에 따르면 심판대상조항은 음주운전 금지규정 위반 또는 음주측정거부 전력을 가중요건으로 삼으면서 해당 전력과 관련하여 형의 선고나 유죄의 확정판결을 받을 것을 요구하지 않는데다 아무런 시간적 제한도 두지 않은 채 뒤에 행해진 음주운전 금지규정 위반행위를 가중처벌하도록 하고 있어, 과거의 위반행위 이후 상당히 오랜 시간이 지나 '반규범적 행위'나 '반복적인 행위' 등이라고 평가하기 어려운 음주운전 금지규정 위반 행위를 한 사람에 대해서는 책임에 비해 과도한 형벌을 규정하고 있다고 하지 않을 수 없다. (헌재 2022. 5. 26. 선고 2021헌가30)

④ 헌법재판소에 따르면 국가와 사회의 질서유지 및 공공복리를 위하여 술에 취한 상태에서의 자동차운전(이하 음주운전이라고 줄여 부른다)을 효과적으로 단속, 억제할 필요성이 존재함은 두말할 필요가 없다. 음주측정거부에 대한 행정상의 제재를 임의적 면허취소로 하지 않고 필요적 면허취소로 규정하는 것은 그 입법목적이 정당하고 입법목적의 달성에 효과적이고도 불가피한 수단이 된다고 할 것이다. … 나아가 음주운전으로 인하여 개인과 사회 그리고 국가가 입는 엄청난 피해를 방지하여야 할 공익적 중대성은 아무리 강조하여도 결코 지나치다고 할 수 없고 그러한 공익적 중대성에서 필연적으로 파생되는 음주측정거부에 대한 제재의 공익적 중대성 또한 그에 못지않게 크다고 할 것이다. 한편 음주측정 거부자가 운전면허를 필요적으로 취소당하여 입는 개인적인 불이익 내지 그로부터 파생되는 여타의 간접적 피해의 정도는 위에서 본 공익의 중대함에 결코 미치지 못한다. … 또한 앞에서 본 바에 의하면 음주측정은 음주운전을 단속하기 위한 불가피한 전치적(前置的) 조치라고 인정되므로 경찰관의 음주측

정요구에 응하는 것은 법률이 운전자에게 부과한 정당한 의무라고 할 것이고 (법 '제4장 운전자 및 고용주 등의 의무'의 장에 음주측정에 응할 의무에 관한 제41조 제2항이 규정되어 있다) 법률이 부과한 이러한 정당한 의무의 불이행에 대하여 이 정도의 제재를 가하는 것은 양심의 자유나 행복추구권 등에 대한 침해가 될 수 없다. 그렇다면 이 사건 법률조항은 재산권, 직업선택의 자유, 행복추구권 또는 양심의 자유에 대한 과도한 제한에 해당하지 않는다. (헌재 2004. 12. 16. 선고 2003헌바87)

문 4. 정답 ②

문제유형 기본권 각론/판례   **난이도** ★☆☆

[정답해설]

② 헌법재판소에 따르면 종교의 자유는 일반적으로 신앙의 자유, 종교적 행위의 자유 및 종교적 집회·결사의 자유로 구성된다. 신앙의 자유는 신과 피안 또는 내세에 대한 인간의 내적 확신에 대한 자유를 말하는 것으로서, 이러한 신앙의 자유는 그 자체가 내심의 자유의 핵심이기 때문에 법률로써도 이를 침해할 수 없다. 종교적 행위의 자유는 종교상의 의식·예배 등 종교적 행위를 각 개인이 임의로 할 수 있는 등 종교적인 확신에 따라 행동하고 교리에 따라 생활할 수 있는 자유와 소극적으로는 자신의 종교적인 확신에 반하는 행위를 강요당하지 않을 자유, 그리고 선교의 자유, 종교교육의 자유 등이 포함된다. 종교적 집회·결사의 자유는 종교적 목적으로 같은 신자들이 집회하거나 종교단체를 결성할 자유를 말한다. 이러한 종교적 행위의 자유와 종교적 집회·결사의 자유는 신앙의 자유와는 달리 절대적 자유는 아니지만, 이를 제한할 경우에는 헌법 제37조 제2항의 과잉금지원칙을 준수하여야 한다. (헌재 2016.6.30. 선고, 2015헌바46)

[오답해설]

① 헌법재판소에 따르면 헌법 제20조는 "모든 국민은 종교의 자유를 가진다", "국교는 인정되지 아니하며, 종교와 정치는 분리된다"고 규정하여 종교의 자유를 선언하고 있다. 헌법상 보호되는 종교의 자유에는 특정 종교단체가 그 종교의 지도자와 교리자를 자체적으로 교육시킬 수 있는 종교교육의 자유가 포함된다고 볼 것이다. (헌재 2000.3.30. 99헌바14)

③ 헌법재판소에 따르면 2010학년도 법학적성시험 시행계획 공고가 시험의 시행일을 일요일로 정하고 있는 것은 대다수의 국민의 응시기회 보장 및 용이한 시험관리라는 정당한 목적을 달성하기 위한 적절한 수단이며, 시험장으로 임차된 학교들의 구체적인 학사일정에 차이가 있고 주5일 근무제의 시행이 배제되는 사업장이 존재하며 국가시험의 종류에 따라 시험의 시행기관 및 투입비용 등이 다르다는 점에 비추어 위 공고가 피해의 최소성 및 법익균형성 원칙에 반하여 종교의 자유를 침해한다고 볼 수 없다. 또한 기독교 문화를 사회적 배경으로 하는 구미 제국과 달리 우리나라에서는 일요일이 특정 종교의 종교의식일이 아니라 일반적 공휴일에 해당한다는 점 등을 고려하면 일요일에 적성시험을 실시하는 것이 특정 종교를 믿는 자들을 불합리하게 차별대우하는 것이라고 볼 수도 없다. (헌재 2010. 4. 29. 선고 2009헌마399)

④ 대법원에 따르면 우리 헌법 제20조 제2항이 "국교는 인정되지 아니하며, 종교와 정치는 분리된다."고 규정하고 있으므로, 국가가 특정 종교를 특별히 보호하기 위하여 특혜를 가하거나 억압하기 위하여 부당한 대우를 하는 것은 원칙적으로 금지된다고 할 것이다. (대법원 2007. 4. 26. 선고 2006다87903 판결)

문 5. 정답 ④

문제유형 헌법 총론/이론   **난이도** ★☆☆

[정답해설]

④ 국회의원이 국회 내에서 행하는 질의권·토론권 및 표결권 등은 입법권 등 공권력을 행사하는 국가기관인 국회의 구성원의 지위에 있는 국회의원에게 부여된 권한이지 국회의원 개인에게 헌법이 보장하는 권리, 즉 기본권으로 인정된 것이라고 할 수 없으므로, 설사 국회의장의 불법적인 의안처리행위로 헌법의 기본원리가 훼손되었다고 하더라도 그로 인하여 헌법상 보장된 구체적 기본권을 침해당한 바 없는 국회의원인 청구인들에게 헌법소원심판청구가 허용된다고 할 수 없다. (헌재 1995.2.23. 선고 90헌마125)

[오답해설]

① 헌법의 기본원리는 헌법의 이념적 기초인 동시에 헌법을 지배하는 지도원리로서 입법이나 정책결정의 방향을 제시하며 공무원을 비롯한 모든 국민·국가기관이 헌법을 존중하고 수호하도록 하는 지침이 되며, 구체적 기본권을 도출하는 근거로 될 수는 없으나 기본권의 해석 및 기본권제한입법의 합헌성 심사에 있어 해석기준의 하나로서 작용한다. 그러므로 이 사건 심판대상조항의 위헌 여부를 심사함에 있어서도 우리 헌법의 기본원리를 그 기준으로 삼아야 할 것이다. (헌재 1996. 4. 25. 선고 92헌바47)

② 헌법의 기본원리는 헌법의 이념적 기초인 동시에 헌법을 지배하는 지도원리로서 입법이나 정책결정의 방향을 제시하며 공무원을 비롯한 모든 국민·국가기관이 헌법을 존중하고 수호하도록 하는 지침이 되며, 구체적 기본권을 도출하는 근거로 될 수는 없으나 기본권의 해석 및 기본권제한입법의 합헌성 심사에 있어 해석기준의 하나로서 작용한다. 그러므로 이 사건 심판대상조항의 위헌 여부를 심사함에 있어서도 우리 헌법의 기본원리를 그 기준으로 삼아야 할 것이다. (헌재 1996. 4. 25. 선고 92헌바47)

③ 자유주의 이념은 국가권력이나 다수의 정치적 횡포로부터 보호받을 수 있는 인권의 우선성을 주장한다. 기본적 인권, 국가권력의 법률기속, 권력분립 등의 관념들은 자유주의의 요청에 해당하며, 우리 헌법상에는 '법치주의 원리'로 반영되어 있다. (헌재 2014. 12. 19. 선고 2013헌다1)

문 6. 정답 ①

문제유형 기본권 각론/판례   **난이도** ★★☆

[정답해설]

① 헌법재판소에 따르면 헌법 제12조 제4항 본문에서 "누구든지 체포 또는 구속을 당한 때에는 즉시 변호인의 조력을 받을 권리를 가진다"라고 규정하고 있고, 형사소송법 제30조 제1항에서는 "피고인 또는 피의자는 변호인을 선임할 수 있다"라고 규정하고 있을 뿐만 아니라, 원래 변호인의 조력을 받을 권리는 형사절차에서 피의자 또는 피고인이 검사 등 수사·공소기관과 대립되는 당사자의 지위에서 변호인 또는 변호인이 되려는 자와 사이에 충분한 접견교통에 의하여 피의사실이나 공소사실에 대하여 충분히 방어할 수 있도록 함으로써 피고인이나 피의자의 인권을 보장하려는 데 그 제도의 취지가 있는 점에 비추어 보면, **형사절차가 종료되어 교정시설에 수용중인 수형자는 원칙적으로 변호인의 조력을 받을 권리의 주체가 될 수 없다.** (헌재 1998. 8. 27. 선고 96헌마398)

[오답해설]

② 헌법재판소에 따르면 우리 헌법은 변호인의 조력을 받을 권리가 불구속 피의자·피고인 모두에게 포괄적으로 인정되는지 여부에 관하여 명시적으로 규율하고 있지는 않지만, 불구속 피의자의 경우에도 변호인의 조력을 받을 권리는 우리 헌법에 나타난 법치국가원리, 적법절차원칙에서 인정되는 당연한 내용이고, 헌법 제12조 제4항도 이를 전제로 특히 신체구속을 당한 사람에 대하여 변호인의 조력을 받을 권리의 중요성을 강조하기 위하여 별도로 명시하고 있다. 피의자·피고인의 구속 여부를 불문하고 조언과 상담을 통하여 이루어지는 변호인의 조력자로서의 역할은 변호인선임권과 마찬가지로 변호인의 조력을 받을 권리의 내용 중 가장 핵심적인 것이고, 변호인과 상담하고 조언을 구할 권리는 변호인의 조력을 받을 권리의 내용 중 구체적인 입법형성이 필요한 다른 절차적 권리의 필수적인 전제요건으로서 변호인의 조력을 받을 권리 그 자체에서 막바로 도출되는 것이다. (헌재 2004. 9. 23. 선고 2000헌마138)

③ 헌법재판소에 따르면 헌법 제12조 제4항 본문의 문언 및 헌법 제12조의 조문체계, 변호인 조력권의 속성, 헌법이 신체의 자유를 보장하는 취지를 종합하여 보면 헌법 제12조 제4항 본문에 규정된 "구속"은 사법절차에서 이루어진 구속 뿐 아니라, 행정절차에서 이루어진 구속까지 포함하는 개념이다. 따라서 헌법 제12조 제4항 본문에 규정된 변호인의 조력을 받을 권리는 행정절차에서 구속을 당한 사람에게도 즉시 보장된다. (헌재 2018. 5. 31. 선고 2014헌마346)

④ 헌법재판소에 따르면 헌법상 기본권으로 인정되는 피의자 및 피고인이 가지는 변호인의 조력을 받을 권리에서 '변호인의 조력'이란 변호인의 충분한 조력을 의미한다. 앞서 본 바와 같이 피의자신문의 결과는 수사의 방향을 결정하고,

피의자의 기소 및 유죄 입증에 중요한 증거자료로 사용될 수 있으므로, 형사절차에서 매우 중요한 의미를 가진다. 변호인이 피의자신문에 자유롭게 참여할 수 없다면, 변호인은 피의자가 조언과 상담을 요청할 때 이를 시의적절하게 제공할 수 없고, 나아가 스스로의 판단에 따라 의견을 진술하거나 수사기관의 부당한 신문방법 등에 대하여 이의를 제기할 수 없게 된다. 그 결과 피의자는 형사절차에서 매우 중요한 의미를 가지는 피의자신문의 시기에 변호인으로부터 충분한 조력을 받을 수 없게 되어 피의자가 가지는 변호인의 조력을 받을 권리가 형해화될 수 있다. 따라서 변호인이 피의자신문에 자유롭게 참여할 수 있는 권리는 피의자가 가지는 변호인의 조력을 받을 권리를 실현하는 수단이라고 할 수 있으므로 헌법상 기본권인 변호인의 변호권으로서 보호되어야 한다. (헌재 2017. 11. 30. 선고 2016헌마503)

문 7. 정답 ①

문제유형 기본권 각론/판례　　　　　　　　**난이도** ★★☆

[정답해설]

① 헌법재판소에 따르면 양심의 자유는 내심에서 우러나오는 윤리적 확신과 이에 반하는 외부적 법질서의 요구가 서로 회피할 수 없는 상태로 충돌할 때에만 침해될 수 있다. 그러므로 당해 실정법이 특정의 행위를 금지하거나 명령하는 것이 아니라 단지 특별한 혜택을 부여하거나 권고 내지 허용하고 있는 데에 불과하다면, 수범자는 수혜를 스스로 포기하거나 권고를 거부함으로써 법질서와 충돌하지 아니한 채 자신의 양심을 유지, 보존할 수 있으므로 양심의 자유에 대한 침해가 된다 할 수 없다. (헌재 2002. 4. 25. 선고 98헌마425 등)

[오답해설]

② 헌법재판소에 따르면 헌법 제19조가 보호하고 있는 양심의 자유는 양심형성의 자유와 양심적 결정의 자유를 포함하는 내심적 자유뿐만 아니라, 양심적 결정을 외부로 표현하고 실현할 수 있는 양심실현의 자유를 포함한다고 할 수 있다. 내심적 자유, 즉 양심형성의 자유와 양심적 결정의 자유는 내심에 머무르는 한 절대적 자유라고 할 수 있지만, 양심실현의 자유는 타인의 기본권이나 다른 헌법적 질서와 저촉되는 경우 헌법 제37조 제2항에 따라 국가안전보장 질서유지 또는 공공복리를 위하여 법률에 의하여 제한될 수 있는 상대적 자유라고 할 수 있다. 그리고 양심실현은 적극적인 작위의 방법으로도 실현될 수 있지만 소극적으로 부작위에 의해서도 그 실현이 가능하다 할 것이다. (헌재 1998. 7. 16. 선고 96헌바35)

③ 헌법재판소에 따르면 헌법 제19조가 보호하고 있는 양심의 자유는 양심형성의 자유와 양심적 결정의 자유를 포함하는 내심적 자유뿐만 아니라, 양심적 결정을 외부로 표현하고 실현할 수 있는 양심실현의 자유를 포함한다고 할 수 있다. 내심적 자유, 즉 양심형성의 자유와 양심적 결정의 자유는 내심에 머무르는 한 절대적 자유라고 할 수 있지만, 양심실현의 자유는 타인의 기본권이나 다른 헌법적 질서와 저촉되는 경우 헌법 제37조 제2항에 따라 국가안전보장 질서유지 또는 공공복리를 위하여 법률에 의하여 제한될 수 있는 상대적 자유라고 할 수 있다. 그리고 양심실현은 적극적인 작위의 방법으로도 실현될 수 있지만 소극적으로 부작위에 의해서도 그 실현이 가능하다 할 것이다. (헌재 1998. 7. 16. 선고 96헌바35)

④ 헌법재판소에 따르면 일반적으로 민주적 다수는 법질서와 사회질서를 그의 정치적 의사와 도덕적 기준에 따라 형성하기 때문에, 그들이 국가의 법질서나 사회의 도덕률과 양심상의 갈등을 일으키는 것은 예외에 속한다. 양심의 자유에서 현실적으로 문제가 되는 것은 사회적 다수의 양심이 아니라, 국가의 법질서나 사회의 도덕률에서 벗어나려는 소수의 양심이다. 따라서 양심상의 결정이 어떠한 종교관·세계관 또는 그 외의 가치체계에 기초하고 있는가와 관계없이, 모든 내용의 양심상의 결정이 양심의 자유에 의하여 보장된다. (헌재 2004. 8. 26. 선고 2002헌가1)

문 8. 정답 ④

문제유형 기본권 총론/판례　　　　　　　　**난이도** ★★☆

[정답해설]

④ 헌법재판소에 따르면 육아휴직신청권은 헌법 제36조 제1항 등으로부터 개인에게 직접 주어지는 헌법적 차원의 권리라고 볼 수는 없고, 입법자가 입법의 목적, 수혜자의 상황, 국가예산, 전체적인 사회보장수준, 국민정서 등 여러 요소를 고려하여 제정하는 입법에 적용요건, 적용대상, 기간 등 구체적인 사항이 규정될 때 비로소 형성되는 법률상의 권리이다. (헌재 2008. 10. 30. 선고 2005헌마1156)

[오답해설]

① 헌법재판소에 따르면 헌법에서 지방자치제를 제도적으로 보장하고 있고, 지방자치는 지방자치단체가 독자적인 자치기구를 설치해서 그 자치단체의 고유사무를 국가기관의 간섭 없이 스스로의 책임 아래 처리하는 것이라는 점에서 지방자치단체의 대표인 단체장은 지방의회의원과 마찬가지로 주민의 자발적 지지에 기초를 둔 선거를 통해 선출되어야 한다. 공직선거 관련법상 지방자치단체의 장 선임방법은 '선거'로 규정되어 왔고, 지방자치단체의 장을 선거로 선출하여 온 우리 지방자치제의 역사에 비추어 볼 때, 지방자치단체의 장에 대한 주민직선제 이외의 다른 선출방법을 허용할 수 없다는 관행과 이에 대한 국민적 인식이 광범위하게 존재한다고 볼 수 있다. 주민자치제를 본질로 하는 민주적 지방자치제도가 안정적으로 뿌리내린 현 시점에서 지방자치단체의 장 선거권을 지방의회의원 선거권, 나아가 국회의원 선거권 및 대통령 선거권과 구별하여 하나는 법률상의 권리로, 나머지는 헌법상의 권리로 이원화하는 것은 허용될 수 없다. 그러므로 지방자치단체의 장 선거권 역시 다른 선거권과 마찬가지로 헌법 제24조에 의해 보호되는 기본권으로 인정하여야 한다. (헌재 2016. 10. 27. 선고 2014헌마797)

② 헌법재판소에 따르면 청구인들이 평화적 생존권이란 이름으로 주장하고 있는 평화란 헌법의 이념 내지 목적으로서 추상적인 개념에 지나지 아니하고, 평화적 생존권은 이를 헌법에 열거되지 아니한 기본권으로서 특별히 새롭게 인정할 필요성이 있다거나 그 권리내용이 비교적 명확하여 구체적 권리로서의 실질에 부합한다고 보기 어려워 헌법상 보장된 기본권이라고 할 수 없다. (헌재 2009. 5. 28. 선고 2007헌마369)

③ 헌법재판소에 따르면 음란표현이 언론·출판의 자유의 보호영역에 해당하지 아니한다고 해석할 경우 음란표현에 대하여는 언론·출판의 자유의 제한에 대한 헌법상의 기본원칙, 예컨대 명확성의 원칙, 검열 금지의 원칙 등에 입각한 합헌성 심사를 하지 못하게 될 뿐만 아니라, 기본권 제한에 대한 헌법상의 기본원칙, 예컨대 법률에 의한 제한, 본질적 내용의 침해금지 원칙 등도 적용하기 어렵게 되는 결과, 모든 음란표현에 대하여 사전 검열을 받도록 하고 이를 받지 않은 경우 형사처벌을 하거나, 유통목적이 없는 음란물의 단순소지를 금지하거나, 법률에 의하지 아니하고 음란물출판에 대한 불이익을 부과하는 행위 등에 대한 합헌성 심사도 하지 못하게 됨으로써, 결국 음란표현에 대한 최소한의 헌법상 보호마저도 부인하게 될 위험성이 농후하게 된다는 점을 간과할 수 없다. 이 사건 법률조항의 음란표현은 헌법 제21조가 규정하는 언론·출판의 자유의 보호영역 내에 있다고 볼 것인바, 종전에 이와 견해를 달리하여 음란표현은 헌법 제21조가 규정하는 언론·출판의 자유의 보호영역에 해당하지 아니한다는 취지로 판시한 우리 재판소의 의견(헌재 1998. 4. 30. 95헌가16, 판례집 10-1, 327, 340-341)을 변경한다. (헌재 2009. 5. 28. 선고 2006헌바109)

문 9. 정답 ②

문제유형 통치구조/헌법 조문　　　　　**난이도** ★☆☆

[정답해설]

② 헌법 제53조 ③ 대통령은 법률안의 일부에 대하여 또는 법률안을 수정하여 재의를 요구할 수 없다.

[오답해설]

① 헌법 제53조 ① 국회에서 의결된 법률안은 정부에 이송되어 15일 이내에 대통령이 공포한다.
② 법률안에 이의가 있을 때에는 대통령은 제1항의 기간내에 이의서를 붙여 국회로 환부하고, 그 재의를 요구할 수 있다. 국회의 폐회중에도 또한 같다.

③ 헌법 제53조 ① 국회에서 의결된 법률안은 정부에 이송되어 15일 이내에 대통령이 공포한다.
⑤ 대통령이 제1항의 기간내에 공포나 재의의 요구를 하지 아니한 때에도 그 법률안은 법률로서 확정된다.

④ 헌법 제53조 ④ 재의의 요구가 있을 때에는 국회는 재의에 붙이고, 재적의원 과반수의 출석과 출석의원 3분의 2 이상의 찬성으로 전과 같은 의결을 하면 그 법률안은 법률로서 확정된다.

문 10. 정답 ①

문제유형 기본권 각론/판례　　　　　**난이도** ★★☆

[정답해설]

① 헌법재판소에 따르면 변호사시험 성적 비공개를 통하여 법학전문대학원 간의 과다경쟁 및 서열화를 방지하고, 교육과정이 충실하게 이행될 수 있도록 하여 다양한 분야의 전문성을 갖춘 양질의 변호사를 양성하기 위한 심판대상조항의 입법목적은 정당하다. … 오히려 시험성적을 공개하는 경우 경쟁력 있는 법률가를 양성할 수 있고, 각종 법조직역에 채용과 선발의 객관적 기준을 제공할 수 있다. 따라서 변호사시험 성적의 비공개는 기존 대학의 서열화를 고착시키는 등의 부작용을 낳고 있으므로 수단의 적절성이 인정되지 않는다. 또한 법학교육의 정상화나 교육 등을 통한 우수 인재 배출, 대학원 간의 과다경쟁 및 서열화 방지라는 입법목적은 법학전문대학원 내의 충실하고 다양한 교과과정 및 엄정한 학사관리 등과 같이 알 권리를 제한하지 않는 수단을 통해서 달성될 수 있고, 변호사시험 응시자들은 자신의 변호사시험 성적을 알 수 없게 되므로, 심판대상조항은 침해의 최소성 및 법익의 균형성 요건도 갖추지 못하였다. 따라서 심판대상조항은 과잉금지원칙에 위배하여 청구인들의 알 권리를 침해한다. (헌재 2015. 6. 25. 선고 2011헌마769 등)

[오답해설]

② 헌법재판소에 따르면 헌법재판소는, 정부가 보유하고 있는 정보에 대하여 정당한 이해관계가 있는 자가 그 공개를 요구할 수 있는 권리를 알 권리로 인정하면서 이러한 알 권리는 표현의 자유에 당연히 포함되는 기본권임을 이미 선언하였다(헌재 1989. 9. 4. 선고 88헌마22, 판례집 1, 176, 188-189). 어떤 문제가 있을 때 그에 관련된 정보에 접근하지 못하면 문제의 내용을 제대로 알기 어렵고, 제대로 내용을 알지 못하면 자기의 의견을 제대로 표현하기 어렵기 때문에 알 권리는 표현의 자유와 표리일체의 관계에 있고 정보의 공개청구권은 알 권리의 당연한 내용이 되는 것이다. (헌재 2003. 3. 27. 선고 2000헌마474)

③ 헌법재판소에 따르면 형사소송법(2007. 6. 1. 법률 제8496호로 개정된 것) 제56조의2 제3항이 속기록 등을 보관하도록 하는 취지는 공판조서 기재의 정확 여부가 문제될 경우 그 확인을 위한 자료로 속기록 등을 활용하기 위함인바, 재판이 확정된 후에는 더 이상 공판조서의 정확성을 다툴 수 없고, 공판조서 기재의 잘못은 재심사유에 해당하지 아니하므로, 결국 위 법률조항은 속기록 등이 그 효용을 다하는 시기, 즉 재판의 확정시까지 이를 보관할 것을 전제로 하고 있는 것이다. 따라서 규칙 제39조 중 '속기록 등 폐기'에 관한 부분(이하 '이 사건 규칙조항'이라 한다)은 재판이 확정된 이후에는 속기록 등의 보관에 따른 사법자원의 낭비를 막기 위해 이를 폐기하도록 한 것으로 그 입법목적이 정당할 뿐만 아니라 수단의 적정성이 인정된다. 또한, 형사소송법은 공판조서 기재의 정확성을 담보하기 위해 작성주체, 방식, 기재요건 등에 관하여 엄격히 규정하고, 피고인 등으로 하여금 재판이 확정되기 전에는 속기록 등의 사본 청구나 공판조서의 열람 또는 등사를 통하여 공판조서의 기재 내용에 대한 이의를 진술할 수 있도록 함으로써 기본권 제한을 최소화하고 있고, 이 사건 규칙조항으로 인한 기본권 제한이 속기록 등의 무용한 보관으로 인한 자원낭비 방지라는 공익보다 결코 크다고 볼 수 없으므로, 피해의 최소성과 함께 법익균형성의 요건도 갖추었다 할 것이어서, 이 사건 규칙조항이 청구인의 알권리를 침해하였다고 볼 수 없다. (헌재 2012. 3. 29. 선고 2010헌마599)

④ 헌법재판소에 따르면 이 사건 법률조항은 교원의 개인정보 공개를 일률적으로 금지하는 듯이 보이지만, 「교육관련기관의 정보공개에 관한 특례법」(교육관련기관정보공개법) 제4조에 의해 준용되는 '공공기관의 정보공개에 관한 법률'은 개인정보라고 하더라도 그 공개의 여지를 두고 비공개결정에 대해서는 불복의 수단을 마련하고 있으므로, 이 사건 법률조항은 학부모들의 알 권리를 침해하지 않는다. (헌재 2011. 12. 29. 선고 2010헌마293)

문 11. 정답 ②

문제유형 통치구조/헌법 조문　　　　　**난이도** ★☆☆

[정답해설]

② 헌법재판소에 따르면 긴급재정경제명령은 정상적인 재정운용·경제운용이 불가능한 중대한 재정·경제상의 위기가 현실적으로 발생하여(그러므로 위기가 발생할 우려가 있다는 이유로 사전적·예방적으로 발할 수는 없다) 긴급한 조치가 필요함에도 국회의 폐회 등으로 국회가 현실적으로 집회될 수 없고 국회의 집회를 기다려서는 그 목적을 달할 수 없는 경우에 이를 사후적으로 수습함으로써 기존질서를 유지·회복하기 위하여(그러므로 공공복리의 증진과 같은 적극적 목적을 위하여는 발할 수 없다) 위기의 직접적 원인의 제거에 필수불가결한 최소의 한도 내에서 헌법이 정한 절차에 따라 행사되어야 한다. (헌재 1996. 2. 29. 선고 93헌마186)

[오답해설]

① 헌법 제77조 ④ 계엄을 선포한 때에는 대통령은 지체없이 국회에 통고하여야 한다.

③ 헌법 제77조 ⑤ 국회가 재적의원 과반수의 찬성으로 계엄의 해제를 요구한 때에는 대통령은 이를 해제하여야 한다.

④ 헌법 제77조 ③ 비상계엄이 선포된 때에는 법률이 정하는 바에 의하여 영장제도, 언론·출판·집회·결사의 자유, 정부나 법원의 권한에 관하여 특별한 조치를 할 수 있다.

문 12. 정답 ③

문제유형 통치구조/헌법 조문　　　　　**난이도** ★★☆

[정답해설]

③ 헌법 제99조 감사원은 세입·세출의 결산을 매년 감사하여 대통령과 차년도국회에 그 결과를 보고하여야 한다.

[오답해설]

① 헌법 제98조 ① 감사원은 원장을 포함한 5인 이상 11인 이하의 감사위원으로 구성한다.

② 감사원법 제52조(감사원규칙) 감사원은 감사에 관한 절차, 감사원의 내부 규율과 감사사무 처리에 관한 규칙을 제정할 수 있다.

감사원의 규칙제정권은 헌법이 아닌 「감사원법」에 명시되어 있다.

④ 헌법 제97조 국가의 세입·세출의 결산, 국가 및 법률이 정한 단체의 회계검사와 행정기관 및 공무원의 직무에 관한 감찰을 하기 위하여 대통령 소속하에 감사원을 둔다.

감사원은 국무총리가 아닌 대통령 소속이다.

문 13. 정답 ②

문제유형 통치구조/헌법 조문 **난이도** ★☆☆

[정답해설]

② 헌법 제57조 국회는 정부의 동의없이 정부가 제출한 지출예산 각항의 금액을 증가하거나 새 비목을 설치할 수 없다.

국회는 정부의 동의없이 예산안을 감액할 수는 있으나, 예산을 증액하거나 새 비목을 설치하는 등의 수정을 가할 수는 없다.

[오답해설]

① 헌법 제54조 ② 정부는 회계연도마다 예산안을 편성하여 회계연도 개시 90일 전까지 국회에 제출하고, 국회는 회계연도 개시 30일 전까지 이를 의결하여야 한다.

③ 헌법 제65조 ① 대통령·국무총리·국무위원·행정각부의 장·헌법재판소 재판관·법관·중앙선거관리위원회 위원·감사원장·감사위원 기타 법률이 정한 공무원이 그 직무집행에 있어서 헌법이나 법률을 위배한 때에는 국회는 탄핵의 소추를 의결할 수 있다.

④ 헌법 제81조 대통령은 국회에 출석하여 발언하거나 서한으로 의견을 표시할 수 있다.

문 14. 정답 ②

문제유형 통치구조/헌법 조문 **난이도** ★☆☆

[정답해설]

② 헌법 제46조 ③ 국회의원은 그 지위를 남용하여 국가·공공단체 또는 기업체와의 계약이나 그 처분에 의하여 재산상의 권리·이익 또는 직위를 취득하거나 타인을 위하여 그 취득을 알선할 수 없다.

[오답해설]

① 헌법 제44조 ② 국회의원이 회기전에 체포 또는 구금된 때에는 현행범인이 아닌 한 국회의 요구가 있으면 회기중 석방된다.

국회의원이 현행범인 경우 국회는 석방요구를 할 수 없다.

③ 헌법 제45조 국회의원은 국회에서 직무상 행한 발언과 표결에 관하여 국회 외에서 책임을 지지 아니한다.

국회의원의 면책특권은 국회 외에서 책임을 면함을 의미한다.

④ 헌법 제64조 ② 국회는 의원의 자격을 심사하며, 의원을 징계할 수 있다. ③ 의원을 제명하려면 국회재적의원 3분의 2 이상의 찬성이 있어야 한다.

국회재적의원 과반수의 찬성보다 더 엄격한 요건인 국회재적의원 3분의 2 이상의 찬성이 있어야 한다.

문 15. 정답 ①

문제유형 통치구조/헌법 조문 **난이도** ★★☆

[정답해설]

① 헌법 제47조 ① 국회의 정기회는 법률이 정하는 바에 의하여 매년 1회 집회되며, 국회의 임시회는 대통령 또는 국회재적의원 4분의 1 이상의 요구에 의하여 집회된다.

국회재적의원 5분의 1이 아닌 4분의 1 이상의 요구를 요한다.

[오답해설]

② 헌법 제50조 ① 국회의 회의는 공개한다. 다만, 출석의원 과반수의 찬성이 있거나 의장이 국가의 안전보장을 위하여 필요하다고 인정할 때에는 공개하지 아니할 수 있다.

③ 헌법 제51조 국회에 제출된 법률안 기타의 의안은 회기중에 의결되지 못한 이유로 폐기되지 아니한다. 다만, 국회의원의 임기가 만료된 때에는 그러하지 아니하다.

④ 헌법 제47조 ① 국회의 정기회는 법률이 정하는 바에 의하여 매년 1회 집회되며, 국회의 임시회는 대통령 또는 국회재적의원 4분의 1 이상의 요구에 의하여 집회된다.

문 16. 정답 ④

문제유형 헌법재판소/부속 법령 **난이도** ★★☆

[정답해설]

④ 헌법재판소법 제25조(대표자·대리인) ③ 각종 심판절차에서 당사자인 사인(私人)은 변호사를 대리인으로 선임하지 아니하면 심판 청구를 하거나 심판 수행을 하지 못한다. 다만, 그가 변호사의 자격이 있는 경우에는 그러하지 아니하다.

헌법재판소법 제72조(사전심사) ① 헌법재판소장은 헌법재판소에 재판관 3명으로 구성되는 지정재판부를 두어 헌법소원심판의 사전심사를 담당하게 할 수 있다.

헌법재판소법에 따르면 지정재판부의 사전심사는 반드시 거치지 않아도 되나, 변호사강제주의가 적용된다.

[오답해설]

① 헌법재판소법 제68조(청구 사유) ② 제41조제1항에 따른 법률의 위헌 여부 심판의 제청신청이 기각된 때에는 그 신청을 한 당사자는 헌법재판소에 헌법소원심판을 청구할 수 있다. 이 경우 그 당사자는 당해 사건의 소송절차에서 동일한 사유를 이유로 다시 위헌 여부 심판의 제청을 신청할 수 없다.

② 헌법재판소법 제75조(인용결정) ⑦ 제68조제2항에 따른 헌법소원이 인용된 경우에 해당 헌법소원과 관련된 소송사건이 이미 확정된 때에는 당사자는 재심을 청구할 수 있다.

③ 헌법재판소법 제23조(심판정족수) ② 재판부는 종국심리(終局審理)에 관여한 재판관 과반수의 찬성으로 사건에 관한 결정을 한다. 다만, 다음 각 호의 어느 하나에 해당하는 경우에는 재판관 6명 이상의 찬성이 있어야 한다.
1. 법률의 위헌결정, 탄핵의 결정, 정당해산의 결정 또는 헌법소원에 관한 인용결정(認容決定)을 하는 경우

문 17. 정답 ①

문제유형 기본권 총론/판례   **난이도** ★★★

[정답해설]

① 헌법 제121조 ① 국가는 농지에 관하여 경자유전의 원칙이 달성될 수 있도록 노력하여야 하며, 농지의 소작제도는 금지된다.
② 농업생산성의 제고와 농지의 합리적인 이용을 위하거나 불가피한 사정으로 발생하는 농지의 임대차와 위탁경영은 법률이 정하는 바에 의하여 인정된다.

농지의 소작제도는 엄격히 금지된다.

[오답해설]

② 헌법 제122조 국가는 국민 모두의 생산 및 생활의 기반이 되는 국토의 효율적이고 균형있는 이용·개발과 보전을 위하여 법률이 정하는 바에 의하여 그에 관한 필요한 제한과 의무를 과할 수 있다.

③ 헌법 제124조 국가는 건전한 소비행위를 계도하고 생산품의 품질향상을 촉구하기 위한 소비자보호운동을 법률이 정하는 바에 의하여 보장한다.

④ 헌법 제123조 ⑤ 국가는 농·어민과 중소기업의 자조조직을 육성하여야 하며, 그 자율적 활동과 발전을 보장한다.

문 18. 정답 ④

문제유형 기본권 각론/판례   **난이도** ★★★

[정답해설]

④ 헌법재판소에 따르면 군대는 각종 훈련 및 작전수행 등으로 인해 근무시간이 정해져 있지 않고 집단적 병영(兵營) 생활 및 작전위수(衛戍)구역으로 인한 생활공간적인 제약 등, 군대의 특수성으로 인하여 일단 군인신분을 취득한 군인이 군대 외부의 일반법원에서 재판을 받는 것은 군대 조직의 효율적인 운영을 저해하고, 현실적으로도 군인이 수감 중인 상태에서 일반법원의 재판을 받기 위해서는 상당한 비용·인력 및 시간이 소요되므로 이러한 군의 특수성 및 전문성을 고려할 때 군인신분 취득 전에 범한 죄에 대하여 군사법원에서 재판을 받도록 하는 것은 합리적인 이유가 있다. 또한, 형사재판에 있어 범죄사실의 확정과 책임은 행위 시를 기준으로 하지만, 재판권 유무는 원칙적으로 재판 시점을 기준으로 해야 하며, 형사재판은 유죄인정과 양형이 복합되어 있는데 양형은 일반적으로 재판받을 당시, 즉 선고시점의 피고인의 군인신분을 주요 고려 요소로 해 군의 특수성을 반영할 수 있어야 하므로, 이러한 양형은 군사법원에서 담당하도록 하는 것이 타당하다. 나아가 군사법원의 상고심은 대법원에서 관할하고 군사법원에 관한 내부규율을 정함에 있어서도 대법원이 종국적인 관여를 하고 있으므로 이 사건 법률조항이 군사법원의 재판권과 군인의 재판청구권을 형성함에 있어 그 재량의 헌법적 한계를 벗어났다고 볼 수 없다. … 그렇다면, 이 사건 법률조항이 입법형성의 한계를 일탈하여 청구인의 헌법 제27조 제1항에 의한 재판청구권을 침해한다고 볼 수 없다.

[오답해설]

① 헌법재판소에 따르면 형사소송법 제260조 제2항의 항고전치주의는 재정신청 남용의 폐해를 줄이기 위한 방안으로 도입된 것인데, 검찰 항고제도는 상급 검찰청이 해당 불기소처분을 재검토하여 항고가 이유 있다고 인정할 경우에는 그 처분을 경정하도록 함으로써 사건관계인의 신속한 권리구제에 이바지하는 측면이 있다. 한편, 항고 이후 재기수사가 이루어진 다음에 다시 공소를 제기하지 아니한다는 통지를 받은 경우, 항고 신청 후 항고에 대한 처분이 행하여지지 아니하고 3개월이 경과한 경우, 검사가 공소시효 만료일 30일 전까지 공소를 제기하지 아니하는 경우에는 항고를 거치지 않고도 재정신청을 할 수 있도록 항고전치주의의 예외를 인정함으로써 항고로 인하여 절차가 부당하게 지연되는 것을 방지하기 위한 대책도 함께 마련되어 있으므로, 형사소송법 제260조 제2항의 항고전치주의가 합리적 근거없이 자의적으로 신속한 재판을 받을 권리를 침해하는 것이라고 볼 수 없다. (헌재 2015.2.26. 선고 2014헌마181)

② 헌법재판소에 따르면 이 사건 법률조항이 교통사고로 인한 피해자에게 중상해가 아닌 상해의 결과만을 야기한 경우 가해 운전자에 대하여 가해차량이 종합보험 등에 가입되어 있음을 이유로 공소를 제기하지 못하도록 규정한 한도 내에서는, 그 제정목적인 교통사고로 인한 피해의 신속한 회복을 촉진하고 국민생활의 편익을 도모하려는 공익과 동 법률조항으로 인하여 침해되는 피해자의 재판절차에서의 진술권과 비교할 때 상당한 정도 균형을 유지하고 있으며, 단서조항에 해당하지 않는 교통사고의 경우에는 대부분 가해 운전자의 주의의무 태만에 대한 비난가능성이 높지 아니하고, 경미한 교통사고 피해자에 대하여는 비형벌화하려는 세계적인 추세 등에 비추어도 위와 같은 목적의 정당성, 방법의 적정성, 피해의 최소성, 이익의 균형성을 갖추었으므로 과잉금지의 원칙에 반하지 않는다. (헌재 2009. 2. 26. 선고 2005헌마764,2008헌마118(병합))

③ 헌법재판소에 따르면 형벌과 마찬가지로 자유박탈적이고 침익적인 처분인 치료감호에 대한 청구권이 헌법상 재판청구권의 보호범위에 속한다고 하기 위하여는, 피고인에게 치료감호에 대한 재판절차에의 접근권을 부여하는 것이 피고인의 권리를 보다 효율적으로 보장하기 위하여 필요하다는 것이 인정되어야 한다. 그런데 피고인에게 치료감호에 대한 청구권을 주는 것은 결국 피고인이 "재범의 위험성"이 있음을 스스로 인정할 것을 전제하는 것이고, 이것이 과연 피고인에게 유리하게 작용하는 것인지는 의문이다. 이 사건에서 청구인이 '피고인 스스로 치료감호를 청구할 수 있어야 한다.'는 취지의 주장을 하는 배경은 치료감호와 형이 병과된 경우 치료감호를 먼저 집행하고 그 기간을 형기에 산입(법 제18조)하기 때문인 것으로 보인다. 즉 형기에 산입되는 치료감호를 병과받는 것이 실형만 선고받아 복역하는 것보다 더 이익이라는 것을 전제로 하고 있는 것이다. 그러나 실형만을 선고받는 것에 비하여 치료감호와 실형을 함께 선고받는 것이 피고인에게 더 유리한 것이라고는 단정할 수 없다. 나아가, 설령 피고인의 이익으로 보이는 측면이 있더라도 그러한 이익은 주관적·상대적 이익일 뿐이고, 그마저도 실형이 명백히 예상되는 자에 국한되는 이익이므로, 이를 보장하기 위하여 피고인에게 자유박탈적이고 침익적인 처분을 스스로 청구할 권리를 국민의 기본권으로 인정해 줄 필요가 있다고는 볼 수 없다. 더욱이, 재판청구권의 보호범위는 사항의 성격 자체에서 판단되어야 하고, 다른 법률조항의 내용 여하, 예컨대 치료감호 기간의 형기 산입 여부(법 제18조) 등에 따라 그 판단이 달라질 것은 아니다. 결국 '피고인 스스로 치료감호를 청구할 수 있는 권리'가 헌법상 재판청구권의 보호범위에 포함된다고 보기는 어렵다. 치료감호 청구를 피고인 본인에게 허용할 것인지 여부는 재판청구권의 문제가 아니라 순수한 입법정책의 문제라 할 것이고, 검사뿐만 아니라 피고인에게까지 치료감호 청구권을 주어야만 절차의 적법성이 담보되는 것도 아니다. 따라서 이 사건 법률조항이 청구인의 재판청구권을 침해하거나 적법절차의 원칙을 위반한다고 볼 수 없다. (헌재 2010. 4. 29. 선고 2008헌마622)

문 19. 정답 ③

문제유형 통치구조/헌법 조문   **난이도** ★★☆

[정답해설]

③ 헌법 제89조 다음 사항은 국무회의의 심의를 거쳐야 한다.
4. 예산안·결산·국유재산처분의 기본계획·국가의 부담이 될 계약 기타 재정에 관한 중요사항

[오답해설]

① 헌법재판소에 따르면 파병은 대통령이 국회의 동의를 얻어 파병 결정을 하고, 이에 따라 국방부장관 및 파견 대상 군 참모총장이 구체적, 개별적인 명령을 발함으로써 비로소 해당 국민, 즉 파견 군인 등에게 직접적인 법률효과를 발생시키는 것이고, 대통령이 국회에 파병동의안을 제출하기 전에 대통령을 보좌하기 위하여 파병 정책을 심의, 의결한 국무회의의 의결은 국가기관의 내부적 의사결정행위에 불과하여 그 자체로 국민에 대하여 직접적인 법률효과를 발생시키는 행위가 아니므로 헌법재판소법 제68조 제1항에서 말하는 공권력의 행사에 해당하지 아니한다. (헌재 2003. 12. 18. 선고 2003헌마225)

② 헌법 제88조 ② 국무회의는 대통령·국무총리와 15인 이상 30인 이하의 국무위원으로 구성한다.

대통령과 국무총리를 제외한 15인 이상 30인 이하의 국무위원으로 구성한다.

④ 헌법 제89조 다음 사항은 국무회의의 심의를 거쳐야 한다.
15. 정부에 제출 또는 회부된 정부의 정책에 관계되는 청원의 심사

문 20. 정답 ②

문제유형 통치구조/부속 법령 난이도 ★★☆

[정답해설]

② 헌법 제53조 ⑦ 법률은 특별한 규정이 없는 한 공포한 날로부터 20일을 경과함으로써 효력을 발생한다.

법률에 시행일이 명시된 경우라고 하더라도 시행일까지 공포되지 않으면 그 법률은 공포되어 규정된 기간이 경과하기 전까지는 효력이 발생하지 않는다.

[오답해설]

① 법령 등 공포에 관한 법률 제12조(공포일·공고일) 제11조의 법령 등의 공포일 또는 공고일은 해당 법령 등을 게재한 관보 또는 신문이 발행된 날로 한다.

③ 법령 등 공포에 관한 법률 제11조(공포 및 공고의 절차) ④ 관보의 내용 해석 및 적용 시기 등에 대하여 종이관보와 전자관보는 동일한 효력을 가진다.

④ 법령 등 공포에 관한 법률 제13조의2(법령의 시행유예기간) 국민의 권리 제한 또는 의무 부과와 직접 관련되는 법률, 대통령령, 총리령 및 부령은 긴급히 시행하여야 할 특별한 사유가 있는 경우를 제외하고는 공포일부터 적어도 30일이 경과한 날부터 시행되도록 하여야 한다.

문 21. 정답 ①

문제유형 기본권 각론/판례 난이도 ★★☆

[정답해설]

① 헌법재판소에 따르면 심판대상조항으로 인하여 **교육공무원 아닌 대학 교원들이** 향유하지 못하는 단결권은 헌법이 보장하고 있는 근로3권의 핵심적이고 본질적인 권리이다. 심판대상조항의 입법목적이 재직 중인 초·중등교원에 대하여 교원노조를 인정해 줌으로써 교원노조의 자주성과 주체성을 확보한다는 측면에서는 그 정당성을 인정할 수 있을 것이나, 교원노조를 설립하거나 가입하여 활동할 수 있는 자격을 초·중등교원으로 한정함으로써 교육공무원이 아닌 대학 교원에 대해서는 근로기본권의 핵심인 단결권조차 전면적으로 부정한 측면에 대해서는 그 **입법목적의 정당성을 인정하기 어렵고, 수단의 적합성 역시 인정할 수 없다.** 설령 일반 근로자 및 초·중등교원과 구별되는 대학 교원의 특수성을 인정하더라도, 대학 교원에게도 단결권을 인정하면서 다만 해당 노동조합이 행사할 수 있는 권리를 다른 노동조합과 달리 강한 제약 아래 두는 방법도 얼마든지 가능하므로, **단결권을 전면적으로 부정하는 것은 필요 최소한의 제한이라고 보기 어렵다.** 또 최근 들어 대학 사회가 다층적으로 변화하면서 대학 교원의 사회·경제적 지위의 향상을 위한 요구가 높아지고 있는 상황에서 단결권을 행사하지 못한 채 개별적으로만 근로조건의 향상을 도모해야 하는 불이익은 중대한 것이므로, **심판대상조항은 과잉금지원칙에 위배된다.**

다음으로 **교육공무원인 대학 교원에 대하여** 보더라도, 교육공무원의 직무수행의 특성과 헌법 제33조 제1항 및 제2항의 정신을 종합해 볼 때, 교육공무원에게 근로3권을 일체 허용하지 않고 전면적으로 부정하는 것은 **합리성을 상실한 과도한 것으로서 입법형성권의 범위를 벗어나 헌법에 위반된다.** (헌재 2018. 8. 30. 선고 2015헌가38)

[오답해설]

② 헌법재판소에 따르면 사법시험에 합격하여 사법연수원의 과정을 마친 자와 판사나 검사의 자격이 있는 자는 사법연수원의 정형화된 이론과 실무수습을 거치거나, 법조실무경력이 있는 반면, 청구인들과 같은 변호사시험 합격자들의 실무수습은 **법학전문대학원 별로 편차가 크고 비정형적으로 이루어지고 있으므로,** 변호사 시험 합격자들에게 6개월의 실무수습을 거치도록 하는 것을 합리적 이유가 없는 자의적 차별이라고 보기는 어렵다. 따라서 **심판대상조항은 청구인들의 평등권을 침해하지 아니한다.** (헌재 2014. 9. 25. 선고 2013헌마424)

③ 헌법재판소에 따르면 집단으로서의 남자는 집단으로서의 여자에 비하여 보다 전투에 적합한 신체적 능력을 갖추고 있으며, 개개인의 신체적 능력에 기초한 전투적합성을 객관화하여 비교하는 검사체계를 갖추는 것이 현실적으로 어려운 점, 신체적 능력이 뛰어난 여자의 경우에도 월경이나 임신, 출산 등으로 인한 신체적 특성상 병력자원으로 투입하기에 부담이 큰 점 등에 비추어 남자만을 징병검사의 대상이 되는 병역의무자로 정한 것이 현저히 자의적인 차별취급이라 보기 어렵다. 한편 보충역이나 제2국민역 등은 국가비상사태에 즉시 전력으로 투입될 수 있는 예비적 전력으로서 병력동원이나 근로소집의 대상이 되는 바, 평시에 현역으로 복무하지 않는다고 하더라도 병력자원으로서 일정한 신체적 능력이 요구된다고 할 것이므로 보충역 등 복무의무를 여자에게 부과하지 않은 것이 자의적이라 보기도 어렵다. 결국 이 사건 **법률조항이 성별을 기준으로 병역의무자의 범위를 정한 것은 자의금지원칙에 위배하여 평등권을 침해하지 않는다.** (헌재 2011. 6. 30. 선고 2010헌마460)

④ 헌법재판소에 따르면 제대군인에 대하여 여러 가지 사회정책적 지원을 강구하는 것이 필요하다 할지라도, 그것이 사회공동체의 다른 집단에게 동등하게 보장되어야 할 균등한 기회 자체를 박탈하는 것이어서는 아니 되는데, 가산점제도는 아무런 재정적 뒷받침없이 제대군인을 지원하려 한 나머지 결과적으로 여성과 장애인 등 이른바 사회적 약자들의 희생을 초래하고 있으며, 각종 국제협약, 실질적 평등 및 사회적 법치국가를 표방하고 있는 우리 헌법과 이를 구체화하고 있는 전체 법체계 등에 비추어 우리 법체계내에 확고히 정립된 기본질서라고 할 '여성과 장애인에 대한 **차별금지와 보호**'에도 저촉되므로 **정책수단으로서의 적합성과 합리성을 상실한 것이다.**

가산점제도는 수많은 여성들의 공직진출에의 희망에 걸림돌이 되고 있으며, 공무원채용시험의 경쟁률이 매우 치열하고 합격선도 평균 80점을 훨씬 상회하고 있으며 그 결과 불과 영점 몇 점 차이로 당락이 좌우되고 있는 현실에서 각 과목별 득점에 각 과목별 만점의 5퍼센트 또는 3퍼센트를 가산함으로써 합격여부에 결정적 영향을 미쳐 가산점을 받지 못하는 사람들을 6급 이하의 공무원 채용에 있어서 실질적으로 거의 배제하는 것과 마찬가지의 결과를 초래하고 있고, 제대군인에 대한 이러한 혜택을 몇 번이고 아무런 제한없이 부여함으로써 한 사람의 제대군인을 위하여 몇 사람의 비(非)제대군인의 기회가 박탈당할 수 있게 하는 등 **차별취급을 통하여 달성하려는 입법목적의 비중에 비하여 차별로 인한 불평등의 효과가 극심하므로 가산점제도는 차별취급의 비례성을 상실하고 있다.**

그렇다면 가산점제도는 제대군인에 비하여, **여성 및 제대군인이 아닌 남성을 부당한 방법으로 지나치게 차별하는 것으로서 헌법 제11조에 위배되며,** 이로 인하여 청구인들의 평등권이 침해된다. (헌재 1999. 12. 23. 선고 98헌마363)

문 22. 정답 ③

문제유형 통치구조/헌법 조문 난이도 ★☆☆

[정답해설]

③ 헌법 제64조 ③ 의원을 제명하려면 국회재적의원 3분의 2 이상의 찬성이 있어야 한다.
④ 제2항과 제3항의 처분에 대하여는 법원에 제소할 수 없다.

[오답해설]

① 헌법 제64조 ② 국회는 의원의 자격을 심사하며, 의원을 징계할 수 있다.

② 헌법 제64조 ① 국회는 법률에 저촉되지 아니하는 범위 안에서 의사와 내부규율에 관한 규칙을 제정할 수 있다.

④ 헌법 제43조 국회의원은 법률이 정하는 직을 겸할 수 없다.

문 23. 정답 ③

문제유형 통치구조/헌법 조문   난이도 ★☆☆

[정답해설]

③ 헌법 제104조 ② 대법관은 대법원장의 제청으로 국회의 동의를 얻어 대통령이 임명한다.

[오답해설]

① 헌법 제103조 법관은 헌법과 법률에 의하여 그 양심에 따라 독립하여 심판한다.

② 헌법재판소에 따르면 사법권의 독립은 재판상의 독립 즉 법관이 재판을 함에 있어서 오직 헌법과 법률에 의하여 그 양심에 따라 할 뿐 어떠한 외부적인 압력이나 간섭도 받지 않는다는 것뿐만 아니라 그 수단으로서 법관의 신분보장도 차질없이 이루어져야 함을 의미하는 것이다. 특히 신분보장은 법관의 재판상의 독립을 보장하는 데 있어서 필수적인 전제로서 정당한 법절차에 따르지 않은 법관의 파면이나 면직처분 내지 불이익처분의 금지를 의미하는 것이다. (헌재 1992. 11. 12. 선고 91헌가2)

④ 헌법재판소에 따르면 헌법 제110조 제1항에서 "특별법원으로서 군사법원을 둘 수 있다."는 의미는 군사법원을 일반법원과 조직·권한 및 재판관의 자격을 달리하여 특별법원으로 설치할 수 있다는 뜻으로 해석되므로, 법률로 군사법원을 설치함에 있어서 군사재판의 특수성을 고려하여 그 조직·권한 및 재판관의 자격을 일반법원과 달리 정하는 것이 헌법상 허용된다. (헌재 2009. 7. 30. 선고 2008헌바162)

문 24. 정답 ④

문제유형 통치구조/헌법 조문   난이도 ★★☆

[정답해설]

④ 헌법 제114조 ② 중앙선거관리위원회는 대통령이 임명하는 3인, 국회에서 선출하는 3인과 대법원장이 지명하는 3인의 위원으로 구성한다. 위원장은 위원 중에서 호선한다.

선거관리위원회 위원장은 대통령이 임명하는 것이 아니라 위원 중에서 호선한다.

[오답해설]

① 선거관리위원회법 제4조(위원의 임명 및 위촉) ⑥ 법관과 법원공무원 및 교육공무원 이외의 공무원은 각급선거관리위원회의 위원이 될 수 없다.

② 헌법재판소에 따르면 중앙선거관리위원회 외에 각급 구·시·군 선거관리위원회도 헌법에 의하여 설치된 기관으로서 헌법과 법률에 의하여 독자적인 권한을 부여받은 기관에 해당하고, 따라서 피청구인 강남구선거관리위원회도 당사자능력이 인정된다. (헌재 2008. 6. 26. 선고 2005헌라7)

③ 헌법 제114조 ② 중앙선거관리위원회는 대통령이 임명하는 3인, 국회에서 선출하는 3인과 대법원장이 지명하는 3인의 위원으로 구성한다. 위원장은 위원 중에서 호선한다.

문 25. 정답 ③

문제유형 기본권 각론/판례   난이도 ★★☆

[정답해설]

③ 헌법재판소에 따르면 헌법 제31조 제3항에 규정된 의무교육 무상의 원칙에 있어서 무상의 범위는 헌법상 교육의 기회균등을 실현하기 위해 필수불가결한 비용, 즉 모든 학생이 의무교육을 받음에 있어서 경제적인 차별 없이 수학하는데 반드시 필요한 비용에 한한다고 할 것이며, 수업료나 입학금의 면제, 학교와 교사 등 인적·물적 기반 및 그 기반을 유지하기 위한 인건비와 시설유지비, 신규시설투자비 등의 재원마련 및 의무교육의 실질적인 균등보장을 위해 필수불가결한 비용은 무상의 범위에 포함된다. 그런데 학교운영지원비는 그 운영상 교원연구비와 같은 교사의 인건비 일부와 학교회계직원의 인건비 일부 등 의무교육과정의 인적기반을 유지하기 위한 비용을 충당하는 데 사용되고 있다는 점, 학교회계의 세입상 현재 의무교육기관에서는 국고지원을 받고 있는 입학금, 수업료와 함께 같은 항에 속하여 분류되고 있음에도 불구하고 학교운영지원비에 대해서만 학생과 학부모의 부담으로 남아있다는 점, 학교운영지원비는 기본적으로 학부모의 자율적 협찬금의 외양을 갖고 있음에도 그 조성이나 징수의 자율성이 완전히 보장되지 않아 기본적이고 필수적인 학교 교육에 필요한 비용에 가깝게 운영되고 있다는 점 등을 고려해보면 이 사건 세입조항은 헌법 제31조 제3항에 규정되어 있는 의무교육의 무상원칙에 위배되어 헌법에 위반된다. (헌재 2012. 8. 23. 선고 2010헌바220)

[오답해설]

① 헌법재판소에 따르면 이 사건 수시모집요강은 기초생활수급자 및 차상위계층, 장애인 등을 대상으로 하는 일부 특별전형에만 검정고시 출신자의 지원을 허용하고 있을 뿐 수시모집에서의 검정고시 출신자의 지원을 일률적으로 제한하여 실질적으로 검정고시 출신자의 대학입학 기회의 박탈이라는 결과를 초래하고 있다. 수시모집의 학생선발방법이 정시모집과 동일할 수는 없으나, 이는 수시모집에서 응시자의 수학능력이나 그 정도를 평가하는 방법이 정시모집과 다른 것을 의미하며, 수학능력이 있는 자들에게 동등한 기회를 주고 합리적인 선발기준에 따라 학생을 선발하여야 한다는 점에서는 정시모집과 다르다고 할 수 없다. … 이 사건 수시모집요강이 검정고시 출신자들에게는 정규 고등학교의 학교생활기록부가 없어 초등교사로서의 품성과 자질 등을 다방면에서 평가할 자료가 없다는 이유로 검정고시 출신자로 하여금 피청구인들 대학의 수시모집에 전혀 지원할 수 없도록 하는 것은 불합리하다고 볼 수밖에 없다. … 이미 많은 대학들이 수시모집에서 검정고시 출신자의 지원에 제한을 두고 있지 않은 상황에서 피청구인들 대학의 수시모집에서 검정고시 출신자의 지원을 허용한다고 하여 고등학교 졸업자가 검정고시 출신자보다 불이익을 입는다고 단정할 수 없다. 이러한 사정을 종합하면, 이 사건 수시모집요강은 검정고시 출신자인 청구인들을 합리적인 이유 없이 차별하여 청구인들의 교육을 받을 권리를 침해한다고 할 수 있다. (헌재 2017. 12. 28. 선고 2016헌마649)

② 헌법재판소에 따르면 자녀의 양육과 교육은 일차적으로 부모의 천부적인 권리인 동시에 부모에게 부과된 의무이기도 하다. … 부모는 자녀의 교육에 관하여 전반적인 계획을 세우고 자신의 인생관·사회관·교육관에 따라 자녀의 교육을 자유롭게 형성할 권리를 가지며, 부모의 교육권은 다른 교육의 주체와의 관계에서 원칙적인 우위를 가진다. (헌재 2000. 4. 27. 선고 98헌가16, 98헌마429(병합))

④ 헌법재판소에 따르면 헌법은, 모든 국민은 그 보호하는 자녀에게 적어도 초등교육과 법률이 정하는 교육을 받게 할 의무를 지고(헌법 제31조 제2항), 의무교육은 무상으로 한다(헌법 제31조 제3항)고 규정하고 있다. 이러한 의무교육제도는 국민에 대하여 보호하는 자녀들을 취학시키도록 한다는 의무부과의 면보다는 국가에 대하여 인적·물적 교육시설을 정비하고 교육환경을 개선하여야 한다는 의무부과의 측면이 보다 더 중요한 의미를 갖는다. 의무교육에 필요한 학교시설은 국가의 일반적 과제이고, 학교용지는 의무교육을 시행하기 위한 물적 기반으로서 필수조건임은 말할 필요도 없으므로 이를 달성하기 위한 비용은 국가의 일반재정으로 충당하여야 한다. 따라서 적어도 의무교육에 관한 한 일반재정이 아닌 부담금과 같은 별도의 재정수단을 동원하여 특정한 집단으로부터 그 비용을 추가로 징수하여 충당하는 것은 의무교육의 무상성을 선언한 헌법에 반한다. (헌재 2005. 3. 31. 선고 2003헌가20)

2023년도 언어논리영역 (가)책형

문 1. 정답 ①

유형 정보확인　내용영역 인문　난이도 ★☆☆

[정답해설]
① 3문단에 따르면 송은 금나라의 공격을 받고 고려에 함께 금을 정벌하자고 제안했다. 이에 대하여 김부식은 송에 사신으로 가 있던 때 금 군대의 위력을 보았던 기억을 되살려 송의 요청을 받아들여서는 안 된다는 의견을 밝혔고, 고려 국왕 인종이 이에 동의하여 송의 요청을 거절하게 되었다.

[오답해설]
② 3문단에 따르면 인종은 묘청의 난을 진압하는 데 필요한 군대를 보내주는 대가로 고려를 거쳐 금을 공격하게 해 달라는 송의 제안을 거절한 바 있다. 하지만 인종이 묘청의 난 진압을 이유로 금에 군대의 파견을 요청한 적은 없다.
③ 1문단에 따르면 고려는 귀주대첩에서 요를 물리친 바 있으나 날로 강해지는 요를 중시해야 한다고 판단해 건국 직후 맺었던 송과의 관계를 끊고 요와 우호 관계를 맺었다. 요가 귀주대첩을 계기로 고려와 외교 관계를 끊었다는 내용은 지문을 통해 알 수 없다.
④ 2문단에 따르면 고려는 요를 공격할 때 필요한 물자를 보내 달라는 송 신종의 부탁을 받아들이지 않았다는 내용만 확인할 수 있을 뿐 송이 고려에 군대를 보내 함선을 건조하기 위한 준비 작업에 들어갔는지는 지문을 통해 알 수 없다.
⑤ 1문단과 2문단에 따르면 송 신종은 고려에 사신을 보내 관계를 복원하자고 제안하며 고려 사신을 위한 환영회를 여는 등의 행동을 했을 뿐 고려가 자신의 부탁을 거절한 데 대응했다는 내용은 언급되어 있지 않다. 3문단에 따르면 고려에 사신을 보내지 않게 된 것은 그보다 상당한 시간이 흐른 뒤임을 알 수 있다.

문 2. 정답 ②

유형 정보확인　내용영역 인문　난이도 ★☆☆

[정답해설]
② 2문단에 따르면 원상들은 승정원에서 왕 대신 국정에 관한 결정을 내렸으며, 정희왕후가 성종을 대신해 수렴청정을 시작할 때 원상들은 예종 때처럼 국정을 처리했다고 하였다.

[오답해설]
① 3문단에 따르면 박시형은 원상들이 승정원에서 국정을 보는 관행을 중단해달라고 요청했지만, 승정원을 없애고 의정부를 조정의 최고 관서로 승격시키자고 한 적은 없다.
③ 2문단에 따르면 원상들은 자을산군을 왕으로 추대하는 데 합의하였다. 1문단에 따르면 신숙주는 원상에 해당하므로 신숙주는 자을산군의 즉위에 반대한 자라고 할 수 없다.
④ 1문단에 따르면 원상들은 세조가 계유정난을 일으켜 김종서 등을 제거하고 권력을 잡을 때 앞장섰던 사람들이라고 하였다. 하지만 신숙주, 한명회, 구치관을 원상으로 삼게 된 계기는 그들이 승정원의 사신 접대를 감독하고자 승정원에 상주하게 된 것과 관계되며 김종서가 그들을 원상으로 삼으려는 데에 반대했다는 내용은 확인할 수 없다.
⑤ 3문단에 따르면 성종은 원상들이 승정원에 나가 국정을 결정하던 관행을 없앴을 뿐 명 사신을 접대하는 임무를 맡아서는 안 된다거나 오직 승정원을 감독하는 데 머물러야 한다는 등의 의견을 제시하지는 않았다.

문 3. 정답 ⑤

유형 정보확인　내용영역 인문　난이도 ★☆☆

[정답해설]
⑤ 3문단에 따르면 구텐베르크와 달리 조선의 금속활자는 문자 유형의 차이로 인해 민간에서 거의 수용되지 않았다. 구텐베르크의 금속활자는 필요한 활자의 수가 절대적으로 적어 민간에서 부담 없이 주조할 수 있었지만, 조선의 금속활자는 한자 수만큼의 활자를 필요로 했기 때문이다.

[오답해설]
① 2문단에 따르면 극소수 양반가의 소유이긴 했지만 조선에도 민간에서 주조한 금속활자가 몇 종 존재했다.
② 1문단에 따르면 금속활자는 기존의 목판 인쇄에 비해 생산 비용을 낮출 수 있는 생산 방식이었다는 내용만 확인할 수 있을 뿐, 구텐베르크와 조선의 금속활자 간 생산 비용을 비교하는 내용은 확인할 수 없다.
③ 3문단에 따르면 조선 전기에 주조된 갑진자는 30만 자, 조선 후기에 주조된 오주갑인자와 육주갑인자는 15만 자였으므로 시대가 흐를수록 한 번에 주조하는 글자 수가 증가한 것은 아니다.
④ 1문단에 따르면 구텐베르크 금속활자의 발명이 지식의 독점을 막고 독서 인구를 증가시키는 데 크게 기여할 수 있었던 것은 인쇄물의 생산 가격을 낮춰 금속활자 인쇄술을 민간에 널리 퍼뜨렸기 때문이다. 2문단에 따르면 조선의 금속활자 또한 이러한 결과를 낳았다는 서술은 지문에서 찾아볼 수 없으며, 민간에 널리 보급되지 않았다는 점에서 지식의 독점을 막고 독서 인구를 증가시키는 결과를 낳았을 것이라고 보기 어렵다.

문 4. 정답 ③

유형 정보확인　내용영역 인문　난이도 ★☆☆

[정답해설]
③ 3문단에 따르면 기독교 교회의 신학과 예배 의식 관련 개념들을 서유럽에 소개하고 전파한 자들은 라틴어 사용자들이며, 그리하여 기독교 교회와 관련된 아주 많은 서유럽어들의 어휘들이 라틴어에 기원을 두게 되었다고 하였다.

[오답해설]
① 2문단에 따르면 로마인들은 그리스를 군사적으로 몇 세기 동안 지배하다가 결국에는 합병했지만 그리스의 문학, 음악, 미술에 계속해서 압도당했다고 하였다. 즉 그리스가 문화적으로 로마제국을 압도한 것은 맞지만 정치적으로 살아남았다고는 볼 수 없다.
② 3문단에 따르면 언어와 문화가 존중받은 경우와 다르게 어휘빈칸을 채우는 것은 새로운 개념이 등장했으나 해당 언어에서 이를 일컫는 어휘가 없을 경우 이루어지는 언어 차용 방식이라고 하였다.
④ 2문단에 따르면 바이킹은 노르망디 지방을 무력으로 차지한 뒤 정착지의 언어 전체를 차용하였다. 음악 분야의 어휘를 프랑스어에서 많이 차용하였다는 선지 표현은 새로운 분야의 어휘 중 일부만 차용한 경우에 가까우며, 바이킹이 프랑스어를 차용한 경우에 대한 설명과는 거리가 멀다.
⑤ 1문단에 따르면 프랑스어는 학술적 어휘의 경우에 당시 사용하던 라틴어보다 더 고형의 라틴어를 다시 차용했다고 하고 있으므로 당시 유행하던 라틴어 어휘에 기반한다고 볼 수 없다.

문 5. 정답 ②

[유형] 정보확인 [내용영역] 사회 [난이도] ★☆☆

[정답해설]

② 3문단에 따르면 탈진실 현상의 발생 원인에는 정치적 양극화와 포퓰리즘 등과 같은 외부적(정치적) 요인도 있지만 인간 내부의(심리적) 요인도 있으며, 이는 사람들에게 불편한 진실을 받아들여 감정이 불쾌해지거나 자신의 신념을 포기하느니 진실을 외면하거나 왜곡하는 방향을 택하도록 만든다.

[오답해설]

① 1문단에 따르면 진실을 부정하는 사람들의 행동은 사실을 은폐하는 문제에만 머물지 않고, 어떤 사실들은 개인의 감정과 무관하게 참이며 그런 사실들을 찾으려고 노력할 때 우리 모두에게 이익이 된다는 건전한 사고방식이 위협받도록 만든다. 따라서 우리의 감정과 무관하게 참인 것이 우리에게 이익이 되지 않는다고 볼 수 없다.

③ 1문단에 따르면 진실을 부정하는 사람들은 자신이 믿고 싶지 않은 사실과 자기 의견에 부합하는 것에 서로 다른 검증 기준을 사용한다. 따라서 사실을 검증할 때마다 동일한 검증 기준을 사용한다고 할 수 없다.

④ 2문단에 따르면 2016년 영국의 유럽연합 탈퇴 국민투표와 미국의 대선을 탈진실 현상의 대표적인 사례라고 할 수 있으나 이것이 서구 사회에서 처음으로 탈진실 현상이 발생한 사례인지는 지문의 내용을 통해 확인할 수 없다.

⑤ 3문단에 따르면 불편한 진실 때문에 신념을 포기하지 않고 진실을 외면하거나 왜곡하는 일은 의식뿐만 아니라 무의식 차원에서도 일어난다고 하였다.

문 6. 정답 ①

[유형] 정보확인 [내용영역] 과학기술 [난이도] ★☆☆

[정답해설]

① 2문단에 따르면 마셜은 헬리코박터 파일로리에 의해 대부분의 위장 질환이 발생한다는 가설을 세웠고, 이를 실험을 통해 입증하였다. 이때 "스트레스나 자극적인 식품을 자주 섭취하는 식습관이 위궤양과 위염을 일으킨다."라는 학설이 마셜의 가설이 쉽게 받아들여지지 못하도록 하는 원인이 된 것은 맞지만, 마셜의 실험이 위궤양과 위염이 스트레스나 자극적인 식품을 자주 섭취하는 식습관에 의해 생길 수 없음을 보여준 것은 아니다.

[오답해설]

② 2문단에 따르면 마셜의 연구팀은 헬리코박터 파일로리를 발견하였고, 마셜의 실험을 통해 헬리코박터 파일로리가 강한 산성 환경인 인간의 위장 속에서 살 수 있다는 사실이 입증되었다. 따라서 마셜의 연구팀이 어떤 세균도 위산을 오래 견뎌내지 못한다는 학설이 틀렸음을 증명하였다고 할 수 있다.

③ 1문단에 따르면 헬리코박터 파일로리는 캠필로박터 세균을 배양할 때처럼 대기 중 산소 농도보다 낮은 산소 농도에서 자라는 특성을 갖는다.

④ 2문단에 따르면 헬리코박터 파일로리는 오늘날 위암의 원인균으로도 인정받았다고 하였다.

⑤ 1문단에 따르면 헬리코박터 파일로리는 분석에 따라 캠필로박터와 다른 집단임이 판명되었고, 그에 따라 헬리코박터 속이 신설되었다.

문 7. 정답 ③

[유형] 정보확인 [내용영역] 과학기술 [난이도] ★★☆

[정답해설]

③ 3문단에 따르면 몬테카를로 방법은 해석학적으로 적분하기 극히 어려운 복잡한 도형의 넓이 산출 등에 많이 사용된다고 하였다. 하지만 단순한 모양의 도형의 넓이를 추정할 때 적용할 수 없다는 내용은 지문에 언급되어 있지 않으며, 오히려 2문단에 제시된 원의 넓이를 구하는 문제를 통해 몬테카를로 방법을 단순한 모양의 도형의 넓이를 추정할 때도 적용할 수 있을 것으로 생각해 볼 수 있다.

[오답해설]

① 4문단에 따르면 몬테카를로 방법은 핵분열 과정에서 중성자의 경로를 추정하는 데 사용되었다.

② 1문단에 따르면 몬테카를로 방법은 무작위 추출된 난수를 이용하여 함수의 값을 추정하는 통계학적 방법으로, 물리학과 공학 등의 분야에서 수치 적분이나 최적화 문제 등을 해결하는 데 많이 쓰인다고 하였다. 즉 몬테카를로 방법은 무작위 추출된 난수를 이용하여 함수의 값을 추정함으로써 문제의 답을 찾는 방법이라고 할 수 있다.

④ 3문단에 따르면 해석학적으로 적분하기 극히 어려운 도형의 넓이 산출에 몬테카를로 방법이 적용된다고 하였다.

⑤ 2문단과 3문단에 따르면 지문에서는 몬테카를로 방법의 적용을 무작위 다트 던지기에 빗대고 있는데, 던진 다트의 수가 많아질수록 실제 원의 넓이와 다트를 던져 알아낸 원의 넓이 사이의 차이는 줄어들고 무한히 많은 다트를 던지면 최종적으로는 올바른 원의 넓이를 알 수 있을 것이라고 하였다. 이에 따라 몬테카를로 방법으로 원의 넓이를 추정할 경우에도 무작위 시행 횟수가 늘어날수록 찾아낸 값이 정답에 가까워지는 경향이 있을 것임을 알 수 있다.

문 8. 정답 ④

[유형] 정보추론 [내용영역] 과학기술 [난이도] ★★☆

[정답해설]

(가) 2문단에 따르면, 한 물체의 '퍼텐셜 에너지'는 그 물체의 상대적 위치 등에 의해 달라지는 힘과 관련된 에너지이다. 가령 댐의 수문을 열면 물이 중력에 의해 아래로 흐르는 과정에서 수문을 열기 전 물의 퍼텐셜 에너지 중 일부는 운동 에너지 등 다른 에너지로 바뀌게 된다. 즉 댐에 저장된 물은 아직 퍼텐셜 에너지가 다른 에너지로 바뀌지 않은 상태이므로, 댐에 저장된 물은 댐 아래의 물보다 더 큰 퍼텐셜 에너지를 갖는다는 내용이 (가)에 들어가야 한다.

(나) 3문단에 따르면, 지구상의 물체들을 중력이 붙잡고 있는 것처럼 원자 궤도상의 전자는 전자기적 인력에 의해 양전하를 띠는 핵에 붙잡혀 있다. 이를 바탕으로 지문에서는 전자를 핵으로부터 멀리 이동시키는 것을 댐 아래의 물을 댐 위로 퍼올리려면 물에 에너지를 투입해야 하는 것에 빗대어 설명하고 있다. 따라서 댐 아래의 물과 마찬가지로 전자를 핵으로부터 멀리 이동시키기 위해서는 전자가 에너지를 얻어야 할 것이라는 내용이 (나)에 들어가야 한다.

(다) 4문단에 따르면, 지문에서는 전자의 퍼텐셜 에너지를 저마다 불연속적이고 정해진 퍼텐셜 에너지 수준을 가지고 있는 계단에 공이 놓여 있는 상황에 빗대어 설명한다. 이때 공은 각 계단에 놓일 뿐 계단 사이에 놓이지 않는 것처럼 전자가 각 퍼텐셜 에너지 크기 사이의 중간 에너지를 갖는 경우는 없다고 하였다. 따라서 전자의 퍼텐셜 에너지 크기 변화는 불연속적이라는 내용이 (다)에 들어가야 한다.

문 9. 정답 ④

[유형] 정보추론 [내용영역] 인문 [난이도] ★☆☆

[정답해설]

(가) 2문단에 따르면, '화면 밖 음향'은 사운드의 원천이 직접적으로 화면에 보이지는 않지만, 화면에 보이는 장면과 동일한 공간에 있다는 것을 앞뒤 맥락을 통해 알 수 있는 경우이다. 따라서 화면 밖 음향이 (가)에 들어가야 한다.

(나) 2문단에 따르면, '오프 음향'은 사운드의 원천이 화면에서 전개되는 시공간에 속하지 않는 경우이다. 따라서 오프 음향이 (나)에 들어가야 한다.

(다), (라) 3문단에 따르면 지문의 상황에서는 화면 속에 존재하는 어린아이가 연주하는 어설픈 피아노 소리가 흘러나오다가 장면이 전환되면서 유명한 피아니스트의 연주곡이 배경음악으로 깔린다. 전자는 사운드가 발생한 원천을 화면을 통해 확인할 수 있는 소리이고, 후자는 화면에 보이는 장면과는 다른 시공간의 원천으로부터 나온 배경음악이다. 따라서 (다)에는 인 음향, (라)에는 오프 음향이 들어가야 한다.

문 10. 정답 ④

[유형] 정보추론 [내용영역] 인문 [난이도] ★★☆

[정답해설]

④ 4문단에 따르면 도의적 책임은 작위이든 부작위이든 개인이 저지른 도덕적 과오이자 어느 누구도 판단할 수 없으며 당사자 자신만이 알 수 있는 것이라고 하였다. 그런데 '마음 속으로 동조하지 않았지만 나쁜 일에 직접 가담했다거나' 하는 것은 행동으로서 외부에 드러날 것이므로 당사자 자신만이 알 수 있는 차원에 머물지 않는다. 따라서 문맥에 맞게 표현되려면 ㉣은 "나쁜 일에 직접 가담하지는 않았더라도 마음 속으로 동조했다거나"로 수정해야 할 것이다.

[오답해설]

① 1문단에 따르면 야스퍼스는 모든 독일인들에게 동일한 책임을 부과하는 것을 경계하면서 전쟁 범죄와 직간접적으로 연관된 이들의 책임을 네 가지로 구분했다. 이에 따를 때 부과되는 책임의 성격은 전쟁 범죄에 가담한 정도에 따라 달라야 할 것이며 따라서 ㉠은 수정할 필요가 없다.

② 2문단에 따르면 법적 책임은 독재자들이 만든 실정법이 자연법의 정신에 어긋나는데도 그 법에 따라 범죄를 저지르는 것과 관계된다. 따라서 법적 책임이 나치 독일이 제정한 실정법을 지켰느냐 지키지 않았느냐의 문제는 아니라는 내용의 ㉡은 수정할 필요가 없다.

③ 3문단에 따르면 반대자이건 기권자이건 간에 합법적 절차를 통해 집권한 정권 아래에서 정상적으로 생활한 사람이라면 그 정권이 져야 하는 정치적 책임으로부터 자유로울 수 없다. 따라서 ㉢은 수정할 필요가 없다.

⑤ 5문단에 따르면 형이상학적 책임은 일에 가담한 적이 없을 뿐만 아니라 나쁜 일의 피해자가 되는 것을 피하여 살아남은 사람이 죽은 사람에게 느끼는 죄책감이다. 따라서 마음 속으로 동조한 적도 없으며 오히려 피해자가 될 뻔하기도 했다는 내용의 ㉤은 수정할 필요가 없다.

문 11. 정답 ③

[유형] 정보추론 [내용영역] 사회 [난이도] ★☆☆

[정답해설]

③ 개별성 원칙은 기본소득이 가구가 아닌 개인 단위로 지급되어야 함을 의미하므로, 미성년자 개인에게 성인의 80%에 해당하는 기본소득을 지급한다면 개별성 원칙에 어긋나지 않는다.

[오답해설]

① 보편성 원칙은 소득이나 자산 수준에 관계없이 국민 모두에게 지급해야 함을 의미하므로, 복지 효율성을 높이기 위해 기본소득을 경제적 취약 계층에만 지급하면 이는 보편성 원칙에 어긋난다.

② 무조건성 원칙은 수급의 대가로 노동이나 구직활동을 요구하지 않아야 함을 의미하므로, 기본소득을 주식에 투자해 탕진한 실업자에게 기본소득을 지급하는 것은 무조건성 원칙에 어긋나지 않는다.

④ 정기성 원칙은 기본소득을 정기적인 시간 간격을 두고 지속적으로 지급해야 함을 의미하므로, 매달이 아닌 1년에 한 번씩 기본소득을 지급한다고 하더라도 이것이 정기성 원칙에 어긋나는 것은 아니다.

⑤ 현금 지급 원칙은 기본소득을 이용권이나 현물이 아닌 현금으로 지급해야 함을 의미하므로, 기본소득을 입출금이 자유로운 예금 계좌에 입금하는 방식으로 지급하면 현금을 출금하여 무엇을 할지를 선택할 수 있으므로 현금을 지급한 것과 같다. 따라서 현금 지급 원칙에 어긋나지 않는다.

문 12. 정답 ①

[유형] 정보추론 [내용영역] 인문 [난이도] ★☆☆

[정답해설]

① 미국에 설치된 X에 빨간불이 켜졌다면, 이는 X가 E상태임을 의미한다. 이는 500원 동전과 크기나 무게가 다른 동전이 X에 투입되었음을 의미하므로, X에 투입된 동전은 500원 동전이 아닐 것이다.

[오답해설]

② 미국에 설치된 X에 500원 동전을 투입하여 파란불이 켜졌다면, 이는 X의 내부 상태가 C상태임을 의미한다.

③ E상태는 500원 동전과 크기나 무게가 다른 동전이 투입되었을 때 야기되므로, 서로 다른 동전 두 개가 투입되더라도 500원 동전과 각각 그 크기와 무게 중 하나라도 다르다면 똑같이 E상태를 야기할 수 있다.

④ 3문단에 따르면 X의 파란불이 "투입된 동전이 500원이다."의 의미를 갖는지, 혹은 "투입된 동전이 25센트이다."라는 의미를 갖는지는 X의 사용 목적에 따라 결정된다.

⑤ 3문단에 따르면 X의 사용 목적에 따라 빨간불과 파란불은 다른 의미를 가질 수 있으므로, 미국에 설치된 X의 경우, 파란불은 "투입된 동전이 25센트이다."가 아닌 다른 의미를 갖게 될 가능성이 있다.

문 13. 정답 ④

[유형] 정보추론 [내용영역] 과학기술 [난이도] ★★☆

[정답해설]

④ 2문단에 따르면 거시 세계에서 대상들이 서로 구분 가능 혹은 구분 불가능한지의 결정은 측정에 사용하는 기기의 정밀도에 의존한다. 따라서 기기의 정밀도가 향상될수록 구분 가능하다고 결정되는 대상들의 수는 증가할 것이다.

[오답해설]

① 2문단에 따르면 구슬의 표면을 현미경으로 들여다볼 때, 미세한 흠집이 있거나 내부 조직의 배열까지 완전히 똑같지는 않을 것이다. 즉 정밀한 측정이 동반된다면 같은 생산 공정에서 생산된 두 구슬의 경우라도 구분할 수 있다.

② 3문단에 따르면 미시 세계의 모든 전자들은 물리적 속성이 동일하다. 하지만 이를 근거로 미시 세계의 모든 입자가 종류와 무관하게 물리적 속성이 모두 동일한지는 알 수 없다.

③ 3문단에 따르면 미시 세계에서 구분 가능과 구분 불가능의 결정은 측정에 사용하는 기기의 정밀도에 의존하지 않는다. 따라서 측정 기기의 정밀도가 향상될수록 구분 가능하다고 결정되는 대상들의 수가 감소한다고 볼 수 없다.

⑤ 2문단에 따르면 거시 세계에서 대상들이 서로 구분 가능한지의 결정은 측정에 사용하는 기기의 정밀도에 의존한다. 따라서 거시 세계의 어떤 상황에서 두 물체가 구분 불가능한 것으로 결정되더라도, 더욱 정밀한 기기로 측정하여 두 물체가 구분 가능하다고 말할 수 있는 상황이 발생할 수 있다.

문 14. 정답 ⑤

[유형] 정보추론 [내용영역] 과학기술 [난이도] ★★☆

[정답해설]

⑤ 2문단에 따르면 알파파와 베타파가 나오는 수면은 렘수면에 해당하고, 3문단에 따르면 렘수면의 시간을 늘림으로써 정상적인 뇌의 활동을 계속하기 위해서는 전체 수면 시간이 늘어나야 한다. 따라서 알파파와 베타파가 나오는 수면 시간이 길어지면 정상적인 뇌의 활동을 계속하기 위해 전체 수면 시간이 늘어나야 한다.

[오답해설]

① 3문단에 따르면 뇌의 온도가 올라가면 렘수면 시간과 비렘수면의 시간이 모두 증가하여 전체 수면 시간이 길어진다. 따라서 뇌의 온도가 올라가 렘수면 시간이 증가하더라도 비렘수면의 시간이 줄어든다고 볼 수는 없다.

② 2문단에 따르면 역설적 수면은 렘수면에 해당하고, 서파 수면은 비렘수면에 해당한다. 전자와 후자 간 뇌의 온도 차이는 지문에서 확인할 수 없다.

③ 2문단에 따르면 세타파와 델타파가 나오는 수면은 비렘수면에 해당하고, 기억과 사고 과정을 돕는 수면은 렘수면에 해당한다. 따라서 세타파와 델타파가 나오는 수면은 기억과 사고 과정을 돕는 수면이 아니다.

④ 1문단에 따르면 수면과 신체 피로 사이의 관련성은 그렇게 밀접하지 않다. 따라서 신체활동이 늘어난다고 하여 서파 수면 동안 뇌의 활동이 더 느려진다고 단정을 짓기는 어렵다.

문 15. 정답 ④

유형 형식논리　내용영역 논리학　난이도 ★★☆

가능한 경우를 찾기 위해, 첫 번째 조건문의 내용에 따라 A가 파견된다고 가정한다. 이 경우 다음과 같은 기준을 따르게 된다.

1. A파견 → B파견
2. B파견 → ~D파견
3. ~D파견 → C파견
4. C파견 → ~E파견
5. ~E파견 → D파견

D가 파견된다는 결과와 파견되지 않는다는 결과가 동시에 도출되어 모순된 결과가 나타난다. 따라서 'A파견', 'B파견', '~D파견'이라는 가정이 성립할 수 없고, '~A파견', '~B파견', 'D파견'이 확정된다. 여기서 하나의 기준을 추가하여 C와 E의 파견 여부를 확정할 수 있는지 확인한다.

[정답해설]

④ '~C파견 → ~E파견'은 확정되지 않은 정보인 C와 E를 연결한 조건문이다. 확정적인 정보가 없어 그 시작점이나 연결고리를 잡을 수 없다. 즉 확정되지 않은 정보인 C와 E가 아닌 A, B, D에 대한 언급을 하는 조건이 추가되어야만 모든 사무관의 파견 여부를 확정할 수 있다.

[오답해설]

① '~A파견 → C파견'과 기준 4 'C파견 → ~E파견'에 따라 C를 파견하고 E를 파견하지 않는다.

② '~B파견 → C파견'과 기준 4 'C파견 → ~E파견'에 따라 C를 파견하고 E를 파견하지 않는다.

③ '~C파견 → ~D파견'(대우명제: 'D파견 → C파견')과 기준 4 'C파견 → ~E파견'에 따라 C를 파견하고 E를 파견하지 않는다.

⑤ 'D파견 ∨ E파견 → C파견', 'D파견', 기준 4 'C파견 → ~E파견'에 따라 C를 파견하고 E를 파견하지 않는다.

문 16. 정답 ④

유형 형식논리　내용영역 논리학　난이도 ★★★

먼저 네 번째 〈배치 원칙〉에 따르면 신입사원이 아닌 병수가 영업부나 자재부가 아닌 곳에 배치될 경우, 두 부서 모두 신입사원이 배치되는 경우가 발생하므로 병수는 총무부나 인사부에 배치될 수 없다.

이어서 두 번째 〈배치 원칙〉에 따르면 영업부와 자재부 중 한 곳에만 중국어 회화 가능자를 배치하게 되므로, 병수가 영업부와 자재부 중 한 곳에 배치되는 이상 정희는 영업부와 자재부에 배치될 수 없다. 이를 표로 정리하면 다음과 같다.

		총무	인사	영업	자재
영어	갑순(공인)				
	을돌				
중국어	병수(신입×)	×	×		
	정희			×	×

또한 정희가 영업부에 배치되지 않으므로 이를 후건으로 언급하고 있는 세 번째

〈배치 원칙〉에 따르면 정희는 인사부나 자재부에 배치되어야 하나, 자재부에는 배치될 수 없음을 앞서 파악했으므로 정희는 인사부에 배치된다. 한 부서에 한 명씩 배치되므로, 이미 배치된 인원은 다른 부서에는 배치될 수 없을 것이다. 정희가 이미 인사부에 배치되었으므로 첫 번째 〈배치 원칙〉에 따르면 유일하게 공인노무사 자격증을 가진 갑순이 총무부에 배치된다. 병수와 을돌의 부서는 확정되지 않는다. 이를 표로 정리하면 다음과 같다.

		총무	인사	영업	자재
영어	갑순(공인)	○	×	×	×
	을돌	×	×		
중국어	병수(신입×)	×	×		
	정희	×	○	×	×

마지막 〈추가 원칙〉에 따르면 인사부와 영업부에 같은 외국어 회화를 할 수 있는 사원들을 배치해야 하므로 인사부의 정희처럼 중국어를 할 수 있는 병수가 영업부에 배치된다. 이를 통해 네 명의 배치가 모두 확정된다.

		총무	인사	영업	자재
영어	갑순(공인)	○	×	×	×
	을돌	×	×	×	○
중국어	병수(신입×)	×	×	○	×
	정희	×	○	×	×

[정답해설]

④ 〈배치 원칙〉과 〈추가 원칙〉에 따라 최종적으로 배치된 정희의 부서는 인사부이다.

[오답해설]

① 〈배치 원칙〉만으로 배치된 갑순의 부서는 총무부이다.

② 〈배치 원칙〉만으로는 을돌의 부서가 확정되지 않고, 〈추가 원칙〉이 있어야만 확정된다.

③ 〈배치 원칙〉과 〈추가 원칙〉에 따라 배치된 병수의 부서는 영업부이다.

⑤ 〈배치 원칙〉과 〈추가 원칙〉에 따라 배치된 갑순의 부서는 총무부이다.

문 17. 정답 ①

유형 논증분석　내용영역 사회　난이도 ★☆☆

[정답해설]

ㄱ. A는 개인이 자신의 취향이나 기호에 따라 상품을 선택했다고 믿는 것이 착각이며 유행이 산업 자본에 의해 만들어졌다고 주장한다. B 또한 소비자가 자기의 취향과 기호에 의해 상품을 주체적으로 선택하는 것이 아니라고 주장한다.

[오답해설]

ㄴ. B는 소비자의 모방 심리가 소비를 부추긴다고 주장하였으나, A는 소비자들의 모방 심리가 유행에 영향을 미치는지 여부를 언급하지는 않는다.

ㄷ. A는 유행의 발생과 변화 속도에 대해 언급하지만, B는 유행의 발생은 언급하지만 변화 속도에 대해서는 언급하지 않는다. 이를 고려하면 A보다 B가 유행의 발생과 변화 속도를 더 잘 설명할 수 있다고 단정하기는 어렵다.

문 18. 정답 ④

유형 논증평가　내용영역 과학기술　난이도 ★★☆

[정답해설]

ㄴ. 을에 따르면 주거 환경이나 생활양식이 모두 유전자의 활동을 조절해 다른 신체 상태를 유발할 수 있다. 따라서 고혈압을 유발하는 유전자를 갖고 있더라도 생활환경에 따라 고혈압이 발병하지 않는 것이 사실이라면 을의 주장이 강화된다.

ㄷ. 갑에 따르면 신체적인 질병과 정신질환을 유발하는 유전자가 존재한다. 그런데 을에 따르면 우리가 먹는 음식과 주거 환경, 생활양식이 모두 유전자의 활

동을 조절해 다른 신체 상태를 유발할 수 있다. 따라서 대부분의 질병이 특정 유전자가 있어서가 아니라 유전자의 활동이 조절되는 양상에 따라 발병하는 것이라면, 유전자의 존재 자체가 질병을 유발한다고 보는 갑의 주장이 약화되고 을의 주장이 강화된다.

[오답해설]

ㄱ. 갑은 유전자에 의해 결정되는 형질이 환경이나 행동을 바꾼다고 해서 개선될 수 있는 것이 아니라고 본다. 유전자가 작동되는 방식이 정해져 있다는 설명은 갑의 주장과 무관하며, 갑의 주장을 강화하지도 약화하지도 않는다.

문 19. 정답 ①

유형 정보추론 내용영역 인문 난이도 ★☆☆

[정답해설]

(가) 1문단에 따르면, 절대적 개념은 정도의 차이를 허용하지 않는 개념을 말한다. 그리고 2문단에 따르면, 사실적 지식 중 하나인 '영국의 수도인 런던이다'를 두 사람이 알고 있을 때, 둘 중 한 사람이 다른 사람보다 그것을 더 안다는 것은 말이 되지 않으므로 '사실적 지식'이라는 개념은 절대적 개념이다. 따라서 '사실적'이 (가)에 들어가야 한다.

(나) A에 따르면, 대상적 지식을 포함한 모든 유형의 지식은 궁극적으로 사실적 지식이라는 전제를 받아들인다고 했다. 또한 A가 '어떤 의심의 여지도 없는 것만이 지식이 될 수 있다'는 전제로부터 '우리가 무언가를 안다는 주장들이 거의 모두 거짓'이라는 결론에 도달하기 위해서는 '거의 모든 지식, 즉 사실적 지식이 의심에서 벗어날 수 없어야 한다'는 전제가 추가로 필요하다. 이를 고려할 때 모든 '사실적' 지식은 의심에서 벗어날 수 없다는 전제를 받아들이는 것이 타당하다. 따라서 '사실적'이 (나)에 들어가야 한다.

(다) 철학자 B는 '지식'을 절대적 개념으로 간주한다고 해서 반드시 A의 결론이 도출되는 것은 아니라는 반론을 제기하고 있으므로 빈칸에는 A의 결론이 들어가야 한다. 즉, B에 따르면 어떤 사실에 대해서든 우리는 그 사실을 알든가 알지 못하든가 둘 중의 하나임을 인정하더라도, '우리가 아는 것이 거의 없다'는 A의 결론이 반드시 따라 나오는 것은 아니다. 따라서 '우리가 아는 것이 거의 없다'가 (다)에 들어가야 한다.

문 20. 정답 ⑤

[정답해설]

⑤ 3문단에 따르면 B는 표면에 흠집이나 요철이 있다면 표면이 평평한 것이 아님을, 즉 '평평함'을 절대적 개념으로 인정한다. 그럼에도 '자동차 주행을 위한 도로의 표면 상태를 점검하는 상황'에서 표면의 미세한 굴곡은 요철로 간주되지 않는다. 즉 B의 입장에서는 평평함을 절대적 개념으로 받아들이더라도 우리는 상황에 따라 도로 표면을 평평하다고도, 평평하지 않다고도 말할 수도 있다.

[오답해설]

① 1문단에 따르면 '평평함'과 같은 개념은 정도의 차이를 허용하지 않는 절대적 개념이므로 '평평함에 근접함'과 같은 표현은 절대적 개념에 해당하지 않는다.

② A는 정도의 차이를 허용하지 않는 절대적 개념의 존재를 주장했을 뿐, 어떤 표현에도 비교급 표현을 일절 사용할 수 없다고 주장한 적이 없다.

③ B는 절대적 개념이 존재한다는 A의 전제를 수용하며, 모든 지식이 궁극적으로 사실적 지식이라 어떤 사실에 대해서든 그 사실을 알든가 알지 못하든가 둘 중의 하나의 상태가 도출됨을 인정한다. 그럼에도 불구하고 B는 A가 말하는 결론이 도출되지 않을 수 있음을 논증하고 있다.

④ B의 주장은 미세한 굴곡이 발견되더라도 요철로 간주되지 않을 수 있다는 내용이며, 높은 배율로 관찰하더라도 미세한 굴곡이 발견되지 않는다는 내용과는 관련이 없다.

문 21. 정답 ⑤

유형 정보확인 내용영역 인문 난이도 ★☆☆

[정답해설]

⑤ 3문단에 따르면 이방원은 왕위에 오른 후 절제사의 휘하에 있는 모든 군인에 대한 지휘권을 의흥삼군부에 넘겼다고 하였다. 이방원 즉위 시점까지 절제사들이 시위패를 사병으로 거느리고 있었으므로 의흥삼군부는 이방원이 왕으로 있던 때에 절제사들이 거느린 시위패에 대한 지휘권을 넘겨받았다고 할 수 있다.

[오답해설]

① 3문단에 따르면 왕자의 난은 이방원이 정도전을 죽이고 권력을 잡은 사건이다. 왕자의 난을 계기로 각 도 절제사가 공신 또는 왕자로 대체되었는지는 지문을 통해 알 수 없다.

② 1문단에 따르면 지방의 주현군은 무신 집권기 이후 사라졌다. 하지만 조선 초에 8위 아래 배속되었는지는 지문을 통해 알 수 없다.

③ 2문단에 따르면 삼군도총제부를 만든 것은 공민왕이 아니라 이성계이다.

④ 2문단에 따르면 의흥친군위는 이성계가 만든 것이며, 1문단에 따르면 2군 6위는 공민왕 때에 8위로 개편되었다.

문 22. 정답 ③

[정답해설]

③ 3문단에 따르면 고구려는 수의 별동대가 군량 부족으로 퇴각할 것으로 보았으며, 예상대로 적군이 평양 인근까지 왔다가 철수하자 살수를 건너는 적의 앞을 막고 그 남쪽에 주력군을 투입해 적군을 격파하였다.

[오답해설]

① 2문단에 따르면 내호아라는 장수에게 배에 군량을 싣고 바다를 건너 수 군대에 이를 보급하라고 지시한 것은 수 문제가 아니라 양제이다.

② 2문단에 따르면 고건무는 남하하는 우중문의 부대를 저지한 것이 아니라, 수 군대의 군량 보급을 지시받은 내호아에게 승리를 거두었다.

④ 2문단에 따르면 수 양제는 탁군으로 돌아가 군량을 보충하자는 우문술 등의 장수의 제안을 거부했다.

⑤ 3문단에 따르면 고구려가 능한 산성 등에 있는 병력을 동원하여 살수를 건너는 적의 앞을 막았다는 언급은 있으나, 고구려가 능한 산성에 있는 병력을 요하 건너편으로 보내 적을 치게 하였는지는 지문을 통해 알 수 없다.

문 23. 정답 ⑤

[정답해설]

⑤ 3문단에 따르면 EU가 도입한 온실가스 배출권 제도는 배출권 구입 비용이 시장에서 결정되는 것이라는 판결이 내려졌으나, 스웨덴 정부에서 부과하는 환경부담금은 세금의 성격을 가진다는 판결이 내려진 바 있다. 따라서 스웨덴에서 부과하는 환경부담금은 그 금액이 시장에서 결정되지 않는다고 할 수 있다.

[오답해설]

① 1문단에 따르면 외부효과는 가령 생산자가 생산 과정에서의 오염 물질 정화 비용을 부담하지 않아 생산자가 부담하는 비용과 사회 전체가 부담하는 비용 간에 괴리가 발생하는 경우에 해당한다. 2문단에 따르면 이로 인해 발생하는 사회 문제는 시장 외부에서 부담하게 되는 사회적 비용을 개별 생산자가 부담하도록 내부화함으로써 해소될 수 있다. 하지만 오염을 유발하는 제품의 생산 수량 상한을 정부에서 정한다고 하여 외부효과가 존재하지 않게 되는지는 지문을 통해 알 수 없다.

② 1문단에 따르면 외부효과를 발생시키는 제품은 생산자가 자신이 부담해야 할 비용을 사회에 떠넘겨 더 많은 이익을 얻는 경우 사회적인 최적 생산량보다 초과 생산된다. 하지만 생산 과정에서 타인에게 혜택을 주어 외부효과를 발생시키는 제품이 사회적으로 초과 생산될지는 지문을 통해 확인하기 어려운 내용이다. 다만 그러한 경우 타인이 그 혜택을 얻기 위해 부담해야 할 비용을 생산자가 부담하는 것이 되므로 생산자가 굳이 초과 생산을 하지는 않을 것이라는 추론은 가능하다.

③ 3문단에 따르면 외부효과를 내부화하는 방안이 세금 부과인지 시장 기반 조치인지에 대한 이견이 존재하지만, 세금 부과 대신 시장에 맡기는 방식이 오염 물질을 줄이는 데에 더 효과적이라는 비교는 지문에서 이루어지지 않는다.

④ 2문단에 따르면 외부효과의 내부화로 인해 생산자의 비용이 올라가면 생산자의 이윤과 제품 생산량이 감소한다. 즉 항공사가 구매해야 하는 온실가스 배출권 가격이 높아질수록 생산자의 비용이 올라갈 것이고 제품 생산량이 감소하게 되어 외부효과는 줄어들 것이다.

문 24. 정답 ①

[유형] **정보확인** [내용영역] **법규범**   [난이도] ★★☆

[정답해설]

① 1문단에 따르면 퍼블리시티권은 자기동일성에서 유래하는 재산적 가치를 상업적으로 이용할 수 있도록 하는 권리이다. 그리고 3문단에 따르면 저작권은 저작자가 자신이 창작한 저작물을 경제적으로 이용할 수 있도록 보장하는 권리이며, 저작권과 퍼블리시티권은 모두 개인의 인격이 깃든 가치를 보호한다. 따라서 퍼블리시티권과 저작권은 인격이 밴 재산적 가치로써 수익을 얻을 수 있게 하는 권리임을 알 수 있다.

[오답해설]

② 2문단에 따르면 프라이버시권이 보호하려는 것은 사생활의 비밀과 자유, 주거나 통신의 불가침이라는 점에서 자기동일성의 사업적 가치를 보호법익으로 하는 퍼블리시티권과 구별되므로 프라이버시권이 경제적 이익에 대한 침해를 막기 위해 등장한 개념이라고 보기 어렵다.

③ 저작권이 창작물의 이용과 유통에 대한 규제를 해소하는 데 목적이 있는지는 지문을 통해 알 수 없다.

④ 2문단에 따르면 프라이버시권의 보호법익은 인간의 존엄성이며, 그에 대한 침해에서는 정신적·육체적 고통을 중심으로 손해의 정도를 파악한다. 반면 퍼블리시티권의 보호법익은 자기동일성의 사업적 가치이며, 그에 대한 침해에서는 그 상업적 가치와 함께 가해자가 얻은 이익을 고려하여 손해를 산정한다고 하였다. 즉 프라이버시권과 퍼블리시티권은 보호법익과 그것이 침해되었을 때 손해산정 기준이 모두 다르다.

⑤ 3문단에 따르면 퍼블리시티권은 유형의 매체에 고정된 창작물 자체를 보호 대상으로 하는 저작권과 달리 개인의 자기동일성의 요소를 그 대상으로 하며 성질상 꼭 표현 매체에 고정될 필요가 없다고 하였다. 하지만 2문단에 따르면 프라이버시권은 인간의 존엄성을 보호법익으로 한다는 설명이 있을 뿐, 그 구체적인 보호 대상은 지문에서 언급하고 있지 않다.

문 25. 정답 ②

[유형] **정보확인** [내용영역] **사회**   [난이도] ★☆☆

[정답해설]

② 1문단에 따르면 곡류는 일년생 작물이어서 해마다 날씨에 따라 그 수확량이 크게 요동치지만, 과실수는 곡류에 비해 재배하기 수월하다. 2문단에 따르면 과실수의 대표적인 사례인 참나무는 다년생으로 토양이나 기후에 별로 구애받지 않고 잘 자란다고 하였다. 따라서 일년생 작물인 곡류가 다년생인 참나무에 비해 재배가 쉽다는 것은 잘못된 설명이다.

[오답해설]

① 1문단에 따르면 과실수는 곡류에 비하여 재배하는 데 손이 많이 가지 않아 노동력 대비 생산량이 월등하다고 하였다.

③ 2문단에 따르면 도토리는 돼지와 같은 가축뿐 아니라 인간을 위한 좋은 식량이 되었다고 하였다.

④ 2문단에 따르면 해마다 곡물 생산량이 풍흉에 따라 크게 요동칠 때에도 도토리는 일정한 양이 생산되었으므로 도토리의 생산량은 안정적이었다고 할 수 있다.

⑤ 2문단에 따르면 농부들은 여러 지역을 다니며 도토리를 뿌렸고 그로 인해 참나무의 식생은 갈수록 확장되었으며, 참나무 숲을 거의 모두 인간이 조성하였다는 내용에서 확인할 수 있다.

문 26. 정답 ④

[유형] **정보확인** [내용영역] **과학기술**   [난이도] ★★★

[정답해설]

④ 2문단에 따르면 나이가 들어 뇌에서 이미지 처리 속도가 느려지면 가령 2시간 동안 N개의 이미지를 처리한 그 이미지의 연쇄를 1시간의 경과로 인식하게 된다고 하였다. 즉 시계 시간은 2시간이 지났는데 마음으로는 1시간이 지났다고 인식하는 것이다. 이는 객관적 시간인 시계 시간이 더 빠르게 흐르는 것처럼 느끼게 됨을 의미한다.

[오답해설]

① 2문단에 따르면 신체가 노화하면 뇌가 이미지를 습득하고 처리하는 속도가 느려져 마음 시간이 느려진다.

② 2문단에 따르면 시계 시간은 객관적으로 측정할 수 있는 물리적 시간에 해당하므로 나이가 들어간다고 하더라도 흐르는 속도가 달라지지는 않는다.

③ 2문단에 따르면 마음 시간은 신체가 노화하면 느려진다고 하였지만, 시계 시간은 객관적으로 측정할 수 있는 물리적 시간에 해당하므로 시계 시간의 빠르기는 변하지 않는다.

⑤ 2문단에 따르면 신경망의 크기와 복잡성이 커지면 신호의 흐름이 둔해져 마음 시간이 느려지게 되므로, 똑같은 물리적 시간인 시계 시간 동안 처리할 수 있는 이미지의 수는 적어진다.

문 27. 정답 ②

[유형] **정보추론** [내용영역] **인문**   [난이도] ★☆☆

[정답해설]

(가) 2문단에 따르면 축의 시대의 예언자, 철학자, 시인들의 사상은 매우 심오하고 급진적이어서, 후대인들은 자신의 가르침이 절대적 맹신의 대상이 되기를 바라지 않았던 현자들의 바람과는 달리 축의 시대 현자들이 없애고 싶어했던 종교성을 만들어내기도 하였다. 따라서 후대인들은 이 현자들의 가르침을 "올바로 이해하지 못하고 자의적으로 받아들이는" 경향이 있었다는 내용이 (가)에 들어가야 한다.

(나) 3문단에 따르면 축의 시대 이전에는 제의와 동물 희생이 종교적 행위의 중심이었지만, 축의 시대 현자들이 추구했던 것은 타인을 배려하는 삶이었으며 공동체로 관심을 확대해야 한다고 생각하였다. 따라서 현자들은 종교적 행위에 새로운 의미를 부여하고 "공동체 내에서의 도덕과 실천을 중요시하였다"는 내용이 (나)에 들어가야 한다.

문 28. 정답 ②

| 유형 | 논증분석 | 내용영역 | 논리학 | 난이도 | ★★★ |

[정답해설]
1문단에 따르면 민감성 조건을 옹호하는 철학자는 명제 "지구는 자전한다."를 우리가 안다고 할 수 있는 이유는 그 명제가 참일 뿐만 아니라 민감성 조건을 충족하기 때문이라고 생각한다. 이 주장에 따를 때 어떤 명제를 안다면 그 명제는 민감성 조건을 충족한다. 즉 어떤 명제를 안다고 하기 위해서는 민감성 조건을 충족할 필요가 있다.

○ 명제 P를 앎(A) → 명제 P가 민감성 조건을 충족(B)

따라서 A가 B의 충분조건임을 부정하거나 B가 A의 필요조건임을 부정하는 내용이 민감성 조건의 문제점을 지적하는 논증의 결론이 될 수 있다.

② 2문단에 따르면 철이가 민수가 마당에서 건강하게 뛰어놀고 있는 모습을 직접 지켜보면서 "민수가 건강하다."라는 명제 Q를 믿고 있다고 할 때, 우리는 명제 Q가 거짓인 경우에도 철이가 Q를 믿는 경우를 생각해볼 수 있다. 이는 민감성 조건을 옹호하는 철학자들에 따르면 Q가 민감성 조건을 충족하지 못한 것이다. 하지만 3문단에 따르면 그렇다고 하여 민수가 건강하게 뛰어노는 모습을 지켜보는 철이가 Q를 알지 못한다고 하는 것은 잘못이라고 하였다. 즉 2문단의 상황을 통해 어떤 명제를 안다고 하여 반드시 그 명제가 민감성 조건을 충족할 필요가 없는 경우가 있음을 논증한 것이다. 따라서 "어떤 명제가 앎의 대상이라고 해서 그 명제에 대한 믿음이 민감할 필요는 없다."가 빈칸에 들어가는 것이 적절하다.

[오답해설]
① 1문단에 따르면 명제 P가 민감성 조건을 충족한다는 것은 명제 P가 거짓인 가상의 경우에는 P를 믿지 않아야 함을 의미한다. 즉 우리는 어떤 명제가 앎의 대상이 될 수 있지만 거짓인 경우를 상상할 수 있다. 또한, 이는 지문에서 전개되는 논증과도 무관하다.
③ 해당 선지는 B가 A의 충분조건이 아니라는 내용으로, B가 A의 충분조건이 아니라는 논증을 하기 위해서는 어떤 명제가 민감성 조건을 충족하지만 그 명제를 알지 못하는 예시를 제시해야 한다.
④, ⑤ 민감성 조건의 문제점을 지적하는 2문단과 3문단의 논증은 명제에 대한 앎과 민감성 조건 간의 관계를 다루고 있다. 따라서 명제가 참임과 그 명제에 대한 앎을 논하는 해당 선지는 지문에서 전개되는 논증과 무관하다.

문 29. 정답 ①

| 유형 | 정보추론 | 내용영역 | 사회 | 난이도 | ★☆☆ |

[정답해설]
① 1문단에 따르면 정치적 외부비용은 집단의 의사로 결정된 사안에 대해, 그에 반대한 구성원들이 사안을 따라야 하는 고통을 감내하는 데서 오는 불이익을 의미한다. 3문단에 따르면 구성원 모두를 의결정족수로 하면 모두가 찬성해야 안건이 가결된다는 점에서, 정치적 외부비용만 생각하면 가장 좋은 의사결정 규칙이라고 하였다. 즉 만일 의결정족수가 구성원의 100%라면 의결이 되기 위해서는 그 집단에서 반대하는 구성원이 전혀 없어야 하므로, 이들이 고통을 감내하는 데서 오는 불이익이 없게 된다. 따라서 정치적 외부비용은 최소화된다.

[오답해설]
② 2문단에 따르면 합의도출 비용은 의결정족수의 동의를 얻어내는 데 치러지는 비용이다. 따라서 집단에서 의결에 필요한 구성원 비율이 커질수록 합의도출 비용은 커질 것이다.
③ 3문단에 따르면 합리적인 의사결정 규칙은 정치적 외부비용과 합의도출 비용을 종합적으로 고려하여 그 합계를 최소화하는 것이다. 그러나 합의도출 비용을 최소화하기 위해서는 과반수 다수결이 아닌 의결정족수를 최소화하는 방식을 채택해야 한다. 따라서 과반수 다수결은 합의도출 비용을 최소화하는 규칙이 아니며, 합리적인 의사결정 규칙에 해당하는지도 알 수 없다.
④ 2문단에 따르면 의결정족수가 작아지면 합의도출 비용은 적게 드는 반면 정치적 외부비용은 커진다. 따라서 의결정족수가 작아질수록 정치적 외부비용과 합의도출 비용의 합계가 작아진다고 볼 수 없다.
⑤ 1문단에 따르면 소수는 극렬하게 반대하고 다수가 미지근하게 찬성하는 안건과 같은 경우에는 정치적 외부비용을 고려했을 때 과반수 다수결이 사회 전체의 순손실을 불러오는 선택이 될 수 있다고 하였다. 하지만 소수만이 적극 찬성하는 안건일 때 의결정족수를 어떻게 하는 것이 집단 전체에 유익한지는 지문을 통해 알 수 없다.

문 30. 정답 ④

| 유형 | 정보추론 | 내용영역 | 사회 | 난이도 | ★★☆ |

[정답해설]
현행 농지개혁법 및 농지개혁법 개정에 대한 주장은 다음과 같다.

	토지의 지주에 대한 보상률	토지 분배 대상자의 상환율
현행 농지개혁법	평균 수확량의 150%	평균 수확량의 125% (차액 정부 부담)
농지개혁법 개정안	평균 수확량의 150% (지가증권 지급)	평균 수확량의 150%
국회의원 갑	200%(중소지주 고려)	-
국회의원 을	125%(상환율과 같게)	125%(현행 유지)

④ 1문단에 따르면 현행 농지개혁법에서는 보상률이 상환율보다 높은 경우 그 차액을 정부가 부담하고 있는데, 이 부담을 정부 재정이 감당할 수 없어 보상률과 상환율을 같게 하기 위해 상환율을 높이자는 것이 농지개혁법 개정안의 목적이다. 2문단에 따르면 국회의원 을은 상환율을 높이는 데는 반대하지만, 보상률과 상환율을 같게 하는 데에는 전적으로 찬성한다. 보상률과 상환율을 같게 하면 정부의 부담분이 없어진다는 점에서, 국회의원 을이 국가 부담 부분을 없애는 것에 반대한다고 볼 수 없다.

[오답해설]
① 1문단에 따르면 농지개혁법 개정안에는 보상금을 지가증권으로 지급해 일시에 보상금을 지출해야 하는 부담을 덜고 인플레이션을 방지하고자 하는 의도가 담겨있다.
② 1문단에 따르면 농지개혁법 개정안은 토지 분배 대상자의 상환율을 높여 매수 대상 토지의 지주에 대한 보상률과 같게 만들고자 한다. 따라서 농지를 분배받는 사람이 내야 할 상환금은 25% 상승하여 농지 평균 수확량의 150%가 된다.
③ 2문단에 따르면 국회의원 갑은 생활이 어려운 중소지주들을 위해서는 이번 개정에서 보상률을 200%로 올려야 한다고 주장하고 있으므로 경제적 상황이 힘든 지주를 고려해야 한다는 입장임을 확인할 수 있다.
⑤ 2문단에 따르면 을은 상환율이 현행대로 유지되어야 한다고 믿으며 보상률과 상환율을 같게 하는 데 전적으로 찬성하고 있으므로 125%의 지주 보상률과 농민 상환율을 주장할 것이다. 즉 지주가 받을 보상금이 해당 농지 평균 수확량의 125%가 되어야 한다는 입장이다.

문 31. 정답 ②

| 유형 | 논증분석 | 내용영역 | 인문 | 난이도 | ★★☆ |

지문에 따르면 자율적 군사로봇의 제작자가 예측하거나 통제할 수 없는 자율적 군사로봇의 행동에 대해서는 그에게 책임을 물을 수 없으므로 제작자는 책임의 주체에서 배제된다. 이어서 지휘관 또한 실제 작전에서 로봇의 행동을 예측하고 통제할 수 없으므로 책임의 주체에서 배제된다. 마지막으로 로봇은 고통을 느낄 수 없기에 처벌을 하는 것이 무의미해져 책임의 주체에서 배제된다.

제작자, 지휘관, 그리고 로봇 자체라는 세 후보 모두 자율적 군사로봇 사용에 의한 민간인 살상에 책임을 질 수 없다는 사실로부터 '자율적 군사로봇을 사용하면 누구에게도 그 결과에 대한 책임을 물을 수 없다'는 소결론이 도출된다.

㉠은 자율적 군사로봇의 사용이 비윤리적이라는 내용이며, 〈보기〉의 내용을 소결론과 연결하여 ㉠을 이끌어낼 수 있는지를 확인한다.

[정답해설]

ㄴ. '자율적 군사로봇을 사용하면 누구에게도 그 결과에 대한 책임을 물을 수 없다'는 소결론으로부터 '자율적 군사로봇의 사용이 비윤리적'이라는 결론이 도출되기 위해서는 '책임'과 '비윤리성'을 연결하는 전제, 즉 책임을 물을 수 없다는 것이 비윤리적이라는 전제가 존재하여야 한다. 이로써 '어떤 행위의 결과에 대해 누구에게도 책임을 물을 수 없다면 그 행위는 비윤리적이다'라는 전제가 요구됨을 알 수 있다.

[오답해설]

ㄱ. 지문에 따르면 자율적 군사로봇은 인간이 통제할 수 없는 존재이다. 따라서 인간의 통제하에 있는 존재가 책임의 주체가 될 수 없다는 내용은 ㉠과 무관하다.

ㄷ. 지문에 따르면 제작자나 지휘관의 경우 자율적 군사로봇의 행동을 예측하거나 통제할 수 없으므로 이들에 대해서는 책임을 물을 수 없다. 따라서 <보기> ㄷ이 추가될 경우 '자율적 군사로봇의 제작자 또는 임무를 준 지휘관에게 책임을 묻는 것은 비윤리적이다'가 도출된다.

문 32. 정답 ③

유형 논증분석　내용영역 과학기술　난이도 ★★☆

[정답해설]

③ 유사한 기능을 발휘함에도 불구하고 유사한 메커니즘을 갖고 있지 않은 '상사'의 경우가 동물들이 유사한 기능을 발휘하기 위해 항상 유사한 메커니즘이 요구되는 것은 아님을 설명할 수 있다. 쌍살벌이 큰 뇌가 없어도 영장류처럼 정교한 개체 인식 능력을 갖는 것은 구조는 서로 다르나 그 기능이 서로 일치하는 경우에 해당한다. 이러한 사례를 통해 유사한 기능을 발휘하는 동물들에게 항상 유사한 메커니즘이 요구되는 것이 아님을 알 수 있다.

[오답해설]

① 개체 인식 능력에서 차이가 나는 것은 동물들이 유사한 기능을 발휘하는 경우에 해당하지 않는다.

② 사회성 수준 차이는 동물들이 유사한 기능을 발휘하는 경우에 해당하지 않는다.

④ 영장류가 얼굴을 보고 개체를 구별하는 능력이 고등하다는 것은 동물들이 다른 메커니즘을 가졌음에도 유사한 기능을 발휘하는 경우와는 관련이 없다.

⑤ 물건을 쥐는 능력 차이는 동물들이 유사한 기능을 발휘하는 경우에 해당하지 않는다.

문 33. 정답 ②

유형 형식논리　내용영역 논리학　난이도 ★★☆

확정적인 정보를 주는 정과 무의 예측부터 살펴볼 경우, 정은 갑이 환경부에 배치된다고 언급하는 반면 무는 갑이 통일부에 배치된다고 언급하고 있다. 한 명의 예측이 그르다고 명시되어 있으므로 둘 중 한 명의 예측은 참, 나머지 한 명의 예측은 거짓임을 알 수 있다. 이에 따라 갑, 을, 병의 예측은 참임 또한 알 수 있다. 갑이 한 예측의 전건인 '갑 환경부 배치'가 참이라고 가정하여, 가능한 경우를 도출한다. 해당 진술이 참일 경우, 을이 한 예측의 전건이 충족되어 '갑 환경부, 을 환경부, 병 통일부'가 도출된다. 이에 따르면 '병이 통일부에 배치되지 않는다'고 언급하는 정의 예측이 거짓이 되고, 갑이 통일부에 배치된다고 하는 무의 예측 또한 거짓이 되어 지문의 조건과 충돌한다.

따라서 갑은 환경부에 배치되지 않음을 알 수 있다.

갑이 환경부에 배치되지 않을 경우, 병이 한 예측의 전건이 충족되어 무와 병이 통일부에 배치된다. 병이 한 예측은 참이므로 전건이 참일 경우 후건도 참이어야 진릿값이 참으로 도출되기 때문이다.

이에 따라 '병이 통일부에 배치되지 않는다'고 말하는 정의 예측이 거짓, 무의 예측이 참이 되어 갑이 통일부, 정이 교육부에 배치된다. 따라서 갑-통일부, 병-통일부, 정-교육부, 무-통일부가 도출되며, 을의 배치부서는 알 수 없다.

	환경	통일	교육
갑	×	○	×
을			
병	×	○	×
정	×	×	○
무	×	○	×

[정답해설]

② 을이 반드시 환경부에 배치된다고는 볼 수 없다.

[오답해설]

① 갑은 통일부에 배치된다.

③ 병은 통일부에 배치된다.

④ 정은 교육부에 배치된다.

⑤ 무는 통일부에 배치된다.

문 34. 정답 ⑤

유형 형식논리　내용영역 논리학　난이도 ★★★

지문의 검토 결과에서 'a 가운데 b는 없다'는 'a이면 b가 아니다'와 동일한 의미이므로 전칭 명제에 해당한다. 그리고 'a 가운데 b는 있다'는 'a이면서 b인 것이 있다'와 동일한 의미이므로 특칭 명제에 해당한다.

검토 결과에서 전칭 명제에 해당하는 내용을 정리하면 다음과 같다.

1. 중점 → ~인력
2. 협의 → ~효과
3. 장기 ∧ ~협의 → 인력
4. 인력 → ~예산

검토 결과에서 특칭 명제에 해당하는 내용을 정리하면 다음과 같다.

A: 중점 추진 과제 가운데……장기 시행 과제는 있다. (중점 ∧ 장기)
B: 많은 예산이 필요한 과제 가운데 즉각적인 효과가 나타나는 과제가 있다. (예산 ∧ 효과)

각 특칭 명제에서 확정된 내용만을 범주별로 정리하면 다음과 같다.

	중점	협의	예산	장기	인력	효과
A	○			○		
B			○			○

여기서 확정된 내용을 전칭 명제에 적용한 결과를 다음과 같이 정리할 수 있을 것이다.

	중점	협의	예산	장기	인력	효과
A	○	○		○	×	×
B		×	○	×	×	○

A: 1에 따라 '중점'으로부터 '~인력'이 도출된다. 3의 대우명제는 '~인력 → ~장기 ∨ 협의'인데, A는 '~인력'과 '장기'에 해당하므로 '협의'가 도출된다. 2에 따라 '협의'로부터 '~효과'가 도출된다.

B: 2에 따라 '효과'로부터 '~협의'가, 4에 따라 '예산'으로부터 '~인력'이 도출된다. 3의 대우명제는 '~인력 → ~장기 ∨ 협의'인데, B는 '~인력'과 '~협의'에 해당하므로 '~장기'가 도출된다.

[정답해설]

ㄱ. <보기> ㄱ에 해당하는 내용을 전칭 명제에 적용하면 다음과 같다. 어떤 과제가 '장기'와 '효과'에 해당한다고 가정하면, 2에 따라 '효과'로부터 '~협의'가 도출된다. <보기> ㄱ의 과제는 '장기'와 '~협의'에 해당하므로 3에 따라 '인력'이, 4에 따라 '~예산'이 도출된다. 따라서 장기 시행 과제이면서 즉각적인 효과가 나타나는 과제 가운데는 많은 예산이 필요한 과제가 없다. 이를 표로 정리하면 다음과 같다.

	중점	협의	예산	장기	인력	효과
<보기> ㄱ		×	×	○	○	

ㄴ. 특칭 명제 A의 사례는 인력 재배치가 필요하지 않은 과제 가운데 즉각적인 효과가 나타나지 않는 과제에 해당한다.

	중점	협의	예산	장기	인력	효과
A	○	○		○	×	×

ㄷ. 특칭 명제 B의 사례는 장기 시행 과제가 아니면서 많은 예산이 필요한 과제에 해당한다.

	중점	협의	예산	장기	인력	효과
B		×	○	×	×	○

문 35. 정답 ②

[유형] 정보추론　[내용영역] 과학기술　[난이도] ★☆☆

[정답해설]

ㄷ. 2문단에 따르면 체내환경에서 탄수화물 또는 지방이 많아지면 그것을 주로 사용하는 미생물군의 비율이 증가하고, 젖산 또는 TG가 각각 개체의 혈액에 추가로 제공된다. 4문단에 따르면 그룹 1에게는 여름에 곰으로부터 채취한 배설물을, 그룹 2에게는 겨울에 곰으로부터 채취한 배설물을 쥐에게 이식하였다. 그룹 2 쥐들의 혈중 TG 농도가 더 높게 나타난 결과는 그룹 2 쥐의 체내에 지방을 에너지원으로 사용하는 미생물군이 증가했음을 의미한다. 이는 에너지원으로 지방을 주로 사용하는 미생물군이 차지하는 비율이 여름보다 겨울에 높아졌음을 의미한다.

[오답해설]

ㄱ. 3문단에 따르면 혈중 평균 TG 농도는 겨울이 여름보다 높고, 혈중 평균 젖산 농도는 여름이 겨울보다 높다. 또한 1문단에 따르면 탄수화물을 에너지원으로 많이 사용하면 혈중 젖산 농도가 증가하고, 지방을 에너지원으로 많이 사용하면 혈중 TG 농도가 증가한다. 따라서 곰은 에너지원으로 겨울에 지방을, 여름에 탄수화물을 많이 사용한다.

ㄴ. 1문단에 따르면 탄수화물을 에너지원으로 많이 사용하면 혈중 젖산 농도가 증가한다. 4문단에 따르면 무균 쥐가 고지방 음식을 섭취하더라도 혈중 TG 농도가 변하지 않는다. 무균 쥐가 탄수화물을 섭취할 경우 혈중 젖산 농도가 어떻게 변할지는 지문의 내용만으로는 추론할 수 없다.

문 36. 정답 ③

[유형] 논증분석　[내용영역] 과학기술　[난이도] ★★☆

2문단에 따르면 열적 현상에 의한 '열적 잡음'은 광센서의 절대 온도에 정비례하여 증가하며, 양자 현상에 의한 '양자 잡음'은 광센서의 온도에 관계없이 일정하다. 온도를 높이기 전에는 광센서 A와 B의 전체 잡음 크기가 동일하였으나, 온도를 높이자 A의 전체 잡음 크기가 B보다 커졌다. 이때 양자 잡음의 크기는 일정하다는 점에서, A가 B보다 온도 상승에 따른 열적 잡음의 증가폭이 컸음을 알 수 있다. 열적 잡음은 온도와 정비례하므로, 실온에서의 열적 잡음은 A가 B보다 컸음을 알 수 있다. 그리고 실온에서 A와 B의 전체 잡음 크기가 동일하므로, 실온에서의 양적 잡음은 B가 A보다 컸음을 확인할 수 있다.
전체 잡음의 크기는 열적 잡음과 양자 잡음의 합이므로, 실온과 고온 상태에서 전체 잡음의 구성을 다음과 같이 정리할 수 있다.

실온 A의 전체 잡음(A_1)=A의 열적 잡음(a_1)+A의 양자 잡음(a_2)
실온 B의 전체 잡음(B_1)=B의 열적 잡음(b_1)+B의 양자 잡음(b_2)
고온 A의 전체 잡음(A_2)=A의 열적 잡음(a_3)+A의 양자 잡음(a_2)
고온 B의 전체 잡음(B_2)=B의 열적 잡음(b_3)+B의 양자 잡음(b_2)

따라서 실온에서 열적 잡음은 A가 B보다 크고, 양자 잡음은 B가 A보다 크다.

	전체 잡음	열적 잡음	양자 잡음
실온	$A_1 = B_1$	$a_1 > b_1$	$a_2 < b_2$
고온	$A_2 \gg B_2$	$a_3 \gg b_3$	$a_2 < b_2$

[정답해설]

③ 실온에서 열적 잡음은 A가 B보다 크고, 양자 잡음은 B가 A보다 크다.

[오답해설]

① A와 B의 양자 잡음은 온도 증가에도 불구하고 일정하다. 온도 증가분에 대한 A와 B의 열적 잡음 증가분이 같은 경우, 고온에서도 A와 B의 전체 잡음 크기가 동일해야 한다. 따라서 이러한 실험 결과는 A가 B보다 전체 잡음의 크기가 더 크다는 결과를 설명하지 못한다.

② 양자 잡음은 광센서의 온도에 관계없이 일정하므로, A와 B 모두 양자 잡음 증가분은 존재하지 않는다. 따라서 이러한 실험 결과는 A가 B보다 전체 잡음의 크기가 더 크다는 결과를 설명하지 못한다.

④ 실온에서 열적 잡음이 B가 A보다 크다면, B가 A보다 열적 잡음에 따른 증가분이 클 것임을 예상할 수 있다. 이 경우 고온에서 B가 A보다 전체 잡음 크기가 더 크다는 실험 결과가 도출될 것이다. 따라서 이러한 실험 결과는 A가 B보다 전체 잡음의 크기가 더 크다는 결과를 설명하지 못한다.

⑤ A와 B 모두 열적 잡음과 양자 잡음의 크기가 서로 같다면, 양자 잡음은 고온에서도 그 크기가 일정하고, 온도 증가에 따른 열적 잡음의 증가분도 일정할 것이므로 고온에서 전체 잡음의 크기는 서로 동일하다는 실험 결과가 도출될 것이다. 따라서 이러한 실험 결과는 A가 B보다 전체 잡음의 크기가 더 크다는 결과를 설명하지 못한다.

문 37. 정답 ⑤

[유형] 논증분석　[내용영역] 논리학　[난이도] ★★☆

[정답해설]

ㄱ. (가)에 따르면 조건문 'A이면 C'는 전건(A)이 거짓인 경우에는 모두 참이다. 즉, 실제 3월에 누군가 "이번 달이 4월이면, 다음 달은 5월이다."라고 말했다면 전건이 거짓이므로 이 조건문은 참이 된다.

ㄴ. (나)에 따르면 조건문 'A이면 C'에 대한 판단은 A가 현실 세계에서 참인 경우와 거짓인 경우로 나뉘므로 이 중 〈보기〉 ㄴ이 어디에 해당하는지 먼저 판단한다. 실제 3월에 누군가 "이번 달이 3월이면, 다음 달은 4월이다."라고 말했다면 이는 A가 현실 세계에서 참인 경우에 해당한다. 이 경우는 후건(C)이 참인지 거짓인지에 따라 조건문의 진릿값이 결정된다. 실제 3월의 경우 다음 달은 4월이므로, 전건과 후건이 참인 이 조건문은 참이 된다.

ㄷ. (가)에서 거짓인 조건문은 조건문 'A이면 C'에서 A가 참인데도 C가 거짓인 경우에 한한다. 이 경우는 (나)에서 A가 현실 세계에서 참인 경우에 해당하며, 이때도 C가 거짓인 경우 조건문이 거짓이 된다. 따라서 (가)에서 거짓인 조건문은 (나)에서도 거짓으로 판정한다.

문 38. 정답 ③

[유형] 논증평가　[내용영역] 과학기술　[난이도] ★★☆

[정답해설]

ㄱ. 갑과 을의 논쟁은 기술인가의 여부를 결정하는 요인이 무엇이냐는 것이다. 갑은 만들어진 것이 본성에 따른 것인지는 기술인가의 여부를 결정하는 데 무관하다고 설명하고, 을은 인간 기술이 인간 본성에서 비롯했다는 점에 동의한다. 이를 고려하면, '만들어진 모든 것이 본성의 소산이다'라는 진술은 '만들어진 것들 중 본성의 소산이 아닌 것이 존재한다'는 주장을 약화할 수 있지만, 갑과 을의 주장 내용은 이와 무관하다. 따라서 '만들어진 모든 것이 본성의 소산'이라는 진술은 갑의 입장도 을의 입장도 약화하지 않는다.

ㄴ. 을에 따르면 인공물은 언제나 부자연스러움을 가져온다. 따라서 자연을 변화시킨 인공물이지만 부자연스러움을 낳지 않는 물건이 있다는 것은 을의 입장을 강화하지 않는다.

[오답해설]

ㄷ. '부자연스러움을 낳는 것 중에 원리에 대한 이해 없이 생겨난 물건이 있다'는 진술이 을의 입장을 약화하기 위해서는 을이 '부자연스러움을 낳는 것은 모두

원리에 대한 이해가 있는 상태에서 생겨난 물건이다'라는 주장을 해야 한다. 을에 따르면 원리에 대한 이해가 있다면 그 사용은 반드시 부자연스러움을 낳으나, 이것은 을의 입장이 약화되기 위해 을이 했어야 하는 주장의 역에 해당하므로 〈보기〉 ㄷ의 진술과는 관련이 없다. 따라서 〈보기〉 ㄷ의 진술은 을의 주장을 약화하지 않는다.

약화되지 않는다. 또한 병의 입장이 약화되기 위해서는 어떤 외계인이 우주의 보편적 원리를 포함하는 이론을 지니고, 그런 이론을 표현하는 일상 언어를 사용함에도 불구하고 지구인과 의사소통이 불가능해야 한다. 그러나 외계인 A는 우주의 보편 원리를 포함하는 이론을 갖고 있지 않으므로 병의 입장 또한 약화되지 않는다.

문 39. 정답 ③

유형 논증분석 내용영역 과학기술 난이도 ★☆☆

[정답해설]

ㄱ. 갑의 설명과 〈보기〉 ㄱ은 다음과 같이 정리할 수 있다.
  1. ~우주를 보편적으로 지배하는 원리를 포함하는 이론을 외계인이 지님 → ~그 외계인은 은하계를 누빌 수 있는 우주선 제작과 같은 기술력을 갖추고 있음 [갑의 진술]
  2. 우주를 보편적으로 지배하는 원리를 포함하는 이론을 외계인이 지님 → 외계인과 지구인 사이에 의사소통이 가능함 [갑의 진술]
  3. 외계인이 은하계를 누빌 수 있는 우주선 제작과 같은 기술력을 갖춤 [〈보기〉 ㄱ의 진술]

〈보기〉 ㄱ의 진술은 1의 후건을 부정하여, 1, 2, 3으로부터 4가 도출된다.
  4. 외계인과 지구인 사이에 의사소통이 가능함

이를 고려하면, 갑에 따르면 외계인이 기술력을 갖추고 있다면 그 외계인과 지구인 사이에는 의사소통이 가능할 것이다.

ㄷ. 〈보기〉 ㄷ의 진술을 정리하면 다음과 같다.
  ○ 외계인과 지구인 사이에 의사소통이 가능함 → 그 외계인은 보편적 원리를 포함하는 이론을 표현하는 일상 언어를 사용함

갑, 병, 정에 따르면 '~한다면, 외계인과 지구인 사이에 의사소통이 가능할 것이다'와 같이 〈보기〉 ㄷ의 전건 내용이 후건에 포함되어 있다. 따라서 갑, 병, 정은 〈보기〉 ㄷ과 같이 주장한다고 볼 수 없다. 그리고 을은 외계인과 지구인 사이에 의사소통이 불가능하다고 주장한다. 따라서 갑~정 중에서 〈보기〉 ㄷ과 같이 주장하는 사람은 없다.

[오답해설]

ㄴ. 을은 지구인과 공통된 생활양식을 함께할 수 없는 외계인은 상호 의사소통을 할 수 없다고 주장한다. 이는 병의 결론에 해당하는 조건문 문장의 후건을 부정한 경우에 해당하므로, 대우 명제를 도출하면 "지구인과 의사소통이 불가능한 외계인은 우주의 보편적 원리를 포함하는 이론을 지니지 않고 있거나 그런 이론을 표현하는 일상 언어를 사용하지 않는다."가 도출되어야 한다.

문 40. 정답 ⑤

유형 논증평가 내용영역 과학기술 난이도 ★★☆

[정답해설]

ㄱ. 을은 오직 공통된 생활양식을 함께 했을 때에만 상호 의사소통이 가능하다고 주장한다. 이에 따르면 생활양식이 김박사(지구인)와 매우 다른 A(외계인)는 김박사와 상호 의사소통을 할 수 없어야 하나, 〈보기〉 ㄱ에 따르면 김박사는 A와 의사소통이 가능하다. 따라서 을의 입장은 약화된다.

ㄴ. 정은 우주의 보편 원리를 포함하는 이론, 그것을 표현하는 일상 언어 및 생물학적 유사성이 충족되어야 의사소통이 가능하며, 생물학적 유사성을 위해서는 신체 구조의 유사성이 필요하다고 주장한다. 그런데 A는 지구인과 전혀 다른 신체 구조를 갖고 있음에도 불구하고 김박사와 의사소통이 가능하므로, 신체 구조의 유사성을 요구하는 정의 입장은 강화되지 않는다.

ㄷ. 갑의 입장이 약화되기 위해서는 외계인이 우주를 보편적으로 지배하는 이론을 지님에도 불구하고 김박사가 외계인 A와 의사소통이 불가능해야 하나, 외계인 A는 우주의 보편 원리를 포함하는 이론을 갖고 있지 않다. 따라서 갑의 입장은

2023년도 자료해석영역 (가)책형

문 1. 정답 ②

내용영역 자료전환(보고서전환)   난이도 ★☆☆

[정답해설]

〈보고서〉 첫 번째 문단은 국가별 수치 자료를 비교할 수 있는 정보가 없으므로, 빠르게 읽고 지나친다. 〈보고서〉 두 번째 문단 첫 번째 문장에 따르면 '갑'국은 '집으로 우편물 배달' 비율이 세계 평균 및 '우체국에서 우편물 배부' 비율보다 높은데 〈표 1〉에 따르면 A국은 '집으로 우편물 배달' 비율이 세계 평균과 '우체국에서 우편물 배부' 비율보다 낮으므로 A국을 소거한다. 〈보고서〉 두 번째 문단 두 번째 문장에 따르면 2012년 대비 2022년 국내우편 시장 규모는 감소하였음을 알 수 있다. 〈표 2〉의 2012년 대비 2022년 국내우편 시장 규모 성장률을 보면 E국은 오히려 성장률이 양수이므로 E국을 소거한다. 〈보고서〉 세 번째 문단 첫 번째 문장에 따르면 우체국 직원 1인당 인구는 세계 평균인 1,428보다 70% 이상 많다고 했으므로 B, C, D 중 우체국 직원 1인당 인구가 가장 적은 국가인 C가 소거될 것이다. 대략적으로 수치를 구하면, $1400 \times 0.7 = 980$이므로 이를 더하면 2,400을 넘는 우체국 직원 1인당 인구를 가져야함을 알 수 있다. C는 우체국 직원 1인당 인구가 2,364에 불과하므로 C국을 소거한다. 마지막으로 〈보고서〉 세 번째 문단 두 번째 문장에 따르면 인구 10만 명당 우체국 수는 세계 평균보다 적으므로 B와 D 중 인구 10만 명당 우체국 수가 더 많은 D국을 소거한다. 혹은 인구 10만 명당 우체국 수를 직접 비교하여, 인구 10만 명당 우체국 수가 21.2개로 세계 평균인 12.7개보다 많은 D국을 소거한다.

따라서 A~E 중 '갑'국에 해당하는 나라는 B국이다.

문 2. 정답 ①

내용영역 자료전환(보고서전환)   난이도 ★★☆

[정답해설]

ㄱ. 2021년 '일부 반영'으로 응답한 비율을 찾아 올라간다. 〈표 1〉을 보면 2021년 '일부 반영'으로 응답한 비율이 중학교와 고등학교 모두 50%를 초과(중학교 70.8%, 고등학교 58.3%)이므로 가장 높았다.

ㄷ. '체험지 수용 인원 규모 초과' 등을 찾아 올라간다 〈표 2〉를 보면 중학교는 체험지 수용 인원 규모 초과가 27.5%로 가장 높고, 고등학교는 '수요 기반 체험지 미확보'가 38.4%로 가장 높으므로 옳다.

[오답해설]

ㄴ. 2021년 '전부 반영'으로 응답한 비율을 찾아 올라간다. 전부 반영으로 응답한 비율은 전년 대비 중학교가 x.4%p(13.0% → 15.4%, 2.4%p), 고등학교가 x.8%p(26.4% → 29.2%, 2.8%p) 증가하였으므로 두 개의 수치가 서로 바뀌어있다.

ㄹ. 학생 의사 미반영 이유를 '이동 시간 부족'으로 응답한 교원의 수를 구하기 위해서는 각 중학교와 고등학교 교원 수에 〈표 1〉의 '미반영' 응답 비율을 곱한 후 '이동 시간 부족'으로 응답한 비율을 곱해야 한다. 교원 수와 '이동 시간 부족' 응답률은 같으나 학생 의사 정도를 '미반영'으로 응답한 비율이 2021년 중학교는 13.8%이고 고등학교는 12.5%이므로 구체적 계산 없이 같지 않을 것이라는 결론을 내릴 수 있다.

문 3. 정답 ⑤

내용영역 자료전환(표-그림전환)   난이도 ★☆☆

[정답해설]

ㄷ. 〈보고서〉 세 번째 문단에 해당하는 내용인데, 2017년에 관한 자료가 〈표 1〉과 〈표 2〉에는 명시되어 있지 않으므로 '2017년 분야별 사교육비 총액 구성비'가 별도로 필요하다.

ㄹ. 〈보고서〉 다섯 번째 문단에 해당하는 내용으로, 학생 1인당 주당 사교육 참여 시간은 〈표 1〉과 〈표 2〉에 전혀 명시되어 있지 않다. 따라서 보고서를 작성하기 위해 2021년과 2022년 학교급별 학생 1인당 주당 사교육 참여시간은 추가로 필요하다.

[오답해설]

ㄱ. 〈보고서〉 네 번째 문단에 제시되어 있는 부분이다. 그러나 이는 〈표 1〉에 있는 '학생 1인당 월평균 사교육비'를 통해서도 도출할 수 있으므로 추가로 필요하지 않은 자료에 해당한다.

ㄴ. 〈보고서〉 두 번째 문단에 해당하는 내용이지만 〈표 2〉를 통해 이미 분야별 사교육비 총액을 구할 수 있다. 추가로 필요하지 않은 자료에 해당한다.

문 4. 정답 ⑤

내용영역 자료전환(보고서전환)   난이도 ★☆☆

[정답해설]

첫 번째 문단 두 번째 문장에 따르면 여자는 2014년과 2019년 모두 순환기계가 연령표준화사망률이 가장 높고, 암이 다음으로 높아야 한다. 그러나 A는 2019년에 여자 암 연령표준화사망률이 순환기계보다 높고, B는 2014년과 2019년에 그러하므로 A와 B를 소거한다.

두 번째 문단 첫 번째 문장에 따르면 남자와 여자 모두 2014년 대비 2019년 암과 순환기계의 연령표준화사망률이 낮아지고 호흡기계의 사망률은 높아졌어야 한다. 그러나 D의 경우 호흡기계의 연령표준화사망률이 남자와 여자 모두 2019년에 더 낮아졌으므로 D를 소거한다.

두 번째 문단 마지막 문장에 따르면 2019년에는 호흡기계의 연령표준화사망률이 암의 절반을 넘어야 하나, C의 경우 2019년에 호흡기계의 연령표준화사망률에 2배를 하더라도 암의 연령표준화사망률에 미치지 않으므로 C를 소거한다.

따라서 A~E 중 '갑'국에 해당하는 국가는 E이다.

문 5. 정답 ①

내용영역 자료추론(수식추론)   난이도 ★☆☆

[정답해설]

① 2016년에서 2017년으로 갈 때 심사완료자 중 인도적체류자의 비중은 심사완료자가 3배가량 증가할 때 인도적체류자가 2.5배가량 증가했으므로 감소한다. 2017년에서 2018년은 분모가 증가하고 분자가 감소하였으므로 그 비중이 감소하고, 2018년에서 2019년은 심사완료자가 2배가량 증가하였는데 인도적체류자는 그에 미치지 못하므로 그 비중이 감소하였다. 그러나 마지막으로 2019년에서 2020년은 심사완료자가 5% 미만 증가한 것에 불과하나 인도적체류자가 20% 이상 증가하였으므로 그 비중이 증가하였다.

[오답해설]

② 신규신청자의 전년 대비 증가율은 2020년이 $\frac{9942-7541}{7541} \times 100 = \frac{2401}{7541} \times 100$이다. $2491 \times 3 < 2500 \times 3 = 7500 < 7541$이므로, 2020년 신규신청자의 전년 대비 증가율은 33% 미만이다. 2017년과 2018년은 신규신청자의 전년 대비 증가율이 50%를 초과하며(2017년은 $2896-1754=1332 > \frac{1574}{2}$, 2018년은 $5268-2896=2372 > \frac{2896}{2}$), 2019년은 $7541-5268=2273 > \frac{5268}{3}$으로 33%를 초과한다.

③ 2019년 난민인정자는 98명이고 심사완료자는 5,668명이다. 2018년은 2019년 대비 난민인정자는 많고 심사완료자는 적으므로, 난민인정률은 2018년이 2019년보다 높다. 2017년은 2019년 대비 난민인정자는 10% 미만 적으나 심사완료자는 1/3 미만이므로, 난민인정률은 2017년이 2019년보다 높다. 2016년은 2019년 대비 난민인정자는 1/2 이상이지만 심사완료자는 10% 수준이므로, 난민인정률은 2016년이 2019년보다 높다. 2020년은 2019년 대

비 난민인정자는 1.1배 이상이지만 심사완료자는 1.1배 미만이므로, 난민인정률은 2020년이 2019년보다 높다.
④ 신규신청자가 가장 많은 해와 신청철회자가 가장 많은 해는 모두 2020년이다.
⑤ 2016년 대비 2017년 심사인력은 같고 신규신청자는 증가하였으므로 심사인력 1인당 신규신청자는 증가한다. 2017년 대비 2018년 심사인력은 1.5배이고 신규 신청자는 1.5배를 초과하므로 심사인력 1인당 신규신청자는 증가한다. 2018년 대비 2019년 심사인력은 1/3 증가(약 1.33배)하였는데 신규신청자는 1.33배 이상(7541-5268=2273 > 2000 > $\frac{5268}{3}$)이므로 심사인력 1인당 신규신청자는 증가한다. 2019년 대비 2020년 심사인력은 1/4 증가(1.25배)하였는데 신규신청자는 1.25배 미만9942-7541=2401 > 2000 > $\frac{7541}{4}$)이므로 심사인력 1인당 신규신청자는 증가한다.

문 6. 정답 ⑤

내용영역 자료확인(일반자료확인)   **난이도** ★☆☆

[정답해설]
⑤ 외국인 대상 쇼핑업 매출액이 그 외 모든 업종별 매출액을 다 더한 것보다 크다는 것을 의미한다. 대략적으로 계산을 해보면 쇼핑업은 30,000 이상인데, 그 외의 업종별 매출액을 다 더하면 30,000 미만이므로 쇼핑업 매출액이 그 외 모든 업종별 매출액을 합한 것보다 크다.

[오답해설]
① 6개의 업종으로만 구분되므로, 전체 매출액에서 차지하는 비중이 큰 업종일수록 매출액도 클 것이다. 매출액이 가장 큰 업종은 내국인과 외국인 모두 '쇼핑업'이지만, 그 다음으로 매출액이 큰 업종은 내국인의 경우 식음료업, 외국인의 경우 숙박업이다.
② 내국인 대상 전체 매출액 중 식음료업이 차지하는 비중은 40% 이하라면, 내국인 대상 식음료업 외의 모든 매출액의 합이 식음료업 매출액의 1.5배 이상이어야 한다. 식음료업은 1,100,000백만 원 미만인데, 그 외의 매출액의 합은 1,300,000백만 원 이상이므로, 식음료업 외의 모든 매출액의 합이 식음료업 매출액의 1.5배 미만이다.
③ 내국인 대상 매출액의 경우, 쇼핑업과 식음료업을 합하면 2,000,000백만 원 이상이다. 2,000,000백만 원의 20%는 400,000백만 원인데, 외국인 대상 매출액의 합은 100,000백만 원 미만이다.
④ 쇼핑업과 식음료의 내국인 대상 매출액 차이는 10,000백만 원 미만인 반면, 외국인 대상 매출액 차이는 20,000백만 원 이상이다. 따라서 쇼핑업보다 식음료업이 내국인 대상 매출액과 외국인 대상 매출액의 차이가 더 크다.

문 7. 정답 ③

내용영역 자료확인(일반자료확인)   **난이도** ★☆☆

[정답해설]
ㄱ. '대학' 재학생은 한국인이 1943년 335명으로 1933년 202명보다 많고, 일본인이 1943년 444명으로 1933년 407명보다 많다.
ㄹ. 1933년 대비 1943년 '관공립' 전문학교 재학생의 증가율은 한국인의 경우 $\frac{802-553}{553} \times 100 = \frac{249}{553} \times 100 < 50\%$이고, 일본인의 경우 $\frac{2224-1163}{1163} \times 100 = \frac{1061}{1163} \times 100 > 50\%$이다. 따라서 '관공립' 전문학교 재학생 중 한국인이 차지하는 비중은 1943년이 1933년보다 작다.

[오답해설]
ㄴ. '전문학교' 한국인 재학생 중 '사립' 전문학교 한국인 재학생의 비중은 1933년이 $\frac{1493}{2046} \times 100$, 1943년이 $\frac{3252}{4054} \times 100$이다. 분자간 비교하면 1493×2 < 3252이고, 분모간 비교하면 2046×2 > 4054이다. 따라서 $\frac{1493}{2046} < \frac{3252}{4054}$이므로, '전문학교' 한국인 재학생 중 '사립' 전문학교 한국인 재학생의 비중은 1943년이 1933년보다 크다.
ㄷ. '대학예과' 재학생의 경우 1933년 대비 1943년 증가율이 한국인은 $\frac{200-97}{97} \times 100 = \frac{103}{97} \times 100$, 일본인은 $\frac{497-217}{217} \times 100 = \frac{280}{217} \times 100$이다. 한국인과 일본인 모두 100%를 넘으므로, 100%를 제외하고 비교하면 $\frac{6}{97}$과 $\frac{63}{217}$의 비교이다. 분자간 비교하면 6×10 < 63이고, 분모간 비교하면 97×10 > 217이다. 따라서 $\frac{6}{97} < \frac{63}{217}$이므로, '대학예과'의 경우, 1933년 대비 1943년 재학생의 증가율은 한국인이 일본인보다 낮다.

문 8. 정답 ⑤

내용영역 자료확인(일반자료확인)   **난이도** ★☆☆

[정답해설]
ㄴ. 동쪽과 서쪽 중 같은 주차면수를 가진 휴게소인 313과 193을 제외하고 판단하면, 동쪽의 주차면수 합은 5775이고 서쪽의 주차면소 합은 600을 초과하므로 진행 방향별 휴게소 주차면수의 합은 '동쪽'이 '서쪽'보다 작다.
ㄷ. F휴게소의 면적당 주차면수는 0.01면/m² 이상이며, 다른 휴게소의 면적당 주차면수는 0.01면/m² 미만이다.
ㄹ. 주차면수당 사업비는 G휴게소가 $\frac{14522}{193} > 700$이고, A휴게소의 2배는 $\frac{9162}{313} < 30$이다. 따라서 G휴게소가 A휴게소의 2배 이상임을 알 수 있다.

[오답해설]
ㄱ. D휴게소와 E휴게소를 비교하면, D휴게소와 E휴게소 모두 2000년 이후 준공된 휴게소이며, 사업비는 D휴게소가 많고 면적은 E휴게소가 넓으므로 면적당 사업비는 E휴게소가 D휴게소보다 낮다.

문 9. 정답 ②

내용영역 자료확인(일반자료확인)   **난이도** ★☆☆

[정답해설]
ㄱ. 서식종 수는 괄호 안의 첫 번째 숫자에 해당하고, 면적은 괄호 안의 세 번째 숫자에 해당한다. 면적을 작게 만들어 분모를 작게 하기 위해 원의 크기가 작은 F부터 살펴보면 '면적당 서식종 수'가 6이다. 다른 군도는 '면적당 서식종 수'가 1보다 작다. F의 '면적당 토속종 수'는 1보다 큰데, 다른 군도는 면적당 토속종 수가 1보다 작다. 따라서 '면적당 서식종 수'가 가장 많은 F섬이 '면적당 토속종 수'도 가장 많다.
ㄷ. 순위와 관련된 선지는 후순위로 미루는 것이 좋다. C의 '면적당 서식종 수'는 약 1.5배에 해당하는데, 대략적으로 C의 '면적당 서식종 수'가 큰 편임을 고려할 때 C 아래에 있는 섬이 아닌 C 위에 있는 섬이 무엇인지를 파악하는 것이 적절하다. 이보다 큰 '면적당 서식종 수'를 가진 것은 F뿐이므로 C섬의 '면적당 서식종 수' 순위 또한 2위이다. F의 '서식종당 토속종 수'는 약 30%인데 이보다 큰 '서식종당 토속종 수'를 가진 것은 E뿐이므로 F섬의 '서식종당 토속종 수' 순위 또한 2위이다.

[오답해설]
ㄴ. '면적당 토속종 수'가 가장 적은 섬을 파악하기 위해 분모에 해당하는 면적이 가장 큰 B부터 검토해본다. '면적당 토속종 수'가 2%가 채 안되는데 나머지 섬들의 '면적당 토속종 수'는 그보다 훨씬 크다. '서식종당 토속종 수'는 원점에서 각 군도의 중심을 이은 직선 기울기로 크기를 비교할 수 있는데, 그 기울기가 B보다 큰 군도가 있다.
ㄹ. '면적'이 세 번째로 큰 섬은 E인 반면, '서식종 수'가 세 번째로 많은 섬은 C이다.

문 10. 정답 ②

[내용영역] 자료추론(수식추론)　　　[난이도] ★★☆

[정답해설]

ㄱ. 면적직불금은 면적구간별 해당면적에 농지유형별 지급단가를 곱한 것이므로, 면적구간별 단가를 비교하면 '비진흥지역 논'이 '비진흥지역 밭'보다 항상 많기 때문에 동일 면적에서는 면적구간과 상관없이 '비진흥지역 논'이 '비진흥지역 밭'보다 면적직불금이 많을 것이다.

ㄷ. 4,500 이상인지만 확인하면 되므로, 대략적으로 도출한다. 0ha 초과 2ha 이하분은 (205+178+134)×2로 500×2=1,000 이상이며, 2ha 초과 6ha 이하분은 (197+170+117)×4로 450×4=1,800 이상이고, 6ha 초과분은 (189+162+100)×4로 450×4=1,800 이상이다. 이를 합하면 4,500 이상이다.

[오답해설]

ㄴ. 면적이 2ha 이하인 경우, 진흥지역 논·밭의 지급단가가 비진흥지역 논과 비진흥지역 밭의 지급단가보다 높으므로 진흥지역 논·밭 2ha의 면적직불금이 비진흥지역 논 1ha와 비진흥지역 밭 1ha의 면적직불금 합보다 많다.

ㄹ. 차이값을 구하면, (178-134)×2+(170-117)×3으로 88+159=247만 원이 되므로 250만 원 이상의 차이가 나지 않는다.

문 11. 정답 ⑤

[내용영역] 자료전환(표-그림전환)　　　[난이도] ★★☆

[정답해설]

⑤ 가장 비중이 높은 식비를 기준으로 살펴보면 4,336의 40%는 4400×0.4=1,760보다 작은 값인데, 2019년 4분기 식비는 1,920이므로 40.4%가 될 수 없다. 그리고 선지의 그래프에 따르면 식비는 주거비의 2배가 되지 않는데 2019년 4분기 식비는 주거비의 2배를 넘는다는 점을 통해서도 파악할 수 있다.

[오답해설]

① 2020년 1분기 식비는 2019년 4분기 식비에 비해 120가량 감소하였으므로 19×7=133임을 고려할 때 7%보다 조금 작은 수치만큼 감소하였을 것이다. 2020년 2분기 식비는 직전 분기 1,799에서 2,202로 400가량 증가하였으므로 20%가 조금 넘는 증가율을 보일 것이다. 2020년 3분기 식비는 직전 분기 2,202에서 2,305로 약 100만큼 증가하였으므로 5%보다 조금 작은 증가율을 보일 것이다. 2020년 4분기 식비는 직전 분기 2,305에서 1,829로 470가량 감소하였으므로 20%가 조금 넘는 증가율을 보일 것이다.

② 2019년 교통비 가계지출은 1,116인데 1분기와 2분기는 20%가량인 220을 살짝 넘음을 알 수 있고 3분기와 4분기는 30%인 330보다 약간 적은 수치를 보임을 알 수 있다.

③ 여가생활비를 2019년 분기별로 살펴보면, 599, 643, 496, 325이고, 2020년 분기별로 살펴보면 442, 526, 285, 359이다.

④ 2020년 분기별 전년 동분기 대비 증가액을 살펴보면, 1분기는 506-643=-137, 2분기는 601-724=-123, 3분기는 705-536=169, 4분기는 567-611=-44임을 알 수 있다.

문 12. 정답 ②

[내용영역] 자료확인(일반자료확인)　　　[난이도] ★☆☆

[정답해설]

② 새벗의 이용건수 대비 보유서적 수는 0.3 미만이다. 다른 도서관은 모두 0.3 이상이다.

[오답해설]

① 1990년대에 설립된 숲길과 한빛 도서관 이용건수의 합은 12만 건 이상이며, 2000년 이후 설립된 꿈밭과 샛별 도서관 이용건수의 합은 12만 건 미만이다.

③ 부지 규모에 0.6을 곱하여 소수점 이하는 버리고 구하면, 꿈밭은 10,849로 건물 규모인 10,533보다 크고, 들풀은 3,028로 건물 규모인 3,461보다 작으며, 새벗은 1,383으로 건물 규모인 1,306보다 크다. 샛별은 4,926으로 건물 규모인 4,600보다 크고, 숲길은 6,156으로 건물 규모보다 작으며, 한빛은 2,304로 건물 규모인 2,140보다 크다. 따라서 건물 규모가 부지 규모의 60% 이상인 도서관은 들품, 숲길로 두 개분이다.

④ 직원 수가 두 번째로 많은 도서관은 들풀이다. 들풀의 건물 1m²당 열람석을 구하면 $\frac{812}{3461}$이고, 3461/4≒860 이상, 3461×0.2=692.2이므로, 0.2 이상 0.25 미만이다. 건물 1m²당 열람석이 0.2 이상인 도서관은 들풀, 새벗, 한빛이다. 해당 도서관들의 건물 1m²당 열람석 값에서 0.2를 빼면, 들풀은 $\frac{812-692.2}{3461}=\frac{119.8}{3461}$, 새벗은 $\frac{263-261.2}{1306}=\frac{1.8}{1306}$, 한빛은 $\frac{520-428}{2140}=\frac{92}{2140}$이다. 새벗의 $\frac{1.8}{1306}$은 0.01보다 작으며(1306×0.01=13.06 > 1.8), 들풀의 $\frac{119.8}{3461}$은 0.04보다 작고(3461×0.04=138.44 > 119.8), 한빛의 $\frac{92}{2140}$은 0.04보다 크다(2140×0.04=85.6 < 92). 따라서 건물 1m²당 열람석이 가장 많은 도서관은 들풀이 아니다.

⑤ 2000년 이전에 설립된 도사관은 들품, 새벗, 숲길, 한빛 도서관이다. 이 중 설립년도가 가장 빠른 도서관은 새벗 도서관인데 이용건수가 가장 적은 것은 한빛 도서관이므로 옳지 않다.

문 13. 정답 ③

[내용영역] 자료전환(보고서전환)　　　[난이도] ★☆☆

[정답해설]

③ <보고서> 두 번째 문단 마지막 문장에 따르면 미국과의 기술격차에서 한국이 일본에 비해 4년 이상 뒤처진다고 제시되어 있는데, 표에서는 한국과 일본의 기술격차가 4년 이상 나지 않는다(8.6-4.8 < 4).

[오답해설]

① <보고서> 첫 번째 문단에 따르면 한국의 항공기 및 부품 산업 '무역수지'는 2017년을 제외하고 2015년 이후 적자를 기록하고 있다고 제시되어 있고, 선지의 그래프도 무역수지가 양수인 2017년을 제외하고 2015년부터 2020년까지 모두 음수의 무역수지를 기록하고 있다.

② <보고서> 첫 번째 문단에 따르면 2017년 항공기 및 부품 산업 수출액은 전기차 산업 수출액의 2배 이상으로 제시되어 있고, 선지의 그래프도 항공기 및 부품 산업 수출액인 2,599가 전기차 산업 수출액인 904의 2배 이상이다. 또한 2020년에는 <보고서> 첫 번째 문단에 전기차 산업 수출액의 1/3 이하인 14.32억 달러로 제시되어 있고, 선지의 그래프에도 2020년 전기차 산업 수출액은 4,608백만 달러이고 항공기 및 부품 산업 수출액은 그의 1/3 이하인 1,432백만 달러로 제시되어 있다.

④ <보고서> 세 번째 문단과 선지의 그래프를 보면 2015년 0.662에서 2020년 0.785로 개선되었으므로 옳다.

⑤ <보고서> 네 번째 문단을 보면 2020년 한국의 경량항공기 산업은 수입액이 수출액의 4배 이상이나, 수출액은 2018년 이후 꾸준히 증가하고 있다고 제시되어 있다. 선지의 표를 보면 2020년 경량항공기 산업은 수입액인 20,279가 수출액인 4,708의 4배 이상이며, 수출액은 2018년 이후 꾸준히 증가하고 있다.

문 14. 정답 ④

[내용영역] 자료전환(보고서전환)　　　[난이도] ★☆☆

[정답해설]

ㄱ. <보고서> 네 번째 문단에 전국 학교급식 재원별 예산액과 관련된 내용이 제시되어 있다. <그림>에는 전국 학교급식 예산 재원별 구성비만 제시되어 있으므로 비율만을 통해서는 구체적인 수치를 도출할 수 없다.

ㄷ. 〈보고서〉 첫 번째 문단에 나온 학교급별 총학생 중 학교급식에 참여하는 학생의 비중이 제시되어 있는데, 〈표〉에 나와 있는 학교급식 참여 학생 수만으로는 도출할 수 없으므로, 전국 학교급별 총학생 수가 추가로 필요하다.

ㄹ. 〈보고서〉 세 번째 문단을 보면 단독조리 학교급식 운영 학교 수가 공동조리 학교급식 운영 학교의 3배 이상이라 제시되어 있으므로 전국 학교급별 단독조리 학교급식 운영 학교 수가 추가로 필요하다.

[오답해설]

ㄴ. 〈보고서〉 두 번째 문단에 제시된 전국 학교급별 학교급식 직영운영 학교 수 및 직영으로 운영하는 학교의 비율은 〈표〉에 나온 정보를 토대로 작성할 수 있기 때문에 추가로 필요한 자료에 해당하지 않는다.

문 15. 정답 ②

내용영역 자료응용(매칭)   난이도 ★☆☆

[정답해설]

○ 〈조건〉 1
선지를 보면 다시마, 미역, 톳이 모두 A, B, E 중 하나에 해당하므로 해당 정보를 도출해내더라도 소거할 수 있는 선지가 없다. 따라서 〈조건〉 1은 검토하지 않는다.

○ 〈조건〉 2
갑 지역에서 생산량 순위와 생산액 순위가 같은 수산물은 굴, 미역, 톳이다. 갑 지역에서 생산량 순위는 A-B-C-D-E이고 생산액 순위는 C-B-A-D-E 순이므로 B, D, E는 굴, 미역, 톳 중 하나에 해당함을 알 수 있다. 그렇지 않은 선지 ①, ③, ⑤를 소거한다.

○ 〈조건〉 3
'시장지배력지수'는 $\dfrac{\text{지역 생산량}}{\text{전국 생산량}} \times \dfrac{\text{지역 생산액}}{\text{전국 생산액}}$이 된다. 이는 결국 '전국 대비 생산량 비중 × 전국 대비 생산액 비중'을 의미한다. 남은 선지 ②, ④ 중 톳이 들어갈 수 있는 자리는 B 혹은 E이고, 전국 대비 생산량 비중과 전국 대비 생산액 비중 모두 E가 크므로, E는 톳이다.

A	B	C	D	E
다시마	미역	김	굴	톳

문 16. 정답 ②

내용영역 자료응용(논리퀴즈)   난이도 ★★☆

[정답해설]

ㄱ. 기금건전성 총점은 사업 적정성 점수 + 재원구조 적정성 점수 + 기금존치 타당성 점수 × 2이다. B는 D보다 재원구조 적정성 점수는 13점 높고 사업적정성 점수는 1점 낮고 기금존치 타당성 점수는 동일하다. 따라서 기금건전성 총점은 B가 D보다 높다. B의 기금건전성 총점은 24+30+13×2=80점이므로 82점인 C보다 낮다. 따라서 C의 기금건전성 총점이 가장 높다.

ㄹ. C의 사업 적정성 점수는 82-14-15×2=38점이므로 2022년 사업 적정성 점수가 가장 높은 기금은 C이다. C는 2023년 예산이 2022년에 비해 10% 증가하고 A는 2022년과 2023년이 동일하다. 188,500의 110%는 188500+18850으로 206000 이상이므로 2023년 C의 예산은 A의 예산보다 많다. 따라서 2023년 예산이 가장 많은 기금은 C기금이다. C기금은 2022년 예산도 가장 많고, 예산의 증가폭도 가장 크므로, 다른 기금은 고려할 필요가 없다.

[오답해설]

ㄴ. A의 기금존치 타당성 점수는 =$\dfrac{76-30-18}{2}$=14점이다. B의 기금존치 타당성 점수는 13점이므로 A의 기금존치 타당성 점수가 B보다 높다.

ㄷ. 기금건전성 총점에 따라 2022년 대비 2023년 예산은 A가 불변, B가 10% 증가, C가 10% 증가, E가 20% 감소한다. D의 기금건전성 총점은 25+17+13×2=68점이므로, D는 불변이다.

10% 증가하는 금액이 (34100+188500)×0.1로 22,000가량 되며 20% 감소하는 금액이 90565×0.2로 18,000가량 되므로 총 예산은 4,000가량 증가한다. 이것이 전년 대비 2% 이상의 증가에 해당하기 위해서는 2022년 예산 총액이 200,000 이하여야 하나 A만으로도 2022년 예산이 200,000을 넘어가기 때문에 2% 이상 증가하였다고 볼 수 없다.

문 17. 정답 ④

내용영역 자료응용(매칭)   난이도 ★☆☆

[정답해설]

'금속기계'를 보면 1934년의 공장 수가 524개인데 이는 1925년 대비 14개가 감소한 것이므로 1925년의 공장 수는 538개이다. 그러므로 B가 '금속기계'가 된다. 선지 구성상 ③과 ④ 중 하나가 정답으로 도출된다.
목제품의 1934년 공장 수는 206개인데 이는 1925년 대비 13개가 증가한 것이므로 1925년 공장 수는 총 193개가 된다. 그러므로 D가 목제품이 된다. 따라서 정답은 ④이다.

문 18. 정답 ④

내용영역 자료확인(일반자료확인)   난이도 ★★☆

[정답해설]

ㄷ. 8월 이후 마스크 총생산량의 비교이므로, 9월부터 전월 대비 마스크 총생산량이 감소하였는지를 파악한다. 〈표 1〉에서 8월 대비 9월 보건용 생산량은 4,300가량 증가했으나 비말차단용과 수술용 생산량이 감소했고 비말차단용 마스크만 하더라도 거의 5,000가량 감소했으므로 증가분보다 감소분이 더 크다. 9월 대비 10월, 10월 대비 11월에는 모든 품목의 생산량이 감소했으므로 월별 마스크 총생산량은 8월 이후 매월 감소하였다.

ㄹ. 〈표 1〉에 따르면 '생산량'의 경우 보건용-비말차단용-수술용 순서로 많고 〈표 3〉에 따르면 '허가제품 수'의 경우 보건용-비말차단용-수술용 순서로 많으므로, 6월에는 생산량이 많은 품목일수록 허가제품 수도 많다.

[오답해설]

ㄱ. 〈표 2〉에서 6월 대비 7월 보건용 온라인 마스크 가격의 감소폭이 가장 크며, 감소율은 $\dfrac{2170-1540}{2170} \times 100 = \dfrac{630}{2170} \times 100 > 20\%$이다. 전월 대비 보건용 온라인 마스크 가격의 감소율이 20% 이상인 달은 9월이기에 전월 대비 보건용 온라인 마스크 가격의 감소율이 가장 큰 달은 7월 또는 9월이다. 전월 대비 비말차단용 온라인 마스크 가격의 감소폭이 가장 큰 달은 7월과 8월인데, 6월보다 7월의 비말차단용 온라인 마스크 가격이 더 낮으므로 전월 대비 비말차단용 온라인 마스크 가격의 감소율은 8월이 7월보다 높다. 8월의 전월 대비 비말차단용 온라인 마스크 가격의 감소율은 $\dfrac{856-675}{856} \times 100 = \dfrac{181}{856} \times 100$ > 20%이고, 7월을 제외한 다른 달은 10% 미만이므로, 전월 대비 비말차단용 온라인 마스크 가격의 감소율이 가장 큰 달은 8월이다. 따라서 전월 대비 보건용 마스크의 온라인 가격 감소율이 가장 큰 달과 전월 대비 비말차단용 마스크의 온라인 가격 감소율이 가장 큰 달은 다르다.

ㄴ. 〈표 3〉에서 마스크 제조업체는 11월이 839개로 6월의 238개보다 3배 이상 많다. 〈표 1〉에서 마스크 생산량은 6월이 10653+1369+351, 11월이 10566+2530+950으로 11월 생산량이 6월 생산량의 3배보다 작다. 따라서 제조업체당 마스크 생산량은 6월이 11월보다 많다.

문 19. 정답 ③

내용영역 자료전환(표-그림전환)   **난이도** ★☆☆

[정답해설]

③ 〈표 2〉를 보면 비말차단용 마스크의 온라인 가격이 아닌 오프라인 가격이 그래프에 적혀있으므로 옳지 않다.

[오답해설]

① 8월의 총생산량이 약 27,000이며, 보건용은 총생산량의 55%를 약간 넘고, 비말차단용은 총생산량의 40%가 조금 안 되고, 수술용은 총생산량의 7%를 조금 넘는다. 9월은 비말차단용이 수술용의 3배가 넘고, 보건용은 수술용의 10배가 넘고 비말차단용의 4배에 조금 못 미치므로 선지의 그래프와 유사하다. 10월은 비말차단용이 수술용의 3배를 조금 넘고, 보건용은 비말차단용의 3배를 넘으므로 선지의 그래프와 유사하다.

② 6월의 보건용 마스크 오프라인 가격이 약 1,700이고 마스크 오프라인 가격 대비 온라인 가격은 1.30이 조금 안 되므로 130%보다 낮은 비율이다. 7월의 경우 오프라인 가격의 90%가량은 1,700×0.9+60×0.9에 해당하여 1,584 정도에 해당한다. 그보다 온라인 가격은 살짝 더 낮으므로 오프라인 가격 대비 온라인 가격 비율은 90%가 되지 않을 것이다. 8월의 경우 오프라인 가격인 1,645의 80%가량은 1600×0.8+45×0.8=1,316이므로 온라인 가격인 1,306은 그보다 살짝 낮아 가격비율이 80%가 조금 되지 않는다. 9월의 경우 오프라인 가격인 1,561의 2/3(66.6%) 가량은 1,040이고 온라인 가격은 그보다 살짝 더 낮으므로 가격 비율은 66.6%보다 조금 낮을 것이다.

④ 〈표 3〉을 통해 쉽게 확인할 수 있다.

⑤ 〈표 2〉의 비말차단용 항목을 통해 쉽게 확인할 수 있다. 각 눈금에서 어디에 위치해 있는지를 파악하는 것이 중요하다.

문 20. 정답 ⑤

내용영역 자료확인(일반자료확인)   **난이도** ★★☆

[정답해설]

⑤ 〈표〉에서 2021년 발전소 1개당 발전용량을 보면 풍력은 15를 초과하고, 바이오는 13 초과 15 미만, 연료전지는 3 초과 10 미만, 수력은 0.30이다. 태양광은 0.2 미만이므로 수력보다 적다. 따라서 태양광과 수력의 순위가 뒤바뀌어 있어 옳지 않다.

[오답해설]

① 〈그림 1〉과 〈그림 2〉에서 태양광 발전용량과 비태양광 발전용량을 합쳐 발전용량을 구함을 파악한다. M의 경우 2022년 태양광 발전용량은 841이고, 비태양광 발전용량은 445로 1,200 이상의 발전용량을 갖고 있다. 그 다음으로 발전용량이 클 것으로 보이는 P는 발전용량이 1,200 미만(316+878)이므로, 2022년 발전용량이 가장 큰 지역은 M이다.

② 〈그림 1〉에 2022년 지역별 태양광 발전소 현황이 제시되어 있고, 〈표〉를 보면 2021년에는 태양광 발전소 수가 6,945개이므로 2022년에는 발전소 수가 14,000개에 해당하는지 파악하면 된다. 〈그림 1〉에서 큰 수부터 앞의 두 자리 수치만 더해보면 54+40+17+15+10+10…가량이 되어 14,000개를 넘었으므로 태양광 발전소 수는 2022년이 2021년의 2배 이상이다.

③ 〈표〉를 보면 전체 발전용량 중 태양광이 차지하는 비중이 2019년은 $\frac{386}{898}$, 2020년은 $\frac{869}{1746}$, 2021년은 $\frac{986}{1424}$이다. $\frac{386}{898}$과 $\frac{869}{1746}$은 분자간 비교시 386×2=772 < 869로 2배 이상이며, 분모간 비교시 898×2=1796 > 1746로 2배 미만이다. 즉, 2019년 대비 2020년 태양광 발전용량의 증가율은 100% 이상이며 전체 발전용량의 증가율은 100% 미만이므로 전체 발전용량 중 태양광이 차지하는 비중은 증가한다. $\frac{986}{1424}$은 $\frac{869}{1746}$에 비해 분자는 크고 분모는 작다. 즉, 2020년 대비 2021년 태양광 발전용량은 증가하였으나 전체 발전용량은 감소하였으므로, 전체 발전용량 중 태양광이 차지하는 비중은 증가한다.

따라서 전체 발전용량 중 태양광이 차지하는 비중은 2019~2021년 동안 매년 증가하였다.

④ 〈표〉를 보면 2021년 발전소 수의 전년 대비 증가율은 풍력이 7개에서 14개로 2배 증가해 100% 증가하였다. 태양광은 $\frac{6945-5501}{5501} \times 100 = \frac{1444}{5501} \times 100$이다. 1444×3=4332 < 5501이므로, 2021년 태양광 발전소 수의 전년 대비 증가율은 33% 미만이다. 따라서 2021년 발전소 수의 전년 대비 증가율은 풍력이 태양광의 3배 이상이다.

문 21. 정답 ④

내용영역 자료응용(매칭)   **난이도** ★☆☆

[정답해설]

○ 〈정보〉 3
2016년 대비 2021년 폐기량은 B와 C의 경우 제조가 감소하였다. A의 경우 소비의 숙박업이 감소하였다. 따라서 D가 어육류다.

○ 〈정보〉 4
2021년 B는 소비의 모든 분야에서 연간 폐기량이 가장 작다. 따라서 B가 과일류이다.

○ 〈정보〉 2
2016년 대비 2021년 제조 분야 농식품 폐기량은 전체는 감소하였고, A는 증가, C는 감소하였다. 따라서 A와 C 중 2016년 대비 2021년 제조 분야의 농식품 폐기량에서 차지하는 비중의 증가폭은 A가 C보다 크다. 이를 정리하면 다음과 같다.

A	B	C	D
채소류	과일류	곡류	어육류

ㄱ. 2021년 소비 분야 일평균 어육류(D)의 폐기량은 29+189+48+35=301로 300을 초과한다.

ㄴ. 2016년 유통 분야에서 연간 폐기량은 채소류(A)가 29.5로 과일류(B)인 22.2보다 많다.

ㄹ. 숙박업의 일평균 채소류(A) 폐기량은 2016년 113.0에서 2021년 97.3으로 감소하였다.

[오답해설]

ㄷ. B의 경우 가정의 일평균 농식품 폐기량이 2016년 40.7에서 2021년 33.8로 감소하였다.

문 22. 정답 ②

내용영역 자료확인(일반자료확인)   **난이도** ★☆☆

[정답해설]

② 2020년 전체 화재발생 건수는 38,659건이고, 부주의 발화요인 건수는 19,186건이다. 38659/2=19329.5이고 19329.5-19186=143.5이므로, 50%에서 $\frac{143.5}{38659} \times 100$%만큼 작다. 2021년 전체 화재발생 건수는 36,267건이고, 부주의 발화요인 건수는 16,875건이다. 36267/2=18133.5이고, 18133.5-16875=1258.5이므로, 50%에서 $\frac{1258.5}{36267} \times 100$%만큼 작다. $\frac{1258.5}{36267} > \frac{143.5}{38659}$이므로, 전체 화재발생 건수 중 발화요인이 '부주의'인 화재발생 건수가 차지하는 비중은 2021년이 2020년보다 작다.

[오답해설]

① 제품 결함의 경우, 2020년 101건에서 2021년 168건으로 60건 이상 증가하여 2021년 전년 대비 증가율이 50%를 초과한다. 다른 발화요인은 2021년 전년 대비 증가율이 50% 미만이다.

③ 2020년과 2021년 모두 화재발생 건수가 많은 것부터 순서대로 나열하면 상위 3개 발화요인은 '부주의', '전기적 요인', '기계적 요인'이다.

④ 2021년 화재발생 건수가 전년 대비 감소한 발화요인은 '기계적 요인', '교통사고', '부주의', '방화', '미상'으로 총 5개 요인이다.

⑤ 2021년 전체 화재발생 건수는 전년도 38,659에서 36,267로 2,400가량 감소하였는데 이는 40,000의 6%가량에 해당하므로 그보다 적은 38,659의 6% 이상에 해당한다.

문 23. 정답 ⑤

내용영역 자료추론(수식추론)   난이도 ★☆☆

[정답해설]

⑤ 단서 3)에 따르면 내급비는 사육비에서 일반비를 뺀 값이고, 단서 1)의 식에서 단서 2)의 식을 빼면 사육비에서 일반비를 뺀 값은 소득에서 순수익을 뺀 값에 해당한다. 2021년 젖소의 경우 소득과 순수익의 차가 1,200 이상에 해당하며, 한우비육우는 1,200 미만이다. 나머지 축종은 1,000 미만이므로, 2021년 내급비가 가장 많은 축종은 젖소이다.

[오답해설]

① 2020년 대비 2021년의 소득 증가율은 육우의 경우 377에서 682로 2배가 조금 안되게 증가하였으나, 산란계의 경우 4에서 21로 5배 이상 증가하였으므로 가장 높은 축종은 육우가 아닌 산란계이다.

② 사육비는 단서 2)에 따르면 총수입에서 순수익을 뺀 값인데 2020년 대비 2021년 증가폭은 총수입이 순수익에 비해 크므로, 한우번식우의 사육비는 2021년에 오히려 더 증가했을 것이다.

③ 단서 2)에 따르면 사육비가 총수입보다 많다면 순수익이 음수이므로, 사육비가 총수입보다 많은 축종은 육우 하나뿐이다.

④ 단서 1)에 따르면 일반비는 총수입에서 소득을 뺀 값이다. 2021년 일반비는 젖소가 약 7,000인데 육우는 약 4,800이므로 일반비는 젖소가 육우의 2배 이상인 것은 아니다.

문 24. 정답 ④

내용영역 자료추론(수식추론)   난이도 ★★☆

[정답해설]

ㄴ. 합계에서 나머지 재활용량을 모두 빼서 도출해야 한다. 약 42,200에서 대략으로 더한 나머지 재활용량 38,700(2,800+900+35,000)을 빼면 3,500이 2019년 재활용량이 된다. 만일 2020년 생활폐기물 재활용량이 3,500이면 전체 재활용량은 45,000에 불과하므로 2020년 일평균 생활폐기물 재활용량은 그보다 커야 한다. 따라서 2020년 일평균 생활폐기물 재활용량은 2019년보다 많다.

ㄹ. 2019년 건설폐기물 재활용률 = $\frac{34693}{35492.5} \times 100$이다. 35492.5×0.05 > 1700이므로, $\frac{34693}{35492.5} \times 100$은 95%를 초과한다. 사업장폐기물 재활용률은 $\frac{932.6}{2303} \times 100$이다. 2303×0.4=921.2이고, 932.6-921.2=11.4이며, $\frac{11.4}{2303}$은 0.05보다 작으므로 $\frac{932.6}{2303} \times 100$은 45% 미만이다. 따라서 2019년에 건설폐기물 재활용률은 사업장폐기물 재활용률보다 50%p 이상 높다.

[오답해설]

ㄱ. 2020년 일평균 폐기물 발생량이 2019년보다 많은 유형은 생활폐기물, 건설폐기물, 지정폐기물로 총 3개이다.

ㄷ. 2020년 연간 음식물폐기물 재활용량은 전체 음식물폐기물 재활용량 2,539에 365를 곱해야 한다. 2539×365와 1000×1000을 곱셈비교하면 2,539은 1000×2.5+39만큼 크며, 1000은 365×2.5+87.5만큼 크다. $\frac{39}{1000} < \frac{87.5}{365}$이므로, 2539×365 < 1000×1000이다. 따라서 100만 톤 이상에 해당하지 않는다.

문 25. 정답 ①

내용영역 자료전환(표-그림전환)   난이도 ★★☆

[정답해설]

ㄱ. 〈표〉의 소년과 성인의 남성 인원을 합하면, 2016년이 84,485명, 2017년이 93,807명, 2018년이 112,807명, 2019년이 110,930명, 2020년이 101,771명이다. 소년과 성인의 여성 인원을 합하면, 2016년이 10,133명, 2017년이 10,704명, 2018년이 12,838명, 2019년이 14,300명, 2020년이 13,696명이다. 이는 선지의 그래프와 일치한다.

ㄴ. 〈표〉의 소년 남성 보호관찰 접수 인원과 성인 남성 보호관찰 접수 인원과 선지의 그래프에 제시된 수치가 일치한다.

[오답해설]

ㄷ. 소년 여성 구성비 = $\frac{4114}{115467} \times 100$이다. 115467×0.03 < 4000이므로, $\frac{4114}{115467} \times 100 > 3\%$임을 알 수 있다. 선지의 그래프에는 2.8%로 제시되어 있다.

ㄹ. 2016년 대비 2017년 소년 보호관찰 접수 인원은 25,162에서 23,330으로 감소하였는데, 선지의 그래프에 2017년은 증가한 것으로 제시되어 있다.

문 26. 정답 ②

내용영역 자료확인(일반자료확인)   난이도 ★★☆

[정답해설]

② 〈표 1〉에 따르면 4년제 자료 구입비는 227,290이고 2년제 자료 구입비는 10,875로 자료구입비는 238,165이다. 대학교 수는 총 391개이다. 391×6억은 2,346억인데, 자료구입비는 2,381억이 넘으므로, 대학교 1개당 자료구입비는 6억 원을 넘는다.

[오답해설]

① 〈표 2〉에 따르면 4년제 전자자료구입비는 164,467이고 〈표 1〉에 따르면 도서구입비는 62,823이므로 4년제는 전자자료구입비가 도서구입비의 2배 이상이다.

③ 재학생 1명당 자료구입비는 〈표 1〉에서 4년제가 $\frac{227290}{1910} > 100$이고 2년제의 4배가 $\frac{43500}{435} = 100$이다.

④ 2년제의 자료구입비 대비 전자저널구입비는 $\frac{904}{10875}$로 10% 미만이다. 4년제의 전자저널구입비는 전자자료구입비에서 웹자료구입비, 기타전자자료구입비를 제외한 값인데, 웹자료구입비와 기타전자자료구입비를 합하여도 50,000 미만이다. 따라서 4년제의 자료구입비 대비 전자저널구입비는 10%보다 크다.

⑤ 웹자료구입비와 기타전자자료구입비의 합은 4년제가 40,000 이상이고 2년제가 2,000 미만이다. 40000×0.05=2000이므로, 2년제가 4년제의 5% 이하이다.

문 27. 정답 ⑤

내용영역 자료추론(통계추론)   난이도 ★★★

[정답해설]

ㄱ. 〈표 1〉에서 심야의 경우 인가차량 중 운행차량의 비중이 96%이다. 간선은 3598×0.04=143.92이고, 인가차량과 운행차량의 차이가 169이므로 96% 미만이다. 지선은 3454×0.04=138.16이고, 인가차량과 운행차량의 차이가 196이므로 96% 미만이다. 광역은 229×0.04=9.16이고, 인가차량과 운행차량의 차이가 18이므로 96% 미만이다. 순환은 $\frac{2}{12} = \frac{1}{6} ≒ 0.17$이므로 90% 미만이다. 따라서 심야가 가장 높다.

ㄷ. 상위 4개 회사의 인가차량 대수 평균이 500 이하라면 그 총합이 2,000 이하일 것이다. 다른 구간의 회사 수가 가장 적은 경우를 상정해보면 1×5+41×8+81×28+121×10+161×10=5,421이므로 이를 인가차량 전체 대수인 7,393에서 빼면 2,000 미만이다. 따라서 상위 4개 회사의 인가차량 총합이 2,000 미만이므로 그 평균은 500 미만이다.

[오답해설]

ㄴ. 노선 수 대비 예비차량 대수의 비율은 광역이 1.8인데 지선의 2배 이하라고 했으므로 예비차량 수에 2배를 한 392/223를 이와 비교한다. 223×1.8보다 392가 작으므로 노선 수 대비 예비차량 대수의 비율은 광역이 지선의 2배보다 크다.

문 28. 정답 ④

내용영역 자료응용(논리퀴즈)　　　난이도 ★★★

[정답해설]

ㄴ. 주임 이하 직급 임직원의 수는 18명이고 사원 이하 직급 임원의 수는 15명이다. 주임 3명의 평균 연봉이 7천만 원 이상이라는 것은 주임 전체 연봉의 합이 2억 1천만 원 이상이라는 것을 의미한다. 주임 전체 연봉의 합은 3750×18-3000×15=7500×9-45000=22,500만 원이 되므로 주임 전체 연봉의 합은 2억 1천만 원 이상이고, 주임 3명의 평균 연봉은 7천만 원 이상이다.

ㄷ. 사원 5명의 연봉의 합은 3000×15-2000×10=25,000만 원이고, 과장 2명의 연봉의 합은 4875×20-3750×18=9750×10-7500×9=30,000만 원이므로 사원 5명의 연봉의 합은 과장 2명의 연봉의 합보다 작다.

[오답해설]

ㄱ. 전체 임직원의 수는 21명이고, 사장을 제외한 과장 이하 직급 인원의 수는 20명이다. 전체 임직원의 평균이 6,000만 원이므로 전체 임직원 연봉의 합은 6000×21=126,000만 원이고 과장 이하 직급 연봉의 합은 4,875×20=97,500만 원이다. 따라서 사장 1명의 연봉은 3억 원 미만이다.

문 29. 정답 ③

내용영역 자료추론(수식추론)　　　난이도 ★☆☆

[정답해설]

ㄴ. 2021년 수입은 지출과 기금 적립의 합이므로 20,000이 넘는다. 따라서 수입이 가장 작은 연도는 10,988의 2016년이다. 2016년 기금은 수입에서 사업 부문, 운영 부문을 제외하면 10988-(8415+1041) < 2000으로 다른 연도에 비해 가장 낮다. 따라서 수입이 가장 작은 연도와 기금 적립이 가장 적은 연도는 같다.

ㄷ. 사업 부문 지출은 2021년이 6,813이고 2011년은 3818-799로 3,400 이하이다. 따라서 2011년 대비 2021년 사업 부문 지출은 100% 이상 증가하였다. 2021년 운영 부문 지출은 8291-6813으로 1,500 이하이다. 2011년 운영 부문 지출이 799이므로 2011년 대비 2021년 운영 부문 지출의 증가율은 100% 미만이다.

[오답해설]

ㄱ. 2014년의 수입은 15,475이므로 이보다 수입이 많은 연도는 2021년을 제외하고 2018년과 2019년이다. 2021년 수입은 지출+기금 적립으로 20,000을 초과한다. 따라서 2014년보다 수입이 많은 연도는 3개이다.

ㄹ. 2011년 지출 중 운영 부문이 차지하는 비중은 3,818을 3,800으로 보면 20%가 760이 되고, 39는 3,800의 1%도 되지 않으므로 21% 미만이다. 2015년 지출은 1431+5068=6,499이고, 6,500의 22%는 1,430이므로 $\frac{1431}{6499} \times 100 > 22\%$이다. 따라서 지출 중 운영 부문이 차지하는 비중은 2015년이 가장 높다.

문 30. 정답 ③

내용영역 자료전환(보고서전환)　　　난이도 ★★☆

[정답해설]

③ 〈보고서〉 세 번째 문단에 따르면 21대 국회의원 비례대표 당선자는 고졸, 대학교 재학, 대학교 중퇴, 대학교 수료가 각각 1명씩 있어야 한다. 선지의 표에 따르면 비례대표는 대졸 이상의 학력을 가지고 있고 학력별 지원수의 합이 비례대표 전체값인 47과 동일하므로, 〈보고서〉의 내용과 다르다.

[오답해설]

① 〈보고서〉 첫 번째 문단과 선지의 자료를 보면 50대 당선자는 177명이며, 60대 당선자인 69명을 합하면 246명으로 50대 다음으로 당선자가 많고, 40대 38명, 30대 11명, 70대 3명이다. 선지의 자료에 제시된 인원수를 모두 합하면 300명이다. 〈보고서〉에 제시된 50대와 60대 당선자가 82%인지는 확인할 필요가 없다.

② 〈보고서〉 두 번째 문단과 선지의 자료를 보면 21대 여성 당선자는 57명임을 알 수 있고, 지역구 여성 당선자 29명이며 선지의 자료에 제시된 지역구 남성 당선자인 224명을 합하면 지역구 전체 당선자 253명임을 알 수 있다. 지역구 전체 당선자 중 지역구 여성 당선자가 11.5%에 해당하는지는 확인할 필요가 없다. 또한 비례대표 여성 당선자는 28명으로 선지의 자료에 제시된 비례대표 남성 당선자인 19명을 합하면 비례대표 전체 당선자가 47명임을 알 수 있다. 비례대표 전체 당선자 중 비례대표 여성 당선자가 60%에 해당하는지는 확인할 필요가 없다.

④ 〈보고서〉 네 번째 문단과 선지의 자료를 보면 21대 국회의원 당선자 중 정치인은 217명이고, 변호사가 20명이며, 교수가 16명이다. 그리고 선지의 자료에 제시된 인원을 모두 합하면 300명이다. 당선자 중 직업별 구성비는 확인할 필요가 없다.

⑤ 〈보고서〉 세 번째 문단에 따르면, A대학 63명, B대학 27명, C대학 22명으로 제시되어 있다. 전체 국회의원 수는 300명이고, 비례대표 중 고졸은 1명, 대학교 중퇴는 1명, 그 외는 대졸 이상이다. 따라서 대졸 이상 당선자 중 대학별 구성비는 A대학 $\frac{63}{298}$, B대학 $\frac{27}{298}$, C대학 $\frac{22}{298}$이다. 계산의 편의를 위해 전체 국회의원 수인 300명을 기준으로 대학별 구성비를 곱하여, 그 값보다 〈보고서〉에 제시된 수치가 조금 낮은지를 확인한다. A대학은 300×0.213=63.9이고, B대학은 300×0.091=27.3, C대학은 22.2로 〈보고서〉에 제시된 수치가 조금 낮다. 선지의 자료에서 A, B, C대학 비중을 합하면 30% 이상임을 알 수 있고, 그 외 대학까지 합한 값도 100%이다.

문 31. 정답 ①

내용영역 자료응용(논리퀴즈)　　　난이도 ★★☆

[정답해설]

단서 2)에 따르면 각 기업의 한 주간 편차의 합은 0이므로 요일 한 개에만 빈칸이 뚫려있는 A와 D를 검토한다. A의 경우, (가)를 제외한 편차의 합은 -3이므로 (가)에 들어갈 숫자는 3이다. D의 경우, (바)를 제외한 편차의 합은 -2이므로 (바)에 들어갈 숫자는 2이다.

요일 기업	월	화	수	목	금	토	일
A	-1	0	3	-1	-1	1	-1
B	-1	2	0	-1	(나)	0	(다)
C	1	(라)	2	-1	-2	(마)	1
D	2	2	1	-5	1	0	-1

단서 3)에 따르면 한 주간 편차 제곱의 합은 A기업과 B기업이 같고, C기업과 D기업이 같다. A기업의 경우 한 주간 편차 제곱의 합은 14이므로 B기업 또한 14가 된다. (나)와 (다)를 제외한 B기업의 편차 제곱의 합은 6이므로 (나)와 (다)의 편차 제곱의 합은 8이 된다. 또한 각 기업의 한 주간 편차의 합은 0이므로 (나)와 (다)를 더하면 0이 되어야 한다. 따라서 (나), (다)에는 -2와 2가 들어갈 것이나 구체적인 위치는 알 수 없다.

D기업의 경우 한 주간 편차 제곱의 합은 36이 나온다. C기업의 경우 (라)와 (마)를 제외한 한 주간 편차 제곱의 합은 11이므로 (라)와 (마)의 제곱의 합이 25가 되어야 한다. 이는 9+16을 의미한다. 또한 C기업의 경우 (라)와 (마)를 제외한 편차의 합이 1이므로 (라)와 (마)의 합이 -1이 되어야 한다. 따라서 (라), (마)에는 -4, 3이 들어갈 것이나 구체적인 위치는 알 수 없다.
이를 정리하면 다음과 같다.

기업\요일	월	화	수	목	금	토	일
A	-1	0	3	-1	-1	1	-1
B	-1	2	0	-1	-2/2	0	2/-2
C	1	-4/3	2	-1	-2	3/-4	1
D	2	2	1	-5	1	0	-1

최솟값 : (라)와 (마) 중에 들어갈 -4가 최솟값이 된다.
최댓값 : (라)와 (마) 중에 들어갈 3이 최댓값이 된다.

문 32. 정답 ④

내용영역 자료응용(논리퀴즈) **난이도** ★★★

[정답해설]

○ 〈조건〉 1
A기업의 월요일 신고 건수는 2건이므로 A기업의 8월 첫째 주 하루 평균 신고 건수는 3건이다. 이를 토대로 A기업의 신고 건수를 정리하면 다음과 같다.

기업\요일	월	화	수	목	금	토	일
A	2	3	6	2	2	4	2
B							
C							
D							

○ 〈조건〉 2
B기업의 화요일 신고 건수는 A기업의 토요일 신고 건수의 2배인데, A기업의 토요일 신고 건수는 4건이므로 B기업의 화요일 신고 건수는 8건이다. 이를 토대로 B기업의 신고 건수를 정리하면 다음과 같다(금요일의 편차가 -2, 일요일의 편차가 2임을 가정한다).

기업\요일	월	화	수	목	금	토	일
A	2	3	6	2	2	4	2
B	5	8	6	5	4	6	8
C							
D							

○ 〈조건〉 4
D기업의 신고 건수가 가장 적은 목요일의 신고 건수와 B기업의 목요일 신고 건수는 5건으로 같다. 이를 토대로 D기업의 신고 건수를 정리하면 다음과 같다.

기업\요일	월	화	수	목	금	토	일
A	2	3	6	2	2	4	2
B	5	8	6	5	4	6	8
C							
D	12	12	11	5	11	10	9

○ 〈조건〉 3
D의 화요일 신고 건수는 12건이며 이는 C기업의 일요일 신고건수와 같으므로 C의 8월 첫째 주 하루 평균 신고 건수는 11건이다. 이를 토대로 C기업의 신고 건수를 정리하면 다음과 같다(화요일의 편차가 -4, 토요일의 편차가 3임을 가정한다).

기업\요일	월	화	수	목	금	토	일
A	2	3	6	2	2	4	2
B	5	8	6	5	4	6	8
C	12	7	13	10	9	14	12
D	12	12	11	5	11	10	9

위와 같이 미리 〈조건〉에 따라 신고 건수를 정리한 다음 풀이하는 방법이 있고, 아래와 같이 선지 풀이 시, 필요한 조건만 사용하여 풀이할 수도 있다.

ㄴ. 〈조건〉 2에 따르면 B기업의 화요일 신고 건수는 A기업의 토요일 신고 건수의 2배인데, A기업의 토요일 신고 건수는 4건이므로 B기업의 화요일 신고 건수는 8건이다. 이때 편차는 2건이므로 B기업의 8월 첫째 주 하루 평균 신고 건수는 6건이다.

ㄹ. 〈조건〉 4에 따르면 D기업의 신고 건수가 가장 적은 목요일의 신고 건수와 B기업의 목요일 신고 건수는 5건으로 같다. D기업의 하루 평균 신고 건수는 목요일을 활용하면 10건이다. A기업과 B기업의 하루 평균 신고 건수의 합은 9건이고, D기업의 하루 평균 신고 건수는 10건이므로 A기업과 B기업의 합은 D기업보다 적다.

[오답해설]

ㄱ. 〈조건〉 1에 따르면 A기업의 월요일 신고 건수는 2건이므로 A기업의 8월 첫째 주 하루 평균 신고 건수는 3건이다. A기업의 신고 건수가 4건 이상이라면 편차가 1 이상일 것이므로 해당되는 요일은 수, 토 2일뿐이다.

ㄷ. 〈조건〉 3에 따르면 D의 화요일 신고 건수는 12건이며 이는 C기업의 일요일 신고 건수와 같으므로 C의 8월 첫째 주 하루 평균 신고 건수는 11건이다. 따라서 하루 평균 신고 건수는 D기업이 C기업보다 많다.

문 33. 정답 ①

내용영역 자료추론(수식추론) **난이도** ★★☆

[정답해설]

ㄱ. 2019년 개의 총보유 마릿수가 2018년과 같이 4,192라고 한다면 고양이 총보유 마릿수인 1,047을 더했을 때 전체 총보유 마릿수인 5,048을 초과한다. 따라서 2019년 개의 총보유 마릿수는 전년 대비 감소하였다. 2020년 고양이 총보유 마릿수는 전년에 비해 약 670 증가하였는데 전체 총보유 마릿수는 약 1,300 증가하였으므로 2020년에는 개의 총보유 마릿수가 전년 대비 증가하였다.

ㄴ. 〈표 1〉에 따르면 전체 가구수는 매년 증가하며, 전체 보유가구 비중도 매년 증가한다. 따라서 전체 가구수와 전체 보유가구 비중의 곱인 반려동물 보유가구수는 매년 증가하였다.

[오답해설]

ㄷ. 2018년 대비 2021년 매출액 증가율이 가장 높은 반려동물 관련 시장이 수의 서비스인지 확인하기 위해 수의 서비스를 먼저 살펴보면 100% 미만이다. 장묘 및 보호 서비스 매출액은 2021년 33,848로 2018년 16,761에 비해 2배 이상 증가하였으므로 2018년 대비 2021년 매출액 증가율이 가장 높은 반려동물 관련 시장은 수의 서비스가 아니다.

ㄹ. 2019년 반려동물 총보유 마릿수는 약 5,000천 마리이고, 동물 관련 용품 매출액은 309,876백만 원이다. 반려동물 한 마리당 동물 관련 용품의 매출액이 7만 원이라면 5000천×7만=35×1000×10000=350,000,000으로 350,000백만 원이 되어야 한다. 따라서 반려동물 한 마리당 '동물 관련 용품' 매출액은 7만 원 미만이다.

문 34. 정답 ⑤

내용영역 **자료추론(수식추론)** 난이도 ★★☆

[정답해설]

⑤ 여성 후보자가 가장 많은 지역은 A지역으로, A지역의 여성 당선율은 $\frac{8}{37}$ 이다. 남성 후보자가 가장 적은 지역은 J지역이며 J지역의 남성 당선율은 $\frac{3}{13}$ 이다. $\frac{8}{37}$ 과 $\frac{3}{13}$ 을 통분하여 분자만 비교하면, 8×13=104, 3×37=111이므로 $\frac{8}{37} < \frac{3}{13}$ 이다.

[오답해설]

① 전체 여성 당선율은 $\frac{17}{120}$ 이다. 120의 10%가 12이고, 17-12=5이며, 120× 0.04=4.8이므로 $\frac{17}{120} > 0.14$ 이다. 전체 남성 당선율은 $\frac{165}{699}$ 이다. 700의 0.25배는 $\frac{700}{4}$ =175이므로 $\frac{165}{699}$ 도 0.25보다 작을 것이다. 따라서 전체 남성 당선율은 전체 여성 당선율의 2배 이하이다.

② 여성 당선자가 있는 지역인 A, B, C, D, E, G, I를 비교한다. A지역의 여성 당선율은 $\frac{8}{37}$ 이며 37×0.2 < 8이므로 0.2를 초과한다. A지역의 남성 당선율은 $\frac{36}{195}$ 이며 195×0.2 > 36이므로 0.2 미만이다. 따라서 당선율은 여성이 남성보다 높다. B지역은 여성 당선율이 $\frac{1}{12}$ 로 0.1보다 작으며 남성 당선율이 $\frac{18}{64}$ 로 0.1보다 크다. C지역은 여성 당선율이 $\frac{1}{7}$ 로 0.2보다 작으며 남성 당선율이 $\frac{11}{38}$ 로 0.2보다 크다. D지역은 여성 당선율이 $\frac{2}{9}$ 로 약 0.22이며 남성 당선율이 $\frac{12}{50}$ 으로 0.24이다. G지역은 여성 당선율이 $\frac{4}{35}$ 로 0.2보다 작으며 남성 당선율이 $\frac{47}{193}$ 으로 0.2보다 크다. I지역은 여성 당선율이 $\frac{1}{3}$ 으로 약 0.33이며 남성 당선율이 $\frac{10}{50}$ 으로 0.2이므로, 당선율은 여성이 남성보다 높다. 따라서 여성 당선율이 남성 당선율보다 높은 지역은 A와 I 두 개 지역이다.

③ A의 경우 남성 당선자 수가 여성 당선자 수의 4.5배인데 그 외의 지역은 남성 당선자 수가 여성 당선자 수의 5배를 초과한다.

④ 남성 후보자 수가 여성 후보자 수의 10배 이상인 지역은 I뿐이다.

문 35. 정답 ①

내용영역 **자료추론(수식추론)** 난이도 ★★☆

[정답해설]

① 전년 대비 여성 인구 증가폭이 크고 가구수 증가폭이 작은 2016년을 살펴보면, 여성 인구 증가율은 $\frac{8}{244}$ ×100이고 가구수 증가율은 $\frac{5}{185}$ ×100이다. $\frac{8}{244}$ 과 $\frac{5}{185}$ 를 통분하여 분자만 비교하면, 8×185 > 1400 > 5×244이므로 2016년 가구당 여성 인구는 전년 대비 증가한다.

[오답해설]

② 2022년 고령 인구는 47에서 53으로 6 증가해 10%가 조금 넘는 증가율을 보이는데, 2022년 총인구 증가율은 2022년 남성 인구와 여성 인구 모두 10%를 넘지 않는 증가율을 보일 때 10%를 넘는 증가율을 갖지 않음을 알 수 있다. 따라서 전년 대비 2022년 고령 인구 증가율이 전년 대비 2022년 총 인구 증가율보다 높다.

③ 전년 대비 외국인 인구가 감소한 해는 2018년이고, 2018년에 총 인구는 남성 인구가 2명, 여성 인구가 4명 증가해 총 6명 증가하였다. 전년 대비 총인구 증가폭이 10명 미만인 해는 2018년과 2019년이고, 2019년의 전년 대비 총 인구 증가폭은 5+3=8명이므로, 전년 대비 외국인 인구가 감소한 해와 전년 대비 총인구 증가폭이 가장 작은 해는 같다.

④ 2014년에는 남성 인구가 40, 여성 인구가 39 증가해 79명의 총인구 증가가 있었다. 그 이후 연도의 경우 인구수는 점차 증가하는데 증가폭이 79명에 미치지 못해 전년 대비 총인구 증가율은 2014년이 가장 높음을 알 수 있다.

⑤ 전년 대비 가구 수 증가폭이 가장 큰 해는 27가구가 증가한 2014년이고, 전년 대비 남성 인구 증가폭이 가장 큰 해는 40명이 증가한 2014년이다.

문 36. 정답 ②

내용영역 **자료전환(표-그림전환)** 난이도 ★★★

[정답해설]

② 구체적인 증감폭을 비교하기 전에 증감여부를 먼저 확인한다. 〈표 2〉와 〈표 3〉을 보면 상품중개업을 제외한 나머지 상위 10개 업종은 2017년 대비 2021년 창업건수가 감소하였다. 그럼에도 그래프의 경우 해당 업종이 모두 창업건수가 2017년 대비 2021년이 증가한 것으로 도출되어 있으므로 옳지 않다.

[오답해설]

① 연도별 성별 청년 창업건수는 〈표 1〉에 제시되어 있는데, 〈표 1〉의 내용과 선지의 그래프 내용이 일치한다.

③ 〈표 1〉에 따르면, 2018년의 경우 전년 78,119에 비해 2,700가량이 감소했는데, 78×3=234이므로 3%가 조금 넘는 감소율을 보임을 알 수 있다. 2019년의 경우 전년 75,457에 비해 약 12,300이 증가해 87,797이 되었는데 80,000의 15%가 12,000이므로 그보다 작은 수인 75,457에 비해서는 15%를 초과하는 증가율을 보일 것이다. 2020년의 경우 전년 87,797에서 87,998로 약 200이 증가해 약 0.2%의 증가율을 보일 것이다. 2021년의 경우 전년 87,998에 비해 75,730으로 12,000이 넘게 감소하였는데 이는 88000×0.15=13,200보다 살짝 적은 수치로 15%보다 약간 낮은 감소율을 보일 것이다.

④ 〈표 2〉에 따르면, 전체 창업건수인 160,715건의 33%는 약 53,500이고 여성 창업건수는 57,250이므로 여성 창업건수의 비중은 33%를 초과한다. 그리고 남성 창업건수는 여성 창업건수의 1.5배보다 크므로 남성 창업건수는 60%를 초과한다. 이는 선지의 그래프와 일치한다.

⑤ 〈표 2〉에 따르면, 여성 창업건수의 비중은 $\frac{20351}{50703}$ ×100이다. 50703×0.4= 20281.2이므로 40%를 초과하여 이는 선지의 그래프와 일치한다. 숙박·음식점업의 경우 남성 창업건수가 여성 창업건수의 3배 이상임을 확인함을 통해 여성 창업건수 구성비가 25%보다 작고 이는 선지의 그래프와 일치한다. 상품중개업의 경우 남성 창업건수가 여성 창업건수가 3배 미만임을 통해 여성 창업건수 구성비가 25%보다 크고 이는 선지의 그래프와 일치한다.

문 37. 정답 ①

내용영역 **자료확인(일반자료확인)** 난이도 ★★☆

[정답해설]

ㄱ. 전년 동월 운송비용 항목을 보면 A~F 모두 2022년 7월 운송비용이 전년 동월 운송비용보다 크므로 2022년 7월 수입 운송비용은 각 교역대상국에 비해 전년 동월 대비 증가하였다.

ㄷ. 2022년 7월 수입 운송비용의 전월 대비 증가율이 가장 높은 교역대상국은 B국(14.7%)이다. 수입 운송비용은 B국의 경우 전월 대비 2배가 조금 안 되는 약 1.8배 커졌고 수입 운송비용의 전년 동월 대비 증가율이 가장 높은 교역대상국 또한 B이다.

[오답해설]
ㄴ. 2022년 7월 수출 운송비용이 가장 높은 교역대상국은 B국인데, 수출의 전년 동월 운송비용이 가장 높은 교역대상국은 A이다.
ㄹ. A, B, C국의 경우 2022년 7월 수출 운송비용이 수입 운송비용보다 월등히 많기 때문에 수출 운송비용이 수입 운송비용보다 적어질 여지가 없다. D, E, F국의 경우 반대로 2022년 7월 수입 운송비용의 크기가 수출 운송비용보다 크므로 수출 운송비용이 수입 운송비용보다 많은 교역대상국은 3개이다.

문 38. 정답 ④

내용영역: 자료응용(논리퀴즈) 난이도: ★★★

[정답해설]
34개 대학이 65명의 필즈상 수상자를 배출했다. 최종 박사학위 취득 대학 중 수상자가 1명인 대학만 존재하였다면 34명의 필즈상 수상자가 배출되었을 것이나 그에 비해 31명이 더 많은 필즈상 수상자가 배출되었으므로 복수의 수상자를 배출한 대학들이 존재함을 의미한다.
〈표 2〉를 보면 3명 이상 배출한 대학은 총 7개로, 이 대학들은 30명을 배출하였다. 필즈상 전체 수상자 수가 65명이므로, 2명 이하를 배출한 대학의 필즈상 수상자 수는 65-30=35명이다. 전체 대학 수가 34개이고 이 중 7개 대학은 3명 이상을 배출하였으므로 2명 이하를 배출한 대학 수는 34-7=27개이다. 따라서 35-27=8개의 대학이 2명 이상 배출한 대학 수이다. 따라서 1명을 배출한 대학 수는 34-7-8=19이다.

문 39. 정답 ③

내용영역: 자료응용(매칭) 난이도: ★★★

[정답해설]
○ 〈설명〉 1
 A의 코로나19 지원금 지급 가구수는 4360×0.929≒4,050이므로 현금은 410이다.
○ 〈설명〉 2
 130의 85%는 110.5이므로 H지역의 경우 신용·체크카드 방식의 지급 가구수는 110가구가 된다. 현금은 그렇게 되면 130-110-10=10가구가 된다. C의 경우 신용·체크카드 방식의 지급 가구수를 1010×0.624≒630이고, 현금은 150이다.
○ 〈설명〉 3
 D지역 상품권 방식 지급 가구수는 1210×0.215≒260이고, 현금은 140이 된다.
○ 〈설명〉 4
 65×6=390이므로 E의 코로나19 지원금 지급 가구수는 600이다. 그러므로 현금을 통한 코로나19 지원금 지급 가구수는 80이 된다.
 따라서 현금 방식의 지급 가구수가 세 번째로 많은 지역은 C가 되고, 다섯 번째로 많은 지역은 E가 된다. 그 이하 지역들은 총 가구수 자체가 600보다 적으므로 고려하지 않아도 된다.

문 40. 정답 ③

내용영역: 자료응용(논리퀴즈) 난이도: ★★★

[정답해설]
ㄱ. 〈정보〉 1에 따르면 무응답과 중복응답은 없다. 〈표 1〉에 따르면 관리자의 총 인원은 200명이고 실무자의 총 인원은 800명이다. 〈정보〉 2에 따르면 2021년 실무자의 절반은 여성이므로 400명이 실무자 여성이다. 여성 585명 중 400명이 실무자이므로 185명이 2021년 여성 관리자이다.
ㄴ. 소속이 본사인 직원은 〈표 1〉로 가면 2021년의 경우 95명이고, 2022년의 경우 100명으로 2022년이 2021년보다 5명 많다.

[오답해설]
ㄷ. 〈정보〉 3에 따르면 '부당한 지시'의 위험도를 '높음' 또는 '매우 높음'으로 답변한 응답자는 '언어'에서도 '높음' 또는 '매우 높음'으로 답변을 하였다. 따라서 '부당한 지시'에서 '매우 낮음', '낮음' 또는 '보통'으로 답변한 응답자 중 '언어'의 갑질 발생 위험도를 '높음' 또는 '매우 높음'으로 답변한 응답자의 수는 '언어'에서 '높음' 또는 '매우 높음'이라고 응답한 응답자 수에서 '부당한 지시'에서 '높음' 또는 '매우 높음'이라고 응답한 응답자 수를 빼면 된다. 따라서 2021년의 경우 그 숫자는 (53+65)-(38+53)=27명, 2022년의 경우 (44+31)-(21+17)=37명으로 2022년이 2021년보다 오히려 많다.

2023년도 상황판단영역 (가)책형

문 1. 정답 ⑤

[유형] 규정이해　[내용영역] 법규범　[난이도] ★☆☆

[정답해설]

⑤ 두 번째 조 제5항 제4호에 따르면 지방자치단체의 장은 지정된 동물보호센터가 보호비용을 거짓으로 청구한 경우에는 그 지정을 취소할 수 있다. 보호비용을 거짓으로 청구한 경우, 지방자치단체의 장은 지정된 동물보호센터의 지정을 취소할 수 있는 것이지 반드시 그 지정을 취소하여야만 하는 것은 아니다.

[오답해설]

① 두 번째 조 제2항에 따르면 A부장관은 지방자치단체의 장이 설치·운영하는 동물보호센터의 설치·운영비용의 전부 또는 일부를 지원할 수 있다. A부장관이 보호비용의 일부를 지원하여야 하는 것은 아니다.

② 두 번째 조 제5항에 제3호에 따르면 첫 번째 조의 규정을 위반한 경우 지방자치단체의 장은 동물보호센터의 지정을 취소할 수 있다. 반드시 그 지정을 취소하여야만 하는 것은 아니다.

③ 두 번째 조 제4항에 따르면 동조 제3항에 따른 동물보호센터로 지정받으려는 기관이나 단체는 A부장관이 정하는 바에 따라 지방자치단체의 장에게 신청하여야 한다.

④ 두 번째 조 제6항에 따르면 지방자치단체의 장은 동조 제5항에 따라 지정이 취소된 기관이나 단체를 지정이 취소된 날부터 1년 이내에는 다시 동물보소센터로 지정하여서는 아니 된다. 다만 동조 제5항 제3호에 따라 지정이 취소된 기관이나 단체는 지정이 취소된 날부터 2년 이내에는 다시 동물보호센터로 지정하여서는 아니 된다. 부정한 방법으로 동물보호센터 지정을 받아 그 지정이 취소된 기관은 두 번째 조 제5항 제1호에 해당한다. 이 경우 지정이 취소된 날부터 1년이 지나면 다시 동물보호센터로 지정받을 수 있다.

문 2. 정답 ④

[유형] 규정이해　[내용영역] 법규범　[난이도] ★☆☆

[정답해설]

④ 세 번째 조 제4항 제2호에 따르면 재해나 그 밖의 특별한 사정으로 본래의 점용 목적을 달성할 수 없는 경우 관리청은 점용료 등 또는 수수료를 감면할 수 있다. 따라서 소하천 점용·사용 허가를 하는 경우로서 재해로 인하여 본래의 점용 목적을 달성할 수 없는 때에는 관리청은 점용료 등을 감면할 수 있다.

[오답해설]

① 첫 번째 조 제2항에 따르면 관리청은 동조 제1항 제1호에 따른 허가를 한 때에는 그 내용을 A부장관에게 통보하여야 한다. 토석 채취는 첫 번째 조 제1항 제3호에 따른 허가에 해당하므로 A부장관에게 통보를 필요로 하지 않는다.

② 두 번째 조 제2항에 따르면 관리청은 필요한 경우 동조 제1항의 원상회복 의무를 면제할 수 있고, 이때 해당 인공구조물은 그 허가를 받은 자가 아닌 해당 지방자치단체에 무상으로 귀속된다.

③ 세 번째 조 제4항에 따르면 관리청이 점용료 등 또는 수수료를 감면하는 경우에 점용료 등의 감면 비율은 대통령령으로 정하고, 수수료의 감면 비율은 해당 지방자치단체의 조례로 정한다.

⑤ 세 번째 조 제2항에 따르면 관리청은 소하천 점용·사용 허가를 받지 아니하고 소하천을 점용하거나 사용한 자로부터 변상금을 징수할 수 있다. 변상금 감면에 대한 내용을 규정하고 있는 조항은 없다.

문 3. 정답 ④

[유형] 규정이해　[내용영역] 법규범　[난이도] ★☆☆

[정답해설]

④ 두 번째 조 제3항에 따르면 동조 제1항에 따라 인공우주물체를 예비등록한 자는 그 인공우주물체가 위성궤도에 진입한 날부터 90일 이내에 과학기술정보통신부장관에게 인공우주물체를 등록하여야 한다. 다만 국제 협약에 따라 발사국 정부와 합의하여 외국에 등록한 인공우주물체에 대하여는 그러하지 아니하다.

[오답해설]

① 두 번째 조 제1항 제1호에 따르면 대한민국 국민이 인공우주물체를 국내외에서 발사하려는 경우 이를 예비등록하여야 하지만 이 조항에서 규정한 인공우주물체에서 우주발사체는 제외된다.

② 두 번째 조 제1항 제2호에 따르면 대한민국 국민이 아닌 자가 인공우주물체를 대한민국 영역 또는 대한민국의 관할권이 미치는 지역·구조물에서 발사하려는 경우 예비등록을 하여야 한다.

③ 두 번째 조 제1항에 따르면 발사 예정일부터 180일 전까지 해당 규정이 적용되는 인공우주물체를 예비등록하여야 한다.

⑤ 두 번째 조 제3항에 따르면 인공위성을 예비등록한 자는 그 인공우주물체가 위성궤도에 진입한 날부터 90일 이내에 과학기술정보통신부장관에게 인공위성을 등록하여야 한다.

문 4. 정답 ②

[유형] 규정이해　[내용영역] 법규범　[난이도] ★☆☆

[정답해설]

② 두 번째 조 제1항 제1호에 따르면 식품판매업자는 소비기한이 경과된 식품을 판매의 목적으로 진열·보관하거나 이를 판매해서는 안 된다. 또한 네 번째 조 제1호에 따르면 식품판매업자가 위 사항을 위반한 경우 3년 이하의 징역 또는 3천만 원 이하의 벌금에 처한다. 甲은 이미 소비기한이 지난 C식품을 영업소에 진열하고 판매하여 두 번째 조 제1항 제1호를 위반하였다. 네 번째 조 제1호에 따라서 甲은 3년 이하의 징역에 처해질 수 있다.

[오답해설]

① 두 번째 조 제2항에 따르면 동조 제1항 위반행위에 따른 영업정지명령이나 영업소 폐쇄를 명할 수 있는 것은 A도지사가 아니라 관할 시장이다.

③ 세 번째 조 제1호에 따르면 소비자가 소비기한이 경과한 식품을 구입한 경우, 식품판매업자는 소비자에게 제품교환과 함께 구입가 환급을 해주어야 하는 것이 아니라 제품교환 또는 구입가 환급을 해주어야 한다.

④ 첫 번째 조 제3항 제1호에 따르면 동조 제1항 제1호에 위반되는 행위를 신고한 자에게는 관할 시장이 7만 원의 포상금을 지급하므로, 포상금은 甲의 소비기한 경과 식품 판매 사실을 신고한 丙에게만 지급될 것이다.

⑤ 두 번째 조 제1항 제2호에 따르면 식품판매업자는 식중독 발생 시 보관 또는 사용 중인 식품은 역학조사가 완료될 때까지 폐기하지 않고 원상태로 보존하여야 하며, 식중독 원인규명을 위한 행위를 방해해서는 안 된다. 丙은 乙의 친구일 뿐 식품판매업자에 해당하지 않으므로 처벌 대상이 되지 않는다.

문 5. 정답 ④

[유형] 규정이해　[내용영역] 법규범　[난이도] ★☆☆

[정답해설]

ㄱ. 가맹본부 A가 가맹희망자 甲에게 정보공개서를 제공한 날부터 14일이 지나지 않았음에도 가맹계약을 체결한 경우에 해당하므로 첫 번째 조 제2호를 위반한 경우에 해당한다. 각 가맹희망자는 모두 서면으로 가맹금 반환을 요구하고 있으므로 세 번째 조 제1호에 따라 A는 가맹금을 반환하여야 한다.

ㄷ. 두 번째 조 제1호에 따르면 사실과 다르게 가맹본부가 가맹희망자나 가맹점사업자에게 정보를 제공한 경우 세 번째 조 제2호에 따라 가맹본부는 가맹금을

반환하여야 한다. 가맹계약을 체결할 2023. 3. 7. 이전인 2023. 2. 27.에 가맹금 반환을 서면으로 요구하였으므로 가맹본부는 가맹금을 반환하여야 한다.

[오답해설]
ㄴ. 세 번째 조 제3호에 따라 가맹금 반환을 하여야 하는 것은 가맹희망자나 가맹점사업자가 아닌 가맹본부이다. 따라서 가맹본부가 아닌 乙이 건강상의 이유로 가맹점사업을 일방적으로 중단하였다고 하더라도 이것이 가맹금 반환의 경우에 해당하지는 않는다.

문 6. 정답 ②

유형 수리추론 내용영역 사회 난이도 ★☆☆

[정답해설]
② A시의 올해와 내년도 자체예산은 모두 100억 원이다. A시의 올해 예산은 모두 자체예산이며, A시는 자체예산을 항상 공공서비스와 기타사업에 절반씩 투입한다. 따라서 올해 예산은 공공서비스 공급에 50억, 기타사업에 50억이 투입되었을 것이다. 내년도의 경우, A시는 중앙정부로부터 교부금을 받은 경우에는 그 중 80%를 공공서비스 공급에 투입하고 나머지를 기타사업에 투입한다. 즉 20억 원의 교부금 중 16억은 공공서비스 공급에 지출되고 나머지 4억은 기타사업에 투입한다. 또한 자체예산은 공공서비스와 기타사업에 항상 절반씩 투입하므로 100억의 자체예산은 공공서비스에 50억, 기타사업에 50억 투입된다. 따라서 A시는 내년도 공공서비스 공급에 50+16=66억, 기타사업에 50+4=54억을 투입할 것이다.

[오답해설]
① 내년에 기타사업에 지출하는 총 금액은 54억 원일 것이다.
③ 내년에 공공서비스 공급에 지출하는 총 금액을 50억 원에서 66억 원으로 증가시킬 것이다.
④ 공공서비스 공급에 지출하는 총 금액이 32% 증가한 것에 해당한다.
⑤ 공공서비스 공급에 지출하는 총 금액은 50억 원에서 66억 원으로 16억 원 증가한다.

문 7. 정답 ④

유형 수리추론 내용영역 논리학 난이도 ★☆☆

[정답해설]
甲이 비교의 기준점이 되고 있으므로 甲부터 검토하며 각각의 용지 사용량을 도출한다.
甲은 1박스를 사용하는 데 20일이 걸리며, 乙은 1박스를 사용하는 데 80일이 걸리고, 丙 또한 1박스를 사용하는 데 80일이 걸리고, 丁은 丙이 용지 1박스를 사용하는 동안 2박스를 사용하므로 丙보다 시간이 절반만큼 적게 걸려 1박스를 사용하는 데 40일이 걸린다. 즉 甲은 1일에 1/20박스, 乙은 1/80박스, 丙은 1/80박스, 丁은 1/40박스를 사용하므로 A팀 전체는 1/20 + 1/80 + 1/80 + 1/40 = 1/10 박스를 1일에 사용한다. 따라서 A팀이 1박스 분량의 용지를 사용하는 데 걸리는 일수는 10일이다.

문 8. 정답 ③

유형 수리추론 내용영역 논리학 난이도 ★★☆

[정답해설]
1965년 〈베타빌〉이 우리나라에서 개봉된 순서를 구하는 문제이다. 乙의 두 번째 발언에서 1983년에 찍은 〈미남 갱 카르맨〉이 우리나라에서 처음 개봉된 작품임을 알 수 있으며, 이후 甲의 발언과 종합해볼 때 1963년 작품 2편을 제외한 작품들이 순서대로 개봉되었음을 알 수 있다.
그렇다면 〈미남 갱 카르맨〉 → 데뷔작 〈내 멋대로 하자〉 → 1960년 〈남자는 남자다〉 → 1962년 〈자기를 위한 인생〉 1963년 1편 → 1964년 2편 순서로 개봉한 것이 되므로 〈베타빌〉은 소다르 감독 작품 중 8번째로 개봉한 작품이다.

문 9. 정답 ③

유형 규정이해 내용영역 법규범 난이도 ★★☆

[정답해설]
〈방식 1〉에 따르면 'A의 다섯 번째 득점'이 있어 A:B가 5:4인 상황에서 경기 종료시까지 동점이나 역전을 허용하지 않고 A가 승리하였으므로 해당 득점이 결승점이 된다. 〈상황〉을 보고 직접 결승점을 도출하는 것이 아니라 선지에 나온 득점이 결승점인지 확인한다.
〈방식 2〉에 따르면 총 점수는 11점이므로, 'A의 여섯 번째 득점'이 있을 때 A가 6점을 획득해 상대 팀의 최종점수보다 1점이 많아짐으로써 결승점을 얻게 된다.

문 10. 정답 ①

유형 수리추론 내용영역 논리학 난이도 ★★★

[정답해설]
주사위를 10번 던지면 그 중 소수가 나오는 횟수가 평균적으로 6번이라면 주사위를 던졌을 때 소수가 나올 확률이 0.6(3/5)이어야 한다. 즉, 1부터 6까지의 자연수 중 소수인 2, 3, 5는 전혀 나오지 않는 숫자에 해당하지 않음을 의미한다. 선지 ②, ③을 소거한다.
주사위를 3번 던졌을 때 3번 모두 같은 홀수가 나올 확률은 1.6%(16/1000= 2/125)이므로 홀수 중 하나가 제거됨을 의미한다. 주사위에서 나오지 않을 수 있는 1, 4, 6중 홀수는 1에 불과하므로 주사위에서 나오지 않는 수는 1이다.

문 11. 정답 ①

유형 규정이해 내용영역 논리학 난이도 ★☆☆

[정답해설]
각 친구들의 가능한 요일을 달력에 반영하면 다음과 같다. 戊의 일정은 표시해야 하는 날짜가 많으니 달력에 반영하지 않고 선지에 따라 포함시킨다. 다음 달 9일의 경우 甲, 丁 두 명의 친구만 참석할 수 있으므로 A와 B는 9일을 결혼식 날짜로 선택하지 않을 것이다.

甲, 乙	乙, 丁	丁	乙, 丁	丁	乙, 丁	甲, 丁
일	월	화	수	목	금	토
					1	2
3	4	5	6	7	8	9
10	11	12	13	14	戊[15	16
17	18	19	20	21	22	23
24	25	26	27	28	29	30
31]						

[오답해설]
② 다음 달 17일에는 甲, 乙, 丙, 戊 네 명의 친구가 참석할 수 있다.
③ 다음 달 20일에는 乙, 丙, 丁, 戊 네 명의 친구가 참석할 수 있다.
④ 다음 달 22일에는 乙, 丙, 丁, 戊 네 명의 친구가 참석할 수 있다.
⑤ 다음 달 25일에는 乙, 丙, 丁, 戊 네 명의 친구가 참석할 수 있다.

문 12. 정답 ⑤

유형 수리추론 내용영역 논리학 난이도 ★★☆

[정답해설]
⑤ 두 자리 자연수 A를 10a+b로 둘 경우 (→A)의 결과는 10b+a가 된다. 그 후 기존 수인 10a+b를 더하면 이는 11(a+b)가 되어 11의 배수가 된다.

[오답해설]
① →43의 결과는 4가 맨 뒤로 간 34로 짝수이다.
② 일반적으로는 두 자리 자연수 AB에 →를 적용하면 A가 맨 뒤로 가 BA가 될

것이고, 이후 ←를 적용하면 맨 뒤 숫자인 A가 맨 앞으로 가 AB가 결과로 도출될 것이다. 그러나 예를 들어 두 자리 자연수가 20, 30과 같이 맨 뒤 숫자가 0으로 끝나는 경우에는 0이 맨 앞 숫자가 될 경우 0이 제거되어 원래 수와 같지 않게 된다.

③ 세 자리 자연수의 경우에도 일의 자리가 0인 세 자리 자연수의 경우 →를 적용함에 따라 0이 제거되어 원래 수와 같지 않게 된다.

④ 두 자리 자연수 AB에 →←를 적용하면 BA가 도출된 후 AB가 다시 도출될 것이고, ←→를 적용하더라도 BA가 도출된 후 AB가 다시 도출될 것이므로 둘을 적용한 결과는 같다.

문 13. 정답 ⑤

[유형] 규정이해　[내용영역] 논리학　[난이도] ★★☆

[정답해설]

각 조건은 순서대로 적용된다고 하고 있으므로, 이를 순서대로 적용한다. 또한 5번째에 배치되는 기사 제목을 묻고 있으므로 기사를 전부 배치할 것이 아니라 5번째에 해당하는 기사 제목을 도출하는 것이 목표임을 알고 조건을 순서대로 적용한다.
조건1에 따르면 "★★정책 추진결과, "양호"", "◇◇정책 도입의 효과, 어디까지?" 기사 제목이 1번째 혹은 2번째 기사로 배치된다. "△△정책 추진계획 발표"는 조건1의 단서에 해당하므로 스크랩에서 제외한다.
조건2에 따르면 사설과 논평은 일반기사보다 뒤에 배치한다고 하고 있으므로 일반기사에 해당하는 "□□산업 혁신 성장 포럼 성황리 개최", "▼▼수요 증가로 기업들 화색", "정부 혁신 중간평가 성적표 공개"가 3번째~5번째 기사로 배치되며 이 중 5번째 기사가 존재할 것임을 알 수 있다.
조건3에 따르면 '혁신'이라는 단어가 포함된 기사는 다른 기사보다 앞에 배치하므로 "□□산업 혁신 성장 포럼 성황리 개최"와 "정부 혁신 중간평가 성적표 공개"가 3번째 혹은 4번째 기사로 배치될 것임을 알 수 있다. 따라서 5번째 기사 제목은 "▼▼수요 증가로 기업들 화색"이 된다.

<A부처 스크랩 후보>

배치순서	구분	종류	기사 제목
6	조간	논평	규제 샌드박스, 적극 확대되어야
2	석간	사설	★★정책 추진결과, "양호"
8	조간	논평	플랫폼경제의 명암
	석간	일반기사	△△정책 추진계획 발표
4	석간	일반기사	□□산업 혁신 성장 포럼 성황리 개최
9	석간	사설	◎◎생태계는 진화 중
7	석간	사설	네거티브 규제, 현실성 고려해야
1	조간	논평	◇◇정책 도입의 효과, 어디까지?
5	조간	일반기사	▼▼수요 증가로 기업들 화색
3	조간	일반기사	정부 혁신 중간평가 성적표 공개

문 14. 정답 ③

[유형] 규정이해　[내용영역] 사회　[난이도] ★★☆

[정답해설]

A국과 B국은 친밀관계, 즉 직접 조약 관계에 있지는 않지만 두 나라와 공통으로 직접 조약 관계인 나라가 3개 이상 있는 경우에 해당한다. 이를 위해서는 A국과 B국 모두 각각 C, D, E와 직접 조약 관계에 있어야 한다. A국과 직접 조약 관계인 어떤 나라도 D국과 직접 조약 관계에 있지 않다고 하였으므로 C국과 E국 모두 D국과 직접 조약 관계에 있지 않다.

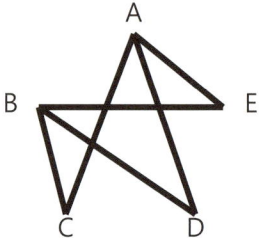

ㄱ. D국과 E국은 모두 A국·B국과 직접 조약 관계를 맺었으며 서로 직접 조약 관계에 있지 않으므로 '우호' 관계에 해당한다.
ㄴ. A국과 B국이 친밀관계임을 파악하는 과정에서 A국과 D국이 직접 조약 관계를 맺음을 알 수 있었다.

[오답해설]

ㄷ. 중립 관계인 두 나라를 찾아볼 수 없다.

문 15. 정답 ④

[유형] 논리퀴즈　[내용영역] 논리학　[난이도] ★★☆

[정답해설]

전문가	분야	성별
甲	예술계	남성
乙	법조계	남성
丙	법조계	여성
丁	학계	여성
戊	언론계	남성

먼저 8명의 정책자문위원 중 6명이 위촉되어 있는 상태이므로 2명의 정책자문위원이 추가로 위촉되어야 한다. 각 조건을 고려해볼 때, 같은 분야의 전문가를 4명 이상 위촉해서는 안 된다고 하였으므로 이미 3명이 위촉되어 있는 예술계는 추가로 위촉될 수 없다. 甲을 배제한다.
또한 각 분야의 전문가를 1명 이상 위촉해야하므로 법조계에 해당하는 乙, 丙 중 한 명이 위촉되어야 한다.
마지막으로 여성이 2명 이상이어야 하므로 추가로 위촉되는 2명의 자문위원 중 1명은 반드시 여성이어야 한다.
이를 전제로 둔 상태에서 자문단 구성의 경우를 파악하면 (乙, 丙), (乙, 丁), (丙, 丁), (丙, 戊) 네 가지 경우의 수가 도출된다.

문 16. 정답 ①

[유형] 수리추론　[내용영역] 논리학　[난이도] ★☆☆

[정답해설]

A가 丙에게는 건강식품을 선물한다고 하였으므로 건강식품을 판매하는 홍삼전문점이 포함되어 있지 않은 선지 ④, ⑤를 소거한다.
모두에게 서로 다른 선물을 사주나 甲과 乙에게는 똑같은 선물을 사주므로 총 4개의 선물이 필요하다. 총 3종류의 선물만 도출되는 선지 ③을 소거한다.
인테리어 가게를 방문하게 될 경우, 각각의 선물을 한 개씩 구매하면 이미 20만 원이 되어 5번째 사람의 선물을 구매하기에 예산이 부족하게 된다. 그러므로 선지 ②를 소거한다. 따라서 답은 ①이다.

문 17. 정답 ①

유형 수리추론　내용영역 논리학　난이도 ★☆☆

[정답해설]

구분	연구실적 건수	피인용 횟수	연구계획서 평가결과	특허출원 건수
A	2　30	45　9	보통 20	3　9
B	3　45	62　12	우수 25	4　12
C	2　30	88　17	미흡 15	5　15
D	4　60	37　7	보통 20	2　6
E	1　15	165　33	우수 25	2　6

연구실적 건수, 피인용 횟수, 연구계획서 평가결과, 특허출원 건수에 따른 점수를 차례대로 반영한다. 합계 점수가 80점 미만인 팀은 3위 안에 들더라도 선정에서 제외되므로 A, C, E가 모두 선정에서 제외된다.
B는 94점, D는 93점이므로 B가 1위가 되며 D가 2위가 되어 총 17억 원을 지급받게 된다. 다만 B는 우수를 받아 1억 원을 증액 지급받고, D는 특허출원이 3건 미만이라 1억 원을 감액 지급 받는다. 합계의 증감이 없게 되므로 연구지원센터는 변동 없이 총 17억 원을 연구비 총액으로 지급한다.

문 18. 정답 ①

유형 수리추론　내용영역 논리학　난이도 ★★☆

[정답해설]

표 아래 첫 번째 조건에 따라 통행요금이 5,000원을 넘는 최소시간경로를 소거한다.
표 아래 두 번째 조건에 따라 소거되는 선지를 파악한다. 출발 시각부터 회의 시작 시각까지 총 150분이 주어져있다. 이 때 점심시간으로 도보 10분 거리의 음식점을 오가는 시간 20분 + 점심식사 30분 + 주차장에서 회의 장소까지 오는 시간 5분 = 55분이 사용되므로 소요시간이 95분을 초과하지 않는 경로만이 선택될 수 있다. 최단거리경로, 초보자경로를 소거한다.
남아있는 최적경로, 무료도로경로 중에는 피로도가 덜한 '최적경로'가 채택된다.

문 19. 정답 ②

유형 정보이해　내용영역 과학기술　난이도 ★☆☆

[정답해설]

② 3문단 마지막 문장에 따르면 1911년에 휘발유 소비가 처음으로 등유를 앞질렀다. 따라서 1907년에는 등유의 소비량이 휘발유보다 많았을 것이다.

[오답해설]

① 3문단에 따르면 1886년에 이미 휘발유 자동차가 생산되어 동력 기계를 움직이는 연료로 사용되었다.
③ 4문단에 따르면 경유가 자동차 연료로 처음 사용된 것은 1927년에 소형연료 분사장치가 발명되면서부터이다. 따라서 1925년은 경유가 자동차 연료로 시작되기 이전이다.
④ 1문단에 따르면 석유시추는 1859년에 이루어졌고, 3문단에 따르면 이 당시에는 등유만을 생산하였고 부산물은 용도가 없어 내다 버렸다. 따라서 최초의 석유시추는 휘발유와 경유를 생산하기 위한 것이 아니었다.
⑤ 4문단에 따르면 액화석유가스 생산 기술이 개발된 것은 1912년이다. 1910년에는 액화석유가스가 자동차 연료로 사용되지 않았을 것이다.

문 20. 정답 ①

유형 수리추론　내용영역 과학기술　난이도 ★☆☆

[정답해설]

ㄱ. 2문단에 따르면 석유가격은 A가 최초로 시추한 날의 평균가격에서 96%나 떨어져 배럴당 1.2달러에 판매되었다. 따라서 A가 최초로 시추한 날 석유의 평균가격은 30달러였을 것이다.(30달러의 4%는 1.2달러) 첫 번째 문단에 따르면 A는 석유시추에 성공한 날부터 매일 30배럴씩 석유를 퍼 올렸다. 따라서 시추 첫날 생산한 석유 30배럴이 그날 평균가격인 배럴당 30달러로 모두 판매되었다면 판매액은 총 900달러이었을 것이다.
ㄴ. 2문단에 따르면 ○○계곡의 연간 산유량은 1859년의 2천 배럴에서 10년 만에 250배가 되었다. 따라서 1869년 ○○계곡의 연간 산유량은 50만 배럴이었을 것이다. 이 경우 월 평균 산유량은 대략 4만 정도이었을 것이다.(50만/12) 만약 월 평균 산유량이 2만 배럴이었다면 연간 산유량은 24만 배럴이었을 것이다.

[오답해설]

ㄷ. 2문단에 따르면 1880년에는 甲국의 수출량이 국내 소비량의 150%가 되었으며, 甲국에서 그해 생산된 석유의 총 가액은 3,500만 달러였다. 이를 바탕으로 3,500만 달러 중 국내 석유 소비량이 차지하는 금액을 계산해보면 총 1,400만 달러임을 알 수 있다.

문 21. 정답 ⑤

유형 규정이해　내용영역 법규범　난이도 ★☆☆

[정답해설]

⑤ 제4항에 따르면 간행물을 판매하는 자는 독서 진흥을 위하여 정가의 15퍼센트 이내에서 가격할인과 경제상의 이익을 자유롭게 조합하여 판매할 수 있다. 이 경우 가격할인은 정가의 10퍼센트 이내로 하여야 한다. 정가 20,000원인 간행물을 19,000원에 판매할 경우 가격할인은 5퍼센트 이루어진 것이 되고, 경제상의 이익에 해당하는 2,000원 상당의 물품은 정가의 10퍼센트에 해당하므로 이러한 조합으로 간행물을 판매하는 것이 가능하다.

[오답해설]

① 제5항 제1호에 따르면 사회복지시설에 판매하는 간행물은 제3항 및 제4항에 따른 제한을 받지 않으나, 정가 표시는 제1항에 따른 제한에 해당하므로 정가를 표시해야 한다.
② 제2항에 따르면 전자출판물을 판매하는 자는 서지정보에 명기된 정가를 판매 사이트에 표시하여야 하므로, 판매사이트에 할인된 가격만 표시해서는 안 되고 정가를 표시해야 한다.
③ 제5항 제2호에 따르면 저작권자에게 판매하는 간행물에는 제3항 및 제4항에 따른 제한이 적용되지 않는다. 제4항의 가격할인제한은 적용되지 않으므로 간행물을 정가의 20퍼센트 할인한 가격으로 판매해도 무방하다.
④ 제4항에 따르면 가격할인은 정가의 10% 이내로 해야 한다. 따라서 가격할인은 정가의 15퍼센트가 아닌 10퍼센트 이내로 해야 한다.

문 22. 정답 ②

유형 규정이해　내용영역 법규범　난이도 ★☆☆

[정답해설]

② 두 번째 조 제3항에 따르면 학교의 장은 정신건강 상태 검사를 실시할 때 필요한 경우에는 학부모의 동의 없이 이를 실시할 수 있다.

[오답해설]

① 첫 번째 조 제3호 가목과 나목에 따르면 국립중학교의 관할청은 교육부장관이나, 공립중학교의 관할청은 교육감이다.

③ 세 번째 조 제1항에 따르면 교육부장관이 학생 또는 교직원에 대하여 등교중지를 명할 경우 해당 학교의 관할청을 경유하여야 한다. 또한 첫 번째 조 제3호 다목에 따르면 사립대학의 관할청은 교육부장관이다. 따라서 관할 교육감이 아닌 교육부장관을 경유하여야 한다.

④ 두 번째 조 제2항에 따르면 학교의 장은 천재지변 등 부득이한 사유가 있는 경우 건강검사를 연기하거나 건강검사의 전부 또는 일부를 생략할 수 있다. 건강검사를 다음 학년도로 연기하거나 생략하여야만 하는 것이 아니다.

⑤ 세 번째 조 제1항에 따르면 감염병으로 인해 주의 이상의 위기경보가 발령되는 경우 질병관리청장이 아닌 교육부장관이 학교의 장에게 학생 또는 등교 중지를 명할 수 있다.

문 23. 정답 ④
유형 규정이해　내용영역 법규범　난이도 ★☆☆

[정답해설]
④ 네 번째 조에 따르면 시·도 인사위원회는 지방전문경력관 임용시험 공고를 하지 아니할 수 있을 뿐, 면접시험을 통한 검정을 생략할 수 있다고 언급하고 있지 않다. 또한 생략될 수 있는 시험은 다섯 번째 조에 따르면 필기시험 또는 실기시험에 한한다.

[오답해설]
① 두 번째 조 제2항에 따르면 지방자치단체의 장이 지방전문경력관직위를 지정할 때에는 해당 지방전문경력관직위를 제1항에 따른 가군, 나군, 다군 중 하나에 배정하여야 한다.
② 첫 번째 조에 따르면 지방자치단체의 장인 乙교육감은 해당 기관 내 장기 재직이 필요한 특수 업무 분야의 직위를 지방전문경력관직위로 지정할 수 있다.
③ 여섯 번째 조에 따르면 지방전문경력관 가군을 신규임용할 때에는 1년간 시보로 임용하고, 지방전문경력관 나군 및 지방전문경력관 다군은 6개월간 시보로 임용하므로 시보임용 기간은 해당 직위군에 따라 다를 수 있다.
⑤ 네 번째 조 제2호에 따르면 외국인을 임용하는 경우로서 불가피한 사유가 있는 경우 임용시험 공고를 하지 아니할 수 있다.

문 24. 정답 ⑤
유형 규정이해　내용영역 법규범　난이도 ★☆☆

[정답해설]
⑤ 2023. 3. 7.에 징역 6개월 집행유예 1년의 선고가 확정되어 제3항 제4호에 따른 결격사유가 생긴 경우 동대표자는 제4항에 따라 당연히 퇴임한다. 따라서 D동대표자 丁은 임기만료 이전 2023. 3. 7.에 징역 6개월 집행유예 1년의 선고가 확정되면 D동대표자의 직에서 당연히 퇴임한다.

[오답해설]
① 제1항에 따르면 입주민대표회는 동별 구분 없이 선출된 입주민대표자들이 아니라 공통주택의 각 동별로 선출된 입주민대표자들로 구성된다.
② 제3항 제1호에 따르면 서류 제출 마감일을 기준으로 미성년자는 동대표자가 될 수 없으므로 2023. 3. 2. 기준으로 미성년자인 甲은 A동 대표가 될 수 없다.
③ 제2항에 따르면 각종 서류 제출 마감일을 기준으로 해당 동에 주민등록을 마친 후 계속해서 6개월 이상 거주하고 있는 입주민 중에서 선출하여야 한다. 따라서 乙이 주민등록을 마친 2022. 7. 29.부터 6개월이 되지 않은 2023. 1. 2.이 서류 제출마감일인 경우, 乙은 B동산 대표자로 선출될 자격이 없다.
④ 제3항 제2호에 따르면 서류 제출 마감일을 기준으로 파산자인 자는 동대표자로 선출될 수 없으므로 징역형 부분을 검토할 필요 없이 C동대표자로 선출될 수 없다.

문 25. 정답 ③
유형 규정이해　내용영역 법규범　난이도 ★★☆

[정답해설]
③ 특허무효심판 항목 나에 따르면 특허무효심판에 대한 특허심판원의 인용심결은 특허심판원이 특허가 무효라고 판단했음을 의미한다. 이후 심결취소의 소에서 甲의 특허가 유효하다고 특허법원이 판단한 경우에는 특허심판원의 심결에 잘못이 있다고 인정하는 경우이므로 인용판결을 선고해야 한다.

[오답해설]
① 특허무효심판 항목 나에 따르면 특허심판원은 제기된 특허무효심판에서 특허가 무효라고 판단하면 기각심결이 아닌 인용심결을 선고하여 심판을 종료한다.
② 특허무효심판 항목 나에 따르면 심결에 대해 불복하는 자는 심결의 등본을 송달받은 날부터 30일 이내에 특허법원에 심결취소의 소를 제기해야 한다. 특허무효심판을 제기한 것은 이해관계인 乙이므로 乙이 특허심판원의 인용심결에 불복할 경우는 없다.
④ 심결취소의 소 항목 가에 따르면 특허심판원의 기각심결에 대한 심결취소의 소에서 특허법원이 기각판결을 선고한 경우는 특허심판원의 심결에 잘못이 없다고 인정한 경우에 해당한다. 즉, 특허법원 역시 특허심판원의 기각심결에 잘못이 없다고 인정해 특허가 유효하다고 보았음을 의미한다. 이후 심결취소의 소 항목 나에 따르면 상고심에서 기각판결이 선고된 경우는 대법원이 특허법원의 판결에 잘못이 없다고 인정한 경우에 해당한다. 이는 대법원 또한 甲의 특허가 무효가 아닌 유효라고 보았음을 의미한다.
⑤ 심결취소의 소 항목 나에 따르면 대법원의 판결에 대해서는 불복할 수 없다. 따라서 乙은 상고심 판결의 등본을 송달받은 날부터 2주 이내라고 하더라도 불복할 수 없다.

문 26. 정답 ②
유형 수리추론　내용영역 법규범　난이도 ★☆☆

[정답해설]
기침약 3일치 : 300원 × 3정 × 3일 = 2,700원
콧물약 7일치 : 200원 × 7일 = 1,400원
항생제 7일치 : 500원 × 2정 × 7일 = 7,000원 (캡슐 형태의 약이었다면 14정을 구매함으로써 10% 할인을 받았을 것이나 알약이므로 할인이 적용되지 않는다)
위장약 : 700원 × 14일 = 9,800원, 이후 10정 이상 구매로 구매액의 10%가 할인되어 9,800원 × 0.9 = 8,820원을 지불해야 한다.
따라서 甲은 총 2,700원 + 1,400원 + 7,000원 + 8,820원 = 19,920원을 약값으로 지불해야 한다.

문 27. 정답 ③
유형 수리추론　내용영역 논리학　난이도 ★☆☆

[정답해설]
5개 아이스크림 가운데 1개의 가격이 다른 4개의 아이스크림 가격을 합한 것과 같다면 그 1개 아이스크림의 가격은 2500원이다. 두 번째로 비싼 아이스크림 가격이 1,500원이므로 이의 1/3에 해당하는 아이스크림의 가격은 500원이다. 승화가 산 5개 아이스크림 가격의 합은 5,000원이므로 나머지 두 개 아이스크림 가격의 합은 500원이다. 따라서 합계가 500원인 100원 단위 아이스크림 두 종류 + 500원 한 개 + 1,500원 한 개 + 2,500원 아이스크림 한 개 = 총 5,000원의 아이스크림을 산 것이 된다.
가격이 같은 아이스크림을 두 개 사기 위해서는 합계가 500원인 각 아이스크림 가격이 250원이어야 하는데 각 아이스크림이 100원 단위로 가격이 책정되어 있으므로 불가능하다.

[오답해설]
① 500원짜리 아이스크림 한 개를 산 것이 맞다.
② 합계가 500원인 100원 단위 아이스크림 두 종류가 400원짜리 아이스크림과 100원짜리 아이스크림의 조합일 수 있다.
④ 가장 비싼 아이스크림의 가격은 2,500원이다.
⑤ 합계가 500원인 아이스크림 두 종류가 각각 100원, 400원인 경우 가장 비싼 아이스크림의 가격 2,500원은 가장 싼 아이스크림 가격 100원의 20배를 넘을 수 있다.

문 28. 정답 ④

유형 수리추론 내용영역 법규범 난이도 ★★☆

[정답해설]
ㄱ. 甲은 만 나이 기준으로 자신보다 나이가 많으면 존댓말을 쓴다. 乙은 甲보다 생년월일이 1년 넘게 빠르기 때문에 항상 乙의 만 나이는 甲의 만 나이보다 많다. 따라서 甲은 乙에게 항상 존댓말을 쓴다.
ㄴ. 乙과 丙은 둘 다 1994년에 태어났으나 丙의 생일이 조금 더 빠르다. 그렇게 되면 乙과 丙은 만 나이를 기준으로 같거나 丙이 한 살 더 많은 경우만 존재하므로, 乙과 丙이 존댓말을 쓰는 경우에 해당할 여지가 없다.
ㄹ. 乙은 연 나이 기준으로 자신보다 두 살 이상 많은 이에게만 존댓말을 쓰므로 자신과 같은 연도에 태어난 丁에게 존댓말을 쓰지 않는다. 그러나 丁은 연 나이와 만 나이 모두 자신과 같지 않은 이상 존댓말을 쓰므로 乙의 생일 이후와 丁의 생일 이전의 기간, 즉 乙이 丁보다 만 나이가 한 살 많은 기간에는 존댓말을 쓰게 된다.

[오답해설]
ㄷ. 丁이 존댓말을 쓰기 위해서는 연 나이와 만 나이 모두 자신과 같지만 않으면 된다. 甲은 1995년에 태어났고 丁은 1994년에 태어나 연 나이가 다르므로 丁은 甲에게 존댓말을 쓴다.

문 29. 정답 ③

유형 수리추론 내용영역 법규범 난이도 ★★★

[정답해설]
甲이 두 경기를 하여 승점 4점을 얻었다면 2:1로 두 경기를 모두 이긴 경우나, 2:0으로 한 경기를 이기고 1:2로 1경기를 패한 경우의 두 가지 경우의 수가 존재한다. 득점 총합의 최댓값을 도출하기 위해서는 세트가 많이 진행되는 것이 유리하므로 2:1로 두 경기를 모두 이긴 경우에서 최댓값을, 2:0으로 1승을 하고 1:2로 1패를 한 경우에서 최솟값을 도출한다.
최댓값 : 2:1로 2경기를 모두 이긴 경우를 가정해 최댓값을 만든다. 1세트에 19득점으로 패하고, 2세트에 20득점으로 이긴 후 3세트에 15득점을 한 경우가 가능하다. 이 경우 19+20+15=54득점이 가능하고, 두 번째 경기 또한 같은 양상이었다고 한다면 최댓값으로 108점을 득점할 수 있다.
최솟값 : 2:0으로 1승을 한 경우, 15점으로 두 세트를 이긴 경우를 가정한다. 그렇다면 30점을 득점한 것이 된다. 1:2로 1패를 한 경우는 1-2세트 중 한 세트를 이겼어야 하므로 15점으로 한 세트를 이긴 경우를 가정한다. 따라서 30점 + 15점으로 45점이 득점 총합의 최솟값이 된다.

문 30. 정답 ④

유형 수리추론 내용영역 논리학 난이도 ★★☆

[정답해설]
일 지수 = [甲이 한 일의 양] × [乙이 한 일의 양] × [丙이 한 일의 양]
잘못 계산 :   6/5   4/5   a
옳은 계산 :   1   1   a
甲과 乙이 실제로 한 일의 양을 1로 두고 계산하면 (24/25)a=a-3 이 된다. 즉, a=75가 된다. 따라서 3월 3일의 일 지수를 옳게 계산한 것은 1×1×a=75가 된다.

문 31. 정답 ①

유형 수리추론 내용영역 논리학 난이도 ★☆☆

[정답해설]
Ｃ Ｏ Ｗ × Ｅ Ａ를 통해 도출될 수 있는 숫자를 파악하기 위해 알파벳에 대응되는 수를 파악한다. COW의 경우 135나 19의 조합이 가능하고, EA의 경우 80이나 10의 조합이 가능하다. 곱셈은 COW 와 EA 사이에 들어갈 뿐 COW와 EA는 일련의 숫자임에 유의한다.

[오답해설]
② COW(19) × EA(8)의 경우 152가 도출된다.
③ COW(19) × EA(10)의 경우 190이 도출된다.
④ COW(135) × EA(8)의 경우 1080이 도출된다.
⑤ COW(135) × EA(10)의 경우 1350이 도출된다.

문 32. 정답 ①

유형 수리추론 내용영역 논리학 난이도 ★★☆

[정답해설]
A시의 2019년 인구수는 2,739,372이며, A시는 매년 600명 이내에서 인구수가 지속적으로 증가한다. 2022년도의 인구수도 대칭수가 되어야 하므로 천의 자리 숫자를 중심으로 하여 백의 자리 숫자를 변화시킨다면 똑같이 만의 자리 숫자도 변화하여야 하고, 만의 자리 숫자를 변화시킨다면 똑같이 백의 자리 숫자도 변화하여야 한다. 백의 자리 숫자와 만의 자리 숫자가 5 이상이 되기 위해서는 2만 이상의 숫자를 더해야 하기 때문에, 만의 자리 숫자와 백의 자리 숫자가 5 이상으로 변화하는 것은 불가능하다. 백의 자리 숫자와 만의 자리 숫자를 동시에 증가시켜야 하므로, 천의 자리 숫자와 백의 자리 숫자를 변화시켜 인구수를 구해야 할 것이다. 이를 위하여 2,739,372에 1,000을 더하면 2,740,372가 된다. 이때 대칭수가 되기 위해서는 백의 자리 숫자가 4가 되어야 한다. 2,740,372에 100을 더하여 주면 2,740,472가 되어 천의 자리 숫자를 중심으로 하여 나머지 숫자들이 대칭으로 놓이게 된다. 이 수는 2019년의 인구수보다 1,100 많은 수로, 600명 이내에서 인구수가 지속적으로 증가하였다는 조건에도 부합한다. 따라서 2022년 A시의 인구수의 천의 자리 숫자는 0이다.

문 33. 정답 ⑤

유형 논리퀴즈 내용영역 논리학 난이도 ★★★

[정답해설]
5명이 총 18개의 구슬을 서로 다른 개수로 나누어 가지고 있으므로 산술평균 3.6을 기준으로 甲과 乙은 그보다 적은 개수를 가지고 있음을 파악한다. 甲, 丁만 구슬의 개수가 홀수임을 감안하여 경우의 수를 도출하면 (1,2,4,5,6) (1,2,6,5,4)이 도출된다. 따라서 가지고 있는 구슬의 개수가 3의 배수인지를 묻는 질문에 丙과 戊 중 누가 예라고 답하는지에 따라 구슬의 개수가 확정된다.

[오답해설]
① 4와 6 모두 4 이상이므로 이를 통해 구슬의 개수를 정확히 알아낼 수 없다.
② 4와 6 모두 8 이하이므로 이를 통해 구슬의 개수를 정확히 알아낼 수 없다.
③ 4와 6 모두 10의 약수가 아니므로 이를 통해 구슬의 개수를 정확히 알아낼 수 없다.
④ 4와 6 모두 12의 약수이므로 이를 통해 구슬의 개수를 정확히 알아낼 수 없다.

문 34. 정답 ⑤

유형 논리퀴즈 | 내용영역 논리학 | 난이도 ★☆☆

[정답해설]

글에 나타난 조건들을 표로 정리하면 다음과 같다.

	월	화	수	목	금
	한	한, 퓨			한
갑	중	×	×	×	×
을	×	×	×		
병	×				
정	×	×	(한)	(일)	(한× 일×)
무		×			

(일, 양)

각 음식을 한 번씩 먹어야 하므로 수요일에만 영업하는 퓨전음식을 수요일에 먹어야 한다. 丙은 일식과 양식만 먹고, 丁은 수요일에 한식만 먹으므로 甲와 戊는 수요일에 퓨전음식을 먹어야 한다.

문 35. 정답 ③

유형 논리퀴즈 | 내용영역 논리학 | 난이도 ★★☆

[정답해설]

A	B	C
3 ? 수학	2 남 통계	? 여 화학
		戊 2 여 물리

네 번째 팀 편성 규칙에 따르면 물리학과 학생과 화학과 학생은 한 팀에 편성하므로 C와 戊은 같은 팀이 된다.

다섯 번째 팀 편성 규칙에 따르면 각 팀은 특정 성(性)의 수강생만으로 편성할 수 없으므로 甲이나 丙이 C팀에 소속되어야 한다. 그런데 만약 甲이 C팀에 소속된다면 C의 학년이 4학년일 경우 '팀 편성 규칙'에 위배되므로 甲이 아닌 丙을 넣어야 한다.

A	B	C
3 ? 수학	2 남 통계	? 여 화학
		戊 2 여 물리
		丙 3 남 국문

남아있는 학생 甲, 乙, 丁, 己 중 甲만 유일하게 남성이므로 A의 성별을 모르는 상황에서 甲을 A팀으로 보내야 한다. A의 성별이 불분명한 이상 A팀에 소속되는 팀원 둘의 성별이 달라야 하기 때문이다.

A	B	C
3 ? 수학	2 남 통계	? 여 화학
甲 4 남 경영		戊 2 여 물리
		丙 3 남 국문

두 번째 팀 편성 규칙에 따라 4학년인 乙을 4학년인 甲과 함께 편성할 수 없으므로 乙을 B팀에 편성하여야 한다. 또한 세 번째 팀 편성 규칙에 따라 甲과 함께 경영학과인 丁을 A팀에 편성할 수 없다. 따라서 丁이 B팀에, 己는 A팀에 배치된다.

A	B	C
3 ? 수학	2 남 통계	? 여 화학
甲 4 남 경영	乙 4 여 영문	戊 2 여 물리
己 2 여 기계	丁 3 여 경영	丙 3 남 국문

ㄱ. 옳다. 乙과 丁은 모두 B팀에 편성되었다.

ㄷ. 옳다. 己는 A팀에 편성된다.

[오답해설]

ㄴ. 옳지 않다. 경영학과 학생인 甲과 기계공학과 학생인 己가 모두 A팀에 편성되어 있다.

문 36. 정답 ⑤

유형 수리추론 | 내용영역 법규범 | 난이도 ★☆☆

[정답해설]

가중치와 감점을 반영한 수치를 표에 표시하면 다음과 같다.

구분	A	B	C	D	E
인프라	13	12	18	23	12
안전성	18 36	20 40	17 34	14 28	19 38
홍보효과	16 24	17 25.5	13 19.5	20 30	19 28.5
2회 이상 개최			-10	-10	
합	73	77.5	61.5	71	78.5

따라서 총합이 가장 높은 E가 △△대회 개최지로 선정된다.

문 37. 정답 ①

유형 수리추론 | 내용영역 법규범 | 난이도 ★★☆

[정답해설]

ㄱ. 연면적 2천m^2인 건축물을 점검하는 점검기관의 책임자는 1명, 점검자는 2명이 필요하다. 책임자는 기본교육을 매년 35시간 이수하고 2명의 점검자는 기본교육을 총 14시간 이수하여야 하므로 연간 교육시간의 총합은 보수교육을 배제하더라도 49시간 이상이다.

[오답해설]

ㄴ. 각층 바닥면적이 5천m^2이면서 2층인 건축물의 연면적은 1만m^2이다. 책임자 1명과 점검자 4명으로 구성되어야 하므로 책임자 1명과 점검자 3명으로는 건축물을 점검할 수 없다.

ㄷ. 어떤 보수교육이든 3년마다 이수하면 족하므로 총 35시간의 보수교육을 매년 이수하지 않아도 된다.

문 38. 정답 ②

유형 수리추론 | 내용영역 논리학 | 난이도 ★★★

[정답해설]

훼손된 세탁물에 대한 배상액을 구하기 위해 배상비율을 파악한다. 이때 정확한 일수를 구하지 않고 배상비율의 어느 범주에 해당하는지를 파악한다.

셔츠의 경우 내구연한이 1년인데, 물품의 사용일수는 구입일부터 세탁일까지의 일수이므로 구입일 2022. 10. 10.부터 세탁일 2022. 12. 20.까지는 대략 두 달이 흘렀으므로 45~134일의 범주에 해당해 60%가 배상비율이 된다.

조끼의 경우 내구연한이 3년인데, 구입일 2021. 1. 20.부터 세탁일 2022. 12. 20.까지는 대략 1년 11개월이 지났으므로 한 달을 약 30일로 생각해 690일 가량이 지났다고 한다면, 404~808일의 범주에 해당해 40%가 배상비율이 된다.

치마의 경우 내구연한이 2년인데, 구입일 2022. 12. 1.부터 세탁일 2022. 12. 20.까지는 한 달도 지나지 않았으므로 0~133일의 범주에 해당해 80%가 배상비율이 된다.

따라서 A무인세탁소 사업자로부터 받을 총액은 세탁비용 8,000원 + 24,000원 (4만 원×60%) + 24,000원 (6만 원×40%) + 56,000원 (7만 원×80%) = 112,000원으로 도출된다.

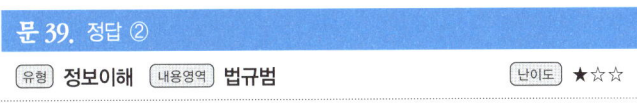

유형 정보이해　내용영역 법규범　난이도 ★☆☆

[정답해설]

ㄴ. A의 첫 번째 답변에 따르면 보전산지는 산림청장이 임업생산과 공익을 위해 지정하는 산지로서, 면적에 관계없이 그 지정권자가 산림청장이다.

[오답해설]

ㄱ. A의 두 번째 답변에 따르면 임야도의 경우 대축척이 아닌 1/6,000 소축척을 사용한다.

ㄷ. A의 두 번째 답변에 따르면 산지전용 허가를 받기 위해서는 사업계획서, 그리고 지적도와 임야도로 구성된 도면을 제출해야 하는데 이는 지도나 지형도와는 개념이 다르다고 하고 있다.

ㄹ. A의 첫 번째 답변에 따르면 산지전용은 조림, 입목의 벌채 등 본래의 용도 외의 용도로 산지를 사용하기 위해 그 형질을 변경하는 것을 의미한다. 사유림의 소유자가 그 산지에서 입목의 벌채를 하려는 경우 이는 산지 본래의 용도를 의미하므로 산지전용에 해당하지 않으며, 허가권자의 허가를 받을 필요도 없다.

유형 규정이해　내용영역 법규범　난이도 ★☆☆

[정답해설]

X임야 : X임야는 100정보인데, 1정보는 3,000평이므로 X임야는 300,000평이다. 1평은 3.3m²이므로 X임야는 990,000m²이다. 이는 산림청장 소관인 국유림의 산지로서 보전산지 3만m² 이상 100만m² 미만인 경우에 해당하므로, 산림청장이 허가권자가 된다.

Y임야 : 1ha는 10,000m²이므로 50ha인 Y임야는 500,000m²이다. 이는 산지면적 50만m² 이상 200만m²인 경우에 해당하는 산림청장 소관이 아닌 사유림의 산지로서 시도지사가 허가권자가 된다.

2026년도 5급 PSAT 대비

메가피셋
5급 공채
외교관후보자
지역인재 7급

5개년 기출문제집
헌법+언어논리+자료해석+상황판단

IV. 2022년도

- 헌　　　법
- 언어논리영역
- 자료해석영역
- 상황판단영역

2022년도
헌법 (나)책형

문 1. 정답 ②

문제유형 헌법 총론/판례　　　난이도 ★★☆

[정답해설]

② 정당법 제22조 제1항, 공직선거법 제18조 제1항

> 정당법 제22조(발기인 및 당원의 자격) ① 16세 이상의 국민은 공무원 그 밖에 그 신분을 이유로 정당가입이나 정치활동을 금지하는 다른 법령의 규정에 불구하고 누구든지 정당의 발기인 및 당원이 될 수 있다. 다만, 다음 각 호의 어느 하나에 해당하는 자는 그러하지 아니하다.
> 4. 「공직선거법」 제18조제1항에 따른 선거권이 없는 사람
> 공직선거법 제18조(선거권이 없는 자) ① 선거일 현재 다음 각 호의 어느 하나에 해당하는 사람은 선거권이 없다.
> 4. 법원의 판결 또는 다른 법률에 의하여 선거권이 정지 또는 상실된 자

[오답해설]

① 헌법 제8조 제1항이 명시하는 정당설립의 자유는 설립할 정당의 조직형태를 어떠한 내용으로 할 것인가에 관한 정당조직 선택의 자유 및 그와 같이 선택된 조직을 결성할 자유(이하 이를 포괄하여 '정당조직의 자유'라 한다)를 포함한다. 정당조직의 자유는 정당설립의 자유에 개념적으로 포괄될 뿐만 아니라, 정당조직의 자유가 완전히 배제되거나 임의적으로 제한될 수 있다면, 정당설립의 자유가 실질적으로 무의미해지기 때문이다. 또한 헌법 제8조 제1항은 정당활동의 자유도 보장한다. 정당의 설립만이 보장될 뿐 설립된 정당이 언제든지 다시 금지될 수 있거나 정당활동이 임의로 제한될 수 있다면, 정당설립의 자유는 사실상 아무런 의미가 없기 때문이다. 이와 같이 헌법 제8조 제1항은 정당설립의 자유, 정당조직의 자유, 정당활동의 자유 등을 포괄하는 정당의 자유를 보장하고 있다. 이러한 정당의 자유는 국민이 개인적으로 갖는 기본권일 뿐만 아니라, 단체로서의 정당이 가지는 기본권이기도 하다. (2004.12.16. 2004헌마456)

③ 정당설립의 자유는 개인이 정당 일반 또는 특정 정당에 가입하지 아니할 자유, 가입했던 정당으로부터 탈퇴할 자유 등 소극적 자유도 포함한다. (2006.3.30. 2004헌마246)

④ 정당법 제44조 제1항

> 정당법 제44조(등록의 취소) ① 정당이 다음 각 호의 어느 하나에 해당하는 때에는 당해 선거관리위원회는 그 등록을 취소한다.
> 2. 최근 4년간 임기만료에 의한 국회의원선거 또는 임기만료에 의한 지방자치단체의 장선거나 시·도의회의원선거에 참여하지 아니한 때

문 2. 정답 ①

문제유형 헌법 총론/이론　　　난이도 ★★★

[정답해설]

① 1960년 제3차 개정헌법은 대법원장 및 대법관을 선거인단에서 선출하고 대통령이 이를 확인하도록 규정하였다.

> 헌법 제78조 대법원장과 대법관은 법관의 자격이 있는 자로써 조직되는 선거인단이 이를 선거하고 대통령이 확인한다.

[오답해설]

② 중앙선거관리위원회를 헌법기관으로 처음 도입한 것은 1960년 제3차 개정헌법이다.

> 헌법 제75조의2 선거의 관리를 공정하게 하기 위하여 중앙선거위원회를 둔다.

③ 인간의 존엄과 가치를 헌법에 최초로 규정한 것은 1962년 제5차 개정헌법이다.

> 헌법 제8조 모든 국민은 인간으로서의 존엄과 가치를 가지며, 이를 위하여 국가는 국민의 기본적 인권을 최대한으로 보장할 의무를 진다.

④ 국가의 적정임금보장을 헌법에 최초로 규정한 것은 1980년 제8차 개정헌법이다.

> 헌법 제30조 ① 모든 국민은 근로의 권리를 가진다. 국가는 사회적·경제적 방법으로 근로자의 고용의 증진과 적정임금의 보장에 노력하여야 한다.

문 3. 정답 ③

문제유형 헌법 총론/판례　　　난이도 ★★☆

[정답해설]

③ 공직선거법 제9조 제1항

> 공직선거법 제9조(공무원의 중립의무 등) ① 공무원 기타 정치적 중립을 지켜야 하는 자(기관·단체를 포함한다)는 선거에 대한 부당한 영향력의 행사 기타 선거결과에 영향을 미치는 행위를 하여서는 아니된다.

공선법 제9조의 '공무원'이란, 위 헌법적 요청을 실현하기 위하여 선거에서의 중립의무가 부과되어야 하는 모든 공무원 즉, 구체적으로 '자유선거원칙'과 '선거에서의 정당의 기회균등'을 위협할 수 있는 모든 공무원을 의미한다. 그런데 사실상 모든 공무원이 그 직무의 행사를 통하여 선거에 부당한 영향력을 행사할 수 있는 지위에 있으므로, 여기서의 공무원이란 원칙적으로 국가와 지방자치단체의 모든 공무원 즉, 좁은 의미의 직업공무원은 물론이고, 적극적인 정치활동을 통하여 국가에 봉사하는 정치적 공무원을 포함한다. 다만, 국회의원과 지방의회의원은 정당의 대표자이자 선거운동의 주체로서의 지위로 말미암아 선거에서의 정치적 중립성이 요구될 수 없으므로, 공선법 제9조의 '공무원'에 해당하지 않는다. (2004.5.14. 2004헌나1)

[오답해설]

① 선거의 공정성을 확보하기 위하여 선거에 대한 부당한 영향력의 행사 기타 선거결과에 영향을 미치는 행위를 금지하여 선거에서의 공무원의 중립의무를 실현하고자 한다면, 공무원이 '그 지위를 이용하여' 하는 선거운동의 기획행위를 막는 것으로도 충분하다. 이러한 점에서 이 사건 법률조항은 수단의 적정성과 피해의 최소성 원칙에 반한다.
따라서 이 사건 법률조항은 공무원의 정치적 표현의 자유를 침해하나, 다만 위와 같은 위헌성은 공무원이 '그 지위를 이용하여' 하는 선거운동의 기획행위 외에 사적인 지위에서 하는 선거운동의 기획행위까지 포괄적으로 금지하는 것에서 비롯된 것이므로, 이 사건 법률조항은 공무원의 지위를 이용하지 아니한 행위에까지 적용하는 한 헌법에 위반된다. (2008.5.29. 2006헌마1096)

② 정당은 정치적 주장이나 정책을 추진하고 공직선거의 후보자를 추천 또는 지지함으로써 국민의 정치적 의사형성에 참여함을 목적으로 하는 국민의 자발적 조직으로서, 정당의 공직선거 후보자 선출은 자발적 조직 내부의 의사결정에 지나지 아니한다. 따라서 청구인이 정당의 내부경선에 참여할 권리는 헌법이 보장하는 공무담임권의 내용에 포함된다고 보기 어렵고, 청구인의 소속 정당이 당내경선을 실시하지 않는다고 하여 청구인이 공직선거의 후보자로 출마할 수 없는 것이 아니므로, 심판대상조항으로 인하여 청구인의 공무담임권이 침해될 여지는 없다. (2014.11.27. 2013헌마814)

④ 4급 이상의 공무원 모두를 대상으로 삼아 내밀한 사적 영역에 근접하는 민감한 개인정보인 질병명을 공개토록 한 것은 지나치게 포괄적이고 광범위하다. 우리의 현실에 비추어 질병명 공개와 같은 비상한 처방을 통한 병역풍토의 쇄신이 설사 필요하다고 하더라도 그것은 이른바 특별한 책임과 희생을 추궁할 수 있는 소수 사회지도층에 국한되어야 할 것이다. 4급 공무원이면 주로 과장급 또는 계장급 공무원에 해당하며, 이들이 비록 실무책임자의 지위를 가진다 하더라도 주요 정책이나 기획의 직접적·최종적 결정권을 가진다고는 할 수 없고,

사회의 일반적 관념에 비추어 보면 평범한 직업인의 하나에 불과한 경우도 많을 것이다. 이런 점에서 이들의 병역정보가 설사 공적 관심의 대상이 된다 할지라도 그 정도는 비교적 약하다고 하지 않을 수 없고, 이 사건 법률조항이 공적 관심의 정도가 약한 4급 이상의 공무원들까지 대상으로 삼아 모든 질병명을 아무런 예외 없이 공개토록 한 것은 입법목적 실현에 치중한 나머지 사생활 보호의 헌법적 요청을 현저히 무시한 것이고, 이로 인하여 청구인들을 비롯한 해당 공무원들의 헌법 제17조가 보장하는 기본권인 사생활의 비밀과 자유를 침해하는 것이다. (2007.5.31. 2005헌마1139)

문 4. 정답 ④

문제유형 기본권 각론/판례 난이도 ★★★

[정답해설]

④ 합리적 이유 없이 모든 법인에 의한 약국의 개설을 금지함으로써 법인을 설립하여 약국을 경영하려는 약사 개인들과 이러한 법인의 단체결성 및 단체활동의 자유를 제한하고 있으므로, 결국 이들의 결사의 자유를 침해하고 있다고 하겠다. (2002.9.19. 2000헌마84)

[오답해설]

① 심판대상조항은 위에서 본 바와 같이, 부정 취득하지 않은 운전면허까지 제반 사정을 고려할 여지를 전혀 두지 아니한 채 위법의 정도나 비난의 정도가 미약한 사안 등을 포함한 모든 경우에 필요적으로 취소하도록 하고 있다. 게다가 취소된 날부터 2년 동안은 부정 취득하지 않은 운전면허도 다시 받을 수 없게 되는바(법 제82조 제2항 제6호), 운전을 생업으로 하는 자에 대하여는 생계에 지장을 초래할 만큼 직업의 자유를 제약하고, 운전을 생업으로 하지 않는 자에 대하여도 일상생활에 심대한 불편을 야기할 정도로 일반적 행동의 자유를 제약한다. 이는 달성하려는 공익의 중대성을 감안하더라도 지나치게 운전면허 소지자의 기본권을 제한하는 것이다. (2020.6.25. 2019헌가9)
(지문은 반대의견이다)

② 변호사접견은 그 시간 및 횟수가 한정되어 있어 남용 가능성이 크지 않고, 형집행법은 이미 변호사의 접견권 남용행위를 방지할 수 있는 장치들을 갖추고 있으므로, 심판대상조항에서 소송계속 사실 소명자료를 요구한다고 하더라도 실제 달성되는 공익이 크다고 보기는 어렵다. 반면, 변호사가 소송사건의 대리인으로 선임되었음에도 심판대상조항으로 인해 변호사접견을 하지 못할 경우 발생하는 문제점은 단순히 변호사 개인의 직업 활동상 불편이 초래되는 차원에 그치는 것이 아니다. 변호사는 수형자와의 접견을 위해 부득이 일반접견을 이용할 수밖에 없는데, 일반접견은 앞서 살펴본 바와 같이 접촉차단시설이 설치된 일반접견실에서 10분 내외 짧게 이루어지므로 그 시간은 변호사접견의 1/6 수준에 그친다. 또한 그 대화 내용은 청취·기록·녹음·녹화의 대상이 되므로 교정시설에서 부당한 처우를 당했다는 등의 사정이 있는 수형자는 위축된 나머지 그만 법적 구제를 단념할 가능성마저 배제할 수 없다. … 변호사의 도움이 가장 필요한 시기에 접견에 대한 제한의 정도가 위와 같이 크다는 점에서 수형자의 재판청구권 역시 심각하게 제한될 수밖에 없고, 이로 인해 법치국가원리로 추구되는 정의에 반하는 결과를 낳을 수도 있다는 점에서, 위와 같은 불이익은 매우 크다고 볼 수 있다. 따라서 심판대상조항은 과잉금지원칙에 위배되어 변호사인 청구인의 직업수행의 자유를 침해한다. (2021.10.28. 2018헌마60)

③ 어린이통학버스에 보호자를 동승하도록 하는 도로교통법 규정은 이미 2001년에 도입되어 15년 이상 지속된 제도인 점, 모든 어린이통학버스에 신고의무를 부과하도록 도로교통법이 개정된 이후에도 청구인들이 운영하는 차량과 같은 승차정원 15인승 이하의 어린이 통학버스에 대해서는 영세성을 이유로 다시 2년 동안 이 사건 보호자동승조항의 시행을 유예하여 줌으로써 학원 등 운영자로서는 어린이통학버스 운행에 따른 동승보호자의 운용을 준비할 수 있는 충분한 시간이 있었던 점 등을 종합하여 보면, 이 사건 보호자동승조항이 어린이통학버스에 어린이 등과 함께 보호자를 의무적으로 동승하도록 하였다고 하여 그 의무가 학원 등 운영자의 직업수행의 자유를 지나치게 제한하여 입법형성권의 범위를 현저히 벗어났다거나 기본권 침해의 최소성 원칙에 반한다고 볼 수 없다. (2020.4.23. 2017헌마479)

문 5. 정답 ④

문제유형 기본권 각론/판례 난이도 ★★☆

[정답해설]

④ 사용자로 하여금 2년을 초과하여 기간제근로자를 사용할 수 없도록 한 심판대상조항으로 인해 경우에 따라서는 개별 근로자들에게 일시 실업이 발생할 수 있으나, 이는 기간제근로자의 무기계약직 전환 유도와 근로조건 개선을 위해 불가피한 것이고, 심판대상조항이 전반적으로는 고용불안 해소나 근로조건 개선에 긍정적으로 작용하고 있다는 것을 부인할 수 없으므로 기간제근로자의 계약의 자유를 침해한다고 볼 수 없다. (2013.10.24. 2010헌마219, 2010헌마265(병합))

[오답해설]

① 불법체류자는 임금체불이나 폭행 등 각종 범죄에 노출될 위험이 있고, 그 신분의 취약성으로 인해 강제 근로와 같은 인권침해의 우려가 높으며, 행정관청의 관리 감독의 사각지대에 놓이게 됨으로써 안전사고 등 각종 사회적 문제를 일으킬 가능성이 있다. 또한 단순기능직 외국인근로자의 불법체류를 통한 국내 정주는 일반적으로 사회통합 비용을 증가시키고 국내 고용 상황에 부정적 영향을 미칠 수 있다. 따라서 이 사건 출국만기보험금이 근로자의 퇴직 후 생계 보호를 위한 퇴직금의 성격을 가진다고 하더라도 불법체류가 초래하는 여러 가지 문제를 고려할 때 불법체류 방지를 위해 그 지급시기를 출국과 연계시키는 것은 불가피하므로 심판대상조항이 청구인들의 근로의 권리를 침해한다고 보기 어렵다. … 외국인근로자의 경우는 체류기간 만료 즈음이 퇴직일이 될 것이므로 퇴직금에 상응하는 출국만기보험금을 출국 후 14일 이내로 정한 것은 불합리하다고 볼 수 없으며, 사업장을 변경한 경우에도 그 출국을 담보하기 위해서는 불가피하다 할 것이므로 심판대상조항이 퇴직금 지급에 있어 외국인근로자와 내국인근로자를 불합리하게 차별하는 것이라고 볼 수 없다. (2016.3.31. 2014헌마367)

② 헌법 제32조 제1항이 규정하는 근로의 권리는 사회적 기본권으로서 국가에 대하여 직접 일자리를 청구하거나 일자리에 갈음하는 생계비의 지급청구권을 의미하는 것이 아니라 고용증진을 위한 사회적·경제적 정책을 요구할 수 있는 권리에 그치며, 근로의 권리로부터 국가에 대한 직접적인 직장존속청구권이 도출되는 것도 아니다. (2011.7.28. 2009헌마408)

③ 근로제공이 일시적이거나 계약기간이 짧은 경우에는 근로자에게 계속하여 근로를 제공할 수 있다는 기대나 신뢰가 존재한다고 볼 수 없다. 해고예고는 본질상 일정기간 이상을 계속하여 사용자에게 고용되어 근로제공을 하는 것을 전제로 하는데, 일용근로자는 계약한 1일 단위의 근로기간이 종료되면 해고의 절차를 거칠 것도 없이 근로관계가 종료되는 것이 원칙이므로, 그 성질상 해고예고의 예외를 인정한 것에 상당한 이유가 있다. … 근로계약의 형식 여하에 불구하고 일용근로자를 상용근로자와 동일하게 취급하기 위한 최소한의 기간으로 3개월이라는 기준을 설정한 것이 입법재량의 범위를 현저히 일탈하였다고 볼 수 없다. … 일용근로계약을 체결한 후 근속기간이 3개월이 안 된 근로자를 해고할 때에도 이를 적용하도록 한다면 사용자에게 지나치게 불리하다는 점에서도 심판대상조항이 입법재량의 범위를 현저히 일탈하였다고 볼 수 없다. 따라서 심판대상조항이 청구인의 근로의 권리를 침해한다고 보기 어렵다. (2017.5.25. 2016헌마640)

문 6. 정답 ①

문제유형 기본권 각론/판례 난이도 ★★☆

[정답해설]

① 정당가입 금지조항은 공무원의 정치적 중립성을 보장하고 초·중등학교 교육의 중립성을 확보한다는 점에서 입법목적의 정당성이 인정되고, 정당에의 가입을 금지하는 것은 입법목적 달성을 위한 적합한 수단이다. 공무원은 정당의 당원이 될 수 없을 뿐, 정당에 대한 지지를 선거와 무관하게 개인적인 자리에서 밝히거나 투표권을 행사하는 등의 활동은 허용되므로 침해의 최소성 원칙에 반하지 않는다. 정치적 중립성, 초·중등학교 학생들에 대한 교육기본권 보장이라는 공익은 공무원이 제한받는 불이익에 비하여 크므로 법익균형성도 인정된다. 또

한 초·중등학교 교원에 대하여는 정당가입을 금지하면서 대학교원에게는 허용하는 것은, 기초적인 지식전달, 연구기능 등 직무의 본질이 서로 다른 점을 고려한 합리적 차별이므로 평등원칙에 반하지 아니한다. (2014.3.27. 2011헌바42)

[오답해설]

② 배심원으로서의 권한을 수행하고 의무를 부담할 능력과 민법상 행위능력, 선거권 행사능력, 군 복무능력, 연소자 보호와 연계된 취업능력 등이 동일한 연령기준에 따라 판단될 수 없고, 각 법률들의 입법취지와 해당 영역에서 고려하여야 할 제반사정, 대립되는 관련 이익들을 교량하여 입법자가 각 영역마다 그에 상응하는 연령기준을 달리 정할 수 있다. 따라서 심판대상조항이 우리나라 국민참여재판제도의 취지와 배심원의 권한 및 의무 등 여러 사정을 종합적으로 고려하여 만 20세에 이르기까지 교육 및 경험을 쌓은 자로 하여금 배심원의 책무를 담당하도록 정한 것은 입법형성권의 한계 내의 것으로 자의적인 차별이라고 볼 수 없다. (2021.5.27. 2019헌가19)

③ 어떤 유형의 범죄에 대하여 특별히 형을 가중할 필요가 있는 경우라 하더라도 그 가중의 정도가 통상의 형사처벌과 비교하여 현저히 불합리하거나 자의적이어서 형벌체계상의 균형을 상실한 것이 명백한 경우에는 평등원칙에 반하여 위헌이라 할 수 있다. 그러나 형벌체계에 있어서 법정형의 균형은 한치의 오차도 없이 반드시 실현되어야 하는 헌법상 절대원칙은 아니다. 법정형의 종류와 범위를 정함에 있어서 고려해야 할 사항 중 가장 중요한 것은 당해 범죄의 보호법익과 죄질로서, 보호법익이 다르면 법정형의 내용이 다를 수 있고, 보호법익이 같다고 하더라도 죄질이 다르면 또 그에 따라 법정형의 내용이 달라질 수밖에 없다. (2021.9.30. 2019헌바360)

④ 공무원의 유급휴일을 정할 때에는 공무원의 근로자로서의 지위뿐만 아니라 국민전체의 봉사자로서 국가 재정으로 봉급을 지급받는 특수한 지위도 함께 고려하여야 하고, 공무원의 경우 유급휴가를 포함한 근로조건이 법령에 의해 정해진다는 사정도 함께 감안하여야 하므로, 단지 근로자의 날과 같은 특정일을 일반근로자에게는 유급휴일로 인정하면서 공무원에게는 유급휴일로 인정하지 않는다고 하여 이를 곧 자의적인 차별이라고 할 수는 없다. (2015.11.26. 2015헌마756)

문 7. 정답 ②

문제유형 기본권 각론/판례   **난이도** ★☆☆

[정답해설]

② 심판대상조항은 정신적 장애인과 성관계를 한 모든 사람을 처벌하는 것이 아니라, 정신적 장애를 원인으로 한 항거불능 혹은 항거곤란 상태를 이용하여, 즉 성적 자기결정권을 행사할 수 없는 장애인을 간음한 사람을 처벌하는 조항이다. … 심판대상조항이 정신적 장애인의 성적 자기결정권을 침해하거나 장애인과 비장애인을 차별하지 아니한다. 장애인준강간죄의 … 여러 요소를 고려하여 본다면, 입법자가 형법상 준강간죄나 장애인위계등간음죄(성폭력처벌법 제6조 제5항)의 법정형보다 무거운 '무기 또는 7년 이상의 징역'이라는 비교적 중한 법정형을 정하여, 법관의 작량감경만으로는 집행유예를 선고하지 못하도록 입법적 결단을 내린 것에는 나름대로 수긍할 만한 합리적인 이유가 있는 것이고, 그것이 범죄의 죄질 및 행위자의 책임에 비하여 지나치게 가혹하다고 할 수 없다. (2016.11.24. 2015헌바136)

[오답해설]

① 자기낙태죄 조항이 모자보건법에서 정한 사유에 해당하지 않는다면 결정가능기간 중에 다양하고 광범위한 사회적·경제적 사유로 인하여 낙태갈등 상황을 겪고 있는 경우까지도 예외 없이 전면적·일률적으로 임신한 여성에게 임신의 유지 및 출산을 강제하고, 이를 위반하여 낙태한 경우 형사처벌하고 있는 것은 그 입법목적을 달성하기 위하여 필요한 최소한의 정도를 넘어 임신한 여성의 자기결정권을 제한하는 것이므로, 입법목적의 달성을 위한 최소한의 불가피한 수단이라고 볼 수 없다. … 자기낙태죄 조항은 입법목적을 달성하기 위하여 필요한 최소한의 정도를 넘어 임신한 여성의 자기결정권을 제한하고 있어 침해의 최소성을 갖추지 못하고 있으며, 법익균형성의 원칙도 위반하였다고 할 것이므로, 과잉금지원칙을 위반하여 임신한 여성의 자기결정권을 침해하는 위헌적인 규정이다. (2019.4.11. 2017헌바127)

③ 전동킥보드의 자전거도로 통행을 허용하는 조치를 실시하기 위해서는 제조·수입되는 전동킥보드가 일정 속도 이상으로는 동작하지 않도록 제한하는 것이 선행되어야 한다. … 전동킥보드의 최고속도를 제한하는 안전기준의 도입이 입법목적 달성을 위한 수단으로서의 적합성을 잃었다고 볼 수는 없다. 최고속도 제한을 두지 않는 방식이 이를 두는 방식에 비해 확실히 더 안전한 조치라고 볼 근거가 희박하고, 최고속도가 시속 25 km라는 것은 자전거도로에서 통행하는 다른 자전거보다 속도가 더 높아질수록 사고위험이 증가할 수 있는 측면을 고려한 기준 설정으로서, … 심판대상조항은 과잉금지원칙을 위반하여 소비자의 자기결정권 및 일반적 행동자유권을 침해하지 아니한다. (2020.2.27. 2017헌마1339)

④ 이 사건 법률조항은 인수자가 없는 시체를 해부용으로 제공될 수 있도록 함으로써 사인(死因)의 조사와 병리학적·해부학적 연구의 기초가 되는 해부용 시체의 공급을 원활하게 하여 국민 보건을 향상시키고 의학 교육 및 연구에 기여하기 위한 것으로서, 그 목적의 정당성 및 수단의 적합성은 인정된다. … 그런데 시신 자체의 제공과는 구별되는 장기나 인체조직에 있어서는 본인이 명시적으로 반대하는 경우 이식·채취될 수 없도록 규정하고 있음에도 불구하고, 이 사건 법률조항은 본인이 해부용 시체로 제공되는 것에 대해 반대하는 의사표시를 명시적으로 표시할 수 있는 절차도 마련하지 않고 본인의 의사와는 무관하게 해부용 시체로 제공될 수 있도록 규정하고 있다는 점에서 침해의 최소성 원칙을 충족했다고 보기 어렵고, 실제로 해부용 시체로 제공된 사례가 거의 없는 상황에서 이 사건 법률조항이 추구하는 공익이 사후 자신의 시체가 자신의 의사와 무관하게 해부용 시체로 제공됨으로써 침해되는 사익보다 크다고 할 수 없으므로 이 사건 법률조항은 청구인의 시체 처분에 대한 자기결정권을 침해한다. (2015.11.26. 2012헌마940)

문 8. 정답 ②

문제유형 기본권 각론/판례   **난이도** ★☆☆

[정답해설]

② 집회의 자유에 의하여 구체적으로 보호되는 주요행위는 집회의 준비 및 조직, 지휘, 참가, 집회장소·시간의 선택이다. 그러나 집회를 방해할 의도로 집회에 참가하는 것은 보호되지 않는다. 주최자는 집회의 대상, 목적, 장소 및 시간에 관하여, 참가자는 참가의 형태와 정도, 복장을 자유로이 결정할 수 있다. 비록 헌법이 명시적으로 밝히고 있지는 않으나, 집회의 자유에 의하여 보호되는 것은 단지 '평화적' 또는 '비폭력적' 집회이다. 집회의 자유는 민주국가에서 정신적 대립과 논의의 수단으로서, 평화적 수단을 이용한 의견의 표명은 헌법적으로 보호되지만, 폭력을 사용한 의견의 강요는 헌법적으로 보호되지 않는다. (2003.10.30. 2000헌바67, 2000헌바83(병합))

[오답해설]

① 집시법상의 시위는, 다수인이 공동목적을 가지고 ① 도로·광장·공원 등 공중이 자유로이 통행할 수 있는 장소를 행진함으로써 불특정한 여러 사람의 의견에 영향을 주거나 제압을 가하는 행위와 ② 위력 또는 기세를 보여 불특정한 여러 사람의 의견에 영향을 주거나 제압을 가하는 행위를 말한다고 풀이해야 할 것이다. 따라서 집시법상의 시위는 반드시 '일반인이 자유로이 통행할 수 있는 장소'에서 이루어져야 한다거나 '행진' 등 장소 이동을 동반해야만 성립하는 것은 아니다. (2014.3.27. 2010헌가2)

③ 집회 장소는 일반적으로 집회의 목적·내용과 밀접한 연관관계를 가진다. 집회는 특별한 상징적 의미 또는 집회와 특별한 연관성을 가지는 장소, 예를 들면 집회를 통해 반대하고자 하는 대상물이 위치하거나 집회의 계기를 제공한 사건이 발생한 장소 등에서 이루어져야 의견표명이 효과적으로 이루어질 수 있다. 집회 장소의 선택은 집회의 성과를 결정하는 주요 요인이 된다. 따라서 집회 장소를 선택할 자유는 집회의 자유의 실질적 부분을 형성한다. (2018.7.26. 2018헌바137)

④ 집회의 자유가 가지는 헌법적 가치와 기능, 집회에 대한 허가 금지를 선언한 헌법정신, 옥외집회 및 시위에 관한 사전신고제의 취지 등을 종합하여 보면,

신고를 하지 아니하거나 야간이라는 이유만으로 옥외집회 또는 시위를 헌법의 보호 범위를 벗어나 개최가 허용되지 않는 집회 내지 시위라고 단정할 수 없다. 따라서 집회 및 시위에 관한 법률(이하 '집시법'이라고 한다) 제20조 제1항 제1호, 제2호가 '제10조 본문을 위반한 집회 또는 시위'와 '제6조 제1항에 따른 신고를 하지 아니한 집회 또는 시위'를 해산명령 대상으로 하면서 별도의 해산 요건을 정하고 있지 않더라도, 그 옥외집회 또는 시위로 인하여 타인의 법익이나 공공의 안녕질서에 대한 직접적인 위험이 명백하게 초래된 경우에 한하여 위 조항에 기하여 해산을 명할 수 있고, 이러한 요건을 갖춘 해산명령에 불응하는 경우에만 집시법 제24조 제5호에 의하여 처벌할 수 있다고 보아야 한다. (대법원 2015.6.11. 2015도4273)

문 9. 정답 ③

[문제유형] 기본권 각론/판례 [난이도] ★☆☆

[정답해설]

③ 공직자의 공무집행과 직접적인 관련이 없는 개인적인 사생활에 관한 사실이라도 일정한 경우 공적인 관심 사안에 해당할 수 있다. 공직자의 자질·도덕성·청렴성에 관한 사실은 그 내용이 개인적인 사생활에 관한 것이라 할지라도 순수한 사생활의 영역에 있다고 보기 어렵다. 이러한 사실은 공직자 등의 사회적 활동에 대한 비판 내지 평가의 한 자료가 될 수 있고, 업무집행의 내용에 따라서는 업무와 관련이 있을 수도 있으므로, 이에 대한 문제제기 내지 비판은 허용되어야 한다. (2013.12.26. 2009헌마747)

[오답해설]

① 사생활의 비밀은 국가가 사생활영역을 들여다보는 것에 대한 보호를 제공하는 기본권이며, 사생활의 자유는 국가가 사생활의 자유로운 형성을 방해하거나 금지하는 것에 대한 보호를 의미한다. 구체적으로 사생활의 비밀과 자유가 보호하는 것은 개인의 내밀한 내용의 비밀을 유지할 권리, 개인이 자신의 사생활의 불가침을 보장받을 수 있는 권리, 개인의 양심영역이나 성적 영역과 같은 내밀한 영역에 대한 보호, 인격적인 감정세계의 존중의 권리와 정신적인 내면생활이 침해받지 아니할 권리 등이다. (2003.10.30. 2002헌마518)

② 감시, 도청, 비밀녹음, 비밀촬영 등에 의해 다른 사람의 사생활의 비밀을 탐지하거나 사생활의 평온을 침입하는 행위, 사적 사항의 무단 공개 등은 타인의 사생활의 비밀과 자유의 불가침을 해하는 것이다. 인터넷회선 감청은 해당 인터넷회선을 통하여 흐르는 모든 정보가 감청 대상이 되므로, 이를 통해 드러나게 되는 개인의 사생활 영역은 전화나 우편물 등을 통해 교환되는 통신의 범위를 넘는다. 더욱이 오늘날 이메일, 메신저, 전화 등 통신뿐 아니라, 각종 구매, 게시물 등록, 금융서비스 이용 등 생활의 전 영역이 인터넷을 기반으로 이루어지기 때문에, 인터넷회선 감청은 타인과의 관계를 전제로 하는 개인의 사적 영역을 보호하려는 헌법 제18조의 통신의 비밀과 자유 외에 헌법 제17조의 사생활의 비밀과 자유도 제한하게 된다. (2013.12.26. 2016헌마263)

④ 일반 교통에 사용되고 있는 도로는 국가와 지방자치단체가 그 관리책임을 맡고 있는 영역이며, 수많은 다른 운전자 및 보행자 등의 법익 또는 공동체의 이익과 관련된 영역으로, 그 위에서 자동차를 운전하는 행위는 더 이상 개인적인 내밀한 영역에서의 행위가 아니며, 자동차를 도로에서 운전하는 중에 좌석안전띠를 착용할 것인가 여부의 생활관계가 개인의 전체적 인격과 생존에 관계되는 '사생활의 기본조건'이라거나 자기결정의 핵심적 영역 또는 인격적 핵심과 관련된다고 보기 어려워 더 이상 사생활영역의 문제가 아니므로, 운전할 때 운전자가 좌석안전띠를 착용할 의무는 청구인의 사생활의 비밀과 자유를 침해하는 것이라 할 수 없다. (2003.10.30. 2002헌마518)

문 10. 정답 ③

[문제유형] 기본권 각론/판례 [난이도] ★★☆

[정답해설]

③ 유족급여수급권이 헌법상 보장되는 재산권에 포함되더라도 수급권자인 유족의 범위는 유족급여수급권의 내용과 한계를 형성하는 영역에 있는 것으로서 법률에 의하여 구체적으로 형성되어야만 비로소 확정된다. 그런데 유족급여수급권은 공무원의 사망이라는 위험에 대비하여 그 유족의 생활안정과 복지향상을 도모하기 위한 사회보장적 급여의 성격을 가지므로 입법자는 구체적인 내용을 형성함에 있어서 국가의 재정능력과 전반적인 사회보장수준, 국민 전체의 소득 및 생활수준, 그 밖의 여러 가지 사회적·경제적 여건 등을 종합하여 합리적인 수준에서 결정할 수 있는 광범위한 형성의 자유를 가진다. 따라서 입법자가 연령과 장애 상태를 독자적 생계유지가능성의 판단기준으로 삼아 대통령령이 정하는 정도의 장애 상태에 있지 아니한 19세 이상의 자녀를 유족의 범위에서 제외하였음을 들어 유족급여수급권의 본질적 내용을 침해하였다거나 입법형성권의 범위를 벗어났다고 보기 어렵다. (2019.11.28. 2018헌바335)

[오답해설]

① 이 사건 시행령조항은 '고등교육법 제2조 각 호(제5호는 제외한다)에 따른 학교에 재학 중인 사람'은 조건 부과 유예 대상자로 규정하면서도 '대학원에 재학 중인 사람'은 그 대상자로 규정하지 않음으로써, 이들이 모두 '학교에 재학 중인 사람'이라는 점에서 본질적으로 동일함에도 이들을 차별하고 있다. … '대학원에 재학 중인 사람'도 자활사업 참가조건의 이행이 사실상 불가능할 수 있으나, 수급자가 자활에 나아갈 수 있도록 돕는 생계급여제도의 취지에 생계급여에 관한 재원의 한계를 고려할 때 조건 부과 유예 대상자를 제한할 수밖에 없는 점, '대학원에 재학 중인 사람'은 이미 자활에 나아가기 위한 지식이나 기술을 익힌 자라는 점에서 근로조건의 부과를 유예할 필요성이 낮은 점 등을 종합하여 보면, 입법자가 조건 부과 유예의 대상자를 규정함에 있어 '대학원에 재학 중인 사람'을 '고등교육법 제2조 각 호(제5호는 제외한다)에 따른 학교에 재학 중인 사람'과 달리 취급하는 데에는 합리적인 이유가 있다. … 입법자가 이 사건 시행령조항을 제정함에 있어 '대학원에 재학 중인 사람'과 '부모에게 버림받아 부모를 알 수 없는 사람'을 조건 부과 유예의 대상자에 포함시키지 않았다고 하더라도, 그러한 사정만으로 국가가 청구인의 인간다운 생활을 보장하기 위한 조치를 취함에 있어서 국가가 실현해야 할 객관적 내용의 최소한도의 보장에도 이르지 못하였다거나 헌법상 용인될 수 있는 재량의 범위를 명백히 일탈하였다고는 보기는 어렵다. (2017.11.30. 2016헌마448)

② 지뢰피해자 및 그 유족에 대한 위로금 산정 시 사망 또는 상이를 입을 당시의 월평균임금을 기준으로 위로금을 산정하도록 한 것은 한정된 국가재정하에서 위로금의 취지, 국가배상청구권의 소멸시효 제도와의 균형점 모색, '지뢰피해자 지원에 관한 특별법'(이하 '지뢰피해자법'이라 한다) 시행 전 이미 국가배상을 받은 피해자 및 그 유족과의 형평성 등을 고려한 것이다. 다만 사망 또는 상이 당시의 월평균임금을 기준으로 위로금을 산정함으로 인하여 피해시기에 따라 위로금 액수에 현격한 차이가 나는 문제를 보완하기 위해 입법자는 지뢰피해자법 제정 당시 고려한 국가재정부담 정도를 현저히 초과하지 아니하는 범위 내에서 2천만 원을 조정상한금액으로 정하여 위로금 격차 해소를 위한 보완책을 마련하였다. 따라서 심판대상조항이 인간다운 생활을 할 권리를 침해한다고 볼 수 없다. (2019.12.27. 2018헌바236)

④ 헌법 제34조 제2항 및 제6항의 국가의 사회보장·사회복지 증진의무나 재해예방노력의무 등의 성질에 비추어 국가가 어떠한 내용의 산재보험을 어떠한 범위와 방법으로 시행할지 여부는 입법자의 재량영역에 속하는 문제이고, 산재피해 근로자에게 인정되는 산재보험수급권도 그와 같은 입법재량권의 행사에 의하여 제정된 산재보험법에 의하여 비로소 구체화되는 '법률상의 권리'이며, 개인에게 국가에 대한 사회보장·사회복지 또는 재해예방 등과 관련된 적극적 급부청구권은 인정하고 있지 않다. (2005.7.21. 2004헌바2)

문 11. 정답 ②

문제유형 기본권 총론/판례　　　　　　　　　　**난이도** ★☆☆

[정답해설]

② 심의규정을 위반한 방송사업자에게 '주의 또는 경고'만으로도 반성을 촉구하고 언론사로서의 공적 책무에 대한 인식을 제고시킬 수 있고, 위 조치만으로도 심의규정에 위반하여 '주의 또는 경고'의 제재조치를 받은 사실을 공표하게 되어 이를 다른 방송사업자나 일반 국민에게 알리게 됨으로써 여론의 왜곡 형성 등을 방지하는 한편, 해당 방송사업자에게는 해당 프로그램의 신뢰도 하락에 따른 시청률 하락 등의 불이익을 줄 수 있다. 또한, '시청자에 대한 사과'에 대하여는 '명령'이 아닌 '권고'의 형태를 취할 수도 있다. 이와 같이 기본권을 보다 덜 제한하는 다른 수단에 의하더라도 이 사건 심판대상조항이 추구하는 목적을 달성할 수 있으므로 이 사건 심판대상조항은 침해의 최소성원칙에 위배된다. (2012.8.23. 2009헌가27)

[오답해설]

① 이 사건 시행령조항은 규율 위반자에 대해 불이익을 가한다는 면만을 강조하여 금치처분을 받은 자에 대하여 집필의 목적과 내용 등을 묻지 않고, 또 대상자에 대한 교화 또는 처우상 필요한 경우까지도 예외 없이 일체의 집필행위를 금지하고 있음은 입법목적 달성을 위한 필요최소한의 제한이라는 한계를 벗어난 것으로서 과잉금지의 원칙에 위반된다. (2005.2.24. 2003헌마289)

③ 정부에 대한 반대 견해나 비판에 대하여 합리적인 홍보와 설득으로 대처하는 것이 아니라 비판적 견해를 가졌다는 이유만으로 국가의 지원에서 일방적으로 배제함으로써 정치적 표현의 자유를 제재하는 공권력의 행사는 헌법의 근본원리인 국민주권주의와 자유민주적 기본질서에 반하는 것으로 그 목적의 정당성을 인정할 수 없다. 따라서 피청구인들의 이 사건 지원배제 지시는 더 나아가 살필 필요 없이 과잉금지원칙에 위반된다. (2020.12.23. 2017헌마416)

④ 사관생도는 군 장교를 배출하기 위하여 국가가 모든 재정을 부담하는 특수교육기관인 육군3사관학교의 구성원으로서, 학교에 입학한 날에 육군 사관생도의 병적에 편입하고 준사관에 준하는 대우를 받는 특수한 신분관계에 있다(육군3사관학교 설치법 시행령 제3조). 따라서 그 존립 목적을 달성하기 위하여 필요한 한도 내에서 일반 국민보다 상대적으로 기본권이 더 제한될 수 있으나, 그러한 경우에도 법률유보원칙, 과잉금지원칙 등 기본권 제한의 헌법상 원칙들을 지켜야 한다. (대법원 2018.8.30. 2016두60591)

문 12. 정답 ④

문제유형 헌법 총론/판례　　　　　　　　　　**난이도** ★★☆

[정답해설]

④ 행정규칙은 법규명령과 같은 엄격한 제정 및 개정절차를 요하지 아니하므로, 재산권 등과 같은 기본권을 제한하는 작용을 하는 법률이 입법위임을 할 때에는 대통령령, 총리령, 부령 등 법규명령에 위임함이 바람직하고, 고시와 같은 형식으로 입법위임을 할 때에는 적어도 행정규제기본법 제4조 제2항 단서에서 정한 바와 같이 법령이 전문적·기술적 사항이나 경미한 사항으로서 업무의 성질상 위임이 불가피한 사항에 한정된다 할 것이고, 그러한 사항이라 하더라도 포괄위임금지의 원칙상 법률의 위임은 반드시 구체적·개별적으로 한정된 사항에 대하여 행하여져야 한다. (2006.12.28. 2005헌바59)

[오답해설]

① 상급행정기관이 하급행정기관에 대하여 업무처리지침이나 법령의 해석적용에 관한 기준을 정하여 발하는 이른바 행정규칙은 일반적으로 행정조직 내부에서만 효력을 가질 뿐 대외적인 구속력을 갖지 않지만, 법령의 규정이 특정 행정기관에게 그 법령 내용의 구체적 사항을 정할 수 있는 권한을 부여하면서 그 권한 행사의 절차나 방법을 특정하고 있지 않아 수임행정기관이 행정규칙의 형식으로 그 법령의 내용이 될 사항을 구체적으로 정하고 있다면, 그와 같은 행정규칙은 위에서 본 행정규칙이 갖는 일반적 효력으로서가 아니라 행정기관에 법령의 구체적 내용을 보충할 권한을 부여한 법령 규정의 효력에 의하여 그 내용을 보충하는 기능을 갖게 되고, 따라서 이와 같은 행정규칙은 당해 법령의 위임 한계를 벗어나지 않는 한 그것들과 결합하여 대외적인 구속력이 있는 법규명령으로서의 효력을 가진다. (대법원 1987.9.29. 86누484)

② 헌법 제75조는 "대통령은 법률에서 구체적으로 범위를 정하여 위임받은 사항에 관하여 대통령령을 발할 수 있다."고 규정하여 위임입법의 헌법상 근거를 마련함과 동시에 위임은 구체적으로 범위를 정하여 하도록 하여 그 한계를 제시하고 있다. 이는 행정부에 입법을 위임하는 수권법률의 명확성원칙에 관한 것으로서 법률의 명확성원칙이 행정입법에 관하여 구체화된 특별규정이다. (2007.4.26. 2004헌가29,2007헌바4)

③ 법령의 규정이 특정 행정기관에게 법령 내용의 구체적 사항을 정할 수 있는 권한을 부여하면서 권한행사의 절차나 방법을 특정하지 아니한 경우에는 수임 행정기관은 행정규칙이나 규정 형식으로 법령 내용이 될 사항을 구체적으로 정할 수 있다. 이 경우 행정규칙 등은 당해 법령의 위임한계를 벗어나지 않는 한 대외적 구속력이 있는 법규명령으로서 효력을 가지게 되지만, 이는 행정규칙이 갖는 일반적 효력이 아니라 행정기관에 법령의 구체적 내용을 보충할 권한을 부여한 법령 규정의 효력에 근거하여 예외적으로 인정되는 것이다. 따라서 그 행정규칙이나 규정이 상위법령의 위임범위를 벗어난 경우에는 법규명령으로서 대외적 구속력을 인정할 여지는 없다. (2012.7.5. 2010다72076)

문 13. 정답 ①

문제유형 통치구조/부속 법령　　　　　　　　　　**난이도** ★★★

[정답해설]

① 헌법 제65조 제1항

> 헌법 제65조 ① 대통령·국무총리·국무위원·행정각부의 장·헌법재판소 재판관·법관·중앙선거관리위원회 위원·감사원장·감사위원 기타 법률이 정한 공무원이 그 직무집행에 있어서 헌법이나 법률을 위배한 때에는 국회는 탄핵의 소추를 의결할 수 있다.

[오답해설]

② 헌법 제87조 제3항

> 헌법 제87조 ③ 국무총리는 국무위원의 해임을 대통령에게 건의할 수 있다.

③ 헌법 제95조

> 헌법 제95조 국무총리 또는 행정각부의 장은 소관사무에 관하여 법률이나 대통령령의 위임 또는 직권으로 총리령 또는 부령을 발할 수 있다.

④ 헌법 제94조

> 헌법 제94조 행정각부의 장은 국무위원 중에서 국무총리의 제청으로 대통령이 임명한다.

문 14. 정답 ①

문제유형 통치구조/부속 법령　　　　　　　　　　**난이도** ★★☆

[정답해설]

① 헌법 제47조 제3항

> 헌법 제47조 ③ 대통령이 임시회의 집회를 요구할 때에는 기간과 집회요구의 이유를 명시하여야 한다.

[오답해설]

② 헌법 제79조 제1항, 제2항

> 헌법 제79조 ① 대통령은 법률이 정하는 바에 의하여 사면·감형 또는 복권을 명할 수 있다.
> ② 일반사면을 명하려면 국회의 동의를 얻어야 한다.

③ 헌법 제77조 제1항, 제4항

> 헌법 제77조 ① 대통령은 전시·사변 또는 이에 준하는 국가비상사태에 있어서 병력으로써 군사상의 필요에 응하거나 공공의 안녕질서를 유지할 필요가 있을 때에는 법률이 정하는 바에 의하여 계엄을 선포할 수 있다.
> ④ 계엄을 선포한 때에는 대통령은 지체없이 국회에 통고하여야 한다.

④ 헌법 제62조 제2항

> 헌법 제62조 ② 국회나 그 위원회의 요구가 있을 때에는 국무총리·국무위원 또는 정부위원은 출석·답변하여야 하며, 국무총리 또는 국무위원이 출석요구를 받은 때에는 국무위원 또는 정부위원으로 하여금 출석·답변하게 할 수 있다.

문 15. 정답 ③

문제유형 통치구조/부속 법령 **난이도** ★★☆

[정답해설]

③ 헌법 제98조 제1항

> 헌법 제98조 ① 감사원은 원장을 포함한 5인 이상 11인 이하의 감사위원으로 구성한다.

[오답해설]

① 헌법 제98조 제2항, 제3항

> 헌법 제98조 ② 원장은 국회의 동의를 얻어 대통령이 임명하고, 그 임기는 4년으로 하며, 1차에 한하여 중임할 수 있다.
> ③ 감사위원은 원장의 제청으로 대통령이 임명하고, 그 임기는 4년으로 하며, 1차에 한하여 중임할 수 있다.

② 감사원법은 지방자치단체의 위임사무나 자치사무의 구별 없이 합법성 감사뿐만 아니라 합목적성 감사도 허용하고 있는 것으로 보이므로, 감사원의 지방자치단체에 대한 이 사건 감사는 법률상 권한 없이 이루어진 것은 아니다. … 지방자치단체의 자치사무에 대한 합목적성 감사의 근거가 되는 이 사건 관련규정은 그 목적의 정당성과 합리성을 인정할 수 있다. 또한 감사원법에서 지방자치단체의 자치권을 존중할 수 있는 장치를 마련해두고 있는 점, 국가재정지원에 상당부분 의존하고 있는 우리 지방재정의 현실, 독립성이나 전문성이 보장되지 않은 지방자치단체 자체감사의 한계 등으로 인한 외부감사의 필요성까지 감안하면, 이 사건 관련규정이 지방자치단체의 고유한 권한을 유명무실하게 할 정도로 지나친 제한을 함으로써 지방자치권의 본질적 내용을 침해하였다고는 볼 수 없다. (2008.5.29. 2005헌라3)

④ 헌법 제98조 제2항, 제3항

> 헌법 제98조 ② 원장은 국회의 동의를 얻어 대통령이 임명하고, 그 임기는 4년으로 하며, 1차에 한하여 중임할 수 있다.
> ③ 감사위원은 원장의 제청으로 대통령이 임명하고, 그 임기는 4년으로 하며, 1차에 한하여 중임할 수 있다.

문 16. 정답 ④

문제유형 헌법 총론/판례 **난이도** ★★☆

[정답해설]

④ 문화국가원리는 국가의 문화국가실현에 관한 과제 또는 책임을 통하여 실현되는바, 국가의 문화정책과 밀접 불가분의 관계를 맺고 있다. 과거 국가절대주의사상의 국가관이 지배하던 시대에는 국가의 적극적인 문화간섭정책이 당연한 것으로 여겨졌다. 그러나 오늘날에 와서는 국가가 어떤 문화현상에 대하여도 이를 선호하거나, 우대하는 경향을 보이지 않는 불편부당의 원칙이 가장 바람직한 정책으로 평가받고 있다. 오늘날 문화국가에서의 문화정책은 그 초점이 문화 그 자체에 있는 것이 아니라 문화가 생겨날 수 있는 문화풍토를 조성하는 데 두어야 한다. (2004.5.27. 2003헌가1)

[오답해설]

① 우리 헌법상 문화국가원리는 견해와 사상의 다양성을 그 본질로 하며, 이를 실현하는 국가의 문화정책은 불편부당의 원칙에 따라야 하는바, 모든 국민은 정치적 견해 등에 관계없이 문화 표현과 활동에서 차별을 받지 않아야 한다. (2020.12.23. 2017헌마416)

② 국가의 문화육성의 대상에는 원칙적으로 모든 사람에게 문화창조의 기회를 부여한다는 의미에서 모든 문화가 포함된다. 따라서 엘리트문화뿐만 아니라 서민문화, 대중문화도 그 가치를 인정하고 정책적인 배려의 대상으로 하여야 한다. (2004.5.27. 2003헌가1)

③ 헌법은 문화국가를 실현하기 위하여 보장되어야 할 정신적 기본권으로 양심과 사상의 자유, 종교의 자유, 언론·출판의 자유, 학문과 예술의 자유 등을 규정하고 있는바, 개별성·고유성·다양성으로 표현되는 문화는 사회의 자율영역을 바탕으로 한다고 할 것이고, 이들 기본권은 견해와 사상의 다양성을 그 본질로 하는 문화국가원리의 불가결의 조건이라고 할 것이다. (2004.5.27. 2003헌가1)

문 17. 정답 ④

문제유형 통치구조/부속 법령 **난이도** ★☆☆

[정답해설]

ㄱ. 헌법 제54조 제3항

> 헌법 제54조 ③ 새로운 회계연도가 개시될 때까지 예산안이 의결되지 못한 때에는 정부는 국회에서 예산안이 의결될 때까지 다음의 목적을 위한 경비는 전년도 예산에 준하여 집행할 수 있다.
> 1. 헌법이나 법률에 의하여 설치된 기관 또는 시설의 유지·운영

ㄴ. 헌법 제55조 제2항

> 헌법 제55조 ② 예비비는 총액으로 국회의 의결을 얻어야 한다. 예비비의 지출은 차기국회의 승인을 얻어야 한다.

ㄷ. 헌법 제58조

> 헌법 제58조 국채를 모집하거나 예산외에 국가의 부담이 될 계약을 체결하려 할 때에는 정부는 미리 국회의 의결을 얻어야 한다.

ㄹ. 헌법 제60조 제2항

> 헌법 제60조 ② 국회는 선전포고, 국군의 외국에의 파견 또는 외국군대의 대한민국 영역안에서의 주류에 대한 동의권을 가진다.

문 18. 정답 ③

문제유형 통치구조/부속 법령 **난이도** ★★☆

[정답해설]

③ 국회법 제12조 제2항

> 국회법 제12조(부의장의 의장 직무대리) ② 의장이 심신상실 등 부득이한 사유로 의사표시를 할 수 없게 되어 직무대리자를 지정할 수 없을 때에는 소속 의원 수가 많은 교섭단체 소속 부의장의 순으로 의장의 직무를 대행한다.

[오답해설]

① 헌법 제9조 제1항

> 헌법 제9조(의장·부의장의 임기) ① 의장과 부의장의 임기는 2년으로 한다. 다만, 국회의원 총선거 후 처음 선출된 의장과 부의장의 임기는 그 선출된 날부터 개시하여 의원의 임기 개시 후 2년이 되는 날까지로 한다.

② 헌법 제50조 제1항 단서

> 헌법 제50조 ① 국회의 회의는 공개한다. 다만, 출석의원 과반수의 찬성이 있거나 의장이 국가의 안전보장을 위하여 필요하다고 인정할 때에는 공개하지 아니할 수 있다.

헌법 제50조 제1항의 구조에 비추어 볼 때, 헌법상 의사공개원칙은 모든 국회의 회의를 항상 공개하여야 하는 것은 아니나 이를 공개하지 아니할 경우에는 헌법에서 정하고 있는 일정한 요건을 갖추어야 함을 의미한다. 또한 헌법 제50조 제1항 단서가 정하고 있는 회의의 비공개를 위한 절차나 사유는 그 문언이 매우 구체적이어서, 이에 대한 예외는 엄격하게 인정되어야 한다. … 심판대상조항은 정보위원회의 회의 일체를 비공개 하도록 정함으로써 정보위원회 활동에 대한 국민의 감시와 견제를 사실상 불가능하게 하고 있다. (2022.1.27. 2018헌마1162 등)

④ 헌법 제51조

> 헌법 제51조 국회에 제출된 법률안 기타의 의안은 회기중에 의결되지 못한 이유로 폐기되지 아니한다. 다만, 국회의원의 임기가 만료된 때에는 그러하지 아니하다.

문 19. 정답 ③

문제유형 **통치구조/부속 법령**   난이도 ★★☆

[정답해설]

ㄴ. 헌법 제46조 제3항

> 헌법 제46조 ③ 국회의원은 그 지위를 남용하여 국가·공공단체 또는 기업체와의 계약이나 그 처분에 의하여 재산상의 권리·이익 또는 직위를 취득하거나 타인을 위하여 그 취득을 알선할 수 없다.

ㄷ. 헌법 제44조 제2항

> 헌법 제44조 ② 국회의원이 회기전에 체포 또는 구금된 때에는 현행범인이 아닌 한 국회의 요구가 있으면 회기중 석방된다.

[오답해설]

ㄱ. 국회법 제29조의2 제1항, 제3항

> 국회법 제29조의2(영리업무 종사 금지) ① 의원은 그 직무 외에 영리를 목적으로 하는 업무에 종사할 수 없다. 다만, 의원 본인 소유의 토지·건물 등의 재산을 활용한 임대업 등 영리업무를 하는 경우로서 의원 직무수행에 지장이 없는 경우에는 그러하지 아니하다.
> ③ 의원이 당선 전부터 제1항 단서의 영리업무에 종사하고 있는 경우에는 임기 개시 후 1개월 이내에, 임기 중에 제1항 단서의 영리업무에 종사하게 된 경우에는 지체 없이 이를 의장에게 서면으로 신고하여야 한다.

ㄹ. 국회의원의 원내활동을 기본적으로 각자에 맡기는 자유위임은 자유로운 토론과 의사형성을 가능하게 함으로써 당내민주주의를 구현하고 정당의 독재화 또는 과두화를 막아주는 순기능을 갖는다. 그러나 자유위임은 의회내에서의 정치의사형성에 정당의 협력을 배척하는 것이 아니며, 의원이 정당과 교섭단체의 지시에 기속되는 것을 배제하는 근거가 되는 것도 아니다. 또한 국회의원의 국민대표성을 중시하는 입장에서도 특정 정당에 소속된 국회의원이 정당기속 내지는 교섭단체의 결정(소위 '당론')에 위반하는 정치활동을 한 이유로 제재를 받는 경우, 국회의원 신분을 상실하게 할 수는 없으나 "정당내부의 사실상의 강제" 또는 소속 "정당으로부터의 제명"은 가능하다고 보고 있다. 그렇다면, 당론과 다른 견해를 가진 소속 국회의원을 당해 교섭단체의 필요에 따라 다른 상임위원회로 전임(사·보임)하는 조치는 특별한 사정이 없는 한 헌법상 용인될 수 있는 "정당내부의 사실상 강제"의 범위내에 해당한다고 할 것이다. (2003.10.30. 2002헌라1)

문 20. 정답 ④

문제유형 **통치구조/부속 법령**   난이도 ★★☆

[정답해설]

④ 국회법 제5조 제1항

> 국회법 제5조(임시회) ① 의장은 임시회의 집회 요구가 있을 때에는 집회기일 3일 전에 공고한다. 이 경우 둘 이상의 집회 요구가 있을 때에는 집회일이 빠른 것을 공고하되, 집회일이 같은 때에는 그 요구서가 먼저 제출된 것을 공고한다.

[오답해설]

① 헌법 제47조 제1항, 제2항

> 헌법 제47조 ① 국회의 정기회는 법률이 정하는 바에 의하여 매년 1회 집회되며, 국회의 임시회는 대통령 또는 국회재적의원 4분의 1 이상의 요구에 의하여 집회된다.
> ② 정기회의 회기는 100일을, 임시회의 회기는 30일을 초과할 수 없다.

② 국회법 제73조 제1항, 제109조

> 국회법 제73조(의사정족수) ① 본회의는 재적의원 5분의 1 이상의 출석으로 개의한다.
> 국회법 제109조(의결정족수) 의사는 헌법이나 이 법에 특별한 규정이 없으면 재적의원 과반수의 출석과 출석의원 과반수의 찬성으로 의결한다.

③ 헌법 제65조 제1항, 제2항

> 헌법 제65조 ① 대통령·국무총리·국무위원·행정각부의 장·헌법재판소 재판관·법관·중앙선거관리위원회 위원·감사원장·감사위원 기타 법률이 정한 공무원이 그 직무집행에 있어서 헌법이나 법률을 위배한 때에는 국회는 탄핵의 소추를 의결할 수 있다.
> ② 제1항의 탄핵소추는 국회재적의원 3분의 1 이상의 발의가 있어야 하며, 그 의결은 국회재적의원 과반수의 찬성이 있어야 한다. 다만, 대통령에 대한 탄핵소추는 국회재적의원 과반수의 발의와 국회재적의원 3분의 2 이상의 찬성이 있어야 한다.

문 21. 정답 ③

문제유형 **헌법재판소/판례**   난이도 ★★☆

[정답해설]

③ 헌법재판소법 제23조 제2항

> 헌법재판소법 제23조(심판정족수) ② 재판부는 종국심리(終局審理)에 관여한 재판관 과반수의 찬성으로 사건에 관한 결정을 한다. 다만, 다음 각 호의 어느 하나에 해당하는 경우에는 재판관 6명 이상의 찬성이 있어야 한다.
> 1. 법률의 위헌결정, 탄핵의 결정, 정당해산의 결정 또는 헌법소원에 관한 인용결정(認容決定)을 하는 경우

[오답해설]

① 시행유예기간이 아니라 시행일을 청구기간의 기산점으로 본다면 시행유예기간이 경과하여 정작 기본권 침해가 실제로 발생한 때에는 이미 청구기간이 지나버려 위헌성을 다툴 기회가 부여되지 않는 불합리한 결과가 초래될 위험이 있는 점, 일반국민에 대해 법규정의 개폐에 적시에 대처할 것을 기대하기가 사실상 어렵고, 헌법소원의 본질은 국민의 기본권을 충실히 보장하는 데에 있으므로 법적 안정성을 해하지 않는 범위 내에서 청구기간에 관한 규정을 기본권보장이 강화되는 방향으로 해석하는 것이 바람직한 점을 종합해 보면, 시행유예기간의 적용 대상인 청구인들에 대해서도 청구기간의 기산점은 시행일인 것으로 해석하는 것은 헌법소원심판청구권을 보장하는 취지에 어긋난다. … 시행유예기간 경과일을 청구기간의 기산점으로 해석함으로써 헌법소원심판청구권 보

장과 법적안정성 확보 사이의 균형을 달성할 수 있다. (2020.4.23. 2017헌마479)

② 헌법소원제도는 개인의 주관적 권리구제뿐만 아니라 객관적 헌법질서를 보장하는 기능도 가지고 있으므로, 헌법소원심판청구가 청구인의 주관적 권리구제에는 도움이 되지 않는다 하더라도 그러한 침해행위가 앞으로도 반복될 위험이 있고, 당해 분쟁의 해결이 헌법질서의 수호·유지를 위하여 긴요한 사항이어서 헌법적으로 그 해명이 중대한 의미를 지니고 있는 경우에는 심판청구의 이익을 인정할 수 있다. (2005.10.27. 2005헌마126)

④ 공권력의 불행사로 인한 기본권침해는 그 불행사가 계속되는 한 기본권침해의 부작위가 계속된다고 할 것이므로 공권력의 불행사에 대한 헌법소원심판은 그 불행사가 계속되는 한 기간의 제약없이 적법하게 청구할 수 있다. (2002.7.18. 2000헌마707)

문 22. 정답 ④

문제유형 헌법재판소/판례   **난이도** ★★☆

[정답해설]

④ 지방자치단체의 의결기관인 **지방의회**와 지방자치단체의 집행기관인 **지방자치단체장** 간의 내부적 분쟁은 헌법재판소법에 의하여 헌법재판소가 관장하는 지방자치단체 상호간의 권한쟁의심판의 범위에 속하지 아니하고, 달리 헌법재판소법 제62조 제1항 제1호의 국가기관 상호간의 권한쟁의심판이나 같은 법 제62조 제1항 2호의 국가기관과 지방자치단체 상호간의 권한쟁의심판에 해당한다고 볼 수도 없다. (2018.7.26. 2018헌라1)

[오답해설]

① 지방자치단체는 헌법 또는 법률에 의하여 부여받은 그의 권한, 즉 지방자치단체의 사무에 관한 권한이 침해되거나 침해될 우려가 있는 때에 한하여 권한쟁의심판을 청구할 수 있다고 할 것인데, 도시계획사업실시계획인가사무는 건설교통부장관으로부터 시·도지사에게 위임되었고, 다시 시장·군수에게 재위임된 기관위임사무로서 국가사무라고 할 것이므로, 청구인의 이 사건 심판청구 중 도시계획사업실시계획인가처분에 대한 부분은 지방자치단체의 권한에 속하지 아니하는 사무에 관한 것으로서 부적법하다고 할 것이다. (1999.7.22. 98헌라4)

② 지방자치단체인 청구인이 국가기관인 피청구인을 상대로 권한쟁의심판을 청구하려면 청구인과 피청구인 상호간에 권한의 존부 또는 범위에 관한 다툼이 있어야 하고, 피청구인의 처분 또는 부작위가 헌법 또는 법률에 의하여 부여받은 청구인의 권한을 침해하거나 침해할 현저한 위험이 있는 경우이어야 한다. (1998.6.25. 94헌라1)

③ 헌법재판소가 권한쟁의심판을 청구할 수 있는 국가기관의 종류와 범위에 관해 확립한 위와 같은 기준에 비추어 볼 때, '국민'인 청구인은 그 자체로는 헌법에 의하여 설치되고 헌법과 법률에 의하여 독자적인 권한을 부여받은 기관이라고 할 수 없다. 즉, '국민'인 청구인은 권한쟁의심판의 당사자가 되는 '국가기관'이 아니다. 결국 국민의 한 사람인 청구인이 대법원장을 상대로 청구한 이 사건 심판청구는 헌법 제111조 제1항 제4호 및 헌법재판소법 제62조 제1항 제1호의 국가기관 상호간의 권한쟁의심판에 해당한다고 볼 수 없다. (2017.5.25. 2016헌라2)

문 23. 정답 ②

문제유형 통치구조/부속 법령   **난이도** ★★★

[정답해설]

② 법원조직법 제16조 제2항

> 법원조직법 제16조(대법관회의의 구성과 의결방법) ② 대법관회의는 대법관 전원의 3분의 2 이상의 출석과 출석인원 과반수의 찬성으로 의결한다.

[오답해설]

① 법원조직법 제50조의2 제2항

> 법원조직법 제50조의2(법관의 파견 금지 등) ② 법관으로서 퇴직 후 2년이 지나지 아니한 사람은 대통령비서실의 직위에 임용될 수 없다.

③ 헌법 제106조 제1항

> 헌법 제106조 ① 법관은 탄핵 또는 금고 이상의 형의 선고에 의하지 아니하고는 파면되지 아니하며, 징계처분에 의하지 아니하고는 정직·감봉 기타 불리한 처분을 받지 아니한다.

④ 법원조직법 제47조

> 법원조직법 제47조(심신상의 장해로 인한 퇴직) 법관이 중대한 신체상 또는 정신상의 장해로 직무를 수행할 수 없을 때에는, 대법관인 경우에는 대법원장의 제청으로 대통령이 퇴직을 명할 수 있고, 판사인 경우에는 인사위원회의 심의를 거쳐 대법원장이 퇴직을 명할 수 있다.

문 24. 정답 ①

문제유형 통치구조/판례   **난이도** ★★★

[정답해설]

① 공직선거법 제58조 제1항

> 공직선거법 제58조(정의 등) ① 이 법에서 "선거운동"이라 함은 당선되거나 되게 하거나 되지 못하게 하기 위한 행위를 말한다. 다만, 다음 각 호의 어느 하나에 해당하는 행위는 선거운동으로 보지 아니한다.
> 1. 선거에 관한 단순한 의견개진 및 의사표시

[오답해설]

② 이 사건 법률조항에 대한 법익균형성 판단에는 국민의 선거참여를 통한 민주주의의 발전 및 민주적 정당성의 제고라는 공익 또한 감안하여야 할 것인데, 인터넷 상 정치적 표현 내지 선거운동을 금지함으로써 얻어지는 선거의 공정성은 명백하거나 구체적이지 못한 반면, 인터넷을 이용한 의사소통이 보편화되고 각종 선거가 빈번한 현실에서 선거일 전 180일부터 선거일까지 장기간 동안 인터넷 상 정치적 표현의 자유 내지 선거운동의 자유를 전면적으로 제한함으로써 생기는 불이익 내지 피해는 매우 크다 할 것이므로, 이 사건 법률조항은 법익균형성의 요건도 갖추지 못하였다고 할 것이다. (2011.12.29. 2007헌마1001, 2010헌바88, 2010헌마173, 2010헌마191(병합))

③ 선거공영제는 선거 자체가 국가의 공적 업무를 수행할 국민의 대표자를 선출하는 행위이므로 이에 소요되는 비용은 원칙적으로 국가가 부담하는 것이 바람직하다는 점과 선거경비를 개인에게 모두 부담시키는 것은 경제적으로 넉넉하지 못한 자의 입후보를 어렵거나 불가능하게 하여 국민의 공무담임권을 부당하게 제한하는 결과를 초래할 수 있다는 점을 고려하여, 선거의 관리·운영에 필요한 비용을 후보자 개인에게 부담시키지 않고 국민 모두의 공평부담으로 하고자 하는 원칙이다. 한편 선거공영제의 내용은 우리의 선거문화와 풍토, 정치문화 및 국가의 재정상황과 국민의 법감정 등 여러 가지 요소를 종합적으로 고려하여 입법자가 정책적으로 결정할 사항으로서 넓은 입법형성권이 인정되는 영역이라고 할 것이다. (2011.4.28. 2010헌바232)

④ 헌법 제114조 제6항

> 헌법 제114조 ⑥ 중앙선거관리위원회는 법령의 범위안에서 선거관리·국민투표관리 또는 정당사무에 관한 규칙을 제정할 수 있으며, 법률에 저촉되지 아니하는 범위안에서 내부규율에 관한 규칙을 제정할 수 있다.

문 25. 정답 ③

문제유형 통치구조/판례　　　**난이도** ★★☆

[정답해설]

③ 지방자치단체는 그 고유사무인 자치사무와 법령에 따라 지방자치단체에 속하는 사무에 관하여 법령에 위반되지 않는 범위 안에서 스스로 조례를 제정할 수 있지만(구 지방자치법 제22조, 제9조 제1항), 국가사무인 기관위임사무에 관하여는 개별 법령에서 일정한 사항을 조례로 정하도록 위임하고 있는 경우에 한하여 조례를 제정할 수 있다. (대법원 2009.12.24. 2007추141)

[오답해설]

① 지방자치법 제28조 제1항

> 지방자치법 제28조 ① 지방자치단체는 법령의 범위에서 그 사무에 관하여 조례를 제정할 수 있다. 다만, 주민의 권리 제한 또는 의무 부과에 관한 사항이나 벌칙을 정할 때에는 법률의 위임이 있어야 한다.

② 지방자치법 제32조 제8항

> 지방자치법 제32조 ⑧ 조례와 규칙은 특별한 규정이 없으면 공포한 날부터 20일이 지나면 효력을 발생한다.

④ 헌법 제117조 제1항과 지방자치법 제15조가 조례에 관한 일반적인 수권규정인 사실은 앞서 본 바와 같다. 그런데 헌법은 자치입법권의 허용근거만을 마련해 두고 있을 뿐 조례에의 위임입법은 어떤 범위 내에서 어떤 기준에 의하여 위임할 수 있는지에 관하여 명시적 규정을 두고 있지 않다. 살피건대, 지방자치단체는 헌법상 자치입법권이 인정되고, 법령의 범위 안에서 그 권한에 속하는 모든 사무에 관하여 조례를 제정할 수 있다는 점과 조례는 선거를 통하여 선출된 그 지역의 지방의원으로 구성된 주민의 대표기관인 지방의회에서 제정되므로 지역적인 민주적 정당성까지 갖고 있다는 점을 고려하면, 조례에 위임할 사항은 헌법 제75조 소정의 행정입법에 위임할 사항보다 더 포괄적이어도 헌법에 반하지 않는다고 할 것이다. … 따라서 조례에 있어서 위임범위의 포괄성과 이 사건 법률규정의 내용을 고려해 볼 때, 이 사건 법률규정이 조례에 있어서 위임입법의 한계를 벗어난 것이라고 볼 수 없다. (2004.9.23. 2002헌바76)

2022년도 언어논리영역 (나)책형

문 1. 정답 ②

유형 정보확인　내용영역 인문　난이도 ★☆☆

[정답해설]

② 2문단에 따르면 호포론과 구포론은 대변통의 일종으로 신분에 관계없이 균등한 군역 부과를 실현하려는 대책이었는데, 3문단에 따르면 대변통의 실시는 양반의 특권을 폐지하는 것이었으므로 양반층이 강력히 저항했다. 이와 달리 상민이 부담해야 하는 군포를 감축하고 그 재정 결손에 대해서만 양반에게서 군포를 거두자는 감필결포론에 대해 양반들은 일정 정도 긍정적인 반응을 보였다.

[오답해설]

① 2문단에 따르면 구포론은 16세 이상의 모든 남녀에게 군포를 거두자는 주장이었고, 결포론은 토지를 소유한 자에게만 차등 있게 군포를 거두자는 주장이었다. 양인 중에는 토지를 소유하지 않은 이도 있었을 것이므로 결포론에 따라 군포를 내는 양인보다는 구포론에 따라 군포를 내는 양인의 수가 더 많을 것이다. 하지만 각 주장에 따를 때 군포를 걷는 양은 지문에서 비교하지 않으므로, 구포론과 결포론 중 어느 쪽이 양인의 군포 부담이 더 컸는지 비교할 수는 없다.

③ 2문단에 따르면 대변통은 균등한 군역 부과 실현이 목적이고, 소변통은 상민의 군역 부담을 줄여 폐단을 완화하는 것이 목적인 대책이다. 3문단에 따르면 균역법은 소변통에 속하는 감필결포론을 제도화한 것이므로 균등 과세의 원칙을 실현한 것이라고 볼 수 없다. 또한 이 제도를 통해 양반이 지게 된 부담은 양반을 상민과 동등한 군역 대상자로 본 결과가 아니라 재정 결손을 보충하기 위한 양보에 불과한 것이었다. 따라서 이 제도를 통해 양반의 면세특권이 폐지되었다고 보기는 어렵다.

④ 2문단에 따르면 토지를 소유한 자에게만 차등 있게 군포를 거두자는 결포론은 경제 능력에 따라 군포를 징수하여 공평한 조세 부담의 이상에 가장 가까운 방안이었다. 하지만 신분에 관계없이 식구 수에 따라 가호를 등급으로 나누고 등급에 따라 군포를 부과하자는 호포론은 가호의 등급을 적용한다 하더라도 가호마다 군포 부담이 균등할 수 없다는 문제가 있었으므로, 균등한 군역 부과의 이상에 충실한 개혁안이었다고 볼 수 없다.

⑤ 2문단에 따르면 구포론은 귀천에 관계없이 16세 이상의 모든 남녀를 군포 부과 대상으로 규정하였고, 호포론은 신분에 관계없이 식구 수에 따라 군포를 거두어야 한다고 주장하였다.

문 2. 정답 ④

유형 정보확인　내용영역 인문　난이도 ★★☆

[정답해설]

④ 1문단에 따르면 관청(선혜청)에서 물건 값을 선불로 지급하고 납품받는 방식은 원공이며, 이는 1768년(18세기)에 폐지되었다. 2문단에 따르면 18세기 목재 운송을 맡았던 배는 조세선보다는 군선과 사선의 비중이 커졌지만, 원거리 운송은 여전히 조세선이 담당했다. 따라서 1768년의 원거리 운송 역시 조세선이 담당했을 것이다.

[오답해설]

① 1문단에 따르면 관영 공사에 필요한 재료는 도감에서 직접 구하거나 공인으로부터 공급받는 두 가지가 있었는데, 그중 공인은 다시 전인과 도고 상인으로 나뉘었다. 선혜청에서 물건 값을 선불로 지급하고 납품받는 방식인 원공은 전인이 담당했는데, 이 경우 시가보다 물건 값을 많이 받을 수 있었다. 그런데 도감에서 물건을 납품받을 때 그 값이 어떠했는지는 지문을 통해 알 수 없다. 따라서 도감에 납품하는 것보다 선혜청에 목재를 납품하는 것이 더 큰 수익을 올릴 수 있었는지 또한 지문을 통해 알 수 없다.

② 1문단에 따르면 목상은 수요가 많은 작은 목재만 취급했기 때문에, 관영 공사에 사용되는 재료는 도감에서 직접 구하거나 공인으로부터 공급받아야 했다. 19세기부터 관영 공사의 목재 공급 및 운송을 주로 목상이 담당하게 되었는지는 지문을 통해 알 수 없다. 또한 3문단에 따르면 관영 공사에 필요한 건축 재료를 구하고 운송하는 책임은 영역부장에게 있었는데, 1789년(18세기)에 패장이 설치되어 이를 대신하게 되었고, 영역부장은 도감의 최하위 관리직으로 실무를 맡았다. 즉, 영역부장이 19세기에 폐지되었는지 역시 지문을 통해 알 수 없다.

③ 3문단에 따르면 도청은 재료의 반입 및 공사장의 검수 등 행정 전반을 진두지휘하였고, 지방의 관영 공사에 필요한 재료 구입은 지방 감영 소속의 군수나 만호가 담당했다. 그런데 건축 재료의 하역과 각 창고까지의 운송은 1707년(18세기 초)부터는 마계가 전담하였지만, 17세기까지는 백성들의 부역 노동으로 해결하였다. 따라서 목재의 운송은 시기에 따라 마계가 했을 수도 있고, 백성들이 했을 수도 있다.

⑤ 3문단에 따르면 1789년(18세기) 패장이 설치되기 전까지는 영역부장이 관영 공사에 필요한 건축 재료를 구하고 운송하는 책임을 지고 있었다. 1문단에 따르면 관영 공사에 필요한 재료는 도감에서 구하거나 공인(전인, 도고 상인)으로부터 공급받을 수 있었다. 이에 따르면 도감의 영역부장이 반드시 전인으로부터만 목재를 공급받을 수 있었던 것은 아니며, 도고 상인으로부터 목재를 구입하였을 수도 있다.

문 3. 정답 ①

유형 정보확인　내용영역 사회　난이도 ★★☆

[정답해설]

① 3문단에 따르면 죄책감은 부정적 평가의 원인이 된 특정 잘못, 실수 등을 숨기지 않고 교정, 보상, 원상 복구하는 데 집중하는 반면, 수치심은 자신에 대한 부정적 평가를 만회하기보다는 은폐나 회피를 목적으로 하는 심리적 방어기제를 동원한다. 즉, 수치심을 느끼는 사람과 죄책감을 느끼는 사람 중 잘못을 감추려는 사람은 수치심을 느끼는 사람이며, 잘못을 드러내는 사람은 죄책감을 느끼는 사람이다. 2문단에 따르면 부정적 자기 평가에서 수치심은 자아에 대한 전반적인 공격이고, 죄책감은 행위와 관련된 자아의 부분적인 문제이다. 따라서 잘못을 감추려는 사람이 잘못을 드러내는 사람보다 자기 평가에서 부정하는 범위가 넓다.

[오답해설]

② 1문단에 따르면 수치심과 죄책감 모두 부정적 상황에서 나타나는 자의식적, 자기 평가적인 2차 감정이다. 3문단에 따르면 죄책감은 자신에 대한 부정적 평가를 만회하려 하는 반면, 수치심은 은폐나 회피를 목적으로 하는 심리적 방어기제를 동원한다. 따라서 이 두 감정이 작동시키는 심리적 방어기제는 동일하지 않다.

③ 1문단에 따르면 수치심과 죄책감 모두 부정적 상황에서 나타나는 자의식적, 자기 평가적인 감정이다. 2문단에 따르면 부정적 상황에서 수치심은 부정적인 자신을 향해, 죄책감은 자신이 한 부정적인 행위를 향해 심리적 공격의 방향을 맞춘다. 즉, 죄책감은 행위자와 행위를 분리하지만 수치심은 그렇지 않다.

④ 2문단에 따르면 수치심은 자아에 대한 전반적인 공격이 되어 심리적 충격이 크다. 하지만 그 역으로 심리적 충격을 크게 받는 성향의 사람이 수치심을 느끼기 쉬운지는 지문을 통해 알 수 없다.

⑤ 1문단에 따르면 수치심과 죄책감은 내면화된 규범에 비추어 부정적으로 평가받는 일을 했거나 그러한 상황에 처한 것을 공통의 조건으로 삼는다. 그런데 외부의 규범에 반하는 부정적인 일을 했을 때 죄책감이 발생하는지는 지문을 통해 알 수 없다.

문 4. 정답 ②

유형 정보확인　내용영역 과학기술　난이도 ★☆☆

[정답해설]

② 4문단에 따르면 이산화하는 방법을 달리하여 현대 디지털 통신 체계와 같이 이진 부호 체계를 도입해 아궁이에 불을 지핀 경우를 1로, 지피지 않은 경우를 0으로 하여 이산화하면 봉수에서도 원리상 5가지 이상의 정보를 전달할 수 있다. 이 경우 가능한 정보의 수는 2×2×2×2×2=32가지이다.

[오답해설]

① 2문단에 따르면 변조는 부호화된 정보를 전송 매체의 성질에 맞는 형태로 바꾸는 과정이다. 3문단에 따르면 봉수의 신호는 불빛이나 연기의 형태로 바뀌어 전송되므로 이산화된 수만큼 불을 지피는 것으로 변조한다. 따라서 아궁이에 불을 지피는 것은 변조 과정에 해당한다.

③ 2문단에 따르면 정보를 송신하기 위해서는 먼저 보내려고 하는 정보를 송수신자가 합의한 일정한 규칙에 의거하여 부호로 변환시켜야 한다. 따라서 부호화 규칙을 알지 못한다면 수신자는 올바른 정보를 복원할 수 없다.

④ 1문단에 따르면 봉수대에서는 낮에는 연기를, 밤에는 불빛을 이용하여 정보를 전달한다. 그리고 3문단에 따르면 불을 지피는 변조 과정을 통해 봉수의 신호가 불빛이나 연기의 형태로 변환되어 전송된다. 즉, 봉수대에서 변조된 신호의 형태는 낮과 밤이 다르다.

⑤ 3문단에 따르면 봉수의 송신 체제는 '아무 일도 없음', '적이 출현했음', '적이 국경에 다가오고 있음', '국경을 넘었음', '피아간에 전투가 벌어지고 있음'이라는 다섯 가지의 정보를 위급한 순서에 따라 가장 덜 위급한 것부터 1, 2, 3, 4, 5의 수에 대응시켜 이산화한다. 즉, '적이 출현했음'은 '아무 일도 없음' 다음으로 덜 위급한 정보로 2에 해당하는 정보이다. 따라서 두 곳에서 연기가 피어오른 봉수 신호가 이에 해당한다.

문 5. 정답 ⑤

유형 논증분석　내용영역 인문　난이도 ★☆☆

[정답해설]

⑤ 필자는 1문단과 2문단에서 제시된 '문화마다 다른 기준은 자신의 문화에서 만들어진 이론만 수용하도록 만들 것'이라는 상대주의자들의 주장을 3문단에서 반박하고 있다. A그룹이 만든 이론이 A그룹뿐만 아니라 B그룹의 기준에도 충족되는 경우, 다른 문화에서 만들어진 이론이라 할지라도 B그룹에서는 이를 받아들인다는 것이다. 따라서 해당 논지는 이러한 지문의 예시를 통해 알 수 있는 지문의 핵심 논지라고 볼 수 있다.

[오답해설]

① 3문단에 따르면 데카르트주의자들은 뉴턴 물리학이 데카르트 물리학보다 데카르트적 기준을 잘 만족했기 때문에 뉴턴 물리학을 받아들였으므로, 분명히 과학 이론 중에는 다양한 문화의 평가 기준을 만족하는 것이 존재한다. 하지만 이것은 필자의 주장을 뒷받침하는 사례의 일부일 뿐, 지문의 핵심 논지로는 보기 어렵다.

② 이론 선택이 문화의 상대적인 기준에 따라 이루어진다는 것은 1~2문단에 나타난 상대주의자들의 주장이다. 필자는 3문단에서 반례를 제시하며 이를 반박하고 있다.

③ 3문단에 따르면 A그룹이 만든 이론이 A, B그룹의 기준을 모두 만족할 경우, B그룹도 이 이론을 받아들인다. 즉, 다른 이론보다 탁월한 이론을 자기 문화의 기준으로 평가하지 않는 것이 아니라 자기 문화의 기준을 만족하기 때문에 탁월한 이론으로 여기고 받아들이는 것이다.

④ 2문단에 따르면 엄밀한 예측 가능성과 실용성은 상대주의자들의 주장을 뒷받침하는 특정 사례의 기준으로 사용되었을 뿐, 이 기준이 고정되어 있는지 아닌지의 여부는 지문의 핵심 논지와는 관련이 없다.

문 6. 정답 ⑤

유형 정보추론　내용영역 인문　난이도 ★★☆

[정답해설]

⑤ ⓜ에는 앞의 내용과는 상반된 의미의 예시 문장이 들어가야 한다. ⓜ의 앞 내용에 따르면 이미 알려진 정보는 초점의 대상이 아니므로, '은/는'의 경우 주어보다는 서술어 쪽에 초점이 놓인다. ⓜ의 뒤 내용에 따르면 ⓜ에 들어갈 문장은 서술어 대신 주어에 초점이 놓이므로, 조사 자리에 '은/는'이 들어가서는 안 된다. 따라서 "영미는 노래를 잘 한다."가 ⓜ에 들어가는 것은 적절하지 않다.

[오답해설]

① ㉠에는 "이 꽃이 그늘에서는 잘 자란다."와 같이 주어 자리가 아닐 때 '은/는'이 대조의 의미를 나타냄을 알 수 있는 예시 문장이 들어가야 한다. "그 작가는 원고를 만년필로는 쓰지 않는다."는 작가가 만년필이 아닌 필기구로는 원고를 쓴다는 의미를 함축하고 있으므로, ㉠ 앞의 예시와도 그 의미가 일치한다.

② ㉡에는 주어 자리에 쓰인 '은/는'이 의미상 대조됨을 알 수 있는 예시 문장이 들어가야 한다. "소나무는 상록수이고, 낙엽송은 그렇지 않다."는 소나무가 가지고 있는 특성을 낙엽송은 가지고 있지 않다는 의미를 나타내는 문장이므로, 주어 자리에 쓰인 '은/는'이 대조의 의미를 나타내고 있다.

③ ㉢에는 주격조사 '이/가'가 특별한 의미를 대표할 필요가 없고, 이에 대한 잘못된 예시 문장이 들어가야 한다. 3문단에 따르면 다른 것은 전혀 고려하지 않고 단지 바람 부는 현상을 말할 때에는 주격조사 '이/가'를 붙여 "바람이 분다."로 해야 한다. "바람은 분다."는 이에 대한 잘못된 예시로, ㉢에 들어갈 문장으로 적절하다.

④ ㉣에는 '은/는'에 대한 잘못된 예시 문장이 들어가야 한다. ㉣의 앞 내용에 따르면 '은/는'의 경우 새로 등장하는 대상이 아니라 이미 알려진 대상일 경우를 지칭할 때 사용된다. 따라서 적절한 예시는 "그 사람은 결국 시험에 합격하였다."지만, ㉣에는 잘못된 예시가 들어가야 하므로 "그 사람이 결국 시험에 합격하였다."는 ㉣에 들어갈 문장으로 적절하다.

문 7. 정답 ③

유형 정보추론　내용영역 인문　난이도 ★★☆

[정답해설]

㉠: ㉠에는 고유어에 대한 특징을 올바르게 설명하고 있는 내용이 들어가야 한다. 2문단에 따르면 벼락·서랍·썰매와 같은 고유어는 벽력(霹靂)·설합(舌盒)·설마(雪馬)라는 한자어의 형태가 변한 것이다. 또한 3문단에 따르면 한자어는 한자로 표기될 수 있다는 점에서 고유어와 구분된다. 다시 말하면, 고유어는 한자로 표기될 수 없다. 이를 종합하여 보면, ㉠에는 '본디 한자어였던 것이 형태가 바뀌어 한자 표기를 할 수 없게 된 것이다.'가 들어가는 것이 적절하다.

㉡: ㉡에는 한자어에 대한 특징을 올바르게 설명하고 있는 내용이 들어가야 한다. 3문단에 따르면 한자어는 중국에서 차용한 말들 이외에도 일본에서 만들어져 수입된 것도 있고, 우리나라에서 만들어진 것도 있다. 즉, 한자어라고 해서 모두 중국에서 유래한 단어들은 아닌 것이다. 따라서 ㉡에는 '한자어가 한자로 표기된다고 해서 모두 중국에서 유래된 것은 아니다.'가 들어가는 것이 적절하다.

문 8. 정답 ④

유형 정보확인　내용영역 인문　난이도 ★★☆

[정답해설]

ㄴ. 4문단에 따르면 다섯벌식 타자기는
　① 가로로 긴 모음과 어울려 쓰는 초성 자음 한 벌
　② 세로로 긴 모음과 이 모음이 들어간 이중모음과 어울려 쓰는 초성 자음 한 벌
　③ 받침이 있을 때 쓰는 모음 한 벌
　④ 받침이 없을 때 쓰는 모음 한 벌
　⑤ 종성 자음 한 벌

로 구성된다. '밤'의 'ㅏ'는 받침이 있을 때 쓰는 모음에 해당하므로 글쇠 ③을 사용하고, '나'의 'ㅏ'는 받침이 없을 때 쓰는 모음에 해당하므로 글쇠 ④를 사용한다. 따라서 두 'ㅏ'를 쓰기 위해 사용하는 글쇠는 다르다.

ㄷ. 5문단에 따르면 네벌식 타자기는
 ⓐ 세로로 긴 모음과 어울려 쓰는 초성 자음 한 벌
 ⓑ 세로로 긴 모음이 들어간 이중모음과 어울려 쓰는 초성 자음 한 벌
 ⓒ 모음 한 벌
 ⓓ 가로로 긴 모음과 어울려 쓰는 초성 자음 한 벌(종성 자음을 입력할 때도 사용)=다섯벌식 타자기의 ①과 같은 글쇠

로 구성된다. 다섯벌식 한글 타자기에서 '꿈'의 'ㅁ'은 종성 자음에 해당하므로 글쇠 ⑤를 사용하고, '목'의 'ㅁ'은 가로로 긴 모음과 어울려 쓰는 초성 자음에 해당하므로 글쇠 ①을 사용한다. 하지만 네벌식 한글 타자기에서는 가로로 긴 모음과 어울려 쓰는 초성 자음 한 벌이 종성 자음 글쇠를 입력할 때도 사용되므로, '꿈'의 'ㅁ'과 '목'의 'ㅁ' 모두 글쇠 ⓓ를 사용한다.

[오답해설]

ㄱ. 2문단에 따르면 한글은 초성, 중성, 종성을 한 음절로 모아쓰는 문자이기 때문에 타자기가 자음 또는 모음을 찍을 때마다 종이가 움직이면 받침을 제자리에 찍을 수 없다. 그렇기 때문에 한글 타자기는 영문 타자기처럼 하나의 자음이나 모음을 찍을 때마다 종이가 움직이는 움직글쇠로만 구성되어서는 안 되며, 글쇠 중 일부는 자음 또는 모음이 찍혀도 종이가 움직이지 않는 안움직글쇠여야 한다. 따라서 받침이 있는 글자의 모음에 대한 글쇠는 안움직글쇠이다.

문 9. 정답 ②

유형 논증분석 내용영역 논리학 난이도 ★★☆

지문에 제시된 조건을 기호화하면 '셀카 ↔ 저작권'이므로 나루토의 사진이 셀카가 아니라면 ㉠을 이끌어 낼 수 있다. 나루토가 찍은 사진이 셀카로 인정받기 위해서는 다음 조건이 필요하다.

1) 직접 카메라를 사용해 찍었음
2) 자기 모습을 찍으려는 의도가 있음
3) 자기 모습을 찍으려는 의도를 실현할 능력이 있음

나루토에게 뺏겼던 카메라에는 나루토의 모습이 카메라에 찍혀 있었고, 나루토가 카메라를 특별히 잘 다루는 원숭이였으므로 조건 1)과 3)은 충족된다. 따라서 ㉠을 이끌어내기 위해서는 나루토가 찍은 사진이 2) 자기 모습을 찍으려는 의도가 없었음을 보여야 한다.

[정답해설]

② 선지 진술의 대우명제는 '~자아를 가짐 → ~자기 모습을 찍으려는 의도가 있음'이다. 2문단에 따르면 나루토는 자아가 없으므로 선지가 전제로 추가되면 자기 모습을 찍으려는 의도가 없다는 결론을 도출할 수 있다. 따라서 선지의 진술이 추가되면 ㉠을 이끌어낼 수 있다.

[오답해설]

① 선지 진술을 기호화하면 '~자아를 가짐 → ~흉내 냄'이다. 나루토는 인간의 행위를 흉내 냈으므로 선지의 진술이 추가될 경우 나루토가 자아를 가진다는 결론이 도출된다. 하지만 이는 나루토는 자아가 없다는 지문의 내용과 모순된다.

③ 선지 진술을 기호화하면 '자아를 가짐 → 자기 모습을 찍으려는 의도를 실현할 능력이 있음'이다. 2문단에 따르면 나루토는 자아가 없고 자기 모습을 찍으려는 의도를 실현할 능력이 있다는 사실을 알 수 있는데, 선지의 진술이 추가되어도 2)에 해당하는 진술을 이끌어낼 수는 없으므로, ㉠ 또한 이끌어낼 수 없다.

④ 선지 진술을 기호화하면 '자기 모습을 찍으려는 의도가 있음 → 사진에 대한 저작권이 있음'이다. 지문의 진술만으로는 해당 진술의 전건과 후건 중 무엇이 참인지를 파악할 수 없다. 선지의 진술이 추가되어도 2)에 해당하는 진술을 이끌어낼 수는 없으므로, ㉠ 또한 이끌어낼 수 없다.

⑤ 선지 진술을 기호화하면 '~자기 모습을 찍으려는 의도를 실현할 능력이 있음 → ~흉내 냄'이다. 2문단에 따르면 나루토는 인간의 행위를 흉내 냈다. 선지의 진술이 추가될 경우 나루토는 자기 모습을 찍으려는 의도를 실현할 능력이 있다는 결론을 낼 수 있다. 하지만 자기 모습을 찍으려는 의도가 있었는지 여부에 대해서는 여전히 알 수 없어 ㉠ 또한 이끌어낼 수 없다.

문 10. 정답 ⑤

유형 형식논리 내용영역 논리학 난이도 ★★☆

[정답해설]

㉠: 지문의 대화에 따르면 갑이 걱정하는 것은 'C ∨ D'가 도출되는 상황이며, ㉠이라고 가정할 때 'C ∨ D'가 도출된다. ㉠과 연관된 지문의 논증을 다음과 같이 재구성할 수 있다.

1. ~A → C
2. ~B → D
3. ㉠

∴ C ∨ D

㉠에는 결론을 도출하기 위한 전제가 들어가야 한다. 결론에 해당하는 내용은 'C ∨ D'이므로 이를 도출하려면 '~A ∨ ~B'에 해당하는 내용이 ㉠에 들어가야 한다. 따라서 ㉠에 들어갈 내용은 'A와 B 중 적어도 하나는 사용하지 않아야 한다'가 된다.

㉡: 지문에 따르면 갑이 걱정하는 상황인 'C ∨ D'가 도출되지 않으려면 ~(~A ∨ ~B) ≡ 'A ∧ B'가 제시되어야 한다.

을은 '~E ∧ ~F → A ∧ B'임을 제시하면서, '~E ∧ ~F'가 참이기 때문에 'A ∧ B'가 도출되어 걱정할 필요가 없다고 주장한다.

갑이 'F'가 참이라 진술하면서 '~E ∧ ~F'가 참이라는 을의 진술은 부정된다. 하지만 을은 그럼에도 걱정할 필요가 없다고 진술하는데, 이는 다른 조건에 따라 'A ∧ B'가 도출된다는 것을 의미한다. 지문의 대화에 따르면 갑의 마지막 진술에 따라 '~G'가 참이고, ㉡이라고 가정할 때 'A ∧ B'가 도출된다. ㉡과 연관된 지문의 논증을 다음과 같이 재구성할 수 있다.

1. F
2. ㉡
3. ~G

∴ A ∧ B

㉡에는 결론을 도출하기 위한 전제가 들어가야 한다. 결론에 해당하는 내용은 'A ∧ B'이므로 이를 도출하려면 'F ∧ ~G → A ∧ B'에 해당하는 내용이 ㉡에 들어가야 한다. 따라서 ㉡에 들어갈 내용은 'F를 사용하고 G를 사용하지 않을 경우, A와 B를 모두 사용해야 한다'가 된다.

문 11. 정답 ⑤

유형 형식논리 내용영역 논리학 난이도 ★★★

갑~병의 영역별 기준 충족 사항을 표로 정리하면 다음과 같다.

	성적	봉사	외국어	윤리	체험
갑	○	×	×	알 수 없음	알 수 없음
을	×	○	○	○	○
병	○	알 수 없음	알 수 없음	○	알 수 없음

성적을 제외한 모든 기준을 충족한 을이 재단 장학금의 수혜자가 아니므로, 재단 장학금의 수혜자가 되기 위해서는 성적 기준을 반드시 충족해야 한다. 그런데 성적 기준을 충족한 갑이 동창회 장학금의 수혜자가 아니라는 것은 갑이 재단 장학금의 수혜자임을 의미한다. 갑은 봉사, 외국어 영역 기준을 충족하지 못하였으므로 봉사, 외국어 영역은 기준이 될 수 없다. 따라서 장학금 수혜자 선정 시 고려하는 두 가지 기준은 (성적, 윤리/체험 중 하나)로 정리할 수 있다.

조건 3에 따르면 성적 영역과 윤리 영역 기준을 충족한 병이 동창회 장학금을 받았으므로 윤리 영역은 고려하는 기준이 아님을 알 수 있다. 따라서 재단 장학금과 동창회 장학금에서 고려하는 기준은 성적 영역과 체험 영역이다.

[정답해설]
ㄱ. 성적 영역만 충족한 경우 한 영역의 기준만을 충족하므로 동창회 장학금 수혜자가 된다.
ㄴ. 성적 영역과 체험 영역 기준을 모두 충족해야 재단 장학금 수혜자가 될 수 있으므로, 체험 영역을 기준을 충족하지 못한 경우 재단 장학금 수혜자가 될 수 없다.
ㄷ. 봉사 영역과 외국어 영역은 장학금 수혜자를 선정할 때 고려하는 사항이 아니다. 따라서 이 두 영역 기준만 충족한 학생은 어느 장학금의 수혜자도 될 수 없다.

문 12. 정답 ⑤

유형 형식논리 　 내용영역 논리학 　 난이도 ★★★

조건 1에 따라 을과 병이 배치된 도시에 갑과 정은 배치될 수 없다.
조건 2에 따라 사무관들은 각각 한 도시에만 배치된다.
조건 5에 따라 을과 병은 같은 시에 배치되고, 조건 7에 따라 D 시에는 한 명만 배치되므로 을과 병은 D 시에 배치되지 않는다.

[정답해설]
⑤ 정이 D 시에 배치되지 않으면 조건 7에 따라 갑이 반드시 D 시에 배치되고, 조건 6의 후건 부정에 따라 병은 B 시에 배치되지 않는다. 병이 B 시에 배치되지 않으면 조건 5에 따라 을 역시 B 시에 배치될 수 없다.

	A 시	B 시	C 시	D 시
갑	×	×	×	○
을		×		×
병		×		×
정				×

[오답해설]
① 갑이 C 시에 배치될 경우 조건 7에 따라 정은 D 시에 배치된다. 이 경우 을과 병은 A 시뿐만 아니라 B 시에도 배치될 수 있다.

	A 시	B 시	C 시	D 시
갑	×	×	○	×
을			×	×
병			×	×
정	×	×	×	○

② 을이 B 시에 배치되지 않는 경우 을과 병은 A 시 또는 C 시에 배치된다. 을과 병이 A 시 또는 C 시에 배치되면 갑이 D 시에 배치되는 것도, 정이 D 시에 배치되는 것도 가능하다. 따라서 이 경우 정이 반드시 D 시에 배치되는 것은 아니다.

	A 시	B 시	C 시	D 시
갑	×	×		
을	○	×	×	×
병	○	×	×	×
정	×			

	A 시	B 시	C 시	D 시
갑		×		
을	×	×	○	×
병	×	×	○	×
정			×	

③ 병이 C 시에 배치되면 조건 5에 따라 을도 C 시에 배치된다. 조건 3의 후건 부정에 따라 갑은 A 시에 배치되지 않는다. 갑은 A~C 시 모두에 배치되지 않으므로 반드시 D 시에 배치된다.

	A 시	B 시	C 시	D 시
갑	×	×	×	○
을	×	×	○	×
병	×	×	○	×
정			×	×

④ 정이 D 시에 배치되면 조건 7에 따라 갑은 D 시에 배치될 수 없다. 이 경우 갑은 A 시 또는 C 시에 배치될 수 있다. 따라서 갑이 반드시 A 시에 배치되는 것은 아니다.

	A 시	B 시	C 시	D 시
갑		×		×
을				×
병				×
정				○

문 13. 정답 ④

유형 논증분석 　 내용영역 논리학 　 난이도 ★★☆

지문에 제시된 진술을 기호화하면 다음과 같다.
㉠ "신이 존재하지 않는다."가 참
㉡ "신이 존재한다."가 무의미함
㉢ 어떤 문장의 부정문이 의미가 있음 → 그 문장은 의미가 있는 문장임
㉣ "신이 존재한다."가 참인지 거짓인지 알 수 없음

[정답해설]
ㄱ. ㉡은 "신이 존재한다."라는 문장이 무의미하다는 진술이므로 ㉢의 후건을 부정한다. 이에 따르면 ㉢의 전건 역시 부정되어 '~어떤 문장의 부정문이 의미가 있음'이 도출된다. 따라서 ㉡에 포함된 문장을 부정한 "신이 존재하지 않는다." 역시 무의미하다는 진술을 도출할 수 있다.
ㄷ. 〈보기〉 ㄷ에 추가된 전제를 기호화하면 '의미가 없는 문장 → 그 문장이 참인지 거짓인지 알 수 없음'이다. ㉡은 "신이 존재한다."라는 문장이 무의미하다는 진술이므로 추가된 전제의 전건을 긍정한다. 이에 따르면 추가된 전제의 후건 역시 긍정되어 '"신이 존재한다."가 참인지 거짓인지 알 수 없음'이 도출된다.

[오답해설]
ㄴ. ㉡을 부정하면 "신이 존재한다."가 의미 있다는 진술이 도출된다. A에 따르면 참, 거짓을 판단할 수 있는 문장만 의미가 있으므로 "신이 존재한다."는 참, 거짓을 판단할 수 있는 문장이다. 이에 따르면 ㉣은 도출되지 않는다. 그리고 "신이 존재한다."가 참이 되어 ㉠이 도출되지 않는 경우를 가정할 수 있다. 따라서 "신이 존재한다."가 의미 있다는 진술로부터 ㉠과 ㉣ 중 적어도 하나가 도출된다고 볼 수는 없다.

문 14. 정답 ①

유형 정보추론 　 내용영역 과학기술 　 난이도 ★★★

지문에 제시된 실험의 조건과 결과를 표로 정리하면 다음과 같다.

접근 \ 그룹	1 그룹	2 그룹	3 그룹	4 그룹	5 그룹	6 그룹
대형 포유류	○	×	×	×	×	×
소형 포유류	○	○	×	×	×	×
곤충	○	○	○	×	○	×
진균류	○	○	○	○	×	×

	1 그룹	2 그룹
(포유류에 의한) 포식량	25%	7%

	1 그룹	2 그룹	3 그룹	4 그룹	5 그룹	6 그룹
발아율	차이 없음					현저히 낮음

[정답해설]

① 1문단에 따르면 발아율은 씨앗 포식의 정도를 알려주는 지표이다. 2문단에 따르면 1~5 그룹의 발아율은 차이가 없으므로 해당 그룹의 씨앗 포식량 역시 차이가 없음을 알 수 있다. 1~5 그룹 모두 접근 가능한 포유류의 종류가 달랐음에도 불구하고 포식량은 같았다는 것은 한 종류의 씨앗 포식자가 사라지면 사라진 씨앗 포식자의 포식량을 남은 씨앗 포식자들이 채웠음을 의미한다. 따라서 씨앗 포식자가 사라지면 다른 씨앗 포식자들의 포식량이 증가해 전체 씨앗 포식량이 변화하지 않았음을 실험 결과로 보는 것이 적절하다.

[오답해설]

② 한 종류의 씨앗 포식자가 사라졌어도 남은 씨앗 포획자의 씨앗 포식량은 변화하지 않았다는 결과가 도출되기 위해서는 3~5 그룹의 포식량이 1~2 그룹보다 적어야 한다. 하지만 1~5 그룹의 발아율은 차이가 없으므로 선지의 내용을 적절한 실험 결과라고 볼 수 없다.

③ 1~2 그룹은 포유류가 존재하는 반면, 3~5 그룹은 포유류가 존재하지 않음에도 1~5 그룹의 발아율이 차이가 없었다. 포유류가 사라진 결과 남은 씨앗 포식자의 씨앗 포식량이 변화했다는 진술은 일부 그룹에서 일어난 현상만을 설명하므로 선지의 내용을 적절한 실험 결과로 볼 수 없다.

④ 1 그룹과 2 그룹을 비교하면, 1 그룹은 2 그룹에 비해 씨앗 포식자의 종류가 늘어났다고 볼 수 있다. 그런데 두 그룹을 비교할 때 '기존 포식자'라고 볼 수 있는 진딧물, 곤충, 소형 포유류가 각각 어느 정도의 씨앗 포식량을 보였는지를 실험에서 설명하지 않는다. 즉, 지문의 실험 결과만으로는 씨앗 포식자의 종류가 늘어났을 때 특정 포식자의 씨앗 포식량이 변했는지, 그렇지 않은지를 설명할 수는 없다. 따라서 선지의 내용을 적절한 실험 결과라고 볼 수 없다.

⑤ 포식자의 유무와 관계없이 씨앗 발아율이 변화하지 않는다는 결과가 도출되기 위해서는 1~6 그룹의 발아율이 모두 차이가 없어야 한다. 그러나 포식자가 존재하지 않는 6 그룹의 발아율이 현저히 낮았으므로 선지의 내용을 적절한 실험 결과라고 볼 수 없다.

문 15. 정답 ③

유형 **논증평가**   내용영역 **논리학**   난이도 ★★☆

[정답해설]

ㄱ. 입장 X는 대상자와 관련된 이해관계가 중요할수록 평가자는 대상자에게 더 엄격한 기준을 적용한다고 본다. 사례 2에 따르면 서현은 반드시 A 학점을 받아야 하는 동기가 존재하기 때문에 희수보다 이해관계가 더 중요한 상황이다. 즉, ㉠이 강화되기 위해서는 m(희수의 검토 횟수)보다 n(서현의 검토 횟수)의 값이 더 커야 한다. 따라서 m이 n보다 훨씬 더 작다면 ㉠은 강화된다.

ㄷ. 서현이 학점과 상관없이 장학금을 받게 된다면, 반드시 A 학점을 받아야 한다는 이해관계가 사라지게 된다. 입장 X에 따르면 대상자와 관련된 이해관계가 중요할수록 더 엄격한 기준이 적용되는데, 여기서 이해관계가 사라질 경우 ㉠이 강화되기 위해서는 n의 값이 줄어들어야 한다. 그런데 n에 변화가 없다면 이는 ㉠과 상반된 결과이므로 ㉠은 약화된다.

[오답해설]

ㄴ. 입장 X는 대상자와 관련된 이해관계가 중요할수록 더 엄격한 기준이 적용된다고 본다. 즉, 대상자의 이해관계가 아닌 평가자의 이해관계는 ㉠의 강화 여부와는 관련이 없다. 따라서 평가자의 이해관계가 중요할수록 m이 커진다 해도 ㉠은 강화되지 않는다.

문 16. 정답 ②

유형 **논증평가**   내용영역 **사회**   난이도 ★★☆

지문에 나타난 A~C의 입장과 비판점을 정리하면 다음과 같다.

A: 응보주의의 전통적인 입장. 처벌은 범죄와 동일한 유형의 행위로 이루어져야 정의롭다.

A에 대한 비판: 동일한 유형의 행위로 처벌할 수 없는 범죄들이 존재하기 때문에 현실적으로 적용할 수 없다.

B: A의 기본적 관점 수용. 범죄가 발생시킨 고통의 양과 정확히 동일한 고통의 양을 부과하는 형벌로도 정의를 달성할 수 있다.

B에 대한 비판: 고문과 같은 극악무도한 범죄의 경우 동일한 유형의 행위로 처벌하지 않으면 범죄가 유발한 고통의 양에 상응하는 처벌을 할 수 없다.

C: 형벌이 범죄가 초래한 고통의 양에 의존할 필요는 없으며, 범죄의 엄중함에 비례하는 무거운 형벌로 처벌하는 것만으로도 충분하다. 한 사회의 모든 형벌을 무거운 것 ⇒ 가벼운 것 순으로 나열하고 범죄의 경중을 따져 배열 순서대로 적용하여 처벌하면 정의가 달성될 수 있다.

[정답해설]

ㄴ. B는 범죄가 발생시킨 고통의 양과 정확히 동일한 고통의 양을 부과하는 형벌로도 정의를 달성할 수 있다고 본다. 하지만 범죄와 형벌로 인해 야기되는 고통의 양을 측정하기 어렵다면, 이러한 B의 입장은 약화된다. C는 형벌이 범죄가 초래한 고통의 양에 의존할 필요는 없으며, 범죄의 엄중함에 비례하는 형벌로 처벌하는 것만으로도 충분하다고 본다. 즉, C는 고통의 양을 측정할 수 없어도 범죄의 경중을 따져 그에 상응하는 형벌로 처벌하는 것이 가능하다는 입장이므로 범죄와 형벌로 인해 야기되는 고통의 양을 측정하기 어렵다고 해서 C의 입장이 약화되지는 않는다.

[오답해설]

ㄱ. A는 응보주의의 전통적인 입장을 고수하며 범죄와 동일한 유형의 행위로 처벌하는 것이 정의롭다고 본다. B는 이러한 A의 기본적인 관점을 수용하고 있지만, A에 대한 비판에 대응하기 위해 동일한 유형의 행위로 처벌할 수 없는 범죄의 경우 범죄가 발생시킨 고통의 양과 동일한 고통의 양을 부과하는 형벌로도 정의를 달성할 수 있다고 본다. 즉, B 역시 범죄와 정확히 동일한 유형의 행위로 처벌하는 것이 정의롭다는 것에 대해 동의하는 입장이다.

ㄷ. A는 범죄와 동일한 유형의 행위로 처벌해야 정의롭다고 주장하고, B는 A의 입장을 받아들이되 범죄가 발생시킨 고통의 양과 정확히 동일한 고통의 양을 부과하는 형벌 역시 정의롭다고 주장한다. 따라서 A와 B는 살인범에게 사형제를 적용하는 것에 찬성할 것이다. 그러나 C는 형벌이 범죄가 초래한 고통의 양에 의존할 필요는 없으며, 범죄의 엄중함에 비례하는 무거운 형벌로도 충분하다고 본다. 따라서 C의 입장에서는 사형제를 받아들이지 않을 수 있다.

문 17. 정답 ②

유형 **논증평가**   내용영역 **사회**   난이도 ★★☆

지문에 나타난 도덕 상대주의에 대한 갑~병의 비판을 정리하면 다음과 같다.

도덕 상대주의: 도덕적 관습은 사회마다 다르며 옳고 그름에 대한 신념 체계 또한 사회마다 상이하다. 다양한 도덕적 관습과 신념 체계 중 어떤 것이 옳은지 판별할 수 있는 객관적인 기준은 없다.

갑: 동일한 도덕원리가 다른 사회에 적용되면서 다른 관습을 초래한 것일 수 있다. 즉, 관습이 다르더라도 도덕원리는 같을 수 있다.

을: 도덕 상대주의에 따르면 다른 사회의 관습, 신념 체계에 대한 평가는 불가능하기 때문에 이에 대해 침묵해야 하는 의무를 발생시킨다. 이 의무는 모든 사회 구성원이 지켜야 하므로, 도덕 상대주의는 도덕 절대주의의 이념을 수용해야 하는 역설에 빠지게 된다.

병: 도덕 상대주의를 받아들일 경우 사회 관습, 신념 체계의 진보를 말할 수 없다. 하지만 관습, 신념 체계의 진보가 발생했다는 사례가 존재한다. 즉, 도덕 상대주의에 대한 반례가 존재하므로 도덕 상대주의의 내용은 옳지 않다.

[정답해설]

ㄴ. 을은 다른 사회의 관습과 신념 체계에 대한 평가가 불가능하다는 도덕 상대주의의 내용이 역설적이라고 비판하고 있다. 도덕 체계의 우월함과 열등함을 객관적으로 구분할 수 있다고 해도 을의 주장과 충돌하지 않으므로 을의 주장은 약화되지 않는다.

[오답해설]

ㄱ. 갑은 두 사회의 관습이 달라도 그 도덕원리는 동일할 수 있다고 주장한다. 즉, 동일한 도덕원리에서 다른 관습이 초래될 수 있다고 본 것이다. 갑의 주장을 약화하려면 '동일한 도덕원리 → 동일한 관습'에 해당하는 진술이 제시되어야 한다. 그러나 선지의 진술은 '동일한 관습 → 동일한 도덕원리'에 해당하므로 이 진술이 사실이라도 갑의 주장이 약화되는 것은 아니다.

ㄷ. 병은 도덕 상대주의를 받아들이면 사회 관습이나 신념 체계의 진보 여부를 말할 수 없게 되는데, 사회 관습, 신념 체계가 진보했다고 말할 수 있는 사례를 들어 이에 대한 반례가 존재한다고 주장한다. 현재의 관습, 신념 체계가 과거의 것보다 퇴보한 사례 역시 도덕 상대주의의 반례에 해당하므로 이러한 사회가 있다고 해서 병의 주장이 약화되는 것은 아니다.

문 18. 정답 ③

유형 논증평가　내용영역 과학기술　난이도 ★★☆

지문에 제시된 가설 ㉠~㉢에 대해 정리하면 다음과 같다.
㉠ 헨리 고리의 길이가 길수록 더 농축된 오줌을 생산하므로, 큰 포유류는 작은 포유류보다 오줌의 농도가 높다.
㉡ 몸의 크기와 비교한 헨리 고리의 상대적인 길이가 길수록 오줌의 농도가 높다. =RMT가 클수록 오줌의 농도가 높다.
㉢ 헨리 고리 중 유형 B가 차지하는 비중(R)이 작을수록 더 농축된 오줌을 생산한다. 4문단에 따르면 FP 측정값이 작을수록 오줌의 농도가 높다.

[정답해설]

ㄱ. ㉠에 따르면 돼지는 개보다 체중이 더 많이 나가므로(몸집이 더 크므로) 오줌의 농도도 더 높아야 한다. 그런데 FP 측정 결과에 따르면 어는점이 돼지보다 개가 더 낮다. 즉, 개의 오줌이 돼지의 오줌보다 농도가 더 높은 것이다. 따라서 이러한 측정 결과는 ㉠을 약화한다.

ㄴ. ㉡에 따르면 캥거루쥐의 RMT가 더 크므로 오줌의 농도도 더 높아야 한다. FP 측정 결과에 따르면 캥거루쥐 오줌의 어는점이 개의 것보다 더 낮으므로, 캥거루쥐 오줌의 농도가 더 높다. 이는 ㉡과 일치하는 실험 결과이므로 ㉡은 약화되지 않는다.

[오답해설]

ㄷ. ㉢에 따르면 캥거루쥐의 R 값이 더 작으므로 오줌의 농도도 더 높아야 한다. FP 측정 결과에 따르면 캥거루쥐 오줌의 어는점이 돼지의 것보다 낮으므로, 캥거루쥐의 오줌이 돼지의 오줌보다 농도가 더 높다. 이는 ㉢과 일치하는 실험 결과이므로 ㉢은 약화되지 않는다.

문 19. 정답 ③

유형 정보확인　내용영역 논리학　난이도 ★★☆

[정답해설]

③ 2문단에 따르면 ㉠에 따라 판단할 경우 더 많은 상황을 배제할수록 정보량은 커진다. P가 배제하는 상황을 Q도 모두 배제할 경우, 배제하는 상황의 양은 Q≧P가 된다. 따라서 Q의 정보량은 P의 정보량보다 많거나 같다.

[오답해설]

① 2문단에 따르면 ㉠에 따라 판단할 경우 참일 확률이 더 커질수록 정보량은 줄어든다. 따라서 P가 참일 확률이 Q가 참일 확률보다 크다면, Q의 정보량은 P보다 더 많다. 그런데 1문단에 따르면 어떤 진술의 확률이 더 커질수록 예측 불가능성은 줄어든다. 따라서 P의 예측 불가능성은 Q보다 더 작을 것이다.

② 3문단에 따르면 논리적으로 타당한 모든 추론이 제공하는 정보량은 0이다. 어떤 추론의 전제들이 모두 참이면서 결론이 거짓인 것이 불가능한 경우는 논리적으로 타당한 경우이므로 이 추론이 제공하는 정보량은 0이며 최대의 정보량을 제공하지 못한다.

④ 1문단에 따르면 ㉠에 따라 판단할 경우 예측 불가능성이 완전히 사라질 때, 즉 P의 확률이 100%가 될 때 정보량은 0이 된다. 따라서 P의 정보량이 0보다 커지기 위해서는 P의 확률을 낮추어야 하는데, 확률이 낮아지면 예측 불가능성은 커진다. 따라서 P의 정보량이 0보다 크기 위해서는 P의 예측 불가능성도 커져야 한다.

⑤ 3문단에 따르면 ㉠에 따라 판단할 경우 논리적으로 타당한 진술의 정보량은 0이다. 그런데 4문단에 따르면 항상 거짓인 진술의 정보량은 최대이다. 항상 거짓인 진술은 논리적으로 타당하지 않은 추론에 해당하므로, 논리적으로 타당하지 않은 추론의 정보량은 0보다 클 수 있다.

문 20. 정답 ①

유형 정보추론　내용영역 논리학　난이도 ★★★

[정답해설]

ㄱ. 1문단에 따르면 IRP를 따를 때 항상 참인 진술의 정보량은 0이다. 〈조건〉은 IRP를 받아들이고, 이에 따르면 '어떤 진술이 0보다 큰 정보량을 지님 → 참일 수 있음'이 도출된다. 그러므로 '참일 수 있음 ∧ ~항상 참'을 만족하는 진술이 0보다 큰 정보량을 지닌다.
〈사례〉에 따르면 손님이 온다는 사실은 확실하지만, 손님의 수를 알 수는 없다. 이를 바탕으로 〈사례〉에 제시된 진술 A~E의 정보량을 판단하면 다음과 같다.

	진술	판단 결과	정보량
A	'적어도 손님 한 명이 오거나 아무도 오지 않을 것이다.'	항상 참	= 0
B	'적어도 손님 세 명이 올 것이다.'	참일 수 있지만, 항상 참은 아니다.	> 0
C	'손님이 두 명 이상 올 것이다.'	참일 수 있지만, 항상 참은 아니다.	> 0
D	'손님이 다섯 명 이하로 올 것이다.'	참일 수 있지만, 항상 참은 아니다.	> 0
E	'적어도 손님 한 명이 오고 또한 아무도 오지 않을 것이다.'	참일 수 없다.	= 0

이에 따르면 0보다 큰 정보량을 가진 진술은 B, C, D로 3개이다.

[오답해설]

ㄴ. '적어도 손님 세 명이 올 것'이라는 B가 참인 경우 '손님이 두 명 이상 올 것'이라는 C는 반드시 참이므로, 전제가 B이고 결론이 C인 추론(B→C)은 항상 참이다. 그리고 '손님이 다섯 명 이상 올 것'이라는 D가 참인 경우 '적어도 손님 한 명이 오거나 아무도 오지 않을 것'이라는 A는 반드시 참이므로, 전제가 D이고 결론이 A인 추론(D→A)은 항상 참이다. 1문단에 따르면 항상 참인 진술의 정보량은 0이다. 따라서 두 추론 모두 정보량은 0으로 동일하다.

ㄷ. 'C이고 D이다'는 '손님이 두 명 이상 ∧ 손님이 다섯 명 이하'라는 의미이다. 해당 진술은 참일 수 있지만, 항상 참은 아니므로 정보량은 0보다 크다. 하지만 E는 '적어도 손님 한 명이 오고 또한 아무도 오지 않을 것이다.'이므로 참일 수 없고 정보량은 0이다. 따라서 'C이고 D이다'라는 진술의 정보량과 E의 정보량은 다르다.

문 21. 정답 ①

유형 정보확인　내용영역 인문　난이도 ★★☆

[정답해설]

① 3문단에 따르면 중국은 메이지 정부가 1868년 대외 확장 의지를 표명한 뒤 정한론, 청국정벌책안 등에서 대륙 침략의 대상을 명확히 하였고, 청일전쟁에서 중일전쟁까지 이르는 과정이 모두 이러한 방침을 실행에 옮긴 결과라고 본

다. 4문단에 따르면 한국은 정한론이 주창된 것은 조선과 전쟁을 벌이고 이를 통해 대외 팽창을 꾀하겠다는 메이지 정부의 의도가 담긴 것이라고 보았으며, 이후의 대한국 정책이 한결같이 대륙 침략의 방침하에 수행되었다고 파악한다. 즉, 한국과 중국 모두 일본의 대륙 침략이 메이지 정부 이래로 일관된 방침이었다고 보는 것이다.

[오답해설]
② 2문단에 따르면 종래 일본에서는 일본의 근대화와 대륙 침략을 불가분이라고 보았으나, 최근에는 일본의 근대화에서 팽창주의와 침략주의는 필연이 아니었으나 청일전쟁이 전환점이 되었다는 견해가 대두되었다. 하지만 이것은 일본의 근대화와 대륙 침략이 불가분이 아니었다는 견해인 것이지, 일본이 침략을 하지 않았어도 근대화된 대륙국가가 될 수 있었다고 보는 것은 아니다.
③ 4문단에 따르면 한국은 메이지 정부가 조선에 보낸 국서에서 전통적인 교린 관계에서는 볼 수 없었던 용어가 있었기 때문에 조선이 접수하지 않자 이를 빌미로 정한론이 확산되었다고 본다. 다시 말해 조선이 일본과의 전통적 교린 관계를 고수해서가 아니라, 일본이 조선에 보낸 국서에서 조선과의 전통적 교린 관계에서 사용하지 않던 용어를 사용하여 조선이 이를 접수하지 않자 이를 빌미로 정한론이 널리 확산되었다고 본 것이다.
④ 3문단에 따르면 일본이 주권선으로 규정한 지역은 일본 영토였으며, 이익선을 조선으로 규정하였다. 그런데 정한론에서는 한반도를 침략 대상으로 설정하고 있다. 따라서 정한론에서 침략 대상으로 설정된 것은 주권선으로 규정한 지역이 아니다.
⑤ 2문단에 따르면 기존 일본에서는 언제부터 대륙으로의 팽창을 기본 방침으로 삼았는지에 대해서는 류큐 분도 교섭 이후와 임오군란 이후로 견해가 나뉘어 있다. 즉, 팽창 정책이 기본 노선으로 결정된 시기를 임오군란 이후 시기로만 보는 것은 아니다.

문 22. 정답 ⑤

유형 정보확인 내용영역 인문 난이도 ★★☆

지문에 나타난 영조 3년 평안병사 김수 임명 이전과 이후, 6월 2일 이후의 강계 경내 파수보 정책을 정리하면 다음과 같다.
○ 평안병사 김수 임명 이전: 파졸 2명, 파장을 제외한 인원은 부근의 산지에서 산삼을 캐는 것이 가능하였음
○ 평안병사 김수 임명(영조 3년 3월) 이후~좌부승지 신택 요청(영조 3년 6월 2일) 이전: 파수보에 배치된 어떤 사람도 보를 떠나서는 안 됨
○ 좌부승지 신택 요청(영조 3년 6월 2일) 이후: 파수보 정원 9명 중 파장을 제외한 파졸 8명은 절반씩 나누어 한 무리는 파수보를 지키고, 나머지 한 무리는 산삼을 캐되 저녁에는 반드시 파수보로 돌아와 다음날 교대로 근무를 해야 함

[정답해설]
⑤ 영조 3년 5월은 평안병사 김수의 조치가 시행된 시기이므로, 파수보에 배치된 어떤 사람도 보를 떠날 수 없었다. 그 다음 해인 영조 4년 5월은 영조가 좌부승지 신택의 의견을 조치하도록 한 시기이므로, 이 시기에는 파졸 8명 중 절반은 파수보를 지키고, 나머지 절반은 부근의 산지에서 산삼을 캘 수 있었다. 따라서 이 시기에는 이전 해보다 파수보에서 근무하는 1일 인원수가 줄었을 것임을 추론할 수 있다.

[오답해설]
① 영조 4년은 영조가 좌부승지 신택의 의견을 조치하도록 한 시기이므로, 파졸 8명 중 절반은 저녁 전까지는 산삼을 캐는 것이 가능했다. 영조 2년은 평안병사 김수의 임명 이전이므로 이 시기에도 파졸들이 산삼을 캘 수 있었으나, 정확히 얼마의 시간 동안 산삼을 캘 수 있었는지는 지문에 제시되어 있지 않다. 따라서 영조 4년과 영조 2년에 파졸 1인이 파수보에 있는 시간을 비교하기는 어렵다.
② 1문단에 따르면 강계 경내의 파수는 평안병사가 선발한 것이 아니라, 평안도 지역에 거주하는 백성 중에서 군역을 져야 하는 사람들이 순번을 돌아가며 담당하였다.
③ 영조 4년은 영조가 좌부승지 신택의 의견을 조치하도록 한 시기이므로, 파졸 8명 중 절반은 산삼을 캘 수 있었다. 2년 전인 영조 2년은 평안병사 김수의 임명 이전이므로 파졸 2명과 파장을 제외한 인원이 산삼을 캘 수 있었다. 즉, 영조 4년 시기보다 더 많은 인원이 산삼을 캘 수 있었던 것은 사실이지만, 정확히 얼마의 시간 동안 산삼을 캘 수 있었는지는 알 수 없으므로 영조 4년과 영조 2년에 채취된 산삼의 수량을 비교하기는 어렵다.
④ 1문단에 따르면 파수꾼이 복무하는 기간 동안 식량이 제공되지 않고, 호랑이의 습격을 받기도 했다. 하지만 이것이 파졸들의 최대 사망 원인이었는지의 여부는 알 수 없고, 김수의 부임 이전과 이후로 최대 사망 원인이 바뀌었는지 또한 지문을 통해 추론할 수 없다.

문 23. 정답 ①

유형 정보확인 내용영역 사회 난이도 ★☆☆

[정답해설]
① 1문단에 따르면 젠트리피케이션은 도심의 노동계급 거주 지역이나 비어 있던 지역이 중간계급의 거주 및 상업 지역으로 변환되는 것을 의미한다. 그러나 21세기 들어 서양의 도시에서 중간계급이 도심 지역으로 이주하는 현상이 활발하게 나타나고 있는지의 여부는 지문을 통해 알 수 없다.

[오답해설]
② 3문단에 따르면 기존 상권의 상업적 전치로 인해 그곳에서 거주하거나 사업을 하던 문화, 예술인과 원주민들이 다른 곳으로 밀려나고, 이곳에서 밀려날까봐 불안한 원주민들은 불안, 좌절, 분노 등이 집약된 감정에 사로잡히기도 한다.
③ 2문단에 따르면 서양 도시의 경우 기존 도시 공간이 중간계급의 주택가와 편의시설로 전환된다. 이와 달리 아시아 도시의 젠트리피케이션은 문화, 예술 장소가 많던 곳에 최신 유행의 카페, 레스토랑 등이 들어서면서 소비와 여가를 위한 상권으로 급격하게 전환되는 양상을 띤다. 즉, 서양 도시에 비해 아시아 도시의 젠트리피케이션은 상권 개발에 집중되는 경향을 띤다고 볼 수 있다.
④ 2문단에 따르면 서양 도시의 젠트리피케이션은 구역별로 점진적으로 진행되는 반면, 아시아 도시의 젠트리피케이션은 기존 도시 공간이 대량의 방문객을 동반하는 상권으로 급격하게 전환되는 형태를 띤다.
⑤ 1문단에 따르면 서울을 비롯한 아시아의 도시들에서는 인문·예술 분야의 종사자들이 한 장소에 터를 잡거나 장소를 오가면서 새로운 미학과 감정을 부여하여 오래된 장소를 재생시키거나 새로운 장소로 만들어 내고 있다. 따라서 한국에서 일어난 기존 장소의 도시 변화는 인문, 예술 분야 종사자가 촉발하고 이끌었다고 볼 수 있다.

문 24. 정답 ①

유형 정보확인 내용영역 사회 난이도 ★★☆

[정답해설]
① 1문단에 따르면 가짜 뉴스로 인해 인지부조화가 발생하는 것은 그 가짜 뉴스가 자신의 신념과 부합하지 않는 경우에 해당한다. 2문단에 따르면 자신의 신념에 부합하지 않는 가짜 뉴스의 경우, 정보의 출처가 얼마나 신뢰할 만하다고 생각하는지가 팩트체크의 효과에 더 영향을 미친다.

[오답해설]
② 2문단에 따르면 자신의 신념에 부합하지 않는 가짜 뉴스의 경우, 그 정보가 가짜임을 판명하는 팩트체크의 결과를 접하더라도 인지부조화로 인한 갈등의 발생 여지가 크지 않다. 또한 팩트체크에서 활용한 정보의 품질이 얼마나 우수한가보다는 정보의 출처가 얼마나 신뢰할 만하다고 생각하는지가 팩트체크의 효과에 더 영향을 미친다.
③ 2문단에 따르면 팩트체크에서 활용된 정보 출처의 신뢰성을 중시하는 것은 가짜 뉴스가 자신의 신념에 부합하지 않는 경우에 해당한다. 3문단에 따르면 가짜 뉴스가 자신의 신념에 부합하는 사람의 경우, 팩트체크 자체가 얼마나 우수한 품질의 정보를 확보하고 있는지를 더 중시한다.

④ 1문단에 따르면 가짜 뉴스로 인해 인지부조화가 발생하는 것은 그 가짜 뉴스가 자신의 신념과 부합하지 않는 경우에 해당한다. 2문단에 따르면 가짜 뉴스가 자신의 신념에 부합하지 않는 경우, 팩트체크 전에 해소되지 않았던 인지부조화가 팩트체크를 통해 해소된다.

⑤ 2문단에 따르면 가짜 뉴스가 자신의 신념에 부합하지 않는 경우, 팩트체크에서 활용한 정보의 출처가 얼마나 신뢰할 만하다고 생각하는지가 팩트체크의 효과에 더 영향을 미친다. 즉, 정보의 품질이 정보 출처의 신뢰도보다 항상 팩트체크의 효과에 더 영향을 미치는 것은 아니다.

문 25. 정답 ④

[유형] 정보추론 [내용영역] 논리학 [난이도] ★★☆

[정답해설]

④ 어떤 관찰 결과가 가설의 긍정적인 증거라면, 그 관찰 결과는 해당 가설이 함축하는 다른 가설에도 긍정적인 증거이다. 이에 따르면 O가 가설 H1의 긍정적 증거이면서 H1은 H2가 거짓이라는 것을 함축한다고 하면, 증거관계 제2성질에 따라 H2가 거짓이라는 것에 대한 긍정적 증거가 됨을 끌어낼 수 있다. 따라서 ㉢을 "H1은 H2가 거짓이라는 것을 함축"으로 바꾸는 것은 적절하다.

[오답해설]

① 두 가설이 동시에 참인 것은 불가능하나 X가 온도에 관계없이 항상 푸른색 빛을 낸다면 두 가설은 모두 거짓이 된다. 즉, 두 가설은 동시에 참일 수는 없지만 동시에 거짓일 수는 있으므로 ㉠은 수정할 필요가 없다.

② 2문단에 따르면 첫 번째 가설이 참일 때 'X는 1,000°C 미만에서 붉은빛을 내거나 푸른빛을 내지 않는다.'는 가설 역시 참이다. 첫 번째 가설은 이 가설을 함축하고 있다. 'X가 700°C에서 붉은빛을 낸다.'는 관찰 결과 역시 두 가설 모두를 뒷받침하는 긍정적 증거이다. 즉, 첫 번째 가설이 '해당 가설', 'X는 1,000°C 미만에서 붉은빛을 내거나 푸른빛을 내지 않는다.'가 '다른 가설'에 해당하므로 ㉡은 수정할 필요가 없다.

③ 'X가 700°C에서 붉은빛을 낸다.'는 'X는 1,000°C 미만에서 붉은빛을 낸다.'의 긍정적인 증거이다. 따라서 이 증거가 ㉢의 부정적인 증거로 작용하기 위해서는 'X가 700°C에서 붉은빛을 낸다.'가 뒷받침하지 않는 가설이 들어가야 한다. 'X는 1,000°C 미만의 어떤 온도에서는 붉은빛을 내지 않는다.'는 이 증거가 뒷받침하지 않는 가설이므로 ㉢은 수정할 필요가 없다.

⑤ 3문단에 따르면 증거관계 제3성질은 어떤 관찰 결과가 가설의 긍정적 증거라면, 그 관찰 결과는 그 가설이 거짓이라는 것에 대한 부정적인 증거라는 특징이다. 따라서 H1과 H2가 양립 불가능할 때, O가 H1의 긍정적 증거가 된다면 그와 동시에 H2가 참이라는 것에 대한 부정적 증거가 되고, H2가 거짓이라는 것에 대한 긍정적 증거가 된다. 따라서 ㉣은 수정할 필요가 없다.

문 26. 정답 ③

[유형] 정보추론 [내용영역] 논리학 [난이도] ★★☆

[정답해설]

③ 빈칸의 앞에서 (N!+1)은 2에서 N까지의 어떤 소수로도 나누어떨어지지 않음을 보였을 뿐, N부터 N!까지의 소수에 대해 나누어떨어지지 않음을 보이지는 않았다. 또한 빈칸의 뒤에서는 (N!+1)이 소수일 경우와 N보다 크고 (N!+1)보다 작은 소수를 약수로 갖는 경우로 나누어 설명하고 있으므로 선지는 빈칸에 들어갈 말로 적절하다.

[오답해설]

① 1문단에 따르면 소수의 정의는 '1과 자신 이외의 수로는 나누어떨어지지 않는 수'이다. 따라서 (N!+1)이 소수임을 증명하려면 (N!+1)이 1과 N!+1을 제외한 어떤 수로도 나누어떨어지지 않음을 보여야 한다. 빈칸의 앞에서 (N!+1)은 2에서 N까지의 어떤 소수로도 나누어떨어지지 않음을 보였을 뿐, N부터 N!까지의 소수에 대해 나누어떨어지지 않음을 보이지는 않았으므로 (N!+1)이 소수라는 내용이 빈칸에 들어갈 수는 없다.

② 빈칸의 앞에서 (N!+1)은 2에서 N까지의 어떤 소수로도 나누어떨어지지 않음이 증명되었다. 따라서 (N!+1)은 N보다 작은 소수를 약수로 가진다는 내용이 빈칸에 들어갈 수는 없다.

④ 빈칸 뒤에는 (N!+1)이 소수일 경우를 언급하면서 소수일 경우를 배제하지 않았다. (N!+1)이 소수일 경우, N보다 크고 (N!+1)보다 작은 소수를 약수로 가지지 않는다. 따라서 (N!+1)이 N보다 크고 (N!+1)보다 작은 소수를 약수로 가진다는 내용이 빈칸에 들어갈 수는 없다.

⑤ 빈칸 뒤에는 (N!+1)이 소수일 경우를 언급하면서 소수일 경우를 배제하지 않았다. (N!+1)이 소수가 아니라는 것이 증명되지 않았으므로, (N!+1)이 소수가 아니라는 내용이 빈칸에 들어갈 수는 없다.

문 27. 정답 ①

[유형] 정보추론 [내용영역] 사회 [난이도] ★★☆

지문에 제시된 현재선호와 미래선호를 표로 정리하면 다음과 같다.

	현재선호	미래선호
현재 받을 금액	미래가치보다 적게	미래가치보다 많이
미래가치를	할인	할증

[정답해설]

㉠: ㉠에는 시간 선호 여부와 상관없이 가치를 할인하거나 할증하는 사례에 관한 내용이 들어가야 한다. 2문단에 따르면 미래선호 성향을 가진 경우 현재가치를 계산할 때 미래가치를 할증한다. 그런데 3문단에 따르면 ㉠을 선택하는 사람은 당장 큰돈이 필요하므로 현재 돈의 필요성이 커진 경우에 해당한다. 따라서 ㉠에는 '할인'이 들어가는 것이 적절하다.

㉡: ㉡에는 앞의 내용을 요약 정리하는 내용이 들어가야 한다. ㉡의 앞 내용에 따르면 미래가치를 할인한다고 해서 반드시 현재를 선호하는 성향을 가진 것은 아니다. 따라서 ㉡에는 '필요조건'이 들어가는 것이 적절하다.

㉢: ㉢에는 미래 화폐가치 평가 결과로부터 예상할 수 없는 물가 변동 방향이 들어가야 한다. ㉢의 뒤 내용에 따르면 평가가 현재선호로 인한 것이라는 결론을 내리고 있어, 물가 변동이 의사결정에 영향을 미친 것이 아니라고 보고 있다. ㉢의 앞 내용에 따르면 화폐가치 평가 결과 미래 화폐가치가 현재 화폐가치에 비해 낮아졌다. ㉢에는 화폐가치의 변동이 물가와 반대로 움직인다는 설명에 맞지 않는 물가 변동 방향이 들어가므로, ㉢에는 '내릴'이 들어가는 것이 적절하다.

㉣: ㉣에는 미래 화폐가치 평가 결과로부터 예상할 수 있는 물가 변동 방향이 들어가야 한다. ㉣의 뒤 내용에 따르면 평가가 현재선호로 인한 것일 가능성이 낮다는 결론을 내리고 있어, 물가 변동이 의사결정에 영향을 미친 것일 가능성이 ㉢의 경우에 비해 높다고 보고 있다. 화폐가치 평가 결과 ㉢과 같이 미래 화폐가치가 현재 화폐가치에 비해 낮아졌다. ㉣에는 화폐가치의 변동이 물가와 반대로 움직인다는 설명에 따른 물가 변동 방향이 들어가므로, ㉣에는 '오를'이 들어가는 것이 적절하다.

문 28. 정답 ④

[유형] 정보추론 [내용영역] 사회 [난이도] ★★☆

지문에 따라 음식에 대한 갑의 선호 판단 과정을 정리하면 다음과 같다.

한식: 1
일식: 0

	선택의 내용	중식을 좋아하는 정도
A 선택	무조건 중식 먹음	> 0.7
B 선택	한식을 먹을 확률이 0.7, 일식을 먹을 확률이 0.3인 추첨	< 0.7
A와 B 가운데 어떤 선택이라도 상관없을 시	B에서 느끼는 만족의 기댓값과 동일	= 0.7

〈사례〉에서 음식에 대한 을의 선호 판단 과정을 정리하면 다음과 같다.
양식: 1
중식: 0

	선택의 내용	한식을 좋아하는 정도
C 선택	무조건 한식 먹음	> 0.8
D 선택	양식을 먹을 확률이 0.8, 중식을 먹을 확률이 0.2인 추첨	< 0.8
C와 D 가운데 어떤 선택이라도 상관없을 시	D에서 느끼는 만족의 기댓값과 동일	= 0.8

	선택의 내용	일식을 좋아하는 정도
E 선택	무조건 일식 먹음	> 0.3
F 선택	양식을 먹을 확률이 0.3, 중식을 먹을 확률이 0.7인 추첨	< 0.3
E와 F 가운데 어떤 선택이라도 상관없을 시	F에서 느끼는 만족의 기댓값과 동일	= 0.3

[정답해설]

ㄴ. 〈보기〉 ㄱ에서 살펴본 것처럼, 을은 E와 F 중 어떤 선택이라도 상관하지 않으므로 이에 따라 그가 일식을 좋아하는 정도는 0.3이다. 따라서 을이 '무조건 일식을 먹는' E를 선택할 경우 느끼는 만족의 기댓값은 0.3이다.
그런데 양식을 먹을 확률이 0.5, 중식을 먹을 확률이 0.5인 추첨을 할 경우, 을이 양식을 좋아하는 정도가 가장 크므로 그가 느끼는 만족의 기댓값은 0.5가 된다. 따라서 을은 "양식을 먹을 확률이 0.5, 중식을 먹을 확률이 0.5인 추첨을 한다."를 대안으로 선택할 것이다.

ㄷ. 을의 음식 선호도가 중식이 제일 높고 양식이 제일 낮은 것으로 바뀌고 각 대안에 대한 선택 결과는 〈사례〉와 동일한 경우, 을이 각 음식을 좋아하는 정도를 정리하면 다음과 같다.

	각 음식을 좋아하는 정도
양식	0
중식	1
한식	D를 선택했으므로 < 0.2
일식	E와 F 중 어떤 선택이라도 상관없으므로 0.7

을이 일식을 좋아하는 정도는 0.7이고 한식을 좋아하는 정도는 0.2보다 작다. 따라서 을은 한식보다 일식을 더 좋아할 것이다.

[오답해설]

ㄱ. 〈사례〉에서 을이 각 음식을 좋아하는 정도를 정리하면 다음과 같다.

	각 음식을 좋아하는 정도
양식	1
중식	0
한식	D를 선택했으므로 < 0.8
일식	E와 F 중 어떤 선택이라도 상관없으므로 0.3

을이 일식을 좋아하는 정도는 0.3이지만 한식을 좋아하는 정도는 0.8보다 작다. 한식을 좋아하는 정도가 일식을 좋아하는 정도보다 작은 경우를 가정할 수 있으므로, 을이 일식보다 한식을 더 좋아할지는 정확히 알 수 없다.

문 29. 정답 ③

유형 형식논리　내용영역 논리학　난이도 ★★☆

A와 B의 대화 내용을 기호화하면 다음과 같다.
1. 용기 → 대담
2. 지혜 → 대담
3. ~지혜 ∧ 대담 → ~용기

[정답해설]

ㄱ. 3에 따르면 '용기 → 지혜 ∨ ~대담'이 도출되고, 1에 따르면 '용기 → 대담'

이 도출된다. 이들 진술을 조합하면 '용기'가 참인 경우 '지혜 ∨ ~대담'에서 '~대담'이 부정되어 반드시 '지혜'가 도출된다. 따라서 "용기 있는 사람은 누구나 지혜롭다."라는 진술은 ㉠에 들어가기에 적절하다.

ㄷ. B가 새롭게 인정한 진술은 '대담 → 용기'이다. 그리고 추가 정보에 따르면 '(세종대왕) 지혜'가 참이므로 2에 따라 '(세종대왕) 대담'이 도출된다. 이는 '대담 → 용기'의 전건을 긍정하므로 '(세종대왕) 용기'가 도출된다. 따라서 〈보기〉 ㄷ의 조건에 따라 세종대왕이 용기가 있는 사람이라는 결론을 도출할 수 있다.

[오답해설]

ㄴ. 지혜롭기는 하지만 용기가 없는 사람이 있다고 가정하면, 2에 따라 이 사람은 대담하다는 것이 도출된다. 이 사람이 갖춘 덕목은 '지혜 ∧ 대담 ∧ ~용기'로 정리할 수 있고, 이는 지문의 조건과 충돌하지 않는다. 따라서 B의 견해에 따르면, 지혜롭기는 하지만 용기가 없는 사람이 있을 수 있다.

문 30. 정답 ⑤

유형 형식논리　내용영역 논리학　난이도 ★★★

조건 1에 따르면 갑, 을, 병이 소장할 수 있는 책 권수는 (4권, 3권, 1권) 또는 (5권, 2권, 1권)이다. 조건 4와 6에 따라 동양서 H를 소장하고 있는 갑은 E와 F를 소장하고 있지 않다. 조건 5에 따라 갑이 G를 소장할 경우 조건 1을 만족하지 못하게 되는 모순이 발생하므로 갑은 G를 소장하고 있지 않다. 이를 표로 나타내면 다음과 같다.

	A	B	C	D	E	F	G	H
갑					×	×	×	○
을								×
병								×

갑은 G를 소장할 수 없으므로 G를 소장하는 사람은 을 또는 병이 된다. 그런데 을이 G를 소장하는 경우 조건 5에 따라 A~E를 소장할 수 없기 때문에 조건 1을 만족하지 못하게 되는 모순이 발생한다. 따라서 G를 소장하는 것은 병이다.

갑과 병 모두 E를 소장하지 않으므로 을이 E를 소장하고, 조건 4에 따라 F도 소장한다. 조건 1에 따라 갑이 가장 많은 고서를 소장하고 있어야 하므로 A, B, D는 갑이 소장하고, 조건 3에 따라 C는 을이 소장한다. 이를 표로 나타내면 다음과 같다.

	A	B	C	D	E	F	G	H
갑	○	○	×	○	×	×	×	○
을	×	×	○	×	○	○	×	×
병	×	×	×	×	×	×	○	×

[정답해설]

⑤ D는 갑이, F는 을이 소장하고 있다.

[오답해설]

① 갑은 A와 D를 소장하고 있다.
② 을은 C, E, F 세 권의 책을 소장하고 있다.
③ 병은 G를 소장하고 있다.
④ C를 소장한 을은 E도 소장하고 있다.

문 31. 정답 ②

유형 형식논리　내용영역 논리학　난이도 ★★★

지문에 제시된 내용을 기호화하여 정리하면 다음과 같다.
1. 본사 경영진 개입 → A 선정
2. B 선정 → ~본사 경영진 개입
3. A 선정 ∨ B 선정 (배타적)
4. A 선정 → ~(갑 매장 대부분 본사 직영점)
5. B 선정 → (갑 매장 모두 방역 클린 매장) ∨ (갑 매장 모두 친환경 매장)
6. B 매장은 방역 클린 매장 ∧ ~(B 매장은 친환경 매장)

[정답해설]

② 갑의 매장 대부분이 본사 직영점이고 갑의 매장은 모두 방역 클린 매장인 것은 아니라고 가정하면, 조건 4의 대우에 따라 A 매장이 선정되지 않고 조건 3에 따라 B 매장이 선정되어야 한다. 이 경우 조건 5와 조건 6에 따라 갑의 매장은 모두 방역 클린 매장이다. 그런데 앞서 가정에서 갑의 매장은 모두 방역 클린 매장인 것은 아니라고 하였으므로 모순이 발생한다. 따라서 선지 내용은 항상 참이 된다.

[오답해설]

① 본사 경영진 개입이 없었고 A 매장이 선정되지 않았다고 가정하면, 조건 3에 따라 B 매장이 선정되고, 조건 5와 조건 6에 따라 갑의 매장은 모두 방역 클린 매장이다. 이 경우 지문의 조건과 충돌하지 않으므로 선지의 진술이 반드시 참은 아니다.

③ 갑의 매장 중에는 본사 직영점도 아니고 친환경 매장도 아닌 곳이 없다고 가정하면, 갑의 매장은 모두 '본사 직영점 ∨ 친환경 매장'임이 도출된다. 조건 6에 따르면 B 매장은 친환경 매장이 아니므로 갑의 매장은 모두 '본사 직영점'임이 도출된다. 이 경우 지문의 조건과 충돌하지 않으므로 선지의 진술이 반드시 참은 아니다.

④ 우수매장으로 선정된 곳이 '방역 클린 매장이자 친환경 매장'인 것은 아니라고 가정하면, '우수매장 ∧ (~방역 클린 ∨ ~친환경 매장)'임이 도출된다. 이러한 가정에 따르면 조건 6에 따라 B 매장도 우수매장에 선정될 수 있다. 조건 5와 조건 6에 따라 갑의 매장은 모두 방역 클린 매장이다. 이 경우 지문의 조건과 충돌하지 않으므로 선지의 진술이 반드시 참은 아니다.

⑤ 갑의 매장 중 방역 클린 매장이 아닌 곳은 없다고 가정하면, 갑의 매장은 모두 방역 클린 매장이다. 이 경우 A 매장과 B 매장 중 하나가 확실히 선정된다는 진술을 도출할 수 없으므로, 어떤 매장이든 우수매장에 선정된 경우를 가정할 수 있다. 어떤 경우를 가정해도 지문의 조건과 충돌하지 않으므로 선지의 진술이 반드시 참은 아니다.

문 32. 정답 ③

[유형] 논증분석　[내용영역] 논리학　[난이도] ★★☆

지문에 제시된 진술을 정리하면 다음과 같다.
㉠ 힘센 국가나 조직이 지구의 기상을 마음대로 조작하고 있음
㉡ 산업 현장 등에서 배출하는 과다한 온실 기체 때문에 지구온난화 현상이 일어나는 것이 아님
㉢ 강대국 정부가 군사적 목적에서 행하는 비밀스러운 기상조작 활동 때문에 지구온난화 현상이 일어남
㉣ 기상조작 기술을 군사적 혹은 상업적으로 이용 및 수출하는 것을 금지하는 국제 통상 조항이 있음
㉤ 기상조작 기술을 실제로 군사적 혹은 상업적으로 이용하고 있음
㉥ 기상조작 기술이 손쉽게 군사적으로 전용될 수 있음
㉦ 강대국 정부들은 자국의 기업들이 지구온난화의 책임으로 납부하는 거액의 세금을 환영함

[정답해설]

ㄱ. ㉠은 힘센 국가나 조직이 지구의 기상을 조작한다는 진술이고, ㉡은 지구온난화 현상의 원인이 과다한 온실 기체 때문이 아니라는 진술이다. ㉠과 ㉡은 서로 다른 현상에 관해 진술하고 있으므로, ㉠을 참이라 가정하더라도 반드시 ㉡의 내용 또한 참이 되는 것은 아니다. 따라서 ㉠에 동의해도 ㉡에 동의하지 않을 수 있다.

ㄷ. 〈보기〉 ㄷ에 추가된 전제를 기호화하면 '어떤 행위의 금지 규정 존재 → 그 행위가 실제 행해짐'이다. ㉣에 따르면 '기상조작 기술을 군사적 혹은 상업적으로 이용 및 수출하는 것'을 금지하는 조항이 있다. ㉣과 추가된 전제에 따라 '기상조작 기술을 군사적 혹은 상업적으로 이용 및 수출하는 것'이 실제로 행해진다는 것을 도출할 수 있다. 도출된 내용은 ㉤의 내용에 해당하므로, 〈보기〉 ㄷ과 같이 전제를 추가하면 ㉣로부터 ㉤이 도출된다.

[오답해설]

ㄴ. ㉤과 ㉥에서는 기상조작 기술을 반드시 군사적으로 이용한다고 진술하지는 않으므로, 기상조작 기술을 군사적으로 이용하지는 않으며 상업적으로만 이용하는 경우도 가정할 수 있다. 그리고 ㉦은 지구온난화 책임으로 기업이 내는 세금에 관한 진술이므로 ㉤, ㉥, ㉦이 참이라도 ㉢에서 설명하는 강대국 정부의 활동과 지구온난화 사이의 관계를 확실히 알 수는 없다. ㉤, ㉥, ㉦을 참으로 가정하더라도 반드시 ㉢의 내용 또한 참이 되는 것은 아니므로, ㉤, ㉥, ㉦에 모두 동의하더라도 ㉢에 동의하지 않을 수 있다.

문 33. 정답 ④

[유형] 논증분석　[내용영역] 과학기술　[난이도] ★★★

지문에 제시된 식물 생장 경로를 정리하면 다음과 같다.
○ 단백질 P ⇒ 생장 촉진 물질 유전자 발현
○ 단백질 Q가 단백질 P에 결합 ⇒ 단백질 P의 생장 촉진 기능 억제
○ 물질 B가 세포 외부에서 내부로 들어감 ⇒ 물질 B가 복합체 M 형성 ⇒ 복합체 M이 P-Q 결합체에서 단백질 Q를 분리 ⇒ 단백질 P의 생장 촉진 물질 유전자 발현 기능 회복

각 실험의 조건과 결과를 정리하면 다음과 같다.

	실험 1	실험 2
식물의 특징	C_1: 돌연변이 때문에 키가 정상보다 크게 자람	C_2: 돌연변이 때문에 키가 정상보다 작게 자람
물질 B 주입 결과	생장에 변화 없음(키가 정상보다 크게 자람)	생장에 변화 없음(키가 정상보다 작게 자람)

[정답해설]

ㄴ. 지문에 따르면 단백질 P에 대한 단백질 Q의 작용이 일어나지 않는다면, 단백질 P는 단백질 Q와 분리되어 있으므로 생장 촉진 기능이 억제되지 않는다. 따라서 식물의 키는 정상보다 크게 자란다. 이 경우 P-Q 결합체가 형성되어 있지 않아 물질 B가 세포 외부에서 세포 내부로 들어가 복합체 M을 형성해도 분리해야 할 대상이 없다. 그 결과 생장 촉진 기능이 억제되지 않는다는 사실에는 변화가 없을 것이다. 따라서 선지에 제시된 사실은 C_1의 돌연변이 현상과 실험 1의 결과가 공통적으로 제시하는 '키가 정상보다 크게 자란다'는 내용을 설명할 수 있다.

ㄷ. 지문에 따르면 P-Q 결합체에 대한 복합체 M의 작용이 일어나지 않는다면, P-Q 결합체가 분리되지 않으므로 단백질 P의 생장 촉진 기능이 억제된다. 따라서 식물의 키는 정상보다 크게 자라지 않는다. 이 경우 물질 B가 세포 외부에서 세포 내부로 들어가더라도 물질 B가 형성하는 복합체 M이 P-Q 결합체를 분리하지 않는다. 그 결과 생장 촉진 기능이 억제된다는 사실에는 변화가 없을 것이다. 따라서 선지에 제시된 사실은 C_2의 돌연변이 현상과 실험 2의 결과가 공통적으로 제시하는 '키가 정상보다 작게 자란다'는 내용을 설명할 수 있다.

[오답해설]

ㄱ. 지문에 따르면 물질 B가 어떤 식물의 세포 외부에서 세포 내부로 들어갈 수 없다면, 단백질 Q가 단백질 P에 결합하는 것을 막지 못해 생장 촉진 기능이 억제된다. 따라서 식물의 키는 정상보다 크게 자라지 않는다. 그런데 실험 1에 따르면 C_1은 정상보다 크게 자라고, 물질 B를 주입해도 이러한 결과에는 변화가 없었다. 따라서 선지에 제시된 사실은 C_1의 돌연변이 현상과 실험 1의 결과가 공통적으로 제시하는 '키가 정상보다 크게 자란다'는 내용을 설명할 수 없다.

문 34. 정답 ②

[유형] 논증분석　[내용영역] 과학기술　[난이도] ★★☆

[정답해설]

ㄷ. A는 분자의 집단적인 운동을 통계적 방법만으로 분석할 수 있다고 본다. 반면 B는 통계적 방법을 적용하기 어려운 상황에서 기체 상태 변화를 정확히 예측할 수 없는 경우가 있다고 본다. 따라서 기체 분자 집단의 운동을 통계적 방법으로 분석하는 것으로는 기체 상태 변화 예측이 불가능한 경우가 있다는 것에 A는 동의하지 않지만, B는 동의할 것이다.

[오답해설]

ㄱ. A는 개별 분자의 운동을 예측하기 위해서는 방대한 양의 고전역학의 운동방정식을 풀어야 한다고 주장한다. 즉, 그 양이 매우 많긴 하지만 고전역학의 운동방정식을 푼다면 개별 기체 분자의 운동을 예측하는 것이 가능하다고 본 것이다.

ㄴ. B가 동의하는 것은 기체 분자 집단에 대한 분석을 통해 기체 상태 변화에 대한 정보를 알아낼 수 있다는 사실이지, 집단적 운동 탐구가 개별 기체 분자의 운동과 관련된 값을 계산하는 것보다 더 다양한 기체 상태 변화를 예측할 수 있다는 사실에 동의하는 것은 아니다.

문 35. 정답 ⑤

[유형] 논증분석　[내용영역] 논리학　[난이도] ★★☆

[정답해설]

ㄱ. 갑은 기댓값이 최대가 아닌 선택을 하는 것은 비합리적이라는 일반 원칙을 받아들이고, 을 역시 그 일반 원칙을 받아들인다고 하고 있으므로 갑과 을 모두 합리적인 사람은 최대의 기댓값을 가지는 선택을 할 것이라는 점에 동의한다.

ㄴ. 갑은 신을 믿는 선택을 하지 않는 것은 비합리적이라고 주장하지만 을은 동전 던지기를 거쳐 신을 믿는 선택을 하지 않는 것이 늘 비합리적인 것은 아니라고 주장한다. 따라서 갑은 신을 믿는 선택을 하지 않는 것이 비합리적이라는 것에 동의하지만 을은 그렇지 않을 것이다.

ㄷ. 을은 무한한 기댓값을 얻을 확률이 0보다 높기만 하면 결과적으로 신의 존재에 대한 믿음을 동전 던지기로 결정하는 선택의 최종 기댓값 역시 무한대가 되므로 이 또한 비합리적이라고 말할 수 없다고 주장한다. 이와 같은 논리로 당첨 확률이 매우 낮지만 0보다는 큰 로또복권에 당첨되면 신을 믿고, 그렇지 않으면 신을 믿지 않기로 하는 것은 확률은 낮을지라도 무한한 기댓값을 얻을 확률이 0보다 크기 때문에 선택의 최종 기댓값 역시 무한대이다. 따라서 이러한 선택은 신을 믿는 선택만큼 합리적이라고 할 수 있다.

문 36. 정답 ④

[유형] 논증평가　[내용영역] 사회　[난이도] ★★★

[정답해설]

ㄴ. 2문단에 따르면 아테네에서 자유란 한 개인이 정치체제의 근본 원칙을 수립하는 통치 주체가 되는 것이다. 그렇기 때문에 필자는 추첨 제도 덕에 아테네의 모든 시민들이 자유를 누리고 있었으며, 이 제도가 자유와 평등의 이념을 실천하는 데 적합한 제도였다고 평가하고 있다. 그런데 능력과 적성에 맞지 않는 일을 하는 사람은 그 일의 진정한 주체가 될 수 없다는 견해에 따르면, 공직을 맡은 사람이 정치가 적성에 맞지 않는다면 통치 주체가 될 수 없다. 또한 사람마다 능력과 적성이 다르다면 공직을 맡은 사람 중 정치가 적성에 맞지 않는 사람이 반드시 존재할 것이므로 공직을 맡은 시민 모두가 통치 주체가 될 수 있는 것은 아니다. 따라서 이러한 선지의 내용은 ㉠을 약화한다.

ㄷ. 3문단에 따르면 필자는 명령에 복종하던 시민이 명령을 내리는 통치자가 되면 자신의 통치가 피지배자에게 어떤 영향을 미칠지 생생하게 예측할 수 있게 되면서 정의로운 결정을 위해 더욱 신중하게 숙고할 것이라고 본다. 따라서 그는 시민들이 통치와 복종을 번갈아 하는 것을 좋은 정부를 만드는 훌륭한 수단으로 본다. 즉, 시민들이 정의로운 결정을 위해 더욱 신중하게 숙고한다는 것을 ㉠의 전제로 본 것이다. 2문단에 따르면 아테네 시민은 누구나 일생에 적어도 한 번은 공직을 맡는다. 그런데 도덕적 소양을 갖추지 못한 시민이 "나도 당했으니 너도 당해봐!"라고 생각하는 경우가 더 흔하다면, 피지배자에게 어떤 영향을 미칠지 고려하지 않는다는 것이므로 통치자가 되었을 때 정의로운 결정을 내릴 가능성이 낮아진다. 따라서 선지의 내용은 ㉠을 약화한다.

[오답해설]

ㄱ. 2문단에 따르면 평등은 시민들이 원칙상 공직을 맡을 기회가 균등할 때 실현가능하다. 지문의 필자는 이 점을 들어 고대 아테네의 추첨식 민주정이 자유와 평등의 이념을 실천하는 데 적합한 제도였다고 평가하고 있다. 하지만 필자가 이러한 추첨식 민주정이 시민들에게 공직을 균등하게 배분할 수 있는 유일한 제도였다고 보는 것은 아니다. 따라서 추첨이 아닌 다른 제도를 통해서도 공직을 맡을 기회가 모든 시민에게 균등하게 배분될 수 있다고 하더라도 ㉠은 약화되지 않는다.

문 37. 정답 ③

[유형] 논증평가　[내용영역] 과학기술　[난이도] ★★☆

적조의 발생에 대한 가설 A, B의 내용을 정리하면 다음과 같다.

〈A 가설〉
○ 적조 발생 원인: 초여름 장마철에 영양염류가 해양에 유입
○ 따뜻한 바닷물 + 충분한 영양염류 + 충분한 일사량 ⇒ 식물성 플랑크톤의 급속한 성장 ⇒ 적조의 발생

〈B 가설〉
○ 적조 발생 원인: 유기오염 물질이 해양에 누적
○ 기온 상승, 일사량 증가 ⇒ 퇴적층의 미생물 활성
○ 유기오염 물질에서 영양염류가 용출, 퇴적층 위에 쌓임
○ 식물성 편모조류가 영양염류를 해수면으로 운반 + 충분한 일사량 ⇒ 식물성 플랑크톤의 급속한 성장 ⇒ 적조의 발생

[정답해설]

ㄱ. A에 따르면 적조가 발생하기 위해서는 바닷물이 따뜻해야 한다. 또한 B에 따르면 온도가 낮은 겨울에는 미생물 활성이 제한되어 유기오염 물질의 무기화 과정이 활발하지 않다. 즉, A와 B 모두 겨울철에는 적조가 발생할 수 없음을 전제하고 있다. 그런데 차가운 겨울 바다에서 적조가 발생하였다면 A와 B 모두 약화된다.

ㄷ. B에 따르면 본래 해저의 영양염류는 해수면으로 이동할 수 없는데 식물성 편모조류가 있다면 영양염류를 해수면으로 운반할 수 있다. 이러한 방법으로 영양염류가 따뜻한 해수면에 모이고 일사량이 확보되면 식물성 플랑크톤이 번성하여 적조가 발생하기 때문에, B는 적조의 발생 과정에서 식물성 편모조류의 존재를 전제하고 있다. 따라서 식물성 편모조류가 없는 환경에서 적조가 발생하였다면 B는 약화된다. 그러나 A의 경우에는 적조의 발생 과정에서 식물성 편모조류의 존재를 전제하지 않으므로, 이것이 없는 환경에서 적조가 발생하였다 해도 A가 약화되지는 않는다.

[오답해설]

ㄴ. A에 따르면 적조는 영양염류가 해양에 유입되어야만 발생하고, B에 따르면 적조는 유기오염 물질이 해양에 누적되어야만 발생한다. 즉, 유기오염 물질의 퇴적은 B에 따르면 적조 발생의 필요조건이지만, A에 따르면 적조 발생의 필요조건이 아니다. 따라서 유기오염 물질이 해저에 퇴적되지 않은 바다에서 적조가 발생하였다 해도 A가 약화되지는 않는다.

문 38. 정답 ④

유형 논증평가 내용영역 과학기술 난이도 ★★★

지문에 제시된 가설 ㉠, ㉡의 내용을 정리하면 다음과 같다.

㉠ 작은 개체를 보호하면 그렇지 않은 경우보다 개체 수의 회복이 빠르다. (작은 개체를 보호하고 큰 개체를 잡는 것이 적절하다.)

㉡ 정해진 크기에 해당하는 개체만 잡으면 잡힌 개체의 비율이 줄어들고, 잡히지 않은 개체의 비율은 점차 증가한다. (작은 개체를 보호하고 큰 개체만 잡으면 크기가 작은 개체만 남게 될 것이다.)

	처리 1	처리 2	처리 3
내용	크기가 작은 순으로 개체 제거	크기가 큰 순으로 개체 제거	무작위 제거
	큰 개체 보호	작은 개체 보호	

[정답해설]

ㄴ. 크기가 큰 순으로 개체를 제거했을 경우가 무작위로 개체를 제거한 경우보다 개체의 수가 빠르게 회복되었다는 것은 작은 개체를 보호하면 그렇지 않은 경우보다 개체 수의 회복이 빠르다는 ㉠의 가설과 일치하는 결과이므로 ㉠은 강화된다. 또한 크기가 큰 순으로 개체를 제거했을 때 탱크 속 개체의 평균 크기가 무작위로 개체를 제거했을 때보다 작아졌다면, 이것은 잡히지 않은 개체(작은 개체)의 비율이 늘어난다는 ㉡의 가설과 일치하는 결과이므로 ㉡ 역시 강화된다. 따라서 <보기> ㄴ의 결과는 ㉠과 ㉡ 모두를 강화한다.

ㄷ. 크기가 작은 순으로 개체를 제거했을 때 무작위로 개체를 제거했을 때보다 느리게 회복되었다는 것은 큰 개체를 보호하면 그렇지 않은 경우보다 개체 수의 회복이 느리다는 ㉠의 가설과 일치하는 결과이므로 ㉠은 강화된다. 또한 ㉡이 강화되기 위해서는 크기가 작은 순으로 개체를 제거했을 때(큰 개체 보호) 개체의 평균 크기가 더 커져야 한다. 그런데 크기가 작은 순으로 개체를 제거했을 때보다 무작위로 개체를 제거했을 때의 개체 평균 크기가 더 컸다면 이는 ㉡의 가설과 일치하지 않는 결과이므로 ㉡은 약화된다.

[오답해설]

ㄱ. ㉠이 강화되기 위해서는 크기가 작은 순으로 개체를 제거했을 때의 개체 수 회복이 다른 경우보다 더 느려야 한다. 그런데 크기가 작은 순으로 개체를 제거했을 때와 무작위로 제거했을 때 사이에 개체 회복 시간의 유의미한 차이가 없었다면 ㉠은 강화되지 않는다. 그리고 ㉡이 강화되기 위해서는 크기가 작은 순으로 개체를 제거했을 때 다른 경우에 비해 크기가 큰 개체의 비율이 늘어나야 한다. 그런데 크기가 작은 순으로 개체를 제거했을 때와 무작위로 제거했을 때 사이에 개체의 평균 크기에서 유의미한 차이가 없었다면 ㉡ 역시 강화되지 않는다.

문 39. 정답 ④

유형 정보추론 내용영역 과학기술 난이도 ★★★

[정답해설]

(가), (나): 1문단에 따르면 S1이 S2로 환원된다는 것은 S1의 법칙이 S2로부터 연역적으로 도출될 수 있어야 함을 의미한다. 2문단에 따르면 상부 과학은 하부 과학으로 환원되므로, 상부 과학이 S1, 하부 과학이 S2에 해당한다. 또한 (나)의 법칙이 (가)로부터 연역적으로 도출되므로, (가)에는 S2에 해당하는 '하부'가, (나)에는 S1에 해당하는 '상부'가 들어가는 것이 적절하다.

(다), (라): 1문단에 따르면 S1이 S2로 환원된다는 것은 S1의 법칙이 S2로부터 연역적으로 도출될 수 있어야 함을 의미한다. 2문단에 따르면 연역적 도출이라는 관계를 부분과 전체의 관계로 이해하면, 전체에서 부분이 도출되어야 하므로 '부분'은 S1, '전체'는 S2에 해당한다. 2문단에 따르면 S1은 상부 과학, S2는 하부 과학에 해당하며, (다)는 부분에 해당하므로 S1인 '상부'가, (라)는 전체에 해당하므로 S2인 '하부'가 들어가는 것이 적절하다.

(마), (바): 3문단에 따르면 S1은 환원되는 이론, S2는 환원하는 이론에 해당한다. 고전역학을 양자역학으로 환원할 경우 고전역학은 환원되는 이론인 S1에, 양자역학은 환원하는 이론인 S2에 해당하게 된다. 빈칸에는 '(마)에서는 사용하지 않지만 (바)에서는 사용하는 용어'에 해당하는 내용이 들어가야 한다. 3문단에서는 '양자역학에서 사용하지 않지만 고전역학에서 사용하는 용어'를 양자역학에서 사용하는 용어로 바꾸는 과정을 설명하므로, (마)에는 양자역학이, (바)에는 고전역학을 의미하는 이론이 들어가야 한다. 따라서 (마)에는 양자역학을 의미하는 'S2'가, (바)에는 고전역학을 의미하는 'S1'이 들어가는 것이 적절하다.

문 40. 정답 ③

유형 논증평가 내용영역 과학기술 난이도 ★★★

지문에 제시된 입장 ㉠, ㉡의 내용을 정리하면 다음과 같다.

	㉠	㉡
S1과 S2의 관계	S2의 법칙들로부터 S1의 법칙들이 연역적으로 도출될 수 있고, 이는 S2의 법칙들로 S1의 법칙들을 설명할 수 있음을 의미한다	S2의 법칙들로부터 연역적으로 도출된 결과는 S1의 법칙들과 같을 수 없다
교량 원리에 관한 견해	S2에서는 사용하지 않지만 S1에서는 사용하는 용어를 S2에서 사용하는 용어로 바꾸기 위해 '교량 원리'를 도입할 수 있다	두 이론이 공유하는 용어들이라도 저마다 의미가 다를 수 있다 ⇒ '교량 원리'로는 온전한 설명이 불가능하다

[정답해설]

ㄱ. ㉠은 S1이 S2로 환원될 때 S2의 법칙들로부터 S1을 구성하는 법칙들이 연역적으로 도출될 수 있다고 주장한다. 그런데 ㉡은 S2의 법칙들로부터 연역적으로 도출된 결과는 S1을 구성하는 법칙들과는 같을 수 없다고 주장한다. 또한, ㉡에 따르면 두 이론이 공유하는 용어들의 의미가 동일하지 않을 수도 있다. 이때 <보기> ㄱ과 같은 주장이 받아들여지면, 두 이론이 서로 연역적 도출을 통한 환원 관계가 성립한다면 그 두 이론이 공유하는 용어들의 내용이 같다는 것을 의미한다. 이러한 내용이 적용되면 ㉠은 강화되고 ㉡은 약화된다.

ㄴ. 2문단에 따르면 ㉠은 시차를 두고 등장한 선행 이론과 후행 이론 사이에 환원 관계가 성립하여 선행 이론이 후행 이론에 포함된다면 이를 과학의 진보라 부를 수 있다고 본다. 그리고 3문단에 따르면 서로 공유되지 않는 이론적 어휘가 있는 경우는 용어를 연결할 수 있는 '교량 원리'를 도입하여 환원 개념을 적용할 수 있다. 하지만 ㉡에 따르면 교량 원리를 통해 용어를 연결하는 것은 불가능하다. 이때 <보기> ㄴ과 같은 주장이 받아들여지면, 선행 이론과 후행 이론 간 공유되지 않는 용어를 연결할 수 있는 '교량 원리'가 존재하지 않아도 후행 이론인 뉴턴 역학을 선행 이론인 중세 운동 이론의 과학적 진보로 평가할 수 있다. 이러한 내용이 적용되면 ㉠은 약화되고 ㉡은 강화된다.

[오답해설]

ㄷ. ㉠과 ㉡은 모두 한 이론이 다른 이론으로부터 연역적으로 도출될 수 있고, 교량 원리가 있다는 점에는 동의하고 있다. 이러한 사실에 따라 한 이론을 다른 이론의 진보로 설명할 수 있는지, 그렇지 않은지가 ㉠과 ㉡의 차이점이다. 그런데 <보기> ㄷ과 같은 주장이 받아들여지더라도, '교량 원리를 이용한 제3의 이론'으로부터 다른 이론들이 연역적으로 도출된다는 내용은 ㉠, ㉡ 모두 인정하는 내용이다. 따라서 이러한 주장은 ㉠을 강화하지도 않고, ㉡을 약화하지도 않는다.

2022년도 자료해석영역 (나)책형

문 1. 정답 ②

유형 자료전환(보고서전환)   난이도 ★☆☆

[정답해설]

ㄱ. 〈보고서〉 두 번째 문장에서 수도권의 2015~2019년 4분기 평균 대비 2020년 4분기 수도권과 비수도권의 아파트 입주 물량 증가율을 제시하고 있다. 〈표 1〉에서는 2020년 4분기의 월별 아파트 입주 물량만 제시하고 있으므로, 2015~2019년 4분기 수도권 및 비수도권 아파트 입주 물량이 추가로 필요하다.

ㄷ. 〈보고서〉 세 번째 문장에서 서울의 입주 물량 및 전년 동기 대비 증가율을 언급하고 있다. 또한 네 번째 문장에서 시도별 2020년 4분기의 아파트 입주 물량을 제시하고 있다. 제시된 표에서는 시도별 정보가 없으므로 2019~2020년 4분기 시도별 아파트 입주 물량에 대한 자료가 추가로 필요하다.

[오답해설]

ㄴ. 〈보고서〉에서 공급주체에 대한 언급은 마지막 문장뿐인데, 이는 단순히 2020년 4분기의 수치만을 비교하고 있는 내용으로, 2015~2019년의 자료는 필요하지 않다.

ㄹ. 규모 및 공급주체별 아파트 입주물량은 〈보고서〉의 마지막 문장과 그 앞의 문장에서 서술하고 있는데, 단순히 2020년의 물량만을 언급하고 있으므로 2019년의 자료는 필요하지 않다.

문 2. 정답 ③

유형 자료추론(수리추론)   난이도 ★★☆

[정답해설]

ㄴ. 연료비는 연료 소모량과 L당 연료비를 곱한 값이므로, '갑'은 18×1000=18,000원, '을'은 13.5×1700=22,950원, '병'은 10×1500=15,000원이다. 따라서 전체 구간 주행 연료비는 '을'이 가장 많고, '병'이 가장 적다.

ㄷ. 전체 구간 연비는 전체 주행 거리인 240km를 연료 소모량으로 나눈 값이다. 따라서 연료 소모량이 적을수록 연비는 높아진다. 연료 소모량은 '갑' 18.0L, '을' 13.5L, '병' 10.0L이므로, 연비는 '병'이 가장 높고, '갑'이 가장 낮다.

[오답해설]

ㄱ. 주행 시간은 구간별로 $\frac{거리}{평균\ 속력}$를 구하여 합한 값이다. 먼저 '갑'과 '병'을 비교해보면, B→C, C→D, D→E 구간의 평균 속력은 동일하지만 A→B 구간의 평균 속력은 '갑'이 '병'보다 느리다. 이에 따라 주행 시간은 '갑'이 '병'보다 길기 때문에, 전체 구간 주행 시간이 가장 긴 사람이 '병'이 아니다.

ㄹ. '갑'의 A→B 구간 주행 연비는 해당 구간의 거리를 연료 소모량으로 나눈 $\frac{100}{7}$이고, 같은 방식으로 '을'의 B→C 구간 주행 연비는 $\frac{50}{3}=\frac{100}{6}$이다. $\frac{100}{7}<\frac{100}{6}$이므로, 연비는 '을'이 '갑'보다 높다.

문 3. 정답 ③

유형 자료확인(일반자료확인)   난이도 ★★☆

[정답해설]

먼저 〈표〉의 빈칸을 채워보면 다음과 같다. 단서를 해석하면 남성의 비율을 모두 합하면 100%가 되고, 여성의 비율을 모두 합해도 100%가 되어야 한다. 이에 따라 남성의 비율을 모두 채울 수 있다. 흡연·음주 남성의 비율은 30%이고 인원은 600명이므로 남성 비율 10%당 인원 200명임을 알 수 있고 이를 기준으로 인원도 모두 채울 수 있다. 마찬가지로 여성의 경우 비흡연·비음주 여성의 비율은 30%이고 인원은 450명이므로 여성 비율 10%당 인원 150명임을 알 수 있고, 이로부터 흡연·비음주 여성의 비율이 20%임을 알 수 있다. 또 여성의 비율 합도 100%이므로 흡연·음주 여성의 비율은 30%이고 인원도 모두 채울 수 있다.

		남성		여성	
		흡연	비흡연	흡연	비흡연
음주	인원	600	(700)	(450)	(300)
	비율	30	35	(30)	20
비음주	인원	(200)	(500)	300	450
	비율	10	(25)	(20)	30

ㄴ. 비음주·비흡연 환자의 수는 남성이 500명, 여성이 450명으로 남성이 여성보다 많다.

ㄹ. 음주 환자의 수는 600+700+450+300이고 흡연 환자의 수는 600+450+200+300이다. 계산식에서 600, 450, 300은 공통적으로 더해지므로 700과 200만 비교하면 된다. 따라서 음주 환자의 수는 흡연 환자의 수보다 많고, 이에 따라 전체 환자 중 음주 환자의 비중은 전체 환자 중 흡연 환자 비중보다 크다.

[오답해설]

ㄱ. 흡연 비율은 흡연 열의 비율을 합한 값으로, 남성은 30+10=40%이고 여성은 30+20=50%이다. 따라서 흡연 비율은 여성이 남성보다 높다.

ㄷ. 여성의 경우 음주 환자가 750명, 비음주 환자가 750명으로 그 수가 동일하다.

문 4. 정답 ④

유형 자료전환(보고서전환)   난이도 ★☆☆

[정답해설]

ㄱ. 〈보고서〉 첫 번째 문단에서 2017년의 처리대상건수 대비 국가승소 건수의 비율이 전년 대비 20%p 감소하였다고 제시하고 있다. 〈표 1〉에서는 2017~2020년 처리대상건수와 국가승소 건수에 대해서만 제시하고 있다. 따라서 2016년의 비율과 비교를 위해 2016년 행정소송 처리대상건수 및 국가승소 건수의 자료가 추가로 필요하다.

ㄷ. 〈보고서〉 첫 번째 문단에서 2017~2020년의 국가승소 건수 중 법인세 관련 행정소송 건수의 비율이 매년 감소하였다고 제시하고 있다. 국가승소 건수 중 법인세 관련 행정소송 건수는 〈표 2〉에서 2020년에 대해서만 제시하고 있다. 따라서 2017~2019년의 국가승소 건수 중 법인세 관련 행정소송 건수의 자료가 추가로 필요하다.

ㄹ. 〈보고서〉 세 번째 문단에서 2017~2020년 행정법원 소송 처리미완료건수 중 소송가액 10억 원 이상인 건수가 차지하는 비율을 제시하고 있다. 소송가액별 자료는 〈표 3〉에서 2020년에 대해서만 제시하고 있다. 따라서 2017~2019년의 소송가액이 10억 원 이상인 행정법원 소송 처리미완료건수가 추가로 필요하다.

[오답해설]

ㄴ. 〈보고서〉 두 번째 문단에서 2021년으로 이월된 행정소송 건수를 제시하고 있으나, 이는 2020년에 처리완료되지 못한 것이지 2021년의 행정소송 처리대상건수와는 무관하다. 이외에 2021년 관련 내용은 언급되지 않았으므로 2021년 소송가액별 행정소송 처리대상건수 자료는 필요하지 않다.

문 5. 정답 ①

유형 자료확인(일반자료확인)   난이도 ★★☆

[정답해설]

ㄱ. 증가 이전 4개 농산물 해운 운송량의 합계는 10,600톤으로, 평균은 2,650톤이다. 농산물별 해운 운송량이 각각 100톤이 증가하면 평균으로도 100톤이 증가하므로 2,750톤이 된다.

ㄷ. 도로 운송량이 많은 농산물부터 순서대로 나열하면 밀, 쌀, 보리, 콩 순이다.

한편, 해당 순서대로 전체 운송량 대비 도로 운송량의 비중을 살펴보면 $\frac{16500}{27000}$, $\frac{10600}{18000}$, $\frac{2900}{12000}$, $\frac{400}{5000}$ 순인데, 차례대로 60% 이상, 50~60%, 20~30%, 10% 미만 순이므로 동일한 순서이다.

[오답해설]

ㄴ. 도로, 철도, 해운의 운송량을 합하면 콩은 5,000톤이고 보리는 12,000톤이다. 보리 운송량이 50% 감소하면 6,000톤이 감소하고, 콩 운송량이 100% 증가하면 5,000톤이 증가하므로 전체 운송량은 1,000톤 감소한다.

ㄹ. 해운 운송량이 적은 농산물부터 순서대로 나열하면 쌀, 보리, 밀, 콩 순이다. 한편, 해당 순서대로 전체 운송량 대비 해운 운송량의 비중을 살펴보면 $\frac{1600}{18000}$, $\frac{2000}{12000}$, $\frac{3000}{27000}$, $\frac{4000}{5000}$ 순인데, 밀의 비중은 15% 미만이고 보리의 비중은 15% 이상이므로 순서가 일치하지 않는다.

문 6. 정답 ①

유형 자료추론(수식추론) 난이도 ★★☆

[정답해설]

그래프의 축에 따라 기술도입액을 x, 기술수출액을 y라 한다. 이때 〈그림〉에서 x축의 눈금 단위가 y축 눈금 단위의 2배임에 주의해야 한다.

① 기술무역수지=$y-x$이므로, 이는 $y=x+k$ 형태의 직선에서 y절편에 해당한다. 2020년 각 산업을 기준으로 기울기가 1인 직선을 그어보면 y절편이 가장 작은 산업은 소재 산업이다.

[오답해설]

② 기술무역규모=$x+y$이므로, 이는 $y=-x+k$ 형태의 직선에서 y절편에 해당한다. 2021년 각 산업을 기준으로 기울기가 -1인 직선을 그어보면 y절편이 가장 큰 산업은 소재 산업이다.

③ 2019년 3개 산업의 기술 도입액을 대략적으로 살펴보면, 건설과 소재는 80~120백만 달러, 농림수산식품은 160~200백만 달러로 합하면 320~440백만 달러이다. 따라서 3억 2천만 달러, 즉 320백만 달러 이상이다.

④ 기술무역수지=$y-x$이므로, 이는 $y=x+k$ 형태의 직선에서 y절편에 해당한다. 소재 산업에 해당하는 3개 점에서 기울기가 1인 직선을 그어보면 y절편은 2019년이 가장 크고, 2020년, 2021년 순으로 크다. 따라서 기술무역수지는 매년 감소한다.

⑤ 기술무역수지비=$\frac{y}{x}$이므로, $y=kx$ 형태가 되고, 이는 원점에서 해당 점을 이은 선의 기울기이다. 그리고 농림수산식품의 경우 2020년, 2019년, 2021년 순으로 기울기가 크므로 기술무역수지비가 가장 큰 해는 2020년이다.

문 7. 정답 ④

유형 자료전환(보고서전환) 난이도 ★☆☆

[정답해설]

ㄹ. 2020년의 경우 하천 사망자 비중이 $\frac{19}{37}\times100$이다. $37\times0.6=22.2>19$이므로 60% 이상을 만족하지 못한다.

[오답해설]

ㄱ. 〈표 1〉을 가로로 합하여 연도별 사망자 수를 살펴보면 2018년 24명, 2019년 36명, 2020년 37명, 2021년 37명이다. 따라서 2019년에는 전년 대비 50% 증가했고, 2019~2021년에는 모두 30명 이상에 해당한다.

ㄴ. 4대 주요 원인에 의한 사망자 수는 2018년이 24명으로 전체 사망자 중 차지하는 비율이 100%이다. 또한 비율은 100%보다 높을 수는 없고, 다른 해의 비율을 구하면 모두 100% 미만이다. 따라서 비율이 가장 높은 해는 2018년이다.

ㄷ. 수영미숙에 의한 사망자 수의 비중은 2018년부터 차례대로 $\frac{13}{24}$, $\frac{14}{36}$, $\frac{14}{37}$, $\frac{12}{37}$인데, 이 중 비중이 가장 낮은 2021년의 경우에도 $37\times0.3=11.1$이므로 30% 이상이다. 따라서 매년 수영미숙에 의한 사망자 비중은 30% 이상이다.

ㅁ. 2021년 안전부주의 사망자는 9명이고, 20대 이하 사망자는 0+5+3=8명이다. 따라서 안전부주의 사망자 9명에 20대 이하 8명이 모두 포함되더라도 30대 이상이 1명은 존재하게 된다. 따라서 안전부주의 사망자 중 30대 이상 사망자가 1명 이상이다.

문 8. 정답 ④

유형 자료응용(매칭) 난이도 ★☆☆

[정답해설]

○ 〈조건〉 1
B와 C는 내수면어업 생산량이 원양어업 생산량보다 많다. 따라서 B, C는 '갑' 또는 '병'이다.

○ 〈조건〉 2
해면어업 의존도는 전체 어업 생산량에 대한 해면어업 생산량의 비이다. B의 경우 해면어업 생산량이 전체 어업 생산량의 $\frac{1}{3}$ 미만으로 해면어업 의존도가 가장 낮고, D의 경우 40%를 초과하여 해면어업 의존도가 가장 높다. 〈조건〉 1에 따라 C는 '갑' 또는 '병'이므로 A가 '정'이고, 나머지 D가 '을'이다.

○ 〈조건〉 3
남은 조건이 1개뿐이므로, B와 C 중 천해양식 생산량이 많은 국가가 '병'이 되어야 한다. 그런데 B와 C를 비교해보면 전체 어업 생산량은 약 2,500천 톤 정도 차이가 나는데, 해면어업 생산량은 약 400천 톤, 원양어업 생산량은 약 360천 톤, 내수면어업 생산량은 약 1,900천 톤 정도 차이가 난다. 따라서 이 3개 유형의 차이를 합하면 약 2,660천 톤으로 전체 어업 생산량의 차이보다 크다. 따라서 천해양식 생산량은 C가 B보다 크므로, C가 '병'이고 나머지 B가 '갑'이다.

이를 정리하면 다음과 같다.

A	B	C	D
정	갑	병	을

문 9. 정답 ⑤

유형 자료전환(보고서전환) 난이도 ★☆☆

[정답해설]

ㅁ. 글로벌 e스포츠 산업 규모 대비 '갑'국 e스포츠 산업 규모 비중이 전년 대비 감소하려면 글로벌 e스포츠 산업 규모의 전년 대비 증가율이 '갑'국 e스포츠 산업 규모의 전년 대비 증가율보다 커야 한다. 2018년을 보면, 글로벌 e스포츠 산업 규모의 전년 대비 증가율은 10% 미만이지만 '갑'국 e스포츠 산업 규모의 전년 대비 증가율은 10% 이상이므로, 비중이 전년 대비 증가했다.

[오답해설]

ㄱ. 973억 원에서 1,138.6억 원이 되었으므로 증가폭이 150억 원 이상이다. 1,000에서 증가폭이 150인 경우 증가율이 15%이므로, 973억 원에서 150억 원 이상이 증가하면 증가율이 15%보다 크다.

ㄴ. 2021년 방송분야 매출은 453억 원이고 전체 산업 규모는 1,138.6억 원이다. 1,138.6억 원의 35%는 1000의 35%인 350에 138.6의 35%를 더한 것이다. 138.6의 35%는 100보다 작으므로 1,138.6억 원의 35%는 450억 원보다 작다. 따라서 453억 원은 35% 이상이고, 방송분야 매출 규모는 세부항목 중 규모가 가장 크므로 가장 비중이 크다.

ㄷ. 글로벌 e스포츠 산업 규모는 2019년 5,424억 원, 2020년 7,207억 원, 2021년 9,517원으로 매년 증가하였다. 5,424억 원의 30%는 1,700억 원보다 작으므로 7,207억 원은 5,424억 원 대비 30% 이상 증가한 것이고,

7,207억 원의 30%는 2,200억 원보다 작으므로 9,517억 원도 7,207억 원 대비 30% 이상 증가한 것이다.

ㄹ. 2020년 '갑'국 e스포츠 산업 규모는 933.4억 원에서 973.0억 원으로 증가폭이 40억 원 미만이다. 973.0억 원의 1%는 9.73억 원이므로 5%는 45억 원보다 크기 때문에 증가율은 5% 미만이다. 또한 2020년 글로벌 e스포츠 산업 규모에서 차지하는 비중은 $\frac{973}{7207} \times 100$이다. 7207×0.15 > 7000×0.15 = 700+350=1050 > 973이므로 비중은 15% 미만이다.

문 10. 정답 ①

유형 자료확인(일반자료확인)

[정답해설]

① 국적별 불법체류외국인 증가인원을 살펴보면, A국적의 증가인원은 약 7.2만 명이고, 전체의 증가인원은 약 10.4만 명이다. 10.4만 명의 60%는 7만 명보다 작으므로, 7.2만 명은 60% 이상이다.

[오답해설]

② 전년 대비 불법체류외국인 수가 가장 많이 증가한 2021년을 먼저 살펴보면, 불법체류외국인 수의 전년 대비 증가율이 40%를 초과한다. 이때 등록외국인의 구성비의 전년 대비 감소율은 30% 미만이다. 따라서 2021년에는 체류유형이 등록외국인인 불법체류외국인의 수가 전년 대비 증가한다.

③ 2017년에는 불법체류외국인 수가 가장 많은 체류자격이 비전문취업이다.

④ 2019년에는 체류외국인 수가 전년 대비 증가하였지만 불법체류외국인 수는 전년 대비 감소하였다. 따라서 2019년에는 체류외국인 대비 불법체류외국인 비중이 전년 대비 감소하였다.

⑤ 2021년 체류외국인 수의 전년 대비 증가폭은 200,000명 미만이므로 전년 대비 증가율은 10% 미만이다.

문 11. 정답 ③

유형 자료응용(매칭) 난이도 ★☆☆

[정답해설]

○ 〈조건〉 1
A대학의 경우 응시자 수는 2021년이 90명으로 가장 많고 합격률도 60% 미만으로 가장 낮다. B대학의 경우 응시자 수는 2018년이 98명으로 가장 많지만 합격률이 60% 미만인 해는 2020년과 2021년으로 2018의 합격률이 가장 낮지 않다. C대학의 경우 응시자 수는 2021년이 145명으로 가장 많고 합격률도 60% 미만으로 가장 낮다. D대학의 경우 응시자 수는 2021년이 212명으로 가장 많고 합격률이 50% 미만인 해는 2019년, 2020년, 2021년이므로 3개 연도의 합격률을 비교해보아야 한다. 2021년 합격률은 $\frac{95}{212} \times 100$이고 2020년 합격률은 $\frac{87}{210} \times 100$이다. 2021년 응시자 수는 전년 대비 1%도 증가하지 않았지만 합격자 수는 5% 이상 증가하였으므로 합격률은 2020년이 2021년보다 낮다. 따라서 응시자 수가 가장 많은 해에 합격률이 가장 낮은 대학은 A와 C이므로, A와 C가 '우리대' 또는 '나라대'이다. 나머지 B와 D가 '푸른대' 또는 '강산대'이다.

○ 〈조건〉 2
'우리대'는 A 또는 C이므로 A와 C 중 2021년 합격률이 55% 미만인 대학을 찾으면 된다. A의 경우 90×0.55=45+4.5=49.5 > 48이므로 합격률이 55% 미만이다. C의 경우 145×0.55=72.5+7.25=79.75 < 80이므로 합격률이 55% 이상이다. 따라서 A는 '우리대', 나머지 C는 '나라대'이다.

○ 〈조건〉 4
강산대는 B 또는 D이므로, B와 D 중 합격률 감소폭이 40%p 미만인 대학을 찾으면 된다. D의 경우 2015년 합격률은 90% 이상이지만, 2021년 합격률은 50% 미만이므로 감소폭이 40%p 이상이다. 반면 B의 경우 2015년 합격률은 90% 미만이지만, 2021년 합격률은 50%를 초과하여 감소폭이 40%p 미만이다. 따라서 B는 '강산대'이고, 나머지 D가 '푸른대'이다.

이를 정리하면 다음과 같다.

A	B	C	D
우리대	강산대	나라대	푸른대

문 12. 정답 ⑤

유형 자료확인(일반자료확인)

[정답해설]

ㄴ. 조세지출금액 상위 3개 항목의 비중을 합해보면 2019년은 31.69+23.81+7.44 > 31+23+7=61이고, 2020년은 32.16+23.21+6.95 > 32+23+6=61이고, 2021년은 30.07+21.95+12.15 > 30+21+12=63이다. 따라서 비중의 합은 매년 60%를 초과한다.

ㄷ. 조세지출금액이 매년 증가한 항목은 중소기업지원, 고용지원, 기업구조조정, 지역균형발전, 공익사업지원, 저축지원, 국민생활안정, 근로·자녀장려, 간접국세, 농협구조개편의 10개이다.

ㄹ. 2020년 국제도시육성 조세지출은 전년 대비 감소했지만 전체 조세지출은 전년 대비 증가하여 국제도시육성 항목의 비중은 전년 대비 감소한다. 2021년 국제도시육성 조세지출의 전년 대비 증가율은 5% 미만이지만 전체 조세지출의 전년 대비 증가율은 10% 이상이므로 국제도시육성 항목의 비중은 전년 대비 감소한다. 따라서 국제도시육성 항목의 비중은 매년 감소한다.

[오답해설]

ㄱ. 조세지출금액이 증가한 항목이 많으므로, 증가하지 않은 항목 수를 세어 비교해본다. 조세지출금액이 증가하지 않은 항목은 2020년이 연구개발, 국제자본거래, 외국인투자, 국제도시육성, 기업도시, 수협구조개편으로 6개이고, 2021년이 연구개발, 국제자본거래, 투자촉진, 수협구조개편으로 4개이다. 조세지출금액이 감소한 항목 수는 2020년이 2021년보다 많으므로 증가한 항목 수는 2021년이 2020년보다 많다.

문 13. 정답 ③

유형 자료추론(수식추론) 난이도 ★★☆

[정답해설]

ㄴ. 단서 3)에서 소년 범죄 발생지수는 2017년 소년 범죄율을 기준으로 작성한 값이라고 제시하고 있으므로 소년 범죄율이 2017년 대비 6% 이상 증가하면 발생지수가 106 이상이 되어야 한다. 발생지수가 106 이상인 해는 2019년이고, 2020년은 2019년보다 범죄율이 높으므로 발생지수가 106 이상이다. 또한 2019년과 2020년의 소년 범죄자 비율을 살펴보면, 2020년은 6.2%로 주어져 있고, 2019년은 소년 범죄자와 성인 범죄자를 합해도 100만 명 미만인데, 소년 범죄자가 6만 명 이상이므로 소년 범죄자 비율이 6% 이상이다.

ㄷ. 2020년의 소년 범죄 발생지수는 106.3보다 크므로 2021년에는 전년 대비 감소했다. 성인의 경우에도 2020년 범죄율이 2021년 범죄율보다 높으므로, 2017년 범죄율 대비 해당 연도의 범죄율을 의미하는 발생지수도 2020년이 2021년보다 높다.

[오답해설]

ㄱ. 단서 2)에 따라 소년 범죄율 = $\frac{\text{소년 범죄자 수}}{\text{소년 인구}} \times 100000$이다. 따라서 소년 범죄자 수를 소년 범죄율로 나누어 소년 인구를 비교할 수 있다. 2017년과 2021년의 값을 비교해보면 2017년은 $\frac{63145}{1172}$, 2021년은 $\frac{54205}{1201}$이다. 따라서 소년 범죄자 수는 2017년이 2021년보다 많지만 소년 범죄율은 2017년이 2021년보다 낮으므로 소년 인구는 2017년이 2021년보다 많다.

ㄹ. 소년 범죄 발생지수가 전년 대비 증가한 해는 2019년과 2020년이다. 반면 2020년 소년 범죄자 수는 전년 대비 감소하였다.

문 14. 정답 ⑤

유형 자료전환(표-그림전환)　　**난이도** ★★☆

[정답해설]

⑤ 2019년 1인 가구수는 2018년 80가구에서 110가구 증가한 190가구였다. 증가폭을 (80+30)으로 쪼개보면 100%와 $\frac{3}{8}\times 100=37.5\%$가 되어 전년 대비 증가율이 137.5%이다. 2020년 1인 가구수는 전년 대비 115가구 감소하였는데, 190×0.6=114가구이므로 전년 대비 감소율은 60%보다 약간 큰 60.5%와 부합한다. 2021년 1인 가구수는 전년 대비 240가구 증가하였는데, 75×3=225가구이므로 240=225+15가구로 나타내면 각각 300%와 20%가 되어 전년 대비 증가율이 320%이다.

[오답해설]

① 마을별 1인 가구수를 합해보면 2018~2020년의 수치는 일치하지만, 2021년의 경우 120+205+160+315=800가구로 일치하지 않는다.

② 2021년 기준 2인 이상 가구수는 A가 600-120=480가구, B가 550-205=345가구, C가 500-160=340가구, D가 500-315=185가구이다. 따라서 2인 이상 가구수는 A가 가장 많고, B, C, D 순으로 많다. 그러나 그래프 2인 이상 가구의 마을별 구성비는 A가 가장 크고, B, D, C 순으로 크므로 그 순서가 일치하지 않는다.

③ 〈표 1〉에서 마을별 1인 가구수의 비중을 18.0%, 36.7%, 43.6%, 15.0%로 제시하고 있다. 그러나 이는 '갑'지역 전체의 1인 가구에서 A마을이 차지하는 비중으로, A마을의 전체 가구에서 1인 가구가 차지하는 비중이 아니다. 예를 들어, 2018년 A마을의 전체 가구에서 1인 가구가 차지하는 비중을 구하면 $\frac{90}{600}\times 100=15\%$이다.

④ 총가구수와 1인 가구수를 각각 x, y라 하면 2인 이상 가구수는 $(x-y)$이므로 2인 이상 가구수와 1인 가구수 차이는 $|y-(x-y)|=|2y-x|=|x-2y|$이다. 이를 구해보면 B마을은 2018년 550-260=290가구, 2019년 550-120=430가구, 2020년 550-480=70가구, 2021년 550-410=140가구이므로 2021년의 수치가 일치하지 않는다. 같은 방식으로 C마을은 2018년 500-400=100가구, 2019년 500-260=240가구, 2020년 500-160=340가구, 2021년 500-320=180가구로 2021년의 수치가 일치하지 않는다.

문 15. 정답 ①

유형 자료전환(보고서전환)　　**난이도** ★☆☆

[정답해설]

○ 〈보고서〉 첫 번째 항목
2020년과 2021년 모두 선행시간이 감소할수록 거리오차가 감소해야 하는데, 2020년 D의 경우 선행시간이 48시간에서 36시간이 되면서 거리오차가 증가한다. 따라서 D는 '갑'국이 아니다.

○ 〈보고서〉 두 번째 항목
2021년의 거리오차가 선행시간이 36시간, 24시간, 12시간일 때 각각 100km 이하여야 한다. 그런데 C의 경우 선행시간이 36시간일 때 거리오차가 103km이므로 C는 '갑'국이 아니다.

○ 〈보고서〉 세 번째 항목
선행시간별 거리오차는 모두 2021년이 더 작아야 하는데, E의 경우 선행시간이 48시간, 36시간, 24시간일 때 2021년의 거리오차가 더 크므로 제외된다. 따라서 E는 '갑'국이 아니다.

○ 〈보고서〉 마지막 항목
선행시간이 12시간 감소할 때 거리오차 감소폭이 30km 미만이어야 하는데, B의 경우 2020년에 선행시간이 36시간에서 24시간이 되면서 거리오차가 40km 감소하므로 제외된다. 따라서 B는 '갑'국이 아니다.

이를 정리하면 '갑'국에 해당하는 국가는 A이다.

문 16. 정답 ④

유형 자료확인(일반자료확인)　　**난이도** ★★☆

[정답해설]

④ 식용곤충 분야 기초연구 지원 금액은 2016년이 1280-250-836-127=67백만 원이고, 2018년이 3636-1306-1864-127=339백만 원이다. 67×5=335 < 339이므로 5배 이상이다.

[오답해설]

① 지원과제 수는 2017년 39건, 2019년 53건이고 지원 금액은 2017년 3,368백만 원, 2019년 4,886백만 원이다. 지원과제 수는 2019년에 2017년 대비 14건 증가하여 증가율이 40% 미만이지만, 지원 금액은 1,500백만 원 이상 증가하여 증가율이 40% 이상이다. 따라서 지원과제당 지원 금액은 2019년이 2017년보다 크다.

② 배양육 분야 지원 금액에서 응용연구 지원 금액이 차지하는 비중을 계산하면, 2018년에는 $\frac{67}{282}\times 100$이고, 2019년에는 $\frac{139}{570}\times 100$이다. 2018년 비중의 분자와 분모에 각각 2를 곱하면 $\frac{134}{564}$이고, $\frac{134}{564}$를 기준으로 $\frac{139}{570}$의 값을 비교하면 분자는 5 차이가 나서 3% 이상 증가한 값이고 분모는 6 차이가 나서 2% 미만 증가한 값이다. 이에 따라 $\frac{134}{564}<\frac{139}{570}$이므로 배양육 분야 지원 금액에서 응용연구 지원 금액이 차지하는 비중은 2018년이 2019년보다 작다.

③ 대체육 전체 지원 금액에서 식물성고기 분야 지원 금액이 차지하는 비중을 계산하면, 2017년에는 $\frac{319}{3368}\times 100$이고, 2018년에는 $\frac{450}{4368}\times 100$이다. 2017년의 비중은 10% 미만이고 2018년의 비중은 10% 이상이므로 2018년의 비중이 더 크다.

⑤ 식물성고기 분야의 개발연구 지원 금액은 지원 시작 이후 매년 증가하였다. 배양육의 경우 2020년 지원 금액이 1532-972=560백만 원으로 지원 시작 이후 매년 증가하였다. 식용곤충의 경우 2020년 지원금액이 2292-385-89-37=1,781백만 원으로 2019년 대비 감소했다.

문 17. 정답 ①

유형 자료전환(보고서전환)　　**난이도** ★★☆

[정답해설]

ㄱ. H사의 2020년 판매량은 146,153대이고, 2016년 판매량은 6,460대이다. 6460×20=129200 < 146153이므로 2020년 판매량은 2016년의 20배 이상이다.

[오답해설]

ㄴ. 2020년 기준 글로벌 전기차 시장 점유율상위 10개 업체의 2015~2020년 판매량을 제시한 것이다. 2015~2019년에도 해당 업체가 글로벌 전기차 시장 점유율 상위 10개라는 보장이 없고, 다른 상위 10개 업체가 있을 수 있어 2015~2019년의 순위는 확정할 수 없다.

ㄷ. T사의 전기차 판매량의 증가폭은 2020년에 유일하게 15만 대 이상으로 가장 크다. 시장 점유율의 증가폭은 2020년에 전년 대비 2.3%p 증가하여 2019년의 전년 대비 증가폭인 2.4%p보다 작다.

ㄹ. 2020년 V사 전기차 판매량은 전년 대비 14만 대 이상 증가하였다. 그러나 증가율을 비교하면, V사의 2020년 판매량은 2019년 대비 대략 3배이지만 P사의 경우 2020년 판매량이 2019년 판매량의 9배를 초과한다. 따라서 증가율이 가장 높은 업체는 V사가 아니다.

문 18. 정답 ③

유형 자료응용(논리퀴즈)   **난이도** ★★☆

[정답해설]

〈표 2〉의 단서 1)에서 1차 합계 점수 1점은 종합점수 0.3점의 가치를, 2차 합계 점수 1점은 종합점수 0.7점의 가치를 지니는 것을 알 수 있다. 한편, B의 종합점수가 93.0점으로 주어져 있으므로 이를 기준으로 나머지 지원자의 종합점수를 구해본다.

○ A
   1차 면접 점수는 B보다 2점 낮고 2차 면접 점수는 동일하므로 A의 종합점수는 B의 종합점수보다 0.6점이 낮은 92.4점이다.

○ C
   1차 면접 점수는 A보다 2점 낮고 2차 면접 점수는 A보다 2점 높으므로 C의 종합점수는 A의 종합점수보다 −0.6+1.4=0.8점이 높은 93.2점이다.

○ D
   1차 면접 점수는 B보다 4점 높고 2차 면접 점수는 B보다 2점 낮으므로 D의 종합점수는 B의 종합점수보다 +1.2−1.4=−0.2점 낮은 92.8점이다.

○ F
   1차 면접 점수는 B와 동일하고 2차 면접 점수는 B보다 4점 높으므로 F의 종합점수는 B의 종합점수보다 2.8점이 높은 95.8점이다.

이를 정리하면 종합점수는 F가 가장 높고, 그 다음으로 E, C, B, D, A 순으로 높다. 이 중 D는 불합격이고 B는 합격이므로 합격인 지원자는 F, E, C, B이다.

문 19. 정답 ⑤

유형 자료추론(수식추론)   **난이도** ★★☆

[정답해설]

우선 문항별로 (문항점수−기본점수)를 구하고, 이를 토대로 명목 반영률과 실질 반영률을 정리하면 다음과 같다.

구분 차수	평가 항목	문항 번호	문항 점수	기본 점수	문항점수−기본점수	명목 반영률	실질 반영률
1차	교양	1	20	10	10	0.17	0.17
		2	30	10	20	0.25	0.33
	전문성	3	30	20	10	0.25	0.17
		4	40	20	20	0.33	0.33
	합계		120	60	60	1.00	1.00
2차	창의성	1	20	10	10	0.22	0.20
	도전성	2	20	10	10	0.22	0.20
	인성	3	50	20	30	0.56	0.60
	합계		90	40	50	1.00	1.00

ㄷ. D가 1차 면접 2번 문항에서 1점을 더 받았다면, D의 종합점수는 0.3점 증가하여 92.8+0.3=93.1점이 된다. 이는 합격자인 B의 점수보다 높으므로 D의 결과는 합격이다.

ㄹ. 명목 반영률보다 실질 반영률이 더 높은 2차 문항은 인성이고, 인성에서 가장 낮은 점수를 받은 지원자는 D이다. 한편 2차 합계 점수도 D가 82점으로 가장 낮다.

[오답해설]

ㄱ. 1차 면접 1번 문항보다 1차 면접 3번 문항은 명목 반영률이 높지만 실질 반영률은 동일하다. 따라서 명목 반영률이 높을수록 실질 반영률도 높은 것은 아니다.

ㄴ. 교양의 실질 반영률 합과 전문성의 실질 반영률 합은 0.5로 동일하다.

문 20. 정답 ①

유형 자료확인(일반자료확인)   **난이도** ★★☆

[정답해설]

① 기초응급의료센터의 경우 응급실 전담 간호사 수는 응급실 전담 전문의 수의 6배 이상이다. 권역응급의료센터, 지역응급의료센터의 경우 응급실 전담 간호사 수가 응급실 전담 전문의 수의 6배 미만이므로 응급실 전담 전문의 1인당 응급실 전담 간호사 수가 가장 많은 유형은 기초응급의료센터이다.

[오답해설]

② 전체 응급의료기관 수는 399개이고 399×4=1596 > 1417이므로, 전체 응급의료기관당 응급실 전담 전문의 수는 4명 미만이다.

③ 내원 환자 수가 가장 많은 응급의료기관 유형은 지역응급의료센터이다. 응급의료기관당 응급실 전담 간호사 수는 권역응급의료센터만 40명 이상이고, 나머지 유형에서는 30명 미만이므로 응급의료기관당 응급실 전담 간호사 수가 가장 많은 유형은 권역응급의료센터이다.

④ 내원환자 수가 응급실 전담 전문의 수의 5,000배 이상인 기초응급의료센터의 응급실 전담 전문의 1인당 내원 환자 수가 가장 많다. 나머지 권역응급의료센터와 기초응급의료센터의 응급실 전담 전문의 1인당 내원 환자 수를 어림셈을 활용하여 계산하면, 권역응급의료센터는 약 $\frac{1540}{318}$, 지역응급의료센터는 약 $\frac{3455}{720}$ 이다. 각 수치는 4~5 사이이므로, 5와의 차이를 구한 후 차이가 더 작은 유형의 값이 크다고 판단할 수 있다. 권역응급의료센터는 5에서 $\frac{50}{318}$ 이 부족하고, 지역응급의료센터는 5에서 $\frac{145}{720}$ 가 부족하다. $\frac{50}{318} < \frac{145}{720}$ 이므로 응급실 전담 전문의 1인당 내원 환자 수는 권역응급의료센터가 지역응급의료센터보다 많다. 따라서 응급실 전담 전문의 1인당 내원 환자 수가 가장 적은 유형은 지역응급의료센터이다.

⑤ 지역응급의료센터의 경우 3279×1200 > 3000×1200=3600000으로 병상당 내원 환자 수가 1,200명 이하이다. 기초응급의료센터의 경우에도 2540×1200 > 2500×1200=3000000으로 병상당 내원 환자 수가 1,200명 이하이다. 권역응급의료센터의 경우 1268×1200 < 1270×1200=1524000으로 병상당 내원 환자 수가 1,200명 이상이다.

문 21. 정답 ③

유형 자료확인(일반자료확인)   **난이도** ★☆☆

[정답해설]

ㄴ. 매년 뇌사 기증자 수의 4배가 뇌사자장기이식 건수보다 작은지 확인한다. 268×4=(250+18)×4=1000+72 < 1108, 368×4=(350+18)×4=1400+72 < 1548, 409×4=(400+9)×4=1600+36 < 1751, 416×4=(400+16)×4=1600+64 < 1741, 446×4=(440+6)×4=1760+24 < 1818이므로 매년 4배 이상을 만족한다.

ㄹ. 2017년의 경우 이식 건수의 전년 대비 증가율은 20% 이상, 생체이식 건수의 전년 대비 증가율은 20% 미만이고, 2018년의 경우 이식 건수의 전년 대비 증가율은 5% 이상, 생체이식 건수의 전년 대비 증가율은 5% 미만이다. 따라서 2017년과 2018년에는 이식 건수 중 생체이식 건수의 비중이 전년 대비 감소한다. 또한 2019년의 경우 이식 건수의 전년 대비 감소율은 5% 미만, 생체이식 건수의 전년 대비 감소율은 5% 이상이므로, 2019년에도 이식 건수 중 생체이식 건수의 비중이 전년 대비 감소한다. 2020년의 경우 이식 건수의 전년 대비 증가율은 2% 이상, 생체이식 건수의 전년 대비 증가율은 2% 미만이므로 2020년에도 이식 건수 중 생체이식 건수의 비중이 전년 대비 감소한다.

[오답해설]

ㄱ. 2019년의 경우 보면 뇌사 기증자 수는 전년 대비 7명 증가해 전년 대비 증가율이 2% 미만이지만, 기증 희망자 수는 전년 대비 150,000명 이상 증가해 전년 대비 증가율이 10% 이상이다.

ㄷ. 이식 대기자 수는 증가, 증가, 증가, 감소 순으로 변하고 이식 건수는 증가, 증가, 감소, 증가 순으로 변하므로 증감 방향이 같지 않다.

문 22. 정답 ②

유형 자료확인(일반자료확인)   **난이도** ★☆☆

[정답해설]

ㄱ. 2010년 대비 2015년 외국인 관광객 증가율은 '아프리카'가 $\frac{12769}{33756} \times 100$이고, '대양주'가 $\frac{21975}{146089} \times 100$이다. 2010년 분모에 해당하는 외국인 관광객 수는 '대양주'가 '아프리카'의 4배 이상인데, 분자에 해당하는 2010년 대비 2015년 외국인 관광객 수는 '대양주'가 '아프리카'의 2배 미만이다. 따라서 2010년 대비 2015년 외국인 관광객 증가율은 '아프리카'가 '대양주'의 2배 이상이다.

ㄷ. 2015년 대비 2020년 외국인 관광객 감소폭은 '북미'가 70만 명 이상이고, '유럽'이 70만 명 미만이다. 따라서 '북미'의 감소폭이 더 크다.

[오답해설]

ㄴ. 만 명 단위로 어림셈을 적용하면, 2015년 '일본'과 '중국' 관광객의 합은 약 180+600=780만 명이고 '아시아' 관광객의 75%는 약 1080×0.75=750+60=810만 명이다. 따라서 '일본'과 '중국' 관광객의 합은 '아시아' 관광객의 75% 미만이다.

ㄹ. 2020년 전체 외국인 관광객 수의 8%는 2519118×0.08=2500000×0.08+19118×0.08 < 200000+1600으로 21만 명 미만인데, 미국의 관광객은 22만 명을 초과하므로 그 비중은 8%보다 크다.

문 23. 정답 ②

유형 자료확인(일반자료확인)   **난이도** ★★☆

[정답해설]

② 고속열차와 일반버스 간 소요시간 차이가 100분 이하인 구간은 C와 E인데 C는 85분, E는 88분 차이이므로 소요시간 차이가 가장 작은 구간은 C이다. 그리고 고속열차와 일반버스 간 비용 차이가 15,000원 이하인 구간이 C뿐이므로 비용 차이가 가장 작은 구간도 C로 동일하다.

[오답해설]

① C 구간에서 비용이 35,000원 이하인 교통수단은 일반열차, 고속버스, 일반버스이다. 이 중에서 소요시간당 비용이 100원 이상인 일반열차와 고속버스를 비교했을 때, 일반열차의 소요시간당 비용은 $\frac{32800}{247}$이고, 고속버스의 소요시간당 비용은 $\frac{25000}{210}$이다. 분모에 해당하는 소요시간은 일반열차가 고속버스의 1.2배 미만이고 분자에 해당하는 비용은 일반열차가 고속버스의 1.3배 이상이므로 소요시간당 비용이 가장 큰 교통수단은 일반열차이다.

③ 고속열차의 소요시간당 비용은 D 구간이 $\frac{41600}{199}$, E 구간이 $\frac{42800}{213}$이다. 두 값 모두 200을 초과하므로 각 값에서 200을 뺀 값을 비교한다. D 구간의 경우 $\frac{41600}{199} - 200 = \frac{1800}{199}$이고 E 구간의 경우 $\frac{42800}{213} - 200 = \frac{200}{213}$이다. $\frac{1800}{199} > \frac{200}{213}$이므로 소요시간당 비용은 D 구간이 E 구간보다 크다.

④ 고속버스가 일반열차보다 소요시간이 작은 구간은 A, B, C, D, E 모두이고, 비용이 작은 구간도 A, B, C, D, E 모두이다. 따라서 이에 해당하는 구간은 5개이다.

⑤ 소요시간은 일반열차와 고속버스의 차이가 20분이고 고속버스와 일반버스의 차이가 46분이므로, 일반열차와 고속버스의 차이가 더 작다. 비용은 일반열차와 고속버스의 차이가 7,900원이고, 고속버스와 일반버스의 차이가 5,500원이므로 일반열차와 고속버스의 차이가 더 크다. 따라서 교통수단 간 소요시간 차이가 클수록 비용 차이도 큰 것은 아니다.

문 24. 정답 ⑤

유형 자료응용(매칭)   **난이도** ★★☆

[정답해설]

○ 〈조건〉 3

행정동 평균 인구보다 법정동 평균 인구가 많기 위해서는 행정동 수가 법정동 수보다 많아야 한다. A~D 중 이에 해당하는 지역은 C이므로 C는 '우정'이다.

○ 〈조건〉 1

인구는 행정동 평균 인구와 행정동 수를 곱하여 구할 수 있다. D의 경우 11×14230 > 11×14000=154,000명으로 인구가 15만 명 이상이다. 따라서 A와 B가 '행복' 또는 '건강'이고, 〈조건〉 3에 따라 C가 '우정'이므로 나머지 D가 '사랑'이다.

○ 〈조건〉 4

'우정'에 해당하는 C의 법정동 평균 인구는 $16302 \times \frac{14}{13}$로 16,302명보다 약간 많다. A와 B의 법정동 평균 인구를 구하면, A는 $9175 \times \frac{16}{30} < 9300 \times \frac{16}{30} = 4960$으로 5,000명보다 적고, B는 $7550 \times \frac{19}{19}$로 7,550명이다. 5000×3=15000 < 16302이므로 A가 '행복'이고 나머지 B가 '건강'이다.

이를 정리하면 다음과 같다.

A	B	C	D
행복	건강	우정	사랑

문 25. 정답 ①

유형 자료전환(표-그림전환)   **난이도** ★★☆

[정답해설]

① 매년 인적피해 부상인원이 인적피해 사망인원의 30배 이상이므로, 매년 재난사고 인적피해 중 부상인원의 비중은 95% 이상이어야 한다. 그러나 그래프에서 제시하는 비율은 매년 95% 미만이므로 옳지 않다.

[오답해설]

② 〈표 1〉의 전체 발생건수 및 피해인원과 그래프의 수치가 매년 일치한다.

③ 연도별로 대략적인 비중을 확인한다. 2017년의 경우 86.06%이므로 전체 발생건수인 14,879의 85%를 구한 후 이보다 값이 약간 큰지 확인하면 된다. 14879×0.85=12648.15 < 12805로 이를 만족한다. 같은 방식으로 2018년에는 95%와 비교하고 2019년과 2020년에는 80%와 비교하며, 2021년에는 75%와 비교한다. 2018년에는 24454×0.95=23231.3 > 23115, 2019년에는 17662×0.8=14129.6 > 13960, 2020년에는 15313×0.8=12250.4 > 12098, 2021년에는 12413×0.75=9309.75 < 9581로 모두 부합한다.

④ 재산피해액을 전체 발생건수로 나눈 값을 구해보면, 2017년에는 1보다 약간 작은 값이고, 2018년에는 0.8보다 약간 크며, 2019년에는 3보다 약간 작은 값이다. 또한 2020년에는 1.3보다 약간 크고 2021년에는 약 3.3으로 그래프의 수치와 모두 부합한다.

⑤ 화재의 발생건수당 피해인원을 구하면, 2017년에는 0.1보다 약간 작은 값이고, 2018년에는 약 0.04, 2019년에는 약 0.10, 2020년에는 0.1보다 약간 작은 값이고, 2021년에는 0.1보다 약간 큰 값으로 그래프의 수치와 모두 부합한다. 도로교통사고의 경우에도 발생건수당 피해인원을 구하면, 2017년에는 0.75보다 약간 작은 값이고, 2018년에는 0.5보다 약간 큰 값이다. 2019년에는 1.0보다 약간 큰 값이고, 2020년에는 약 1.20이며, 2021년에는 1.5보다 약간 큰 값이다. 따라서 그래프의 수치와 모두 부합한다.

문 26. 정답 ④

유형 자료추론(통계추론) 난이도 ★★☆

[정답해설]

ㄱ. 자녀장려금 수급자 수가 1,000명이므로 자녀장려금 수급자당 수급횟수의 평균이 2회 이상이면 자녀장려금 수급자의 전체 수급횟수는 2,000회 이상이다. 자녀장려금 수급자당 수급횟수 평균의 최솟값을 구하기 위해 4회 이상을 4회로 간주하여 식을 세우면 1×0.359+2×0.293+3×0.216+4×0.132이다. 식을 변형하여 계산하면 1+(1×0.293+2×0.216+3×0.132)=1+0.293+0.432+0.396 > 2이다. 따라서 수급자당 수급횟수의 평균은 2회를 초과하고, 전체 수급횟수는 2천 회 이상이다.

ㄴ. 30대의 1회 수급자는 583×0.372이고 40대는 347×0.349이다. 1회 수급자의 비중은 30대가 더 높고, 수급자 수는 30대가 40대의 1.5배 이상이므로 1회 수급자 수도 30대가 40대의 1.5배 이상이다.

ㄹ. 2회 이상 수급한 무주택 수급자는 732×(1−0.350)이고, 유주택 수급자는 268×(1−0.384)이다. 이를 정리하면 무주택 수급자는 732×0.650 > 730×0.650=474.5명이고, 유주택 수급자는 286×0.616 < 290×0.62=179.8명으로 180명 미만이다. 180명의 2.5배는 450명이므로 무주택 수급자가 유주택 수급자의 2.5배 이상이다.

[오답해설]

ㄷ. 4회 이상은 4회일 수도 있고, 100회일 수도 있다. 따라서 양쪽에 모두 4회 이상이 존재할 경우, 둘 사이의 전체 수급횟수를 비교할 수 없다.

문 27. 정답 ②

유형 자료추론(수식추론) 난이도 ★★☆

[정답해설]

② 부상자 수 대비 사망자 수 비율은 일반국도의 경우 '맑음'이 1.5% 미만, '안개'가 5% 이상으로 3배 이상이다. 지방도의 경우 '맑음'은 1.5% 미만, '안개'는 5% 이상으로 3배 이상이고, 고속국도에서 '맑음'은 1.5% 미만, '안개'는 10% 이상으로 3배 이상이다.

[오답해설]

① 지방도를 보면 '흐림'의 발생건수는 '안개' 발생건수의 4배인데, '흐림'의 사망자 수는 '안개' 사망자 수의 5배이다. 따라서 발생건수 대비 사망자 수 비율은 '흐림'이 '안개'보다 높다.

③ 일반국도에서 '비'일 때와 '눈'일 때의 발생건수 합은 112건으로 '맑음'의 $\frac{1}{10}$ 미만이다. 따라서 일반국도의 경우 '비'일 때와 '눈'일 때의 발생건수 합은 전체 교통사고 발생건수의 10% 미만이다.

④ 교통사고 발생건수당 사상자 수는 사망자 수와 부상자 수의 합을 발생건수로 나눈 값이다. 교통사고 발생건수당 사상자 수가 2명을 초과하는 기상상태는 일반국도에서 '흐림', 지방도에서 '흐림', 고속국도에서 '맑음', '안개'이다. 따라서 일반국도 1가지, 지방도 1가지, 고속국도 2가지이다.

⑤ '흐림'일 때 발생건수 대비 부상자 수 비율은 일반국도가 $\frac{115}{55}$이고, 지방도가 $\frac{110}{56}$이다. $\frac{115}{55} > \frac{110}{56}$이므로 '흐림'일 때 발생건수 대비 부상자 수 비율은 일반국도가 지방도보다 높다.

문 28. 정답 ⑤

유형 자료추론(수식추론) 난이도 ★★☆

[정답해설]

ㄴ. 매월 수출금액지수가 수출물량지수의 0.9배 이상이므로 수출물가지수는 매월 90 이상이다.

ㄷ. 순상품교역조건지수=$\frac{\text{소득교역조건지수}}{\text{수출물량지수}}$×100이다. 7월의 순상품교역조건지수는 $\frac{95.59}{106.28}$×100이고 8월의 순상품교역조건지수는 $\frac{98.75}{108.95}$×100으로, 모두 100보다 작다. 따라서 순상품교역조건지수는 매월 100 이하이다.

ㄹ. 소득교역조건지수=순상품교역조건지수×$\frac{1}{100}$×수출물량지수이다. 6월의 소득교역조건지수는 0.9194×113.73이고 9월의 소득교역조건지수는 0.9179×110.60이다. 순상품교역조건지수와 수출물량지수가 모두 6월이 9월보다 크므로 소득교역지수는 6월이 9월보다 높다.

[오답해설]

ㄱ. 7월에는 수출금액지수와 수출물량지수가 모두 전월 대비 감소한다.

문 29. 정답 ①

유형 자료응용(논리퀴즈) 난이도 ★★★

[정답해설]

먼저 기준시가의 액수를 구하는 것이 아니라 비교를 하는 것이므로, 곱하는 값을 최대한 단순화한다. 건물면적의 경우 상대적인 비가 중요한 것이므로 공통약수인 25로 모두 나누어주고, 100,000원은 모두에게 곱해지는 값이므로 생략한다. 이 과정을 거쳐 조정된 기준시가를 계산하면 다음과 같다.

구분	구조지수	용도지수	경과연수별잔가율	$\frac{\text{건물면적}}{25}$
A	1.00	1.10	0.8	5
B	0.67	1.20	0.1	20
C	1.00	1.25	0.8	15
D	1.30	1.50	0.1	10
E	1.30	1.50	0.1	8

건물 간 차이가 가장 큰 경과연수별잔가율을 보면 A와 C는 다른 건물의 8배에 해당한다. 구조지수, 용도지수, 건물면적의 곱을 고려하더라도 차이가 8배 미만이므로 A와 C가 기준시가 상위 2개 건물이다. A의 값은 1×1.1×0.8×5=4.4이고, C의 값은 1×1.25×0.8×15=15이다. 구조지수와 경과연수별잔가율은 A와 C가 동일하지만 용도지수는 C가 A의 3배 미만이고 $\frac{\text{건물면적}}{25}$는 C가 A의 3배이므로 기준시가가 두 번째로 높은 건물은 A이다.

문 30. 정답 ②

유형 자료추론(통계추론) 난이도 ★★☆

[정답해설]

② 2017년 중국의 농림어업 생산액은 12237×0.079 > 12000×0.07=840십억 달러이고, 2017년 인도의 농림어업 생산액은 2600×0.155 > 2600×0.1=260십억 달러이므로 농림어업 생산액 상위 3개국은 중국, 인도, 미국이다. 미국의 GDP는 $\frac{198}{0.01}$=19,800십억 달러이므로, 중국, 인도, 미국의 GDP를 합하면 12237+2600+19800=34,637십억 달러이다. 전세계 GDP는 80,737십억 달러이므로 3개국의 GDP 합은 전세계 GDP의 50% 미만이다.

[오답해설]

① 2017년 중국의 농림어업 생산액은 12237×0.079 > 12000×0.07=840십억 달러이고, 2017년 인도의 농림어업 생산액은 2600×0.155 > 2600×0.1=260십억 달러이므로, 2017년 농림어업 생산액 상위 5개국은 중국, 인도, 미국, 인도네시아, 브라질이다. 2017년 전세계 농림어업 생산액의 GDP 대비 비율은 4.2%이고, GDP 대비 비율이 제시되지 않은 브라질을 제외하면 농림어업 생산액의 GDP 대비 비율이 전세계보다 낮은 국가는 미국뿐이다. 브라질을 확인하면, 2055×0.042 < 2100×0.042=88.2 < 93이므로 브라질 농림어업 생산액의 GDP 대비 비율은 4.2%를 초과한다. 따라서 농림어업 생

산액 상위 5개국 중 농림어업 생산액의 GDP 대비 비율이 4.2% 미만인 국가는 미국뿐이다.

③ 빈칸으로 제시된 브라질과 파키스탄을 제외하면 2012년 대비 2017년 농림어업 생산액의 GDP 대비 비율이 증가한 국가는 러시아, 이란, 멕시코, 호주, 스페인이고, 이들 국가는 모두 2012년 대비 2017년 GDP가 감소하였다. 브라질의 경우, 2012년과 2017년의 GDP 대비 비율이 모두 제시되지 않았고, GDP는 2012년 대비 2017년 감소하였다. 따라서 GDP 대비 비율에 관계없이 GDP가 감소하므로 이 경우에는 고려하지 않아도 된다. 파키스탄의 경우, 농림어업 생산액의 GDP 대비 비율이 2012년 $\frac{53}{224} \times 100$, 2017년 $\frac{69}{304} \times 100$이다. 분모에 해당하는 GDP는 2017년이 2012년의 1.35배 이상이지만, 분자에 해당하는 농림어업 생산액은 2017년이 2012년의 1.35배 미만이다. 따라서 파키스탄 농림어업 생산액의 GDP 대비 비율은 2012년 대비 2017년 감소하였다. 이를 정리하면 2012년 대비 2017년 농림어업 생산액의 GDP 대비 비율이 증가한 국가는 모두 2012년 대비 2017년 GDP가 감소하였다.

④ 2017년 농림어업 생산액은 중국이 12237×0.079이고, 인도가 2600×0.155이므로, 인도의 농림어업 생산액의 2배는 5200×0.155이다. 값을 비교하면 12237은 5200의 2배 이상이지만, 0.155는 0.079의 2배 미만이므로 12237×0.079 > 5200×0.155이다. 따라서 2017년 농림어업 생산액은 중국이 인도의 2배 이상이다.

⑤ 파키스탄의 경우, 농림어업 생산액의 GDP 대비 비율이 2012년 $\frac{53}{224} \times 100$, 2017년 $\frac{69}{304} \times 100$이다. 분모에 해당하는 GDP는 2017년이 2012년의 1.35배 이상이지만, 분자에 해당하는 농림어업 생산액은 2017년이 2012년의 1.35배 미만이다. 따라서 파키스탄 농림어업 생산액의 GDP 대비 비율은 2012년 대비 2017년 감소하였다.

문 31. 정답 ④

유형 자료전환(보고서전환) **난이도** ★★☆

[정답해설]

○ 〈보고서〉 첫 번째 문단

'갑'국의 아동은 남자가 여자보다 고위험군 비율, 잠재위험군 비율이 모두 높아야 하므로, 남자보다 여자의 고위험군 비율이 더 높은 E국이 제외된다. 또한 청소년은 여자가 남자보다 모든 위험군에서 비율이 높아야 하는데, A~D국 모두 이를 만족한다.

○ 〈보고서〉 두 번째 문단

남자와 여자 모두 아동에 비해 청소년의 과의존 위험군비율이 높아야 한다. 이는 A~D국 모두 만족한다. 다음으로, 아동의 과의존위험군 비율은 남자와 여자 각각 20~25%여야 한다. C국의 경우 아동 중 여자의 과의존위험군 비율이 19.3%이므로 C국이 제외된다. 또한 청소년의 과의존위험군 비율은 남자와 여자 각각 25%를 초과해야 하는데, 이는 A, B, D국 모두 만족한다.

○ 〈보고서〉 세 번째 문단

아동과 청소년 간 과의존위험군 비율 차이는 남자보다 여자가 커야 하며, 여자의 해당 비율 차이는 10%p 이하여야 한다. A, B, D국 모두 과의존위험군 비율 차이는 남자보다 여자가 크지만, A국의 경우 여자의 해당 비율 차이가 고위험군 2.1%p, 잠재위험군 10.1%p로 합하면 12.2%p 차이로 해당 비율 차이가 10%p를 초과하므로 A국이 제외된다. 또한 잠재위험군 비율에서 아동과 청소년 간 차이는 남자가 5%p 이하, 여자는 7%p 이상이어야 하는데 B국 아동과 청소년의 잠재위험군 비율 차이는 남자가 5.3%p이므로 B국도 제외된다. D국 아동과 청소년의 잠재위험군 비율 차이는 여자가 7.5%p로 7%p 이상을 만족한다.

이를 정리하면 '갑'국에 해당하는 국가는 D이다.

문 32. 정답 ③

유형 자료추론(수식추론) **난이도** ★★☆

[정답해설]

ㄴ. 생산자에서 산지위판장까지의 경로는 물량비율이 1.00이므로 산지위판장부터 고려하면 된다. '소매상'을 통해 유통된 물량의 비중은 생물 갈치의 경우 0.25×1.00+0.10+0.15×0.66≒0.25+0.10+0.10=0.45이고, 냉동 갈치의 경우 0.19×1.00+0.20×0.75=0.19+0.15=0.34이다. 따라서 '소매상'을 통해 유통된 물량은 생물 갈치가 42100×0.45이고, 냉동 갈치가 7843×0.34이며, 냉동 갈치 유통 물량의 6배는 47058×0.34 < 48000×0.34이다. 48000은 42100의 1.2배 미만이지만, 0.45는 0.34의 1.3배 이상이므로 42100×0.45 > 48000×0.34이다. 따라서 '소매상'을 통해 유통된 물량은 생물 갈치가 냉동 갈치의 6배 이상이다.

ㄹ. 2021년 냉동 갈치 전체 물량을 A라 하면, 2021년 냉동 갈치 '수출' 물량은 A×0.17×0.8=0.136A이고, 2021년 '소비지 도매시장'을 통해 유통된 냉동 갈치 물량은 0.2A이다. 2021년 대비 2022년 수출 물량이 60% 증가하면 2022년 수출 물량은 A×0.136×1.6=0.136A+0.0816A > 0.2A이므로 2022년 '수출'이 2021년 '소비지 도매시장'의 유통물량보다 더 많다.

[오답해설]

ㄱ. '생산자'에서 '소비자'에 이르는 경로는 다양한 유통구조를 통해 전달되어 그 비율을 계산하기 어려우므로, 전체에서 '소비자'에게 전달되지 않는 비중을 제한 값을 구한다. 냉동 갈치의 유통구조에 따르면, 최종 도착지가 '소비자'가 아닌 경우는 '정부비축'과 '수출'이다. '정부비축'의 비중은 1.00×0.13×0.46=0.0598=5.98%이고, '수출'의 비중은 1.00×0.17×0.80=0.136=13.6%이므로 '정부비축'과 '수출'의 비중의 합이 15%를 초과한다. 따라서 '소비자'에게 전달되는 물량은 85% 미만이다.

ㄷ. '대형소매업체'를 통해 유통된 비율은 생물 갈치가 0.15×0.34+0.39=0.051+0.39=0.441이고, 냉동 갈치가 0.20×0.25+0.31=0.05+0.31=0.36이다. 따라서 생물 갈치와 냉동 갈치의 유통물량을 합하면 42100×0.441+7843×0.36 > 42000×0.44+7800×0.36=18480+2808 > 20,000톤이다.

문 33. 정답 ⑤

유형 자료응용(논리퀴즈) **난이도** ★★☆

[정답해설]

ㄴ. A가 8번 우승했을 때, 결승 라운드 승률이 최솟값이 되려면 결승 진출 횟수를 최대로 늘려야 한다. 즉, 4강에 진출한 80회 모두 결승에 진출하고 이 중 8번 우승했을 때의 승률인 10%가 최솟값이다.

ㄷ. 16강에서 A는 20번 졌고, B는 0번, C는 4번 졌다. 그런데 B는 한 번도 지지 않았고, B가 A 또는 C와 25회 이상 만났다면 A 또는 C가 진 횟수의 합이 25회 이상이어야 한다. 따라서 이들이 만난 횟수는 24회 이하이다.

ㄹ. 4강 진출 횟수는 A 80회, B 90회, C 84회이므로 4강에 진출하지 못한 횟수는 A 20회, B 10회, C 16회이다. 이들이 4강에 진출하지 못한 대회가 한 번도 겹치지 않더라도 해당하는 대회는 20+10+16=46회이므로, 최소한 나머지 100-46=54의 대회에서는 이들 모두가 4강에 진출했다.

[오답해설]

ㄱ. 8강 진출 횟수, 4강 진출 횟수를 구하면 다음과 같다.

(단위: %, 회)

사원	16강 승률	8강 진출 횟수	8강 승률	4강 진출 횟수
A	80.0	80	100.0	80
B	100.0	100	90.0	90
C	96.0	96	87.5	84

따라서 4강 진출 횟수는 B가 가장 많고, C, A 순으로 많다.

문 34. 정답 ③

유형 자료추론(수식추론)　　　　　　**난이도** ★★☆

[정답해설]

ㄴ. 2021년 급수 사용량의 60%는 159000×0.6=95,400백만 m³이고, 가정용 사용량은 105,350백만 m³이다. 따라서 2021년 가정용 사용량은 급수 사용량의 60% 이상이다.

ㄹ. 2021년 공공용 급수단가는 $\frac{7227}{1449}$이고, 가정용 급수단가는 $\frac{57011}{105350}$이다. 또한 가정용 급수단가의 9배는 $\frac{513099}{105350}$이고, $\frac{7227}{1449}$와 $\frac{513099}{105350}$는 모두 5보다 약간 작은 값이다. 5와 차이를 구해보면 공공용은 $\frac{7245-7227}{1449}=\frac{18}{1449}<$ 0.1이고 가정용은 $\frac{526750-513099}{105350}=\frac{13651}{105350}>0.1$이므로, 5와의 차이가 가정용이 공공용보다 크다. 따라서 공공용 급수단가가 가정용 급수단가의 9배 이상이다.

[오답해설]

ㄱ. 2020년 연간 급수량의 전년 대비 증가율은 $\frac{2000}{153000}\times 100$이고, 2021년 연간 급수량의 전년 대비 증가율은 $\frac{4000}{155000}\times 100$이다. 분모에 해당하는 전년의 연간 급수량의 차이는 2021년이 2020년의 2배 미만이지만, 분자에 해당하는 연간 급수량은 2021년이 2020년의 2배이므로 2021년의 증가율은 2020년보다 높다. 따라서 급수 사용량의 전년 대비 증가율이 매년 감소하는 것은 아니다.

ㄷ. 용도별 급수 사용량의 구성비와 용도별 급수단가가 동일하다면 전체 급수 사용량 대비 전체 급수 사용료가 동일하다. 따라서 2016년의 전체 급수 사용료는 $104875\times\frac{144}{159}$이다. $\frac{144}{159}$는 0.9를 약간 넘는 값이고, 4875는 104875의 5% 미만이므로 $104875\times\frac{144}{159}<1000000$이다. 따라서 2016년 전체 급수 사용료는 1억 달러 미만이다.

문 35. 정답 ②

유형 자료응용(논리퀴즈)　　　　　　**난이도** ★★★

[정답해설]

○ 1단계

84택형의 1단계 경쟁률이 30이므로 당첨자수는 'A 지역' 청약자 수 600명을 30으로 나눈 20명이다. 이는 84택형 공급세대수인 100세대의 20%이므로, (다)는 20이다. 99택형도 동일하게 800명의 20%가 당첨되므로 40명이 당첨되고 99택형의 1단계 경쟁률은 $\frac{800}{40}=20$이다.

○ 2단계

84택형의 2단계 경쟁률은 알 수 없으므로 99택형을 먼저 확인한다. 1단계에서 당첨되지 않은 'A 지역' 청약자 760명과 '인근지역' 청약자 440명에 대한 경쟁률이 30이므로 총 1,200명 중 40명이 당첨된다. 이는 99택형 공급세대수인 200세대의 20%이므로, (라)는 20이다. 이에 따라 84택형은 100세대의 20%인 20명이 당첨된다. 1단계에서 당첨되지 않은 'A 지역' 청약자 580명과 '인근지역' 청약자 420명의 합인 1,000명에 대한 경쟁률은 $\frac{1000}{20}=50$이다. 따라서 (가)는 50이다.

문 36. 정답 ④

유형 자료추론(통계추론)　　　　　　**난이도** ★★☆

[정답해설]

ㄱ. 변경주기가 1년 이하에는 6개월 초과 1년 이하, 3개월 초과 6개월 이하, 3개월 이하가 속한다. 모든 구간에서 남성의 비중이 여성보다 높고, 대상자 수도 남성이 여성보다 많으므로 변경 주기가 1년 이하인 응답자 수는 남성이 여성보다 많다.

ㄴ. 단서에 따르면 전체 무응답자는 12명이다. '사무직' 중 무응답자의 비율은 100-72.7-26.7=0.6%, '사무직' 무응답자 수는 1321×0.006=7.926이므로 8명이다. 여성 중 무응답의 비율은 100-69.5-30.3=0.2%, 여성 무응답자 수는 1941×0.002=3.882이므로 4명이다. 따라서 '사무직' 무응답자 8명에 여성 무응답자 4명이 모두 포함되어 있더라도, 나머지 4명은 남성 무응답자이므로 '사무직' 남성 무응답자 수는 2명 이상이다.

ㄷ. 20대 응답자 중 변경주기가 6개월 이하인 비율은 9.5+8.7=18.2%이고, 40대 응답자 중 변경주기가 6개월 이하인 비율은 10.1+6.4=16.5%이다. 따라서 20대의 비율이 40대의 비율보다 높다.

[오답해설]

ㄹ. 변경주기가 1년 초과인 응답자 수는 학생이 611×0.275이고, 전업주부가 506×0.364이다. 611은 506의 약 1.2배이지만 0.364는 0.275의 1.3배 이상이므로 응답자 수는 전업주부가 학생보다 많다.

문 37. 정답 ②

유형 자료추론(수식추론)　　　　　　**난이도** ★★★

[정답해설]

ㄱ. 기능점수는 기능유형별 기능 개수에 해당 기능유형별 가중치를 곱한 값이다. A~C의 기능점수를 구하면 A는 70+25+20+50+12=177, B는 105+20+24+35+9=193, C는 21+10+16+30+15=92이다. 따라서 기능점수는 B가 가장 높고, C가 가장 낮다.

ㄷ. 개발원가-기준원가=기능점수×50만 원×(보정계수-1)이다. B가 C의 몇 배인지 묻고 있으므로 기능점수×(보정계수-1)의 값만 비교하면 된다. B는 193×2.60이고, C는 92×0.92이다. 193은 92의 2배 이상이고, 2.60은 0.92의 2.5배 이상이므로 개발원가와 기준원가의 차이는 B가 C의 5배 이상이다.

[오답해설]

ㄴ. 우선 기준원가는 기능점수에 50만 원을 곱한 값으로 기능점수가 낮을수록 기준원가도 낮다. 따라서 기준원가가 가장 낮은 소프트웨어는 C이다. 개발비=기능점수×50만 원×보정계수×(1+이윤)이다. A~C의 기능점수, 보정계수, (1+이윤)을 구하면 다음과 같다.

소프트웨어	기능점수	보정계수	1+이윤
A	177	0.64	1.2
B	193	3.60	1.1
C	92	1.92	1.2

개발비는 3개 항목을 곱한 값에 비례하는데, 3개 항목을 곱한 값이 500 이상인 것은 B뿐이므로 개발비는 B가 가장 크다. A와 C를 비교하면, (1+이윤)은 동일하고, 보정계수는 C가 A의 3배이며 기능점수는 A가 C의 2배 미만이므로 개발비는 C가 A보다 크다. 따라서 개발비가 가장 적은 소프트웨어는 A이다.

ㄹ. 기능점수가 가장 높은 소프트웨어는 B이다. 생산성지수는 기능점수를 공수로 나눈 값으로 A는 $\frac{177}{20}$, B는 $\frac{193}{30}$, C는 $\frac{92}{10}$이다. B는 7 미만이지만 A는 8 이상이고 C는 9 이상이므로 생산성지수가 가장 큰 것은 B가 아니다.

문 38. 정답 ④

유형 자료추론(수식추론)　　　　　　　　　　난이도 ★★★

[정답해설]

④ A팀은 8월 15일 기준 최근 연속 승패 기록이 3패이므로 8월 13~15일 동안 1위를 유지하였다. 따라서 A팀을 기준으로 승차를 고려하면 된다. 8월 13일 기준이 되기 위해서는 8월 15일과 8월 14일의 기록을 알아야 한다. 8월 14일과 8월 15일의 승패 기록을 (14일, 15일)로 나타내면, A팀은 (패, 패)이고, E팀은 (승, 패)이고, I팀은 (승, 승)이다. 따라서 8월 13일 E팀의 승차는 8월 15일 대비 1만큼 증가하고, 8월 13일 I팀의 승차는 8월 15일 대비 2만큼 증가한다. 8월 15일 기준 E팀과 I팀의 승차 합이 31.5이므로, 8월 13일 E팀과 I팀의 승차 합은 31.5+3=34.5이다.

[오답해설]

① 단서에 따라 D팀의 승차를 계산하면 $\frac{12-(-14)}{2}=13.0$이다.

② 8월 5일 기준 승차 대비 8월 15일 기준 승차가 가장 많이 증가하기 위해서는 최근 10경기 기록에서 승수가 적고 패수가 많아야 한다. 따라서 이에 해당하는 팀은 3승 7패로 패가 가장 많은 F이다.

③ A팀은 8월 16일 기준 연속 4패를 기록하고 있으므로, 16일, 15일, 14일, 13일 경기에서 패배했다. 또한 최근 10경기에서 무승부는 없으므로 12일 경기에서는 승리했다.

⑤ 8월 15일 기준 최근 연속 승수가 가장 많은 팀은 H(3승)이고, 최근 10경기 승률이 가장 높은 팀은 E(8승 2패)이다.

문 39. 정답 ⑤

유형 자료추론(수식추론)　　　　　　　　　　난이도 ★★★

[정답해설]

ㄴ. 팀 순위는 승률 순으로 정해진다. 8월 15일 기준 H의 순위는 8위이므로 H가 8월 16일 승리함에 따라 승률의 순위가 상승할 수 있는지 확인해야 한다. 8월 15일 기준 H의 전체 경기 수는 96경기이고, 8월 16일에 승리하게 되더라도 승률이 2%p 이상 증가할 수 없다. 따라서 승률 차이가 2%p 미만인 G와의 승률을 비교해야 한다. G는 8월 16일 패배하므로 승률이 $\frac{43}{95}\times 1000$이고 H는 8월 16일 승리하므로 승률이 $\frac{44}{96}\times 1000$이다. G와 H는 승수 차이가 1이고 승수와 패수 합의 차이도 1로 동일하므로 $\frac{43}{95}<\frac{44}{96}$이다. 이에 따라 G와 H의 순위가 서로 바뀌게 되므로 8월 16일 H의 순위는 7위이다.

ㄷ. 8월 16일 경기 결과 A는 패배하고 B는 승리한다. 이에 따라 순위가 바뀔 수 있으므로 승률을 확인해야 한다. 8월 16일 기준 A의 승률은 $\frac{61}{99}\times 100$, B의 승률은 $\frac{56}{90}\times 100$이다. 분모에 해당하는 (승수+패수)는 A가 B의 1.1배이지만 분자에 해당하는 승수는 A가 B의 1.1배 미만이다. 따라서 승률은 A가 B보다 낮아 1위 팀은 B가 된다. 한편 승차는 1위 팀의 (승수-패수)에서 해당 팀의 (승수-패수)를 제한 값의 $\frac{1}{2}$이다. 8월 16일 기준 1위 팀인 B의 (승수-패수)는 22이다. (승수-패수)가 22보다 큰 팀이 있는지 확인하면 된다. A의 (승수-패수)는 23이므로 A의 승차는 음수가 된다.

ㄹ. 8월 15일 기준 D와 E의 승률이 유사하고 3위 이상인 팀과 구간과 6위 이하인 팀과의 승률은 1.5%p 이상 차이가 있으므로, 8월 16일에도 4위 팀과 5위 팀은 D와 E이다. 8월 16일 D와 E는 모두 승리하였으므로 1위 팀과의 승수 차이와 패수 차이는 변하지 않는다. 따라서 D와 E의 승차는 같다.

[오답해설]

ㄱ. 8월 15일과 8월 16일 승패 결과가 동일하다면 최소 2연승 또는 2연패 이상이므로 〈표 2〉에서 숫자가 2 이상인 팀을 찾아본다. 이에 해당하는 팀은 A, C, D, F, H, J로 6개 팀이다.

문 40. 정답 ③

유형 자료추론(수식추론)　　　　　　　　　　난이도 ★★☆

[정답해설]

ㄴ. 단서에 따르면 신규개점 수보다 폐점 수가 많을 경우 전년 대비 가맹점 수가 감소한다. 2020년에 신규개점 수보다 폐점 수가 많은 기업은 B와 C이므로 가맹점 수가 감소한 기업은 B와 C이다.

ㄷ. 신규개점률의 식을 변형하면 전년도 가맹점 수=해당 연도 신규개점 수×$\frac{(100-신규개점률)}{신규개점률}$이므로 전년도 가맹점 수=해당 연도 신규개점 수×$\frac{(100-신규개점률)}{신규개점률}$과 2020년 신규개점률, 신규개점 수를 이용하면 2019년 가맹점 수를 구할 수 있다. 2019년 가맹점 수를 구하면, A는 $357\times\frac{77.7}{22.3}$, B는 $75\times\frac{92.2}{7.8}$, C는 $50\times\frac{94.3}{5.7}$, D는 $204\times\frac{75.5}{24.5}$, E는 $129\times\frac{80.7}{19.3}$ 개이다. 2019년 가맹점 수를 대략적으로 보면 A는 1,000개 이상, B는 1,000개 미만, C는 1,000개 미만, D는 약 600개, E는 약 500개이다. 또한 E는 2020년 신규개점 수를 더하고 폐점 수를 빼면 약 600개이므로 2020년 가맹점 수가 가장 적고, A는 2020년 신규개점 수는 가장 많고 폐점 수는 가장 적으므로 2020년 가맹점 수가 가장 많다.

[오답해설]

ㄱ. 신규개점률의 식을 변형하면 전년도 가맹점 수=해당 연도 신규개점 수×$\frac{(100-신규개점률)}{신규개점률}$로 나타낼 수 있다. 2018년 C의 가맹점 수는 $110\times\frac{87.4}{12.6}$이고, 12.6×7=88.2이므로 $\frac{87.4}{12.6}<7$이다. 따라서 2018년 C의 가맹점 수는 770개 미만이다.

ㄹ. 2018년 신규개점 수 대비 폐점 수의 비율을 구하면, A는 $20<\frac{249}{11}<25$, B는 $3<\frac{101}{27}<4$, C는 $6<\frac{157}{24}<7$, D는 $1<\frac{93}{55}<2$, E는 $30<\frac{131}{4}<40$이다. 따라서 폐점 수 대비 신규개점 수의 비율은 E가 가장 높고, D가 가장 낮다.

2022년도 상황판단영역 (나)책형

문 1. 정답 ①

유형 규정이해 내용영역 법규범 난이도 ★☆☆

[정답해설]

① 두 번째 조 제3항 제2호에 따르면 의사자의 경우 배우자, 자녀의 순으로 지급한다고 규정하고 있으므로 배우자와 자녀가 모두 있다면 배우자에게 모두 지급된다.

[오답해설]

② 두 번째 조 제1항에 따르면 의상자에게 서훈을 수여할 수 있는 주체는 국가이고, 동조 제2항에 따르면 기념사업은 의상자가 아닌 의사자를 위한 경우에 수행할 수 있다.

③ 첫 번째 조 제3항에서 의상자의 요건으로 '직무 외의 행위'일 것을 규정하고 있다. 소방관이 화재 현장에 출동해 화재를 진압하는 것은 직무이므로 丙은 의상자로 인정될 수 없다.

④ 첫 번째 조 제1항 제4호에 따르면 법의 적용대상이 되기 위해서는 다른 사람의 생명 또는 신체를 구하다가 부상을 입어야 한다. 丁은 애완동물을 구조하던 중 부상을 입었으므로 법 적용대상이 아니고 의상자로 인정될 수 없다.

⑤ 첫 번째 조 제1항 단서에 따르면 자신의 행위로 인하여 위해에 처한 사람을 구조하는 경우는 법 적용대상이 아니다. 따라서 戊는 자신이 일으킨 교통사고로 위해에 처한 피해자를 구조한 것이므로 법 적용대상이 아니고 의상자로 인정될 수 없다.

문 2. 정답 ④

유형 규정이해 내용영역 법규범 난이도 ★☆☆

[정답해설]

④ 제4항에 따르면 자녀는 가족관계등록부의 기록사항에 대해 전자적 방법에 의한 열람을 청구할 수 있다. 따라서 가족관계등록부의 기록사항의 일부인 E의 혼인관계증명서의 기록사항에 대해 자녀 F는 열람을 청구할 수 있다.

[오답해설]

① 제1항에서 '본인 등'은 기본증명서 교부를 청구할 수 있고, '본인 등의 대리인'이 청구하는 경우 본인 등의 위임을 받아야 한다고 규정하고 있다. 그리고 직계혈족은 '본인 등'이지 '본인 등의 대리인'이 아니므로, B는 A의 위임 없이도 기본증명서 교부를 청구할 수 있다.

② 제3항에 따르면 증명서의 교부를 청구할 때 수수료를 납부해야 하지만, 우송료는 송부를 신청하는 경우에 따로 납부해야 하는 것이고 C는 교부를 청구한 것이므로 우송료는 납부하지 않아도 된다.

③ 제1항 제1호에 따르면 지방자치단체가 직무상 필요에 따라 문서로 신청하는 경우 교부를 신청할 수 있고, 구두로는 신청할 수 없다.

⑤ 제4항 단서에서 친양자입양관계증명서의 기록사항에 대하여는 성년이 된 이후에만 전자적 열람을 청구할 수 있도록 규정하고 있으므로 미성년자 G는 청구할 수 없다.

문 3. 정답 ①

유형 규정이해 내용영역 법규범 난이도 ★☆☆

[정답해설]

① 제○○조 제3항 제1호에 따르면 사업자(乙)는 소비자(甲)로부터 피해구제 신청을 받은 날로부터 30일이 경과했으나 합의에 이르지 못한 경우 한국소비자원에 그 처리를 의뢰할 수 있다.

[오답해설]

② 제○○조 제3항 제2호에 따르면 사업자와 소비자의 합의가 있으면 사업자가 한국소비자원에 피해구제의 처리를 의뢰할 수 있다고 되어 있다. 따라서 乙은 한국소비자원에 피해구제의 처리를 의뢰할 수 있을 뿐 소비자분쟁조정위원회에 분쟁조정을 신청할 수 있는 것은 아니다.

③ 제◇◇조는 피해구제 처리절차 중에 법원에 소를 제기한 경우 그 사실을 한국소비자원에 통보하도록 하고 있고, 이는 피해구제 처리절차 중에 법원에 소를 제기할 수 있음을 전제로 한 규정이다.

④ 제△△조에 따르면 한국소비자원장은 피해구제 신청을 받은 날부터 30일 이내에 합의가 이루어지지 않는 경우 지체 없이 소비자분쟁조정위원회에 분쟁조정을 신청해야 한다. 즉, 분쟁조정 신청은 '30일 이내'가 아닌 '지체 없이' 이루어져야 한다.

⑤ 제□□조 제1항 제2호에 따르면 관계 기관에서 위법사실을 이미 인지·조사하고 있는 경우라면 한국소비자원장은 관계 기관에 이를 통보하고 적절한 조치를 의뢰하지 않아도 무방하다.

문 4. 정답 ②

유형 규정이해 내용영역 법규범 난이도 ★★★

[정답해설]

② 세 번째 조 제3항에 따르면 이사회는 재적이사 과반수의 출석으로 개의하고 재적이사 과반수의 찬성으로 의결한다. 즉, 의결을 위해선 재적이사(A, B, C, D, E, F)의 과반수인 4명이 찬성해야 하므로, 5명이 출석하고 그 중 2명이 반대했다면 최대 3명이 찬성하는 것이므로 안건은 부결된다.

[오답해설]

① 두 번째 조 제3항에 따르면, 선임되는 임원의 임기는 새로 시작되므로 새로 임명된 관장의 임기는 원래 관장의 임기(두 번째 조 제1항)인 3년이다.

③ 두 번째 조 제5항에 따르면 관장(A)이 부득이한 사유로 직무를 수행할 수 없는 경우 상임이사(B)가 그 직무를 대행한다. 그리고 소속 직원의 지휘·감독은 관장의 직무이다(두 번째 조 제4항).

④ 네 번째 조 제2항에 따르면 직무상 알게 된 비밀을 누설했다면 2년 이하의 징역 또는 2천만 원 이하의 벌금에 처해지는 것이므로, 1년의 징역과 500만 원의 벌금에 모두 처할 수 있는 것은 아니다.

⑤ 첫 번째 조 제2항에서 감사는 비상임으로 하고 있으므로, 정관에 따라 감사를 임명하더라도 비상임감사로 임명할 수 있을 뿐이지 상임감사로 임명할 수는 없다.

문 5. 정답 ②

유형 규정이해 내용영역 법규범 난이도 ★★☆

[정답해설]

② 청구인명부의 서명에 관하여 이의가 있는 주민은 열람기간 동안 이의를 신청할 수 있으며, 열람기간은 공표한 날을 포함하여 10일이다. 그리고 공표는 1. 5.에 이루어졌으므로 이를 포함하여 10일을 계산하면 1. 14.까지가 열람기간이고, 이의를 신청할 수 있는 기간이다.

[오답해설]

① 조례 개정 청구는 시·군·자치구에서는 주민 총수의 50분의 1 이상의 연서가 필요하다고 하고 있으며, 이때 주민은 본문 첫 번째 문장에 따라 19세 이상 주민을 의미한다. 따라서 A시의 19세 이상 주민은 20만 명이므로, 20만 명의 50분의 1에 해당하는 4천 명의 연서가 필요하다.

③ 지방자치단체의 장은 이의신청을 받으면 열람기간이 끝난 날의 다음 날부터 14일 이내에 심사·결정결과를 통보해야 한다. 그리고 열람기간이 끝난 날은 1. 14.이므로 그 다음 날은 1. 15.이고 이때부터 14일 이내는 1. 28.이므로 1. 31.이 아니다.

④ 지방자치단체의 장은 청구를 수리한 날을 포함하여 60일 이내에 주민청구조례안을 지방의회에 부의해야 한다. 그리고 수리는 2.1.에 이루어졌으므로, 이를 포함하여 60일을 계산해본다. 2월의 28일, 3월의 31일을 더한 59일에 4월의 하루를 더하면 60일이므로 4.1.까지 부의해야 함을 알 수 있다.
⑤ 지방의회는 재적의원 3분의 1 이상의 출석으로 개의하므로, 12명의 3분의 1인 4명 이상의 참석이 있어야 개의할 수 있다.

문 6. 정답 ④

유형 **정보이해**　내용영역 **사회**　　난이도 ★☆☆

본문의 내용을 정리하면 다음과 같다.

조사내용	결과
관리자의 업무지시 능력 우수	업무실수 기록건수가 많음
근로자의 직무만족도 높음	
실수 지적을 두려워하지 않음	
자신의 실수를 인정하며 이를 통해 학습	
실수를 보고하면 질타나 징계를 받을 것으로 우려	업무실수 기록건수가 적음

[정답해설]
ㄴ. 근로자의 직무만족도가 높을수록 업무실수 기록건수가 많았다고 제시되어 있으므로, 업무실수 기록건수가 많다고 직무만족도가 낮은 것은 아닐 것이다.
ㄹ. 징계에 대한 우려가 있는 경우 업무실수 기록건수가 적었다.

[오답해설]
ㄱ. 실수를 통해 학습하는 문화는 많은 업무실수 기록건수와 연결된다. 따라서 업무실수 기록건수가 많은 작업장에서는 실수를 통해 학습하려는 직장문화가 강할 것이다.
ㄷ. 관리자의 업무지시 능력이 우수한 경우 업무실수 기록건수가 많았다.

문 7. 정답 ①

유형 **정보이해**　내용영역 **사회**　　난이도 ★☆☆

순위규모분포를 보이는 경우, 첫 번째 도시(수위도시) 인구를 x라 하면 두 번째 도시의 인구는 $\frac{x}{2}$, 세 번째 도시의 인구는 $\frac{x}{3}$이다. 한편, 〈상황〉에서 A국은 순위규모분포를 보이고 $\frac{x}{3}=200$이므로 $x=600$이다.

B국의 경우 종주분포를 보이고 종주도시지수가 3.3이므로 인구규모 첫 번째 도시(종주도시)의 인구를 y라 하면 $\frac{y}{200}=3.3$이므로 $y=660$이다.

이상을 정리하면 다음과 같다.

국가	첫 번째 도시	두 번째 도시	세 번째 도시
A국	600	300	200
B국	660	200	?

[정답해설]
① A국의 수위도시 인구는 600만 명, 두 번째 도시 인구는 300만 명으로 차이는 300만 명이다.

[오답해설]
② B국의 인구규모 세 번째 도시의 인구는 본문과 〈상황〉만으로 알 수 없다. 다만 두 번째 도시의 인구가 200만 명이고 종주도시지수가 3.3이라는 사실을 통해 종주도시는 660만 명이므로 세 번째 도시는 두 번째 도시인 200만 명 미만이므로, 종주도시 인구의 1/3보다 적은 인구를 가질 것이다.
③ B국의 종주도시 인구는 660만 명으로, A국의 수위도시 인구 600만 명에 비해 60만 명 많다.
④ 인구규모 첫 번째 도시와 두 번째 도시의 인구 합은 A국이 900만, B국이 860만으로 A국이 40만 명 더 많다.
⑤ 두 번째 도시의 인구는 A국이 300만, B국이 200만으로 다르다.

문 8. 정답 ④

유형 **논리퀴즈**　내용영역 **논리학**　　난이도 ★☆☆

[정답해설]
甲~丁은 각자 3가지 색의 접시를 먹었고, 각자 먹지 않은 접시의 색은 달랐다. 그리고 접시가 총 4가지이므로 각 접시는 한 명씩 먹지 않은 사람이 있다. 한편, 본문에 주어진 조건만으로 표를 작성해보면 다음과 같다.

구분	甲	乙	丙	丁	합
빨간색	4			2	7
파란색	1	a	a+1	0	4
노란색	2		0	b	8
검정색				c	3
합				2+b+c=6	

그런데 각자 먹지 않은 색의 접시가 있으므로 甲은 검정색 접시는 먹지 않았고, 빨간색 접시를 먹지 않은 사람도 있어야 하므로 乙은 빨간색 접시를 먹지 않았다. 그리고 검정색 접시는 4명이 합해 3개를 먹었는데 검정색 접시를 먹지 않은 사람은 甲뿐이므로 나머지 3명은 각각 1개씩 먹었다. 그리고 위의 표에서 2+b+c=6인데 c=1이므로 b=3이다.

구분	甲	乙	丙	丁	합
빨간색	4	0		2	7
파란색	1	a	a+1	0	4
노란색	2		0	3	8
검정색	0	1	1	1	3

한편, 파란색 접시는 총 4개를 먹었으므로 1+a+(a+1)=4에서 a=1이고, 노란색 접시는 총 8개를 먹었으므로 乙이 8-2-3=3개를 먹었다. 따라서 乙이 먹은 것은 파란색 접시 1개, 노란색 접시 3개, 검정색 접시 1개이므로 금액은 1200+6000+4000=11,200원이다.

문 9. 정답 ④

유형 **수리추론**　내용영역 **논리학**　　난이도 ★★☆

[정답해설]
ㄱ. 乙의 첫 번째 발언에 따르면 무호흡·저호흡 지수가 15 이상이면 불면증·주간졸음·인지기능저하·기분장애 증상에 해당하지 않아도 급여대상이고, 두 번째 발언에 따라 급여 대상이면 양압기 처방을 받으므로 무호흡·저호흡 지수가 16인 甲은 증상과 무관하게 양압기 처방을 받았을 것이다.
ㄴ. 乙의 두 번째 발언을 보면 양압기 대여료는 자동형이 1일 3,000원, 수동형이 1일 2,000원이다. 그리고 순응기간에는 50%만 고객이 부담하므로 자동형이 1일 1,500원, 수동형이 1일 1,000원이다. 그리고 순응기간이 종료되기 위해선 사용횟수가 최소 21일은 지나야 하는데, 21일 동안 50%를 부담하면 자동형의 금액은 31,500원으로 30,000원을 상회한다. 즉, 30,000원을 한 달 동안 부담했다면 자동형 양압기일 수 없으므로 수동형 양압기여야만 한다.
ㄷ. 乙의 두 번째 발언을 보면 순응기간이 종료되기 위해서는 연이은 30일 중 하루 4시간 이상 사용한 일수가 21일이 되어야 한다. 5월 21일에 순응기간이 종료되면서 5월 양압기 사용시간을 최소화하기 위해서는 4시간 이상 사용한 일수를 4월에 최대한 많이 배치해야 한다. 즉, 5월 21일을 기준으로 연이은 30일은 4월에 9일, 5월에 21일이 포함되는데 4월에 포함되는 9일에 모두 4시간 이상 사용한 경우 5월에는 12일 동안만 4시간 이상 사용하면 되고, 이 경우 5월 사용 시간은 12×4=48시간이다. 즉, 5월에 아무리 적게 양압기를 사용해도 48시간은 사용해야 5월 21일에 순응기간이 종료될 수 있다.

[오답해설]

ㄹ. 36000=30×1200이다. 즉, 甲은 6월에 기준금액의 20%인 600원을 부담한 날과 기준금액의 50%인 1,500원을 부담한 날이 모두 있다. 이는 6월 중 순응기간이 종료되었음을 의미하므로, 4월과 5월은 계속해서 순응기간이었고 하루에 1,500원을 부담했다. 3개월간 총 대여료가 126,000원이고 6월에 36,000원을 부담했다면, 4월과 5월에는 90,000원을 부담했을 것이다. 그러나 하루에 1,500원씩 부담하였다면 4월의 30일과 5월의 31일을 합하면 61일이므로 4월과 5월의 대여료의 합은 91,500원이 된다. 따라서 총 대여료는 126,000원이 될 수 없다. 총 대여료는 1500×61(4월, 5월)+36000(6월)=127,500원이다.

문 10. 정답 ③

유형 수리추론　내용영역 논리학　난이도 ★★★

[정답해설]

사료비, 인건비, 보호비를 주어진 조건에 따라 구한 후 경비를 계산한다.

(i) 사료비

9월은 30일까지 있으므로, 주어진 1일 급여량을 30일 기준으로 환산하면, 10kg 미만 개는 9kg/마리, 10kg 이상 개는 18kg/마리, 고양이는 12kg/마리이다. 그리고 9월 한 달 간 관리한 동물의 일평균 마릿수를 곱하면 9kg×10마리+18kg×5마리+12kg×5마리=240kg이다. 그리고 사료가격은 5,000원/kg이므로 240×5000=120×10000=120만 원이다.

(ii) 인건비

포획활동은 1인, 8일이 투입되었으므로 포획활동비는 115000×8=92만 원이다. 관리비는 1일 1마리당 115,000원의 20%인 23,000원이고, 9월 한 달 간 일평균 20마리가 있었으므로 1일 20마리당 관리비는 23000×20=460,000원이다. 그리고 30일 동안 20마리를 관리하므로 관리비는 460000×30=1,380만 원이다.

(iii) 보호비

보호일수가 1일, 2일인 경우 보호비는 징수하지 않고, 3일~6일인 4마리에 대해서는 마리당 10만 원씩 40만 원이 징수되고, 7일 이상인 2마리에 대해서는 마리당 15만 원씩 30만 원이 징수된다. 따라서 총 보호비는 70만 원이다.

사료비+인건비-보호비=120만+92만+1380만-70만=1,522만 원이다.

문 11. 정답 ④

유형 논리퀴즈　내용영역 논리학　난이도 ★★☆

[정답해설]

A가 책을 읽은 쪽수는 10분마다 15-30-50-70-90-…의 순으로 증가함에 유의하여 일별로 〈상황〉에 따라 읽은 쪽수를 파악한다. 이때 시내버스와 밤 9시 이후에는 책을 읽지 않는다는 것에 유의한다.

시기	시간	쪽수
월요일 출근	30분	기존 책 200→260쪽
월요일 퇴근	30분	기존 책 260→280쪽(10분) 새 책 0→30쪽(20분)
화요일 출근	30분	30→90쪽
화요일 퇴근	30분	90→150쪽
수요일 출근	30분	150→210쪽
지하철(회의참가)	20분	210→250쪽
목요일 출근	30분	250→310쪽
목요일 퇴근	30분	310→350쪽(끝)

따라서 A는 목요일 퇴근 중에 350쪽의 책을 다 읽는다.

문 12. 정답 ②

유형 논리퀴즈　내용영역 논리학　난이도 ★☆☆

[정답해설]

'사무관'을 변환한 후 선지를 선택하는 것이 아니라, 선지를 토대로 변환해야 할 부분(선지 간 차이가 발생하는 부분)을 빠르게 추려낸 후 해당 부분만 변환하여 답을 찾아야 한다.

우선 〈자모변환표〉의 모든 자모가 세 자리 숫자로 구성되어 있으므로 각각의 자음과 모음이 3개의 숫자로 변환됨을 알 수 있다. 그리고 사무관은 ㅅ-ㅏ-ㅁ-ㅜ-ㄱ-ㅘ-ㄴ의 7개 자모로 구성되어 있으므로, 숫자는 총 21개여야 한다. 따라서 숫자가 24개인 ④, ⑤를 제외한다. 다음으로 첫 자음(ㅅ)의 변환에 따라 015 또는 905로 나뉨을 알 수 있다. 그런데 ㅅ의 자모변환표는 479이고, (자모변환표의 수+암호수)의 일의 자리 수=난수표의 수가 되어야 하므로 $4+x=4$, $8+y=8$, $9+z=4$에서 $x=0$을 얻는다. 따라서 ③도 제외된다. 다음으로 남은 ①과 ②는 9번째 숫자까지 같고 10~12번째 숫자가 다르므로, 4번째 자모인 'ㅜ'를 변환해본다. ㅜ의 자모변환표는 456이고, 난수표의 10~12번째 숫자는 135이므로 $4+x=1$에서 $x=7$을 얻는다. 따라서 ①도 제외되고, 남은 ②가 답임을 알 수 있다.

문 13. 정답 ②

유형 논리퀴즈　내용영역 논리학　난이도 ★★☆

우선 甲의 두 번째 발언에서, 생신의 월은 10, 11, 12 중의 하나임을 알 수 있고, 乙의 세 번째 발언에서 31일까지 있는 달은 10, 12월이므로 생신의 월은 10, 12 중 하나다. 또 생신의 일은 8의 배수이므로 8, 16, 24일 중 하나다. 이로부터 가능한 일련번호의 목록은 1008, 1016, 1024, 1208, 1216, 1224의 6개이다. 따라서 ㉠은 이들 6개 중 하나의 경우에만 해당하는 힌트가 되어야 한다.

[정답해설]

② 이 경우 1224만이 해당한다.

[오답해설]

① 15일 이전인 경우 1008, 1208의 2개가 해당한다.
③ 1016, 1024, 1216, 1224의 4개가 해당한다.
④ 1024, 1208의 2개가 해당한다.
⑤ 1008, 1224의 2개가 해당한다.

문 14. 정답 ④

유형 논리퀴즈　내용영역 논리학　난이도 ★★☆

[정답해설]

5일(월~금) 간 청소당번은 1명씩이고, 최소 한 번씩 청소당번을 하고, A~D 4명이 있으며 A의 발언에서 A가 2번 청소당번을 하므로 B~D는 한 번씩 청소당번을 한다(2+1+1+1=5). 그리고 A는 월요일에 청소당번을 하므로 화요일에는 청소당번을 하지 않고, D의 발언에서 D는 금요일에 청소당번을 하므로 나머지 날에는 청소당번을 하지 않는다.

구분	A	B	C	D
월	○	×	×	×
화	×			×
수				×
목				×
금	×	×	×	○

여기서 C의 발언을 보면 시험이 이틀 있고, 그 2개의 날은 모두 발표수업이 있다. 따라서 2개의 날과 그 전날에 청소당번을 하지 않고, 그 결과 청소당번을 할 수 있는 날이 하나밖에 남지 않았다. 이를 위해서는 발표수업이 있는 날(=시험 날) 2번과, 시험 전날 2번이 모두 겹치지 않아야 한다. 따라서 시험 날 2번은 떨어져 있어야 하고 월요일은 아니어야 하므로, 가능한 것은 (화, 목), (화, 금), (수, 금)이다. 그런데 (화, 목)의 경우 월~목 모두 청소당번을 할 수 없는데 금요일에는 이미

D가 청소당번이므로 불가능하다. 그리고 (수, 금)의 경우 화~금 모두 청소당번을 할 수 없는데 월요일에는 이미 A가 청소당번이므로 불가능하다. 따라서 C의 시험날은 (화, 금)이며 월~화, 목~금에 청소당번을 할 수 없어 수요일에 청소당번을 한다. 따라서 A는 남은 목요일에 청소당번을 하고, B는 마지막으로 남은 요일인 화요일에 청소당번을 한다.

구분	A	B	C	D
월	○	×	×	×
화	×	○	×	×
수	×	×	○	×
목	○	×	×	×
금	×	×	×	○

문 15. 정답 ⑤

유형 논리퀴즈　**내용영역** 논리학　**난이도** ★★★

[정답해설]

우선 순서를 기준으로 1~4번째는 밝은 색, 5~8번째는 어두운 색임을 알고 있다.

순서	1	2	3	4	5	6	7	8
색상	밝	밝	밝	밝	어	어	어	어
타입								
톤								
사람								

먼저, 丙의 발언에서 켜진 색상 천 순서에 해당하는 숫자를 합하면 6인데 합이 6이 될 수 있는 것은 1+5 또는 2+4이다. 그런데 한 사람은 본인 타입의 천에서 밝은 색 한번, 어두운 색 한번 형광등이 켜졌으므로 2+4는 불가능하다(둘다 밝은 색). 따라서 丙은 1번, 5번에서 형광등이 켜졌다.

또한 乙은 짝수 번째에서 형광등이 켜지지 않았으므로 2, 4, 6, 8번을 제외하면 3번과 7번에서 형광등이 켜졌다.

그리고 甲은 마지막 순서에서 형광등이 켜지지 않았으므로 6번에서 켜졌고, 丁이 8번에서 켜졌다. 다음으로 丁은 밝은 색 천에서 乙보다 먼저 형광등이 켜졌으므로 2번에서 켜졌고, 甲이 4번에서 켜졌다. 이를 정리하면 다음과 같다.

순서	1	2	3	4	5	6	7	8
색상	밝	밝	밝	밝	어	어	어	어
타입				가을		가을		
톤				웜		웜		
사람	丙	丁	乙	甲	丙	甲	乙	丁

한편, 톤은 쿨-웜이 반복되므로 1번부터 차례대로 채워넣을 수 있고, 2번과 8번은 남은 웜톤인 봄 타입임을 알 수 있다. 다만 乙과 丙의 톤은 알 수 있지만, 정확한 타입은 알 수 없다.

순서	1	2	3	4	5	6	7	8
색상	밝	밝	밝	밝	어	어	어	어
타입		봄		가을		가을		봄
톤	쿨	웜	쿨	웜	쿨	웜	쿨	웜
사람	丙	丁	乙	甲	丙	甲	乙	丁

ㄴ. 丙은 1번, 5번에서 형광등이 켜졌다.
ㄷ. 각 순서마다 형광등이 켜진 사람을 모두 알 수 있다.
ㄹ. 丙의 합은 1+5=6이고, 나머지의 합은 모두 2+8=3+7=4+6=10이다.

[오답해설]

ㄱ. 乙과 丙의 타입은 알 수 없다.

문 16. 정답 ③

유형 논리퀴즈　**내용영역** 논리학　**난이도** ★☆☆

[정답해설]

우선 참여 자격을 기준으로 고용보험 피보험자 수 5인 미만의 기업 C~E 중, 청년기업도 아닌 C, E를 제외한다. C는 대표자 나이, E는 사업 개시 경과연수에서 각각 청년기업의 기준을 충족하지 못한다.

그리고 남은 A, B, D 중 참여 제한에 해당하는 A(25×0.3=7.5이므로 청년수당 6개월 이상 가입 유지 인원(ⓒ)이 8명 이상이어야 함)를 제외하면 B, D가 남는다. D의 경우 단서에 따라 청년수당 가입유지율과 무관하게 청년수당 가입 인원이 2인 이하이므로 참여 가능하다.

따라서 참여 가능한 기업은 B, D이다.

문 17. 정답 ⑤

유형 수리추론　**내용영역** 논리학　**난이도** ★☆☆

[정답해설]

ㄱ. 이는 결국 A와 B의 혜택을 4:1로 가중평균한 것이다. 현행 정책의 경우 100과 50의 차이인 50을 1:4로 나누는 지점이므로 평균 혜택은 90이 되고, 개편안의 경우 평균 혜택은 90과 80의 사이에 있는 어떠한 값이므로 현행 정책의 평균 혜택이 더 크다. 구체적으로 살펴보면 A인구를 4로 B인구를 1로 가정할 때, 현행 정책을 유지할 경우 국민 전체 혜택의 합은 450이고, 개편안의 경우에는 440이 된다. 따라서 현행 정책이 유지된다.

ㄴ. 이는 결국 A와 B의 혜택을 7:3으로 가중평균한 것이다. 현행 정책의 경우 100과 50의 차이인 50을 3:7로 나누는 지점이므로 평균 혜택은 85가 되고, 개편안의 경우 평균 혜택은 90과 80을 7:3으로 가중평균한 것이므로 산술평균인 85보다는 큰 값이 된다. 구체적으로 살펴보면 전체 인구를 10이라고 가정할 때, A인구가 7, B인구가 3으로 현행 정책을 유지할 경우 국민 전체 혜택의 합은 850이고, 개편안의 경우는 870이 된다. 따라서 개편안이 채택된다.

ㄷ. (나)를 판단 기준으로 할 경우, 개인이 얻는 혜택이 적은 집단에 더 유리한 정책은 결국 작은 숫자끼리 비교해서 혜택이 큰 정책을 의미한다. 현행 정책은 50(B), 개편안은 80(B)이므로 개편안이 채택된다.

[오답해설]

ㄹ. (다)를 판단 기준으로 할 경우, 개인 혜택의 차이가 더 작은 정책을 택하므로 A인구와 B인구의 수는 무관하다. 개인 간 혜택의 차이를 구해보면 현행 정책은 100-50=50, 개편안은 90-80=10이므로 개편안이 채택된다.

문 18. 정답 ②

유형 논리퀴즈　**내용영역** 논리학　**난이도** ★★☆

[정답해설]

주기별로 나누어 대상자를 체크해본다. 먼저 주기가 1년인 대장, 간의 경우 대상자에 해당한다면 반드시 2022년에 건강검진을 받을 것이다. 따라서 대장의 경우 2022년에 50세 이상, 2020년에 48세 이상인 모든 사람이 검진을 받으며 해당하는 사람은 丁, 戊의 2명이다. 그리고 간의 경우 40세 이상 간암 발생 고위험군만이 받는데 이는 丙뿐이므로 1명이다.

다음으로 주기가 2년인 경우, 2022년에 최초 검진대상이 되었거나 2020년에 해당 검진항목의 검진을 받은 사람만이 2022년에 검진을 받는다. 예를 들어, 2020년에 검진대상이지만 검진을 받지 않았다면 2021년에 검진을 받기 때문에 2022년에는 받지 않게 되는 것이다. 따라서 위의 경우 추가로 40세 이상에 해당하게 되는 사람은 없고, 2020년에 위 검진을 받은 사람은 乙뿐이므로 2022년에도 乙만 위 검진을 받는다. 마찬가지로 심장도 추가로 45세 이상에 해당하게 되는 사람은 없고, 2020년에 심장 검진을 받은 사람은 丁뿐이므로 2022년에도 丁만 심장 검진을 받는다. 또 자궁경부의 경우 추가로 30세 이상 45세 미만 여성에 해당하게 되는 사람은 甲뿐이고, 甲은 2022년에 30세가 되어 자궁경부 검진대상이 되었으므로, 2022년 또는 2023년에 자궁경부 검진을 받는다. 또한 자궁경부 대상자인

丙의 경우에는 2020년에 검진대상이 아니었기 때문에, 2021년에 반드시 검진대상이 된다. 따라서 2022년에는 자궁경부 검진을 받지 않는다. 따라서 자궁경부 검진을 받은 사람은 최소 0명, 최대 1명이다.
따라서 2022년 검진대상자가 2명 이상인 검진항목은 대장뿐이다.

문 19. 정답 ③

[유형] 정보이해 [내용영역] 사회   [난이도] ★☆☆

[정답해설]
ㄴ. 마지막 문단에 따르면 전력차단프로젝트를 22,000대에 적용하여 35만 kWh의 전력소비를 절감한다. 그리고 22000×15=330000<350000이므로 대당 15 kWh 이상 전력소비가 절감됨을 알 수 있다.
ㄹ. 두 번째 문단에 따르면 1명이 비행기로 출장 시 이산화탄소 배출량은 400kg이고, 이는 4명이 자동차 한 대로 출장 시 발생하는 이산화탄소 배출량의 2배라고 서술하고 있다. 따라서 4명이 자동차 한 대로 출장 시 발생하는 이산화탄소 배출량은 200kg이고, 이를 4명으로 나누면 1인당 50kg이다. 이는 400kg의 8분의 1에 해당한다.

[오답해설]
ㄱ. 마지막 문단에 따르면 전력차단프로젝트는 컴퓨터가 일정시간 사용되지 않으면 언제라도 컴퓨터와 모니터의 전원을 자동으로 끄는 프로젝트다. 따라서 주간이라도 컴퓨터, 모니터가 꺼지는 경우가 있을 것이므로 주간에도 전력 절감이 있을 것이다.
ㄷ. 첫 번째 문단에 따르면 '넷제로'는 실질적인 배출량을 0으로 만드는 것이다. 그런데 화상회의시스템, 전력차단프로젝트는 모두 온실가스 배출량을 줄이는 것이지 0으로 만드는 개념이 아니므로 넷제로가 달성되는 것은 아니다.

문 20. 정답 ⑤

[유형] 정보이해 [내용영역] 사회   [난이도] ★★☆

[정답해설]
두 번째 문단과 세 번째 문단을 종합하면 다음의 사실을 알 수 있다.
1. A은행에서는 매년 연인원 1,000명이 항공 출장을 간다.
2. 한 사람이 비행기로 출장 시 발생하는 이산화탄소 배출량은 400kg이다.
3. 항공 출장으로 A은행이 배출하는 이산화탄소 양은 전체 배출량의 1/5 수준이다.

따라서 A은행에서 항공 출장으로 발생하는 이산화탄소 배출량은 400×1000=400,000kg이고, 이것이 전체 배출량의 1/5 수준이므로 전체 배출량은 2,000,000kg이 된다.

한편, 세 번째 문단에서 출장인원의 30%인 300명이 화상회의시스템을 이용하게 되고, 한 명당 배출량은 항공출장의 1/10 수준인 40kg으로 줄어든다고 하고 있다. 따라서 절감되는 양은 360kg×300명=108,000kg이다.

그리고 전력차단프로젝트를 통해 연간 652톤, 즉 652,000kg의 이산화탄소 배출을 절감할 수 있다고 하고 있다. 따라서 총 절감되는 양은 760,000kg이며, 이는 2,000,000kg의 38%에 해당하는 양이다.

문 21. 정답 ②

[유형] 규정이해 [내용영역] 법규범   [난이도] ★★☆

[정답해설]
甲~丙 각각의 과태료 부과액을 구한 후, A시장의 부과액과 비교한다.
(i) 甲
신고기간이 지난 후 6개월이 초과했으므로 과태료 기준액은 5만 원이고, 〈상황〉에 따르면 甲은 촉구에 따라 신고했으므로 2배 부과대상은 아니고, 자진신고한 자 또는 장애인이 아니므로 경감 대상도 아니다. 따라서 甲의 과태료 부과액은 5만 원이고, A시장은 5만 원을 초과하여 과태료를 부과하였다.

(ii) 乙
신고기간이 지난 후 1개월 초과 6개월 이내이므로 과태료 기준액은 3만 원이고, 〈상황〉에 따르면 乙은 부실하게 신고하였으며 이는 신고하지 아니한 것이므로(첫 번째 조 제2항) 2배 부과대상이다. 그리고 乙은 특이사항이 없어 경감 대상도 아니므로 乙의 과태료 부과액은 6만 원이므로 A시장은 정당하게 과태료를 부과하였다.

(iii) 丙
신고기간이 지난 후 1개월 이내이므로 과태료 기준액은 1만 원이고, 〈상황〉에 따르면 丙은 자진신고하였으므로 2분의 1 경감대상이다. 또 장애인으로 10분의 2 경감대상에도 해당하지만 두 번째 조에 따라 가장 높은 경감비율은 2분의 1만 적용되므로 과태료 부과액은 5천 원이다. 따라서 A시장은 1만 원을 초과하여 과태료를 부과하였다.

결국 A시장은 甲과 丙에 대해 총 5만+1만=6만 원의 과태료를 초과하여 부과하였다.

문 22. 정답 ①

[유형] 규정이해 [내용영역] 법규범   [난이도] ★☆☆

[정답해설]
① 제○○조 제2항 제1호에 따라 일시적으로 하는 작업을 도급하는 경우 도급인(甲)은 자신의 사업장에서 수급인(乙)의 근로자를 자신의 사업장에서 작업하게 할 수 있다. 고용노동부장관의 승인은 제○○조 제2항 제2호에 규정된 것으로 제1호와는 무관하다.

[오답해설]
② 상시적인 도급에 대해 도급인인 甲이 자신의 사업장에서 乙의 근로자를 작업하게 한 경우 제○○조 위반이므로 제△△조에 따른 과징금 부과 대상이지 징역에 처하는 대상이 아니다.
③ 제○○조 제3항에 따르면 수급인이 보유한 기술이 전문적이고 사업주의 사업 운영에 필수불가결한 경우로서 고용노동부장관의 승인을 받은 작업을 도급받은 수급인은 그 작업을 하도급할 수 없다고만 되어 있다. 따라서 乙의 기술이 甲의 사업 운영에 단지 필수불가결한 경우라고 하여 그 작업을 하도급할 수 없는지 여부는 주어진 규정만으로 알 수 없다.
④ 제□□조에 따르면 안전조치 및 보건조치를 해야 하는 주체는 도급인이다. 즉, 甲이 조치를 취해야 할 의무를 진다.
⑤ 안전조치 및 보건조치는 제□□조와 관련이 있고, 제◇◇조에 따르면 이를 위반 시 3년 이하의 징역 또는 3천만 원 이하의 벌금에 처하는 것이지 과징금을 부과할 수 있는 것이 아니다.

문 23. 정답 ⑤

[유형] 규정이해 [내용영역] 법규범   [난이도] ★★☆

乙 관련 내용은 첫째 문단과, 丙 관련 내용은 둘째 문단과 각각 관련이 있다.

[정답해설]
⑤ C견해는 위자료와 나머지 재산상 손해로 항목을 나누어 丙이 청구한 상한을 초과할 수 없다고 본다. 따라서 위자료는 丙이 청구한 금액인 5천만 원 이내에서 3천 5백만 원을 지급하고, 나머지 재산상 손해는 5백+1.2억=1.25억인데 丙이 청구한 금액이 1천만 원+1억=1.1억 원이므로 1.1억 원을 지급한다. 따라서 3천 5백만+1.1억=1.45억 원을 지급하라고 판결해야 한다.

[오답해설]
①, ② 첫째 문단에 따르면 법원은 원고(乙)가 청구한 금액인 6천만 원 내에서만 판결을 해야 하는데, 법원 심리 결과 乙의 재산상 손해는 5천만 원이므로 5천만 원을 지급하라는 판결을 해야 하며, 乙이 청구금액을 아무리 높게 변경하더라도 5천만 원보다 많은 지급판결을 받을 수는 없다.

③ A견해는 각 손해항목별로 丙이 청구한 상한을 초과할 수 없다고 본다. 따라서 치료비 1천만 원, 일실수익 1억 원, 위자료 5천만 원이 각각 상한이 되고 법원이 심리한 결과는 치료비 5백만 원, 일실수익 1억 2천만 원, 위자료 3천 5백만 원이므로 항목별로 각각 치료비 5백만 원, 일실수익 1억 원, 위자료 3천 5백만 원으로 계산한 1억 4천만 원을 지급하라고 판결해야 한다.

④ B견해는 손해배상 총액의 상한을 초과할 수 없다고 한다. 그리고 丙이 청구한 총액은 1천만 원+1억 원+5천만 원=1.6억 원이고, 법원의 심리 결과 총액은 5백만 원+1.2억 원+3천 5백만 원=1.6억 원이므로 1억 6천만 원을 지급하라고 판결해야 한다.

문 24. 정답 ③

유형 규정이해　내용영역 법규범　난이도 ★★★

[정답해설]

③ 제5항에 따른 협상에 의한 계약이고, 제4항 제2호에 해당하므로 제5항 단서에 따라 제안서 제출마감일의 전일부터 기산하여 10일 전까지 공고할 수 있다. 따라서 제출마감일 4. 1.의 전일인 3. 31.로부터 기산하여 10일째인 3. 22. 이전에 공고를 해야 하므로 3. 19.에 공고한 것은 입찰공고 기간을 준수한 것이다.

[오답해설]

① 제1항에 따르면 입찰공고는 입찰서 제출마감일의 전일부터 기산하여 7일 전에 이를 행하여야 한다. 따라서 제출마감일이 4. 1.이라면 제출마감일의 전일은 3. 31.로부터 기산하여 7일째인 3. 25.에 입찰공고를 행하여야 한다.

② 입찰참가자격을 사전에 심사하려는 공사에 관한 입찰이므로 제2항 단서에 따라 현장설명일의 전일부터 기산하여 30일 전에 공고하여야 한다. 따라서 현장설명일인 4. 1. 전일인 3. 31.로부터 기산하여 30일째인 3. 2.에 공고하여야 한다.

④ 제5항에 따른 협상에 의한 계약이고 단서 조항에 해당하지도 않으므로 제안서 제출마감일의 전일부터 기산하여 40일 전에 공고하여야 한다. 따라서 4. 1.의 전일인 3. 31.로부터 기산하여 40일째인 2. 20.에 공고하여야 한다.

⑤ 제4항 제1호의 재공고입찰에 해당한다. 이는 입찰서 제출마감일의 전일부터 기산하여 5일 전까지 공고할 수 있다. 따라서 제출마감일 4. 9.의 전일인 4. 8.로부터 기산하여 5일째인 4. 4. 이전에 재공고하여야 한다.

문 25. 정답 ⑤

유형 규정이해　내용영역 법규범　난이도 ★★☆

[정답해설]

1957년 제정 저작권법에 따르면 저작물의 보호기간은 사후 30년이다. 마지막 문단에 따르면 보호기간의 기산일은 저작자가 사망한 다음 해의 1월 1일이므로, 1963. 1. 1. 사망한 乙의 보호기간의 기산일은 1964.1.1.이다. 따라서 이로부터 30년 간 저작물이 보호되므로 보호기간은 1993.12.31.까지다(㉠).

1987년 개정 저작권법은 저작물의 보호기간을 사후 50년으로 하므로 보호기간은 ㉠ 대비 20년이 연장된 2013.12.31.까지다(㉡).

2011년 개정 저작권법은 저작물의 보호기간을 사후 70년으로 한다. 또한 2013. 7.1. 이전에 보호기간이 경과한 저작물은 보호하지 않지만 보호기간은 2013.12. 31.까지이므로 경과하지 않았고, 따라서 ㉡ 대비 20년이 연장된 2033.12.31.까지 저작물이 보호된다.

문 26. 정답 ③

유형 정보이해　내용영역 과학기술　난이도 ★☆☆

[정답해설]

ㄴ. 첫 번째 문단에서 '또한 석유에서 얻는 연료와 달리 식물성 기름에는 황이 거의 들어 있지 않아'라고 제시된 부분에서 석유에서 얻는 연료에는 황이 들어 있음을 알 수 있다.

ㄹ. 첫 번째 문단에서 바이오디젤의 장점으로 이산화황이 거의 배출되지 않는다고 제시되어 있지만, 두 번째 문단에서 단점으로 질소산화물을 더 많이 배출한다고 제시되어 있다. 따라서 바이오디젤 사용 시 질소산화물 배출은 늘고, 이산화황 배출은 줄어들 것이다.

[오답해설]

ㄱ. 두 번째 문단에 따르면 바이오디젤은 일반디젤보다 생산원가가 훨씬 높고, BD20은 바이오디젤 20%와 일반디젤 80%의 혼합연료다. 따라서 같은 양이라면 바이오디젤이 포함된 BD20의 생산원가가 일반디젤보다 높을 것이다.

ㄷ. 두 번째 문단에서 바이오디젤은 일반디젤보다 응고점(액체가 고체로 변하는 온도)이 높다고 하고 있다. 따라서 더 높은 온도에서 바이오디젤이 액체에서 고체로 변하므로, 바이오디젤이 액체라면 일반디젤은 액체일 것이다(즉, 바이오디젤이 고체이고 일반디젤이 액체인 온도는 있을 것이지만 그 반대는 없다).

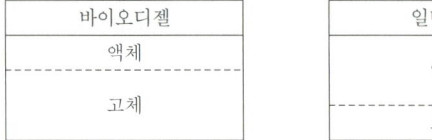

문 27. 정답 ⑤

유형 정보이해　내용영역 과학기술　난이도 ★☆☆

[정답해설]

⑤ 세 번째 문단에 따르면 '흡연 또는 여성의 경구 피임약 복용 등도 카페인 분해 효율에 큰 영향을 주지만 유전적 요인이 가장 큰 영향을 준다는 결론에 도달'했다고 제시되어 있다.

[오답해설]

① 첫 번째 문단에 따르면 각성효과는 사람에 따라 다르고, 한 잔만 마셔도 각성효과가 큰 사람이 있다고 제시되어 있다. 따라서 정부 권고량 이하를 섭취했다고 해서 각성효과가 나타나지 않는 것은 아니다.

② 두 번째 문단에 따르면 아데노신은 뇌의 각성상태를 완화시켜 잠들게 하는 신경전달물질이고, 카페인은 아데노신의 역할을 방해한다고 제시되어 있다. 즉, 아데노신은 각성효과를 돕는 것이 아니며, 카페인이 아데노신 분비를 촉진시키는 것도 아니다.

③ 세 번째 문단에 따르면 C형인 사람은 카페인 분해가 느려서 카페인이 일으키는 각성효과를 길게 받는다고 제시되어 있다. 따라서 C형인 사람이 각성효과가 더 오래 유지된다.

④ 첫 번째 문단에 따르면 성인의 하루 카페인 섭취량은 400mg 이하를 권고하고 있다고 제시되어 있다. 1kg당 2.5mg 이하를 권고하는 것은 어린이·청소년의 경우다.

문 28. 정답 ③

유형 수리추론　내용영역 논리학　난이도 ★★☆

[정답해설]

기준 규격이 수액 20gtt=1ml이다. 이에 따라 〈상황〉의 사례를 분석한다.

○ 〈상황〉 1
360ml를 2시간(120분) 동안 주입하려면 1분(60초)당 3ml를 주입해야 하고, 20초당 1ml=20gtt를 주입해야 한다. 따라서 1초당 1gtt를 주입해야 한다.

○ 〈상황〉 2
3초당 1gtt를 주입하면 1분(60초)당 20 gtt=1ml를 주입하게 된다. 따라서 1시간당 60ml를 주입하고, 24시간에는 1,440ml를 주입하게 된다.

문 29. 정답 ⑤

유형 수리추론 내용영역 논리학 난이도 ★★☆

[정답해설]

순서대로 최종 결괏값을 구하면 다음과 같다.

(i) 편익
  A: 25×1=25억 원
  B: 35×0.7=24.5억 원
  C: 30×0.5×1.2=18억 원

(ii) 비용
  A: 3×0.6×1.5=2.7억 원
  B: 1×0.1×1.0+2=2.1억 원
  C: 4×0.3×2.0+2=4.4억 원

(iii) 최종 결괏값
  A: 25-2.7=22.3억 원
  B: 24.5-2.1=22.4억 원
  C: (18-4.4)×2=27.2억 원

따라서 최종 결괏값은 C, B, A 순으로 크다.

문 30. 정답 ②

유형 수리추론 내용영역 논리학 난이도 ★★★

[정답해설]

먼저, 甲의 입장에서 신용카드 거래와 상품권 거래가 금전적으로 동일해지는 지점을 찾아본다.

甲은 신용카드로 100만 원 식탁을 결제할 경우 구입비용으로 100만 원이 들고, 신용카드 지출금액의 5%인 5만 원이 과세대상소득에서 공제되고 세율은 20%이므로 1만 원이 절감되는 효과를 얻으므로 실질적으로 99만 원에 식탁을 구입하는 셈이다. 따라서 상품권으로 구매할 경우 99만 원에 구매할 경우(=1만 원이 할인될 경우) 신용카드 구매와 금전적으로 동일하다. 그리고 甲의 입장에서 할인액이 커질수록 이득이므로, 甲이 이득이 되기 위해서는 X > 1이어야 한다.

다음으로 乙은 신용카드로 100만 원 식탁의 결제를 받을 경우 과세대상소득은 100만 원에서 생산비용 80만 원을 제한 20만 원이고, 세율은 20%이므로 4만 원의 세금을 납부하고, 또 신용카드 매출액의 1%인 1만 원을 수수료로 지불한다. 즉, 95만 원을 받는 것과 실질적으로 동일하다. 그런데 상품권을 통한 거래 시 사업자의 과세대상에서 제외되므로 상품권으로 95만 원을 받을 경우(=5만 원을 할인할 경우) 신용카드 구매와 동일하다. 그리고 乙의 입장에서 할인폭이 작을수록 이득이므로, X < 5여야 한다.

따라서 甲과 乙 모두에게 이득이 되기 위해서는 1 < X < 5여야 한다.

문 31. 정답 ③

유형 논리퀴즈 내용영역 논리학 난이도 ★★☆

[정답해설]

조건에 따르면 홈팀의 세트 점수가 낮을 경우 관람객이 1,000명씩 나가지만, 원정팀의 세트 점수가 낮을 경우 관람객이 500명씩 나가고, 세트 점수가 같다면 관람객이 나가지 않을 것임을 알 수 있다. 따라서 주어진 조건하에서 최대한 팽팽하게 경기가 진행되면서 홈팀이 아닌 원정팀의 관람객이 나가는 방향으로 세트 결과를 3:2로 맞추면 다음과 같다.

세트	1	2	3	4	5
승리팀	홈	원정	홈	원정	원정
누적 세트 점수	1:0	1:1	2:1	2:2	2:3
관중 수 변화	−500	0	−500	0	−

이 경우 5세트 시작 시점에서 최초 관람객인 5000+3000= 8,000명에서 1,000명이 나갔으므로 관람객 수의 최댓값은 7,000명이다.

문 32. 정답 ⑤

유형 수리추론 내용영역 논리학 난이도 ★★☆

주어진 규칙은 1단계: x, 2단계: $x+11y$, 3단계: $x+11y+111z$ (x, y, z는 1~9인 자연수)로 정리할 수 있다.

[정답해설]

ㄴ. x가 아무리 커도 y의 1 증가에 미치지 못하고(9 < 11), y가 아무리 커도 z의 1 증가에 미치지 못한다(99 < 111). 따라서 어떤 수를 만들 수 있다면, 그 수를 만들 수 있는 조합은 1가지뿐이다. 그리고 250=$x+11y+111z$라 하면 $z=2$, $y=2$, $x=6$이 되므로 222+22+6으로만 250을 만들 수 있다.

ㄷ. 100부터 수를 만들어보며 규칙성을 찾아본다. 100=99+1이고, 200=111+88+1, 300=222+77+1, 400=333+66+1이다. 이러한 규칙에 따라 500부터 900까지도 마찬가지로 444+55+1, 555+44+1, … ,888+11+1로 만들어짐을 알 수 있다.

[오답해설]

ㄱ. 100 이상이 출력되기 위해선 2단계와 3단계의 규칙을 따라야 한다. 2단계에서 만들 수 있는 100 이상의 수는 100~108로 9개이고, 3단계에서 만들 수 있는 100 이상의 수는 9×9×9=729로 100~999까지의 개수인 900개에 미치지 못한다. 또한 3단계에서 만들 수 있는 최소는 $x=1$, $y=1$, $x=1$일 때, 1+11+111=123으로, 이보다 1 작은 수인 122는 만들 수 없다.

문 33. 정답 ④

유형 논리퀴즈 내용영역 논리학 난이도 ★★☆

발문에 따라 옹달샘과 물을 마시는 것은 전혀 별개의 문제이므로 둘을 나누어 판단한다.

(i) 옹달샘에 간 토끼
A의 말에 따라 A 포함 3명이 옹달샘에 갔고, C의 말에 따라 C와 D는 함께 옹달샘에 갔거나 가지 않았다. 또한 D의 말에 따라 B가 옹달샘에 가지 않았다면 D도 가지 않았다(또는 대우 명제에 따라 D가 옹달샘에 갔다면 B도 갔다). 만약 D가 옹달샘에 갔다면 B도 옹달샘에 가고 C도 옹달샘에 가므로 4명이 옹달샘에 간 것이 되어 불가능하다. 따라서 D는 옹달샘에 가지 않았고, 이에 따라 C도 옹달샘에 가지 않았다. 그리고 3명이 옹달샘에 갔으므로 A, B, E가 옹달샘에 갔다.

(ii) 물을 마신 토끼
B의 말에 따라 D가 물을 마셨다면 B도 물을 마셨고, E의 말에 따라 E를 제외하고 2명이 물을 마셨다.

[정답해설]

④ A가 물을 마시지 않았다면 B, C, D 중 2명이 물을 마셨다. 이때 D가 물을 마셨다면 B도 물을 마셨고(B의 대화), D가 물을 마시지 않았다면 2명이 물을 마셔야 하므로 B, C가 물을 마셨다. 따라서 어떤 경우든 B는 물을 마셨다.

[오답해설]

①, ② E를 제외한 둘이 물을 마셨지만 A, B, C, D 중 물을 마신 토끼가 누구인지는 제시된 정보로 알 수 없다.

③ E는 옹달샘에 갔다.

⑤ 물을 마시지 않은 토끼에 C, D가 포함될 수도 있는데, C, D는 옹달샘에 가지 않았다.

문 34. 정답 ③

[유형] 논리퀴즈 [내용영역] 논리학 [난이도] ★★☆

[정답해설]

A전화번호는 3개의 홀수로 구성되어 있고, 5가 포함되어 있으며, 첫 번째와 마지막 숫자를 합하면 10이다. 그런데 합이 10이 되는 서로 다른 홀수는 1+9, 3+7뿐이다. 따라서 A전화번호는 (1, 5, 9)로 구성되어 있거나 (3, 5, 7)로 구성되어 있다. 두 경우를 나누어 B전화번호의 합의 최댓값을 만들어본다.

(i) A전화번호가 (1, 5, 9)로 구성된 경우

B전화번호에서 가장 큰 숫자는 3번 나타나고, 이 값은 9이다. 즉 B전화번호에는 9가 3개, 5가 1개, 1이 1개가 포함된다(9, 9, 9, 5, 1). 그런데 두 번째로 작은 숫자가 짝수가 되어야 하므로 2 또는 4가 포함되어야 하고, 합은 4가 포함될 때 최대가 된다(9, 9, 9, 5, 4, 1). 이때 합은 9+9+9+5+4+1=37이다.

(ii) A전화번호가 (3, 5, 7)로 구성된 경우

이 경우도 가장 큰 숫자는 3번 나타나고 이 값을 9로 두면 전화번호의 숫자가 9, 9, 9, 7, 5, 3으로 완성된다. 이때 두 번째로 작은 숫자가 짝수라는 조건을 만족할 수 없다. 따라서 가장 큰 숫자는 7이 되어야 한다. 이때 B전화번호에는 (7, 7, 7, 5, 3)이 포함되고 두 번째로 작은 숫자가 짝수가 되어야 하므로 4가 포함된다. 합은 7+7+7+5+4+3=33이 된다.

따라서 B전화번호의 6개 숫자를 모두 합한 값은 최대 37이다.

문 35. 정답 ①

[유형] 논리퀴즈 [내용영역] 논리학 [난이도] ★★★

[정답해설]

ㄱ. 겨울에 태어난 암컷 양에게는 '눈', '불'이 반드시 이름에 포함되어야 하므로, 붙일 수 있는 두 글자 이름은 '눈불', '불눈'의 2가지이다.

[오답해설]

ㄴ. '물불'이라는 이름은 여름에 태어난 암컷이나 봄에 태어난 수컷에도 붙일 수 있으므로, 반드시 여름에 태어난 수컷이나 봄에 태어난 암컷이라고 단정 지을 수 없다.

ㄷ. 봄에 태어난 수컷은 '물', 여름에 태어난 암컷은 '불'로 지을 수 있어, 이름은 한 글자일 수도 있다.

문 36. 정답 ④

[유형] 논리퀴즈 [내용영역] 논리학 [난이도] ★★☆

[정답해설]

우선 최소등록기준의 총시설평가액과 자본금을 살펴보면, 甲은 자본금이 2억 원으로 1급지 최소 등록기준인 3억 원을 충족하지 못한다.

丁은 총시설평가액이 9천만 원으로 3급지 최소 등록기준인 1억 원을 충족하지 못하지만, 세 번째 동그라미에 따라 자본금이 1억 원이므로 등록기준 총시설평가액이 2분의 1인 5천만 원이 되어 충족된다.

다음으로 본인 소유 시설평가액 총액이 급지별 총시설평가액의 3분의 2 이상이어야 하는데 해당 조건은 甲을 제외하면, 모든 사업자가 충족한다.

다음으로 하역시설 평가액 총액은 해당 사업자의 시설평가액 총액의 3분의 2 이상이어야 하는데, 丙의 경우 하역시설 평가액 총액은 1+4=5억 원이고, 시설평가액 총액의 3분의 2는 8억 원의 3분의 2인 약 5.33억 원이므로 해당 조건을 충족하지 못한다.

따라서 일반하역사업 등록이 가능한 사업자는 乙과 丁이다.

문 37. 정답 ②

[유형] 규정이해 [내용영역] 법규범 [난이도] ★☆☆

[정답해설]

소방장비별로 폐기대상인지, 그렇지 않다면 내용연수가 몇 년 남았는지를 파악한다.

① 소방자동차1: 세 번째 동그라미에 따라 운행거리가 12만 km를 초과했으므로 내용연수 기준을 초과한 폐기대상이다.

② 소방자동차2: 내용연수 10년, 사용연수 9년이므로 내용연수가 1년 남았다.

③ 소방용로봇: 내용연수 7년, 사용연수 4년이므로 내용연수가 3년 남았다.

④ 구조용 안전벨트: 내용연수 3년에 1년 연장사용을 하여 4년, 사용연수 5년이므로 내용연수 기준을 초과한 폐기대상이다.

⑤ 폭발물방호복: 세 번째 동그라미에 따라 실사용량이 경제적 사용량을 초과했으므로 내용연수 기준을 초과한 폐기대상이다.

따라서 폐기대상이 아닌 ② 소방자동차2, ③ 소방용로봇 중 내용연수가 더 적게 남은 소방자동차2가 가장 먼저 교체대상이 된다.

문 38. 정답 ①

[유형] 수리추론 [내용영역] 논리학 [난이도] ★★☆

[정답해설]

甲과 乙의 점수 부여방식을 살펴보면, 비용과 만족도는 같은 점수를 부여하지만, 위험도와 활동량은 반대로 점수를 부여하므로 종목별로 받는 점수가 동일하다. 따라서 총점의 차이가 있다면 비용과 만족도에서 발생할 것이므로, 비용과 만족도 점수의 합을 먼저 구해본다. 그리고 甲과 乙은 같은 점수를 부여할 것이므로 굳이 2명의 점수를 합하지 않고 1명의 점수만을 구해도 충분하다.

종목	등산	스키	암벽등반	수영	볼링
비용	5	1	2	3	4
만족도	2	4	5	1	3
합	7	5	7	4	7

합은 등산, 암벽등반, 볼링이 7점으로 동일하다. 여기서 두 번째 동그라미에 따라 乙이 부여한 점수가 가장 높은 종목을 택하게 될 것이다. 따라서 이 3개 종목에 대해 乙이 위험도와 활동량에 부여할 점수를 구하고, 그 합이 가장 큰 종목을 찾으면 된다.

종목	등산	암벽등반	볼링
위험도	5	2	3
활동량	4	3	5
합	9	5	8

따라서 총점이 가장 높은 3개 종목 중 乙이 부여한 점수가 가장 높은 등산이 선택된다.

문 39. 정답 ②

[유형] 정보이해 [내용영역] 과학기술 [난이도] ★★☆

[정답해설]

② 세 번째 문단에 따르면 플래터 표면 중심에서 거리가 같은 모든 트랙을 수직으로 묶은 것이 하나의 실린더가 된다. 따라서 하나의 플래터의 트랙 개수가 곧 실린더의 개수가 되므로 플래터당 트랙이 10개이면 실린더도 10개이다.

[오답해설]

① 첫 번째 문단에 따르면 표면은 플래터의 양면이다. 따라서 플래터가 5개라면 표면은 10개이다.

③ 두 번째 문단에 따르면 트랙은 플래터 표면의 동심원이므로, 섹터의 크기가 같다면 당연히 바깥쪽의 큰 동심원 트랙에서는 섹터의 개수가 많아지고, 안쪽의 작은 동심원 트랙에서는 섹터의 개수가 작아지게 된다. 세 번째 문단에서도 현재의 하드디스크에서는 섹터의 크기를 똑같이 하고, 바깥쪽 트랙에 좀 더 많은 섹터가 있음을 알 수 있다.

④ 세 번째 문단에 따르면 한 섹터는 512바이트까지 저장할 수 있지만, 10바이트 파일을 저장해도 섹터 1개를 전부 차지한다. 따라서 10바이트 파일 10개를 저장하려면 섹터 10개가 필요하지만, 100바이트 파일 1개를 저장하는 데는 섹터가 1개만 필요하다.

⑤ 특정 파일을 트랙에 저장할 때 해당 트랙에 이미 다른 파일에 의해 채워져 남아 있는 용량이 해당 파일보다 작은 경우라면, 해당 트랙의 남은 공간을 모두 채우고도 다른 트랙도 채워야 할 것이다. 하나의 섹터에 하나의 파일을 1개만 저장한다고는 제시되어 있지만, 트랙 하나에 한 개의 파일만 들어간다는 내용은 제시되어 있지 않다.

문 40. 정답 ④

[유형] 정보이해 [내용영역] 과학기술 [난이도] ★★☆

[정답해설]

㉠: 마지막 문단에 따르면 플래터의 회전속도의 rpm은 분당 회전속도를 의미한다. 즉, 분당 7,200회전이므로 60초당 7,200회전, 1초당 120회전, 1회전당 $\frac{1}{120}$초로 나타낼 수 있다.

㉡: 마지막 문단에 따르면 1Hz는 1초에 헤드가 1번부터 마지막(20번) 트랙을 초당 1번 왕복하는 것을 의미한다. 따라서 5Hz는 1초에 헤드가 20개 트랙을 5번 왕복하는 것이므로 1초에 헤드가 20개×5번×2(왕복)=200개의 트랙을 움직이는 것을 의미하고, 트랙 1개를 이동하는데 걸리는 평균 시간은 $\frac{1}{200}$초가 된다.

2026년도 5급 PSAT 대비

메가피셋
5급 공채
외교관후보자
지역인재 7급

5개년 기출문제집
헌법 + 언어논리 + 자료해석 + 상황판단

Ⅴ. 2021년도

- 헌　　　법
- 언어논리영역
- 자료해석영역
- 상황판단영역

2021년도
헌법 (가)책형

문 1. 정답 ③

문제유형 헌법 총론/판례   **난이도** ★☆☆

[정답해설]

③ 헌법은 국가유공자 인정에 관하여 명문 규정을 두고 있지 않으나 전문에서 "3.1운동으로 건립된 대한민국임시정부의 법통을 계승"한다고 선언하고 있다. 이는 대한민국이 일제에 항거한 독립운동가의 공헌과 희생을 바탕으로 이룩된 것임을 선언한 것이고, 그렇다면 국가는 일제로부터 조국의 자주독립을 위하여 공헌한 독립유공자와 그 유족에 대하여는 응분의 예우를 하여야 할 헌법적 의무를 지닌다. (2005.6.30. 2004헌마859)

[오답해설]

① 헌법전문

> 헌법전문 유구한 역사와 전통에 빛나는 우리 대한국민은 3·1운동으로 건립된 대한민국임시정부의 법통과 불의에 항거한 4·19민주이념을 계승하고, 조국의 민주개혁과 평화적 통일의 사명에 입각하여 정의·인도와 동포애로써 민족의 단결을 공고히 하고, 모든 사회적 폐습과 불의를 타파하며, 자율과 조화를 바탕으로 자유민주적 기본질서를 더욱 확고히 하여 정치·경제·사회·문화의 모든 영역에 있어서 각인의 기회를 균등히 하고, 능력을 최고도로 발휘하게 하며, 자유와 권리에 따르는 책임과 의무를 완수하게 하여, 안으로는 국민생활의 균등한 향상을 기하고 밖으로는 항구적인 세계평화와 인류공영에 이바지함으로써 우리들과 우리들의 자손의 안전과 자유와 행복을 영원히 확보할 것을 다짐하면서 1948년 7월 12일에 제정되고 8차에 걸쳐 개정된 헌법을 이제 국회의 의결을 거쳐 국민투표에 의하여 개정한다.

② 헌법전문에 기재된 3.1정신은 우리나라 헌법의 연혁적·이념적 기초로서 헌법이나 법률해석에서의 해석기준으로 작용한다고 할 수 있지만, 그에 기하여 곧바로 국민의 개별적 기본권성을 도출해낼 수는 없다. (2001.3.21. 99헌마139)

④ 헌법은 전문에서 "3·1운동으로 건립된 대한민국임시정부의 법통"의 계승을 천명하고 있는바, 비록 우리 헌법이 제정되기 전의 일이라 할지라도 국가가 국민의 안전과 생명을 보호하여야 할 가장 기본적인 의무를 수행하지 못한 일제강점기에 일본군위안부로 강제 동원되어 인간의 존엄과 가치가 말살된 상태에서 장기간 비극적인 삶을 영위하였던 피해자들의 훼손된 인간의 존엄과 가치를 회복시켜야 할 의무는 대한민국임시정부의 법통을 계승한 지금의 정부가 국민에 대하여 부담하는 가장 근본적인 보호의무에 속한다고 할 것이다. (2011.8.30. 2006헌마788)

문 2. 정답 ③

문제유형 기본권 각론/부속 법령   **난이도** ★★☆

[정답해설]

③ 형사보상 및 명예회복에 관한 법률 제8조

> 형사보상 및 명예회복에 관한 법률 제8조(보상청구의 기간) 보상청구는 무죄재판이 확정된 사실을 안 날부터 3년, 무죄재판이 확정된 때부터 5년 이내에 하여야 한다.

[오답해설]

① 형사보상 및 명예회복에 관한 법률 제7조

> 형사보상 및 명예회복에 관한 법률 제7조(관할법원) 보상청구는 무죄재판을 한 법원에 대하여 하여야 한다.

② 형사보상은 형사사법절차에 내재하는 불가피한 위험으로 인한 피해에 대한 보상으로서 국가의 위법·부당한 행위를 전제로 하는 국가배상과는 그 취지 자체가 상이하다. (2010.10.28. 2008헌마514)

④ 형사보상 및 명예회복에 관한 법률 제13조

> 형사보상 및 명예회복에 관한 법률 제13조(대리인에 의한 보상청구) 보상청구는 대리인을 통하여서도 할 수 있다.

문 3. 정답 ③

문제유형 기본권 총론/판례   **난이도** ★☆☆

[정답해설]

③ 국립대학인 서울대학교는 다른 국가기관 내지 행정기관과는 달리 공권력의 행사자의 지위와 함께 기본권의 주체라는 점도 중요하게 다루어져야 한다. 여기서 대학의 자율은 대학시설의 관리·운영만이 아니라 학사관리 등 전반적인 것이라야 하므로 연구와 교육의 내용, 그 방법과 그 대상, 교과과정의 편성, 학생의 선발, 학생의 전형도 자율의 범위에 속해야 하고 따라서 입학시험제도도 자주적으로 마련될 수 있어야 한다. (1992.10.1. 92헌마68,76)

[오답해설]

① 우리 헌법은 법인의 기본권향유능력을 인정하는 명문의 규정을 두고 있지 않지만, 본래 자연인에게 적용되는 기본권규정이라도 언론·출판의 자유, 재산권의 보장 등과 같이 성질상 법인이 누릴 수 있는 기본권을 당연히 법인에게도 적용하여야 한 것으로 본다. 따라서 법인도 사단법인·재단법인 또는 영리법인·비영리법인을 가리지 아니하고 위 한계 내에서는 헌법상 보장된 기본권이 침해되었음을 이유로 헌법소원심판을 청구할 수 있다. (1991.6.3. 90헌마56)

② 법인도 법인의 목적과 사회적 기능에 비추어 볼 때 그 성질에 반하지 않는 범위 내에서 인격권의 한 내용인 사회적 신용이나 명예 등의 주체가 될 수 있고 법인이 이러한 사회적 신용이나 명예 유지 내지 법인격의 자유로운 발현을 위하여 의사결정이나 행동을 어떻게 할 것인지를 자율적으로 결정하는 것도 법인의 인격권의 한 내용을 이룬다고 할 것이다. 그렇다면 이 사건 심판대상조항은 방송사업자의 의사에 반한 사과행위를 강제함으로써 방송사업자의 인격권을 제한한다. (2012.8.23. 2009헌가27)

④ 법인 아닌 사단·재단이라고 하더라도 대표자의 정함이 있고 독립된 사회적 조직체로서 활동하는 때에는 성질상 법인이 누릴 수 있는 기본권을 침해당하게 되면 그의 이름으로 헌법소원심판을 청구할 수 있다. (민사소송법 제48조 참조) 청구인 사단법인 한국영화인협회(이하 영화인협회라고 줄여 쓴다)는 "영화예술인 상호간의 친목도모 및 자질향상, 민족영화예술의 창달발전을 기함을 목적으로, 그 목적을 달성하기 위하여" 설립된 민법상의 비영리사단법인으로서 성질상 법인이 누릴 수 있는 기본권에 관한 한 그 이름으로 헌법소원심판을 청구할 수 있다. (1991.6.3. 90헌마56)

문 4. 정답 ④

문제유형 기본권 각론/판례   **난이도** ★☆☆

[정답해설]

ㄱ. 영화진흥법 제21조 제4항이 규정하고 있는 영상물등급위원회에 의한 등급분류보류제도는, 영상물등급위원회가 영화의 상영에 앞서 영화를 제출받아 그 심의 및 상영등급분류를 하되, 등급분류를 받지 아니한 영화는 상영이 금지되고 만약 등급분류를 받지 않은 채 영화를 상영한 경우 과태료, 상영금지명령에 이어 형벌까지 부과할 수 있도록 하며, 등급분류보류의 횟수제한이 없어 실질적으로 영상물등급위원회의 허가를 받지 않는 한 영화를 통한 의사표현이 무한정 금지될 수 있으므로 검열에 해당한다. (2001.8.30. 2000헌가9)

ㄴ. 검열을 행정기관이 아닌 독립적인 위원회에서 행한다고 하더라도 행정권이 주체가 되어 검열절차를 형성하고 검열기관의 구성에 지속적인 영향을 미칠 수 있는 경우라면 실질적으로 검열기관은 행정기관이라고 보아야 한다. 그러므로 공연윤리위원회가 민간인으로 구성된 자율적인 기관이라고 할지라도 영화법

(映畫法)에서 영화에 대한 사전허가제도를 채택하고, 공연법에 의하여 공연윤리위원회를 설치토록 하여 행정권이 공연윤리위원회의 구성에 지속적인 영향을 미칠 수 있게 하였으므로 공연윤리위원회는 검열기관으로 볼 수밖에 없다. (1993.2.23. 93헌가13)

ㄷ. 민간심의기구가 심의를 담당하는 경우에도 행정권이 개입하여 그 사전심의에 자율성이 보장되지 않는다면 이 역시 행정기관의 사전검열에 해당하게 될 것이다. 또한 민간심의기구가 사전심의를 담당하고 있고, 현재에는 행정기관이 그 업무에 실질적인 개입을 하고 있지 않더라도 행정기관의 자의에 의해 언제든지 개입할 가능성이 열려 있다면 이 경우 역시 헌법이 금지하는 사전검열이라는 의심을 면하기 어려울 것이다. (2015.12.23. 2015헌바75)

ㄹ. 현행 헌법상 사전검열은 표현의 자유 보호대상이면 예외 없이 금지된다. 건강기능식품의 기능성 광고는 인체의 구조 및 기능에 대하여 보건용도에 유용한 효과를 준다는 기능성 등에 관한 정보를 널리 알려 해당 건강기능식품의 소비를 촉진시키기 위한 상업광고이지만, 헌법 제21조 제1항의 표현의 자유의 보호 대상이 됨과 동시에 같은 조 제2항의 사전검열 금지 대상도 된다. (2018.6.28. 2016헌가8)

문 5. 정답 ②

문제유형 기본권 각론/판례　　**난이도** ★☆☆

[정답해설]

② 입법자는 국가형벌권의 실현과 국민의 기본권 보장의 요구를 조화시키기 위하여 형을 필요적으로 감면하거나 외국에서 집행된 형의 전부 또는 일부를 필요적으로 산입하는 등의 방법을 선택하여 청구인의 신체의 자유를 덜 침해할 수 있음에도, 이 사건 법률조항과 같이 우리 형법에 의한 처벌 시 외국에서 받은 형의 집행을 전혀 반영하지 아니할 수도 있도록 한 것은 과잉금지원칙에 위배되어 신체의 자유를 침해한다. (2015.5.28. 2013헌바129)

[오답해설]

① 수사방해나 수사기밀의 유출에 대한 우려가 없고, 조사실의 장소적 제약 등과 같이 이 사건 후방착석요구행위를 정당화할 그 외의 특별한 사정도 없으므로, 후방착석요구행위는 침해의 최소성 요건을 충족하지 못한다. 후방착석요구행위로 얻어질 공익보다는 변호인의 피의자신문참여권 제한에 따른 불이익의 정도가 크므로, 법익의 균형성 요건도 충족하지 못한다. 따라서 후방착석요구행위는 변호인인 청구인의 변호권을 침해한다. (2017.11.30. 2016헌마503)

③ 헌법 제12조 제3항

> 헌법 제12조 ③ 체포·구속·압수 또는 수색을 할 때에는 적법한 절차에 따라 검사의 신청에 의하여 법관이 발부한 영장을 제시하여야 한다. 다만, 현행범인인 경우와 장기 3년 이상의 형에 해당하는 죄를 범하고 도피 또는 증거인멸의 염려가 있을 때에는 사후에 영장을 청구할 수 있다.

④ 헌법 제12조 제4항 본문의 문언 및 헌법 제12조의 조문 체계, 변호인 조력권의 속성, 헌법이 신체의 자유를 보장하는 취지를 종합하여 보면 헌법 제12조 제4항 본문에 규정된 "구속"은 사법절차에서 이루어진 구속뿐 아니라, 행정절차에서 이루어진 구속까지 포함하는 개념이다. 따라서 헌법 제12조 제4항 본문에 규정된 변호인의 조력을 받을 권리는 행정절차에서 구속을 당한 사람에게도 즉시 보장된다. (2018.5.31. 2014헌마346)

문 6. 정답 ③

문제유형 기본권 각론/판례　　**난이도** ★★☆

[정답해설]

③ 정온한 생활환경이 보장되어야 할 주거지역에서 출근 또는 등교 이전 및 퇴근 또는 하교 이후 시간대에 확성장치의 최고출력 내지 소음을 제한하는 등 사용시간과 사용지역에 따른 수인한도 내에서 확성장치의 최고출력 내지 소음 규제 기준에 관한 규정을 두지 아니한 것은, 국민이 건강하고 쾌적하게 생활할 수 있는 양호한 주거환경을 위하여 노력하여야 할 국가의 의무를 부과한 헌법 제35조 제3항에 비추어 보면, 적절하고 효율적인 최소한의 보호조치를 취하지 아니하여 국가의 기본권 보호의무를 과소하게 이행한 것으로서, 청구인의 건강하고 쾌적한 환경에서 생활할 권리를 침해하므로 헌법에 위반된다. (2019.12.27. 2018헌마730)

[오답해설]

① 헌법상 평등원칙은 본질적으로 같은 것을 자의적으로 다르게 취급함을 금지하는 것으로서, 일체의 차별적 대우를 부정하는 절대적 평등을 뜻하는 것이 아니라 입법을 하고 법을 적용할 때에 합리적인 근거가 없는 차별을 하여서는 아니 된다는 상대적 평등을 뜻하므로, 합리적 근거가 있는 차별 또는 불평등은 평등의 원칙에 반하지 아니한다. 또한 헌법상 기본권 보호의무란 기본권적 법익을 기본권 주체인 사인에 의한 위법한 침해 또는 침해의 위험으로부터 보호하여야 하는 국가의 의무를 말하며, 주로 사인인 제3자에 의한 개인의 생명이나 신체의 훼손에서 문제되는 것이다. (2018.10.25. 2018두44302)

② 국가가 국민의 기본권 보호의무를 이행함에 있어 그 행위의 형식에 관하여도 폭 넓은 형성의 자유가 인정되고, 그것도 반드시 법령에 의하여 이행하여야 하는 것은 아니며, 이 사건 고시와 같이 국가가 쇠고기 소비자의 생명·신체의 안전에 관한 보호의무를 이행하기 위하여 취한 행위의 경우 법령의 위임이 없거나 그 위임의 범위를 벗어난 것이라는 사유만으로는 보호의무를 위반하거나 그로 인하여 소비자의 기본권을 침해한 것으로 볼 수 없으므로, 청구인들의 이 부분 주장은 더 나아가 판단할 필요 없이 이유 없다. (2008.12.26. 2008헌마419)

④ 헌법재판소는 권력분립의 관점에서 소위 "과소보호금지원칙"을, 즉 국가가 국민의 법익보호를 위하여 적어도 적절하고 효율적인 최소한의 보호조치를 취했는가를 기준으로 심사하게 된다. 따라서 입법부작위나 불완전한 입법에 의한 기본권의 침해는 입법자의 보호의무에 대한 명백한 위반이 있는 경우에만 인정될 수 있다. 다시 말하면 국가가 국민의 법익을 보호하기 위하여 전혀 아무런 보호조치를 취하지 않았든지 아니면 취한 조치가 법익을 보호하기에 명백하게 전적으로 부적합하거나 불충분한 경우에 한하여 헌법재판소는 국가의 보호의무의 위반을 확인할 수 있을 뿐이다. (1997.1.16. 90헌마110)

문 7. 정답 ④

문제유형 기본권 각론/판례　　**난이도** ★★★

[정답해설]

④ 헌법 제36조 제3항이 규정하고 있는 국민의 보건에 관한 권리는 국민이 자신의 건강을 유지하는 데 필요한 국가적 급부와 배려를 요구할 수 있는 권리를 말하는 것으로서, 국가는 국민의 건강을 소극적으로 침해하여서는 아니 될 의무를 부담하는 것에서 한걸음 더 나아가 적극적으로 국민의 보건을 위한 정책을 수립하고 시행하여야 할 의무를 부담한다는 것을 의미한다. (2013.9.26. 2010헌마204)

[오답해설]

① 헌법 제36조 제3항

> 헌법 제36조 ③ 모든 국민은 보건에 관하여 국가의 보호를 받는다.

② 헌법 제36조 제3항이 규정하고 있는 국민의 보건에 관한 권리는 국민이 자신의 건강을 유지하는 데 필요한 국가적 급부와 배려를 요구할 수 있는 권리를 말하는 것으로서, 국가는 국민의 건강을 소극적으로 침해하여서는 아니 될 의무를 부담하는 것에서 한걸음 더 나아가 적극적으로 국민의 보건을 위한 정책을 수립하고 시행하여야 할 의무를 부담한다는 것을 의미한다. (2012.2.23. 2011헌마123)

③ 헌법 제10조는 "모든 국민은 인간으로서의 존엄과 가치를 가지며, 행복을 추구할 권리를 가진다. 국가는 개인이 가지는 불가침의 기본적 인권을 확인하고 이를 보장할 의무를 진다."고 규정하여, 모든 국민이 인간으로서의 존엄과 가치를 지닌 주체임을 천명하고, 국가권력이 국민의 기본권을 침해하는 것을 금지함은 물론 이에서 더 나아가 적극적으로 국민의 기본권을 보호하고 이를 실현할 의

무가 있음을 선언하고 있다. 또한 생명·신체의 안전에 관한 권리는 인간의 존엄과 가치의 근간을 이루는 기본권일 뿐만 아니라, 헌법은 제36조 제3항에서 국민의 보건에 관한 국가의 보호의무를 특별히 강조하고 있다. 따라서 국민의 생명·신체의 안전이 질병 등으로부터 위협받거나 받게 될 우려가 있는 경우 국가는 그 위험의 원인과 정도에 따라 사회·경제적인 여건 및 재정사정 등을 감안하여 국민의 생명·신체의 안전을 보호하기에 필요한 적절하고 효율적인 입법·행정상의 조치를 취하여 그 침해의 위험을 방지하고 이를 유지할 포괄적인 의무를 진다. (2015.4.30. 2012헌마38)

문 8. 정답 ④

문제유형 기본권 각론/판례   **난이도** ★★☆

[정답해설]

④ 대상자가 재범하지 않고 상당 기간을 경과하는 경우에는 재범의 위험성이 그만큼 줄어든다고 할 것이다. 그럼에도 불구하고 이 사건 삭제조항은 일정한 기한을 정하여 보관된 디엔에이신원확인정보의 삭제 여부를 심사하거나, 일정한 기간이 경과하면 이를 일괄적으로 삭제하도록 하는 등의 적정한 기간 제한을 위한 방안을 강구하지 아니한 채, 일률적으로 대상자가 사망할 때까지 디엔에이신원확인정보를 수록, 관리하도록 규정하고 있는바, 이는 입법목적의 달성을 위하여 지나치게 과도한 제한을 가하는 것으로서 침해최소성 원칙에 반한다. …(중략)… 그렇다면 이 사건 부칙조항은 과잉금지원칙에 위배되어 이 사건 법률 시행 전 형이 확정되어 수용 중인 사람의 신체의 자유 및 개인정보자기결정권을 침해한다고 볼 수 없다. (2014.8.28. 2011헌마28)

[오답해설]

① 이동전화의 이용과 관련하여 필연적으로 발생하는 통신사실 확인자료는 비록 비내용적 정보이지만 여러 정보의 결합과 분석을 통해 정보주체에 관한 정보를 유추해낼 수 있는 민감한 정보인 점, 수사기관의 통신사실 확인자료 제공요청에 대해 법원의 허가를 거치도록 규정하고 있으나 수사의 필요성만을 그 요건으로 하고 있어 제대로 된 통제가 이루어지기 어려운 점, 기지국수사의 허용과 관련하여서는 유괴·납치·성폭력범죄 등 강력범죄나 국가안보를 위협하는 각종 범죄와 같이 피의자나 피해자의 통신사실 확인자료가 반드시 필요한 범죄로 그 대상을 한정하는 방안 또는 다른 방법으로는 범죄수사가 어려운 경우(보충성)를 요건으로 추가하는 방안 등을 검토함으로써 수사에 지장을 초래하지 않으면서도 불특정 다수의 기본권을 덜 침해하는 수단이 존재하는 점을 고려할 때, 이 사건 요청조항은 과잉금지원칙에 반하여 청구인의 개인정보자기결정권과 통신의 자유를 침해한다. (2018.6.28. 2012헌마538)

② 국회의원인 甲 등이 '각급학교 교원의 교원단체 및 교원노조 가입현황 실명자료'를 인터넷을 통하여 공개한 사안에서, 위 정보는 개인정보자기결정권의 보호대상이 되는 개인정보에 해당하므로 이를 일반 대중에게 공개하는 행위는 해당 교원들의 개인정보자기결정권과 전국교직원노동조합의 존속, 유지, 발전에 관한 권리를 침해하는 것이고, 甲 등이 위 정보를 공개한 표현행위로 인하여 얻을 수 있는 법적 이익이 이를 공개하지 않음으로써 보호받을 수 있는 해당 교원 등의 법적 이익에 비하여 우월하다고 할 수 없으므로, 甲 등의 정보 공개행위가 위법하다. (2014.7.24. 2012다49933)

③ 인간의 존엄과 가치, 행복추구권을 규정한 헌법 제10조 제1문에서 도출되는 일반적 인격권 및 헌법 제17조의 사생활의 비밀과 자유에 의하여 보장되는 개인정보자기결정권은 자신에 관한 정보가 언제 누구에게 어느 범위까지 알려지고 또 이용되도록 할 것인지를 정보주체가 스스로 결정할 수 있는 권리이다. (2016.8.17. 2014다235080)

문 9. 정답 ①

문제유형 통치구조/헌법 조문   **난이도** ★★☆

[정답해설]

① 헌법 제72조

> 헌법 제72조 대통령은 필요하다고 인정할 때에는 외교·국방·통일 기타 국가안위에 관한 중요정책을 국민투표에 붙일 수 있다.

[오답해설]

② 전직대통령 예우에 관한 법률 제7조 제2항 제1호

> 전직대통령 예우에 관한 법률 제7조(권리의 정지 및 제외 등) ② 전직대통령이 다음 각 호의 어느 하나에 해당하는 경우에는 제6조제4항제1호에 따른 예우를 제외하고는 이 법에 따른 전직대통령으로서의 예우를 하지 아니한다.
> 1. 재직 중 탄핵결정을 받아 퇴임한 경우

③ 헌법 제71조

> 헌법 제71조 대통령은 조약을 체결·비준하고 외교사절을 신임접수 또는 파견하며 선전포고와 강화를 한다.

④ 헌법 제66조 제3항, 제69조

> 헌법 제66조 ③ 대통령은 조국의 평화적 통일을 위한 성실한 의무를 진다.
> 헌법 제69조 대통령은 취임에 즈음하여 다음의 선서를 한다. "나는 헌법을 준수하고 국가를 보위하며 조국의 평화적 통일과 국민의 자유와 복리의 증진 및 민족문화의 창달에 노력하여 대통령으로서의 직책을 성실히 수행할 것을 국민 앞에 엄숙히 선서합니다."

문 10. 정답 ②

문제유형 통치구조/판례   **난이도** ★★☆

[정답해설]

② 헌법 제86조 제2항은 그 위치와 내용으로 보아 국무총리의 헌법상 주된 지위가 대통령의 보좌기관이라는 것과 그 보좌기관인 지위에서 행정에 관하여 대통령의 명을 받아 행정각부를 통할할 수 있다는 것을 규정한 것일 뿐, 국가의 공권력을 집행하는 행정부의 조직은 헌법상 예외적으로 열거되어 있거나 그 성질상 대통령의 직속기관으로 설치할 수 있는 것을 제외하고는 모두 국무총리의 통할을 받아야 하며, 그 통할을 받지 않은 행정기관은 법률에 의하더라도 이를 설치할 수 없음을 의미한다고는 볼 수 없을 뿐만 아니라, 헌법 제94조, 제95조 등의 규정취지에 비추어 정부의 구성단위로서 그 권한에 속하는 사항을 집행하는 모든 중앙정부기관이 곧 헌법 제86조 제2항 소정의 "행정각부"라고 볼 수도 없다. (1994.4.28. 89헌마221)

[오답해설]

① 헌법 제98조 제2항

> 헌법 제98조 ② 원장은 국회의 동의를 얻어 대통령이 임명하고, 그 임기는 4년으로 하며, 1차에 한하여 중임할 수 있다.

③ 헌법 제91조 제1항

> 헌법 제91조 ① 국가안전보장에 관련되는 대외정책·군사정책과 국내정책의 수립에 관하여 국무회의의 심의에 앞서 대통령의 자문에 응하기 위하여 국가안전보장회의를 둔다.

④ 헌법 제87조 제4항

> 헌법 제87조 ④ 군인은 현역을 면한 후가 아니면 국무위원으로 임명될 수 없다.

문 11. 정답 ③

문제유형 통치구조/부속 법령　　　**난이도** ★☆☆

[정답해설]

③ 정부조직법 제18조 제2항

> 정부조직법 제18조 ② 국무총리는 중앙행정기관의 장의 명령이나 처분이 위법 또는 부당하다고 인정될 경우에는 대통령의 승인을 받아 이를 중지 또는 취소할 수 있다.

[오답해설]

① 헌법 제88조 제3항

> 헌법 제88조 ③ 대통령은 국무회의의 의장이 되고, 국무총리는 부의장이 된다.

② 헌법 제65조 제4항

> 헌법 제65조 ④ 탄핵결정은 공직으로부터 파면함에 그친다. 그러나, 이에 의하여 민사상이나 형사상의 책임이 면제되지는 아니한다.

④ 헌법 제86조 제1항, 제2항

> 헌법 제86조 ① 국무총리는 국회의 동의를 얻어 대통령이 임명한다.
> ② 국무총리는 대통령을 보좌하며, 행정에 관하여 대통령의 명을 받아 행정각부를 통할한다.

문 12. 정답 ④

문제유형 헌법재판소/판례　　　**난이도** ★☆☆

[정답해설]

④ 헌법재판소법 제47조 제3항

> 헌법재판소법 제47조 ③ 제2항에도 불구하고 형벌에 관한 법률 또는 법률의 조항은 소급하여 그 효력을 상실한다. 다만, 해당 법률 또는 법률의 조항에 대하여 종전에 합헌으로 결정한 사건이 있는 경우에는 그 결정이 있는 날의 다음 날로 소급하여 효력을 상실한다.

[오답해설]

① 혼인제도 및 부부간 성적 성실의무 보호라는 공익을 달성하기 어렵게 된 반면, 내밀한 성생활의 영역을 처벌하여 **국민의 성적 자기결정권과 사생활의 비밀과 자유를 지나치게 제한하므로 법익 균형성 원칙에도 반하여 헌법에 위반된다.** (2015.2.26. 2009헌바17)

② 헌법재판소법 제47조 제3항, 제4항

> 헌법재판소법 제47조 ③ 제2항에도 불구하고 형벌에 관한 법률 또는 법률의 조항은 소급하여 그 효력을 상실한다. 다만, 해당 법률 또는 법률의 조항에 대하여 종전에 합헌으로 결정한 사건이 있는 경우에는 그 결정이 있는 날의 다음 날로 소급하여 효력을 상실한다.
> ④ 제3항의 경우에 위헌으로 결정된 법률 또는 법률의 조항에 근거한 유죄의 확정판결에 대하여는 재심을 청구할 수 있다.

③ 자기낙태죄 조항과 의사낙태죄 조항이 헌법에 위반된다는 **단순위헌의견이 3인**이고, 헌법에 합치되지 아니한다는 **헌법불합치의견이 4인**이므로, 단순위헌의견에 헌법불합치의견을 합산하면 헌법재판소법 제23조 제2항 단서 제1호에 규정된 법률의 위헌결정을 함에 필요한 심판정족수에 이르게 된다. 따라서 위 조항들에 대하여 헌법에 합치되지 아니한다고 선언하되, 2020.12.31.을 시한으로 입법자가 개선입법을 할 때까지 계속적용을 명한다. (2019.4.1. 2017헌바127)

문 13. 정답 ②

문제유형 통치구조/부속 법령　　　**난이도** ★☆☆

[정답해설]

② 정부조직법 제12조 제3항

> 정부조직법 제12조 ③ 국무위원은 정무직으로 하며 의장에게 의안을 제출하고 국무회의의 소집을 요구할 수 있다.

[오답해설]

① 정부조직법 제12조 제2항

> 정부조직법 제12조 ② 의장이 사고로 직무를 수행할 수 없는 경우에는 부의장인 국무총리가 그 직무를 대행하고, 의장과 부의장이 모두 사고로 직무를 수행할 수 없는 경우에는 기획재정부장관이 겸임하는 부총리, 교육부장관이 겸임하는 부총리 및 제26조제1항에 규정된 순서에 따라 국무위원이 그 직무를 대행한다.

③ 헌법 제88조 제2항

> 헌법 제88조 ② 국무회의는 대통령·국무총리와 15인 이상 30인 이하의 국무위원으로 구성한다.

④ 헌법 제89조 제12호

> 헌법 제89조 다음 사항은 국무회의의 심의를 거쳐야 한다.
> 12. 국정처리상황의 평가·분석

문 14. 정답 ④

문제유형 헌법재판소/판례　　　**난이도** ★★☆

[정답해설]

④ 헌법재판소법 제61조 제2항

> 헌법재판소법 제61조(청구 사유) ② 제1항의 심판청구는 피청구인의 처분 또는 부작위(不作爲)가 헌법 또는 법률에 의하여 부여받은 청구인의 권한을 침해하였거나 침해할 현저한 위험이 있는 경우에만 할 수 있다.

[오답해설]

① 헌법재판소법 제62조 제1항 제1호가 국가기관 상호간의 권한쟁의심판을 "국회, 정부, 법원 및 중앙선거관리위원회 상호간의 권한쟁의심판"이라고 규정하고 있더라도 이는 한정적, 열거적인 조항이 아니라 예시적인 조항이라고 해석하는 것이 헌법에 합치되므로 이들 기관 외에는 권한쟁의심판의 당사자가 될 수 없다고 단정할 수 없다. (1997.7.16. 96헌라2)

② 정당은 국민의 자발적 조직으로, 그 법적 성격은 일반적으로 사적·정치적 결사 내지는 법인격 없는 사단으로서 공권력의 행사 주체로서 국가기관의 지위를 갖는다고 볼 수 없다. 정당이 국회 내에서 교섭단체를 구성하고 있다고 하더라도, 헌법은 권한쟁의심판청구의 당사자로서 국회의원들의 모임인 교섭단체에 대해서 규정하고 있지 않고, 교섭단체의 권한 침해는 교섭단체에 속한 국회의원 개개인의 심의·표결권 등 권한 침해로 이어질 가능성이 높아 그 쟁의를 해결할 적당한 기관이나 방법이 없다고 할 수 없다. 따라서 정당은 헌법 제111조 제1항 제4호 및 헌법재판소법 제62조 제1항 제1호의 '국가기관'에 해당한다고 볼 수 없으므로, 권한쟁의심판의 당사자능력이 인정되지 아니한다. (2019.12.27. 2019헌라6, 2020헌라1(병합))

③ 헌법 제111조 제1항 제4호 및 헌법재판소법 제62조 제1항 제1호는 헌법재판소가 관장하는 국가기관 상호간의 권한쟁의심판을 국회, 정부, 법원 및 중앙선거관리위원회 상호간의 권한쟁의심판으로 한정하고 있으므로, 그에 열거되지 아니한 기관이나 또는 열거된 국가기관 내의 각급기관은 비록 그들이 공권적 처분을 할 수 있는 지위에 있을지라도 권한쟁의심판의 당사자가 될 수 없으며 또 위에 열거된 국가기관 내부의 권한에 관한 다툼은 권한쟁의심판의 대상이

되지 않는다. 따라서 국회의 경우 현행 권한쟁의심판제도에서는 국가기관으로서의 국회가 정부, 법원 또는 중앙선거관리위원회와 사이에 권한의 존부 또는 범위에 관하여 다툼이 있을 때 국회만이 당사자로 되어 권한쟁의심판을 수행할 수 있을 뿐이고, 국회의 구성원이거나 국회 내의 일부기관인 국회의원 및 교섭단체 등이 국회 내의 다른 기관인 국회의장을 상대로 권한쟁의심판을 청구할 수 없다. (1995.2.23. 90헌라1)

문 15. 정답 ①

문제유형 통치구조/헌법 조문   **난이도** ★☆☆

[정답해설]

① 헌법 제109조

> 헌법 제109조 재판의 심리와 판결은 공개한다. 다만, 심리는 국가의 안전보장 또는 안녕질서를 방해하거나 선량한 풍속을 해할 염려가 있을 때에는 법원의 결정으로 공개하지 아니할 수 있다.

[오답해설]

② 헌법 제106조 제2항

> 헌법 제106조 ② 법관이 중대한 심신상의 장해로 직무를 수행할 수 없을 때에는 법률이 정하는 바에 의하여 퇴직하게 할 수 있다.

③ 헌법 제110조 제2항

> 헌법 제110조 ② 군사법원의 상고심은 대법원에서 관할한다.

④ 헌법 제104조 제3항

> 헌법 제104조 ③ 대법원장과 대법관이 아닌 법관은 대법관회의의 동의를 얻어 대법원장이 임명한다.

문 16. 정답 ①

문제유형 통치구조/헌법 조문   **난이도** ★★☆

[정답해설]

① 선거관리위원회법 제8조

> 선거관리위원회법 제8조(위원의 임기) 각급선거관리위원회위원의 임기는 6년으로 한다. 다만, 구·시·군선거관리위원회 위원의 임기는 3년으로 하되, 한 차례만 연임할 수 있다.

[오답해설]

② 헌법 제114조 제2항

> 헌법 제114조 ② 중앙선거관리위원회는 대통령이 임명하는 3인, 국회에서 선출하는 3인과 대법원장이 지명하는 3인의 위원으로 구성한다. 위원장은 위원 중에서 호선한다.

③ 헌법 제114조 제4항

> 헌법 제114조 ④ 위원은 정당에 가입하거나 정치에 관여할 수 없다.

④ 헌법 제116조 제2항

> 헌법 제116조 ② 선거에 관한 경비는 법률이 정하는 경우를 제외하고는 정당 또는 후보자에게 부담시킬 수 없다.

문 17. 정답 ④

문제유형 통치구조/부속 법령   **난이도** ★★★

[정답해설]

④ 국회법 제57조의2 제9항

> 국회법 제57조의2 ⑨ 제85조의2제2항에 따른 신속처리대상안건을 심사하는 조정위원회는 그 안건이 같은 조 제4항 또는 제5항에 따라 법제사법위원회에 회부되거나 바로 본회의에 부의된 것으로 보는 경우에는 제2항에 따른 활동기한이 남았더라도 그 활동을 종료한다.

[오답해설]

① 국회법 제85조의2 제1항

> 국회법 제85조의2 ① 위원회에 회부된 안건(체계·자구심사를 위하여 법제사법위원회에 회부된 안건을 포함한다)을 제2항에 따른 신속처리대상안건으로 지정하고자 하는 경우 의원은 재적의원 과반수가 서명한 신속처리대상안건 지정요구 동의(이하 이 조에서 "신속처리안건지정동의"라 한다)를 의장에게, 안건의 소관 위원회 소속 위원은 소관 위원회 재적위원 과반수가 서명한 신속처리안건지정동의를 소관 위원회 위원장에게 제출하여야 한다. 이 경우 의장 또는 안건의 소관 위원회 위원장은 지체 없이 신속처리안건지정동의를 무기명투표로 표결하되 재적의원 5분의 3 이상 또는 안건의 소관 위원회 재적위원 5분의 3 이상의 찬성으로 의결한다.

② 국회법 제85조의2 제3항

> 국회법 제85조의2 ③ 위원회는 신속처리대상안건에 대한 심사를 그 지정일부터 180일 이내에 마쳐야 한다. 다만, 법제사법위원회는 신속처리대상안건에 대한 체계·자구심사를 그 지정일, 제4항에 따라 회부된 것으로 보는 날 또는 제86조제1항에 따라 회부된 날부터 90일 이내에 마쳐야 한다.

③ 국회법 제85조의2 제3항, 제5항

> 국회법 제85조의2 ③ 위원회는 신속처리대상안건에 대한 심사를 그 지정일부터 180일 이내에 마쳐야 한다. 다만, 법제사법위원회는 신속처리대상안건에 대한 체계·자구 심사를 그 지정일, 제4항에 따라 회부된 것으로 보는 날 또는 제86조제1항에 따라 회부된 날부터 90일 이내에 마쳐야 한다.
> ⑤ 법제사법위원회가 신속처리대상안건(체계·자구 심사를 위하여 법제사법위원회에 회부되었거나 제4항 본문에 따라 회부된 것으로 보는 신속처리대상안건을 포함한다)에 대하여 제3항 단서에 따른 기간 내에 심사를 마치지 아니하였을 때에는 그 기간이 끝난 다음 날에 법제사법위원회에서 심사를 마치고 바로 본회의에 부의된 것으로 본다.

문 18. 정답 ②

문제유형 통치구조/부속 법령   **난이도** ★☆☆

[정답해설]

② 국회법 제95조 제1항, 제138조

> 국회법 제95조(수정동의) ① 의안에 대한 수정동의(修正動議)는 그 안을 갖추고 이유를 붙여 30명 이상의 찬성 의원과 연서하여 미리 의장에게 제출하여야 한다. 다만, 예산안에 대한 수정동의는 의원 50명 이상의 찬성이 있어야 한다.
> 국회법 제138조(자격심사의 청구) 의원이 다른 의원의 자격에 대하여 이의가 있을 때에는 30명 이상의 연서로 의장에게 자격심사를 청구할 수 있다.

[오답해설]

① 헌법 제57조

> 헌법 제57조 국회는 정부의 동의없이 정부가 제출한 지출예산 각항의 금액을 증가하거나 새 비목을 설치할 수 없다.

③ 국회법 제106조의2 제1항

> 국회법 제106조의2(무제한토론의 실시 등) ① 의원이 본회의에 부의된 안건에 대하여 이 법의 다른 규정에도 불구하고 시간의 제한을 받지 아니하는 토론(이하 이 조에서 "무제한토론"이라 한다)을 하려는 경우에는 재적의원 3분의 1 이상이 서명한 요구서를 의장에게 제출하여야 한다. 이 경우 의장은 해당 안건에 대하여 무제한토론을 실시하여야 한다.

④ 국회법 제144조 제3항

> 국회법 제144조(경위와 경찰관) ③ 경호업무는 의장의 지휘를 받아 수행하되, 경위는 회의장 건물 안에서, 국가경찰공무원은 회의장 건물 밖에서 경호한다.

문 19. 정답 ①

문제유형 통치구조/부속 법령   난이도 ★★★

[정답해설]

① 국회법 제48조 제3항

> 국회법 제48조(위원의 선임 및 개선) ③ 정보위원회의 위원은 의장이 각 교섭단체대표의원으로부터 당해교섭단체소속의원중에서 후보를 추천받아 부의장 및 각 교섭단체대표의원과 협의하여 선임 또는 개선한다. 다만, 각 교섭단체대표의원은 정보위원회의 위원이 된다.

[오답해설]

② 국회법 제44조 제2항, 제3항, 제45조 제5항

> 국회법 제44조(특별위원회) ② 제1항에 따른 특별위원회를 구성할 때에는 그 활동기간을 정하여야 한다. 다만, 본회의 의결로 그 기간을 연장할 수 있다.
> ③ 특별위원회는 활동기한의 종료 시까지 존속한다. 다만, 활동기한의 종료 시까지 제86조에 따라 법제사법위원회에 체계·자구 심사를 의뢰하였거나 제66조에 따라 심사보고서를 제출한 경우에는 해당 안건이 본회의에서 의결될 때까지 존속하는 것으로 본다.
> 국회법 제45조(예산결산특별위원회) ⑤ 예산결산특별위원회에 대해서는 제44조제2항 및 제3항을 적용하지 아니한다.

③ 국회법 제37조 제1항 제1호, 제3호

> 국회법 제37조(상임위원회와 그 소관) ① 상임위원회의 종류와 소관 사항은 다음과 같다.
> 1. 국회운영위원회
>   사. 대통령비서실, 국가안보실, 대통령경호처 소관에 속하는 사항
> 3. 정무위원회
>   가. 국무조정실, 국무총리비서실 소관에 속하는 사항

④ 국회법 제57조 제6항

> 국회법 제57조(소위원회) ⑥ 소위원회는 폐회 중에도 활동할 수 있으며, 법률안을 심사하는 소위원회는 매월 3회 이상 개회한다. 다만, 국회운영위원회, 정보위원회 및 여성가족위원회의 법률안을 심사하는 소위원회의 경우에는 소위원장이 개회 횟수를 달리 정할 수 있다.

문 20. 정답 ②

문제유형 통치구조/부속 법령   난이도 ★★★

[정답해설]

② 공직선거법 제24조의2 제1항

> 공직선거법 제24조의2(국회의원지역구 확정) ① 국회는 국회의원지역구를 선거일 전 1년까지 확정하여야 한다.

[오답해설]

① 공직선거법 제24조 제3항

> 공직선거법 제24조(국회의원선거구획정위원회) ③ 국회의원선거구획정위원회는 중앙선거관리위원회위원장이 위촉하는 9명의 위원으로 구성하되, 위원장은 위원 중에서 호선한다.

③ 공직선거법 제14조 제2항

> 공직선거법 제14조(임기개시) ② 국회의원과 지방의회의원(이하 이 項에서 "議員"이라 한다)의 임기는 총선거에 의한 전임의원의 임기만료일의 다음 날부터 개시된다. 다만, 의원의 임기가 개시된 후에 실시하는 선거와 지방의회의원의 증원선거에 의한 의원의 임기는 당선이 결정된 때부터 개시되며 전임자 또는 같은 종류의 의원의 잔임기간으로 한다.

④ 공직선거법 제19조 제2호

> 공직선거법 제19조(피선거권이 없는 자) 선거일 현재 다음 각 호의 어느 하나에 해당하는 자는 피선거권이 없다.
> 2. 금고 이상의 형의 선고를 받고 그 형이 실효되지 아니한 자

문 21. 정답 ①

문제유형 헌법재판소/부속 법령   난이도 ★★☆

[정답해설]

① 헌법 제65조 제1항

> 헌법 제65조 ① 대통령·국무총리·국무위원·행정각부의 장·헌법재판소 재판관·법관·중앙선거관리위원회 위원·감사원장·감사위원 기타 법률이 정한 공무원이 그 직무집행에 있어서 헌법이나 법률을 위배한 때에는 국회는 탄핵의 소추를 의결할 수 있다.

[오답해설]

② 헌법 제65조 제2항, 헌법재판소법 제23조 제2항 제1호

> 헌법 제65조 ② 제1항의 탄핵소추는 국회재적의원 3분의 1 이상의 발의가 있어야 하며, 그 의결은 국회재적의원 과반수의 찬성이 있어야 한다. 다만, 대통령에 대한 탄핵소추는 국회재적의원 과반수의 발의와 국회재적의원 3분의 2 이상의 찬성이 있어야 한다.
> 헌법재판소법 제23조 ② 재판부는 종국심리에 관여한 재판관의 과반수의 찬성으로 사건에 관한 결정을 한다. 다만, 다음 각 호의 1에 해당하는 경우에는 재판관 6인 이상의 찬성이 있어야 한다.
> 1. 법률의 위헌결정, 탄핵의 결정, 정당해산의 결정 또는 헌법소원에 관한 인용결정을 하는 경우

③ 헌법 제65조 제3항

> 헌법 제65조 ③ 탄핵소추의 의결을 받은 자는 탄핵심판이 있을 때까지 그 권한행사가 정지된다.

④ 제헌헌법 제46조

> 제헌헌법 제46조 대통령, 부통령, 국무총리, 국무위원, 심계원장, 법관 기타 법률이 정하는 공무원의 그 직무수행에 관하여 헌법 또는 법률에 위배한 때에는 국회는 탄핵의 소추를 결의할 수 있다. 국회의 탄핵소추의 발의는 의원 50인 이상의 연서가 있어야 하며 그 결의는 재적의원 3분지 2이상의 출석과 출석의원 3분지 2이상의 찬성이 있어야 한다.

문 22. 정답 ③

문제유형 통치구조/판례　　　**난이도** ★☆☆

[정답해설]

③ 법원조직법 제50조

> 법원조직법 제50조(파견근무) 대법원장은 다른 국가기관으로부터 법관의 파견근무 요청을 받은 경우에 업무의 성질상 법관을 파견하는 것이 타당하다고 인정되고 해당 법관이 파견근무에 동의하는 경우에는 그 기간을 정하여 이를 허가할 수 있다.

[오답해설]

① 헌법 제107조 제2항

> 헌법 제107조 ② 명령·규칙 또는 처분이 헌법이나 법률에 위반되는 여부가 재판의 전제가 된 경우에는 대법원은 이를 최종적으로 심사할 권한을 가진다.

② 국정감사 및 조사에 관한 법률 제8조

> 국정감사 및 조사에 관한 법률 제8조(감사 또는 조사의 한계) 감사 또는 조사는 개인의 사생활을 침해하거나 계속 중인 재판 또는 수사 중인 사건의 소추(訴追)에 관여할 목적으로 행사되어서는 아니 된다.

④ 헌법 제101조, 제103조, 제106조는 사법권독립을 보장하고 있는바, **형사재판에 있어서 사법권독립은 심판기관인 법원과 소추기관인 검찰청의 분리를 요구함과 동시에 법관이 실제 재판에 있어서 소송당사자인 검사와 피고인으로부터 부당한 간섭을 받지 않은 채 독립하여야 할 것을 요구한다.** (1995.11.30. 92헌마44)

문 23. 정답 ④

문제유형 통치구조/판례　　　**난이도** ★☆☆

[정답해설]

④ **지방자치법 제4조 제1항에 규정된 지방자치단체의 구역은 주민·자치권과 함께 자치단체의 구성요소이고, 자치권이 미치는 관할구역의 범위에는 육지는 물론 바다도 포함되므로 공유수면에 대해서도 지방자치단체의 자치권한이 미친다.** (2015.7.30. 2010헌라2)

[오답해설]

① 헌법 제117조 제1항

> 헌법 제117조 ① 지방자치단체는 주민의 복리에 관한 사무를 처리하고 재산을 관리하며, 법령의 범위 안에서 자치에 관한 규정을 제정할 수 있다.

② 지방자치제도의 헌법적 보장의 구체적인 내용을 확정하려면 위의 헌법규정의 규범적 의미내용을 검토하고 그것에 따라서 지방자치의 이념과 이의를 분명하게 밝혀내는 것이 중요하다고 하겠다. 이 헌법적 보장은 한마디로 국민주권의 기본원리에서 출발하여 주권의 지역적 주체로서의 주민에 의한 자기통치의 실현으로 요약할 수 있고, 이러한 지방자치의 본질적 내용인 핵심영역은 어떠한 경우라도 입법 기타 중앙정부의 침해로부터 보호되어야 한다는 것을 의미한다. (1998.4.30. 96헌바62)

③ 우리 헌법은 간접적인 참정권으로 선거권(헌법 제24조), 공무담임권(헌법 제25조)을, 직접적인 참정권으로 국민투표권(헌법 제72조, 제130조)을 규정하고 있을 뿐 주민투표권을 기본권으로 규정한 바 없으므로 주민투표권을 헌법상 보장되는 기본권이라고 하거나 헌법 제37조 제1항의 "헌법에 열거되지 아니한 권리"의 하나로 보기 어렵다. 즉, **주민투표권은 법률이 보장하는 권리일 뿐이지 헌법이 보장하는 기본권 또는 헌법상 제도적으로 보장되는 주관적 공권으로 볼 수 없다.** (2011.9.20. 2011헌마484)

문 24. 정답 ②

문제유형 통치구조/판례　　　**난이도** ★★☆

[정답해설]

② **대의제 민주주의하에서 국민의 국회의원 선거권이란 국회의원을 보통·평등·직접·비밀선거에 의하여 국민의 대표자로 선출하는 권리에 그치며, 국민과 국회의원은 명령적 위임관계에 있는 것이 아니라 자유위임관계에 있으므로, 유권자가 설정한 국회의석분포에 국회의원들을 기속시키고자 하는 내용의 "국회구성권"이라는 기본권은 오늘날 이해되고 있는 대의제도의 본질에 반하는 것이어서 헌법상 인정될 여지가 없고, 청구인들 주장과 같은 대통령에 의한 여야 의석분포의 인위적 조작행위로 국민주권주의라든지 복수정당제도가 훼손될 수 있는지의 여부는 별론으로 하고 그로 인하여 바로 헌법상 보장된 청구인들의 구체적 기본권이 침해당하는 것은 아니다.** (1998.10.29. 96헌마186)

[오답해설]

① 본인이 계속 동 위원회에서 활동하기를 원하고 있다면 국회법 제48조 제6항과 같은 사유, 즉 "의원이 기업체 또는 단체의 임·직원 등 다른 직을 겸하게 되어 그 직과 직접적인 이해관계를 가지는 상임위원회의 위원으로 계속 활동하는 것이 공정을 기할 수 없는 현저한 사유가 있다고 인정하는 때"나 기타 "그 위원회와 관련하여 위법하거나 부당한 행위를 한 사실이 인정되는 경우"가 아닌 한 본인의 의사에 반하여 강제로 위원회에서 사임시킬 수는 없다고 보아야 할 것이다. (2003.10.30. 2002헌라1)

③ 1954년 헌법 제98조 제1항

> 1954년 헌법 제98조 ① 헌법개정의 제안은 대통령, 민의원 또는 참의원의 재적의원 3분지 1이상 또는 민의원의원선거권자 50만인 이상의 찬성으로써 한다.

④ 대의제 민주주의하에서 국민의 국회의원 선거권이란 국회의원을 보통·평등·직접·비밀선거에 의하여 국민의 대표자로 선출하는 권리에 그치며, **국민과 국회의원은 명령적 위임관계에 있는 것이 아니라 자유위임관계에 있으므로,** 유권자가 설정한 국회의석분포에 국회의원들을 기속시키고자 하는 내용의 "국회구성권"이라는 기본권은 오늘날 이해되고 있는 대의제도의 본질에 반하는 것이어서 헌법상 인정될 여지가 없고, 청구인들 주장과 같은 대통령에 의한 여야 의석분포의 인위적 조작행위로 국민주권주의라든지 복수정당제도가 훼손될 수 있는지의 여부는 별론으로 하고 그로 인하여 바로 헌법상 보장된 청구인들의 구체적 기본권이 침해당하는 것은 아니다. (1998.10.29. 96헌마186)

문 25. 정답 ③

문제유형 헌법 총론/헌법 조문　　　**난이도** ★☆☆

[정답해설]

③ 헌법 제123조 제2항, 제3항

> 헌법 제123조 ② 국가는 지역 간의 균형있는 발전을 위하여 지역경제를 육성할 의무를 진다.
> ③ 국가는 중소기업을 보호·육성하여야 한다.

[오답해설]

① 헌법 제121조 제1항

> 헌법 제121조 ① 국가는 농지에 관하여 경자유전의 원칙이 달성될 수 있도록 노력하여야 하며, 농지의 소작제도는 금지된다.

② 헌법 제124조

> 헌법 제124조 국가는 건전한 소비행위를 계도하고 생산품의 품질향상을 촉구하기 위한 소비자보호운동을 법률이 정하는 바에 의하여 보장한다.

④ 헌법 제123조 제4항

> 헌법 제123조 ④ 국가는 농수산물의 수급균형과 유통구조의 개선에 노력하여 가격안정을 도모함으로써 농·어민의 이익을 보호한다.

2021년도 언어논리영역 (가)책형

문 1. 정답 ④

유형 정보확인　내용영역 인문　난이도 ★☆☆

[정답해설]
④ 3문단에 따르면 도화서 소속 화원들은 벌어들이는 돈의 대부분을 사적 주문에 의한 그림 제작을 통해 획득하였다. 따라서 도화서 소속 화가들은 사적으로 주문된 그림 제작으로 수입의 가장 많은 부분을 얻었다고 볼 수 있다.

[오답해설]
① 1문단과 2문단에 따르면 화원은 도화서 소속의 직업 화가로서 그림과 관련된 온갖 막노동에 가까운 일을 했던 사람들이며, 신분은 중인이었으나 일반 직업 화가들의 신분 역시 중인이었는지는 지문을 통해 알 수 없다. 또한 3문단에 따르면 일반 화가들은 도화서에 들어가지 못하였으므로 이들이 화원 밑에서 일했다고 보기는 어렵다.
② 3문단에 따르면 화원들은 사적 주문에 의한 그림 제작을 통해 벌어들이는 돈의 대부분을 획득하였는데, 국가 관료라는 지위가 화원들의 작품에 높은 가치를 부여하였기 때문에 그들은 녹봉에만 의지하는 다른 하급 관료보다 경제적으로 풍요로웠다. 따라서 화원의 경제적 여건이 일반 하급 관료에 비해 좋지 않았다고 볼 수 없다.
③ 1문단에 따르면 화원은 도화서 소속 화가로서 임금의 초상화인 어진을 비롯하여 왕실 및 조정이 필요로 하는 모든 종류의 회화를 제작하며, 2문단에 따르면 화원이 된 사람은 최상급 화가라는 자격을 갖게 된다. 이들 중 임금의 초상화를 그리는 화원과 다른 화원의 자격을 비교하는 내용은 지문에서 알 수 없다. 따라서 임금의 초상화를 그리는 화원이 다른 화원에 비해 최상급 화가라는 자격을 부여받았다고 볼 수 없다.
⑤ 2문단에 따르면 화원들의 녹봉은 적었던 것이 맞다. 그러나 3문단에 따르면 화원 집안에서는 대대로 화원을 배출하려고 노력하였고, 그 결과 조선 후기에는 몇몇 가문이 도화서 화원직을 거의 독점하기도 했으므로 화원직의 세습이 힘들었다고 보기는 어렵다.

문 2. 정답 ②

유형 정보확인　내용영역 인문　난이도 ★☆☆

[정답해설]
② 1문단에 따르면 중앙과 지방의 모든 국정 업무는 먼저 이, 호, 예, 병, 형, 공의 육조를 통해 수합되었다. 그리고 육조는 이를 승정원의 해당 방의 승지에게, 해당 승지는 이를 다시 왕에게 보고했다. 따라서 육조 중 형조에서 수집한 지방 공문서는 형방 승지를 통해 왕에게 보고되었을 것이다.

[오답해설]
① 2문단에 따르면 육조의 모든 공문서는 주서가 받아서 기록하였는데, 주서는 자신이 기록한 사초, 공문서 등을 모두 모아『승정원일기』를 작성하였으므로 주서가 국정 업무 자료를 선별하거나 수정했다고 볼 수 없다.
③ 1문단에 따르면 승정원은 육방으로 구성되었고, 각 육방에는 담당 승지가 한 명씩 배치되었다. 또한 왕의 명령이 내려지면 담당 승지가 받아 해당 부서에 전하였다. 그런데 왕이 내리는 공문서가 어떤 경로로 누구에게 전달되는지도, 사간원에 승지가 배치되었는지 여부도 지문을 통해 확인할 수 없다. 따라서 왕이 사간원에 내리는 공문서가 사간원에 배치된 승지를 통해 전달되었다고 보기는 어렵다.
④ 2문단에 따르면 주서는 사관의 역할도 겸하였으며, 사초를 정리하여 승정원에서 처리한 문서와 함께 모두 모아 매일『승정원일기』를 작성하였다. 그런데 승지가 작성 과정에 참여하였는지는 지문에서 알 수 없다. 따라서 주서와 승지가 함께『승정원일기』를 작성했다고 보기는 어렵다.
⑤ 3문단에 따르면 영조 대 화재로 소실된『승정원일기』는 경복궁이 아닌 창덕궁에 보관되어 있었다. 따라서 경복궁에 보관되어 있던『승정원일기』가 영조 대의 화재로 소실되었다고 보기는 어렵다.

문 3. 정답 ③

유형 정보확인　내용영역 인문　난이도 ★★★

[정답해설]
③ 3문단에 따르면 이질은 15세기 초반 급증해 17세기 이후 감소했는데, 이러한 변화의 원인은 생태환경 측면의 변화였다. 구체적으로 15세기 범람원 개간으로 인해 건조한 환경에 적합한 미생물 생태계가 습한 환경에 적합한 미생물 생태계로 변화함에 따라, 이질의 발병률이 높아졌다. 그런데 4문단에 따르면 17세기 이후에는 범람원 개간의 감소 및 농법의 변화 등으로 논의 습한 정도가 15세기에 비해 줄었으므로, 논의 미생물 생태계가 다시 건조한 환경에 적합하도록 바뀌고 이질 발병률도 감소하였음을 확인할 수 있다. 따라서 17세기 이후 논의 미생물 생태계가 변화되어 이질 감소에 기여하였다고 볼 수 있다.

[오답해설]
① 1문단과 2문단에 따르면 조선은『농사직설』을 편찬하여 적극적으로 벼농사를 보급하였고, 벼농사를 짓는 논 주변에 마을들이 생겨나면서 수인성 병균이 번성하였다. 그러나『농사직설』이 편찬되고 벼농사가 보급되기 이전에 수인성 병균에 의한 질병이 발견되지 않았는지는 지문을 통해 알 수 없다. 따라서『농사직설』을 통한 벼농사 보급 이전의 조선에 수인성 병균에 의한 질병이 발견되지 않았다고 보기는 어렵다.
② 2문단과 3문단에 따르면 수인성 병균인 시겔라균은 사람들이 쏟아내는 오물이 흘러든 논에서 번성하여 15~16세기 이질의 발병률을 크게 높였다. 또한 4문단에 따르면 17세기 이후 농지 개간의 중심축이 범람원에서 산간 지역으로 이동하며 이질을 포함한 수인성 전염병 발생률이 크게 줄어들었으므로 이 시기의 논에서는 시겔라균이 15~16세기에 비해 감소하였을 것이다. 그러나 이로부터 시겔라균이 조선의 하천에서도 번성하고 감소하였는지 여부는 지문을 통해 알 수 없다.
④ 2문단에 따르면 새로 생긴 논 주변의 구릉에 마을들이 생겨났으며, 4문단에 따르면 17세기 이후 농지 개간의 중심축이 범람원 개간에서 산간 지역 개발로 이동하였다. 그러나 개간 대상 지역이 바뀌면서 인구 밀집지역 역시 바뀌었는지는 지문을 통해 알 수 없다. 따라서 인구 밀집지역이 점차 하천 주변에서 산간 지역으로 바뀌었다고 보기는 어렵다.
⑤ 4문단에 따르면 수인성 전염병 발병률이 감소한 원인은 농지 개간 중심축의 이동, 농법의 변화 두 가지였다. 즉, 농지 개간의 중심축이 범람원에서 산간 지역으로 이동하여 건조한 지역에서도 농지를 개간할 수 있게 된 것은 농지 개간 중심축의 이동으로 인한 것이지, 농법 변화로 인한 것이 아니다. 따라서 농법의 변화가 건조한 지역에도 농지를 개간할 수 있도록 하였다고 보기는 어렵다.

문 4. 정답 ⑤

유형 정보확인　내용영역 사회　난이도 ★★☆

[정답해설]
⑤ 2문단에 따르면 소작인이 지주에게 납부하는 지대의 종류에는 수확량의 절반씩을 나누어 가지는 분익제와 일정액을 지불하는 정액제가 있다. 이전 연도 수확량을 100이라 가정하면, 농가의 수확량이 이전 연도보다 두 배로 늘었을 경우, 수확량은 200이다. 정액제에 따라 내야 할 지대는 이전 연도 수확량의 절반인 50이고, 분익제에 따라 내야 할 지대는 수확량의 절반인 100이다. 각 제도에 따른 이윤을 계산하면 다음과 같다.
○ 정액제: 200 - 50 = 150
○ 분익제: 200 - 100 = 100
따라서 정액제를 택할 때의 이윤이 분익제를 택할 때의 이윤보다 크다.

[오답해설]
① 1문단에 따르면 전자본주의 농민들은 이윤 극대화를 위한 모험적인 것을 시도하기보다는 실패를 피하고자 한다. 안전 제일의 원칙은 실패를 피하고 안전 추구를 최우선으로 여기는 성향을 말한다. 따라서 안전 제일의 원칙은 이윤 극대화를 위한 계산 논리에 부합한다고 보기 어렵다.
② 1문단에 따르면 전자본주의 농업사회 농민이라면 모험적인 것을 시도하기보다는 실패를 피하려고 하며, 4문단에 따르면 루손 지역의 소작인은 새로운 종자를 채택할 경우 이전 연평균 수입의 두 배 이상의 수입을 실현할 수 있다는 기대를 가질 수 있었으나 위험성 때문에 전환을 꺼렸다. 즉, 전자본주의 농업사회 농민들은 모험적인 시도가 큰 벌로 이어질 수 있다는 사실은 인식하고 있었지만, 실패를 피하기 위해 안전 제일의 원칙을 추구하였다고 볼 수 있다.
③ 1문단에 따르면 악조건에 처한 농민들에게는 안전 제일의 원칙을 추구하기 위해 생계 안정성을 담보하는 기술적 장치와 최소한의 생존을 보장하는 사회적 장치가 필요하였다. 하지만 사회적 장치의 발전과 기술적 장치의 발전 사이에 인과관계가 있는지는 지문에서 알 수 없다. 따라서 전자본주의 농업사회의 기술적 장치가 사회적 장치들이 최소한의 생존을 보장하는 환경하에 발달했다고 보기는 어렵다.
④ 3문단에 따르면 분익제를 채택하던 루손 지역의 많은 농민들은 정액제 자체에 내포되어 있는 생계에 관련된 위험성 때문에 분익제에서 정액제로의 전환을 꺼렸다. 따라서 이들 농민들이 정액제를 택했을 때 생계에 관련된 위험성이 분익제를 택했을 때보다 작다고 느꼈다고 보기는 어렵다.

문 5. 정답 ②

유형 정보확인 내용영역 인문 난이도 ★★☆

[정답해설]
② 공공 미술 작품의 미적 가치보다 사용가치에 주목하는 시도는 두 번째 패러다임인 '공공 공간으로서의 미술' 패러다임에 해당한다. 그리고 2문단에 따르면 이 두 번째 패러다임은 첫 번째 패러다임과 함께 '공공장소를 미화하는 미술'이라 불린다. 따라서 공공장소를 미화하는 미술은 공공미술 작품의 미적 가치보다 사용가치에 주목하는 시도를 포함한다고 할 수 있다.

[오답해설]
① 1문단에 따르면 사회 정의와 공동체 통합을 추구하는 활동은 '공공 공간으로서의 미술'이 아니라 '공공의 이익을 위한 미술'이다.
③ 2문단에 따르면 '공적인 관심을 증진하는 미술'은 세 번째 패러다임인 '공공의 이익을 위한 미술'로서 공공 공간을 위한 미술이라기보다는 공공적 쟁점에 주목하는 미술이다. 공간을 심미적으로 디자인하는 활동은 '공공장소를 미화하는 미술'에 가깝다. 또한 1문단에 따르면 미술과 실용성을 통합하려는 활동은 두 번째 패러다임인 '공공 공간으로서의 미술'에 해당한다. 따라서 공적인 관심을 증진하는 미술은 공중이 공유하는 문화 공간을 심미적으로 디자인하여 미술과 실용성을 통합하려는 활동이라고 하기는 어렵다.
④ 2문단에 따르면 첫 번째 패러다임인 '공공장소 속의 미술'은 공공장소에 대한 보편적 미적 만족을 제공한다. 하지만 사회변화를 위한 공적 관심의 증대를 목표로 하는 것은 3문단의 세 번째 패러다임인 '공공의 이익을 위한 미술'이다. 따라서 공공장소 속의 미술이 사회 변화를 위한 공적 관심의 증대를 목표로 한다고 보기는 어렵다.
⑤ 1문단에 따르면 작품이 존재하는 장소를 미술관에서 공공장소로 확대하는 활동은 '공공의 이익을 위한 미술'이 아닌 '공공장소 속의 미술'에 해당한다. 따라서 공공의 이익을 위한 미술이 작품이 존재하는 장소를 미술관에서 공공장소로 확대하는 활동이라고 보기는 어렵다.

문 6. 정답 ①

유형 정보확인 내용영역 과학기술 난이도 ★★☆

[정답해설]
① 1문단에 따르면 마이야르 반응은 약 섭씨 140도에서 긴 사슬 구조의 당이 단백질을 이루는 요소들 중 하나인 아미노산과 반응하며 시작된다. 또한 2문단에 따르면 포도당이 아미노산의 한 종류인 아르기닌과 반응할 때 생성되는 아세틸피롤린은 팝콘향을 낸다. 따라서 약 섭씨 140도에서 포도당과 단백질 사슬 끝에 있는 아미노산이 반응하면 팝콘향을 내는 물질을 생성할 수 있다.

[오답해설]
② 2문단에 따르면 어떠한 종류의 당과 아미노산이 반응에 참여하느냐에 따라 생성되는 화학물질의 종류가 달라지며, 주변의 산도 등 여러 조건에 따라 생성되는 화학물질이 달라진다. 지문에서는 아미노산, 당의 종류 및 주변 조건 중 어떤 조건이 우선적으로 화학 물질의 종류를 결정하는지 비교하지 않는다. 따라서 마이야르 반응으로 생성되는 화학물질의 종류가 아미노산과 당의 종류보다 주변 조건에 따라 결정된다고 할 수 없다.
③ 2문단에 따르면 포도당이 아미노산의 한 종류인 시스테인과 반응할 때 아크릴피리딜이 생성된다. 포도당과 아르기닌이 반응함으로써 생성되는 물질은 아세틸피롤린이다. 따라서 아크릴피리딜이 포도당과 아르기닌이 반응함으로써 생성된다고 할 수 없다.
④ 2문단에 따르면 마이야르 반응을 통해 발암물질의 하나인 아세틸아미드와 같은 분자들이 생성되는 경우도 존재한다. 또한 멜라노이딘 계열의 분자들은 음식이 갈색을 띠게 만드나, 이것이 암을 유발하는 물질을 생산하는지는 지문을 통해 알 수 없다. 따라서 멜라노이딘 계열 분자가 암을 유발하는 데 관여하지 않는다고 보기 어렵다.
⑤ 2문단에 따르면 아미노산과 당의 특성, 반응 속도 등 주변 조건에 따라 생성되는 화학물질의 종류가 달라진다. 반응 속도와 생성되는 발암물질의 양 사이의 관계는 지문을 통해 알 수 없다. 따라서 마이야르 반응 과정에서 발암물질의 양은 반응 속도에 따라 결정된다고 할 수 없다.

문 7. 정답 ③

유형 정보추론 내용영역 과학기술 난이도 ★★☆

지문에 제시된 와편모충, 요각류, 가시고기 간 먹이사슬 관계를 나타내면 다음과 같다.

와편모충 ← 요각류 ← 가시고기

이에 따르면 와편모충이 요각류에게 잡아먹히고, 요각류는 가시고기에게 잡아먹힌다. 이때 와편모충이 발광하는 경우와 그렇지 않은 경우, 와편모충의 생존 확률이 어떻게 되는지를 살펴보면 아래와 같다.

○ 와편모충이 발광 ○ → 요각류를 잡아먹는 가시고기를 유인 → 요각류가 잡아먹히거나 도망침 → 와편모충의 생존 확률 증가
○ 와편모충이 발광 × → 요각류를 잡아먹는 가시고기를 유인 × → 요각류가 와편모충을 계속 잡아먹음 → 와편모충의 생존 확률 감소

[정답해설]
③ 3문단에 따르면 빛을 내는 와편모충은 요각류의 저녁 식사가 될 확률이 낮아진다. 그러므로 빛을 내는 와편모충 근처에는 요각류가 더 적어야 한다. 그런데 ⓒ은 발광하는 와편모충이 있는 쪽에서 요각류가 포식자에게 덜 잡아먹혀서 많이 살아남아 있다는 내용이므로 지문의 설명과 반대의 내용을 담고 있다. 따라서 ⓒ은 선지와 같이 '빛을 내지 않는 와편모충이 있는 쪽보다 빛을 내는 와편모충이 있는 쪽에서 요각류를 더 많이 먹었다'로 수정하는 것이 적절하다.

[오답해설]
① ㉠ 앞 문장에 와편모충의 빛이 요각류를 잡아먹는 어류를 유인한다는 설명이 제시되어 있으므로, 발광하는 와편모충을 잡아먹는 요각류가 더 위험하다는 지문의 내용이 옳다. 따라서 지문의 내용은 수정할 필요가 없다.
② 지문의 실험은 원생생물이 빛을 방출하는 경우 어떤 점에서 생존에 더 유리해

지는지 확인하고자 한다. 와편모충의 발광 여부에 따라 가시고기에게 잡아먹히는 요각류가 얼마나 살아남는지 수를 셈으로써 와편모충의 발광 여부가 요각류의 생존에 어떤 영향을 주는지 확인할 수 있다. 따라서 지문의 내용은 수정할 필요가 없다.

④ ⓓ 앞 문장에 빛을 내는 와편모충이 자신을 잡아먹는 동물에게 포식 위협을 증가시킨다는 설명이 제시되어 있다. 또한 ⓓ 뒤 문장에서 발광하는 와편모충이 요각류에게 잡아먹힐 확률이 낮아지므로 이때 요각류가 포식자인 가시고기에게 잡아먹힐 확률이 높다는 것을 알 수 있다. 이에 따르면 요각류는 빛을 내는 와편모충을 잡아먹지 않는 것이 이익이라는 지문의 내용이 옳다. 따라서 지문의 내용은 수정할 필요가 없다.

⑤ 1문단에 따르면 요각류는 와편모충을 잡아먹고, 육식을 하는 어류는 요각류를 잡아먹는다. 3문단에 따르면 원생생물이 내는 빛은 원생생물을 잡아먹는 동물이 육식동물에 의해 포식당할 확률을 증가시킨다. 즉, 원생생물이 내는 빛은 육식동물들에게 원생생물을 잡아먹는 동물이 근처에 있을 수 있다는 신호가 될 수 있다. 따라서 지문의 내용은 수정할 필요가 없다.

문 8. 정답 ④

[유형] 정보추론 [내용영역] 사회 [난이도] ★★☆

[정답해설]

㉠: ㉠에는 동체 쪽에 총알구멍이 많이 난 전투기를 보고 군 장성들이 내린 결정이 들어가야 한다. 1문단에 따르면 기체 전체에 철갑을 두르면 무거워지므로 중요 부위에만 둘러 효율을 높여야 했다. 군 장성들은 총알구멍이 동체 쪽에 더 많았고 엔진 쪽에 그다지 많지 않았음을 발견했다. 이들의 관찰에 따르면 동체 쪽에 철갑을 많이 두르는 것이 더 효율적인 결정일 것이다. 따라서 '전투기에서 총알을 많이 맞는 동체 쪽에 철갑을 집중해야 충분한 보호 효과를 볼 수 있다는'이 ㉠에 들어가는 것이 적절하다.

㉡: ㉡에는 복귀한 전투기가 어떠한 모집단의 표본인지에 대한 설명이 들어가야 한다. 1문단에 따르면 추출된 특정 표본이 무작위로 선정된 것으로 기대되는 경우가 많으나 실제로 항상 그런 것은 아니며, 이와 같이 표본 선정의 쏠림 현상이 있는 경우에는 올바른 판단이 저해될 수 있다. 2문단에 따르면 총알구멍이 엔진에 난 전투기는 대부분 격추되어 돌아오지 못하므로 교전을 마치고 돌아온 전투기는 편향된 표본이지만, 군 장성들은 복귀한 전투기들이 무작위로 추출된 표본이라는 잘못된 생각을 할 수 있다. 따라서 '출격한 전투기 전체에서 무작위로 추출된 표본이라는'이 ㉡에 들어가는 것이 적절하다.

문 9. 정답 ④

[유형] 정보확인 [내용영역] 사회 [난이도] ★☆☆

지문에 제시된 침묵의 유형들을 정리하면 다음과 같다.

	실효성	안전성
묵종적 침묵	발언의 영향력↓	-
방어적 침묵	-	발언자 자신을 보호
친사회적 침묵	-	조직 또는 타인을 보호

[정답해설]

④ 4문단에 따르면 친사회적 침묵은 이타주의적 침묵으로서, 철저하게 '나'를 배제한 판단하에서 이뤄지는 행위이다. 발언자에 대한 익명성 보장은 발언하는 '나'의 안전성과 관련된 조치이므로, 이러한 조치가 친사회적 침묵에 영향을 줄 수 있는지는 지문에서 알 수 없다. 따라서 발언자에 대한 익명성이 보장된다 하더라도 친사회적 침묵이 감소할 것이라고 보기는 어렵다.

[오답해설]

① 2문단에 따르면 묵종적 침묵은 발언을 해도 소용이 없을 것이라는, 즉 의사결정에 영향을 미치지 못할 것이라는 조직에 대한 불신으로부터 나오는 행위이다. 따라서 구성원들의 발언이 조직의 의사결정에 반영되는 정도가 커질수록 묵종적 침묵은 감소할 것이라 볼 수 있다.

② 3문단에 따르면 방어적 침묵은 외부 위협으로부터 자신을 보호하고 보복을 당하지 않기 위해 조직에 대한 부정적인 의견을 억누르는 행위이다. 따라서 자신의 안전이 걱정되어 침묵하는 경우는 방어적 침묵에 해당한다고 볼 수 있다.

③ 2문단에 따르면 묵종적 침묵은 발언을 해도 소용이 없을 것이라는 조직에 대한 불신으로부터 나오는 행위이다. 따라서 발언의 실효성이 낮을 것으로 판단하여 침묵하는 경우는 묵종적 침묵에 해당한다고 볼 수 있다.

⑤ 1문단에 따르면 구성원들은 자신이 속한 조직의 문화 아래에서 보복과 관련한 안전도와 변화 가능성에 대한 실효성 등을 고려하여 발언할지 침묵할지를 결정한다. 지문에 제시된 침묵의 유형들은 발언의 안전도 또는 실효성이 낮을 것으로 여겨질 때 선택하는 행위이다. 이때 침묵은 구성원들의 정신건강과 신체에 악영향을 미칠 수 있다. 따라서 발언의 안전도와 실효성이 낮은 조직의 구성원들은 발언보다는 침묵을 선택할 가능성이 높을 것이고, 이렇게 침묵이 증가하면 구성원의 건강이 악화될 수 있다.

문 10. 정답 ①

[유형] 정보추론 [내용영역] 과학기술 [난이도] ★★☆

글과 〈실험〉의 내용을 정리하면 다음과 같다.

	종자 수
B곤충 ×	끈적한 A < 매끄러운 A
B곤충 ○	끈적한 A = 매끄러운 A

〈실험〉에 따르면 B곤충이 없는 환경에서는 끈적한 A식물이 매끄러운 A식물에 비해 종자를 45% 더 적게 생산한다. 여기서 매끄러운 A식물이 생산하는 종자가 100이라 가정하면, 끈적한 A식물이 생산하는 종자는 100-45=55가 된다. 한편, B곤충이 있는 환경에서는 매끄러운 A식물이 끈적한 A식물보다 잎이 더 많이 갉아먹히고, 결과적으로 양 개체가 생산한 종자 수 사이에 의미 있는 차이가 나타나지 않게 된다. 앞에 제시한 예시에서, 매끄러운 A식물이 끈적한 A식물보다 더 많이 갉아먹힌 결과 둘 다 50이 되었다고 가정하자. 이러한 사례를 표로 정리하면 다음과 같다.

	끈적한 A	매끄러운 A
B곤충 ×	55	100
B곤충 ○	50	50

[정답해설]

ㄱ. B곤충이 없는 환경에서 매끄러운 식물의 종자의 수가 끈적한 식물에 비해 더 많았으나, B곤충이 있는 환경에서 두 식물의 종자의 수는 비슷해진다. 따라서 B곤충의 침입에 따른 종자 수의 감소 정도는 매끄러운 식물이 끈적한 식물보다 더 크다고 볼 수 있다.

[오답해설]

ㄴ. 지문에 따르면 A식물이 만들어 내는 종자의 수는 광합성 산물의 양에 비례하며, B곤충이 잎을 갉아먹으면 A식물의 광합성 산물의 생산량 역시 줄어든다. B곤충이 있는 환경에서 매끄러운 식물은 잎이 갉아먹히므로 B곤충이 없는 환경보다 광합성 산물의 양이 더 적을 것이다.

ㄷ. 지문에 따르면 종자 수는 광합성 산물의 양에 비례하고, 끈적한 식물은 종자 생산에 사용해야 할 광합성 산물의 일정량을 종자 생산 대신 끈적한 점액의 분비에 소모한다. 실험 결과 B곤충이 있는 환경에서는 끈적한 식물과 매끄러운 식물의 종자 수에서 의미 있는 차이가 나타나지 않았으며, A식물이 만들어 내는 종자의 수는 광합성 산물의 양에 비례한다. 따라서 끈적한 식물이 매끄러운 식물보다 종자 생산에 소모한 광합성 산물의 양이 더 많았다고 보기는 어렵다.

문 11. 정답 ③

| 유형 | 정보확인 | 내용영역 | 과학기술 | 난이도 | ★★☆ |

지문에 제시된 입자 배열 방식들을 정리하면 다음과 같다.

	인접입방격자	단순입방격자	6각형격자
수평면			
층간배열			

[정답해설]

ㄱ. 1문단과 2문단에 따르면 빈틈을 줄여 쌓인 공이 차지하는 부피가 줄어들수록 효율성이 커질 것이다. 인접입방격자 방식과 단순입방격자 방식에 따를 때 입자들이 각각 일정 공간을 얼마나 차지하는지 비교하기 위해, 제1층에 해당하는 수평면에 중심에 위치한 원의 지름과 같은 네 변의 길이가 같은 정사각형을 그리면 다음과 같다.

	인접입방격자	단순입방격자
수평면		

인접입방격자 방식을 따를 경우 중심에 위치한 원뿐만 아니라 주변의 원이 정사각형 내부의 일부 공간을 차지한다. 하지만 단순입방격자 방식을 따를 경우 중심에 위치한 원만이 정사각형 내부 공간을 차지하고, 주변의 원은 정사각형 내부 공간을 차지하지 않는다. 이에 따르면 인접입방격자 방식이 단순입방격자 방식에 비해 일정 공간을 차지하는 입자가 더 많으므로 효율성 또한 더 크다고 볼 수 있다.

ㄴ. 3문단에 따르면 단순입방격자 방식은 수평면 상에서 가운데에 위치한 공이 네 개의 공과 접하며, 각 공의 중심이 다른 층의 공과 같은 수직선상에 놓이도록 배치된다. 따라서 특정 층의 가운데에 위치한 공이 위층과 아래층의 공과 접하는 경우 하나의 공에 접하는 공은 최대 6개이다.

[오답해설]

ㄷ. 3문단에 따르면 6각형격자 방식은 각각의 층은 인접입방격자 방식으로 배열하되 층은 단순입방격자 방식으로 쌓는 방식이다. 〈보기〉ㄱ에서 살펴본 것처럼 단일 층에서는 인접입방격자 방식이 단순입방격자 방식에 비해 일정 공간을 차지하는 입자가 더 많고, 효율성이 더 크다. 따라서 어느 층을 비교하더라도 6각형격자 방식이 단순입방격자 방식보다 효율성이 클 것이다.

문 12. 정답 ⑤

| 유형 | 논증분석 | 내용영역 | 논리학 | 난이도 | ★★☆ |

지문에 제시된 진술을 기호화하면 다음과 같다.
㉠ 의미 있는 용어 → 지칭 대상이 존재
㉡ (비물질적 실체) ~지칭 대상이 존재
㉢ (비물질적 실체) ~의미 있는 용어 → (비물질적 실체) ~존재 긍정 ∧ ~존재 부정
㉣ (비물질적 실체) 존재 긍정 ∨ 존재 부정
㉤ 의미 있는 용어 ∧ ~지칭 대상이 존재

[정답해설]

⑤ ㉠, ㉢, ㉣이 참인 경우 다음과 같은 진술을 도출할 수 있다.
1. (비물질적 실체) 의미 있는 용어 [㉢과 ㉣로부터 도출]
2. (비물질적 실체) 지칭 대상이 존재 [㉠과 1로부터 도출]

2는 ㉡을 부정할 때 도출된다. 따라서 ㉠, ㉢, ㉣이 참이면, ㉡은 반드시 거짓이다.

[오답해설]

① ㉠과 ㉤의 관계를 살펴보면, ㉠을 부정하여 도출되는 내용이 ㉤과 동치이다. 즉, ㉠과 ㉤은 하나가 참이면 다른 하나가 거짓인 모순 관계이다. 따라서 ㉠이 참이면, ㉤은 반드시 거짓이다.

② ㉠과 ㉤은 하나가 참이면 다른 하나가 거짓인 모순 관계이고, ㉢은 앞의 두 진술과 직접적인 관련을 갖지 않는다. 따라서 ㉠과 ㉢이 참인 경우, ㉤은 반드시 거짓이다.

③ ㉤이 참인 경우, ㉢의 전건이 부정될 뿐이므로, ㉢의 후건인 '(비물질적 실체) ~존재 긍정 ∧ ~존재 부정'을 도출해 ㉣을 거짓으로 만들 수 없다. 따라서 ㉤과 ㉢이 참인 경우 ㉣이 반드시 거짓이라고 할 수는 없다.

④ ㉠, ㉡, ㉢이 참인 경우, 다음과 같은 진술을 도출할 수 있다.
1. (비물질적 실체) ~의미 있는 용어 [㉠, ㉡으로부터 도출]
2. (비물질적 실체) ~존재 긍정 ∧ ~존재 부정 [㉢, 1로부터 도출]

2는 ㉣을 부정할 때 도출된다. 따라서 ㉠, ㉡, ㉢이 참일 때 ㉣은 반드시 참이라고 할 수 없다.

문 13. 정답 ③

| 유형 | 형식논리 | 내용영역 | 논리학 | 난이도 | ★★☆ |

지문에 제시된 진술을 기호화하면 다음과 같다.
1. 요가 교실 운영 → 신청자 3명 이상
2. F
3. C → G
4. D → ~F
5. (A ∨ C) → ~E
6. (G ∨ B) → (A ∨ D)

[정답해설]

ㄱ. 2와 4에 따라 F는 반드시 신청하고 D는 반드시 신청하지 않는다. A나 C가 신청하면 E가 신청하지 않는다는 5를 제외하면 그 외에 다른 사람이 신청하지 않는다는 조건은 없다. 따라서 다음과 같이 D와 E를 제외하고 모두 신청하는 상황을 가정하면, 최대 신청자가 5명임을 도출할 수 있다.

A	B	C	D	E	F	G
○	○	○	×	×	○	○

ㄴ. 선지를 기호화하면 '요가 교실 운영 → G ∨ B'이다. 이때 진릿값을 판단하기 위해 '~G ∧ ~B', 즉 G와 B가 모두 신청하지 않는 경우를 가정한다. G가 신청하지 않으면, 3에 의해 C도 신청하지 않는다. 이를 정리하면 아래와 같다.

A	B	C	D	E	F	G
×	×	×		○	×

여기서 요가 교실이 운영되려면 1에 의해 신청자가 3명이어야 하므로, A와 E가 둘 다 신청해야 하는데, 이는 5와 충돌하므로 요가 교실은 운영될 수 없다. 따라서 '요가 교실 운영 → G ∨ B'가 도출된다.

[오답해설]

ㄷ. F가 신청하고, D는 신청하지 않는 상황에서 A가 신청하지 않으면, 6에 의해 G와 B도 신청하지 않는다. 그리고 3에 의해 C도 신청하지 않는다. 하지만 아래와 같이 F 이외에도 E가 신청하는 경우가 존재한다.

A	B	C	D	E	F	G
×	×	×	×	○	○	×

따라서 A가 신청하지 않으면, F를 제외하고 누구도 신청하지 않는다는 선지의 내용은 반드시 참이라고 할 수 없다.

문 14. 정답 ①

유형: 형식논리 | 내용영역: 논리학 | 난이도: ★★★

지문에 제시된 진술을 정리하면 다음과 같다.
1. 정: C의 아이
2. 정은 갑보다 늦게 태어남
3. 목: 을 ∨ (C의 아이(=정))
4. B의 아이는 을보다 하루 먼저 태어남
5. 월: A의 아이

4에 따르면 B의 아이는 을보다 하루 먼저 태어났으므로 을이 A의 아이로서 월요일에 태어날 수는 없다. 따라서 을은 A의 아이가 아니다. 또한 B의 아이는 을보다 하루 먼저 태어났으므로 을은 B의 아이가 될 수 없다. 따라서 을은 D의 아이이다. 이를 정리하면 다음과 같다.

A	B	C	D
~을	~을	정	을
월요일			

3을 기준으로 두 가지 경우의 수를 구분할 수 있다.

ⅰ) 정이 목요일에 태어난 경우
4에 따르면 B의 아이는 을보다 하루 먼저 태어났으므로 화요일에 태어났으며 D의 아이는 수요일에 태어났다. 주어진 조건에서 갑과 병은 A 또는 B의 아이라는 점은 알 수 있지만, 누구의 아이인지 확정할 수는 없다. 이를 정리하면 다음과 같다.

A	B	C	D
갑/병	병/갑	정	을
월요일	화요일	목요일	수요일

ⅱ) 을이 목요일에 태어난 경우
4에 따르면 B의 아이는 을보다 하루 먼저 태어났으므로 수요일에 태어났다. 이에 따라 C의 아이는 화요일에 태어났음을 알 수 있다. 2에 따라 정은 갑보다 나중에 태어났으므로 A의 아이가 갑이다. 따라서 B의 아이는 병이다. 이를 정리하면 다음과 같다.

A	B	C	D
갑	병	정	을
월요일	수요일	화요일	목요일

[정답해설]
① ⅰ)에서 을이 수요일에 태어났으며, ⅱ)에서 병이 수요일에 태어났으므로 을, 병 중 적어도 한 아이는 수요일에 태어났다.

[오답해설]
② ⅰ)에서 A의 아이가 '병'인 경우 병이 을보다 하루 일찍 태어났다고 할 수 없다.
③ ⅰ)에서 정은 을보다 늦게 태어났으므로 정이 반드시 을보다 먼저 태어났다고 할 수 없다.
④ ⅰ)에서 B의 아이가 '갑'일 수 있으므로 A가 반드시 갑의 어머니라고 할 수 없다.
⑤ ⅱ)에서 B의 아이는 수요일에 태어났으므로 B의 아이가 반드시 화요일에 태어났다고 할 수 없다.

문 15. 정답 ④

유형: 형식논리 | 내용영역: 논리학 | 난이도: ★★★

지문에 제시된 진술을 기호화하면 다음과 같다.
전제1. 갑: A → B
전제2. 갑: ~D → C
전제3. 을: C ∧ ~B
전제4. 갑: ㉠
결론1. 을: C ∧ ~A ∧ ~B ∧ ~D
전제5. 갑: ㉡
결론2. 을: D

[정답해설]
㉠: ㉠에는 '~A ∧ ~B ∧ C ∧ ~D'가 도출되기 위해 필요한 명제가 들어가야 한다. 전제1과 전제3에 따라 'C ∧ ~A ∧ ~B'가 도출된다. 여기서 결론1을 도출하기 위해서는 ㉠을 활용해 ~D가 추가적으로 도출되어야 한다. 여기에 '~A → ~D'가 추가되면 ~A에서 ~D를 도출할 수 있으므로, 해당 진술과 논리적 동치인 'D → A'에 해당하는 내용이 ㉠에 들어갈 수 있다. 따라서 ㉠에는 'D그룹에서 항체를 생성한 후보 물질은 모두 A그룹에서 항체를 생성했다.'가 들어가는 것이 적절하다.

㉡: ㉡에는 'D'가 도출될 수 있는 명제가 들어가야 한다. 전제2에 따르면 '~C'가 추가되면 'D'를 도출할 수 있으므로, ㉡에는 'C그룹에서 항체를 생성하지 않은 후보 물질이 있다.'가 들어가는 것이 적절하다.

문 16. 정답 ①

유형: 논증분석 | 내용영역: 인문 | 난이도: ★★☆

지문에 제시된 갑~병의 주장을 정리하면 다음과 같다.
갑: 원인이 존재한다면 상관관계 역시 존재한다.
을: 확률 증가 원리는 상관관계만을 설명하며, 인과관계를 설명하기에는 충분하지 않다.
병: 공통 원인이 존재하지 않는다는 전제 하에, 원인이 존재한다면 상관관계 역시 존재한다.

[정답해설]
① 갑에 따르면 특정 사건이 다른 사건의 원인임, 즉 인과관계가 있다는 것은 곧 확률 증가 원리라는 상관관계가 있다는 것을 의미한다. 또한 병에 따르면 공통 원인이 존재하지 않는다는 전제 아래에서 인과관계를 확률 증가 원리로 규정할 수 있다. 따라서 갑과 병에 따르면 인과관계가 성립하면 상관관계도 성립한다고 볼 수 있다.

[오답해설]
② 병에 따르면 공통 원인이 존재하지 않는다는 전제 하에, 원인이 존재한다면 상관관계 역시 존재한다. 따라서 선지 진술의 전건인 '상관관계가 성립한다'는 병의 진술 중 후건을 긍정한 것이므로 반드시 '인과관계가 성립한다'는 진술을 도출한다고 볼 수 없다.
③ 병에 따르면 공통 원인이 존재하지 않는다면 아이스크림 소비량 증가와 일사병 환자 증가는 확률 증가 원리에 따라 인과관계가 존재할 수 있다. 그러나 날씨가 무더워졌다는 공통 원인의 존재 가능성 때문에 두 사건 사이의 인과관계를 추론할 수 없다. 따라서 확률 증가 원리가 성립한다고 해서 언제나 인과관계가 성립한다고 볼 수 없다.
④ 갑에 따르면 확률 증가 원리라는 상관관계가 있는 경우 인과관계를 추론할 수 있다. 그러나 을에 따르면 확률 증가 원리로 규정되나 상관관계만 있고 인과관계를 추론할 수 없는 때도 있다. 따라서 인과관계가 성립한다고 인정하는 사례는 갑보다 을이 더 많다고 보기 어렵다.
⑤ 갑에 따르면 확률 증가 원리라는 상관관계가 있는 경우 인과관계를 추론할 수 있다. 한편 병에 따르면 공통 원인이 존재하지 않는다는 전제 아래에서 갑의 의견에 동의할 수 있다고 보았다. 따라서 인과관계가 성립한다고 인정하는 사례는 갑보다 병이 더 많다고 보기 어렵다.

문 17. 정답 ④

유형 논증평가 　내용영역 인문 　난이도 ★☆☆

㉠의 내용을 정리하면 다음과 같다.

㉠: 전기 구석기의 대표적 석기인 주먹도끼는 찍개보다 고도의 인지 능력이 있어야 만들 수 있다. 그런데 유럽이나 아프리카에서는 주먹도끼가 발견되었으나 동아시아에서는 찍개만 발견되고 주먹도끼는 발견되지 않았다. 따라서 동아시아 지역은 유럽이나 아프리카보다 지적·문화적 발전 속도가 뒤떨어졌을 것이다.

[정답해설]

④ 1문단에 따르면 연천의 전곡리 유적이 발견되기 이전에는 동아시아에서 전기 구석기의 대표적인 석기인 주먹도끼가 발견된 적이 없었다. 따라서 모비우스 학설에 따르면 모비우스 라인의 동쪽 지역인 동아시아는 찍개 문화권으로 규정되었다. 그러나 전곡리 유적이 전기 구석기 시대의 유적으로 확증된다면 동아시아를 찍개 문화권으로 규정한 모비우스 학설이 약화된다.

[오답해설]

① 모비우스 학설은 찍개에 비해 만들기 어려운 주먹도끼가 발견되었는지의 여부를 기준으로 문화권을 구분하여 인류의 지적·문화적 발전 속도 차이를 주장하였다. 하지만 두개골 크기는 모비우스 학설이 주장하는 내용과는 관련이 없다. 따라서 주먹도끼를 만들어 사용한 인류의 두개골이 더 컸다는 사실이 밝혀져도 ㉠은 강화되지 않는다.

② 2문단에 따르면 형식적 조작기 수준의 인지 능력을 가진 인류는 주먹도끼를 만들 수 있었다. 따라서 이러한 인류가 동아시아에서 유럽으로, 즉 모비우스 라인의 동쪽에서 서쪽으로 이동했다면 동아시아에 형식적 조작기 수준의 인지 능력을 가진 인류가 존재했다는 것을 의미한다. 따라서 선지의 사실이 밝혀지면 모비우스 라인 동쪽 지역은 서쪽 지역보다 인류의 지적·문화적 발전 속도가 뒤떨어졌다는 ㉠은 강화되지 않는다.

③ 2문단에 따르면 형식적 조작기 수준의 인지 능력을 갖춘 인류는 계획과 실행을 할 수 있었다. 또한 형식적 조작 능력을 갖추었을 때 비로소 추상적 개념을 언어로 표현하며 소통할 수 있게 된다. 따라서 동아시아 전기 구석기 유적에서 계획과 실행을 할 수 있는 지적 수준의 인류가 거주했던 증거가 발견된다면, 모비우스 라인 동쪽 지역의 인류가 이러한 지적 수준에 도달하지 못했다는 ㉠은 강화되지 않는다.

⑤ 2문단에 따르면 주먹도끼는 사냥감의 가죽을 벗겨 내고, 빻는 등 다양한 작업에 사용된 다용도 도구였다. 동아시아 지역과 모비우스 라인 서쪽에서 석기를 제작한 목적이 다르다는 사실은 뫼비우스 학설이 제시하는 두 지역 인류의 지적·문화적 발전 속도 차이와 무관하다. 따라서 주먹도끼의 제작과 인류의 지적·문화적 발전 속도 차이에 대한 학설인 ㉠은 약화되지 않는다.

문 18. 정답 ②

유형 논증평가 　내용영역 논리학 　난이도 ★★★

지문에 제시된 〈논증〉을 기호화하면 다음과 같다.
전제 1: 인식적 의무 → 의지만으로 정할 수 있다
전제 2: ~의지만으로 정할 수 있다
결론: ~인식적 의무

[정답해설]

ㄴ. 〈보기〉 ㄴ의 내용은 '의지만으로 어떤 믿음을 가질지 정할 수 없는 경우가 있음'이라는 전제 2의 사례이다. 따라서 전제를 뒷받침하므로 〈논증〉을 강화한다.

[오답해설]

ㄱ. '~인식적 의무'와 '의지만으로 어떤 믿음을 가질지 정할 수 있는 경우가 있음'이 양립할 수 없다는 것은 이 두 주장이 동시에 참일 수 없다는 뜻이다. 그러므로 '~(~인식적 의무 ∧ 의지만으로 정할 수 있다)'가 도출되고, 이는 '~인식적 의무 → ~의지만으로 정할 수 있다'와 논리적 동치이다. 이러한 진술은 전제 1의 '이'에 해당하므로 〈논증〉과 무관하다. 따라서 〈보기〉 ㄱ의 진술이 〈논증〉을 강화한다고 보기 어렵다.

ㄷ. '인식적 의무'와 '항상 의지만으로 어떤 믿음을 가질지 정할 수 있음'이 양립할 수 없다는 것은 두 주장이 동시에 참일 수 없다는 의미이다. 만약 '항상 의지만으로 어떤 믿음을 가질지 정할 수 있음'이 거짓이고, '인식적 의무'가 참인 경우를 생각해보자. 이러한 경우를 기호화하면 '인식적 의무 ∧ ~의지만으로 정할 수 있다'이므로 〈논증〉의 전제 1을 부정한다. 따라서 〈보기〉 ㄷ의 진술이 〈논증〉을 강화한다고 보기 어렵다.

문 19. 정답 ⑤

유형 정보추론 　내용영역 인문 　난이도 ★★☆

공리주의는 행위의 유용성을 평가하여 도덕적 옳고 그름을 판단하려는 입장이다. 이 중 행위의 유용성을 양적으로 평가하는 세부 입장으로 X와 Y가 있다. X와 Y의 입장을 평가하기 위해 지문에서는 아래의 사례를 제시하고 있다.

행위 선택지	행복의 양	고통의 양
A1	100	99
A2	90	10
A3	10	9

지문에는 X의 입장을 받아들일 경우 어떤 선택지가 도덕적으로 올바른 행위인지 판단할 수 없다는 비판이 제시되어 있다. 이를 정리하면 다음과 같다.

○ X의 입장에 대한 비판: X의 입장을 따를 때 행위 선택지 A1, A2, A3 모두 도덕적으로 올바르지 않게 된다. 먼저 A2의 행복의 양 90은 A1의 행복의 양 100보다 적고, A2의 고통의 양 10은 A3의 고통의 양 9보다 많으므로 A2는 X의 입장에 따르면 도덕적으로 올바른 선택지가 아니다.
또한 셋 중 가장 많은 행복을 산출하는 선택지는 A1이지만, A1이 생산하는 고통의 양은 A2, A3보다 많다. 그리고 셋 중 가장 적은 고통을 산출하는 선택지는 A3이지만, A3이 생산하는 행복의 양은 A1, A2보다 적다. 따라서 A1이나 A3도 X의 입장에 따르면 도덕적으로 올바른 선택지가 아니다.

[정답해설]

⑤ ㉠에는 X의 입장이 들어가야 한다. 지문에 제시된 X에 대한 비판을 요약하면, 가장 많은 행복을 산출하는 선택지와 가장 적은 고통을 산출하는 선택지가 다를 때 어떤 선택지가 올바른지 말할 수 없다는 것이다. 다시 말해, X의 입장은 다른 모든 선택지에 비해 가장 많은 행복을 산출하고 동시에 가장 적은 고통을 산출하는 행위가 곧 도덕적으로 올바른 행위라고 볼 것이다. 따라서 '어떤 행위자가 행한 행위가 도덕적으로 올바른 것일 필요충분조건은 그 행위가 그 행위자가 선택할 수 있는 다른 모든 행위에 비해 많은 행복을 산출하고 동시에 적은 고통을 산출한다'는 내용이 ㉠에 들어가야 한다.

[오답해설]

① 2문단에 따르면 X의 입장을 따를 때 행위 선택지 A1, A2, A3 모두 도덕적으로 올바르지 않게 된다. 그러나 선지의 진술에 따르면 세 선택지는 모두 행복의 양이 고통의 양보다 항상 많으므로 도덕적으로 올바른 행위가 된다. 따라서 선지의 진술은 ㉠에 들어갈 내용으로 보기 어렵다. 또한 선지와 같이 진술할 경우 도덕적으로 옳은 행동이 반드시 유용한 행위라고 말할 수 없게 된다.

② 2문단에 따르면 X의 입장을 따를 때 A1이나 A3는 도덕적으로 올바른 행위가 아니다. 그러나 A1은 다른 행위에 비해 많은 행복을 산출하며, A3는 다른 행위에 비해 적은 고통을 산출하므로 도덕적으로 올바른 행위가 된다. 따라서 선지의 진술은 ㉠에 들어갈 내용으로 보기 어렵다. 또한 선지와 같이 진술할 경우 도덕적으로 옳은 행동이 반드시 유용한 행위라고 말할 수 없게 된다.

③ 2문단에 따르면 X의 입장을 따를 때 행위 선택지 A1, A2, A3 모두 도덕적으로 올바르지 않게 된다. 그러나 ①에서 살펴본 것처럼 선지의 진술에 따르면 세 선택지는 모두 행복의 양이 고통의 양보다 항상 많으므로 도덕적으로 옳은 행위가 된다. 따라서 선지의 진술은 ㉠에 들어갈 내용으로 보기 어렵다.

④ 2문단에 따르면 X의 입장을 따를 때 A1이나 A3는 도덕적으로 올바른 행위가 아니다. 그러나 ②에서 살펴본 것처럼 A1은 다른 행위에 비해 많은 행복을 산출하며, A3는 다른 행위에 비해 적은 고통을 산출하므로 도덕적으로 올바른 행위가 된다. 따라서 선지의 진술은 ㉠에 들어갈 내용으로 보기 어렵다.

문 20. 정답 ③

유형 **논증평가** 내용영역 **인문** 난이도 ★★★

갑~병의 입장과 지문에 제시된 Y의 입장을 비교하여 정리하면 다음과 같다.

○ Y의 입장: 유용성이란 행복의 양에서 고통의 양을 뺀 결과를 말하며, 다른 모든 행위보다 유용성이 큰 선택지를 택하는 것이 올바르다.

○ 갑: 행위 선택지가 다음과 같다면 Y의 입장은 적절하지 않다.

행위 선택지	행복의 양	고통의 양	유용성
A1	90	50	40
A2	50	10	40
A3	70	30	40

○ 을: 언제나 미처 생각하지 못한 선택지가 가장 큰 유용성을 지니므로 우리가 이미 선택한 행위는 올바르지 않다. 결국 우리는 올바른 행위를 한 번도 할 수 없다는 불합리한 결론에 도달하므로 Y의 입장은 적절하지 않다.

○ 병: 행복의 양에서 고통의 양을 뺀 유용성이 음수로 나오는 경우 어떤 선택지가 올바른 것인지 판단할 수 없으므로 Y의 입장은 적절하지 않다.

[정답해설]

갑: X의 입장을 따를 때 가장 많은 행복을 산출하는 동시에 가장 적은 고통을 산출하는 선택지를 택하면 도덕적으로 올바른 행위이다. 그러나 가장 많은 행복을 산출하는 선택지와 가장 적은 고통을 산출하는 선택지가 다를 때 어느 선택지가 도덕적으로 올바른지 결정할 수 없다는 비판이 존재한다. Y의 입장은 이러한 문제를 해결하기 위해 행복의 양에서 고통의 양을 뺀 결과를 바탕으로 어느 선택지가 도덕적으로 올바른지 결정할 수 있다고 주장한다.
그러나 갑이 제시한 선택지 정보에 따르면 세 행위 선택지 모두 유용성이 같으므로 X의 입장과 마찬가지로 어떤 선택지가 올바른지 이야기할 수 없는 경우가 존재한다. 여기서 Y의 입장은 X의 입장과 비슷한 문제에 부딪히므로, 갑의 진술은 Y의 입장에 대한 반박에 해당한다.

을: Y의 입장이 참이라고 가정하고, 선택하지 못한 선택지가 언제나 가장 큰 유용성을 지닌다는 전제를 받아들이면 '우리가 선택한 행위는 올바르지 않으며, 우리는 도덕적으로 올바른 행위를 한 번도 할 수 없다'는 불합리한 결론에 도달한다. 이에 따르면 Y의 입장이 참이라는 최초의 가정은 옳지 않다. 따라서 을의 진술은 Y의 입장에 대한 반박으로 적절하다.

[오답해설]

병: 3문단에 따르면 유용성은 행복의 양에서 고통의 양을 뺀 결과를 나타낸다. 그러나 Y의 입장에서 이러한 유용성은 반드시 양수여야 할 필요가 없으며, 결괏값을 비교할 수 있다면 도덕적으로 올바른 행위를 선택할 수 있다. 따라서 병의 진술은 Y의 입장에 대한 반박으로 적절하다고 보기 어렵다.

문 21. 정답 ②

유형 **정보확인** 내용영역 **인문** 난이도 ★★☆

[정답해설]

② 1문단과 2문단에 따르면 진제는 공진, 사진, 구급으로 구분된다. 이 중 공진만 관곡이 지급되는데, 공진은 국가가 비축한 관곡을 지급하는 제도이고 국가적 부담을 고려해 한정된 지역에서 실시되었으므로, 수령의 재량으로 실시되기는 어려웠을 것이다. 이와 달리 사진은 지방 수령의 재량으로 실시 여부가 결정되는 제도로, 관곡이 지급되지 않음이 명시되어 있다. 구급의 경우 수령의 판단으로 실시되는지는 명확하지 않으나, 수령의 자비곡으로 충당된다는 정보로부터 관곡은 지급되지 않을 것임을 확인할 수 있다. 따라서 수령의 재량으로 실시하는 경우에 관곡을 지급하지 않았다고 볼 수 있다.

[오답해설]

① 3문단에 따르면 사전 조사에서 본래 가계가 넉넉한 사람은 초실, 농사 이외의 다른 직업으로 생계를 유지하는 사람은 자활로 기록하였다. 그리고 4문단에 따르면 스스로 살아갈 수 있는 사람은 상으로 구분되었다. 그런데 초실과 자활 모두가 '스스로 살아갈 수 있는 사람'에 해당하는지는 지문에 제시되어 있지 않으므로 이들이 모두 상으로 구분되는지는 알 수 없다. 따라서 초실과 자활이 상으로 분류되는지는 지문으로부터 판단할 수 없다.

③ 3문단에 따르면 지극히 가난한 사람을 분류하는 명칭은 빈궁이지만, 조사하는 해에 이앙을 마친 농민은 경제 형편과 관계없이 작농으로 분류되었다. 따라서 조사하는 해에 이앙을 마친 농민이 지극히 가난한 소작농이라도 작농으로 기록되었을 것이다.

④ 4문단에 따르면 '하'로 분류된 진제의 대상자들은 굶주림의 정도에 따라 곡식의 지급 시기가 달랐다. 또한 성별, 연령에 따라 지급되는 곡식의 양도 달랐으나 굶주림의 정도에 따라 곡식의 양이 구분되었는지는 지문에 나타나 있지 않다. 따라서 굶주림의 정도가 심할수록 더 이른 시기에, 더 많은 곡식을 받았는지는 확인할 수 없다.

⑤ 3문단에 따르면 빈궁이나 구걸로 기록되는 사람이라도 친척 중 초실이 있으면 그들의 거주지와 인적사항을 기록으로 남겼다. 4문단에 따르면 무상으로 지급되는 곡식 없이는 목숨 보전도 힘든 사람은 하로 분류되어 진제 대상자가 되었다. 하지만 자력으로 생계를 유지할 수 없는 이들이 친척 중에 초실이 있다는 이유로 진제 대상자에서 제외되었는지는 지문으로부터 알 수 없다.

문 22. 정답 ①

유형 **정보확인** 내용영역 **인문** 난이도 ★☆☆

[정답해설]

① 3문단에 따르면 소년은 장년, 노년과 구분되는 연령 중심의 지칭이었음에 비해, 자제는 특정한 신분에 있는 각 가문의 젊은 세대를 의미하고 가문의 지체나 신분을 반영한 표현이었다. 따라서 일정 연령대에 속해 있어 소년으로 불리는 대상이 특정 신분의 가문에 속하지 않아 자제로 불리지 않는 경우가 있었을 것이다.

[오답해설]

② 4문단에 따르면 소년은 부박하고 상황의 판단이 아직 충분히 노련하지 못하다는 의미로 사용되었고, 자제 역시 아직 미숙한 존재라는 의미로 인식되었다. 5문단에 따르면 청년은 대체로 노년과 짝을 이루어 사용되는 말로, 늙은이가 과거를 회상하는 표현으로 사용되었다. 따라서 젊은이를 지시하는 말 중 청년이 가장 부정적으로 쓰였다고 볼 수 없다.

③ 1문단에 따르면 약년은 스무 살 즈음을 칭하는 표현이며, 4문단에 따르면 상황의 판단이 아직 충분히 노련하지 못하다는 의미의 말은 소년이었다. 따라서 충분히 노련하지 못한 어른을 약년으로 지칭하였다고 보기는 어렵다.

④ 1문단에 따르면 약년은 스무 살 즈음을 칭하는 표현이다. 또한 2문단에 따르면 일반적으로 아이와 구분되는 젊은이를 소년이라고 불렀으며, 4문단에 따르면 자제는 특정한 신분에 있는 각 가문의 젊은 세대의 의미로 통하였다. 그러므로 약년이 소년이나 자제의 의미를 포괄하였다고 보기는 어렵다.

⑤ 3문단에 따르면 자제는 막연한 후손이라는 의미보다는 특정한 신분에 있는 각 가문의 젊은 세대라는 의미로 통하였다. 또한 4문단에 따르면 자제는 가르침을 받아야 하는 미숙한 존재로 인식되었다. 따라서 자제가 명문가의 후손을 높여 부르는 말이라고 보기는 어렵다.

문 23. 정답 ①

유형 **정보확인** 내용영역 **사회** 난이도 ★★★

[정답해설]

① 1문단과 2문단에 따르면 단순투표제에서는 각 이사 후보자별 의결이 별도로 이루어지고, 각 이사 후보별로 1주 1의결권 원칙에 의해 의결권을 행사할 수 있다. 1명의 이사를 선임하는 의결에서 1주당 의결권의 수는 1개이므로, 의결권의 수는 이사 후보자의 수와 동일하다.
3문단에 따르면 집중투표제의 경우 25주를 가진 주주는 선임할 이사가 5인일 경우 총 125개의 의결권을 가지므로 1주당 의결권의 수는 선임할 이사의 수와 같은 5개이다. 그러므로 단순투표제와 집중투표제 모두 1주당 의결권의 수는 그 의결로 선임할 이사의 수와 동일하다고 볼 수 있다.

[오답해설]
② 집중투표제는 복수의 이사를 한 건의 의결로 선임하는 방법이므로, 선임될 이사의 수가 많아지면 그만큼 배분할 수 있는 의결권의 수 역시 많아질 것이다. 이 경우 상대적으로 적은 주식을 보유한 주주라도 특정 후보자에게 의결권을 집중 배분하면 그 후보자의 선임 가능성을 높일 수 있다. 대주주의 입장에서는 이러한 경우 자신이 원하지 않고, 다른 주주가 원하는 이사가 선임될 가능성을 높인다고 인식할 것이다. 따라서 집중투표제하에서 대주주가 한 건의 의결로 선임될 이사의 수가 많아지기를 원한다고 보기는 어렵다.
③ 집중투표제에서는 소액주주라도 특정 후보자에게 의결권을 집중 배분하면 그 후보자의 선임 가능성을 높일 수 있으므로 단순투표제에 비해 소액주주의 영향력이 상대적으로 커진다. 하지만 이는 후보자의 이사 선임 가능성을 높이는 것일 뿐, 집중투표제하에서 반드시 소액주주가 원하는 최소 1인의 이사를 선임할 수 있다고 보기는 어렵다.
④ 4문단에 따르면 주주가 집중투표를 청구하기 위해서는 주식회사의 정관에 집중투표를 배제하는 규정이 없어야 한다. 그러나 선지에서 언급하고 있는 집중투표제에 관한 규정이 집중투표제의 시행에 관한 것인지, 배제에 관한 것인지 알 수 없으므로 정관에 집중투표제에 관한 규정이 없다고 해서 주주가 이사를 선임할 때 집중투표를 청구할 수 없다고 볼 수 없다.
⑤ 2문단에 따르면 단순투표제에서는 각 이사 후보자별 의결이 별도로 이루어지고, 의결 후 찬성 수를 많이 얻는 순서에 따라 이사를 선임한다. 따라서 반드시 전체 의결권의 과반수를 얻어야만 이사로 선임된다고는 볼 수 없다.

문 24. 정답 ②

유형 정보확인　내용영역 사회　난이도 ★★☆

[정답해설]
② 2문단에 따르면 핵심협약은 결사·자유원칙, 강제노동 금지원칙, 아동노동 금지원칙, 차별 금지원칙과 관련된 협약들을 말한다. 핵심협약을 비준하지 않고 있는 회원국은 ILO에 미비준 이유와 비준 전망에 관한 연례 보고서를 제출해야 한다. 5문단에 따르면 우리나라는 아동노동 금지원칙 및 차별 금지원칙 관련 협약을 비준하였고, 결사·자유원칙 관련 협약에 대한 비준 절차가 진행 중이므로 강제노동 금지원칙에 관한 협약은 아직 비준되지 않았다고 볼 수 있다. 따라서 우리나라는 비준하지 않고 있는 강제노동 금지원칙에 관한 보고서를 매년 ILO에 제출할 것이다.

[오답해설]
① 3문단에 따르면 고용정책 협약은 거버넌스협약에 해당한다. 또한 5문단에 따르면 우리나라의 경우 거버넌스협약은 근로감독 협약을 제외하고 모두 비준되었다. 그러므로 우리나라는 고용정책 협약을 비준했다고 볼 수 있다. 하지만 5문단에 따르면 비준된 핵심협약과 관련된 일반협약이 대부분 비준되었지만, 이로부터 거버넌스 협약과 관련한 일반협약의 비준 상황을 알 수는 없다. 따라서 우리나라가 고용정책 협약의 세부 주제에 관한 일반협약을 모두 비준하였다고 보기는 어렵다.
③ 2문단과 4문단에 따르면 우리나라에서 2021년 2월에 비준 절차가 진행 중인 협약은 결사·자유원칙 관련 협약으로, 이는 핵심협약에 해당하고 '노동에 있어서 기본적 원칙들과 권리에 관한 선언'에 열거된 협약들 중 하나이다. 하지만 3문단에 따르면 '공정한 세계화를 위한 사회적 정의에 관한 선언'에 열거된 협약들은 거버넌스협약에 해당한다. 따라서 결사·자유원칙 관련 협약이 '공정한 세계화를 위한 사회적 정의에 관한 선언'에 열거되어 있다고 보기 어렵다.
④ 3문단에 따르면 근로감독 협약은 거버넌스 협약으로 2008년에 발표된 '공정한 세계화를 위한 사회적 정의에 관한 선언'에 포함되어 있다. 4문단에 따르면 일반협약은 ILO 내 다른 협약에 대해 우선 적용되지 않으나, 근로감독 협약이 ILO 내 다른 협약에 대해 우선 적용되지 않는지는 지문에서 알 수 없다.
⑤ 3문단에 따르면 노사정 협의 협약은 거버넌스협약에 해당하며, ILO는 미비준한 거버넌스협약에 대해서는 회원국에 별도의 보고 의무를 부과하지 않는다. 따라서 ILO가 거버넌스협약인 노사정 협의 협약을 비준하지 않는 국가들에 대해 연례 보고서를 제출하도록 요구한다고 보기는 어렵다.

문 25. 정답 ④

유형 정보확인　내용영역 사회　난이도 ★☆☆

[정답해설]
④ 3문단에 따르면 의사가 직접적 관련성이 작은 정보를 필요 이상으로 제공해 환자가 특정 결정을 하도록 유도하는 경우가 있다. 이는 의사가 정보 제공을 조종하는 사례로 환자의 자율성을 존중하지 않는 행위이다. 따라서 정보의 양이 많을수록 환자의 자율성이 더 존중된다고 보기는 어렵다.

[오답해설]
① 1문단에 따르면 의사는 치료를 시작하기 전에 환자의 동의를 얻어야 한다. 또한 의사는 치료를 시작하기 전에 환자에게 충분한 정보를 제공해야 한다. 따라서 환자의 동의는 치료를 하기 위한 필요조건 중 하나라고 볼 수 있다.
② 2문단에 따르면 환자에게 진실을 말하는 것이 환자의 복지에 해가 될 수 있으므로 악행 금지의 원리에 따라 환자를 속여도 된다고 여겼던 시기가 있었다. 따라서 악행 금지의 원리에 근거해서 환자에 대한 기만이 정당화된 때가 있었다고 볼 수 있다.
③ 1문단에 따르면 동의의 의무는 기만 금지 의무의 연장선에 있으며, 두 의무 모두 자율성 존중 원리에 기반을 둔다. 따라서 기만 금지 의무와 동의의 의무 모두 동일한 원리에 기반을 둔다고 볼 수 있다.
⑤ 2문단에 따르면 20세기 초까지도 환자에게 진실을 말하는 것이 환자의 복지에 해가 될 수 있다는 생각으로 기만이 정당화되었다. 하지만 오늘날 사람들은 진실을 말하는 것이 환자가 해를 입는다고 보지 않으므로 이러한 생각을 받아들이지 않는다. 따라서 의사가 복지를 위해 환자를 기만하는 행위는 오늘날 윤리적으로 정당화되지 않는다고 볼 수 있다.

문 26. 정답 ④

유형 정보추론　내용영역 사회　난이도 ★☆☆

[정답해설]
㉠: ㉠에는 단순 평등 사회에 관련된 1문단의 논의를 종합하는 내용이 들어가야 한다. 1문단의 내용은 두 가지로 요약할 수 있다. 첫째, 단순 평등 사회가 달성된다고 하더라도 시간이 지남에 따라 결국 다시 불평등한 사회가 될 것이기 때문에 경제적 재화가 똑같이 분배되는 사회는 유지될 수 없다. 둘째, 단순 평등 사회가 지속되려면 불평등을 반복적으로 제거해야 하는데, 이 과정에서 국가의 개입과 통제로 인해 개인의 자유를 억압하는 결과가 발생한다. 누구도 이렇게 국가가 자유를 억압하는 사회를 원하지 않는다. 따라서 위의 두 가지 내용을 종합한 '지속 가능하지도 않고 개인의 자유를 희생하면서까지 원하는 것이 아니다'가 ㉠에 들어가기 적절하다.
㉡: ㉡에는 평등 사회를 달성하기 위해 2문단에서 강조한 내용이 들어가야 한다. 2문단에 따르면 경제적 재화 이외에도 다양한 사회적 가치들이 존재하며, 하나의 사회적 가치가 불평등하게 분배되는 것이 정당한 이유 없이 다른 사회적 가치의 불평등을 유발하는 경우가 생길 수 있다. 글쓴이는 이러한 결과를 바람직하지 않다고 보고 있으므로 '하나의 사회적 가치에 대한 불평등이 다른 영역에서의 불평등으로 이어지는 것을 막는 것이 중요하다'가 ㉡에 들어가는 것이 적절하다.

문 27. 정답 ①

유형 정보확인　내용영역 과학기술　난이도 ★★☆

[정답해설]
① 1문단에 따르면 공기 중 수증기가 포화되는 이슬점 온도보다 더 낮은 온도에서는 공기 중 수증기가 응결하여 구름이나 비가 된다. 2문단에 따르면 공기가 상승하여 이슬점 온도에 도달한 후에는, 공기의 상승 과정에서 구름이나 비를 형성하여 수증기가 소모되므로 공기 속 수증기량이 감소한다. 이는 공기가 산 정상에 이를 때까지 계속되므로, 이슬점 온도 도달 후에는 공기가 상승할수록 공기 내 수증기량이 줄어든다고 볼 수 있다.

[오답해설]

② 1문단에 따르면 이슬점 온도는 공기 중 수증기가 포화상태에 이르는 온도를 말한다. 고도가 높아지면서 온도가 낮아지고, 공기가 최대한 가질 수 있는 수증기량은 온도가 내려가면 줄어들기 때문에, 공기 중 수증기가 차지하는 양에 따라 수증기가 포화상태에 이르는 고도가 변할 수 있다. 다시 말해, 수증기를 더 많이 포함한 공기가 그렇지 않은 공기에 비해 더 낮은 고도에서 포화상태에 이를 가능성이 더 높다고 볼 수 있다. 따라서 공기의 온도가 이슬점 온도에 도달하는 고도가 공기 내 수증기량에 관계없이 일정하다고 보기는 어렵다.

③ 2문단과 3문단에 따르면 높새바람은 공기가 이동하면서 공기가 포함한 수증기가 고온건조해지는 푄 현상의 일종이다. 이동하기 전에 공기에 포함된 수증기는 높새바람을 따라 이동하면서 구름이나 비를 형성하며 소모된다. 따라서 높새바람을 따라 이동한 공기 덩어리가 지닌 수증기량은 이동하기 전보다 감소할 것이다.

④ 1문단에 따르면 고도가 높아지면서 온도가 낮아지고, 공기가 최대한 가질 수 있는 수증기량은 온도가 내려갈수록 줄어든다. 또한 습윤 기온감률은 공기의 수증기가 포화상태일 경우에 적용된다. 이에 따르면 공기 내 수증기량이 증가하면 그렇지 않은 경우에 비해 더 낮은 고도에서 수증기가 포화상태에 이르고, 습윤 기온감률이 적용되기 시작할 가능성이 높아질 것이다. 따라서 공기 내 수증기량이 증가하면 습윤 기온감률이 적용되기 시작하는 고도가 높아진다고 보기는 어렵다.

⑤ 2문단에 따르면 어떤 공기 덩어리가 산을 넘을 때 공기의 온도는 건조 기온감률에 따라 내려가다가 온도가 이슬점 온도에 도달한 후에는 습윤 기온감률에 따라 온도가 내려간다. 이 공기가 산을 넘어 건너편에서 하강할 때는 건조 기온감률에 따라 온도가 올라간다. 이때 1문단에 따르면 건조 기온감률은 습윤 기온감률에 비해 고도 차이에 따라 온도가 더 크게 변한다. 따라서 동일 고도에서 상승할 때 습윤 기온감률이 적용되고 하강할 때 건조 기온감률이 적용되는 경우를 가정하면, 공기가 상승할 때에 비해 하강할 때 공기의 온도가 더 급격히 상승하므로 온도가 더 높은 경우가 있을 것이다.

문 28. 정답 ②

유형 정보확인　내용영역 과학기술　난이도 ★☆☆

[정답해설]

ㄷ. 4문단에 따르면 구조물의 진동주기와 지진파의 진동주기가 일치하면, 공명 현상이 발생하여 구조물에 진동을 유발하고 응력한계를 벗어나는 변형을 발생시킬 수 있다. 따라서 구조물의 진동주기와 지진파의 진동주기가 일치하면 구조물이 변형에 저항하는 한계인 응력한계를 초과하는 진동을 유발할 수 있다.

[오답해설]

ㄱ. 1문단에 따르면 모든 구조물에는 구조물에 늘 작용하는 힘인 정적 하중과 구조물에 일시적으로 작용하는 힘인 동적 하중이 작용한다. 그런데 2문단에 따르면 진동의 원인은 일시적으로 가해지는 하중이다. 따라서 상시적인 힘이 구조물에 진동을 유발하는지는 파악할 수 없다.

ㄴ. 4문단에 따르면 지진 발생으로 인해 생겨난 지진파는 구조물에 동적 하중을 가하여 건물에 진동을 일으킨다. 또한 이러한 구조물의 진동주기와 지진파의 진동주기가 일치하면 공명 현상이 발생한다. 따라서 지진이 일어났을 때 구조물에 동적 하중이 가해지고 있을 경우, 지진파가 공명 현상을 만들 수 있다.

문 29. 정답 ⑤

유형 논증분석　내용영역 사회　난이도 ★☆☆

A와 B의 주장을 정리하면 다음과 같다.

A: 근대화란 곧 산업화이고, 산업화는 농민들이 도시의 임금노동자가 되어 가는 과정이다. 농민들은 자신의 노동력을 파는 노동자가 되고, 자신과 가족의 생활을 유지할 만큼 급여를 받는 노동자를 정규직이라 한다. 적정한 급여 수준과 노동 시간은 각 사회의 건강하고 문화적인 생활수준과 노사협의를 통해 결정되며, 산업화가 지속적으로 진전되면 모든 사람이 정규직 임금노동자가 된다.

B: 산업화가 진전되면 노동자들은 핵심부, 반주변부, 주변부로 나뉜다. 핵심부에 속하는 정규직 노동자들의 일자리는 늘어나지 않고, 반주변부, 주변부에는 노동자들이 계속해서 남아돌게 될 것이다.

[정답해설]

⑤ A가 설명하는 정규직 노동자는 한 집안의 가장으로서 자신과 가족의 생활을 유지할 만큼 급여를 받는 피고용자이다. 또한 B가 설명하는 핵심부 노동자는 혼자 벌어 가정을 유지할 만큼의 급여를 확보하는 정규직 노동자이다. 따라서 A의 경우 정규직 노동자가, B의 경우 핵심부 노동자가 한 사람의 노동자 급여로 가족을 부양할 수 있다고 볼 것이다.

[오답해설]

① A는 정규직 노동자의 급여 수준은 각 사회의 생활수준과 노사협의를 통해 결정된다고 보지만 실질 급여 수준이 산업화가 진전됨에 따라 어떻게 변하는지는 설명하지 않는다. 따라서 A가 정규직 노동자의 실질 급여 수준이 산업화가 진전됨에 따라 지속적으로 하락할 것으로 보았는지는 알 수 없다.

② B는 산업화가 진전됨에 따라 노동자들이 핵심부, 반주변부, 주변부로 나뉘는데, 이 중 주변부에 노동자들이 계속해서 남아돌게 될 것이라고 주장한다. 그러나 산업화의 진전에 따라 주변부 노동자들의 형태가 새롭게 변화할지는 설명하지 않는다. 따라서 B가 새로운 형태의 주변부 노동자들이 계속해서 생성될 것이라고 보았는지는 알 수 없다.

③ 선임자 특권은 B의 예측이 적중하여 정규직 파이가 축소되는 과정을 설명할 때 쓰인 개념이지만, A의 주장은 선임자 특권과 관련성이 적다. 따라서 A와 B 모두 선임자 특권이 청년 실업률을 높이는 데 기여한다는 주장을 한다고 보기는 어렵다.

④ A의 경우, 산업화가 진전되면 모든 사람이 정규직 노동자가 되며, 그들의 급여 수준은 각 사회의 생활수준과 노사협의를 통해 결정된다고 주장한다. 하지만 B는 급여가 어떠한 수준에서 결정되는지에 대해서는 설명하지 않는다. 따라서 A와 B 모두가 산업화가 진전되면 한 사회의 노동자들의 급여가 다양한 수준에서 결정된다는 주장을 한다고 보기는 어렵다.

문 30. 정답 ⑤

유형 논증분석　내용영역 사회　난이도 ★☆☆

소수집단 우대 정책의 옹호자인 A, B와 관련한 견해를 정리하면 다음과 같다.
○ A의 지지자: 소수집단 우대 정책은 과거의 차별을 보상하는 의미에서 공정하다.
○ A의 반대자: 소수집단 우대 정책의 수혜자가 원래의 피해자가 아닌 경우가 많고, 보상하는 사람이 과거의 잘못에 대한 책임자가 아닌 경우가 많다.
○ B의 지지자: 소수집단 우대 정책은 수혜자에 대한 보상이 아닌 사회적으로 가치 있는 목적을 실현하기 위한 수단이다. 대학 입학 심사에서 소수집단을 우해하는 정책은 학교의 다양성을 증대시켜 대학의 시민사회적 목적을 실현하고 공동선에 기여한다.
○ B의 반대자: 학교의 다양성 증대라는 소수집단 우대 정책의 목적에는 동의하나, 목적을 달성하는 과정에서 특정 배경을 갖추지 못했다는 이유로 학생의 입학을 불허하는 경우가 발생하는 것은 공정하지 않다.

[정답해설]

⑤ B의 반대자는 다양성 증대라는 소수집단 우대 정책의 목적에는 동의하나, 그러한 목적을 실현하는 과정에서 특정 배경을 갖추지 못한 학생의 입학을 불허하는 문제가 발생하는 것은 공정하지 않다고 주장한다. 따라서 B의 반대자들은 소수집단 우대 정책의 목적을 수긍하면서도 자신의 배경으로 인해 불이익을 받는 역차별이 발생할 수 있다는 비판을 하고 있다.

[오답해설]

① 2문단에 따르면 A의 지지자는 과거 차별에 대한 보상의 의미로 소수집단 우대 정책을 실시해야 한다고 주장한다. 한편 3문단에 따르면 B의 지지자는 소수집단 우대 정책이 대학의 시민사회적 목적을 실현한다고 주장한다. 따라서 소수집단 학생들을 교육하는 것이 대학이 시민사회를 위해 해야 할 일이라는 주장은 A보다는 B 지지자의 주장에 가깝다.

② 3문단에 따르면 B의 반대자는 인종이나 계층과 같은 특정 배경을 갖추지 못했다는 이유로 학생의 입학을 불허하는 일은 공정하지 않다고 주장한다. 따라서 해당 주장은 B의 지지자가 아니라 B의 반대자의 주장에 해당한다.

③ 1문단에 따르면 A의 지지자는 과거 차별에 대한 보상의 의미로 소수집단 우대 정책을 실시해야 한다고 주장한다. 하지만 소수집단 우대 정책에 경제적으로 가난한 사람들의 노력에 대한 보상이라는 의미가 부여되었는지는 지문에서 확인할 수 없다. 따라서 A의 지지자가 가난하게 자란 학생에게 노력에 대한 보상으로 대학 입학 가산점을 부여하는 일이 공정하다고 주장하는지는 알 수 없다.

④ 2문단에 따르면 A의 반대자는 소수집단 우대 정책으로 보상을 받는 사람이 꼭 원래의 피해자인 것은 아니며, 보상하는 사람들이 잘못에 대한 책임이 없는 사람인 경우가 많다고 주장한다. 따라서 A의 반대자가 자신들이 피해를 준 정도에 비해 너무 가벼운 보상을 한다는 비판을 한다고 보기는 어렵다.

문 31. 정답 ③

[유형] 정보확인 [내용영역] 과학기술 [난이도] ★★★

지문의 내용을 정리하면 다음과 같다.
○ 밝은 곳에서 어두운 곳 → 교감신경 활성화 → 절전뉴런 끝에서 아세틸콜린 분비 → 절후뉴런 끝에서 노르아드레날린 분비 → 홍채의 부챗살근 수축 → 동공의 직경 커짐
○ 어두운 곳에서 밝은 곳 → 부교감신경 활성화 → 절전뉴런 끝에서 아세틸콜린 분비 → 절후뉴런 끝에서 아세틸콜린 분비 → 홍채의 돌림근 수축 → 동공의 크기 줄어듦

[정답해설]
ㄱ. 2문단에 따르면 교감신경이 활성화되면 교감신경의 절전뉴런 끝에서 신호물질인 아세틸콜린이 분비된다. 한편 3문단에 따르면 교감신경은 밝은 곳에서 어두운 곳으로 이동할 시 활성화된다. 따라서 밝은 곳에서 어두운 곳으로 이동하면 교감신경이 활성화되면서 교감신경의 절전뉴런 끝에서 아세틸콜린이 분비될 것이다.

ㄴ. 2문단에 따르면 부교감신경이 활성화되면 부교감신경의 절전뉴런 끝에서 아세틸콜린이 분비되고 이는 절후뉴런을 활성화시킨다. 부교감신경의 절후뉴런 끝에서는 아세틸콜린이 표적기관의 기능을 조절하기 위해 분비된다. 한편 3문단에 따르면 어두운 곳에서 밝은 곳으로 이동하면 부교감신경이 활성화되고 돌림근이 수축하며 두꺼워진다. 따라서 어두운 곳에서 밝은 곳으로 이동하면 부교감신경의 절후뉴런 끝에서 아세틸콜린이 분비되고 돌림근이 두꺼워질 것이다.

[오답해설]
ㄷ. 2문단에 따르면 교감신경의 절후뉴런 끝에서는 노르아드레날린이 분비되고, 부교감신경의 절후뉴런 끝에서는 아세틸콜린이 분비된다. 또한 3문단에 따르면 교감신경이 활성화되면 부챗살근이 수축하고, 부교감신경이 활성화되면 돌림근이 수축한다. 따라서 노르아드레날린은 부챗살근의 수축을 일으키고, 아세틸콜린은 돌림근의 수축을 일으킬 것이다.

문 32. 정답 ②

[유형] 정보추론 [내용영역] 과학기술 [난이도] ★☆☆

촛불의 연소와 동물의 호흡이 지속되기 위해서는 산소가 있어야 한다. 한편 A는 실험을 통제해 산소 부족만이 촛불이 꺼지거나 쥐가 죽는 환경요인이 되도록 하였다. A의 실험과 관련된 내용을 정리하면 다음과 같다.
○ 촛불의 연소 및 동물의 호흡 과정에서는 산소가 사용되며, 산소가 사용된 후에는 이산화탄소로 바뀜
○ 식물이 산소를 생산하기 위해서는 빛이 필요함
○ 식물이 광합성을 하기 위해서는 빛과 이산화탄소가 필요함

[정답해설]
㉠: ㉠에는 식물이 산소를 생산한다는 결론을 내는 실험이 들어가야 한다. 2문단에 따르면 산소 부족만이 촛불이 꺼지는 원인이 되므로, 식물이 없는 경우와 비교해 식물이 있는 경우에만 촛불이 꺼지지 않는다는 점을 확인할 수 있다면 식물이 산소를 생산한다는 실험 1의 결론을 이끌어낼 수 있다. 따라서 '밀폐된 용기에 촛불을 넣으면 촛불이 꺼지지만, 식물과 함께 넣어두면 촛불이 꺼지지 않는다'가 ㉠에 들어가는 것이 적절하다.

㉡: ㉡에는 식물이 산소를 공급하기 위해서는 빛이 필요하다는 결론을 내는 실험이 들어가야 한다. 빛이 없는 경우와 비교해 빛이 있는 경우에만 식물이 산소를 공급해 줘 살아있는 경우 식물이 산소를 생산하기 위해서는 빛이 필요하다는 실험 2의 결론을 이끌어낼 수 있다. 따라서 '빛이 있는 곳에서 쥐와 식물이 함께 있으면 쥐가 죽지 않지만, 빛이 없는 곳에서 쥐와 식물이 함께 있으면 쥐가 죽는다'가 ㉡에 들어가는 것이 적절하다.

㉢: ㉢에는 광합성이 일어나기 위해서는 빛과 이산화탄소가 모두 있어야 한다는 결론을 이끌어낼 수 있는 실험이 들어가야 한다. A의 실험에 따르면 빛이나 이산화탄소 중 어느 하나만 공급된다면 광합성이 일어나지 않으며, 두 가지가 모두 있어야 광합성이 일어난다. 따라서 '빛이 없거나 이산화탄소를 공급하지 않으면 광합성이 일어나지 않지만, 빛과 이산화탄소를 공급하면 광합성이 일어난다'가 ㉢에 들어가는 것이 적절하다.

문 33. 정답 ⑤

[유형] 정보추론 [내용영역] 논리학 [난이도] ★★★

X와 Y는 각각 쓰레기를 집으로 가져가는 행위와 쓰레기를 해변에 버리고 가는 행위 중 하나이다. 경우 (가)~(라)는 다음과 같은 표로 정리할 수 있으며, X와 Y의 구체적인 내용은 지문에 제시된 조건과 각 경우별 다른 사람의 행위에 의해 결정된다.

	해변의 상태	
	다른 사람 X	다른 사람 Y
당신 X	(가)	(나)
당신 Y	(다)	(라)

지문에 제시된 조건을 정리하면 다음과 같다.
○ (가)와 (다), (나)와 (라)에 따른 해변의 상태는 별반 다르지 않음
○ 당신은 쓰레기를 집으로 가지고 가는 번거로운 행동이 해변의 상태에 유의미한 변화를 가져오지 않는다면 그 번거로운 행동을 피하는 것을 선호함
○ 당신은 다른 조건이 모두 동등할 경우 해변에 버려진 쓰레기로 난장판이 되는 것보다 그렇게 되지 않는 것을 선호함

[정답해설]
㉠: ㉠에는 물음 (1)에 대한 답변이 들어가야 한다. 지문에서 (1)은 (가)와 (다) 중 어느 것을 선호하는지에 대한 물음이며, (2)는 (나)와 (라) 중 어느 것을 선호하는지에 대한 물음이다. 이에 대한 답에는 해변의 상태가 별반 다르지 않을 때, 번거로운 것을 피하는 것을 선호한다는 생각이 전제되어 있다. (1)과 (2)에서 모두 해변의 상태가 별반 다르지 않을 때를 가정하므로, 둘 다 번거로운 것을 피하는 행위를 선호할 것이다. 즉, (1)과 (2)에서 답이 같아야 하기 때문에 (2)에서 Y라고 답했으므로, (1)에도 Y라고 답해야 할 것이다. 또한 Y는 번거로운 것을 피하는 행위, 즉 쓰레기를 해변에 버리고 가는 행위라는 것도 알 수 있다. 따라서 'Y'가 ㉠에 들어가는 것이 적절하다.

㉡: ㉡에는 (가)~(라) 중 가장 선호하는 경우가 들어가야 한다. ㉠을 통해 '당신'은 (가)보다 (다)를, (나)보다 (라)를 선호한다는 것을 알 수 있다. 따라서 (다)와 (라) 중 보다 선호하는 것이 (가)~(라) 중 가장 선호하는 것으로 판단할 수 있다. ㉡ 앞 문장에서 버려진 쓰레기로 난장판이 되는 것보다 그렇게 되지 않는 것을 선호한다고 했으므로, 이를 고려하면 모두가 쓰레기를 버려 난장판이 되는 (라)보다는 다른 사람들은 쓰레기를 집으로 가져가고 나만 쓰레기를 해변에 버리는 경우인 (다)를 더 선호할 것이다. 따라서 '(다)'가 ㉡에 들어가는 것이 적절하다.

문 34. 정답 ③

유형 형식논리 **내용영역** 논리학 **난이도** ★★☆

지문의 진술을 기호화하면 다음과 같다.
1. 수지 ∨ 양미 ∨ 가은
2. ~(수지 ∧ 양미) (≡ ~수지 ∨ ~양미)
3. ~미영 ∨ 수지 (≡ 미영 → 수지)
4. 양미 → 우진
5. 가은 → 미영

2에 따라 수지, 양미 중 ⅰ) 양미만 대상인 경우, ⅱ) 수지만 대상인 경우, ⅲ) 수지와 양미가 모두 대상이 아닌 경우로 나눌 수 있다.

ⅰ) 양미는 대상이고, 수지는 대상이 아닌 경우

4에 따라 양미가 대상일 때 우진도 대상이다. 3에 따라 수지가 대상이 아닐 때, 미영은 대상이 아니며, 5에 따라 가은도 대상이 아니다. 이를 정리하면 아래와 같다.

수지	우진	미영	양미	가은
×	○	×	○	×

ⅱ) 수지는 대상이고, 양미는 대상이 아닌 경우

1에 의해 가은이 대상에 포함되는 경우와 그렇지 않은 경우로 나누어 분석할 수 있다.

ⅱ-1) 가은이 대상에 포함되는 경우

5에 따라 미영도 대상이다. 우진은 확정되지 않는다. 따라서 우진이 대상이 되는 경우와 대상이 되지 않는 경우 모두 가능하다.

수지	우진	미영	양미	가은
○	?	○	×	○

ⅱ-2) 가은이 대상에 포함되지 않는 경우

우진과 미영이 모두 확정되지 않는다. 우진과 미영 각각 대상이 되는 경우와 대상이 되지 않는 경우가 모두 가능하다.

수지	우진	미영	양미	가은
○	?	?	×	×

ⅲ) 수지와 양미가 모두 대상이 아닌 경우

1에 따라 가은은 대상이어야 한다. 5에 따라 가은이 대상이면 미영도 대상이어야 한다. 그런데 3에 따라 미영이 대상이면 수지도 대상이어야 하므로 모순이 발생한다. 따라서 이 경우는 성립하지 않는다.

[정답해설]

ㄱ. ⅰ)의 경우 수지가 대상이 아니고, 우진은 대상이다.

ㄷ. ⅰ)의 경우 양미가 대상이며, 이때는 5명 중 우진, 양미 2명만이 대상이다.

[오답해설]

ㄴ. ⅱ-1)의 경우 가은이 대상이지만, 우진은 대상이 아닐 수 있다.

문 35. 정답 ⑤

유형 형식논리 **내용영역** 논리학 **난이도** ★★★

지문의 내용을 기호화하면 다음과 같다.
1. ~(논리학 ∧ 인식론 ∧ 과학철학 ∧ 언어철학)
2. 논리학 → 인식론
3. 인식론 ∧ 과학철학
4. ~언어철학 → ~과학철학 (≡ 과학철학 → 언어철학)

[정답해설]

ㄱ. 3과 4에 따라 (인식론 ∧ 과학철학 ∧ 언어철학)인 경우가 존재한다. 그런데 1에 따라 주어진 4개 교과목을 모두 수강한 학생은 없었으므로, 〈인식론〉, 〈과학철학〉, 〈언어철학〉을 수강하고, 〈논리학〉을 수강하지 않은 학생이 반드시 존재한다.

ㄴ. 2에 따라 〈논리학〉을 수강하면 〈인식론〉을 수강하고, 4에 따라 〈과학철학〉을 수강하면 〈언어철학〉을 수강한다. 만약 〈논리학〉과 〈과학철학〉을 둘 다 수강하게 되면, 주어진 4개 교과목을 모두 수강하게 되므로 1을 만족시키지 못한다. 따라서 〈논리학〉과 〈과학철학〉을 둘 다 수강한 학생은 없다.

ㄷ. 3과 4에 따라 (인식론 ∧ 언어철학)이 도출된다. 따라서 〈인식론〉과 〈언어철학〉을 둘 다 수강한 학생이 있다.

[추가해설]

지문의 진술을 그림으로 나타내면 다음과 같다.
1. 논리학 → 인식론
2. ~언어철학 → ~과학철학 (≡ 과학철학 → 언어철학)

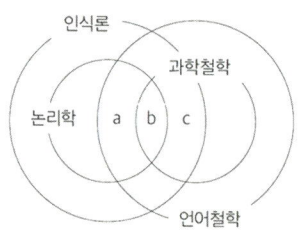

3. ~(논리학 ∧ 인식론 ∧ 과학철학 ∧ 언어철학)
   ⇒ 위 그림에서 b 존재하지 않음
4. 인식론 ∧ 과학철학
   ⇒ 위 그림에서 a 또는 c 존재함

ㄱ. 위 그림에서 c가 존재하므로 〈논리학〉을 수강하지 않으면서, 〈인식론〉, 〈과학철학〉, 〈언어철학〉을 수강하는 학생이 있음을 확인할 수 있다. 따라서 〈논리학〉을 수강하지 않는 학생이 있다.

ㄴ. b는 〈논리학〉과 〈과학철학〉이 겹치는 부분에 해당하는데, 3에 따르면 b는 존재하지 않는다. 따라서 〈논리학〉과 〈과학철학〉을 둘 다 수강한 학생은 없다.

ㄷ. c는 〈인식론〉과 〈언어철학〉이 겹치는 부분에 해당하는데, 4에 따르면 c가 존재한다. 따라서 〈인식론〉과 〈언어철학〉을 둘 다 수강한 학생이 있다.

문 36. 정답 ②

유형 형식논리 **내용영역** 논리학 **난이도** ★★★

지문의 내용을 기호화하면 다음과 같다.
1. 갑~무 5명의 서류심사 접수자 중 3명을 면접대상자로 선정한 후, 면접 대상자 중 2명을 관리자로 선발함
2. 갑~무 중 3명의 진술은 참이고, 2명의 진술은 거짓
3. 갑: (갑)면접대상자 ∧ ~(병)면접대상자
4. 을: ~(을)면접대상자 ∧ (병)면접대상자
5. 병: (무)관리자
6. 정: (정)관리자 ∧ (병)면접대상자 ∧ (무)면접대상자
7. 무: (갑)면접대상자 ∧ (정)면접대상자 ∧ (무)면접대상자

3과 4는 병에 대해 정반대의 진술을 하고 있으므로 동시에 참이 될 수 없다. 따라서 갑의 진술이 참인 경우와 을의 진술이 참인 경우로 나누어 분석한다.

ⅰ) 갑의 진술이 참인 경우

갑의 진술이 참인 경우, 병이 면접대상자가 아니므로 을과 정의 진술이 거짓이 된다. 거짓 진술은 2명뿐이므로, 을과 정을 제외한 이들의 진술은 참이어야 한다. 따라서 3, 5, 7이 참이고, 4, 6이 거짓이며 이를 토대로 면접 대상자와 관리자 선발 결과를 정리하면 다음과 같다.

	갑	을	병	정	무
면접대상자	○	×	×	○	○
관리자	?	×	×	?	○

이때 면접대상자는 갑, 정, 무이며, 선발된 관리자는 갑과 무 또는 정과 무이다.

ii) 을의 진술이 참인 경우
을의 진술이 참인 경우, 병이 면접대상자이므로 갑의 진술이 거짓이 된다. 또한 7에 따르면 갑, 정, 무가 면접대상자인데 병이 면접대상자일 경우 면접대상자가 3명이라는 지문의 조건을 만족하지 못한다. 따라서 무의 진술도 거짓이 된다. 거짓 진술은 2명뿐이므로, 갑과 무를 제외한 이들의 진술은 참이어야 한다. 따라서 4, 5, 6이 참이고, 3, 7이 거짓이며 이를 토대로 면접 대상자와 관리자 선발 결과를 정리하면 다음과 같다.

	갑	을	병	정	무
면접대상자	×	×	○	○	○
관리자	×	×	×	○	○

이때 면접대상자는 병, 정, 무이며, 선발된 관리자는 정과 무이다.

[정답해설]
② 을은 i)과 ii) 모두에서 면접대상자가 아니므로, 서류심사에서 탈락하였다.

[오답해설]
① ii)에서 갑은 면접대상자가 아니다.
③ i)에서 병은 면접대상자가 아니다.
④ i)에서 정이 관리자가 아닌 경우가 가능하다.
⑤ 무는 어느 경우에나 관리자로 선발된다.

문 37. 정답 ⑤

[유형] 논증분석 [내용영역] 논리학 [난이도] ★★★

지문의 논증 (1)~(4)를 기호화하면 다음과 같다.
(1) 필연적 진리 → 참
(2) 참인 진술 → 참일 가능성이 있는 진술
(3) 참일 가능성이 있는 진술 → 거짓일 가능성이 있는 진술
(4) 필연적 진리 → 거짓일 가능성이 있는 진술

또한 '참일 가능성이 있는 진술'의 의미에 따라 포함되는 진술을 정리하면 다음과 같다.
㉠: NT, CT, CF
㉡: CT, CF

[정답해설]
ㄱ. 참일 가능성이 있다는 말을 ㉠으로 이해하면, (2)는 '참인 진술 → NT, CT, CF'로 이해할 수 있다. 그런데 참인 진술은 NT, CT이므로, 'NT, CT → NT, CT, CF'로 표현할 수 있다. 따라서 이 경우 (2)는 참인 전제라고 볼 수 있다.
ㄴ. 참일 가능성이 있다는 말을 ㉡으로 이해하면, (3)은 'CT, CF → 거짓일 가능성이 있는 진술'로 이해할 수 있다. CT, CF는 모두 거짓일 가능성이 있는 진술이므로, 이 경우 (3)은 참인 전제라고 볼 수 있다.
ㄷ. 참일 가능성이 있다는 말을 ㉠으로 이해하면, (3)은 'NT, CT, CF → 거짓일 가능성이 있는 진술'로 이해할 수 있다. 그런데 NT는 필연적으로 참인 진술이므로 거짓일 가능성이 전혀 없는 진술이다. 따라서 이 경우 (3)은 거짓인 전제라고 볼 수 있다.

문 38. 정답 ⑤

[유형] 논증평가 [내용영역] 과학기술 [난이도] ★★★

지문의 내용을 정리하면 다음과 같다.
1. 초기 생식소에서 아로마테이즈 발현↑ → 유전자 X의 발현 억제 → 암컷 성체로 발달
2. 성체에서 아로마테이즈 발현↑ → 호르몬 A↓, 호르몬 B↑
3. α → 수컷 거북 배아 여성화, 아로마테이즈와 호르몬 A의 발현량은 큰 영향 없음
4. β → 수컷 개구리 배아 여성화, 성체 수컷 개구리의 혈중 호르몬 A↓

[정답해설]
ㄱ. 1에 따르면 유전자 X의 발현이 억제되면 암컷 성체로 발달한다. 그러므로 α가 거북 배아의 미분화 생식소에서 유전자 X의 발현을 억제하면, 수컷 배아가 암컷 성체로 발달하게 된다. 이러한 사실은 α가 수컷 거북의 배아를 여성화한다는 가설 ㉠을 강화한다.
ㄴ. 2에 따르면 아로마테이즈의 발현량이 늘어나면 성결정호르몬인 호르몬 A의 양이 줄어든다. 또한 4에 따르면 β가 성체 수컷 개구리의 호르몬 A의 양을 줄인다. 따라서 β가 성체 수컷 개구리에서 아로마테이즈 발현량을 늘리면, 혈중 호르몬 A가 감소하게 된다. 이는 β가 성체 수컷 개구리의 혈중 성결정호르몬에 변화를 준다는 가설 ㉡을 강화한다.
ㄷ. 3문단에 따르면 호르몬 A의 양과 아로마테이즈의 발현량은 α에 노출된 거북 배아와 그렇지 않은 배아가 동일하다. 따라서 거북 배아가 α에 노출되면 그렇지 않은 거북 배아에 비해 호르몬 A가 만들어지는 양이 감소한다는 내용은 배아에서 성체로 발달하는 동안 호르몬 A의 생성에 α가 영향을 주지 못한다는 가설 ㉢의 내용과 배치된다. 따라서 이는 가설 ㉢을 약화한다.

문 39. 정답 ⑤

[유형] 논증분석 [내용영역] 논리학 [난이도] ★★☆

[정답해설]
지문에 제시된 선택과 그 결과를 정리하면 다음과 같다.

	붉은색	검은색	노란색	기댓값
선택1	1만 원	−	−	1/3만 원
선택2	−	1만 원	−	b만 원
선택3	1만 원	−	1만 원	1−b만 원
선택4	−	1만 원	1만 원	2/3만 원

ㄱ. 항아리에서 붉은색 구슬이 30개에서 15개로 바뀌는 경우, 먼저 선택1과 선택2 사이에서 선택1의 확률은 1/6로 감소하지만, 선택2의 확률은 여전히 0일 수 있기 때문에, 최악의 상황을 피하고자 한다면 둘 중 선택1을 택한다. 다음으로 선택3과 선택4 사이에서 선택3의 확률의 최솟값은 1/6이지만, 선택4의 확률은 5/6으로 고정되므로, 둘 중에서 여전히 선택4를 택한다. 이렇게 조건이 바뀌어도 선택이 동일하므로, ㉠이라는 결론은 따라 나올 것이라고 판단할 수 있다.
ㄴ. 6문단에 따르면 내기1에서 선택1을, 내기2에서 선택4를 택한 행위는 최악의 상황을 피하는 결정이기 때문에 합리적이다. 반면에 기댓값 최대화 원리에 따르면 합리적 선택은 기댓값이 가장 큰 선택지를 선택하는 것을 의미한다. ㉠은 선택1과 선택4가 합리적 선택과 기댓값 최대화 원리가 충돌하는 경우라고 설명한다. 그런데 위의 선택이 합리적인 결정이 아니라는 것을 받아들이면, ㉠과 같이 문제를 제기할 수 없다. 따라서 ㉠이라는 결론은 따라 나오지 않는다.
ㄷ. 기댓값 최대화 원리는 합리적 선택을 하려면 기댓값이 가장 큰 선택지를 선택해야 한다는 것이고, 이는 기댓값 사이의 크기를 비교할 수 있음을 전제한다. ㉠ 또한 최악의 상황을 피하는 선택과 다른 선택들 사이의 기댓값을 비교하여 도출된 내용이다. 만약 기댓값 사이의 크기를 비교할 수 없다면, ㉠과 같이 합리적 선택과 기댓값 최대화 원리가 충돌한다고 설명할 수 없다. 따라서 ㉠이라는 결론은 따라 나오지 않는다.

문 40. 정답 ③

[유형] 정보추론 [내용영역] 논리학 [난이도] ★★★

[정답해설]
ㄱ. 갑은 선택1과 선택3을 택했으므로, 꺼낸 구슬이 붉은색이면 2만 원, 검은색이면 0원, 노란색이면 1만 원을 받는다. 을은 선택1과 선택4를 택했으므로, 꺼낸 구슬이 붉은색이면 1만 원, 검은색이면 1만 원, 노란색이면 1만 원을 받는다. 갑이 붉은색 구슬을 꺼내 2만 원을 받거나 검은색 구슬을 꺼내 상금을 받지 못하는 경우, 어떤 색의 구슬을 뽑든 상금 1만 원을 받는 을과 상금 액수에서 차이가 난다. 따라서 두 사람이 받는 상금의 액수가 같은 경우는 갑이 노란색 구슬을 꺼냈을 때이며, 이때 두 사람의 상금 액수는 1만 원으로 같아진다.

ㄴ. 검은색 구슬의 개수가 20개 미만이라면 붉은색 구슬의 개수인 30개보다 적으므로, 다른 조건이 일정한 경우 검은색 구슬보다 붉은색 구슬을 선택하는 것이 기댓값이 더 커진다. 따라서 선택1과 선택2 중에서는 선택1이, 선택3과 선택4 중에서는 선택3이 기댓값이 더 크다. 따라서 선택1과 선택3을 한 갑의 선택은 기댓값이 가장 큰 선택지이다.

[오답해설]

ㄷ. 갑이 을보다 상금을 더 많이 받는 경우는 사회자가 붉은색 구슬을 뽑아 갑이 2만 원, 을이 1만 원을 받는 경우이다. 반면에 사회자가 검은색 구슬을 뽑으면 갑이 0원, 을이 1만 원을 받고, 노란색 구슬을 뽑으면 갑이 1만 원, 을이 1만 원을 받는다. 따라서 갑이 을보다 상금을 더 많이 받지 않는 경우는 사회자가 검은색 또는 노란색 구슬을 뽑는 경우이다. 붉은색 구슬이 나올 확률은 30/90이지만, 검은색 또는 노란색 구슬이 나올 확률은 60/90이므로 갑이 을보다 더 많은 상금을 받을 확률과 그렇지 않을 확률은 같지 않다.

2021년도 자료해석영역 (가)책형

문 1. 정답 ④

유형 자료추론(수식추론)　　　　난이도 ★★☆

[정답해설]

ㄴ. 〈표〉에 제시된 지역 중 2045년 고령인구 비율이 40% 이상인 지역은 강원, 전북, 전남, 경북 4곳이다.

ㄹ. 단서의 수식을 변형하면, 인구=$\frac{고령인구}{고령인구\ 비율}×100$이다. 2045년 충북 인구는 $\frac{646}{0.391}$이고 전남 인구는 $\frac{740}{0.453}$이므로, 2045년 충북 인구 대비 전남 인구는 $\frac{740}{646}×\frac{0.391}{0.453}$이다. 740 < 646×1.15이고 0.453 > 0.391×1.15이므로, $\frac{740}{646}×\frac{0.391}{0.453}$ < 1이다. 따라서 2045년 충북 인구는 전남 인구보다 많다.

[오답해설]

ㄱ. 〈그림〉에서 2019년 고령인구 비율이 가장 낮은 지역은 8.9%인 세종이다. 〈표〉에서 2025년 대비 2045년 세종의 고령인구 증가율은 200% 이상으로 가장 높다.

ㄷ. 고령인구 상위 세 개 지역은 2025년이 경기, 서울, 부산, 2035년이 경기, 서울, 경남, 2045년이 경기, 서울, 경남이다.

문 2. 정답 ③

유형 자료전환(보고서전환)　　　　난이도 ★☆☆

[정답해설]

○ 〈보고서〉 두 번째 문단 첫 번째 문장
　4대 질환 중 전체 보험혜택 비율이 가장 높은 질환은 7.5인 B이므로, B는 심장에 해당한다. 따라서 ②, ④는 정답이 아니다.

○ 〈보고서〉 두 번째 문단 두 번째 문장
　1분위 보험혜택 비율이 16.7, 5분위 보험혜택 비율이 1.6인 D는 1분위 보험혜택비율이 5분위 보험혜택 비율의 10배 이상이므로, D질환은 뇌혈관 또는 암이 아니다. 따라서 ⑤는 정답이 아니다.

○ 〈보고서〉 두 번째 문단 마지막 문장
　1분위 가구당 보험급여가 327,223원인 A는 가구당 전체질환 보험급여 128,431원의 3배 미만이므로, 뇌혈관이 아니다. 따라서 ①은 정답이 아니다.

이를 정리하면 다음과 같다.

A	B	C	D
암	심장	뇌혈관	희귀

문 3. 정답 ①

유형 자료확인(일반자료확인)　　　　난이도 ★★☆

[정답해설]

① 환경 분야의 재정지출 금액은 〈표 1〉의 연도별 금액에 〈표 2〉의 환경 분야의 비중을 곱한 값이다. 2017년의 경우 전체 재정지출의 금액은 522,381백만 달러로 2016년 527,335백만 달러 대비 감소하지만, 2017년 환경 재정지출의 비중은 2.4%로 2016년과 동일하다. 따라서 2017년 환경 분야 재정지출은 전년 대비 감소한다.

[오답해설]

② 2020년 전체 재정지출은 2013년 대비 증가하고, 2020년 교육 분야 재정지출 비중은 16.1%로 2013년 안전 분야 재정지출 비중인 3.6%의 4배 이상이다. 따라서 2020년 교육 분야 재정지출 금액은 2013년 안전 분야 재정지출 금액의 4배 이상이다.

③ GDP는 〈표 1〉에서 $\frac{금액}{GDP\ 대비\ 비율}$으로 나타낼 수 있다. 재정지출 금액의 앞자리 3자리 수치로 비교하면, 2013년 GDP는 $\frac{487}{0.349}$, 2020년 GDP는 $\frac{614}{0.323}$이다. 2013년 GDP의 값을 30% 증가시키면 $\frac{487+146.1}{0.349} ≒ \frac{633}{0.349}$이다. $\frac{633}{0.349}$과 $\frac{614}{0.323}$를 비교하면, 분자는 633이 614보다 5% 미만 큰 반면, 분모는 0.349가 0.323보다 5% 이상 크다.

④ GDP 대비 비율=$\frac{전체\ 재정지출\ 금액}{GDP}×100$이므로 GDP 대비 보건 분야 재정지출 비율=$\frac{전체\ 재정지출\ 금액×보건\ 분야\ 재정지출\ 비중}{GDP}$=GDP 대비 비율×보건 분야 재정지출 비중으로 나타낼 수 있다. GDP 대비 보건 분야 재정지출 비율=GDP 대비 비율×보건 분야 재정지출 비중이다.
2017~2019년 동안 2017년을 제외하고 전년에 비해 GDP 대비 전체 재정지출 비율이 증가하고, 2020년은 전년에 비해 GDP 대비 전체 재정기출 비율이 동일하다. 그리고 보건 분야의 재정지출 비중은 매년 증가하므로 2017년만 전년과 비교하면 된다. 2017년은 GDP 대비 전체 재정지출 비율의 전년 대비 감소폭이 0.9%p로 감소율은 5% 미만이지만, 보건 분야 재정지출 비중은 전년 대비 증가폭이 0.8%p로 증가율은 5% 이상이므로 GDP 대비 보건 분야 재정지출 비율은 전년 대비 증가한다.

⑤ 〈표 2〉에서 2013~2020년 동안 매년 교육 분야와 보건 분야의 비중 합이 25%를 초과하며, 나머지 분야의 비중 합이 10%를 초과한다. 따라서 분야별 재정지출 비중의 합이 35% 이상이다.

문 4. 정답 ⑤

유형 자료추론(수식추론)　　　　난이도 ★★☆

[정답해설]

⑤ 전체 수율이 기존과 동일하려면 생산량과 불량품 수의 증가율이 동일해야 한다. 전체 생산량은 10,000개에서 13,000개가 되어 증가율은 30%인데, 전체 수율을 동일하게 유지하기 위해 불량품 수의 증가율이 30%라면, 불량품 수의 증가폭은 900×0.3=270개이다.

A와 B의 불량률이 10%이고 1,000개의 10%는 100개이므로, A와 B의 불량품 수 증가폭의 합은 100+100=200개이다. C의 불량률이 8%이고, 1,000개의 8%는 80개이므로, 불량품 수의 증가폭은 80개이다. 따라서 전체 불량품 수의 증가폭은 280개이므로, 전체 수율은 기존과 동일하지 않다.

[오답해설]

① 단서 1)에 의하면 제품별 불량률의 경우 제품 A는 $\frac{200}{2000}×100$=10%, 제품 B는 $\frac{300}{3000}×100$=10%, 제품 C는 $\frac{400}{5000}×100$=8%이다.

② 불량품 수가 100% 증가한다는 것은 불량품 수가 2배가 된다는 것이므로, 전체 불량품 수는 900×2=1,800개이다. 따라서 전체 수율=$\frac{10000-1800}{10000}×100$=82%이다.

③ 단서 2)를 변형하면, 전체 수율(%)=$(1-\frac{전체\ 불량품\ 수}{전체\ 생산량})×100$이다. 수식을 분석하면, 제품별 불량률이 동일하고 제품별 생산량만 N%로 변동할 경우, 전체 불량률에 해당하는 $\frac{전체\ 불량품\ 수×N\%}{전체\ 생산량×N\%}$의 값이 동일하므로 전체 수율은 변화하지 않는다. 즉, 불량률이 변동하지 않고, 생산량이 2배가 된다면 불량품 수도 2배가 된다. 따라서 전체 수율의 분모와 분자가 모두 2배가 되는 것이므로 전체 수율의 변화는 없다.

④ 불량품 수만 제품별로 100개씩 증가할 경우 전체 불량품 수는 1,200개가 되므로 전체 수율은 $\frac{10000-1200}{10000}×100$=88%이다.

문 5. 정답 ②

유형 자료추론(수식추론)　　　난이도 ★☆☆

[정답해설]
ㄱ. 2020년 전체 대학의 전임교원 담당학점 비율은 66.7%로 비전임교원 담당학점 비율 33.3%의 2배인 66.6% 이상이다.
ㄹ. 2019년 대비 2020년에 증가한 비전임교원 담당학점은 비수도권 대학이 132991 – 124091 < 9,000학점이고, 수도권 대학이 106403 – 101864 > 4,500학점이다.

[오답해설]
ㄴ. 2020년 전체 대학의 전임교원 담당학점은 479,876학점으로 2019년 476,551학점 대비 증가한다. 담당학점 비율이 전년 대비 1.1%p 감소한다.
ㄷ. 단서에 의하면, 비전임교원 담당학점 비율 대비 강사 담당학점의 비율 = $\frac{강사\ 담당학점}{비전임교원\ 담당학점}$이므로, 비전임교원 담당학점 중 강사 담당학점의 비중은 2020년이 $\frac{19.2}{32.2}\times100$, 2019년이 $\frac{14.7}{31.0}\times100$이다. $\frac{19.2}{32.2} > \frac{14.7}{31.0}$이므로 두 비율값의 차이가 10%p 미만이려면 $\frac{19.2}{32.2} < \frac{14.7}{31.0} + \frac{3.1}{31.0}$이 되어야 한다. $\frac{17.8}{31.0} < \frac{19.2-17.8}{32.2-31.0} = \frac{1.4}{1.2}$이다. 진분수의 경우, 분자와 분모에 동시에 같은 수를 합하면 수치는 증가하는데, $\frac{17.8}{31.0}$에서 분자는 1.4를, 분모는 1.2를 더할 경우 수치는 더 커진다. 따라서 $\frac{19.2}{32.2} > \frac{17.8}{31.0}$이다.

문 6. 정답 ②

유형 자료전환(보고서전환)　　　난이도 ★★☆

[정답해설]
② 〈보고서〉 세 번째 문단 마지막 문장에 전국 주유소 대비 국내 전기 충전 인프라의 비율이 제시되어 있으나, 지역별 전기차 공용 충전기 현황에 대한 내용이 아니므로 이를 작성하기 위해 사용한 자료가 아니다.

[오답해설]
① 〈보고서〉 첫 번째 문단 두 번째 문장에 '2015년 1.2백만 대에 머물던 세계 전기차 누적 생산량이 2030년에는 2억 5천만 대를 넘어설 것으로 추정하고 있다.'는 내용이 제시되었으며, 이를 작성하기 위해 사용한 자료이다.
③ 〈보고서〉 두 번째 문단 두 번째 문장에 '2015년 산업수요 대비 비중이 0.2%였던 전기차는 2019년에는 2.4%까지 비중이 늘었고, 2025년에는 산업수요에서 차지하는 비중을 14.4%까지 끌어올린다는 목표를 가지고 있다.'는 내용이 제시되어 있으며, 이를 작성하기 위해 사용한 자료이다.
④ 〈보고서〉 첫 번째 문단 마지막 문장에 '2020년 5백만 대에 못 미치던 전 세계 전기차 연간 판매량이 2030년에는 2천만 대가 넘을 것으로 추정된다.'는 내용이 제시되어 있으며, 이를 작성하기 위해 사용한 자료이다.
⑤ 〈보고서〉 세 번째 문단 세 번째 문장에 '2019년 3월 기준, 전기차 구매 시 지역별로 대당 최소 450만 원에서 최대 1,000만 원까지 구매 보조금을 받을 수 있다.'는 내용이 제시되어 있으며, 이를 작성하기 위해 사용한 자료이다.

문 7. 정답 ③

유형 자료추론(수식추론)　　　난이도 ★☆☆

[정답해설]
ㄱ. 전체가 18개 과목이므로 2021년도 경쟁률이 2020년도에 비해 하락한 과목의 수가 10개 이상이면 ㄱ의 내용이 옳게 된다. 빈칸을 제외하고 2021년도 경쟁률이 2020년도에 비해 하락한 과목은 국어, 영어, 일반사회, 역사, 수학, 화학, 지구과학, 가정, 미술로 9개이다. 2021년도 경쟁률이 빈칸인 과목 중 생물의 2021년도 경쟁률은 10:1 이하이므로 2020년도 대비 감소한다. 따라서 2021년 경쟁률이 하락한 과목의 수가 10개 이상이므로 옳다.
ㄹ. 단서에 의하면 모집정원 = $\frac{접수인원}{경쟁률}$이며, 2021학년도 모집정원은 수학의 경우 $\frac{4452}{12.54}$명, 영어의 경우 $\frac{4235}{15.92}$명이다. 분모는 수학이 더 작고, 분자는 수학이 더 크므로, 모집정원은 수학이 영어보다 많다.

[오답해설]
ㄴ. 단서에 의하면 접수인원 = 모집정원×경쟁률이므로 물리와 정보컴퓨터의 경우 접수인원이 2,000명보다 적다. 따라서 접수인원 2021학년도 접수인원 상위 3과목은 국어(6,493명), 수학(4,452명), 영어(4,235명)이다. 한편, 2021학년도 경쟁률 1위 과목은 중국어(26.42)이므로 2021학년도 경쟁률 상위 3과목과 접수인원 상위 3과목은 일치하지 않는다.
ㄷ. 빈칸이 있는 과목을 제외하고 2021학년도 경쟁률이 5.0 미만인 과목은 도덕윤리뿐이다. 한편, 빈칸이 있는 과목 중 모집정원×5 < 접수인원이 성립하는 과목은 기술뿐이며, 기술 과목의 모집정원은 144명으로 150명 미만이다.

문 8. 정답 ①

유형 자료확인(일반자료확인)　　　난이도 ★☆☆

[정답해설]
ㄱ. '조선왕조실록'과 '호구총수'의 호(戶)에 3을 곱하여도 모두 구(口)보다 작은지 확인하면 된다. 숙종 19년을 제외하고 '조선왕조실록', '호구총수'에 따른 호는 모두 1,500,000호 미만, 구는 4,500,000명 이상이다. 또한, 숙종 19년의 경우 '조선왕조실록', '호구총수'에 따른 호는 모두 2,000,000호 미만, 구는 6,000,000명 이상이다.
ㄴ. '호구총수'의 경우 현종 13년과 숙종 25년은 전 조사연도 대비 호(戶)가 감소하므로 숙종 원년과 숙종 19년만 비교한다. 증가율에서 분자에 해당하는 직전 조사연도 대비 호(戶)의 증가폭은 숙종 19년이 십만 단위로 숙종 원년의 만 단위 증가폭을 크게 상회하고, 분모에 해당하는 숙종 원년의 호(戶)와 현종 13년의 호(戶) 차이는 크지 않으므로, 숙종 19년의 직전 조사연도 대비 증가율이 크다.
'조선왕조실록'도 숙종 원년과 숙종 19년만 비교하면 된다. 증가율에서 분자에 해당하는 직전 조사연도 대비 호(戶)의 증가폭은 숙종 19년의 증가폭이 십만 단위로 숙종 원년의 만 단위를 크게 상회하고, 분모에 해당하는 숙종 원년의 호(戶)와 현종 13년의 호(戶) 차이는 크지 않으므로, 숙종 19년의 직전 조사연도 대비 증가율이 크다.

[오답해설]
ㄷ. 숙종 원년 대비 숙종 19년 구(口)의 증가율은 $\frac{숙종\ 19년\ 구(口)의\ 수}{숙종\ 원년\ 구(口)의\ 수} - 1$이다. 숙종 원년의 경우, 호구총수의 구(口)가 조선왕조실록의 구(口)보다 크다. 숙종 19년의 경우, 호구총수의 구(口)가 조선왕조실록의 구(口)보다 작다. 따라서 숙종 원년 대비 숙종 19년 '조선왕조실록'에 따른 구(口) 증가율은 '호구총수'에 따른 구(口) 증가율보다 분자는 크고 분모는 작으므로, 숙종 원년 대비 숙종 19년 '조선왕조실록'에 따른 구(口) 증가율은 '호구총수'에 따른 구(口) 증가율보다 크다.
ㄹ. '조선왕조실록'과 '호구총수' 간 호(戶)의 차이는 숙종 25년에 유일하게 40,000호 이상으로 가장 크다. 한편, '조선왕조실록'과 '호구총수' 간 구(口)의 차이는 현종 10년과 숙종 19년에는 100,000명 이상이지만, 숙종 25년에는 100,000명 미만으로 가장 크지 않다.

문 9. 정답 ②

유형 자료추론(통계추론)   난이도 ★★☆

[정답해설]

② 팔로워 25,000명 중 3,000명의 비율은 12%에 해당하므로, 35세 이상 팔로워가 모두 서울에 거주하더라도, 34세 이하 서울에 거주하는 팔로워의 비율이 12% 이상인지 확인하면 된다. 서울에 거주하는 팔로워는 13,226명이므로 전체 팔로워 중 차지하는 비율은 52%를 초과한다. 35세 이상 팔로워의 비율은 18+12+7+2=39%이고 52-39>12%이므로 옳다.

[오답해설]

① 34세 이하 팔로워의 비율은 32+29=61%이며, 45세 이상 팔로워의 비율은 12+7+2=21%이다. 61<21×3이므로 옳지 않다.

③ 서울에 거주하는 팔로워는 13,226명으로 전체 팔로워의 절반인 12,500명보다 많다. 따라서 서울에 거주하는 팔로워는 다른 모든 지역에 거주하는 팔로워의 합보다 많다.

④ 되도록 일의 자리가 0이 되는 거주지역을 찾아 짝지어 합하면, 인천과 광주를 더해서 3,010명, 대구와 대전을 더해서 3,330명, 서울과 부산을 더해서 15,373명이고 이를 모두 더하면 21,713명이 된다. 이때 전체 팔로워의 10%인 2,500명을 기타에 넣으면, 울산의 거주하는 팔로워는 787명이 된다.

⑤ 기타 지역을 제외한 지역에서 각각 팔로워가 100명씩 증가할 경우, 전체 팔로워는 25,700명으로 증가하고 광주 팔로워는 1,271명이 된다. $\frac{25700}{20}$=1,285명이므로 전체 팔로워의 5% 미만이다.

문 10. 정답 ④

유형 자료응용(논리퀴즈)   난이도 ★★☆

[정답해설]

○ 〈조건〉 3
권장기준에 부합하는 남성과 여성은 1명씩 존재하며, ①~⑤에 의하면 권장기준에 부합하는 남성은 A 또는 B 또는 E이고, 여성은 C 또는 F이다. 따라서 경우의 수가 상대적으로 적은 C와 F 중 권장기준에 부합하는 여성이 누구인지를 먼저 판별한다.

○ 권장기준에 부합하는 여성
〈조건〉 1과 〈표〉에 따른 C와 F의 영양소별 에너지 섭취량은 아래와 같다.

영양소\성인	탄수화물	단백질	지방
C	1,200kcal	300kcal	450kcal
F	800kcal	320kcal	810kcal

권장기준 1에 따르면, 일일 총에너지 섭취량 중 55~65%를 탄수화물로, 15~30%를 지방으로 섭취해야 하나, F의 경우 지방으로 섭취하는 에너지가 탄수화물로 섭취하는 에너지보다 많으므로 권장기준에 부합하지 않는다. 따라서 ①, ③, ⑤는 정답이 아니다. 따라서 남은 B와 E 중 권장기준에 부합하는 남성이 누구인지를 판별하면 된다.

○ 권장기준에 부합하는 남성
〈조건〉 1과 〈표〉에 따른 B와 E의 영양소별 에너지 섭취량은 아래와 같다.

영양소\성인	탄수화물	단백질	지방
B	2,000kcal	200kcal	540kcal
E	1,600kcal	400kcal	630kcal

권장기준 1에 따르면, 일일 총에너지 섭취량 중 55~65%를 탄수화물로 섭취해야 하나, B의 경우 일일 총에너지 섭취량 2,740kcal 중 단백질과 지방으로 섭취하는 에너지가 740kcal로 30% 미만이다. 따라서 탄수화물로 섭취하는 에너지는 총에너지 섭취량의 70% 이상이므로, 권장기준에 부합하지 않는다. 따라서 정답은 ④이다.

문 11. 정답 ①

유형 자료추론(통계추론)   난이도 ★★☆

[정답해설]

ㄱ. 〈표〉에 제시된 제약사 중 GSK, Takeda, AstraZeneca를 제외한 나머지 7개 제약사만 2018년 매출액 상위 10개 제약사에 포함되며, AbbVie는 2018년 매출액 상위 10번째 제약사이고 2018년 매출액이 321억 달러이다. 따라서 2024년 기준 매출액 상위 10개 제약사의 2018년 매출액의 합 3,455억 달러에 321억 달러와 GSK, Takeda, AstraZeneca 2018년 매출액과의 차이를 추가로 더해준 값이 구하고자 하는 값이다. 3455+(321-306)+(321-174)+(321-207) > 3,700억 달러이므로 옳다.

ㄴ. 2024년 매출액 상위 10개 제약사 중, 2018년 대비 2024년 매출액의 증가폭은 Takeda가 유일하게 140억 달러 이상으로 가장 높고, Roche가 21억 달러로 가장 낮다.

[오답해설]

ㄷ. 2024년 매출액 상위 10개 제약사의 매출액 합이 전체 제약사 총매출액에서 차지하는 비중은 2024년이 $\frac{4149}{11809}$ < 0.4, 2018년이 $\frac{3455}{8277}$ > 0.4이다.

ㄹ. 2024년 매출액 상위 10개 제약사 중, 2018년 대비 2024년 매출액 증가율이 50%를 초과하는 기업은 Takeda와 AstraZeneca뿐이며, AstraZeneca의 2018년 대비 2024년 매출액 증가율이 60%를 초과하는지를 판단하면, 2018년 매출액의 1.6배는 207×1.6=331억 달러이고, 2024년 매출액인 322억 달러이므로, AstraZeneca의 2018년 대비 2024년 매출액 증가율은 60% 미만이다. 따라서 매출액 증가율이 60% 이상인 기업은 2개가 아니다.

문 12. 정답 ③

유형 자료확인(특수자료확인)   난이도 ★★☆

[정답해설]

③ 2010년 '농지'인 구획의 개수는 7개이고, 2010년 '산림'이 아닌 구획 중 2020년 '산림'인 구획의 개수는 2개이다.

[오답해설]

① 2010년과 2020년의 토지이용유형 현황을 정리하면, 2010년은 '도시' 6개, '수계' 7개, '산림' 8개, '농지' 7개, '나지' 8개이고, 2020년은 '도시' 12개, '수계' 6개, '산림' 7개, '농지' 7개, '나지' 4개이다. 토지면적 증감량이 가장 큰 유형은 6개 증가한 '도시'이고 두 번째로 큰 유형은 4개 감소한 '나지'이다. 4×1.5=6이므로 1.5배에 해당한다.

② 2010년 '산림' 구획 8개 중 2020년 '산림'이 아닌 구획의 토지면적은 3개이고, 2010년 '농지'가 아닌 구획 29개 중 2020년 '농지'인 구획의 토지면적은 4개이다.

④ 2010년 '나지'인 구획 중 4행 1열은 '도시' 구획이 되었고, 5행 3열은 '농지' 구획이 되었으며, 6행 5열은 '산림' 구획이 되었다.

⑤ 2021년의 토지이용유형은 2020년의 토지이용유형에서 4행 3열을 '도시' 구획으로, 6행 2열을 '나지' 구획으로 하면, '도시' 구획은 12개이다. 2020년의 경우에도 '도시' 구획이 12개이므로 옳다.

문 13. 정답 ⑤

유형 자료추론(수식추론)   난이도 ★★☆

[정답해설]

⑤ 전월 대비 11월 발병 두수가 A 지역은 100%, B 지역은 400% 증가하면, A 지역의 발병 두수는 6,000두이고, B지역의 발병 두수는 3,000두이다. A 지역의 사육 두수가 200,000두이고 B지역의 사육 두수가 100,000두이므로 11월 A 지역의 발병률은 $\frac{6000}{20000}$, B 지역의 발병률은 $\frac{3000}{100000}$으로 같다.

[오답해설]

① 단서 2)에 의하면 사육 두수=$\frac{발병\ 두수 \times 1000}{발병률}$이다. A 지역 10월 발병률은 15.0%이므로, A지역 사육 두수=$\frac{3000}{15} \times 1000$=200,000두이다. B 지역 6월 발병률은 6.0%이므로 B지역 사육 두수=$\frac{600}{6} \times 1000$=100,000두이다.

② A 지역 전체 폐사 두수는 400두이며, B 지역 전체 폐사 두수는 6월과 8월을 제외하더라도 이미 50+20+40=110두이다. 400의 $\frac{1}{3}$은 134보다 작으므로, 6월과 8월 B 지역 폐사 두수의 합이 24두 이하인지 확인하면 된다. B 지역 6월 폐사율 5%, 발병 두수가 600두이므로 단서 1)에 의하면 B 지역 6월 폐사두수=600×0.05=30두이다. 따라서 B 지역 8월 폐사 두수를 제외하더라도 전체 폐사 두수는 140두 이상이다.

③ A 지역 6월 폐사 두수가 20두, 폐사율이 10%이므로 발병 두수는 200두이다. 7월 폐사 두수는 6월과 동일하며, 폐사율이 2.5%이므로 발병 두수는 800두이다. 따라서 A 지역 전체 폐사율=$\frac{400}{200+800+1600+2400+3000}=\frac{400}{8000}\times 100$=5%이다.

B 지역 6월 발병 두수가 600두이고 폐사율이 5%이므로 폐사 두수는 30두이다. 8월 발병 두수가 2,400두이고 폐사율이 2.5%이므로 폐사 두수는 60두이다. 따라서 B 지역 전체 폐사율=$\frac{30+50+60+20+40}{5800}=\frac{200}{5800}\times 100<5\%$이다.

④ B 지역의 폐사 두수가 가장 적은 월을 파악하기 위해 8월의 폐사 두수를 구하면 폐사율이 2.5%이므로 폐사 두수는 60두이다. B 지역의 6월 폐사 두수가 30두이므로 9월이 폐사 두수가 가장 적고, 9월에 A 지역의 발병 두수는 전월 대비 $\frac{2400-1600}{1600}\times 100=\frac{800}{1600}\times 100$=50% 증가한다.

문 14. 정답 ①

유형 자료응용(논리퀴즈)   난이도 ★★★

[정답해설]

①~⑤에 따르면, 월간 순지출액이 가장 작은 지역은 마닐라 또는 자카르타이며, 가장 큰 지역은 다낭 또는 하노이 또는 세부이다. 따라서 경우의 수가 더 적은 가장 작은 지역부터 도출한다.

〈표〉와 〈정보〉에 따라 마닐라와 자카르타의 항목별 순지출액을 나타내면 아래와 같다.

(단위: 달러)

지역\항목	급여	전력 사용료	운송비
자카르타	10×(310−50)	100×7	4×2300×0.5
마닐라	10×230	100×(12−10)	4×2300×0.5

자카르타가 마닐라보다 급여 항목과 전력 사용료 항목의 순지출액이 더 많으므로, ③, ④, ⑤는 정답이 아니다. 따라서 남은 ①, ②에 의하면 다낭과 하노이 중 순지출액이 더 큰 지역을 찾으면 된다.

〈표〉와 〈정보〉에 따라 다낭과 하노이의 항목별 순지출액을 나타내면 아래와 같다.

(단위: 달러)

지역\항목	급여	전력 사용료	운송비
하노이	10×(220−30)	100×(19−5)	4×3400
다낭	10×(200−30)	100×(19−5)	4×4000

하노이가 다낭보다 급여 항목의 순지출액이 10×20달러만큼 더 많지만, 다낭은 하노이보다 운송비 항목의 순지출액이 4×600달러만큼 더 많다. 하노이와 다낭의 전력 사용료는 동일하므로, 순지출액이 가장 큰 지역은 다낭이며, 정답은 ①이다.

이를 정리하면 다음과 같다.

가장 작은 지역	가장 큰 지역
마닐라	다낭

문 15. 정답 ③

유형 자료응용(논리퀴즈)   난이도 ★★☆

[정답해설]

〈규칙〉에서 우수논문 선정방식을 보면 가, 나, 다의 산정방식이 모두 필요하므로 가, 나, 다를 먼저 구한다.

○ 가
논문 I은 2×2=4, 논문 II는 1×1=1, 논문 III은 1×2+1×1=3, 논문 IV는 0, 논문 V는 1×1=1이므로 논문 II의 평가점수는 1점, 나머지 논문의 평가점수는 2점이다.

○ 나
논문 I의 중앙값은 1, 논문 II의 중앙값은 3, 논문 III의 중앙값은 2, 논문 IV의 중앙값은 4, 논문 V의 중앙값은 3이다. 따라서 중앙값이 가장 작은 논문은 논문 I로 평가점수는 1점이고 나머지 논문의 평가점수는 2점이다.

○ 다
논문 I의 합은 7, 논문 II의 합은 9, 논문 III의 합은 6, 논문 IV의 합은 13, 논문 V의 합은 10이다. 따라서 합이 가장 작은 논문은 논문 III으로 평가점수 1점이고, 나머지 논문이 2점이다.

ㄱ. 선정방식 A에 따르면 가에서 가장 낮은 평가점수는 논문 I, 나에서 가장 낮은 평가점수는 논문 I, 다에서 가장 낮은 평가점수는 논문 III이다. 따라서 논문 I이 $\frac{2}{3}$로 우수논문으로 선정될 확률이 가장 높다.

ㄷ. 선정방식 C에 따르면 논문 I은 $1\times\frac{1}{6}+1\times\frac{1}{3}+2\times\frac{1}{2}=\frac{3}{2}$, 논문 II는 $2\times\frac{1}{6}+2\times\frac{1}{3}+2\times\frac{1}{2}=2$, 논문 III은 $2\times\frac{1}{6}+2\times\frac{1}{3}+1\times\frac{1}{2}=\frac{3}{2}$, 논문 IV는 $2\times\frac{1}{6}+2\times\frac{1}{3}+2\times\frac{1}{2}=2$, 논문 V는 $2\times\frac{1}{6}+2\times\frac{1}{3}+2\times\frac{1}{2}=2$이므로 논문 I과 논문 III이 가장 낮으나, 단서 2)에 의해 '병'의 선호가 더 높은 논문 III이 선정된다.

[오답해설]

ㄴ. 선정방식 B에 따르면 논문 I은 1+1+2=4, 논문 II는 2+2+2=6, 논문 III은 2+2+1=5, 논문 IV는 2+2+2=6, 논문 V는 2+2+2=6 이므로 논문 I이 선정된다.

문 16. 정답 ⑤

유형 자료전환(표-그림전환)   난이도 ★★★

[정답해설]

ㄴ. 숫자가 큰 것, 작은 것 위주로 구분선을 넘는지 등을 파악한다. 〈표〉에는 면적의 단위가 km^2, 그래프에는 m^2로 표현되어 있다. $1km^2$=1,000,000m^2이므로, 〈표〉에 제시된 면적의 수치에 ×1000000을 하여 세대수로 나누면, 그래프에 제시된 수치와 동일하다.

ㄹ. 세 번째 설명에 따라 도의 하위 구는 기초지방자치단체에 해당하지 않고, 특별자치도의 하위 시가 기초 지방자치단체에 해당하지 않음을 고려하면, 기초지방자치단체는 75+82+69=226개이다. 226×0.3=67.8이고 이는 구의 숫자와 비슷하다. 시의 경우 226×0.33≒226×$\frac{1}{3}$≒75.30이다.

[오답해설]

ㄱ. 군 1개당 여성인구 수는 〈표〉와 그래프의 수치가 맞지만, 여성인구가 거주 여성인구와 같은 의미인지, 그리고 군의 거주 여성인구인지 알 수 없다.

ㄷ. 먼저 서울특별시 공무원 수는 34,881명이며, 34881×0.25=8720.25이다. 부산광역시 공무원 수는 11,591명이므로, 서울특별시 공무원 수 대비 부산광역시 공무원 수의 비율은 25%를 초과한다.

문 17. 정답 ③

유형 자료응용(논리퀴즈) 난이도 ★★★

[정답해설]

○ 변천사 1
2012년 1월 1일 당진군이 당진시로 승격하였으나, 발문에서는 2012년 6월 30일 기준 시, 군, 구를 요구하고 있으므로 고려하지 않아도 되는 정보이다.

○ 변천사 2
2012년 7월 1일에 연기군이 폐지되어 군의 수는 -1이다.

○ 변천사 3
여주군이 여주시로 승격하여 군의 수는 -1, 시의 수는 +1이다.

○ 변천사 4
청원군이 폐지되어 군의 수는 -1이고 청원구, 서원구가 새로 설치되어 구의 수는 +2이다.

○ 변천사 5
부천시의 3개 구가 폐지되어 구의 수는 -3이다.

이들을 모두 종합하면, 2012년 6월 30일 후에 시의 수는 +1, 군의 수는 -3, 구의 수는 -1이 되었으므로, 2012년 6월 30일 기준 시, 군, 구의 수는 2019년 12월 31일 기준 시의 수에 -1, 군의 수에 +3, 구의 수에 +1을 한 76, 85, 102개이다. 이를 정리하면 다음과 같다.

시	군	구
76	85	102

문 18. 정답 ⑤

유형 자료추론(통계추론) 난이도 ★★☆

[정답해설]

ㄷ. 취업률이 인문계열 평균 취업률과 차이가 큰 학과가 소속된 계열이라는 의미는, 취업률지수의 최댓값 혹은 최솟값이 0에서부터 가장 멀리 떨어진 계열이라는 의미이다. 남성의 경우 교육계열 취업률지수 최댓값이 30%p 이상으로 0에서 가장 멀리 떨어져있고, 여성의 경우 의약계열 취업률지수 최댓값이 40%p에 가까운 값으로 0에서 가장 멀리 떨어져있다.

ㄹ. 취업률이 인문계열 평균 취업률보다 낮은 학과가 있는 경우 취업률지수가 마이너스여야 한다. 남성의 경우 교육과 예능으로 2개, 여성의 경우 공학과 예체능으로 2개이다.

[오답해설]

ㄱ. 최댓값이 네 번째로 크다는 것은 전체 계열의 개수가 여섯 개이므로 월평균상대소득지수가 작은 순으로 계열을 나열했을 때 세 번째로 작다는 의미이다. 이에 해당하는 것은 남성이 예체능이고, 여성이 자연이므로 같지 않다.

ㄴ. 교육계열 월평균 상대소득지수의 최댓값과 최솟값의 차이는 여성의 경우 20 미만, 즉 한 칸 미만인데, 남성의 경우 20 이상, 즉 한 칸 이상이므로 남성이 더 크다. 축의 간격에 유의해야 한다.

문 19. 정답 ④

유형 자료전환(보고서전환) 난이도 ★★☆

[정답해설]

ㄴ. <보고서> 첫 번째 문단 세 번째 문장에 '금융자산 역시 금융소득과 함께 증가하였는데~'라는 내용이 제시되어 있으며, 이를 작성하기 위해 추가로 필요한 자료이다.

ㄹ. <보고서> 첫 번째 문단 마지막 문장에 '이는 금융소득 분위별로 구한 가구당 금융소득과 유사한 비율로 증가한 것이다.'라는 내용이 제시되어 있으며, 이를 작성하기 위해 추가로 필요한 자료이다.

[오답해설]

ㄱ. <보고서>에는 금융소득 없는 가구의 자산 또는 소득에 관한 내용이 제시되어 있지 않다.

ㄷ. <보고서>에는 금융소득 분위별 가구당 금융소득에 관한 내용만 제시되어 있을 뿐, 경상소득 분위별 가구당 금융소득에 관한 내용은 제시되어 있지 않다. '경상소득 분위별'에 집중하여 확인할 필요가 있다.

문 20. 정답 ⑤

유형 자료확인(일반자료확인) 난이도 ★★★

[정답해설]

ㄱ. <표 2>에 의하면 1~4월 동안 2편 이상 애니메이션을 등록한 회사의 1월 애니메이션 등록편수의 합은 5편이다. 1월 전체 등록편수는 <표 1>에 따라 14편이므로 <표 2>에 제시되어 있지 않은 9개의 회사가 1편씩 9편을 등록한 것을 알 수 있다.

2월의 경우 <표 2>의 2편을 <표 1>의 전체 편수 6편에서 빼면 4편이고, 이는 <표 2>에 제시되어 있지 않은 4개의 회사가 1편씩 등록한 것을 알 수 있다.

4월의 경우 <표 2>의 5편을 <표 1>의 전체편수 8편에서 빼면 3편이고, 이는 <표 2>에 제시되어 있지 않은 3개의 회사가 1편씩 등록한 결과이다.

지금까지 결과를 정리하면 16개의 회사가 1편씩 등록한 것인데, ㄱ이 옳기 위해서는 3월에 4개 이상의 회사가 1편씩 등록해야 한다. 3월의 경우 <표 2>에서 6편을 도출할 수 있고 <표 1>의 전체 편수에서 빼면 5편이다. 즉, 5개의 회사가 1편씩 등록한 것이므로 1편의 애니메이션만 등록한 회사는 20개사 이상이다.

ㄴ. 유이락이 1월에 국내 단독 유형으로 2개 등록하였고 <표 2>에서 1월 애니메이션 등록현황을 보면 유이락을 제외한 회사는 국내 단독 유형으로는 2편 이상 등록하지 않았으므로 1월에 국내 단독 유형인 애니메이션을 등록한 회사는 5개 사이다.

ㄷ. <표 2>에서 3월에는 4개의 회사가 등록한 것을 알 수 있고, <표 2>에 제시되어 있지 않은 5개의 회사가 1편씩 등록하였으므로, 3월에 애니메이션을 등록한 회사는 9개사이다.

문 21. 정답 ②

유형 자료전환(보고서전환) 난이도 ★☆☆

[정답해설]

ㄱ. 2020년 2월에는 수출액이 140,000천 달러 이상이고 수입액이 20,000천 달러 이하이므로, 수출액이 수입액의 7배 이상이다.

ㄷ. 2019년 8월~2020년 7월 중 월별 방진용 마스크 수입액은 2020년 3월 전월 대비 가장 높은 기울기로 상승하여 증가폭이 가장 크고, 2020년 2월 수입액이 가장 작으므로, 2020년 3월 전월 대비 수입액 증가율이 가장 크다.

[오답해설]

ㄴ. 방진용 마스크 수출액은 2019년 1~7월의 경우 중국이 미국보다 작았으나 2020년 1~7월의 경우 중국이 미국보다 크므로 2020년 1~7월 수출액의 전년 동기간 대비 증가율은 중국이 미국보다 크다.

ㄹ. 전년 동기간 대비 2020년 1~7월 한국이 베트남에서 수입한 방진용 마스크 수입액은 18,000천 달러에서 35,000천 달러로 2배보다 작게 증가하나, 한국이 중국에서 수입한 방진용 마스크 수입액은 93,000천 달러에서 490,000천 달러가 되어 2배 이상 증가한다.

문 22. 정답 ③

유형 자료응용(매칭)   난이도 ★☆☆

[정답해설]
○ 〈조건〉 2
활용률이 전국 활용률보다 낮은 도시는 부산과 울산이며, (가)~(라) 중 유일하게 (라)만이 전국 활용률보다 낮다. 따라서 울산은 (라)에 해당하므로 정답은 ③, ④ 중 하나이고, (가)는 인천이다.

○ 〈조건〉 3
1인당 조성면적이 1인당 결정면적의 50% 이하인 도시는 대전과 광주 중 광주이며, 1인당 결정면적 대비 1인당 조성면적의 값은 결정면적 대비 조성면적과 동일하다. (나)와 (다) 중 결정면적 대비 조성면적이 0.5 미만인 도시는 (나)이므로 광주는 (나)에 해당한다. 따라서 정답은 ③이다.

이를 정리하면 다음과 같다.

가	나	다	라
인천	광주	대전	울산

문 23. 정답 ②

유형 자료추론(수식추론)   난이도 ★☆☆

[정답해설]
② B국은 2014~2018년 동안 매년 GDP가 증가하지만, 조세부담률은 2016년과 2017년에만 전년 대비 증가한다.

[오답해설]
① 조세부담률은 단서 1)에 따라 국세부담률과 지방세부담률의 합이다. 2016년 조세부담률이 가장 높은 국가는 25% 이상인 A이며, 2016년 A국의 전년 대비 GDP 증가폭은 19955 − 19169 > 7800이므로 GDP 성장률은 780 > 19169 × 0.04가 성립하여 GDP 성장률이 4% 이상이다. 한편, 2015년 GDP가 더 큰 B국은 A국보다 GDP 증가폭이 더 작고, C국은 GDP 성장률이 4% 미만이다.

③ 단서 2)에 따라 지방세 납부액 = $\frac{GDP \times 지방세부담률}{100}$ 이다. A국의 지방세 납부액 4배는 20710 × 0.16 × 4 = 20710 × 0.64이고, B국은 22970 × 0.62이다. B국 GDP(22970)는 A국 GDP (20710)보다 10% 이상 크지만, A국 지방세부담률의 4배(0.64)는 B국 지방세부담률(0.62)보다 10%보다 작게 크므로 2017년 지방세 납부액은 B국이 A국의 4배 이상이다.

④ 2018년 A국의 국세 부담률은 C국 지방세 부담률의 2배이지만, 2018년 C국 GDP는 A국의 2배 미만이다. 따라서 2018년 A국 국세 납부액은 C국의 지방세 납부액보다 많다.

⑤ 2018년의 경우 국세 부담률과 GDP가 모두 전년 대비 증가하였다. 2014~2017년 동안에는 국세 부담률은 매년 0.1%p씩 하락하여 감소율이 1% 미만이지만, GDP는 매년 1% 이상 증가하였으므로 국세 납부액은 2014~2018년 동안 매년 증가한다.

문 24. 정답 ④

유형 자료추론(수식추론)   난이도 ★☆☆

[정답해설]
단서에 의하면 전체 학생 중 장학금 수혜자의 비율 = 장학금 신청률 × 장학금 수혜율이다. A는 1200 < 30 × 45 < 1500, B는 40 × 30 = 1200, C는 60 × 25 = 1500, D는 40 × 40 = 1600, E는 50 × 20 = 1000이다. 따라서 정답은 ④이다.

문 25. 정답 ⑤

유형 자료확인(특수자료확인)   난이도 ★☆☆

[정답해설]
⑤ 세계 총수입액은 밀이 38,243,341천 달러로 쌀(19,721,980천 달러)의 2배에 가깝지만, 이란의 쌀 수입액 비율 6.2%는 알제리의 밀 수입액 비율 4.7%의 1.5배 미만이므로 이란의 쌀 수입액은 알제리의 밀 수입액보다 작다.

[오답해설]
① 한국의 밀 수입액은 900,000천 달러 이상이고 쌀 수입액은 300,000천 달러 미만이므로 옳다.

② 세계 밀 총수입액은 38,243,341천 달러이다. 중국의 대두 수입액은 61,733,744천 달러의 63% 이상이므로 61733744 × 0.63 > 60000000 × 0.63 = 36000000 + 1800000 = 37,800,000천 달러 이상이고, 쌀 수입액은 19,721,980천 달러의 9% 이상이므로 19721980 × 0.09 > 19000000 × 0.09 = 1,710,000천 달러 이상이다. 따라서 중국이 수입한 4대 곡물 총수입액은 39,510,000천 달러 이상이다.

③ 대두와 옥수수에 '한국으로의 주요 수출국'으로 브라질이 제시되어 있다.

④ 4대 곡물별 수입액이 쌀은 298,413천 달러, 밀은 957,625천 달러, 대두는 592,217천 달러, 옥수수는 1,788,710천 달러이다. 이를 수입액이 큰 곡물부터 순서대로 나열하면, 옥수수, 밀, 대두, 쌀 순이다.

문 26. 정답 ①

유형 자료전환(표-그림전환)   난이도 ★★☆

[정답해설]
ㄱ. 자료와 선지에 제시된 수치가 일치하는지 파악하면 된다. 〈표〉에 제시된 각 지역의 건축물 내진율과 그래프에 제시된 지역별 내진율이 동일하다.

ㄴ. 〈표〉에서 전체 내진대상 건축물은 약 1,440천 개이고, 공동주택이 25%인 360천 개 정도이므로 옳다. 그래프에 단독주택이 30.9%로 공동주택 25.1%보다 20% 이상 크고, 기타가 약 40%인지 확인할 필요가 있다. 〈표〉에서 단독주택의 수가 공동주택 수보다 20% 이상 큰 수치인지를 파악하고, 기타가 1,440천 개의 40%인 576천 개과 비슷한지 파악하면 모두 옳은 수치이다. 그래프에서 공공업무시설, 의료시설, 학교의 경우는 비중이 작으므로 대소 비교를 통해 파악하면, 〈표〉에서 학교는 공공업무시설의 2배 이상, 공공업무시설은 의료시설의 2배 이상이므로 옳다.

구체적으로 살펴보면, 전체 내진대상 건축물은 1,439,547개이다. 기타 용도의 경우 40.4%이므로 1439547 × 0.404 ≒ 581,602개인지 확인해야 한다. 그래프에 제시된 수치가 소수점 이하 둘째 자리에서 반올림한 값임을 고려하면 1440000 × 0.404 ≒ 576000 + 5760 ≒ 581,602개로 볼 수 있어 옳다. 공공업무시설의 경우 1.0%이며, 1439547 × 0.01 = 14,395개이지만, 그래프에 제시된 수치가 소수점 이하 둘째 자리에서 반올림한 값임을 고려하면 1439547 × 0.0104 ≒ 15,000개가 가능하므로 옳다고 판단할 수 있다. 의료시설의 경우 0.4%이며, 1439547 × 0.004 ≒ 5,760개이지만 그래프에 제시된 수치가 소수점 아래 둘째 자리에서 반올림한 값임을 고려하면, 1439547 × 0.0035 ≒ 5,079개로 간주할 수 있다. 학교의 경우 2.2%이며, 1439547 × 0.022 ≒ 1440000 × 0.022 = 31680 ≒ 31,638개이므로 옳다. 공동주택의 경우 25.1%이므로, 360989 × 4 ≒ 1,439,547개인지 확인하면 된다. 360989 × 4 ≒ 361000 × 4 = 1,440,000개이므로 옳다. 원그래프의 특성상 단독주택을 제외한 나머지 용도의 구성비가 옳다고 볼 수 있으므로 단독주택의 구성비도 옳다.

[오답해설]
ㄷ. 〈표〉에는 주택이외 용도로 '학교', '의료시설', '공공업무시설', '기타'의 네 가지 용도가 제시되어 있지만, 그래프의 주택이외 용도별 내진확보 건축물 구성비에는 '기타' 용도를 제외하고 제시되어 있다.

ㄹ. 〈표〉에 제시된 용도별 내진율에 따르면, 학교는 23.2%, 의료시설은 50.7%, 공공업무시설은 17.7%, 기타는 25.5%이다. ㄹ에 제시된 수치는 $\frac{내진확보\ 건축물}{전체\ 건축물} \times 100$이다.

문 27. 정답 ③

유형 자료추론(수식추론) 난이도 ★★☆

[정답해설]
ㄴ. 현원의 2배가 총산업인력을 초과하면, 기술인력 비중이 50% 이상인 산업이다. 이에 해당하는 산업은 기계, 디스플레이, 반도체, 조선, 철강, 소프트웨어로 6개이다.
ㄷ. 단서 2)에 의할 때, 기술인력 부족률 계산식의 분모는 139454＋6205가 되고, 분자는 6205가 된다. 분자에 20을 곱하여도 분모보다 작다.

[오답해설]
ㄱ. 단서 1)에 의하면 디스플레이 산업의 기술인력 비중이 80% 미만일 경우, 61855×0.8 > 501000이 성립해야 한다. 61855보다 큰 62000의 80%인 62000×0.8=49600보다 501000이 크므로 옳지 않다.
ㄹ. 반도체 산업의 기술인력 부족률은 1.6%이고, 이는 $\frac{1}{60}$와 거의 유사하다. 반도체 산업의 기술인력 부족률이 12대 주요 산업 중 두 번째로 낮으려면 반도체보다 낮은 부족률을 가진 산업이 1개만 있어야 한다. 따라서 기술인력 부족인원의 60배보다 기술인력 현원과 기술인력 부족인원의 합이 더 큰 사업을 찾으면 된다. 디스플레이는 기술인력 현원과 기술인력 부족인원의 합이 50,356명이고, 기술인력 부족인원이 256명이다. 256×60＝15360＜50356이므로, 기술인력 부족률은 1.6%보다 낮다. 조선은 기술인력 현원과 기술인력 부족인원의 합이 60,952명이고, 기술인력 부족인원이 651명이다. 651×60＝39060＜60952이므로, 기술인력 부족률은 1.6%보다 낮다. 따라서 반도체 산업보다 기술인력 부족률이 더 낮은 산업이 디스플레이, 조선 2개 산업이 존재한다.

문 28. 정답 ④

유형 자료추론(수식추론) 난이도 ★★☆

[정답해설]
ㄴ. 2020년 PC, 태블릿, 콘솔의 게임시장 규모의 합이 게임시장 전체 규모의 50% 미만이라면 모바일과 기타의 게임시장 규모의 합이 게임시장 전체 규모의 50% 이상이어야 한다. 모바일과 기타의 점유율 합은 47.0＋4.4＞50%이므로 옳다.
ㄹ. 2018년 태블릿 게임시장 규모의 전년 대비 증가율은 $\frac{63-56}{56}\times100 > 12\%$이다. 2018년 'PC', '모바일', '콘솔'의 게임시장 규모의 전년 대비 증가율은 모두 12% 미만이므로 옳다.

[오답해설]
ㄱ. 연도별 전체값을 구하지 않고 개별 플랫폼의 전년 대비 증가폭을 통해 확인한다. 2019년에는 전년 대비 게임시장 규모의 증가폭은 PC가 ＋8, 모바일이 ＋12, 태블릿이 ＋3, 콘솔이 －17, 기타가 －15이므로, 이를 합하면 －9이다. 따라서 2019년의 게임시장 전체 규모는 전년 대비 감소한다.
ㄷ. 〈그림〉에 따르면 2020년 PC의 게임시장 점유율은 27.5%로 태블릿 9.1%의 대략 3배 정도이다. 2020년 태블릿 플랫폼 게임시장 규모는 58억 원이므로, PC 플랫폼 게임시장 규모는 약 58×3＝174억 원임을 알 수 있다. 2019년 PC의 시장규모는 173억 원이므로 2019년과 2020년의 PC 시장규모는 거의 동일하다. 그러나 모바일, 태블릿, 콘솔, 기타의 플랫폼 시장규모의 합은 전년 대비 증가하므로 2020년 PC의 게임시장 점유율은 전년 대비 감소한다.

문 29. 정답 ①

유형 자료확인(일반자료확인) 난이도 ★★☆

[정답해설]
ㄱ. 2015년 보유세를 5,100십억 원으로 가정하여도 5100×1.8＝5100＋4080＝9,180억 원이고, 9180 < 9,856십억 원이다.

ㄴ. 2016년, 2017년 각각 보유세는 전년 대비 30% 이상 증가하였으나, 재산세는 30% 미만 증가하여 '보유세' 중 재산세 비중은 감소하였다. 2018년의 경우 보유세는 전년 대비 10% 미만 증가하였으나, 재산세는 10% 이상 증가하였고, 2019년에는 보유세는 전년 대비 감소하였으나 재산세는 증가하였으므로 '보유세' 중 재산세 비중은 2018~2019년 동안 증가하였다.

[오답해설]
ㄷ. 2017년에는 농어촌특별세가 공동시설세보다 많으므로, 2017년에는 '보유세'에서 농어촌특별세가 차지하는 비중이 가장 작지는 않다.
ㄹ. 재산세 대비 종합부동산세 비율은 유일하게 50%를 초과하는 2017년이 가장 크며, 가장 작은 연도는 유일하게 20% 미만인 2015년이다. ㄹ이 옳다면 $\frac{2414}{3755} > \frac{441}{2588}\times4 = \frac{1764}{2588}$이어야 한다. $\frac{2414}{3755}$는 $\frac{1764}{2588}$에 비해 분모는 40% 이상 크지만, 분자는 40%보다는 크지 않으므로, $\frac{2414}{3755} > \frac{1764}{2588}$이다.

문 30. 정답 ④

유형 자료확인(일반자료확인) 난이도 ★★☆

[정답해설]
ㄱ. 2014~2019년 중 8월 평균기온은 2017년이 27.7°C로 가장 높다. 2020년 8월 평균기온＝26.3＋1.7＝28.0°C이므로 2014~2020년 중 8월 평균기온은 2020년이 가장 높다.
ㄷ. 〈표 4〉는 2020년 기준 전년 동월 대비 변화량이므로, 강수량의 변화량의 합이 0보다 큰지 확인하면 된다. 〈표 4〉에는 1~9월 동안 전년 동월 대비 변화량만 알 수 있으며 1~9월 동안 전년 동월 대비 변화량의 합은 －10＋25＋31－4＋132－45＋132－6＋7＝132＋132＋(－10－45)＋(25＋31)＋(－6＋7－4)＝262mm이다. 2019년 10~12월 강수량의 합은 82＋105＋29＝216mm이므로 2020년 10~12월 강수량이 0mm이더라도, 연강수량은 2020년이 2019년보다 많다.
ㄹ. 2019년 여름 일조시간의 전년 동월 대비 변화량은 6월에 ＋73시간, 7월에 ＋3시간, 8월에 ＋56시간이다. 2020년 여름 일조시간의 전년 동월 대비 변화량의 합은 －28－16＋29＝－15시간이므로 2019년보다는 15시간 적지만, 2018년 여름 일조시간은 2019년 대비 73＋3＋56＝132시간 적으므로 여름의 일조시간은 2020년이 2018년보다 많다.

[오답해설]
ㄴ. 2020년 7월 강수량은 226＋132＝358mm이다. 2014~2019년 동안 7월 평균 강수량과 비교하기 위해 2020년 7월의 강수량 기준으로 가평균을 구하면, －119＋773＋91＋318－150－132 > 0이므로 2014~2019년 동안 7월 평균 강수량이 2020년 7월 강수량보다 많다.

문 31. 정답 ④

유형 자료확인(일반자료확인) 난이도 ★★☆

[정답해설]
○ 〈그림〉에 해당하는 연도 찾기
〈그림〉과 단서 1)에 의하면 4월 일평균 일조시간은 7.1시간이므로 4월 일조시간은 7.1×30＝213시간이다. 이에 따르면 〈그림〉에 해당하는 해는 2016~2018년 중 하나이다. 또한 일평균 일조시간은 4.6시간이므로 7월 일조시간은 4.6×31≒143시간이다. 따라서 〈그림〉에 해당하는 해는 2016년이다.
○ A에 해당하는 값 도출
2016년 6월 일조시간은 232시간이며, 7.5×30＝225시간, 7.7×30＝231시간이므로 정답은 ④, ⑤ 중 하나이다.
○ B에 해당하는 값 도출
2016년 8월 누적강수량은 1,228mm이며, 2016년 8월 강수량은 465mm이다. 따라서 2016년 7월 누적강수량은 1228－465이며, 일의 자리가 3인 ④가 정답이다.

이를 정리하면 다음과 같다.

A	B
7.7	763

문 32. 정답 ⑤

유형 자료전환(표-그림전환) **난이도** ★★★

[정답해설]

표-그림전환 유형의 문항 중 계산이 복잡한 문항은 빠르게 풀이할 수 있는 선지부터 정오를 판단해야 한다. ㄱ과 ㄴ은 비율값을 계산해야 하고 각 항목 간의 차이도 크지 않으므로, 다른 선지에 비해 나중에 풀어야 한다. ㄷ은 비율로 제시된 그래프이지만 각 항목 간의 차이가 비교적 큰 편이므로, ㄱ과 ㄴ보다는 우선적으로 풀어야 한다. ㄹ은 실물자산의 하위항목인 부동산 자산과 기타 자산의 합이므로, 가장 먼저 풀이하여야 한다.

ㄹ. 〈표〉에 의하면 실물자산은 부동산 자산과 기타 자산의 합이다. 상용근로자는 32981+1680=34,661만 원, 임시·일용근로자는 13848+663=14,511만 원, 자영업자는 38361+5832=44,193만 원, 기타(무직 등)는 26432+518=26,950만 원으로 그래프에 제시된 수치와 일치한다.

ㄴ. 〈표〉에 제시된 상용근로자 및 자영업자의 가구당 자산유형별 자산 보유액의 경우, 가구주 종사상 지위별로 제시되어 있기 때문에 〈표〉에 제시된 전체 자산에서 자산 유형별 자산 보유액의 비중과 ㄴ에 제시된 자산 유형별 자산 보유액 구성비의 수치가 일치하는지를 판단하면 된다. 상용근로자의 경우 금융자산의 비중이 25% 이상 30% 미만인지 확인하고, 부동산 자산의 비중이 70%를 대입해서 비슷한 수치가 나오는지 확인하고, 기타의 비중은 3.3%≒$\frac{1}{30}$×100과 유사한지 확인한다. 자영업자의 경우 금융자산의 비중이 20% 미만인지 확인하고, 부동산의 비중이 70%와 유사하고 상용근로자의 비중보다 큰지를 확인하고, 기타의 비중은 10% 초과인지를 확인한다.

1) 부동산 보유액 구성비

부동산 보유액 구성비가 상용근로자와 자영업자 모두 66.6%를 초과하는지를 살펴보면, 상용근로자는 $\frac{32981}{48531}$×100 > $\frac{2}{3}$×100이고, 자영업자는 $\frac{38361}{54869}$×100 > $\frac{2}{3}$×100이므로, 상용근로자와 자영업자 모두 66.6% 이상이다. 부동산 보유액 구성비가 상용근로자와 자영업자 모두 70% 미만인지를 살펴보면, 상용근로자는 48531×0.7=33971.7 > 32981이고, 자영업자는 54869×0.7=38408.3 > 38361이므로, 상용근로자와 자영업자 모두 70% 미만이다.

상용근로자의 부동산 보유액 구성비인 $\frac{32981}{48531}$×100과 자영업자 부동산 보유액 구성비인 $\frac{38361}{54869}$×100의 크기를 비교하면, $\frac{38361}{54869}$은 $\frac{32981}{48531}$에 비해 분자는 15% 이상 크지만, 분모는 15%보다 크지는 않다. 따라서 $\frac{38361}{54869}$ > $\frac{32981}{48531}$이 성립하므로, 부동산 자산 보유액 구성비는 자영업자가 상용근로자보다 크다.

2) 기타 보유액 구성비

상용근로자의 경우, 기타 보유액 구성비는 $\frac{1680}{48531}$×100이다. 그래프에 제시된 3.5%는 $\frac{1}{30}$보다 약간 크고 48531의 $\frac{1}{30}$은 1617.7이다. 1680은 1617.7보다 약간 크므로, $\frac{1680}{48531}$×100≒3.5%로 간주할 수 있다.

자영업자의 경우, 기타 보유액 구성비는 $\frac{5832}{54869}$×100이다. 10.6%는 10%보다 약간 크고 54869의 10%는 5486.9이다. 5832는 5486.9보다 약간 크므로, $\frac{5832}{54869}$×100=10.6%로 간주할 수 있다.

구체적으로 살펴보면, 상용근로자의 기타 자산 구성비는 3.5%이므로 48531×0.035≒1680이 성립해야 한다. 48500×0.035≒17000이므로 소수점 아래 둘째 자리에서 반올림한 값임을 고려하면 옳다. 자영업자의 기타 자산 구성비는 10.6%이므로 54869×0.106≒5832가 성립해야 한다. 54870×0.106≒5487+330=5817이므로 소수점 아래 둘째 자리에서 반올림한 값임을 고려하면 옳다.

3) 금융자산 보유액 구성비

상용근로자의 경우, 금융자산 보유액 구성비는 $\frac{13870}{48531}$×100이다. 금융자산의 4배인 13870×4=55480은 전체 자산인 48531보다 크므로, 상용근로자의 금융자산 구성비가 25% 이상이다.

자영업자의 경우, 금융자산 보유액 구성비는 $\frac{10676}{54869}$×100이다. 금융자산의 5배인 10676×5=53380은 전체 자산인 54869보다 작으므로, 자영업자의 금융자산 구성비는 20% 미만이다.

구체적으로 살펴보면, 상용근로자와 자영업자 모두 부동산 보유액 구성비와 기타 보유액 구성비가 〈표〉에 제시된 자료와 부합하고, 전체 비율값의 합이 약 100%이기 때문에, 그래프에 제시된 금융자산 보유액 구성비도 〈표〉에 제시된 자료와 부합한다.

ㄱ. 〈표〉에 제시된 자료는 가구당 자산 보유액이다. 부동산 자산 중 거주주택 자산 비중은 가구당 부동산 자산 보유액×가구 수 중 가구당 거주주택 자산 보유액×가구 수이지만, 〈표〉에 제시된 자산 유형별 자산 보유액은 해당 연령대에서 가중평균으로 도출된 값이므로, 가구당 자산 보유액 중 가구당 거주주택 자산 비중으로 비교해도 된다. 특정 수치를 기준으로 살펴보면, 30세 미만 연령대 가구주의 가구와 30~39세 연령대 가구주의 가구는 $\frac{2}{3}$를 약간 초과하는지를 파악해야 한다. 그리고 40~49세 연령대 가구주 가구의 가구당 자산 보유액 중 가구당 거주주택 자산 비중은 $\frac{5}{8}$인지를 파악해야 한다. 또한 50~59세 연령대 가구주 가구와 60세 이상 연령대 가구주 가구의 비중이 55%를 약간 초과하는지 그리고, 가구당 자산 보유액 중 가구당 거주주택 자산 비중이 50~59세 연령대 가구주의 가구가 60세 미만 연령대 가구주의 가구보다 큰지를 파악해야 한다.

30세 미만 연령대의 부동산 자산과 거주주택 자산의 차이를 구하면, 3692-2522=1,170만 원이며, 1170×2<2522이므로, 30세 미만 연령대의 부동산 자산 중 거주주택 자산 비중은 66% 이상이다. 부동산 자산의 70%는 3692×0.7=2584.4만 원이다. 거주주택 자산은 2,522만 원이므로, 부동산 자산 중 거주주택 자산 비중이 70% 미만이다.

30~39세 연령대의 부동산 자산과 거주주택 자산의 차이를 구하면, 19897-13558=6,339만 원이며, 6339×2<13558이므로, 30~39세 연령대의 부동산 자산 중 거주주택 자산 비중은 66% 이상이다. 부동산 자산의 70%는 19897×0.7=13,927.9만 원이다. 거주주택 자산은 13,558만 원이므로, 부동산 자산 중 거주주택 자산 비중이 70% 미만이다.

30세 미만 연령대 가구주의 가구와 30~39세 연령대 가구주의 가구의 부동산 자산 중 거주주택 자산의 비중을 구체적으로 도출하면, 30세 미만 연령대 가구주의 가구의 경우 3692×0.683≒2522가 성립해야 한다. 계산을 용이하게 하기 위해 3692를 3670으로 간주하고 풀이하면, 3670×(0.7-0.02+0.003)≒2569-73+11=2507이므로 소수점 이하 둘째자리에서 반올림 한 값임을 고려하면 옳다. 30~39세 연령대 가구주의 가구의 경우 19897×0.681≒135558이 성립해야 한다. 20000×0.68=13600이므로 소수점 아래 둘째자리에서 반올림한 값임을 고려하면 옳다.

40~49세 연령대 가구주의 가구의 경우 31264×0.625=31264×$\frac{5}{8}$≒19540, 즉 19540×$\frac{8}{5}$≒31264가 성립해야 한다. 19540을 5로 나누어 8을 곱하면 31264이다.

50~59세 연령대 가구주의 가구의 경우 33798×$\frac{1}{2}$=16899이므로, 16899+1689.9=18588.9<19354로 부동산 자산 중 거주주택 자산 비중이 55% 이상이다. 부동산 자산의 60%는 33798×0.6=20,278.8만 원이다. 거주주

택 자산은 19,354만 원이므로, 부동산 자산 중 거주주택 자산 비중이 60% 미만이다.
60세 이상 연령대의 경우 $32454 \times \frac{1}{2} = 16227$이므로, $16227 + 1622.7 = 17849.7 < 18288$로 부동산 자산 중 거주주택 자산 비중이 55% 이상이다. 부동산 자산의 60%는 $32454 \times 0.6 = 19,472.4$만 원이다. 거주주택 자산은 18,288만 원이므로, 부동산 자산 중 거주주택 자산 비중이 60% 미만이다. 50~59세 연령대 가구주의 가구와 60세 이상 연령대 가구주의 가구의 부동산 자산 중 거주주택 자산의 비중을 구체적으로 도출하면, 50~59세 연령대 가구주의 가구의 경우 $33798 \times 0.573 ≒ 19354$가 성립해야 한다. $34000 \times 0.57 = 19380$이므로 소수점 아래 둘째 자리에서 반올림한 값임을 고려하면 옳다. 60세 이상 연령대 가구주의 가구의 경우 $32454 \times 0.564 ≒ 18288$이 성립해야 한다. $33000 \times 0.56 = 18480$이므로 소수점 아래 둘째 자리에서 반올림한 값임을 고려하면 옳다.

[오답해설]
ㄷ. A 지역의 전체 자산은 가구주 연령대별 전체 자산을 해당 가구 구성비를 가중치로 하여 가중평균을 통해 도출할 수 있다. 따라서 가구주 연령대별 구성비의 크기 비교는 가구주 연령대별 가구 구성비×가구주 연령대별 가구당 전체 자산으로 비교할 수 있다. 〈표〉에 제시된 30세 미만과 30~39세 가구주 연령대 가구의 전체 자산 크기를 비교하여 정오를 판단한다.
30대 미만 가구주 연령대 가구의 경우, 가구 구성비는 2.0%이고 전체 자산이 10,994만 원이다. 따라서 30세 미만 가구주 연령대 가구의 전체 자산의 구성비는 $\frac{2.0 \times 10994}{100.0 \times 43191} \times 100$이다.
30~39세 가구주 연령대 가구의 경우, 가구 구성비는 12.5%이고 전체 자산이 32,638만 원이다. 따라서 30~39세 가구주 연령대 가구의 전체 자산의 구성비는 $\frac{12.5 \times 32638}{100.0 \times 43191} \times 100$이다.
30대 미만과 30~39세 가구주 연령대 가구의 전체 자산의 크기 비교는 2.0×10994와 12.5×32638의 크기 비교와 동일하다. 12.5는 2.0의 약 6배, 32638은 10994의 약 3배이므로, 12.5×32638은 2.0×10994에 비해 약 18배이다.
그래프에는 30세 미만은 6.0%, 30~39세는 17.9%로 3배보다 작게 제시되어 있다. 이는 가구주 연령대 가구의 전체 자산간 크기 비교에 해당하며, 가구주 연령대별 가구 구성비는 고려하지 않았다.
전체 자산의 가구주 연령대별 구성비는 다음과 같다.

30세 미만	30~39세	40~49세	50~59세	60세 이상
0.5%	9.4%	24.6%	28.8%	36.7%

문 33. 정답 ①

유형 자료추론(통계추론)　　난이도 ★★☆

[정답해설]
ㄱ. ㄱ이 옳다면 각 오염물질의 '화물차' 배출량 − '건설장비' 배출량의 전체 합이 0 이상이어야 한다. 네 개 배출량 중 세 개의 부문에서 '화물차'가 더 많고, 적은 부분은 VOC인데 차이는 −4로 작으므로 '화물차'의 해당 배출량 합이 '건설장비'의 해당 배출량 합보다 많다.

ㄴ. 〈표〉에 제시된 오염물질 배출원은 PM_{10} 기준 배출량 상위 5개 오염물질 배출원이므로, $PM_{2.5}$ 기준 배출량 상위 5개 오염물질 배출원의 정확한 값은 알 수 없다. 그러나 〈표〉에 제시된 오염물질 배출원보다 $PM_{2.5}$의 배출량이 높은 배출원이 있다면 〈표〉에 제시된 오염물질 배출원의 합보다 많으므로, 〈표〉에 제시된 오염물질 배출비중의 합이 90%를 넘는다면 실제 상위 5개를 기준으로 하는 경우도 90%를 넘을 것이다.
〈표〉에 제시된 오염물질 배출원의 PM2.5 배출비중의 합은 $64 + 11 + 8.4 + 3.8 + 4.5 = 91.7$%이다. 따라서 〈표〉에 제시된 배출원 5개가 $PM_{2.5}$ 배출비중 상위 5개 배출원일 경우 배출비중의 합은 90% 이상이므로, $PM_{2.5}$ 기준 배출량 상위 5개 배출원의 배출비중 합은 90% 이상이다.

[오답해설]
ㄷ. 〈표〉에 제시된 순서로는 '건설장비'의 NO_X 배출비중이 네 번째로 크지만, 〈표〉에 제시된 배출원은 PM10 기준 상위 5개 배출원이다. 해당 배출원들의 NO_X 배출비중의 합을 구하면, $45.9 + 13.6 + 9.0 + 11.1 + 2.4 = 82.0$%이다. 따라서 '건설장비'의 배출비중인 9.0%보다 큰 18.0%의 배출비중을 가진 다른 배출원이 있을 수 있다.

ㄹ. PM_{10}의 '비산업' 배출량은 163톤, 배출비중은 5.2%이므로, 전체 PM_{10} 배출량 $\frac{163}{0.052}$이다. VOC의 '비산업' 배출량은 200톤, 배출비중은 0.5%이므로, 전체 VOC 배출량은 $\frac{200}{0.005}$이다. $\frac{200}{0.005} > \frac{163}{0.052}$이다.

문 34. 정답 ①

유형 자료추론(통계추론)　　난이도 ★★☆

[정답해설]
〈표 1〉과 〈표 2〉에 제시된 빈칸을 채우면 다음과 같다. 먼저 음원의 빈칸을 채우면, 6월 1위인 음원은 전월 대비 순위변동이 없으므로, 5월 1위 음원인 '세븐'에 해당한다. 6월 9위인 음원은 전월 대비 2위 하락하므로. 5월 7위인 '좋은 사람 있으면 만나'에 해당한다. 6월 12위인 음원은 전월 대비 2위 하락하므로, 5월 10위인 '흔들리는 풀잎 속에서'에 해당한다.
다음으로 〈표 1〉의 전월 대비 순위변동 빈칸을 채우면, '알로에'는 5월과 6월의 순위가 동일하므로, '−'이다. '미워하게 될 줄 알았어'는 5월의 순위가 15위이고, 6월의 순위가 3위이므로, '△ [12]'이다. '개와 고양이'는 5월의 순위가 4위이고, 6월의 순위가 8위이므로, '▽ [2]'이다.

〈표 1〉 2020년 6월 음원차트 상위 15위 현황

순위	전월 대비 순위변동	음원	GA점수
1	−	(세븐)	147,391
2	(−)	알로에	134,098
3	(△ [12])	미워하게 될 줄 알았어	127,995
4	신곡	LESS & LESS	117,935
5	▽ [2]	매우 화났어	100,507
6	신곡	Uptown Baby	98,506
7	신곡	땅 Official Remix	91,674
8	(▽ [2])	개와 고양이	80,927
9	▽ [2]	(좋은 사람 있으면 만나)	77,789
10	△ [100]	나에게 넌, 너에게 난	74,732
11	△ [5]	Whale	73,333
12	▽ [2]	(흔들리는 풀잎 속에서)	68,435
13	△ [18]	No Memories	67,725
14	△ [3]	화려한 고백	67,374
15	▽ [10]	마무리	65,797

〈표 2〉 2020년 5월 음원차트 상위 15위 현황

순위	전월 대비 순위변동	음원	GA점수
1	신곡	세븐	203,934
2	▽ [1]	알로에	172,604
3	△ [83]	(매우 화났어)	135,959
4	신곡	개와 고양이	126,306
5	▽ [3]	마무리	93,295
6	△ [4]	럼더덤	90,637
7	△ [6]	좋은 사람 있으면 만나	88,775
8	▽ [5]	첫사랑	87,962
9	신곡	Sad	87,128
10	▽ [6]	흔들리는 풀잎 속에서	85,957
11	▽ [6]	아는 노래	78,320
12	−	Blue Moon	73,807
13	▽ [4]	METER	69,182
14	▽ [3]	OFF	68,592
15	신곡	미워하게 될 줄 알았어	66,487

ㄱ. 2020년 5월 또는 6월에 발매된 신곡인 5월과 6월에 발매된 신곡인 '세븐', '개와 고양이', 'Sad', '미워하게 될 줄 알았어', 'LESS & LESS', 'Uptown Baby', '땅 Official Remix'를 제외한다. '매우 화났어'는 4월 86위이다. 신곡을 제외한 5월 상위 15위 현황에 제시된 음원 중 6월 상위 15위 현황에 제시되어 있지 않은 음원은 '럼더럼', '첫사랑', '아는 노래', 'Blue Moon', 'METER', 'OFF'이다. 신곡을 제외한 6월 상위 15위 현황에 제시된 음원 중 5월 상위 15위 현황에 제시되어 있지 않은 음원은 '나에게 넌, 너에게 난', 'Whale', 'No Memories', '화려한 고백'이다. '알로에'는 4월 1위, 5월 2위, 6월 2위, '마무리'는 4월 2위, 5월 5위, 6월 15위, '좋은 사람 있으면 만나'는 4월 13위, 5월 7위, 6월 9위, '흔들리는 풀잎 속에서'는 4월 4위, 5월 10위, 6월 12위로 2020년 4~6월 동안 매월 상위 15위에 해당하는 음원이다. 따라서 2020년 4~6월 동안 매월 상위 15위에 포함된 음원은 '알로에', '좋은 사람 있으면 만나', '흔들리는 풀잎 속에서', '마무리' 4곡이다.

ㄴ. 'Whale'는 2020년 5월에 16위를 기록하였고, 2020년 5월 15위 음원의 GA점수는 66,487점이다. 따라서 2020년 6월 'Whale' GA점수의 전월 대비 증가폭는 73333−66487>6000이다.

[오답해설]

ㄷ. 2020년 6월 음원차트 상위 15위 음원 중 전월 대비 순위 상승폭이 가장 큰 음원은 상승폭이 100위인 '나에게 넌, 너에게 난'이고, 두 번째로 큰 음원은 상승폭이 18위인 'No Memories', 세 번째로 큰 음원은 상승폭이 12위인 '미워하게 될 줄 알았어'이다. '미워하게 될 줄 알았어'의 2020년 6월 GA점수는 127,995이다. '미워하게 될 줄 알았어'의 전월 GA점수는 66487이고, 66487×2>130000이다.

ㄹ. 2020년 6월 음원차트 상위 15위 음원 중 발매 신곡을 제외하면 12곡이며, 전월 대비 순위가 상승한 음원은 '미워하게 될 줄 알았어', '나에게 넌, 너에게 난', 'Whale', 'No Memories', '화려한 고백' 5곡이며, 전월 대비 순위변동이 없는 음원은 '세븐', '알로에' 2곡이므로 전월 대비 순위가 하락한 음원 수는 12−5−2=5곡이다.

문 35. 정답 ③

유형 자료전환(보고서전환)   난이도 ★★☆

[정답해설]

ㄴ. 2020년에서는 전년 대비 총노선 수가 증가하였으므로 2020년은 제외하고 계산한다. 총노선 수의 전년 대비 감소폭는 2019년 0−4−1+0+1=−4, 2018년 +1−3+0−1+0=−3, 2017년 −1−1+0+0−1=−3이므로 2019년이 가장 크다. 총차량대수의 전년 대비 감소폭는 2020년 −25+3−2+0+8=−16, 2019년 −11−71−2+0+23=−61, 2018년 +8+1−1−11+0=−3, 2017년 −13+11+0+0+2=0이므로 2019년이 가장 크다.

ㄷ. 2019년 버스 유형 중 전년 대비 차량대수가 증가한 유형은 심야버스가 유일하며, 2019년 심야버스의 전년 대비 차량대수 증가율은 47×1.45=47×(1+0.5−0.05)=47+23.5−2.35<70이므로 45%를 상회한다.

ㄹ. 2016~2019년 동안 간선버스의 노선 수 대비 차량대수 비는 30을 초과하며, 2020년에는 약 29.5이다. 한편, 나머지 유형의 노선 수 대비 차량대수 비는 모두 25 미만이므로 간선버스보다 작다.

[오답해설]

ㄱ. 2020년의 경우 A시 버스 총노선 수의 전년 대비 증가폭는 (124−122)+(206−207)+(10−10)+(3−3)+(11−9)=3개이므로, 전년 대비 증가하였다.

ㅁ. 2016년과 2017년 노선 수 대비 차량대수 비를 비교하면, 순환버스가 6보다 크고, 심야버스가 6보다 작으므로 2016년과 2017년에는 순환버스가 심야버스보다 크다.

문 36. 정답 ⑤

유형 자료확인(특수자료확인)   난이도 ★★★

[정답해설]

ㄱ. 2020년 임직원 수는 305명, 관리운영비는 309억 원이므로 임직원당 관리운영비는 1억 원 이상이다.

ㄷ. 중앙회 상임위원회의 여성 위원 수는 18×0.28≒5명으로 분과실행위원회의 여성 위원 수인 85×0.38≒32명보다 적다. 따라서 중앙회 상임위원회 모든 여성이 동시에 중앙회 분과실행위원회 위원이라면, 중앙회 여성 위원 수는 총 32명이다.

ㄹ. 지회 분과실행위원회의 50대 위원 구성비는 51%이고 전체 학계 위원 구성비는 73%이므로 '51+73−100=24', 즉 24%가 50대이면서 학계 위원의 최솟값이다. 391×0.24>390×0.24>80이다.

[오답해설]

ㄴ. 중앙회 분과실행위원회의 현장 위원 수는 85×0.71이고, 지회의 경우 391×0.27로 중앙회 분과실행위원회의 위원 수를 기준으로 지회의 분과실행위원회의 위원 수는 4배 이상이나, 지회의 현장 위원 비중을 기준으로 중앙회의 현장 위원 비중은 4배 미만이므로 지회 분과실행위원회의 현장 위원 수가 더 많다.

문 37. 정답 ⑤

유형 자료확인(일반자료확인)   난이도 ★★☆

[정답해설]

ㄴ. 전체 보호조치 아동 중 발생원인이 '가정불화'인 보호조치 아동의 비중은 2019년의 경우 4047×0.1<4464이므로 옳다. 한편, 2015~2018년 모두 전체 보호조치 아동수가 5,000명 미만이며, 발생원인이 '가정불화'인 보호조치 아동수는 500명 이상이므로 2015~2018년 역시 해당 비중은 10% 이상이다.

ㄷ. 2019년 조치방법이 '시설보호'가 아닌 보호조치 아동의 발생원인이 모두 '학대'라고 하더라도, 2865−(4047−2739)>1500이므로, 1,500명 이상은 적어도 조치방법이 '시설보호'이면서 발생원인이 '학대'인 보호조치 아동이다. $\frac{1500}{2739}×100>50$%이므로 옳다.

ㄹ. 2016~2018년 동안 조치방법이 '가정위탁'인 보호조치 아동의 전년 대비 감소폭는 140명 미만이며, 2015~2017년 동안 조치방법이 '가정위탁'인 보호조치 아동은 1,400명 이상이므로 감소율은 10% 미만이다. 또한 2019년에는 전년 대비 감소폭이 100명 미만이나, 2018년 조치방법이 '가정위탁'인 보호조치 아동은 1,000명 이상이므로 감소율은 10% 미만이다.

[오답해설]

ㄱ. 〈표 1〉에서 2016년 발생원인이 '학대'인 보호조치 아동 수, 2019년 발생원인이 '학대', '비행'인 보호조치 아동 수의 전년 대비 증가폭이 비교적 큰 해이므로 두 해가 반례일 수 있다. 2016년 보호조치아동의 발생원인별 보호조치 아동의 전년 대비 증감폭의 합은 (3139−2866)+(314−360)+(855−930)+(264−321)+(11−26)=273−46−75−57−15>0이며, 2019년 보호조치아동의 발생원인별 보호조치 아동의 전년 대비 증감폭의 합은 (2865−2726)+(473−231)+(464−623)+(237−320)+(8−18)=139+242−159−83−10>0이다. 따라서 2016년과 2019년에는 전년 대비 보호조치 아동이 증가한다.

문 38. 정답 ②

유형 자료추론(통계추론)　　**난이도** ★★★

[정답해설]

② 〈표 2〉에 '리더십' 우선지수가 제시되어 있으므로, '리더십' 우선지수를 기준으로 판단한다.
과학교사는 '리더십' 우선지수가 13위이며, 〈표 1〉에서 '수리적 소양', '과학적 소양', 'ICT 소양', '경제적 소양'을 제외하면, 모든 역량이 '리더십'에 비해 요구수준과 부족수준 모두 높다. 따라서 '리더십'보다 우선지수가 낮을 수 있는 소양은 '수리적 소양', '과학적 소양', 'ICT 소양', '경제적 소양'이므로, 이들 간의 우선지수 크기 비교를 한다. '수리적 소양'은 '과학적 소양'에 비해 요구수준 및 부족수준 모두 낮으므로, 우선지수는 '수리적 소양'이 '과학적 소양'에 비해 낮다. '경제적 소양'은 '수리적 소양'에 비해 부족수준이 50% 이상 높지만, '수리적 소양'은 '경제적 소양'에 비해 요구수준이 50% 이상은 높지 않기 때문에, '수리적 소양'은 '경제적 소양'에 비해 우선지수가 낮다. 'ICT 소양'은 '수리적 소양'에 비해 부족수준이 2배 높지만, '수리적 소양'은 '경제적 소양'에 비해 요구수준이 2배보다는 높지 않기 때문에, '수리적 소양'은 'ICT 소양'에 비해 우선지수가 낮다. 따라서 과학교사 집단에서 가장 우선지수가 낮은 역량은 '수리적 소양'이다.
인문교사는 〈표 2〉에 '리더십'이 14위에 제시되어 있고, '수리적 소양', '과학적 소양', 'ICT 소양'을 제외하면, 모든 역량이 '리더십'에 비해 요구수준과 부족수준 모두 높다. 따라서 '리더십'보다 우선지수가 낮을 수 있는 소양은 '수리적 소양', '과학적 소양', 'ICT 소양'이므로, 이들 간의 우선지수 크기 비교를 한다. '수리적 소양'은 '과학적 소양', 'ICT 소양'에 비해 각각 요구수준 및 부족수준 모두 낮으므로, 우선지수는 '수리적 소양'이 '과학적 소양', 'ICT 소양'에 비해 각각 낮다. 따라서 인문교사 집단에서 가장 우선지수가 낮은 역량은 '수리적 소양'이다.

[오답해설]

① 〈표 2〉의 단서에 따르면, 우선지수는 요구수준과 부족수준의 곱이다. '끈기'에 대한 요구수준과 부족수준 모두 과학교사 집단보다 인문교사 집단이 높으므로, 우선지수는 인문교사 집단이 과학교사 집단보다 높다.

③ 두 교사집단 간 '경제적 소양'에 대한 부족수준의 차이는 1.14−1.01=0.13점이나, '문해력', '수리적 소양' 등 다른 역량에 대한 부족수준의 차이는 0.13점보다 크다.

④ 인문교사 집단이 인식하는 요구수준 상위 5개에 속한 역량은 '창의성', '비판적 사고', '협업능력', '의사소통능력', '호기심'이다. 과학교사 집단이 인식하는 '협업능력'의 요구수준은 정확한 값은 알 수 없지만, '협업능력'을 제외한 요구수준 상위 5개에 속한 역량은 '비판적사고', '의사소통능력', '호기심', '창의성', '과학적 소양'이다. 각 교사집단이 인식하는 요구수준 상위 5개에 속한 역량이 다르기 위해서는 과학교사 집단이 인식하는 '협업능력'의 요구수준이 '과학적 소양'의 요구수준보다 낮아야 한다.
과학교사 집단이 인식하는 '과학적 소양'의 요구수준은 4.52점이므로, '협업능력'의 요구수준이 4.52점이라면, '협업능력'의 현재수준이 3.56이므로, 〈표 1〉의 단서 1)에 의해 '협업능력'의 부족수준은 4.52−3.56=0.96점이다. 따라서 과학교사 집단의 '협업능력'에 대한 우선지수는 4.52×0.96보다 낮다.
〈표 2〉에 제시된 과학교사 집단의 '협업능력' 우선지수는 5.24이고, 4.52×0.96은 5.24보다 작으므로, '협업능력' 요구수준이 4.52점보다 높아야 한다. 따라서 과학교사 집단이 인식하는 '협업능력' 요구수준은 '과학적 소양' 요구수준보다 높으므로, 과학 교사집단이 인식하는 요구수준 상위 5개에 속한 역량은 같다.

⑤ 인문교사 집단이 인식하는 요구수준 하위 3개 속한 역량은 '경제적 소양', '리더십', '적응력'이며, 과학교사 집단이 인식하는 요구수준 하위 3개에 속한 역량은 '경제적 소양', '리더십', '문화적 소양'이다.

문 39. 정답 ④

유형 자료응용(논리퀴즈)　　**난이도** ★★★

[정답해설]

ㄱ. 배송업체 A를 이용하여 의자 500개를 설치할 때, '갑'은 17대, '을'은 10대, '병'은 8대, '정'은 13대, '무'는 20대가 필요하다. 배송비용의 경우 가장 먼 배송거리 150km, 가장 높은 배송차량당 배송비용 1.1천 원/km, 가장 많은 배송차량 대수 20대를 기준으로 하여도 150×1.1×20=3,300천 원이므로, 이는 '을'과 '무'의 의자 제작비용 차이 20×500=10,000천 원보다 작다. 따라서 의자 제작비용이 가장 적은 '을'의 소요비용이 가장 적다.

ㄴ. 배송비용이 소요비용에서 차지하는 비중이 낮으므로, 의자 제작비용이 가장 낮은 '을'을 기준으로 계산해본다. 250×300=7.5천만 원이고, ㄱ에서 500대를 기준으로 해도 배송 최대비용이 1천만 원이므로 1억 원 미만인 기업이 있다.

ㄹ. ㄱ에서 소요비용이 가장 적은 기업은 의자 제작비용이 가장 낮은 기업임을 도출하였다. 의자 제작비용이 가장 낮은 '을'이 배송업체 B를 이용하여 의자 590개를 설치할 때의 소요비용은 250×590+110×0.9×12<150,000천 원이다. 150,000천 원은 1억 5천만 원이므로 옳다.

[오답해설]

ㄷ. '을'의 의자 제작비용이 낮으므로 '을'과 '무'만 비교한다. '무'가 '을'보다 제작비용이 20×300=6,000천 원 많으므로, '을'이 '무'보다 배송비용이 6,000천 원을 초과하는지 판단한다. 차량 대수는 '무'가 '을'에 비해 2배 필요하므로 양자의 배송차량 개수가 동일하다면 '무'의 배송차량당 배송비용을 2배하여 0.6으로 간주할 수 있다. 따라서 '을'은 '무'보다 배송비용이 (110×0.9−150×0.6)×6=5,400천 원이 많다. 따라서 '무'보다 소요비용이 적은 기업이 있다.

문 40. 정답 ②

유형 자료응용(논리퀴즈)　　**난이도** ★★★

[정답해설]

② 2016년 경작지1~경작지6에서의 A 작물과 총 생산량은 50+100=150kg, B 작물 총 생산량은 100+50=150kg이므로 〈그림〉에 의해 A 작물과 B 작물의 판매가격은 각각 1,500원/kg, 1,000원/kg이다. 따라서 2016년 농민 '가'의 작물 총판매액은 1500×50+1000×100=175,000원이다. 각 작물의 kg당 판매가격이 농민 '가'의 생산량이 아닌 전체 '갑'지역의 연간 총생산량에 의한 것임에 유의해야 한다.

[오답해설]

① 경작지1에서는 2015~2017년 동안 A작물, 경작지2에서는 2018년과 2019년의 B 작물, 경작지3에서는 2016년과 2017년 B 작물, 2017년과 2018년의 C 작물이 다년간 연속 재배될 경우 전년 대비 생산량 감소를 보였다. 경작지4에서는 2018년과 2019년 E 작물, 경작지5에서는 2018년과 2019년 D 작물, 경작지6에서는 2015~2019년 동안 E 작물이 다년간 연속 재배될 경우에 생산량 변화가 없다.

③ 경작지4와 경작지6에서 E 작물은 다년간 연속 재배되었으나 생산량이 감소하지 않았다.

④ 경작지1에서 A 작물을 2015~2017년 동안 연속 재배하고, 2018년에 B 작물을 재배한 후, 2019년에 다시 A 작물을 재배하였고, 2019년 A 작물은 100kg이 생산되었다. 이는 〈조건〉에 제시된 A 작물의 경작지당 연간 최대 생산량과 동일하다.

⑤ 2016년 D 작물의 총생산량은 200kg, E 작물의 총생산량은 50kg이므로 D 작물과 E 작물의 2016년 판매가격은 각각 1,000원/kg, 2,000원/kg이다. 2019년 D 작물의 총 생산량은 200+200=400kg, E작물의 총 생산량은 50+50=100kg이므로 작물 D와 E의 2019년 판매가격은 각각 250원/kg, 500원/kg이다. 따라서 2016년과 2019년 작물 판매가격의 차이는 D 작물이 1000−250=750원/kg, E 작물이 2000−500=1,500원/kg이다.

2021년도 상황판단영역 (가)책형

문 1. 정답 ⑤

유형 규정이해 　내용영역 법규범　　　난이도 ★☆☆

[정답해설]

⑤ 첫 번째 조 제2항 본문에 따르면 제1호와 달리 제2호(교육과정을 1년 이상 운영하지 않은 경우)에 해당하는 경우는 시·도지사가 사업의 정지를 명하거나 그 지정을 취소할 수 있다. 따라서 인천광역시의 B기관이 아이돌보미 양성을 위한 교육기관으로 지정된 후 교육과정을 1년간 운영하지 않은 경우, 인천광역시의 시장은 그 지정을 취소할 수 있다.

[오답해설]

① 두 번째 조 제2항에 따르면 아이돌보미가 아닌 사람은 아이돌보미 또는 이와 유사한 명칭을 사용할 수 없다. 따라서 아이돌보미가 아닌 보육 관련 종사자는 아이돌보미 명칭을 사용할 수 없다.

② 첫 번째 조 제1항에 따르면 시·도지사는 아이돌보미의 양성을 위하여 적합한 시설을 교육기관으로 지정·운영하여야 한다. 또한 세 번째 조 제1항에 따르면 여성가족부장관은 아이돌봄서비스의 질적 수준과 아이돌보미의 전문성 향상을 위하여 보수교육을 실시하여야 한다. 따라서 아이돌보미 양성을 위한 교육기관을 지정·운영하여야 하는 주체는 시·도지사이지만, 보수교육을 실시하여야 하는 주체는 시·도지사가 아닌 여성가족부장관이다.

③ 첫 번째 조 제5항에 따르면 아이돌보미가 되려는 사람은 여성가족부장관이 실시하는 적성·인성검사를 받아야 한다. 따라서 아이돌보미가 되려는 사람은 시·도지사가 아닌 여성가족부장관이 실시하는 적성·인성검사를 받아야 한다.

④ 첫 번째 조 제3항에 따르면 제2항 제1호의 방법으로 교육기관으로 지정을 받은 자는 1년 이하의 징역 또는 1천만 원 이하의 벌금에 처한다. 부정한 방법을 통해 아이돌보미 양성을 위한 교육기관으로 지정을 받은 경우는 첫 번째 조 제2항 제1호에 해당한다. 따라서 서울특별시의 A기관이 부정한 방법을 통해 아이돌보미 양성을 위한 교육기관으로 지정을 받은 경우, A기관에게는 200만 원의 과태료가 부과되는 것이 아니라 1년 이하의 징역 또는 1천만 원 이하의 벌금이 처해진다.

문 2. 정답 ②

유형 규정이해 　내용영역 법규범　　　난이도 ★☆☆

〈상황〉을 정리하면 다음과 같다.

甲 문화재청장 — 2021. 3. 15. 발굴 착수 → A 토지 — 乙 소유자, 丙 점유자

[정답해설]

② 제3항에 따르면 제2항에 따른 통보를 받은 소유자 등은 그 발굴에 대하여 문화재청장에게 의견을 제출할 수 있으며, 발굴을 거부하거나 방해 또는 기피하여서는 아니 된다. 丙은 A지역의 점유자이므로 소유자 등에 해당한다. 따라서 A지역의 발굴에 대한 통보를 받은 丙은 문화재청장인 甲에게 그 발굴에 대한 의견을 제출할 수 있다.

[오답해설]

① 제2항에 따르면 문화재청장은 제1항에 따라 발굴할 경우 발굴의 목적, 방법, 착수 시기 및 소요 기간 등의 내용을 발굴 착수일 2주일 전까지 해당 지역의 소유자, 관리자 또는 점유자에 미리 알려 주어야 한다. 따라서 문화재청장인 甲은 A지역 발굴의 목적, 방법, 착수 시기 및 소요 기간 등에 관한 내용을 점유자인 丙에게 2021년 3월 29일이 아닌 2021년 3월 15일로부터 2주일 전인 3월 1일까지 알려주어야 한다.

③ 제7항에 따르면 문화재청장은 제1항에 따른 발굴 현장에 발굴의 목적, 조사기관, 소요 기간 등의 내용을 알리는 안내판을 설치하여야 한다. 따라서 소유자인 乙이 아닌 문화재청장 甲이 발굴 현장에 발굴의 목적 등을 알리는 안내판을 설치하여야 한다.

④ 제3항에 따르면 제2항에 따른 통보를 받은 소유자 등은 그 발굴에 대하여 문화재청장에게 의견을 제출할 수 있으며, 발굴을 거부하거나 방해 또는 기피하여서는 아니 된다. 또한 제4항에 따르면 국가는 발굴로 인하여 손실을 받은 자에게 그 손실을 보상하여야 한다. 乙은 A지역의 소유자이므로 소유자 등에 해당한다. 따라서 A지역의 발굴로 인해 乙에게 손실이 예상될 경우 乙은 그 손실을 보상받을 수 있어도 그 발굴을 거부할 수는 없다.

⑤ 제5항에 따르면 국가는 제1항에 따른 발굴로 손실을 받은 자에게 그 손실을 보상하여야 한다. 또한 제6항에 따르면 제5항에 따른 손실보상에 관하여는 문화재청장과 손실을 받은 자가 협의하여야 하며, 보상금에 대한 합의가 성립하지 않은 때에는 관할 토지수용위원회에 재결을 신청할 수 있다. 따라서 A지역과 인접한 토지 소유자인 丁이 A지역의 발굴로 인해 손실을 받은 경우, 丁은 보상금에 대해 甲과 협의를 한 후, 협의를 했음에도 보상금에 대한 합의가 성립하지 않은 때에 관할 토지수용위원회에 재결을 신청할 수 있다. 甲과 협의하지 않고 관할 토지수용위원회에 재결을 신청할 수는 없다.

문 3. 정답 ④

유형 규정이해 　내용영역 법규범　　　난이도 ★☆☆

[정답해설]

④ 두 번째 조 제2항에 따르면 제1항에 따른 비축용 농산물은 생산자 또는 생산자단체로부터 수매할 수 있다. 따라서 농림축산식품부장관은 개별 생산자로부터 비축용 농산물을 수매할 수 있다.

[오답해설]

① 첫 번째 조 제1항에 따르면 농림축산식품부장관은 채소류 등 저장성이 없는 농산물의 가격안정을 위하여 필요하다고 인정할 때에는 생산자 또는 생산자단체로부터 농산물가격안정기금으로 해당 농산물을 수매할 수 있다. 동조 제2항에 따르면 제1항에 따라 수매한 농산물은 판매 또는 수출하거나 사회복지단체에 기증하는 등 필요한 처분을 할 수 있다. 또한 동조 제3항에 따르면 농림축산식품부장관은 제1항과 제2항에 따른 수매 및 처분에 관한 업무를 농림협중앙회 또는 한국농수산식품유통공사에 위탁할 수 있다. 즉, 농림축산식품부장관은 농산물 수출에 관한 업무를 한국농수산식품유통공사에 위탁할 수 있다. 따라서 한국농수산식품유통공사는 가격안정을 위해 수매한 저장성이 없는 농산물을 외국에 수출할 수 있다.

② 첫 번째 조 제1항에 따르면 농림축산식품부장관은 채소류 등 저장성이 없는 농산물의 가격안정을 위하여 필요하다고 인정할 때에는 생산자 또는 생산자단체로부터 농산물가격안정기금으로 해당 농산물을 수매할 수 있다. 다만 가격안정을 위하여 특히 필요하다고 인정할 때에는 도매시장에서 해당 농산물을 수매할 수 있다. 또한 동조 제3항에 따르면 농림축산식품부장관은 제1항과 제2항에 따른 수매 및 처분에 관한 업무를 농림협중앙회 또는 한국농수산식품유통공사에 위탁할 수 있다. 따라서 채소류의 가격안정을 위해서 특히 필요하다고 인정되어 수매할 경우, 농림협중앙회는 소매시장이 아닌 도매시장에서도 해당 농산물을 수매할 수 있다.

③ 두 번째 조 제1항과 제3항에 따르면 농림축산식품부장관으로부터 위탁받은 농협중앙회는 농산물의 수급조절과 가격안정을 위하여 필요하다고 인정할 때에는 농산물가격안정기금으로 농산물을 비축하거나 농산물의 출하를 약정하는 생산자에게 그 대금의 일부를 미리 지급하여 출하를 조절할 수 있다. 하지만 두 번째 조 제1항에 따르면 쌀과 보리는 두 번째 조가 적용되지 않는다. 따라서 농림협중앙회는 보리의 수급조절을 위해 보리 생산자에게 대금의 일부를 미리 지급하여 출하를 조절할 수는 없다.

⑤ 두 번째 조 제4항에 따르면 농림축산식품부장관은 제2항 단서에 따라 비축용 농산물을 수입하는 경우, 국제가격의 급격한 변동에 대비하여야 할 필요가 있다고 인정할 때에는 선물거래를 할 수 있다.

문 4. 정답 ①

유형: 규정이해 | 내용영역: 법규범 | 난이도: ★★★

첫 번째 문단에 따르면 A협회는 매년 12월 열리는 정기총회에서 다음해 협회장을 선출한다. 두 번째 문단에 따르면 '찬반투표'에 참여할 수 있는 회원의 자격은 투표일 현재까지 A협회의 정회원인 사람으로 한정한다. 세 번째 문단에 따르면 '선거'에 참여할 수 있는 회원의 자격은 선거일을 기준으로 정회원 자격을 얻은 후 만 1년을 경과한 정회원으로 한정한다.

[정답해설]

① 2020년 협회장 선출을 위한 '선거'는 2019년 12월에 열렸을 것이고, 2019년 10월 A협회 정회원 자격을 얻은 甲은 2019년 12월에 정회원 자격을 얻은 후 만 1년이 경과되지 않았을 것이다. 따라서 2019년 10월 A협회 정회원 자격을 얻은 甲은 '2020년 협회장' 선출을 위한 '선거'에 참여할 수 없었다.

[오답해설]

② 2019년 협회장 선출을 위한 '찬반투표'는 2018년 12월에 열렸을 것이고, 2018년 10월 A협회 정회원 자격을 얻은 乙은 2018년 12월에 정회원인 사람일 것이다. 따라서 2018년 10월 A협회 정회원 자격을 얻은 乙은 2019년 연회비 납부 여부와 관계없이 '2019년 협회장' 선출을 위한 '찬반투표'에 참여할 수 있었다.

③ 세 번째 문단에 따르면 연회비 미납부로 정회원 자격이 유보된 사람은 정회원 자격을 회복한 후 만 1년을 경과하여야 '선거'에 참여할 수 있다. 2020년 협회장 선출을 위한 '선거'는 2019년 12월에 열렸을 것이고, 2019년에 정회원 자격을 회복한 丙은 2019년 12월에 정회원 자격을 회복한 후 만 1년을 경과하지 않았을 것이다. 따라서 2017년 10월 A협회 정회원 자격을 얻은 丙이 연회비 미납부로 자격이 유보되었다가 2019년 정회원 자격을 회복하였더라도 '2020년 협회장' 선출을 위한 '선거'에 참여할 수 없었다.

④ 2019년 협회장 선출을 위한 '찬반투표'는 2018년 12월에 열렸을 것이고, 2017년 10월 A협회 준회원 활동을 시작한 丁이 최소 요구 연한(만 1년) 경과 직후에 정회원 자격을 획득(2018년 10월)하였다면 2018년 12월에 정회원인 사람일 것이다. 따라서 2017년 10월 A협회 준회원 활동을 시작한 丁이 최소 요구 연한 경과 직후에 정회원 자격을 획득하였다면 '2019년 협회장' 선출을 위한 '찬반투표'에 참여할 수 있었다.

⑤ 두 번째 문단에 따르면 기한 내에 연회비를 납부하지 않은 정회원은 그 자격이 유보되어 권리를 행사할 수 없고, 2년 연속 연회비를 납부하지 않은 사람은 A협회의 회원 자격이 영구히 박탈된다. 2016년 10월 처음으로 A협회 정회원 자격을 얻은 戊가 2017년부터 연회비를 계속 납부하지 않았다면, 2016년 12월에는 정회원 자격을 얻은 후 만 1년이 경과되지 않았고, 2017년 12월에는 정회원 자격이 유보되어 있고, 2018년 12월에는 A협회의 회원 자격이 영구히 박탈되어 있다. 따라서 2016년 10월 처음으로 A협회 정회원 자격을 얻은 戊가 2017년부터 연회비를 계속 납부하지 않았다면 협회장 선출을 위한 '선거'에 한 번도 참여할 수 없었다.

문 5. 정답 ③

유형: 규정이해 | 내용영역: 법규범 | 난이도: ★★☆

두 번째 문단에 따르면 공소시효는 범죄행위가 종료된 때를 기준으로 계산한다. 또한 세 번째 문단에 따르면 공소시효는 일정한 사유로 정지될 수 있으며, 공소시효가 정지되었다가 그 사유가 없어지면 그날부터 나머지 공소시효 기간이 진행된다. 공소시효가 정지되는 사유에는 출국과 공소 제기가 있다. 각주에 따르면 감금죄의 공소시효는 7년, A죄의 공소시효는 5년이다.

[정답해설]

③ 네 번째 문단에 따르면 공소가 먼저 제기된 사람이 범죄혐의 없음을 이유로 무죄 판결을 받은 경우, 다른 공범에 대한 공소시효는 정지되지 않는다. 丙의 범죄행위가 2015년 2월 1일에 종료되었으므로 공소시효는 2015년 2월 1일부터 기산된다. 丙은 범죄행위 종료 후 형사처벌을 면할 목적으로 1년간 국외에 있다가 귀국하였고, 공범인 乙은 2016년 6월 30일 범죄혐의 없음을 이유로 무죄 확정판결 받았다. 따라서 2020년 1월 1일 丙에 대해 공소가 제기되기 전 정지된 공소시효 기간은 丙이 국외로 출국하였던 1년이다.

[오답해설]

① 甲에 대한 공소시효는 범죄행위가 종료된 때이다. 감금죄의 범죄행위가 종료된 때는 감금에서 풀려난 2016년 5월 2일이다. 즉, 甲이 2개월간 국외로 도피하였다가 2016년 5월 1일에 귀국한 시기는 범죄행위가 종료되지 않았으므로 공소시효 자체가 진행되지 않는다. 따라서 甲에 대해 공소가 제기되기 전에는 정지된 공소시효 기간은 존재하지 않는다.

② 첫 번째 문단에 따르면 공소시효가 완성된 범죄에 대한 검사의 공소제기는 위법하다. 甲의 감금죄의 범죄행위가 종료된 때가 2016년 5월 2일이므로 7년 뒤인 2023년 5월 1일 24시에 공소시효가 완성된다. 따라서 2023년 5월 1일 甲에 대한 공소제기는 적법하다.

④ 세 번째 문단에 따르면 공범이 있는 경우 국외로 출국하지 않은 공범은 그 기간에도 공소시효가 정지되지 않는다. 丁의 공범인 丙은 국외로 출국하였지만 丁은 출국하지 않고 국내에서 도피 중이었으므로 공소시효가 정지되지 않는다. 따라서 丙의 국외 도피기간 중 丁의 공소시효는 정지되지 않는다.

⑤ 네 번째 문단에 따르면 공범 1인에 대하여 공소가 제기되면 그날부터 다른 공범의 공소시효도 정지되었다가 공범이 재판에서 유죄로 확정된 날부터 다른 공범에 대한 나머지 공소시효 기간이 진행된다. A죄의 범죄행위는 2015년 2월 1일 종료되었으므로 이때부터 공소시효가 진행된다. 丁은 범죄행위 종료 후 계속 국내에서 도피 중이므로 국외 출국으로 인한 공시시효 정지 사유는 없다. 하지만 丁의 공범인 丙이 2020년 1월 1일 공소가 제기되어 2020년 12월 31일 유죄 확정판결을 받았으므로 이 기간 동안 공소시효는 정지된다. 즉, 2020년 12월 31일까지 丁의 공소시효 기간은 4년 11개월(2015년 2월 1일~2020년 1월 1일)이고 공소시효가 완성되기까지는 1개월이 남아 있다. 丙이 유죄 확정이 확정된 날(2020년 12월 31일)부터 다시 丁의 나머지 공소시효 기간이 진행된다. A죄의 공소시효는 5년이므로 丁의 공소시효는 2021년 1월 31일에 완성된다. 따라서 2022년 1월 31일에 丁에 대해 공소제기는 공소시효가 완성된 범죄에 대한 것으로 위법하다.

문 6. 정답 ①

유형: 수리추론 | 내용영역: 논리학 | 난이도: ★☆☆

[정답해설]

각 과목별로 수강시간과 권장 수강주기의 도과 여부, 인정되는 학습점수를 정리하면 다음과 같다.

과목명	수강시간	권장 수강주기 도과 여부	인정되는 학습점수
통일교육	2	×	4
청렴교육	2	○	2
장애인식교육	3	○	3
보안교육	3	○	3
폭력예방교육	5	×	10

이를 토대로 각 과목별로 수강시간 대비 인정되는 학습점수를 구하면, 통일교육과 폭력예방교육은 2이고, 청렴교육과 장애인식교육, 보안교육은 1이다. 甲은 2021년 1월 15일 하루 동안 상시학습 과목을 수강하여 '학습점수'를 최대화하고자 하므로 통일교육과 폭력예방교육을 선순위로, 청렴교육과 장애인식교육, 보안교육을 후순위로 듣고자 할 것이다. 이때 甲이 하루에 수강할 수 있는 최대 시간은 8시간이므로 甲이 수강할 과목만을 모두 고르면 통일교육, 폭력예방교육이다. 따라서 선지 ①이 정답이다.

[추가해설]

위와 같은 풀이 외에 선지를 활용하여 풀이할 수 있다.

① 학습점수 14점. 甲이 통일교육과 폭력예방교육을 수강한다면 7시간 동안 수강하게 되며, 4+10=14점의 학습점수를 얻는다.

② 학습점수 10점. 甲이 통일교육과 장애인식교육, 보안교육을 수강한다면 8시간 동안 수강하게 되며, 4+3+3=10점의 학습점수를 얻는다.

③ 학습점수 9점. 甲이 통일교육과 청렴교육, 보안교육을 수강한다면 7시간 동안 수강하게 되며, 4+2+3=9점의 학습점수를 얻는다.
④ 수강할 수 없다. 甲이 청렴교육과 장애인식교육, 폭력예방교육을 수강한다면 10시간 동안 수강하게 되므로 하루에 수강할 수 있는 최대 시간을 넘는다.
⑤ 학습점수 13점. 甲이 보안교육과 폭력예방교육을 수강한다면 8시간 동안 수강하게 되며, 3+10=13점의 학습점수를 얻는다.

따라서 甲은 2021년 1월 15일 하루 동안 학습점수를 최대화하고자 하므로 통일교육과 폭력예방교육(선지 ①)을 수강한다.

문 7. 정답 ①

[유형] 정보이해　[내용영역] 과학기술　[난이도] ★★☆

[정답해설]
ㄱ. 첫 번째 문단에 따르면 맥동변광성은 변광 주기가 길수록 실제 밝기가 더 밝다. 세페이드 변광성은 맥동변광성에 해당하고, 동일한 Ⅰ형 세페이드 변광성에 대하여는 변광 주기가 10일인 변광성이 변광 주기가 50일인 변광성보다 어두울 것이다.
ㄷ. 세 번째 문단에 따르면 별의 밝기는 등급의 수치가 작을수록 밝으며, 그 수치가 1 줄어들 때마다 2.5배 밝아진다. 또한 네 번째 문단에 따르면 천문학자 W.바데는 Ⅰ형 세페이드 변광성이 동일한 변광 주기를 갖는 Ⅱ형 세페이드 변광성보다 1.5등급만큼 더 밝다는 것을 밝혀냈다. 따라서 실제 밝기를 기준으로 할 때, 변광 주기가 20일인 Ⅰ형 세페이드 변광성은 같은 주기의 Ⅱ형 세페이드 변광성에 비해 1등급보다 더 차이나므로 2.5배보다 더 밝을 것이다.

[오답해설]
ㄴ. 세 번째 문단에 따르면 별의 밝기를 등급으로 표시하면 밝기는 등급의 수치가 작을수록 밝으며, 그 수치가 1 줄어들 때마다 2.5배 밝아진다. 또한 별의 밝기는 거리의 제곱에 반비례하기 때문에 절대등급과 다르다. 따라서 변광 주기가 동일한 두 개의 Ⅱ형 세페이드 변광성의 겉보기등급 간 수치 차이가 1이라면, 지구에서 측정한 밝기가 2.5배 차이난다는 것을 의미하며, 지구로부터 두 별까지의 거리의 비가 2.5인지는 알 수 없다.
ㄹ. 세 번째 문단에 따르면 절대등급은 모든 별이 지구로부터 10파섹의 일정한 거리에 있다고 가정하고 지구에서 관찰된 밝기를 산출한 것이다. 따라서 지구로부터 1파섹이 아닌 10파섹 떨어진 별의 밝기가 절대등급과 겉보기등급이 동일할 것이다.

문 8. 정답 ⑤

[유형] 정보이해　[내용영역] 과학기술　[난이도] ★☆☆

[정답해설]
㉠: 신장이 180cm인 육상선수가 1초에 신장의 50배가 되는 거리를 가려면 1초에 180×50=9,000cm를 가야 한다. 1시간은 3,600초이므로 9,000cm/s를 시속으로 변환하면 324km/h가 된다. 따라서 ㉠은 324이다.
㉡: 미국바퀴벌레는 초당 150cm의 속력으로 달린다. 물고기 로봇은 미국바퀴벌레의 1/3 속력으로 헤엄칠 수 있으므로 초당 50cm의 속력으로 헤엄친다. 이는 1분에 몸길이의 200배가 되는 거리를 간다는 것을 의미하고, 1분은 60초이므로 물고기 로봇은 1분에 3,000cm를 간다. 즉, 물고기 로봇의 몸길이는 3000÷200=15cm이다. 따라서 ㉡은 15이다.

문 9. 정답 ⑤

[유형] 수리추론　[내용영역] 논리학　[난이도] ★★☆

○ Ⅰ안: A, B, C가 90km의 직선 도로 부담 비용을 균등하게 부담하므로 도로 1km당 건설비용이 1이라 가정하면, 부담 비용은 A=B=C=30이다.
○ Ⅱ안: 도시별 이용 구간의 길이는 A=30km, B=60km, C=90km이므로 각 도시는 1:2:3의 비율에 비례하여 비용을 부담한다. 따라서 도로 1km당 건설비용이 1이라 가정하면, 부담 비용은 A=15, B=30, C=45이다.
○ Ⅲ안: $\overline{OA}$구간은 A, B, C 모두, $\overline{AB}$구간은 B와 C, $\overline{BC}$구간은 C가 이용한다. 따라서 도로 1km당 건설비용이 1이라 가정하면, $\overline{OA}$구간의 부담 비용은 A=B=C=10, $\overline{AB}$구간의 부담 비용은 B=C=15, $\overline{BC}$구간의 부담 비용은 C=30이다. 즉, 부담 비용은 A=10, B=25, C=55이다.

이를 정리하면 다음과 같다.

	Ⅰ안	Ⅱ안	Ⅲ안
A	30	15	10
B	30	30	25
C	30	45	55

[정답해설]
⑤ C의 부담 비용은 Ⅰ안에서 30이고, Ⅲ안에서 55이다. 따라서 Ⅲ안이 Ⅰ안의 2배 미만이다.

[오답해설]
① A에게는 Ⅲ안의 부담 비용이 10으로 가장 낮다.
② B의 부담비용은 Ⅰ안과 Ⅱ안에서 30으로 같다.
③ Ⅱ안에서 A와 B의 부담 비용의 합은 15+30=45이므로 C의 부담 비용과 같다.
④ Ⅰ안에 비해 부담 비용이 낮아지는 도시의 수는 Ⅱ안이 1개(A), Ⅲ안이 2개(A, B)이므로 Ⅱ안보다 Ⅲ안에서 더 많다.

문 10. 정답 ③

[유형] 수리추론　[내용영역] 논리학　[난이도] ★★☆

[정답해설]
〈원칙〉 세 번째에 따르면 코드 중 가장 긴 것의 길이를 최소화한다. 즉, 길이가 짧은 코드를 최대로 활용하여야 한다. 길이가 1인 코드로 표현할 수 있는 단어는 26¹개, 길이가 2인 코드로 표현할 수 있는 단어는 26²(=676)개, 길이가 3인 코드로 표현할 수 있는 단어는 26³(=17,576)개이다.
〈원칙〉 첫 번째에 따르면 하나의 코드는 하나의 단어만을 나타내며, 〈원칙〉 네 번째에 따르면 18,000개의 단어를 표현할 수 있어야 하므로 길이가 3인 코드까지 필요하다. 26+26²<18000<26+26²+26³이기 때문이다. 따라서 하나의 단어를 표현하는 가장 긴 코드의 길이는 3이다.

문 11. 정답 ①

[유형] 논리퀴즈　[내용영역] 논리학　[난이도] ★★☆

[정답해설]
① 한 번에 최소 1명, 최대 3명의 왕을 외칠 수 있지만, ⅰ) '조'로 끝나는 왕 2명 이상을 한 번에 외칠 수 없고, ⅱ) (연산군, 중종), (선조, 광해군)을 함께 외칠 수 없다. 중종과 甲이 '명종'까지 외쳤을 때, 乙은 ⅰ)과 ⅱ)를 위반하지 않으면서 '선조'와 '광해군'을 외칠 수 있다. 이 경우 甲이 '인조'를 외치는 것이 가능하다.

[오답해설]
② 예를 들어 甲과 乙이 아래와 같이 외친다면 각각 6번씩 외치는 것으로 놀이가 종료될 수 있다.

순서	甲		乙
1번	태조, 정종, 태종	⇨	세종, 문종, 단종
2번	세조, 예종, 성종	⇨	연산군
3번	중종, 인종, 명종	⇨	선조, 광해군
4번	인조, 효종, 현종	⇨	숙종, 경종, 영조
5번	정조	⇨	순조, 헌종, 철종
6번	고종	⇨	순종

③ '연산군'과 '중종'은 함께 외칠 수 없으므로, 甲이 (인종, 명종, 선조)를 외쳤다면 乙은 '중종'만을 외쳤을 것이다. 따라서 '연산군'은 甲이 외쳤을 것이다.
④ 甲이 첫 차례에 3명의 왕을 외친다면, 乙은 그 다음 차례에 (세종), (세종, 문종), (세종, 문종, 단종)을 외칠 수 있다. 그리고 각 경우에 甲은 (문종, 단종, 세조), (단종, 세조), (세조)를 외칠 수 있다. 즉, 甲이 첫 차례에 3명의 왕을 외친다면, 甲은 자신의 다음 차례에 '세조'를 외칠 수 있다.
⑤ 甲이 '영조'를 외쳤다면 乙은 '조'로 끝나는 왕 2명 이상을 한 번에 외칠 수 없으므로 그 다음 차례에 '정조'를 외칠 것이다. 乙 다음에 甲은 (순조), (순조, 헌종), (순조, 헌종, 철종)을 외칠 수 있다. 그리고 각 경우에 乙은 (헌종, 철종, 고종), (철종, 고종), (고종)을 외칠 수 있다. 즉, 항상 甲이 '순종'을 외치게 할 수 있다. 따라서 '순종'을 외치는 사람이 지는 게임이라면, 甲이 '영조'를 외쳤을 때 乙은 甲의 선택에 관계없이 승리할 수 있다.

문 12. 정답 ②

유형 논리퀴즈 내용영역 논리학 난이도 ★★☆

[정답해설]
보행자 자동인식시스템이 횡단보도 앞에 도착한 보행자를 인식한 후 다음번 보행자를 인식하기 위해선 4분(=1분 30초+30초+2분)의 시간이 필요하다. 즉, 도착 시각이 4분 이상 차이나는 보행자들은 반드시 서로 다른 시각에 길을 건넌다. 보행신호가 점등되기 전까지 횡단보도 앞에 도착한 사람만 모두 길을 건너고, 점등 대기 시간은 1분 30초이다. 도착 시각과 점등 시각을 구하면 다음과 같다.

도착 시각	점등 시각	건널 수 있는 시각	보행자 인식 시각
18:25:00	18:26:30	18:25:00~18:26:30	18:29:00
18:27:00	18:30:30	18:29:00~18:30:30	18:33:00
18:30:00			
18:31:00	18:34:30	18:33:00~18:34:30	18:37:00
18:43:00	18:44:30	18:43:00~18:44:30	18:47:00
18:44:00			
18:59:00	19:00:30	18:59:00~19:00:30	19:03:00
19:01:00	19:04:30	19:03:00~19:04:30	19:04:00
19:48:00	19:49:30	19:48:00~19:49:30	19:52:00
19:49:00			

따라서 18시에서 20시 사이에 보행신호가 점등된 횟수는 7회이다.

문 13. 정답 ②

유형 수리추론 내용영역 논리학 난이도 ★★☆

[정답해설]
조금씩 느려지거나 빨라지는 시계가 정확한 시계와 일치하기 위해서는 720분(=12시간)이 더 느려지거나 빨라져서 두 시계가 동일한 곳을 표시해야 한다.
A: A는 더 이상 작동하지 않는 시계이므로, 멈춰 있는 시간에 하루 2번 정확한 시계와 일치한다. 따라서 A가 앞으로 1년 동안 정확한 시계와 일치하는 횟수는 365×2=730번이다.
B: B는 정확한 시계보다 하루에 1분씩 느려지는 시계이므로, 1년 동안 정확한 시계에 비하여 365분, 즉 6시간 5분 느려진다. 따라서 B가 앞으로 1년 동안 정확한 시계와 일치하는 횟수는 0번이다.
C: C는 정확한 시계보다 하루에 1시간씩 느려지는 시계이므로, 1년 동안 정확한 시계에 비하여 365시간 느려진다. 30<365÷12<31이므로 C가 앞으로 1년 동안 정확한 시계와 일치하는 횟수는 30번이다.
D: D는 정확한 시계보다 하루에 2시간씩 느려지는 시계이므로, 1년 동안 정확한 시계에 비하여 730시간 느려진다. 60<730÷12<61이므로 D가 앞으로 1년 동안 정확한 시계와 일치하는 횟수는 60번이다.
E: E는 정확한 시계보다 하루에 5분씩 빨라지는 시계이므로, 1년 동안 정확한 시계에 비하여 1,825분, 즉 30시간 25분 빨라진다. 2<30÷12<31이므로 E가 앞으로 1년 동안 정확한 시계와 일치하는 횟수는 2번이다.

시계를 교체하는 순서는 1년 동안 정확한 시계와 일치하는 횟수가 적은 시계 순이다. 따라서 가장 먼저 교체될 시계는 B이고, 가장 나중에 교체될 시계는 A이다.

문 14. 정답 ④

유형 논리퀴즈 내용영역 논리학 난이도 ★★★

甲~丁은 주말 날씨에 대하여 대화하고 있으나 그 날이 무슨 요일인지는 특정하지 않으므로, 주말 중 하루를 A, 다른 하루를 B로 구분하여 주어진 대화를 정리한다. 또한 甲과 乙이 모두 서울에 눈이 내렸다고 하는데, 그 날이 동일한 날일 수도 있고 다른 날일 수도 있다. 따라서 甲과 乙이 서울에 있던 날이 같은 날인지 다른 날인지를 기준으로 경우를 나눈다. 이때 눈이 내린 날은 (눈), 눈이 내리지 않은 날은 (~눈)라고 표기한다.

i) 甲과 乙이 같은 날에 서울에 있었던 경우
甲과 乙이 같은 날에 서울에 있었다면, 甲과 乙은 A에 서울에 있었고 그날 서울에는 눈이 내렸다. 또한 乙은 A에 강릉에도 있었으므로 강릉에 눈이 내렸다. 丙은 부산과 강릉에 하루씩 있었는데 두 날 모두 눈이 내리지 않았으므로, 丙은 A에 부산, B에 강릉에 있었다.
한편 甲은 자신이 서울에 있던 날 광주에도 눈이 내렸다고 했으므로 A에 광주에는 눈이 내렸다. 이때 丁은 광주에 하루 있었는데 그날 눈이 내리지 않았으므로, 丁은 B에 광주에 있었다. 또한 丁이 광주에 있던 날 부산도 눈이 내리지 않았으므로, B에 부산은 눈이 내리지 않았다. 이를 정리하면 다음과 같다.

	서울	강릉	부산	광주
A	(눈) 甲, 乙	(눈) 乙	(~눈) 丙	(눈)
B		(~눈) 丙	(~눈)	(~눈) 丁

ii) 甲과 乙이 다른 날에 서울에 있었던 경우
甲과 乙이 다른 날에 서울에 있었다면, 甲은 A에 서울, 乙은 B에 서울에 있었고 두 날 모두 서울에는 눈이 내렸다. 또한 乙은 B에 강릉에도 있었으므로 강릉에 눈이 내렸다. 丙은 부산과 강릉에 하루씩 있었는데 두 날 모두 눈이 내리지 않았으므로, 丙은 B에 부산, A에 강릉에 있었다.
한편 甲은 자신이 서울에 있던 날 광주에도 눈이 내렸다고 했으므로 A에 광주에는 눈이 내렸다. 이때 丁은 광주에 하루 있었는데 그날 눈이 내리지 않았으므로, 丁은 B에 광주에 있었다. 또한 丁이 광주에 있던 날 부산도 눈이 내리지 않았으므로, B에 부산은 눈이 내리지 않았다. 이는 丙의 진술에 부합한다. 이를 정리하면 다음과 같다.

	서울	강릉	부산	광주
A	(눈) 甲	(~눈) 丙		(눈)
B	(눈) 乙	(눈) 乙	(~눈) 丙	(~눈) 丁

[정답해설]
ㄱ. i)과 ii)의 경우 모두 광주에는 지난 주말 중 하루만 눈이 내렸다.
ㄷ. 지난 주말 중 하루만 부산에 눈이 내렸다면 ii)에 해당한다. ii)에서 甲과 乙이 서울에 있었던 날은 다른 날이다.
ㄹ. 지난 주말 중 하루만 서울에 눈이 내렸다면 i)에 해당한다. i)에서 丙은 부산에 A에 있었으며, 丁은 광주에 B에 있었다. 따라서 丙이 부산에 있었던 날과 丁이 광주에 있었던 날은 다른 날이다.

[오답해설]
ㄴ. 지난 주말 중 하루만 서울에 눈이 내렸다면 i)에 해당한다. i)에서 부산에는 지난 주말 모두 눈이 내리지 않았다. 따라서 지난 주말 중 하루만 서울에 눈이 내렸다면 부산에는 지난 주말 모두 눈이 내리지 않았다.

문 15. 정답 ③

[유형] 논리퀴즈 [내용영역] 논리학 [난이도] ★★☆

대화에 따르면 甲은 1권, 乙은 4권, 丁은 0권의 책을 받았다. 또한 丙과 戊는 동일한 권수의 책을 받았고 A부서에서 새로 나누어 주는 책은 총 9권(=3+3+1+2)이므로, 丙과 戊는 각각 2권의 책을 받았을 것이다. 이때 丙과 戊는 동일한 종류의 책을 받았으므로 나누어 주는 권수가 3권 이상인 법령집과 백서를 받았을 것이다. 이에 따라 2권을 나누어 주는 민원 사례집은 1권만 받은 甲과 4권의 책을 모두 받은 乙이 받았을 것이다. 이를 정리하면 다음과 같다.

	법령집	백서	판례집	민원	계
甲	×	×	×	○	1
乙	○	○	○	○	4
丙	○	○	×	×	2
丁	×	×	×	×	0
戊	○	○	×	×	2
계	3	3	1	2	

[정답해설]
③ 甲은 1권의 도서를 받았고, 戊는 2권의 도서를 받았다. 따라서 戊가 甲보다 많은 도서를 받았다.

[오답해설]
① 법령집을 받은 사람은 乙, 丙, 戊로 이들은 모두 백서도 받았다.
② 민원 사례집은 민원업무가 많은 사람부터 1권씩 나누어 주었다. 甲은 민원 사례집을 받았으나 丙은 받지 못하였으므로, 甲의 민원업무가 丙보다 많다.
④ 백서는 근속연수가 짧은 사람부터 1권씩 나누어 주었다. 丁은 백서를 받지 못하였으나 乙은 백서를 받았으므로, 丁이 乙보다 근속연수가 길다.
⑤ 법령집은 보유하고 있던 법령집의 발행연도가 빠른 사람부터 1권씩 나누어 주었다. 乙은 법령집을 받았으나 甲은 받지 못하였으므로, 乙이 보유하고 있던 법령집의 발행연도가 甲보다 빠르다.

문 16. 정답 ②

[유형] 수리추론 [내용영역] 논리학 [난이도] ★★☆

[정답해설]
① 甲: 지급요건 및 대상에 예산성과금은 예산절감 및 수입증대 발생시기가 2020년 1월 1일부터 2020년 12월 31일까지인 경우 지급한다. 2019년 12월 사업물자 계약방법을 개선하여 주요사업비를 절약한 A시 사무관 甲은 예산절감 시기가 2019년 12월이므로 예산성과금을 지급받지 못한다.
② 乙: 제도개선을 통해 2020년 5월 주요사업비 3천 5백만 원을 절약하여 개선된 제도가 A시청 전 부서에 확대 시행되는 데 기여한 A시 사무관 乙은 지급요건 및 대상을 충족한다. 이에 따라 절약액의 20%를 받게 되며, A시청 전 부서에 확대 시행되었으므로 지급액의 30%를 가산하여 예산성과금을 받게 된다. 따라서 乙은 3500×0.2×1.3=910만 원의 예산성과금을 받는다.
③ 丙: A시 지역축제에 관한 제안을 제출하여 2020년 7월 8천만 원의 수입증대에 기여한 국민 丙은 지급요건 및 대상을 충족한다. 이에 따라 증대액의 10%를 받게 된다. 따라서 丙은 8000×0.1=800만 원의 예산성과금을 받는다.
④ 丁: A시 위임사무를 수행하면서 제도 개선을 통해 2020년 8월 경상적 경비 1천 8백만 원을 절약한 B기관 이사 丁은 지급요건 및 대상을 충족한다. 이에 따라 절약액의 50%를 받게 된다. 따라서 丁은 1800×0.5=900만 원의 예산성과금을 받는다.
⑤ 戊: 지급요건 및 대상에 따르면 예산성과금은 자발적 노력을 통한 제도 개선 등으로 예산을 절감하거나 세입을 증대한 경우 지급한다. A시장의 지시를 받아 사무용품 조달방법을 개선하여 2020년 9월 경상적 경비 1천만 원을 절약한 A시 사무관 戊는 자발적 노력을 통해 예산을 절감한 것이 아니므로 예산성과금을 지급받지 못한다.

따라서 A시 예산성과금을 가장 많이 받는 사람은 乙이다.

문 17. 정답 ④

[유형] 규정이해 [내용영역] 법규범 [난이도] ★★★

[정답해설]
○ 소방사다리차: 배치기준 가목 1)에 따르면 관할구역에 층수가 11층 이상인 아파트가 20동 이상 있거나 11층 이상 건물이 20개소 이상 있는 경우에는 고가사다리차를 1대 이상 배치한다. 〈상황〉에 따르면 甲관할구역 내에는 층수가 11층 이상인 아파트가 30동 있고, 3층 백화점 건물이 하나 있다. 따라서 고가사다리차를 1대 이상 배치하여야 한다.
○ 화학차: 배치기준 나목에 따르면 관할구역 내 제조소 등이 500개소 이상인 경우는 2대를 배치하며, 1,000개소 이상인 경우는 계산식에 따라 산출된 수만큼 추가 배치한다. 〈상황〉에 따르면 甲관할구역 내에는 위험물을 저장·취급하는 제조소 등이 1,200개소 있다. 따라서 화학차 2대에 (1200−1000)÷1000=0.2를 올림하여 1대를 추가로 배치한다. 즉, 화학차는 3대 배치한다.
○ 지휘차 및 순찰차: 배치기준 다목에 따르면 지휘차 및 순찰차는 각각 1대 이상 배치한다.
○ 배치기준 가목 3)에 따르면 고가사다리차 또는 굴절사다리차가 배치되어 있는 119안전센터와의 거리가 20km 이내인 경우에는 소방사다리차를 배치하지 않을 수 있다. 〈상황〉에 따르면 소방서와 가장 가까운 119안전센터는 25km 떨어져 있으므로 소방사다리차를 배치하여야 한다. 또한 소방서에 배치되어야 하는 소방자동차의 최소 대수를 구하는 것이므로, 배치기준 가목 2)에 따른 굴절사다리차와 배치기준 라목에 따른 그 밖의 차량을 배치하지 않는다.

이상에서 甲관할구역 소방서에 배치되어야 하는 소방자동차의 최소 대수는 1+3+1+1=6대이다.

문 18. 정답 ⑤

[유형] 정보이해 [내용영역] 사회 [난이도] ★★☆

[정답해설]
두 번째 문단에 따르면 유럽 유로는 2020년 세계 외환거래액의 32%를 차지하는 데 그쳤는데, 이는 4년 전인 2016년보다 2%p 높아진 것이고 10년 전인 2010년보다 8%p 낮아진 수치이다. 즉, 2010년과 2016년 세계 외환거래액 대비 유럽 유로의 비중은 각각 40%, 30%이다.

〈상황〉에 따르면 2010년과 2016년의 하루 평균 세계 외환거래액은 각각 3조 9천억 달러, 5조 2천억 달러이다. 이때 각 연도의 유럽 유로의 비중은 40%, 30%이므로 각 연도별 유럽 유로로 이루어진 하루 평균 세계 외환거래액을 도출하면 다음과 같다.
○ 2010년: 3조 9천억×0.4=1조 5천 6백억 달러
○ 2016년: 5조 2천억×0.3=1조 5천 6백억 달러

따라서 2016년 유로로 이루어진 하루 평균 세계 외환거래액을 2010년과 비교하여 보고한다면 '변화 없음'이다.

문 19. 정답 ⑤

[유형] 정보이해 [내용영역] 사회 [난이도] ★☆☆

[정답해설]
⑤ 세 번째 문단에 따르면 甲국에서 만 18세 이상이면 운전면허 취득이 가능하며, 성인 기준은 만 19세 이상으로 투표권은 만 19세 이상에게 부여된다. 따라서 甲국 연령규범에 따르면 만 19세인 사람은 운전면허 취득, 술 구매, 투표가 가능하다.

[오답해설]
① 첫 번째 문단에 따르면 연령규범은 특정 연령의 사람이 어떤 일을 할 수 있거나 해야 한다는 사회적 기대와 믿음이다. 즉, 연령규범은 특정 나이에 어떤 일을 할 수 있는지에 대한 개인적 믿음이 아닌 사회적 믿음이다.
② 두 번째 문단에 따르면 연 나이는 현재 연도에서 태어난 연도를 뺀 값이다. 반면 만 나이는 태어난 날을 기준으로 0살부터 시작하여 1년이 지나면 한 살

더 먹는 것으로 계산한다. 즉, 연 나이는 만 나이보다 1살(그 해 생일이 지나지 않은 경우) 또는 0살(그 해 생일이 지난 경우)이 많다. 따라서 같은 연도라 하더라도 만 나이와 연 나이가 항상 같은 것은 아니다.

③ 다섯 번째 문단에 따르면 甲국의 어떤 법에서도 몇 세부터 노인이라고 규정하는 연령기준이 일관되게 제시되지 않고 있다. 예를 들어 노인복지법 등에서는 만 65세이나 노후연금 수급연령은 만 62세부터이며, 노인복지관 등에서는 만 60세부터 노인이 된다. 즉, 법률에서 제시되는 노인 연령기준은 동일하지 않다.

④ 첫 번째 문단에 따르면 졸업, 취업, 결혼 등에 대한 기대연령은 사회경제적 여건에 따라 달라진다. 즉, 결혼에 대한 기대연령은 사회여건 변화가 영향을 미친다.

문 20. 정답 ⑤

[유형] 정보이해 [내용영역] 사회   [난이도] ★☆☆

5월생인 甲국 국민(이하 'A'라 한다)은 '연 나이'가 62세가 된 날에 생일이 지나지 않았으므로, 만 나이는 61세이다. 한편 제시된 각 혜택·권리별로 연령기준을 정리하면 다음과 같다.

연령기준	혜택·권리
만 20세 이상	국회의원 피선거권
만 35세 이상	대통령 피선거권
만 60세 이상	노인복지관 이용, 노인교실 이용, 주택연금 가입, 노인주택 입주자격
만 62세 이상	노후연금 수급
만 65세 이상	기초연금 수급, 장기요양보험 혜택, 노인 일자리 제공

[정답해설]

⑤ 노인교실 이용은 만 60세 이상이 대상이다. 또한 대통령 피선거권은 만 35세 이상이 대상이며, 주택연금 가입은 만 60세 이상이 대상이다. 따라서 만 61세인 A는 노인교실 이용, 대통령 피선거권, 주택연금 가입 모두를 '연 나이'가 62세가 된 날에 이미 누리고 있다.

[오답해설]

① 장기요양보험혜택의 경우 만 65세 이상이 대상이다. A는 만 61세이므로 장기용양보험 혜택을 누릴 수 없다.

② 노후연금 수급은 만 62세 이상이 대상이다. 또한 기초연금 수급은 만 65세 이상이 대상이다. A는 만 61세이므로 노후연금 수급과 기초연금 수급을 누릴 수 없다.

③ 기초연금 수급은 만 65세 이상이 대상이다. A는 만 61세이므로 기초연금 수급을 누릴 수 없다.

④ 노후연금 수급은 만 62세 이상이 대상이다. A는 만 61세이므로 노후연금 수급을 누릴 수 없다.

문 21. 정답 ④

[유형] 규정이해 [내용영역] 법규범   [난이도] ★☆☆

첫 번째 조 제1항에 따르면 급식은 유아의 교육을 위하여 설립·운영되는 국립·공립·사립 유치원을 대상으로 실시한다.

[정답해설]

ㄱ. 첫 번째 조 제2항에 따르면 제1항에도 불구하고 원아수 50명 미만의 사립 유치원은 급식 대상에서 제외하고, 두 번째 조 제1항 제1호와 제2호에 따르면 원아수 200명 미만인 유치원이 아니면 급식을 실시할 유치원에는 영양교사 1명을 두어야 한다. 즉, 원아수 50명 미만의 사립 유치원이 아니거나 원아수 200명 미만인 유치원이 아니면 급식을 실시하기 위해서 영양교사 1명을 두어야 한다. 따라서 A유치원은 원아수가 223명인 공립 유치원이므로 급식 대상에 포함되며 영양교사 1명을 배치해야 한다.

ㄴ. 두 번째 조 제1항 제2호에 따르면 제1호에도 불구하고 같은 교육지원청의 관할구역에 있는 원아수 각 200명 미만인 유치원은 2개 이내의 유치원에 순회 또는 공동으로 영양교사를 둘 수 있다. B유치원과 C유치원은 같은 교육지원청 乙의 관할구역에 있으며, 원아수가 각 200명 미만이므로 공동으로 영양교사 1명을 배치할 수 있다.

ㄷ. 두 번째 조 제2항에 따르면 교육감은 급식을 위한 시설과 설비를 갖춘 유치원 중 원아수 100명 미만의 유치원에 대하여 영양관리, 식생활 지도 등의 업무를 지원하기 위하여 교육지원청에 전담직원을 둘 수 있다. 이 경우 교육지원청의 지원을 받는 유치원에는 영양교사를 둔 것으로 본다. D유치원은 급식을 위한 시설과 설비를 갖추었으며 원아수가 100명 미만이므로 丙교육지원청의 전담직원을 통하여 업무를 지원받고 있다면, 영양교사를 둔 것으로 본다.

[오답해설]

ㄹ. 첫 번째 조 제2항에 따르면 제1항에도 불구하고 원아수 50명 미만의 사립 유치원은 급식 대상에서 제외한다. 동조 제3항에 따르면 교육감은 제2항에 따라 급식 대상에서 제외되는 유치원의 명칭과 주소를 매년 1월말까지 공시하여야 한다. E유치원은 공립 유치원이므로 제2항에 따른 급식 제외 대상이 아니다. 또한 E유치원은 급식 대상이므로 그 명칭과 주소를 공시하지 않아도 된다.

문 22. 정답 ③

[유형] 규정이해 [내용영역] 법규범   [난이도] ★☆☆

[정답해설]

③ 제5항에 따르면 위원장 및 위원의 임기는 2년으로 하되, 1차례만 연임할 수 있다. 다만 임기가 만료된 위원은 그 후임자가 임명되거나 위촉될 때까지 해당 직무를 수행한다. 따라서 심사위원회의 위원이 1차례 연임 후 임기가 만료되었음에도 그 후임자가 아직 임명되거나 위촉되지 않았다면 4년을 초과하여 직무를 수행하는 경우가 있을 수 있다.

[오답해설]

① 제3항에 따르면 심사위원회의 위원장 및 위원은 대통령이 임명하거나 위촉한다. 즉, 심사위원회의 위원장은 위원 중에서 호선하는 것이 아닌 대통령이 임명하거나 위촉한다.

② 제3항에 따르면 심사위원회의 위원장 및 위원은 대통령이 임명하거나 위촉한다. 이 경우 위원 중 3명은 국회가, 3명은 대법원장이 추천하는 자를 각각 임명하거나 위촉한다. 즉, 심사위원회의 위원 중 3명은 국회가 위촉하는 것이 아닌 국회가 추천한 자를 대통령이 임명하거나 위촉한다.

④ 제6항에 따르면 주식의 직무관련성은 주식 관련 정보에 관한 직접적·간접적인 접근 가능성, 영향력 행사 가능성 등을 기준으로 판단하여야 한다. 따라서 주식 관련 정보에 관한 간접적인 접근 가능성은 주식의 직무 관련성을 판단하는 기준이 될 수 있다.

⑤ 제4항에 따르면 심사위원회의 위원은 각 호의 어느 하나에 해당하는 자격을 갖추어야 한다. 이때 제1호에 따라 대학이나 공인된 연구기관에서 부교수 이상의 직에 5년 이상 근무한 경우 또는 제3호에 따라 금융 관련 분야에 5년 이상 근무한 경우 심사위원회의 위원이 될 수 있다. 따라서 금융 관련 분야에 5년 이상 근무하였다면 대학에서 부교수 이상의 직에 5년 이상 근무하지 않았더라도 심사위원회의 위원이 될 수 있다.

문 23. 정답 ②

[유형] 규정이해 [내용영역] 법규범   [난이도] ★☆☆

[정답해설]

ㄱ. 제3항에 따르면 국토교통부장관은 제2항에 따라 플랫폼운송사업을 허가하는 경우, 30년 이내에서 기간을 한정하여 허가하거나 플랫폼운송사업의 질서를 확립하기 위하여 필요한 조건을 붙일 수 있다. 따라서 국토교통부장관은 플랫폼운송사업을 하려는 甲에게 사업 기간을 15년으로 하여 허가할 수 있다.

ㄷ. 제4항에 따르면 플랫폼운송사업자는 매출액, 허가대수 또는 운행횟수를 고려하여 여객자동차운송시장안정기여금을 국토교통부장관에게 납부하여야 한다. 이때 제2호에 따르면 기여금은 매출액의 5%, 운행횟수당 800원, 허가대수당 40만

원 중 사업자가 어느 하나를 선택할 수 있다. 다만 허가대수가 총 300대 미만인 사업자는 완화하여 적용한다. 100대의 차량으로 플랫폼운송사업허가를 받은 丙은 허가대수가 총 300대 미만인 사업자이므로 각각 1.25%, 200원, 10만원으로 완화하여 적용한다. 이에 따라 丙이 납부해야 할 기여금은 매출액에 따른 3억 원×0.0125=375만 원, 운행횟수에 따른 200원×20000=400만 원, 허가대수에 따른 10만 원×100=1,000만 원 중 어느 하나이다. 따라서 丙이 매출액에 따라 기여금을 납부한다면 그 금액은 375만 원으로 400만 원 미만이 될 수 있다.

[오답해설]

ㄴ. 제4항 제1호에 따르면 플랫폼운송사업자는 매출액, 허가대수 또는 운행횟수를 고려하여 기여금을 월 단위로 산정하여 해당 월의 차차 월 말일까지 국토교통부장관에게 납부해야 한다. 따라서 플랫폼운송사업허가를 받아 2020년 12월 15일부터 사업을 시작한 乙은 첫 기여금을 해당 월의 차차 월 말일인 2월 말일까지 납부하여야 한다.

ㄹ. 제4항에 따르면 플랫폼운송사업자는 매출액, 허가대수 또는 운행횟수를 고려하여 여객자동차운송시장안정기여금을 국토교통부장관에게 납부해야 한다. 이때 제2호에 따르면 기여금은 매출액의 5%, 운행횟수당 800원, 허가대수당 40만 원 중 사업자가 어느 하나를 선택할 수 있다. 다만 허가대수가 총 300대 미만인 사업자는 완화하여 적용한다. 300대의 차량으로 플랫폼운송사업허가를 받은 丁은 단서에 해당하지 않으므로 매출액의 5%에 해당하는 금액, 허가대수당 800원이 아닌 운행횟수당 800원, 허가대수당 40만 원 중에서 선택하여 기여금을 납부할 수 있다.

문 24. 정답 ⑤

유형 규정이해 내용영역 법규범 난이도 ★☆☆

[정답해설]

⑤ 첫 번째 문단에 따르면 피상속인의 4촌 이내 방계혈족은 4순위 상속인이다. 또한 네 번째 문단에 따르면 유류분 권리자는 피상속인의 직계비속, 배우자, 직계존속 및 형제자매이다. 따라서 피상속인에게 3촌인 방계혈족만 있는 경우, 그 방계혈족은 4순위 상속인이 될 수 있지만 유류분 권리자는 될 수 없다.

[오답해설]

① 세 번째 문단에 따르면 유류분이란 법률상 상속인에게 귀속되는 것이 보장되는 상속재산에 대한 일정비율을 의미한다. 또한 네 번째 문단에 따르면 피상속인이 유류분을 침해하는 유증이나 증여를 하는 경우, 유류분 권리자는 자기가 침해당한 유류분에 대한 반환을 청구할 수 있다. 유류분 권리자는 피상속인의 직계비속, 배우자, 직계존속 및 형제자매이다. 따라서 피상속인의 자녀는 법률상 상속인에 해당하고, 피상속인이 유언에 의해 재산을 모두 사회단체에 기부(유증)한 경우, 그의 자녀는 유류분이 침해되었으므로 유류분 권리자가 될 수 있다.

② 두 번째 문단에 따르면 피상속인 배우자의 법정상속분은 직계비속과 공동으로 상속하는 때에는 직계비속 상속분의 5할을 가산한다. 또한 네 번째 문단에 따르면 유류분은 피상속인의 배우자 또는 직계비속의 경우 그 법정상속분의 2분의 1이다. 따라서 피상속인의 자녀와 배우자의 유류분은 법정상속분의 2분의 1로 동일하지만, 유류분 산정액은 피상속인의 배우자의 것이 자녀의 것보다 50% 더 많다.

③ 첫 번째 문단에 따르면 혈족상속인은 피상속인(사망자)과의 관계에 따라 피상속인의 직계비속(1순위), 피상속인의 직계존속(2순위), 피상속인의 형제자매(3순위), 피상속인의 4촌 이내 방계혈족(4순위) 순으로 상속인이 된다. 또한 후순위 상속인은 선순위 상속인이 없는 경우에 상속재산을 상속할 수 있다. 따라서 피상속인의 부모는 피상속인의 직계존속으로 2순위 상속인이므로 1순위 상속인인 피상속인의 자녀와 공동으로 상속재산을 상속할 수 없다.

④ 다섯 번째 문단에 따르면 유류분반환청구권은 유류분 권리자가 상속의 개시와 반환하여야 할 증여 또는 유증을 할 사실을 안 때부터 1년 내에 행사하지 않거나, 상속이 개시된 때부터 10년이 경과하면 시효에 의하여 소멸한다. 따라서 상속이 개시한 때부터 10년이 경과하였다면 유류분반환청구권이 시효에 의하여 소멸하였으므로 소에 의한 방법으로 유류분반환청구권을 행사할 수 없다.

문 25. 정답 ①

유형 규정이해 내용영역 법규범 난이도 ★☆☆

[정답해설]

ㄴ. 세 번째 조 제1항 제1호에 따르면 의료기관에서 작성된 연명의료계획서가 있는 경우 환자에게 연명의료중단결정을 원하는 의사가 있는 것으로 본다. 따라서 말기환자의 요청에 따라 담당의사가 의료기관에서 문서로 작성한 연명의료계획서가 등록·보관되어 있는 경우, 연명의료중단결정을 원하는 환자의 의사가 있는 것으로 본다.

[오답해설]

ㄱ. 첫 번째 조 제3호에 따르면 사전연명의료의향서란 19세 이상인 사람이 자신의 연명의료중단결정 및 호스피스에 관한 의사를 직접 문서로 작성한 것을 말한다. 이때 문서는 전자 문서를 포함한다. 17세 환자가 자신의 연명의료중단결정에 관한 전자문서를 직접 작성하였다면 19세 이상인 사람에 해당하지 않으므로, 그 문서는 사전연명의료의향서에 해당하지 않는다.

ㄷ. 세 번째 조 제1항 제2호에 따르면 연명의료중단결정을 원하는 환자의 의사는 담당의사가 사전연명의료의향서의 내용을 환자에게 확인하는 경우 이를 환자의 의사로 본다. 따라서 21세 환자가 1년 전 작성해 둔 사전연명의료의향서가 있더라도 담당의사의 확인이 없다면 연명의료중단결정을 원하는 환자의 의사가 있는 것으로 볼 수 없다.

ㄹ. 세 번째 조 제2항 제2호에 따르면 제1항에 해당하지 아니하여 환자의 의사를 확인할 수 없고 환자가 의사표현을 할 수 없는 의학적 상태인 경우 환자가족 중 각 목에 해당하는 사람 전원의 합의로 연명의료중단결정의 의사표시를 하고 담당의사와 해당 분야 전문의 1명이 확인한 경우 해당 환자를 위한 연명의료중단결정이 있는 것으로 본다. 따라서 임종과정에 있는 환자에게 배우자, 자녀, 손자녀가 있는 경우, 손자녀는 1촌 이내의 직계 비속이 아니므로 이들 모두의 합의된 의사표시가 필요한 것은 아니다.

문 26. 정답 ④

유형 수리추론 내용영역 논리학 난이도 ★☆☆

[정답해설]

A놀이공원은 2명의 친구 단위 또는 4명의 가족 단위로만 입장이 가능하다. 친구 단위로 발권된 표의 개수를 a, 가족 단위로 발권된 표의 개수를 b라 하면 총 입장객은 2a+4b=158이다. 이때 모두 50장의 표가 발권되었으므로 a+b=50이다. 즉, 2a+4b−158=0(㉠)과 a+b−50=0(㉡)에서 ㉠−2×㉡=2b−58=0이므로, b=29, a=21이다. 따라서 '친구 단위'로 입장한 사람의 수는 21×2=42명이고, '가족 단위'로 입장한 사람의 수는 29×4=116명이다.

문 27. 정답 ⑤

유형 정보이해 내용영역 과학기술 난이도 ★☆☆

[정답해설]

⑤ 첫 번째 문단에 따르면 R_0는 질병에 대한 예방조치가 없을 때, 해당 질병에 감염된 사람 한 명이 비감염자 몇 명을 감염시킬 수 있는지를 나타낸다. B질병의 R_0 수치는 15로서 D질병 R_0 수치 3의 5배이다. 따라서 예방조치가 없다면, 감염자 1명당 감염시킬 수 있는 사람 수의 평균도 B질병이 D질병의 5배일 것이다.

[오답해설]

① 첫 번째 문단에 따르면 치사율은 어떤 질병에 걸린 환자 중 그 질병으로 사망하는 환자의 비율을 나타내는 것으로 R_0의 크기와 반드시 비례하지는 않는다. 〈상황〉에 따르면 A질병의 R_0 값이 가장 크다 하더라도 발병 시 가장 많은 사람이 사망하는 질병은 A가 아닐 수 있다.

② 두 번째 문단에 따르면 예방조치가 없을 때, R_0가 1보다 큰 질병은 전체 개체군으로 확산될 것이다. 따라서 예방조치가 없다면 A~E질병은 R_0가 1보다 크

므로 전 국민을 감염시킬 것이나 F질병은 R_0가 1보다 작으므로 전 국민을 감염시키지 않을 수도 있다.
③ 첫 번째 문단에 따르면 R_0는 질병에 대한 예방조치가 없을 때, 해당 질병에 감염된 사람 한 명이 비감염자 몇 명을 감염시킬 수 있는지를 나타낸다. 다만 이 수치는 질병의 전파 속도를 의미하지는 않는다. 따라서 C질병의 R_0가 D질병의 2배라 하더라도 질병의 전파 속도는 비교할 수는 없다.
④ 세 번째 문단에 따르면 R_0와 마찬가지로 치사율도 확산 초기 단계에서는 정확하게 알 수 없다.

문 28. 정답 ①

유형 논리퀴즈 내용영역 논리학 난이도 ★☆☆

[정답해설]
ㄱ. 이름표대로 내용물이 들어 있는 상자는 없으므로 '사과와 배 상자'에는 사과 또는 배가 들어있을 것이다. 이때 '사과와 배 상자'에서 과일 하나를 꺼내어 확인한 결과 사과라면, '사과와 배 상자'에는 사과만 들어 있다. 따라서 '배 상자'에는 사과와 배, '사과 상자'에는 배가 들어있을 것이다.

[오답해설]
ㄴ. 이름표대로 내용물이 들어 있는 상자는 없으므로 '배 상자'에는 사과만 들어있거나 사과와 배가 들어있을 것이다. 이때 '배 상자'에서 과일 하나를 꺼내어 확인한 결과 배라면, '배 상자'에는 사과와 배가 들어있을 것이다. 따라서 '사과와 배 상자'에는 사과, '사과 상자'에는 배가 들어있을 것이다.
ㄷ. 이름표대로 내용물이 들어 있는 상자는 없으므로 '사과 상자'에는 배만 들어있거나 사과와 배가 들어있을 것이다. 또한 '배 상자'에는 사과만 들어있거나 사과와 배가 들어있을 것이다. 이때 '사과 상자'에서 과일 하나를 꺼내어 확인한 결과 배라면, 배가 들어있는지 사과와 배가 들어있는지 구별할 수 없다. 따라서 '배 상자'에 사과만 들어 있다고 확신할 수 없다. '사과 상자'에는 배가, '배 상자'에는 사과와 배가 들어 있을 수도 있다.

문 29. 정답 ③

유형 수리추론 내용영역 논리학 난이도 ★★☆

[정답해설]
甲이 乙의 집으로 갈 때 X분이 걸렸다고 가정한다면, 甲이 乙의 집에서 돌아올 때는 갈 때와 같은 길을 2배의 빠르기로 걸었으므로 0.5X분이 걸렸을 것이다. 또한 甲은 乙의 집에서 1시간 동안 이야기를 나누었으므로, 甲이 집을 나섰다가 다시 돌아오는 데에는 총 1.5X+60분이 걸렸다.
甲은 시계 X를 정오로 맞춘 직후 乙의 집으로 갔고 집에 도착했을 때 X는 14시 정각을 가리키고 있었으므로, 1.5X+60=120이다. 즉, X=40이다.
한편, Y는 정확한 시각보다 10분 느리게 설정되어 있다. 즉, 甲이 乙의 집에 도착했을 Y는 10시 30분을 가리키고 있었던 것이 실제로는 10시 40분인 것이다. 甲이 1시간 동안 이야기를 나눈 후 20분 후에 집에 도착하였으므로, 甲이 귀가했을 때의 정확한 시각은 12시 00분이다.

문 30. 정답 ④

유형 수리추론 내용영역 논리학 난이도 ★★☆

[정답해설]
ㄴ. 넘친 물의 부피가 80cm³이면, 질량이 1kg인 왕관의 밀도는 $\frac{1000}{80}$=12.5g/cm³이다. 금의 밀도는 20g/cm³이고, 은의 밀도는 10g/cm³인데, 왕관에 포함된 은의 부피가 왕관에 포함된 금 부피의 3배라면 이를 가중평균한 값과 왕관의 밀도가 동일해야 한다. 20×0.25+10×0.75=12.5g/cm³이므로, 왕관에 포함된 은의 부피는 왕관에 포함된 금 부피의 3배이다.

ㄹ. 넘친 물의 부피가 120cm³보다 크다면, 질량이 1kg인 왕관의 밀도는 $\frac{1000}{120}$≒8.3g/cm³보다 작다. 이때 철을 제외한 금속의 밀도는 8g/cm³를 초과하므로 왕관은 반드시 철을 포함하고 있다.

[오답해설]
ㄱ. 식을 변형하면 부피=$\frac{질량}{밀도}$이다. 따라서 질량이 1kg인 왕관이 금으로만 만들었다면 넘친 물의 부피는 $\frac{1000}{20}$=50cm³이다.

ㄷ. 넘친 물의 부피가 80cm³이면, 질량이 1kg인 왕관의 밀도는 $\frac{1000}{80}$=12.5g/cm³이다. 금의 밀도는 20g/cm³이고 구리의 밀도는 9g/cm³인데, 왕관에 포함된 구리의 부피가 금 부피의 3배 이상이라면 3배라 가정하고 가중평균한 값이 왕관의 밀도보다 크거나 같아야 한다. 그러나 20×0.25+9×0.75=11.75g/cm³< 12.5g/cm³이므로 왕관의 밀도보다 작다. 즉, 왕관에 포함된 구리의 부피는 금 부피의 3배 미만이다.

문 31. 정답 ⑤

유형 논리퀴즈 내용영역 논리학 난이도 ★★☆

[정답해설]
입고기록 및 출고기록에 따라 A~C창고의 1월 1일 재고, 재고변화, 5월 11일 입고 후의 재고를 정리하면 다음과 같다.

날짜 \ 창고	A	B	C
1월 1일	150	100	200
총 입고기록	80	105	10
총 출고기록	60	50	85
5월 11일	170	155	125

다섯 번째 조건에 따르면 전체 출고기록이 맞바뀐 것일 뿐 출고기록의 수치가 틀린 것은 아니다. 따라서 2020년 5월 26일 甲회사의 재고 중 불에 그을리지 않은 것은 1월 1일자 재고에서 총 입고를 더하고 총 출고를 뺀 후 불에 그을린 150개를 제한 값일 것이다. (150+100+200)+(80+105+10)-(60+50+85)-150=300이므로, 불에 그을리지 않은 재고인 ㉠은 300이다.
세 번째 조건에 따르면 불이 나기 전 재고가 150개인 창고가 존재하여야 한다. A~C창고의 상반기 전체 출고기록 중 A와 C의 출고기록을 바꾸면 C창고가 최초 재고 200개에서 총 입고 10개, 총 출고 60개로 5월 25일 재고가 150개가 된다. 따라서 상반기 전체 출고기록이 맞바뀐 창고인 ㉡은 A와 C이다.

문 32. 정답 ③

유형 수리추론 내용영역 논리학 난이도 ★★☆

전자식 체중계는 소수점 이하 첫째 자리에서 반올림하여 kg 단위의 자연수로 무게를 표시한다. 甲이 체중계에 올라갔더니 66이 표시되었다면 甲의 몸무게는 65.5kg~66.4kg이다. 이와 같이 甲이 들고 올라간 A물건의 개수별 무게 범위를 정리하면 다음과 같다.

	체중계 표시 무게	무게 범위
甲	66	65.5~66.4
甲+2A	66	65.5~66.4
甲+3A	67	66.5~67.4
甲+4A	67	66.5~67.4
甲+5A	68	67.5~68.4

이때 체중계에 표시되는 무게가 같더라도 더 많은 A물건을 가지고 올라간 경우에 무게가 더 많이 나갈 것이다. 甲+2A - 甲 ≤ 66.4-65.5 = 0.9kg이므로, A의 무게가 450g을 넘길 수 없다. 또한 甲+5A - 甲 ≥ 67.5-66.4 = 1.1kg이므로 A의 무게는 220g을 넘어야 한다.

[정답해설]

③ 만약 A의 무게가 400g이라면, 甲+4A의 무게가 67로 표시된다. 또한 甲+5A의 무게가 68로 표시되기 위해선 甲+5A의 무게가 67.5~67.8이어야 한다. 이때 甲+4A의 무게는 67.1~67.4이다. 마찬가지로 甲+3A의 무게가 67로 표시되고 甲+2A의 무게가 66로 표시되기 위해선 甲+3A의 무게가 66.5~66.8이어야 한다. 두 조건을 모두 만족시키기 위해선 甲+3A의 무게가 66.7~66.8이어야 하는데, 甲의 몸무게는 65.5~65.6이기 때문에 A물건 1개의 무게가 400g일 수 있다.

[오답해설]

① A의 무게는 220g 이상이다.
② 만약 A의 무게가 300g이라면, 甲+4A의 무게가 67로 표시된다. 또한 甲+5A의 무게가 68로 표시되기 위해선 甲+5A의 무게가 67.5~67.7이어야 한다. 이때 甲+2A는 甲+5A에서 900g을 뺀 값인데 이는 66.6~66.8이어야 하므로 체중계에 66kg으로 표시될 수 없다. 따라서 A의 무게는 300g일 수 없다.
④ A의 무게는 450g 이하이다.
⑤ A의 무게는 450g 이하이다.

문 33. 정답 ②

유형 논리퀴즈 내용영역 논리학 난이도 ★★☆

[정답해설]

〈잃어버리기 전〉 조건에 따르면 가지고 있는 인물카드의 직업은 총 5종류이며 가수 직업의 인물카드는 1장이다. 인물카드는 직업별로 최대 2장이므로, 인물카드는 최대 9장을 가지고 있었을 것이다.
〈잃어버린 후〉 조건에 따르면 인물카드는 총 5장이며 직업은 4종류이다. 가수 직업의 인물카드 1장을 잃어버리지 않았고 잃어버린 인물카드 중 2장은 직업이 소방관이므로, 한 종류의 인물카드만 2장을, 가수를 포함한 세 종류의 인물카드를 1장씩 가지고 있을 것이다. 또한 직업이 소방관인 인물카드를 2장 잃어버렸으므로 〈잃어버리기 전〉에 적어도 소방관이 직업인 인물 카드를 2장 가지고 있었을 것이다. 따라서 잃어버리기 전 가지고 있었던 카드의 개수는 최소 7장, 최대 9장이다. 이때 〈잃어버리기 전〉 남성 인물카드를 여성 인물카드보다 2장 더 많이 가지고 있으려면 보유하고 있던 카드의 개수가 반드시 짝수여야 한다. 따라서 甲이 잃어버리기 전에 가지고 있던 카드의 개수는 8개이며, 잃어버린 후 5장의 카드를 가지고 있으므로 甲은 3장의 인물카드를 잃어버렸다.

문 34. 정답 ④

유형 수리추론 내용영역 논리학 난이도 ★★☆

상자는 A부터 J까지 알파벳 순으로 2kg씩 가벼워지므로 상자별 무게를 정리하면 다음과 같다.

알파벳	A	B	C	D	E
무게	20kg	18kg	16kg	14kg	12kg
알파벳	F	G	H	I	J
무게	10kg	8kg	6kg	4kg	2kg

[정답해설]

④ ⓐ가 H라면 두 번째 운반 이후 남아있는 상자 중 어떠한 상자도 다른 상자와 같이 옮길 수 없게 되어 총 8번의 운반 횟수가 요구된다. H는 F, G 중 하나와 함께 옮겨질 수 있기 때문에 ⓐ가 H가 아니라면, 7번의 운반 횟수만으로 운반을 할 수 있다. 또한 I, J를 포함하지 않고 ㉡을 적용하여 3개를 함께 운반하는 방법은 없기 때문에 7번의 운반 횟수가 최소이다. 따라서 두 번째 운반부터 상자를 모두 옮길 때까지 운반 횟수를 최소로 하려면 ⓐ가 H여서는 안 된다.

[오답해설]

① 14kg인 D를 다른 상자와 같이 운반하려면 총합이 17kg 이하이도록 J와 같이 운반해야 한다. 〈상황〉에 따르면 甲은 두 번째로 ⓐ·I·J를 운반하는데, ⓐ가 D라면 상자 무게 총합은 20kg가 되어 17kg를 초과하므로 어떤 규칙에 따르더라도 같이 운반할 수 없다. 따라서 D는 다른 상자와 같이 운반되지 않는다.

② 甲은 첫 번째 운반에 ㉠을 적용하여 A만 운반하였으며 두 번째 운반에 ㉡을 적용하여 3개의 상자를 운반하였다. 이때 남은 상자는 6개인데, ⓐ에 어떤 상자가 들어가더라도 남은 6개의 상자 중 3개를 골랐을 때 총 무게는 17kg 초과이므로 3개를 동시에 운반할 수 있는 경우는 존재하지 않는다. 즉, 두 번째 운반 이후에도 ㉠은 적용될 것이다.

③ ⓐ가 G라면 두 번째 운반 이후에 남은 상자는 B, C, D, E, F, H이다. 이때 B, C, D, E 상자는 ㉠이 적용되어 반드시 따로 운반될 수밖에 없다. B, C, D, E가 모두 운반되고 F, H가 남은 상황에서 F·H의 총 무게는 16kg이므로 ㉡을 적용하여 남아 있는 상자를 모두 운반할 수 있다.

⑤ 상자를 모두 옮길 때까지 전체 운반 횟수를 최소로 하면 운반 횟수는 7회이다. 이는 두 번째 운반에 ㉠이 아닌 ㉡을 적용하여도 달성할 수 있다. 예를 들어 ⓐ에 F 또는 G가 들어간다면, 두 번째 운반에 ㉡이 적용되고 7회의 운반 횟수로 모든 상자를 운반할 수 있다. 즉, 반드시 두 번째 운반에 ㉠을 적용해야 하는 것은 아니다.

문 35. 정답 ④

유형 수리추론 내용영역 논리학 난이도 ★★☆

[정답해설]

甲이 뽑은 숫자 카드를 a와 b, 乙이 뽑은 숫자 카드를 c와 d라고 하면, a+b=c+d이다(조건 1). 또한 a에 3을 곱한 값과 b에 9를 곱한 값의 일의 자리 수가 서로 같으며(조건 2), c에 3을 곱한 값과 d에 9를 곱한 값의 일의 자리수가 서로 같다(조건 3). 이러한 수를 찾기 위하여 1~9의 자연수에 3을 곱한 값과 9를 곱한 값의 일의 자리 수를 정리하면 다음과 같다.

	1	2	3	4	5	6	7	8	9
×3	3	6	9	2	5	8	1	4	7
×9	9	8	7	6	5	4	3	2	1

서로 다른 두 수가 조건 2에 부합하는 경우는 (1, 7), (2, 4), (3, 1), (4, 8), (6, 2), (7, 9), (8, 6), (9, 3)이므로 甲과 乙이 뽑은 카드는 이들 중 하나 일 것이다. 또한 각 카드쌍의 합을 구하면 다음과 같다.

	1, 7	2, 4	3, 1	4, 8	6, 2	7, 9	8, 6	9, 3
합	8	6	4	12	8	16	14	12

이상에서 甲과 乙이 가진 4장의 숫자 카드는 다음 두 가지이다.
ⅰ) 甲(1, 7), 乙(6, 2)
ⅱ) 甲(4, 8), 乙(9, 3)
따라서 甲과 乙이 가진 4장의 숫자 카드에 적힌 수의 합은 16 또는 24이다.

문 36. 정답 ③

유형 규정이해 내용영역 법규범 난이도 ★☆☆

[정답해설]

③ 이륙중량이 25kg 이하인 드론을 사업자가 비행하려는 경우 공항 또는 비행장 중심 반경 5km 이내에서는 비행승인이 필요하며, 사업등록을 하여야 한다. 또한 자체중량이 12kg 이하인 드론을 사업자가 비행하려는 경우 장치신고를 하여야 한다. 따라서 사업자인 丙이 이륙중량 25kg, 자체중량 12kg인 드론을 사업등록, 장치신고를 하고 비행승인 없이 비행장 중심으로부터 4km 떨어진 지역에서 비행한 것은 비행승인 없이 비행장 중심 반경 5km 이내에서 비행한 것이므로 규칙 위반에 해당한다.

[오답해설]

① 이륙중량이 25kg 이하인 드론을 비사업자가 비행하려는 경우 공항 또는 비행장 중심 반경 5km 이내에서는 비행승인이 필요하다. 또한 자체중량이 12kg 이하인 드론을 비사업자가 비행하려는 경우 장치신고와 조종자격 요건은 갖추지 않아도 된다. 따라서 비사업자인 甲이 공항 중심으로부터 10km 떨어진 지역에서 비행승인 없이 비행한 것은 규칙 위반에 해당하지 않는다.

② 이륙중량이 25kg 초과인 드론을 비사업자가 비행하려는 경우 기체검사와 비행승인 요건을 갖춰야 한다. 또한 자체중량이 12kg 이하인 드론을 비사업자가 비행하려는 경우 장치신고와 조종자격 요건은 갖추지 않아도 된다. 따라서 비사업자인 乙이 이륙중량 30kg, 자체중량 10kg인 드론을 기체검사, 비행승인을 받아 비행한 것은 규칙 위반에 해당하지 않는다.

④ 이륙중량이 25kg 초과인 드론을 사업자가 비행하려는 경우 기체검사와 비행승인, 사업등록 요건을 모두 갖추어야 한다. 또한 자체중량이 12kg 초과인 드론을 사업자가 비행하려는 경우 장치신고와 조종자격 요건을 모두 갖추어야 한다. 따라서 사업자인 丁이 이륙중량 30kg, 자체중량 20kg인 드론을 기체검사, 사업등록, 장치신고, 조종자격을 갖추고 비행승인을 받아 비행한 것은 규칙 위반에 해당하지 않는다.

⑤ 이륙중량이 25kg 이하인 드론을 사업자가 비행하려는 경우 공항 또는 비행장 중심 반경 5km 이내에서는 비행승인이 필요하며, 사업등록을 하여야 한다. 또한 자체중량이 12kg 초과인 드론을 사업자가 비행하려는 경우 장치신고와 조종자격 요건을 모두 갖추어야 한다. 따라서 사업자인 戊가 이륙중량 20kg, 자체중량 13kg인 드론을 사업등록, 장치신고, 조종자격을 갖추고 비행승인 없이 비행장 중심으로부터 20km 떨어진 지역에서 비행한 것은 규칙 위반에 해당하지 않는다.

문 37. 정답 ④

유형 논리퀴즈 내용영역 논리학 난이도 ★☆☆

[정답해설]

서연이의 첫 번째 발언에 따라 서비스 기업이 아닌 A 기업과 E 기업은 현장답사 대상에서 제외된다. 또한 인영이의 세 번째 발언에 따라 직원수가 100명 초과인 B 기업이 대상에서 제외되며, 서연이의 네 번째 발언에 따라 실외에 위치한 C 기업이 대상에서 제외된다. 한편 D 기업은 근접역이 없지만 서연이의 세 번째 발언에 따라 답사 대상으로 선정 가능하기 때문에 인영이는 현장답사 대상으로 D 기업을 선정할 것이다.

문 38. 정답 ③

유형 수리추론 내용영역 논리학 난이도 ★★☆

[정답해설]

생활용수는 중금속이 제거되고 음용이 가능하며 1급인 담수여야 한다. 〈상황〉에 따르면 중금속이 포함된 4급에 해당하는 해수 3톤을 정수 처리하여 생활용수 3톤을 확보하려 한다. 따라서 먼저 '해수담수화기'를 통해 염분을 제거해야 한다. 또한 중금속 성분을 제거하기 위해 '응집 침전기'를 설치해야 한다.
4급수인 해수를 3급수로 정수하기 위해서는 1차 정수기가 필요하다. 이때 1차 정수기를 통해 3급수로 정수한 담수를 음용 가능 처리하기 위해서는 3차 정수기가 필요하며, 3차 정수기에는 2차 정수기의 기능이 포함되어 있으므로 2차 정수기를 설치할 필요는 없다. 다만 모든 수질 개선 설비는 필요 용량 이상으로 설치되어야 하므로 1차 정수기 1대, 3차 정수기 3대가 필요하다.
따라서 해수담수화기 1대, 응집 침전기 1대, 1차 정수기 1대, 3차 정수기 3대를 설치해야 하므로 수질 개선 설비 설치에 필요한 최소 비용은 1+0.5+0.5+5×3=17억 원이다.

문 39. 정답 ⑤

유형 정보이해 내용영역 사회 난이도 ★☆☆

[정답해설]

⑤ 다섯 번째 문단에 따르면 사육 수를 늘릴 여력이 없는 소규모 농장에선 공장식 축산을 하지 않아도 인증 신청조차 못한다. 즉, 공장식 축산을 하지 않더라도 동물복지시설인증을 받지 못하는 경우가 있다.

[오답해설]

① 첫 번째 문단에 따르면 농장동물복지는 인간 편의만 생각해 동물을 이용하는 것이 아니라 이들의 습성을 고려해 적절한 생활환경을 보장하는 것을 의미한다. 이는 동물의 5대 자유를 바탕으로 하며, 사람에게도 중요한 문제이다. 따라서 농장동물복지는 동물의 5대 자유를 보장하기 위한 것으로 사람의 삶과도 연관되어 있다.

② 다섯 번째 문단에 따르면 동물복지시설인증을 받으려면 밀집사육을 피하기 위해 가축 개체당 공간 기준을 충족해야 한다. 여섯 번째 문단에 따르면 축산물을 판매할 때 동물복지축산물인증 마크를 붙이려면 도축도 동물복지시설인증을 받은 곳에서 해야 한다. 즉, 동물복지시설인증을 받으려는 농장은 가축 개체당 공간 기준을 충족하면 되며, 도축 시설도 함께 갖추어야 하는 것은 아니다.

③ 여섯 번째 문단에 따르면 축산물을 판매할 때 동물복지축산물인증 마크를 붙이려면 도축도 동물복지시설인증을 받은 곳에서 해야 한다. 즉, 동물복지시설인증을 받은 A농장에서 사육하는 돼지이더라도 동물복지시설인증을 받은 곳에서 도축하지 않았다면 동물복지축산물인증 마크를 부착한 축산물로 판매될 수 없다.

④ 일곱 번째 문단에 따르면 소비자들의 동물복지인증제도에 대한 인지도는 높지 않으며, 동물복지축산물인증 마크가 붙은 고기는 가격이 높아 소비자들이 많이 찾지 않는다. 즉, 甲국의 소비자 대부분이 동물복지축산물인증 마크가 붙은 축산물을 구매하는 것은 아니다.

문 40. 정답 ②

유형 정보이해 내용영역 사회 난이도 ★☆☆

[정답해설]

ㄴ. 네 번째 문단에 따르면 2020년 현재 시설인증을 받은 농장은 산란계 74곳, 육계 5곳, 돼지 9곳, 육우 2곳에 불과하다. 따라서 2020년 甲국 전체 농장수가 100,000개라면, 동물복지시설인증을 받은 농장의 비율은 {(74+5+9+2)/100000}×100=0.09%로 0.1% 미만이다.

ㄷ. 네 번째 문단에 따르면 2020년 현재 시설인증을 받은 산란계 농장은 74곳이며, 이는 전체 산란계 농장의 1.1%이다. 따라서 2020년 甲국 전체 산란계 농장수는 (74÷1.1)×100≒6,727개로 6,000개 이상이다.

[오답해설]

ㄱ. 두 번째 문단에 따르면 동물복지인증제도는 2012년 산란계에서 2013년 돼지로 대상을 확대했다. 또한 세 번째 문단에 따르면 동물복지시설인증을 받은 농장은 인증을 받은 다음해부터 매년 1회 사후관리를 위한 점검을 실시한다. 따라서 甲국에서 동물복지시설인증을 받은 돼지농장은 2013년에 인증을 받았다 하더라도 2014년부터 2020년 12월 31일까지 사후관리를 위한 점검을 최대 7회 받았다.

ㄹ. 다섯 번째 문단에 따르면 돼지농장이라면 어미돼지를 30마리 이상 키워야 시설인증을 받을 수 있다. 또한 A농장은 가축 개체당 공간 기준과 최소 사육규모 기준을 동시에 충족하기 위하여 어미돼지 수를 20% 줄여서 시설인증을 받았다. 동물복지시설인증을 받기 전, A농장에서 사육하던 어미돼지가 35마리 이하였다면, 어미돼지 수를 20% 줄일 경우 28마리 이하가 될 것이므로 최소 사육규모 기준을 충족하지 못한다. 따라서 A농장에서 사육하던 어미돼지는 35마리를 초과할 것이다.

mega PSAT